世界基金会案例丛书

美国卷 I

基金会中心网◎编

世界基金会案例丛书 · **美国卷 I**

美国家族基金会

基金会中心网 ◎ 编

Family
Foundations
in U.S.

社会科学文献出版社
SOCIAL SCIENCES ACADEMIC PRESS (CHINA)

新湖公益创投基金
XINHU VENTURE PHILANTHROPY FUND

新湖公益创投基金资助

总　序

慈善基金会在欧美国家已有数百年的历史，其问世和发展为人类社会的文明进步发挥了不可替代的作用。尤其是近百年来，世界各国基金会已成为推动社会变革的伟大力量，创造出许许多多改变世界的成功案例。

我国基金会是伴随着改革开放成长和发展起来的。自 1981 年中国儿童少年基金会成立以来，在短短 30 年间，全国基金会总数已经超过 2700 家。由民间主导的非公募基金会快速增长，数量已经超过公募基金会。非公募基金会的崛起正在改变中国慈善行业的生态环境，具有无限的发展创新空间，同时也面临许多挑战。越来越多的企业考虑更加全面和系统地参与公益慈善，成立自己的基金会，但同时也担心被指为“企业公关”，谋取私利；越来越多的富人从传统捐赠开始向专业慈善转变，作为家族财富管理一部分的家族慈善概念逐渐在中国形成，如何通过家族基金会的方式将家族财富和荣耀传承下去，已经成为越来越多慈善家族的重要选项；在全国性基金会迅猛发展的同时，专注于地区发展的基金会也如雨后春笋般地出现，这些基金会在资助方向和项目运作上不同于全国性基金会，需要探索出一条立足当地、造福一方的发展策略；同时，中国的公募基金会正顺应社会发展潮流，改革转型，回归民间，探索项目资助模式创新，以期焕发生机和活力。

美国有近10万家基金会，数量多、发展历史长、种类复杂，要将它们清楚地分类并非易事。美国基金会中心依据慈善基金会资金来源和运作方式的不同对它们进行分类。依据这种标准，该中心将慈善基金会分成五大类。

企业基金会（Corporate Foundation）：由公司或企业捐资设立的基金会，其资本金来源于发起公司或企业。公司基金会在做出捐赠决定时会考虑到发起公司的市场利益或社会影响，但是，它们在内部管理和财务运作上一般与发起公司相互独立，其理事会成员可以是发起公司的管理人员，也可以是与发起公司无关的社会专业人士。

独立基金会（Independent Foundation）：通常是基于某个人或某家族的成员捐赠或遗赠所创立的基金会。随着时间的推移，这些慈善基金会通常都与其创办者、创办者的家族以及在这些家族名下的公司脱离了关系，转而由独立的理事会和专业的职员进行管理。

家族基金会（Family Foundation）：由个人或家族捐资设立并参与管理、运作的基金会，家族基金会的创办者或其家族成员通常会出任理事会的领导职务，而且至少有一名家族的成员一直在基金会任职，捐赠者或其亲属在基金会的管理和运作中起到重要作用。尽管一些独立基金会的创始基金也来自家族，但独立基金会独立于创办家族，由专业的理事会进行独立管理。

运作型基金会（Operating Foundation）：由自己的工作人员直接参与项目运作的慈善基金会。运作型基金会主要是自行参与策划、组织和实施有关教育、科研及其他服务于社会公益的项目或活动。

社区基金会（Community Foundation）：资助特定社区社会发展、教育、宗教等公益活动的大众支持的基金会。社区基金会的资本金一般是从社区内多渠道筹集而来，主要来源有个人捐赠或遗赠、家族捐赠、公司捐赠及其他机构的捐赠。社区基金会根据

税法大多被批准为公共慈善组织，遵循与其他私人基金会不同的规章与规则。

另外，美国有许多大学基金会，最有钱的基金会是大学基金会。美国私立大学本身就是免税组织，可以为捐赠人提供免税捐赠收据，通常下设捐赠基金（Endowment Fund），例如耶鲁大学捐赠基金（Yale Endowment Fund）；而公立大学需要设立独立的公共慈善机构（Public Charity）才能给捐赠人提供免税捐赠收据，通常称为基金会（Foundation），例如印第安纳大学基金会（Indiana University Foundation）。美国大学基金会强大的筹资能力及其在私立大学发展中举足轻重的贡献，令人印象深刻。最近一二十年来，美国公立大学的发展也越来越倚重学校基金会的资金支持。

美国基金会的散财之道早为中国基金会同人津津乐道，它们在社会创新方面的强烈意识和丰硕成果，更教人叹为观止。他山之石，可以攻玉。在这种背景下，由中国基金会中心网编撰的“世界基金会案例丛书”诞生了。该丛书的美国卷包括《美国家族基金会》《美国企业基金会》《美国社区基金会》《美国独立基金会》《美国运作型基金会》《美国大学基金会》和《美国基金会创新案例》，以美国基金会的创立背景和典型案例为内容，试图原汁原味地介绍美国基金会的慈善模式，讲述美国基金会在做什么、怎么做、做的效果如何，以便为中国的基金会从业者和机构合作者、将要设立基金会的企业家和慈善家、专业研究者、政府机构人员、传媒人士以及有兴趣了解基金会和公益慈善的社会各界人士提供丰富的参考案例。如果把这些案例再进行重新组合，分类研究，对应学习，对于中国基金会将会有更为直接的帮助。

继美国基金会案例后，中国基金会中心网还将编纂欧洲基金会案例、发展中国家基金会案例和中国基金会案例。我们试图通过这套丛书，全方位展现和解读以基金会为主体的慈善机构的行

为轨迹，帮助基金会创办者、从业者和利益相关者深入了解基金会这一崇高美好的事业，懂得如何借助基金会这部“社会创新发动机”的伟大功能，有效解决人类社会发展中出现的诸多问题，推动社会的和谐、文明、进步，服务于人类的福祉。

本丛书的编纂出版得到了美国基金会中心（foundationcenter. org）的倾力支持，得到了联合国开发计划署及有关国际机构的大力帮助；爱德基金会－新湖公益创投基金为研究和编译出版提供了资助。在此，谨表示由衷的感谢！

徐永光

基金会中心网理事长

南都公益基金会理事长

目 录
CONTENTS

代　序

与家族一同开创更加美好的世界

——建立家族基金会的益处

美国基金会中心
史蒂文·劳伦斯

家族的作用

近年来空前多的经济机遇让很多中国人为他们的家族带来了不可思议的财源安全和物质条件。但是在这个快节奏的社会里，家长和老人怎样教会不知疾苦的孩子们有爱心、无私等传统观念，还是个问题。

同时，财富带来的副作用也影响了许多家族的生活质量，这些包括环境破坏和逐渐增加的闲散人员。为了确保自己下一代仍然可以享受幸福的生活，他们会聪明地转移部分精力、创意和财富去解决社会中存在的问题。家族基金会可以为中国家庭提供一个理想的合作框架去完成这个目标。

为了促进中国社会对家族基金会作用的理解，本报告将简单介绍美国家族基金的历史和现状，包括人员组成、组织大小和支持项目。同时，本报告还会为中国家族创建家族基金提供充分的理由。

美国家族基金会：历史和现在发展的重点

> 金钱的最高应用不应该是赚更多的钱，而是用来让生活更美好。
>
> ——亨利·福特福特基金会，福特汽车公司创始人

美国大多数的基金会都从家族基金会起步。在 1900 年代初期，许多工业家用他们一部分的财富开始建立基金会，以回报社会，包括世界上第一个亿万富翁约翰·D. 洛克菲勒和安德鲁·卡内基。作为一个苏格兰移民，卡内基通过钢铁和其他工业积累了大量的财富。而后，他变卖了这些财产，投身于创造“真正的、永久的世界建设”。由于出身贫寒，卡内基在一个免费图书馆里自学成才，这使他献出很多财富在美国各个社区支持教育和建立公共图书馆。今天，比尔·盖茨夫妇的基金会是世界上最大的家族基金会，同时也是美国最大的基金会。

家族基金会与其他基金会，包括企业、社区、独立基金会有所不同。家族成员和捐献者在管理基金会中会起到重要的作用。但是，家族在基金会日常活动中的参与也可以有很大的差异。大部分家族基金会没有雇员，主要由家族成员来管理拨款和行政事务。但是，大型家族基金会雇佣职员来管理拨款，而家族成员则组成董事会从而起到监督作用。

美国家族基金会的起伏趋势可以反映各阶段财富的迅速增长。在 2008 年经济危机以前，经济增长异常茁壮。现今，2/3活跃的家族基金会始建于过去的 20 年内。近年来，很多家族基金会建立者大多出身卑微，本没有预计到自己有朝一日会成为富豪。但他们都被一些技术和其他方面的事业所吸引，这些事业最终都给他们带来了巨大的回报。对这些捐赠者而言，回报社会非常重要，不仅可以以此来感谢社会给他们带来的财富，同时可以给他们生活条件优越的孩子们树立榜样。

到 2000 年，最富有的美国人中，有 3/4 拥有自己的基金会。但是绝大多数的基金会还属于小规模。在 2010 年，这些基金会中，有大约一半拨款少于 5 万美元。从历史上看，家族基金会都建立于捐献者的老年和事业晚期。虽然这个现象也体现于近年创

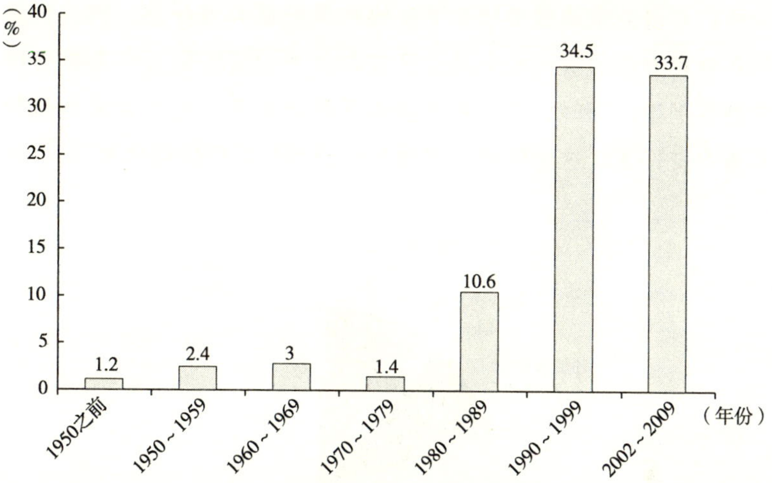

图 1　美国家族基金会成立年份分布

立的家族基金会，但是现在有越来越多相对年轻的捐赠者开始创立基金会，同时他们也更直接地参与了拨款的分配。

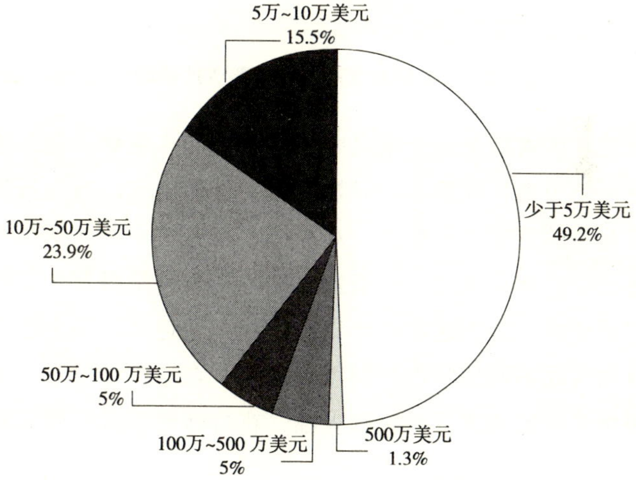

图 2　美国家族基金会捐赠额度比例

美国家族基金会在积极参加大量不同的活动，以健康和教育为最优先选择（见图3）。在健康领域，家族基金通常会集中拨款给他们自身或家族成员所遭受疾病的医疗研究或疗法。同时，他们在教育方面的资助也会对自己或者孩子们所读的大学和教育机构进行捐献。同时，家族基金会也是社会服务、艺术和文化机构的重要支持者，这些机构一般也在捐献者所居住的社区中。

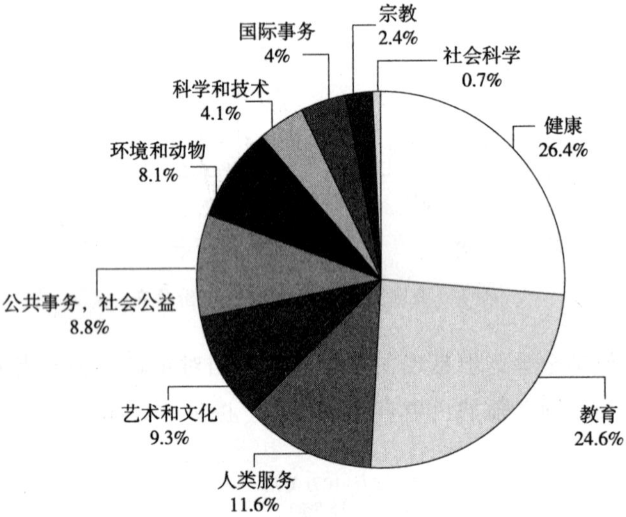

图 3　美国家族基金会主要资助领域

虽然有些家族基金会在国内和国际上都有捐赠，但是绝大多数都集中给当地社区拨款。但是从实际角度出发，当地捐赠会造成支持分布的迥异。比如说，对于捐赠者有多个居住地来讲，他们一般会向所有居住的社区捐款。有些基金会是由家族几代人共同参与治理的，因为这些家族成员来自不同地方，基金会也有可能同时向这些不同地区进行捐赠。当然，在这种情况下，基金会也会根据当地家族成员的独特兴趣，在目标地区有所侧重地选择资助项目。

您为什么应该建立家族基金会?

我们的基金会致力于试图在我们的社区中有所作为，活跃参与我们所热爱的事业，以及以感激的心去接近生活。我们的目标是将这个“给予他人”的家族传统传于后世。

Lisa Sobrato Sonsini，Sobrato 家族基金会

建立家族基金会的原因就像建立他们的家族一样独特。与许多未来要建立家族基金会的人的目的一致，建立者将致力于让这个家族生活的世界更加美好，同时也确保他们的子孙不要以为现在他们得到的一切是理所当然的。

建立家族基金会的一些具体原因有：

- 团结家族。家族是中国社会的基石。但是，当为了进步而作出的共同牺牲被财富和享乐所取代时，富足的中国家族可能不会有太多机会来重申他们核心的价值观，包括刻苦用功、自我牺牲和仁义之心。家族基金会提供了一个独特的机会，可以让家族成员经常加强家族联系以及提醒大家提高社区质量的责任。同时，基金会还可以延续家族的价值观念。
- 保证社会和谐。每年很多人都享受到了中国经济增长所带来的可以改变一生的机遇。但是，还有更多人在等待他们致富的机会。为了让整个中国社会继续秉持人人致富的观念，那些已经得到财富的人们，应该给予那些还缺少机遇的人关键的支持作用。建立家族基金，为乡村地方教育、环境健康和社会服务建设作出贡献的同时，家族可以充分体现个人财富在帮助改善整个中国人民生活中的重要意义。
- 树立典范。在早先的中国经济发展过程中，兴建高楼大厦被视为有益中国未来以及可以被人们记住的光荣传统。但是，在中国持续的发展下，更多的家族走向成功，开创新产业、兴建新建筑已经不能在大多数中国人的心中留下深刻印象。只有给那些不幸的人提供机会，让世界更美好，富足的家族才能真正给国家留下持久的传统。在美国，早先的百万、亿万富翁建立了家族基金会，捐赠了部分财产造福他人，直到今天他们仍然被人记得。

那些只为自己和家人留下财富的人们，已经被历史遗忘。不幸的是，中国也会是这样。

- 表达理念和兴趣。富裕的中国家族有一个特殊的机会在整个社会来支持、表达他们的理念和兴趣。有些人相信企业家精神可以给中国带来持续的成功，通过选择建立基金会，他们也可在那些正式教育贫乏的地区支持商业才能培训。其他人可能相信资助艺术培养可以鼓励创造性人才的发展，从而对中国长期的成功起到至关重要的作用。

- 利用天赋和才能。有些家族可能会自我选择捐赠方向，但赋予员工和顾问选择受益人和分配捐款的权利。但是，还有些人选择参与基金会的日常工作，这样可以提供大量的机会，让他们的慈善事业取得更大的成功。富裕的家族一般都会拥有有关帮助他人成功的重要理念。他们的企业专家顾问也同样可以帮助他们寻找有创意的办法来解决现今中国社会所面临的问题。比尔·盖茨现在全身心地投入到了他的基金会中。其他企业家在管理自己公司的同时，也积极参与基金会的工作。

家族将建立中国的未来

作为我儿子的慈善事业的一员，看到他和梅琳达想要为慈善作出贡献，我深切地感到高兴。没有人应该对这种喜悦感到惊讶和诧异。

威廉姆·H. 盖茨，副主席，比尔 & 梅琳达·盖茨基金会

在中国历史上的任何时候，都没有像今天这么多的家族可以变得富足，同时还可以直接参与建设子孙享受的世界。中国的持续成功将会有赖于家族利用他们日益渐增的财富去创造一个拥有更多机会和美好生活的社会。这些选择建立，同时积极、系统地参与基金会的家族，将会开创一个被未来记

住的传统。

对建立基金会的中国家族而言，可能帮助他人所得到的个人回报更重要。自然灾害和悲剧会牵动人们仁慈善良的一面，但是一旦危机过去，他们的注意力会很快转移到日常生活中。相反，通过基金会去帮助他人的家族，将会知道每天帮助改善不幸人们的生活所带来的满足感。理想地讲，被帮助的人将会帮助他人，这将增强仁慈、无私等中国传统观念，同时为世界做出榜样。

保罗·艾伦家族基金会

The Paul Allen Family Foundation

第一节　基金会成立概况

一　成立时间：1986 年

二　背景

基金会于 1986 年成立于美国华盛顿州。2004 年，基金会又并入了艾伦艺术基金会、保罗·艾伦医学研究基金会、保罗·艾伦森林保护基金会、艾伦音乐基金会以及保罗·艾伦虚拟教育基金会。

保罗·艾伦家族基金会由保罗·加德纳·艾伦（Paul Gardner Allen）和他的妹妹乔·林恩·艾伦（Jo Lynn Allen）共同建立。保罗·艾伦于 1975 年同比尔·盖茨共同建立了“微软帝国”，与艾伦小姐 1986 年共同成立了伏尔肯投资项目管理有限股份公司，并担任理事长，艾伦小姐担任总裁和首席执行官。保罗·艾伦跨行业多方面投资于 50 多家公司，包括有线电视和通信行业、体育行业、技术行业、航天行业、娱乐行业、生物技术行业以及石油和房地产。

保罗·艾伦已承诺捐赠誓言，并保证将至少一半的财产捐献给慈善。

1. 时代背景

在美国，现代意义上的慈善基金会产生于 19 世纪末 20 世纪初，它的出现宣告了慈善事业的“革命”和“慈善工业”（philanthropy industry）时代的来临。1889 年 6 月，美国著名工业巨头安德鲁·卡耐基在《北美评论》上发表《财富》一文，认为富人创办基金会是为了向那些有劳动能力的人提供上升的阶梯，标志着现代慈善事业新理念的出现。1891 年，约翰·D. 洛克菲勒雇用弗雷德里克·T. 盖茨为其全职慈善顾问，现代慈善基金会应运而生。现代慈善基金会区别于以往慈善事业的主要特征是，它们以永久存在的受托人委员会或理事会为依托，以私有性质的公司制管理方式服务于公共利益，使原来相对零散的慈善捐赠演变为合理化、组织化、职业化的公益事业，注重探索社会问题的根源，从而把援助弱势群体的公益性努力建立在科学而理性的基础之上。

19 世纪末 20 世纪初，美国已有 18 家慈善基金会。1907 年成立的拉塞尔·塞奇基金会是美国最早的资产超过 1000 万美元的大型独立基金会，也是运作型基金会的先驱。1911 年，卡耐基用约 1.25 亿美元资产在纽约成立“卡耐基纽约集团”，通常称为“卡耐基基金会”，其宗旨是“增进和传播知识，并促进美国和曾经是英联邦海外成员的某些国家之间的了解”。1913 年，石油大王约翰·D. 洛克菲勒在纽约也申请注册了基金会，资金为 1 亿美元，其宗旨是“知识的获得和传播、预防和缓解痛苦、促进一切人类进步的因素”。1914 年，弗雷德里克·戈夫在俄亥俄州成立了第一家社区基金会，即“克利夫兰社区基金会”。到 1929 年，美国具有一定规模的各类慈善基金会达 300 多家。

2. 家族背景

保罗·艾伦简介

保罗·艾伦，生于 1953 年 1 月 21 日，美国企业家与投资家，与比尔·盖茨共同创立了微软公司的前身，是世界上排名第 48 位最富有的人（2012 年 3 月数据）。保罗·艾伦现任伏尔肯有限责任公司创始人和理事长，此公司为其主要投资和慈善业务。保罗·艾伦拥有数十亿美元的投资组合，包括科技公司、房地产资产以及其他科技、媒体和互联网公司股票。艾伦同时拥有 NFL 的西雅图海鹰队和 NBA 的波特兰开拓者队。2011 年 4 月 18 日，艾伦的自传《我用微软改变世界》正式出版发行。

3. 生平事迹

微软

1975 年，艾伦和盖茨联手在新墨西哥州的阿布奎基创立微软，开始销售 BASIC 解译器，并且艾伦最先提议使用“微软”这个名字。1980 年，微软向 IBM 承诺提供 DOS 系统，但实际上并未开发，于是艾伦提议购买 QDOS 操作系统，成功购买后，微软能够提供符合 IBM 要求的产品，这成为微软日后壮大的基石。

艾伦 1982 年被诊断出患有霍奇病，但经过几个月的放射性治疗后最终痊愈。他不再担任微软的管理职务，2000 年 11 月艾伦正式辞职，卖出 680 万的微软股票，但仍作为公司高级顾问，并持有剩下的 138 万股票。

慈善事业

保罗·艾伦对健康与人类服务组织及科技的进步都作出了贡献，成立于 1986 年的保罗·艾伦家族基金会就是这类活动的监管机构。通过这个基金会，艾伦每年都会捐出 3000 万美元。

大约 60% 的基金会资金都捐助给西雅图和华盛顿州的非营利组织，12% 的资金捐给俄勒冈州的波特兰市，其余 28% 的资金捐给太平洋西北部的其他城市和国家。

1990 年以来截止到 2012 年，保罗·艾伦家族基金会已经捐献给非营利机构 42 亿 8000 万美元，包括慈善性项目诸如“风险慈善”和艾伦望远镜阵列，这个项目是与加利福尼亚大学伯克利分校和地外文明协会合作的。

艾伦同样资助购买了吉米·亨德里克斯艺术品，包括亨德里克斯在伍德斯托克音乐节弹奏的吉他，并且保证在音乐馆中公开展出。

据报道，2010年12月保罗·艾伦向母校华盛顿州立大学全球动物健康学院捐献了2600万美金。这是华盛顿州立大学目前为止接受到的最大一笔捐款。在19世纪80年代后期，艾伦捐赠华盛顿大学1.8亿美元用于建造新的图书馆，图书馆以他父亲的名字肯尼斯·S.艾伦（Kenneth S. Allen）命名。2003年，他捐赠500万美金建立了以他母亲名字Faye G. Allen命名的视觉艺术中心。艾伦还是保罗·艾伦计算机科学与工程中心最大的个人投资者（1400万美元），该中心由西雅图LMN建筑设计院设计，2003年完工。这些年来，艾伦共向华盛顿大学医学院捐献数百万美元。1997年捐助前列腺研究320万美金，2002年随后又捐助100万美金。最近，基金会捐助弗雷德·哈钦森癌症研究中心的一个关于早期癌症检测的项目500万美元。

与妹妹乔·琳恩·艾伦一起，保罗·艾伦在2003年捐助1亿美元成立一家非营利的医学研究组织——艾伦脑科学所，该研究所利用老鼠的模型系统（考虑到其与人类DNA的极大相似性），把成年老鼠大脑的20000个基因映射到艾伦脑谱图的细胞层面，由此得到的数据储藏在对公众开放的艾伦脑谱图应用中。

2008年7月16日，艾伦捐资410万美元，发起“在线艾伦脊髓图谱老鼠基因图谱”计划。该项目首席科技官艾伦·琼斯说：“艾伦脊髓图谱为研究者解开脊髓秘密，探究其在疾病或受伤时如何作用提供了重大可能。”

与之前艾伦研究所提出的老鼠脑谱图一样，成立脊髓图谱会为治疗人类精神失常提供新方法，图谱为研究者标明了基因活跃的部位。

2008年11月19日，艾伦出席音乐体验馆活动/科幻小说名人堂第二届音乐创作者成就奖仪式，获奖者为罗比·罗宾逊，20世纪60年代著名乐队The Band的主创人员之一，同时也是一位著名的电影音乐作曲家。艾伦于2000年创建了这个博物馆，这个奖项是音乐体验馆的慈善福利。仪式终曲是由包括艾伦和罗宾逊在内的许多音乐家共同演奏的组曲。

2012年2月的一份报告显示，艾伦成为2011年最慷慨的美国慈善家，总捐赠达3.72亿美元，名列第三，前两名慈善家均已故。2012年3月，艾伦又向艾伦脑研究所捐献3亿美金。

三　相关组织机构

地区资助组织

西北慈善（Philanthropy Northwest）

其他相关慈善组织

基金会中心

四　使命和愿景

基金会的使命是通过鼓励创新、创造知识和宣传社会活动来改变人们的生活，使人们的社区更美好。为履行这个使命，基金会致力于以下领域：艺术与文化、资产建设、紧急救援、图书馆、科技创新和青年活动。

五　项目信息

1. 项目领域

艺术

教育

家庭服务

公共事业
青年服务

2. 项目对象

儿童/青年人
贫困人口
美洲印第安人

3. 主要地区

阿拉斯加州
爱达荷州
蒙大拿州
俄勒冈州
华盛顿州

4. 资助类型

建筑装修
资金
活动，竞选
应急款项
提高收入
管理发展/能力建设
匹配/挑战支持
项目发展
项目估值
研究
技术支持

第二节　保罗·艾伦家族基金会组织结构

一　组织结构

- 理事会成员和管理人员：

➢ 保罗·加德纳·艾伦*，理事长

其他职位：

伏尔肯投资有限责任公司，理事长

西北足球有限责任公司，理事长

First & Goal 股份有限公司，理事长

微软，创始人之一

音乐体验项目/科幻小说展馆 & 名人堂，创始人

波特兰开拓者队，创始人

➢ 乔·琳恩·艾伦*，总裁

其他职位：

伏尔肯股份有限公司，创始人，首席执行官兼总裁

音乐体验项目/科幻小说展览馆 & 名人堂，总监

First & Goal 有限责任公司，副理事

艺术基金，理事会成员

➢ 威廉·麦格拉斯，副总裁兼秘书长

其他职位：

伏尔肯有限责任公司，副执行总裁兼总顾问

➢ 苏珊·克里顿，副总裁

其他职位：

伏尔肯有限责任公司，副总裁

---

* 表明同时担任理事或理事会成员。

➢ 共7位职业员工

艾伦·伊斯雷尔（员工）

主要员工：

丽莎·阿诺德，基金经理与图书馆项目

瓦尔布什，基金专家

安森·范特兰，科技项目高级官员

吉姆·麦克唐纳，艺术与文化项目高级官员

大卫·波兹曼，传媒总监

威廉·范思吉，评估 & 规划 & 研发总监

保罗·加德纳·艾伦

保罗·加德纳·艾伦家族基金会创始人兼理事长

作为投资者和慈善家，保罗·加德纳·艾伦在全世界范围内创立并宣传能够通过艺术、教育、娱乐、体育、商业和技术来改善人们生活、学习、工作和体验世界方式的项目。1975年艾伦与比尔·盖茨一起创立了微软公司，并担任公司的最高技术专家直至1983年，此外他还创立了伏尔肯投资有限责任公司并担任理事长。

艾伦的投资对象非常多元化，包括房地产、技术、媒体以及其他领域。2004年，艾伦投资了太空飞船1号（Space Ship One），成为第一个用私人资金支持把人类送上次轨道太空的人，并获得安萨里X奖项（Ansari X－Prize）。艾伦同时拥有NFL的西雅图海鹰队和NBA的波特兰开拓者队，也拥有部分西雅图海湾人队。

艾伦目前共捐献了超过10亿美金的善款，已被提名为美国最慷慨的慈善家之一。2012年7月，艾伦公开自己希望把大部分财产捐给慈善的心愿，这个心愿的实现有很多形式。保罗·艾伦

家族基金会扶助致力于加强太平洋西北岸建设的非营利性组织。2003年，艾伦捐献出1亿美金用于创造艾伦脑科学研究所，这是一家致力于大脑创新性基础研究并与全世界科学家共享研究成果的研究机构。科学所的研究者们已经得到了人类大脑图谱，展现了20000多个人类基因的活动情况。科学所的工作会继续帮助科学家们取得新发现，大大促进神经科学的发展。

艾伦同时也是音乐体验项目西雅图互动音乐展馆、科幻小说展馆与名人堂、飞行文物收藏馆（一个二战期间飞行器的收藏与展示的项目），以及伏尔肯电影制片厂（美国公共电视台电视剧的独立电影生产商，包括生产美国公共广播公司系列剧的电影制片厂）的创始人之一。伏尔肯电影制片厂的产品包括《情感生活》《进化》《生存方案：全球健康挑战》（获艾美奖）《审判日：审判的阴谋》（获皮博迪奖）《布鲁斯》（由美国导演马丁·斯科塞斯和艾伦及乔·琳恩·艾伦联合拍摄）。

乔·琳恩·艾伦

保罗·加德纳·艾伦家族基金会创立者与总裁

乔·琳恩·艾伦是伏尔肯投资有限责任公司的总裁和首席执行官，伏尔肯投资有限责任公司是其与投资人和慈善家保罗·艾伦于1986年共同创立的一家项目投资管理公司。随后，她在全世界开发和领导了一系列保罗·艾伦的商业和慈善活动。

艾伦小姐同样也是伏尔肯电影制片厂的总裁和电影制片厂的负责人之一，目前共有以下著名作品：《情感生活》《硬糖》《远离天堂》《生存方案：全球健康挑战》（获艾美奖）《进化》（美国公共广播电视台）《布鲁斯》（由美国导演马丁·斯科塞斯和艾伦及乔·琳恩·艾伦联合拍摄）和《审判日：审判的阴谋》（获皮博迪奖）。

艾伦小姐担任保罗・加德纳・艾伦家族基金会的创立者和总裁，基金会促进社区建设并扶助所有太平洋西北岸的弱势群体。此外，艾伦小姐也是西雅图音乐体验项目音乐展览馆和科幻小说展览馆与名人堂的总裁，以及 First & Goal 有限责任公司的副理事。

艾伦小姐分别担任艾伦脑科学所和西雅图海鹰慈善基金会的理事会成员。作为艺术和教育方面的积极参与者，艾伦小曾任剧院传媒集团、华盛顿大学基金会、格拉斯博物馆、洛杉矶国际电影节和俄勒冈州莎士比亚节的理事会成员。

二　企业文化

来自总裁的信

在过去的 20 年里，我们已经见证了慈善是促进社会有利变化的关键。

保罗・加德纳・艾伦家族基金会的目标是建立独立重要的社区——一个强调创造力、创新性和合作精神的地方。这是我们寻求的特质，不论是在科学领域还是艺术或者教育领域，或者是帮助人们摆脱并彻底告别贫困。

我们采用各种战略去获得最大的影响。通过直接资助、技术指导和信息共享，基金会希望与非营利性组织进行合作。我们帮助巩固组织，测试解决问题的新方法，通常会通过公私合作来达到系统性的改革。

为纪念基金会成立 20 周年，我们发行了《西北杂志：庆祝捐赠 20 年》的报告，这份在线报告通过我们引以为豪的合作者的描述和形象讲述了基金会的历史。

我们的慈善事业在未来仍然会继续。2010 年 7 月，我的哥哥保罗公开表示会将自己财产的大部分捐给慈善，包括基金会和艾伦脑科学所。

我们的大部分工作都是以地区为导向的，但是我们一样有着大局观念，参与对最近国际性教育和保护项目的扶助。我们承诺多样化捐助形式，扶助非营利性组织来帮助更多的人，以及继续明确慈善怎样与我们的时代一起改变。

在基金会官方网站上，你会发现基金会目标、项目和历史捐助以及现有合作方的简介，我们意识到我们促进社会进步性变革的能力同非营利性组织满足不断变化的社会要求的能力一样重要。我们拥有有才华的合作方，同时也对自身对其的作用感到自豪。

乔·琳恩·艾伦

保罗·艾伦家族基金会创始人和总裁

第三节　项目信息

一　捐助项目

保罗·艾伦家族基金会通过六大捐助项目来实现自己的使命，每一个项目代表了创始人感兴趣的一个领域。在每个项目中，基金会已经明确了捐助对相关领域相关事件的可预见影响。

表1　六大捐助项目

艺术文化类项目	艺术文化类项目通过处理当今时代社会政治文化事件的艺术作品的创造与展现的问题，来培养创新表达和提倡批判性思考；我们同样扶助文化类组织的设施建设，更新商业模式，在变化的时代背景中获得可持续发展
资产建设类项目	资产建设类项目帮助低收入个体和家庭获得长期的经济稳定和成功，为实现这个目标，项目提供理财教育、企业家才能培训、入职培训等

续表

基本需求类项目	基本需求类项目帮助地区最弱势的群体满足包括食宿的基本需求
教育类项目	教育类项目提倡有远见的、有影响力的公立学校领导的工作能够提供优质教育，为学生的学业、事业和生活做准备；基金会扶助学校的项目或者地区性的整合严谨学术、实践学习和直接有益于学生取得事业成就和社会参与的项目
图书馆项目	图书馆项目加强公共图书管理员在人们与信息和思想之间的桥梁作用，我们帮助图书管理员增加对公共图书馆设施的社区用途，培养在图书和媒体相关项目上的兴趣
科技类项目	科技类项目提倡有前途的研究和技术进步，这些研究和进步有增长知识、改善健康和保护环境的潜力

艺术和文化

保罗·艾伦家族基金会的艺术和文化项目通过极富吸引力的艺术项目的创造和展示来培养艺术性的表述和提倡批判性思考的方式，为西太平洋的所有城镇的稳定繁荣作出贡献。我们同样通过一系列建设性的努力来帮助文化性组织改善财务境况。

艺术性项目

艺术帮助我们体验和领会快速发展的世界，彰显多元化和展现草根社会，提高跨文化理解，鼓励参与公民生活。在危机时代，意识为我们提供了充实与安全的社群感。为了帮助我们身边的艺术组织提供持续高质的作品，基金会扶助专业艺术家作品的创作和展现，包括舞蹈、文学活动、音乐、戏剧、视觉艺术、多媒体和跨学科作品。我们对处理当下社会政治文化热点事件和包含舆论激烈讨论的相关公共项目的现代作品尤为感兴趣。方便农村社区杰出艺术的项目我们一样欢迎。

改善财务境况

艺术非营利部门负责重大变革。文化性组织需要处理人口分布变化、艺术教育实用性降低、新兴技术和无法预计的票房等问题。这些因素，与当前经济不景气的大环境一起，使得组织反思经营模式。主动性强，善于发现并乐于接受新式工作方式的组织才最经得住暴风雨的考验。

保罗·艾伦家族基金会致力于帮助艺术性组织寻找掌控变化的环境，抓住机遇以改善自身财务状况。我们扶助一系列加强组织建设、增加收入渠道、提高运营效率和改革自身的项目。基金会考虑到社团性项目的资源共享，也考虑到资金项目的数量有限，申请者应能够在申请时证明完成85%的筹资目标。最有竞争力的申请应该能够全面规划、详细描述具体解决组织面临困难的策略，并且证明组织有能力实施和持续经营预期项目。成功项目会带来收入、效率和改善社会底层人民关注度的预期的增加。

以上各领域项目可能包括：

- 寻找拥护者和扩大影响力以增加收入的市场活动
- 寻找资源，增加和多元化捐助来源
- 技术提升，提高顾客体验和增加运营效率
- 不同于运营框架的新模型检测和可变战略
- 合作性项目，如合资市场营销，增加票的作用，或者加强个别组织的后勤
- 主要设备项目（租赁改善，设备创新与扩张，新建项目）作为拓展项目规模和影响力的手段，申请者必须展现项目可行性，至少85%的活动资金保证，以及资金项目的正面运营影响

受邀申请者应提供以下信息：

- 项目如何改善财务状况和可持续性

- 预期阶段性目标，实现项目的最终成功
- 阶段目标完成过程中评估和报告的策略
- 学习心得共享

资产建设

保罗·艾伦家族基金会的资产建设项目帮助低收入个人和家庭实现长期的经济稳定和成功。

低收入家庭正面临不断增加的各种复杂的困难。整个地区的生活成本正在不断上升，男性与女性年薪之间有差距，许多工薪家庭很难得到合理的贷款。因此，许多低收入个人和家庭脱贫并不容易。当家庭确实有经济富余时，一次急病或失业又会带来灾难性结果。

为解决这些困难，基金会为致力于以下目标的非营利性组织提供资金：

- 增加人们的理财知识，这样一来人们可以更好地处理预算，取得借贷，规划理财
- 增加人们通过个人成长账户（IDAS）、银行储蓄和最小化利用支票－现金服务节省的数额
- 帮助人们做好买房准备
- 通过高等教育和职业培训，增强人们的职业技能，以便可以找到保证生存的工作，尤其是在新兴产业
- 使家庭获得应得的福利，包括EITC、失业保险和职业培训
- 帮助个人和家庭——特别是难民和移民——开办和持续经营小型企业

基本需求

自2008年以来，保罗·艾伦家族基金会的基本需求项目已

经和当地帮助华盛顿州弱势群体的机构一起合作。对这些机构的资助在 2013 年仍将持续。

持续的经济不景气和华盛顿财政预算入不敷出已让许多个人和家庭无法满足生活基本需求——尤其是在占华盛顿州总人口1/3的国王郡。

为解决这个危机，基金会将为华盛顿州非营利组织提供两年的捐助项目，满足人们食宿的需求。

教育

保罗·艾伦家族基金会教育类项目通过明确目标和捐助策略满足人们对教育的不断需求。自 2012 年开始，基金会将与华盛顿州与俄勒冈州的公立学校和行政区合作，共同实施可持续的以研究为主的改善项目，帮助学生更好地取得成就。

所有儿童都理应得到优质教育，为以后的学习、事业和生活做好准备。基金会与富有远见和影响力的学校和地区领导们为这个目标一起努力。

基金会扶助学校或地区级别的项目，并具有以下特点：

- 学术严谨——21 世纪的批判性思考和解决问题的能力
- 实践学习——实习，导师制和其他与在职人士实践学习的机会
- 影响力——过去的模式和创新性策略，为学生获得成就提供预期的学校层面和地区层面的改善
- 社会参与——与当地公司和组织有持续和稳定的关系

图书馆活动

保罗·艾伦家族基金会图书馆项目致力于加强图书管理员在人们与信息和思想之间的桥梁作用。2012 年，我们会在华盛顿州和俄勒冈州摩特诺玛郡的图书馆举办“Making Connections”活动

（始办于 2009 年），帮助他们加强图书馆与人们之间的关系。

强大的公共图书馆帮助建立强大的社区。然而图书馆却不断面临更严酷的公共资金竞争，以提供最基本的服务。为保持图书馆的重要地位，图书馆必须与图书馆使用者建立持久联系——可以通过满足读者的需求，始终作为信息的重要来源。

基金会将提供风险投资资金来开发和试验新型读者服务。我们寻求创新性项目，以帮助图书馆适应快速变化的社会大环境，为读者和所在社区提供兴趣和娱乐服务。

科学与技术

科学与技术项目提倡有潜力增长知识、改善健康和保护环境的有前景的研究和技术进步。

面对科技的快速创新，保罗 · 艾伦家族基金会努力将新思想、新发现、新信息运用到复杂的地区性和全球性事务中。为了完成这些目标，基金会扶助具有明确目标、预期影响力和长期广泛公共影响力的跨学科项目。因为项目涉及一系列主题领域，我们与被捐助者紧密合作，共同制订实施计划和业绩规则。

具体领域如下：

- 技术进步与应用，以保护环境和缓解气候变化
- 神经科学与人类基因的交叉研究
- 增长人们对宇宙了解的技术进步和应用
- 带来新突破，增加人们对生物系统了解的医学研究

二　相关链接

以下显示的数据库包括了组织发展、资金筹集和社会资源。

（Link：http：//www. pgafoundations. com/TemplateLinks. aspx?contentId = 34）

Name	Program	Description
501 Commons	Nonprofit Technical Assistance Resources	501 Commons is a nonprofit 501(c)(3) whose purpose is to assist organizations in the nonprofit sector become more effective by providing them with affordable management assistance.
Alaska State Council on the Arts	Arts and Culture	State arts council
Alliance for Nonprofit Management	Online Organizational Development Resources	The Alliance provides leadership in enhancing a civil society by challenging and strengthening those who deliver management and governance support services to nonprofit organizations. Alliance members include management support organizations (MSOs), individual professionals, and a range of national/regional, umbrella, research and academic, publishing and philanthropic organizations that provide technical assistance (training and consulting) to nonprofits.
American Association of Museums	Arts and Culture	National arts service organization
American Symphony Orchestra League	Arts and Culture	National arts organization
Arts Northwest	Arts and Culture	Regional arts organization
Arts Resource Network	Arts and Culture	Provides access to a range of information about the arts and arts opportunities, as well as the opportunity to connect with others and explore art forms.
Association of Performing Arts Presenters	Arts and Culture	National arts organization
Benevon	Online Fundraising Resources	A for profit consulting firm, Benevon trains and coaches nonprofit organizations in fundraising. It also offers a free e-newsletter.
BoardSource	Online Organizational Development Resources	BoardSource provides web-based and consulting resources, tools, training, and leadership development for board members of nonprofit organizations worldwide.

Showing 1 to 10 of 44 entries

First Previous 1 2 3 4 5 Next Last

图 1　项目数据库网页链接

三　申请指南

➢ 申请过程与要求

基金会捐助是能为西北地区带来最大正面效应的活动。为此，我们有一系列的策略来吸引资金，包括询问信和建议书。通常，我们会邀请和我们的目标和工作重心高度一致的组织一起合作。因为我们最终捐助与否取决于这个过程，所以我们不接受单方面请求。在浏览完我们的活动项目后，如果您觉得您的组织与我们志同道合，请查询联系信息并进一步与我们联系。

所有接受基金会捐助的组织必须满足以下要求：

- 服务于太平洋西北部以下各州的人民：阿拉斯加州、爱达荷州、蒙大拿州、俄勒冈州和华盛顿州
- 拥有国税局公共慈善501（c）（3）注册，政府认可，或

是国税局认可的组织，可以不是国内税收法第 509 章第一部分规定的私有性质的基金会

- 组织必须不能有任何基金会捐赠的拖欠报告
- 组织可以没有除本基金会以外的捐赠

此外，基金会对以下情况不提供资金：

- 持续活动的日常运营支持
- 贷款或债务偿还
- 年度资金需求、联邦活动、日常资金活动、特殊活动或赞助
- 任何有对种族本源、性别、人种、宗教和性取向方面的歧视政策或行为的组织活动
- 宗派的或者宗教的组织，其活动是为其本身或信徒的利益

➢ 捐赠名单

2005 年以后的所有捐赠都可在以下数据库查到：

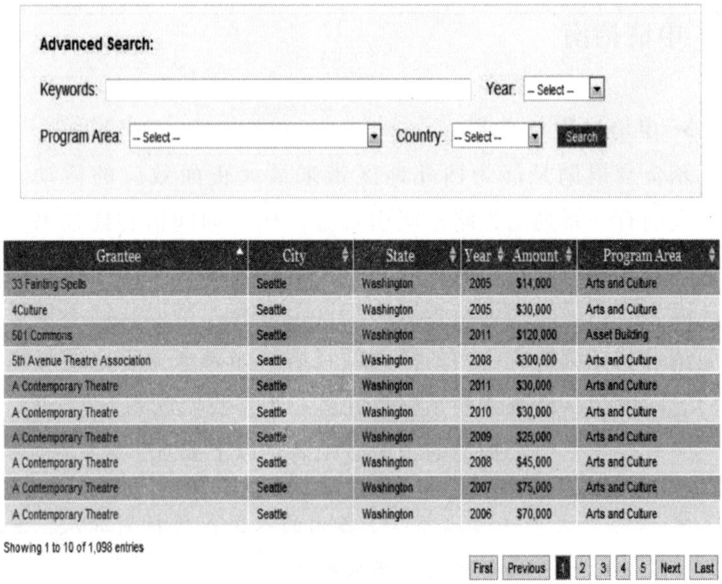

Grantee	City	State	Year	Amount	Program Area
33 Fainting Spells	Seattle	Washington	2005	$14,000	Arts and Culture
4Culture	Seattle	Washington	2005	$30,000	Arts and Culture
501 Commons	Seattle	Washington	2011	$120,000	Asset Building
5th Avenue Theatre Association	Seattle	Washington	2008	$300,000	Arts and Culture
A Contemporary Theatre	Seattle	Washington	2011	$30,000	Arts and Culture
A Contemporary Theatre	Seattle	Washington	2010	$30,000	Arts and Culture
A Contemporary Theatre	Seattle	Washington	2009	$25,000	Arts and Culture
A Contemporary Theatre	Seattle	Washington	2008	$45,000	Arts and Culture
A Contemporary Theatre	Seattle	Washington	2007	$75,000	Arts and Culture
A Contemporary Theatre	Seattle	Washington	2006	$70,000	Arts and Culture

Showing 1 to 10 of 1,098 entries

First Previous 1 2 3 4 5 Next Last

图 2　捐赠数据库网页链接

➢ 捐赠历史

自从1990年，保罗·艾伦家族基金会已向非营利组织（大部分在西北地区）捐赠了4.38亿美元。

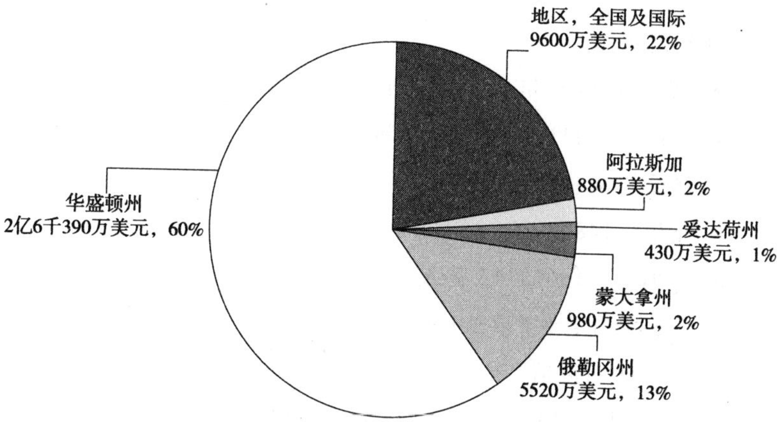

图3　各州1990～2011年捐赠金额：4亿3800万美元

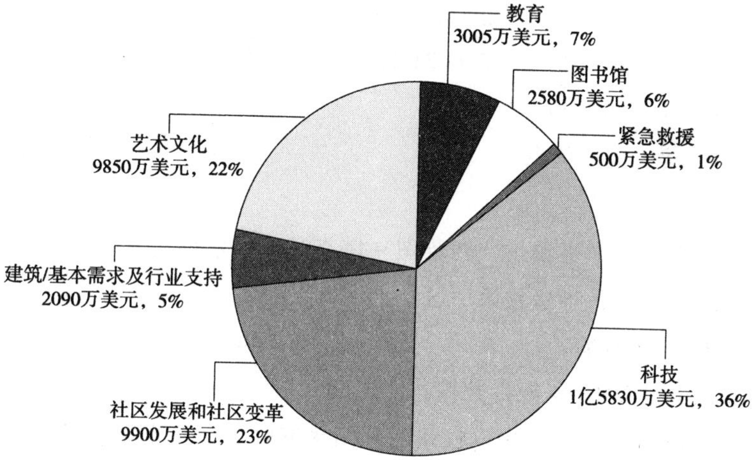

图4　不同领域1990～2011年捐赠金额：4亿3800万美元

第四节　财务信息

财务数据：

- 截止到2009年12月31日的数据（未审计）

➢ 资产：17033924美元（市值）

➢ 接受捐助：30951096美元

➢ 支出：14897680美元

➢ 总捐助：14693342美元

➢ 合格分配：14694610美元

➢ 捐赠活动包括：

209笔捐助共14668美元（最高：1000000美元；最低：100美元；平均：45000~200000美元）

9位雇员接受25201美元

注意：最近几年可得到的财务信息均为未审计数据。

- 截止到2010年12月31日预计财务数据

捐助：15000000美元

- 其他地址信息

县：国王县

都市会：华盛顿州，西雅图－塔克马－贝尔维尤

国会选区：华盛顿第7区

- 捐助列举

以下是2010年报告数据：

300000美元——华盛顿州西雅图华盛顿大学，支持有效资产建设项目，一年以上的应付款项

50000美元——爱达荷州博伊西非营利发展中心，支持旨在加强爱达荷州非营利组织能力的规划，一年以上的应付款项

50000美元——俄勒冈州尤金地区收容所，为迁出户提供紧急服务，一年以上的应付款项

40000美元——博伊西艺术博物馆，为迈克·拉斯本作品展览与准备，一年以上的应付款项

40000美元——俄勒冈州波特兰萨瓦岛中心，支持能源开发和项目扩张的能力建设项目，一年以上的应付款项

25000美元——蒙大拿阿奇布雷陶艺基金会，支持陶艺项目和基金会周年展，一年以上的应付款项

20000美元——亚伯达拜尔剧院，蒙大拿比灵斯，通过引进新技术提高剧院的财政状况，一年以上的应付款项

第五节　合作 & 交流

康奈利、博伊斯、西雅图、里奇园和安克拉奇——《西北杂志》走访了这些地区，收集那些给当地带来深远影响的优秀组织机构的故事。为庆祝基金会成立20周年，我们一直关注我们的合作方，关注来自他们的声音和对创新、创造和合作的承诺。他们正是我们对这片土地和这里的人民的力量和无限潜力的信念的体现。

表2　基金会的合作方

康奈利图书馆	在俄勒冈州的这个城市里，一位全日制双语图书馆管理员说，她现在能够为越来越多城镇里的西班牙移民服务
西雅图生物医学研究所	西雅图生物医学研究所利用基金会捐助来寻找治愈肺结核的方法
国际野生委托组织	总部在西雅图的这个组织，工作地点位于波次维纳，致力于寻找保护濒危动物非洲野狗
森林保护组织	基金会最早开始的工作之一，致力于保护脆弱的森林地区，最终保护400000英亩土地

续表

育苗奖金计划	奥林匹亚一个小农场，致力于帮助斯顿郡的弱势青年人树立责任感，培养团队合作和领导力
德尔塔高中	位于华盛顿的三城有一所新成立的高中，学生们在这里集中学习符合当地实情的以项目为基础的科学、技术、工程和数学知识
拯救方言活动	基金会支持整个太平洋西北地区的各种书面文字形式，博伊斯的木屋中心就是一个例子
西部民俗中心	该中心致力于保护独特的西部文化，包括传统的墨西哥－美国式的叙事歌谣和一个享有盛誉的西部摇摆乐队
西北大丰收	华盛顿所有的粮食银行正接收大量高蛋白食物作为西北大丰收活动每年分发的1800万磅食物的一部分
常青树房屋计划	在波特兰，无家可归和低收入群体正接受住房、就业培训和钱财管理技能的服务
库克湾部落议会	位于安克拉奇，每年通过35个文化性项目，为超过12000的阿拉斯加本地人和美国印第安人提供服务

第六节　评价

一　伟大的保罗·艾伦（节选）

微软创始人的慈善事业比其新出版的自传更具启迪作用。

要了解艾伦的慈善设想就必须了解艾伦本人，但是更有趣的是，了解艾伦这样一个低调的人的最可靠的方式就是研究他的慈善事业。艾伦的慈善性捐助似乎大都是以个人的形式，慈善并非源于乌托邦之梦或者提高人类生存条件的抽象概念，而是源于那些引起兴趣和鼓励实践的事物。从摇滚乐和科幻小说到太空探索，艾伦个人兴趣是其慈善事业的最终来源，艾伦脑科学研究所投资就是如此。如果我们认真研究艾伦的事迹就会发现他并非谜一般的神秘，他做慈善的方式也比我们之前想象的要清晰得多。

二 世界上最杰出的捐助者

在福布斯，我们用很多时间来计算人们拥有的财产，我们也跟踪观察他们捐赠的多少。最近的分析显示，我们已经意识到一个精英团体的特征：19 位向慈善组织和基金会捐款超过 10 亿美元的慈善家。这个数字比我们两年前统计的数字多出了 5 位，并且超过 2/3 的慈善家（确切说是 13 位）来自美国，除一位外其余都是白手起家的企业家。

毋庸置疑，微软创始人比尔·盖茨是世界上最大的慈善家，共捐助比尔 & 梅琳达·盖茨基金会 280 亿美金，基金会因此成为世界著名的慈善机构。比尔·盖茨捐助数量已超过好朋友沃伦·巴菲特 3 倍之多，巴菲特排名上升两位现排第二位，其后是乔治·索罗斯（80 亿美元）和英特尔创始人戈登·摩尔（68 亿美元）。

众所周知，巴菲特曾表示他去世前不会捐献一分钱，但是之后巴菲特改变心意，2006 年宣布将市值 300 亿美元的股票捐献给盖茨基金会，此后共捐献 83 亿美元，包括最近捐献 19 亿美元。

现在巴菲特和盖茨正努力号召更多的人加入慈善事业。他们创造了“捐赠誓言”来激励美国富翁及家族将财产的大部分捐给慈善（生前或者去世后）、迄今已有 69 位富翁声明参与，包括脸谱首席执行官马克·扎克伯格和对冲基金巨富戴里奥，但大多数仍处于捐赠的初级阶段。我们注意到“捐赠宣言”上只有 10 位，包括已捐款 10 亿美元或者更多的盖茨和巴菲特（不必考虑太多基金会的规模，我们是在没有通货影响的情况下统计其个人历史捐赠）。

其他人包括纽约的梅耶迈克·彭博、泰德·特纳、詹姆斯·

斯托尔斯和乔恩·亨茨曼。斯托尔斯可能是其中最不出名的一位，但确实是捐赠财产比例最高最为慷慨的一位。这位2000年以后就排在福布斯富豪榜400名外的共同基金巨富捐献了将近95%的财产给堪萨斯市的斯托尔斯医学研究中心，该中心从事基金研究，旨在增加人们对癌症、糖尿病和心脏病等其他疾病的了解。

1992年诊断出前列腺癌让化工巨头亨茨曼成为了世界上最慷慨的慈善家。在他第一次去医院治疗的路上，亨茨曼停下三次，为一个无家可归者的收容所捐赠100万美元，为一个慈善出访捐赠100万美元和为一个发现恶性肿瘤的医院捐赠了50万美元。随后的20年，他共捐出了12亿美元，大部分都是捐给他的癌症基金会。他告诉最近与他讨论慈善的同事大卫·韦兰说："捐献才是赚钱的意义。"

最近，保罗·艾伦为华盛顿州立大学捐献2600万美元以完成全球动物健康学院的建设，使其名列亿万捐助者。在给统计美国慈善捐助数目的韦兰的信中，这位微软创始人说，科学已成为他个人捐赠的首要选项，其基金会就为尖端神经科学探索提供资金，其脑科学研究所公布了有关大脑的价值5500万美元的数据集，他仍继续支持太平洋西北部的慈善机构，因为他认为"在国内做慈善很重要"。

也许这个精英群体中最让人意想不到的一位就是世界首富卡洛斯·斯利姆·赫鲁。在2011年悉尼福布斯全球CEO大会上，斯利姆对赠与慈善机构万亿美金却仍未能解决世界问题嗤之以鼻，几星期之后，在美国的一个会议上，他质疑盖茨和巴菲特捐献个人财产的决定，他认为这是一个很有趣的想法但不会解决任何问题。

但是斯利姆仍然以股利的形式向自己的基金会捐助了40亿美元，并且正在与著名的慈善机构合作，如克林顿全球倡议和盖茨基金会。

三　最慷慨的美国人

富裕的美国人现在也开始捐献自己的财产了，虽然他们仍不如经济不景气之前的日子那么慷慨，但 2011 年慈善捐助仍旧回升。

根据《慈善纪事》的研究，美国排名前 50 的捐助者 2011 年总共捐助了 104 亿美元，是 2010 年捐助数量的 3 倍还多。

《慈善纪事》第 12 年度名单同时列出之前和现在捐助的财产，长期慈善捐助人和新增捐助人，以及著名与非著名的捐助人名单。

尽管 50 位最富有慈善精神的人中男性占了 47 位，最新加入的玛格丽特·嘉吉小姐，一位农业方面公司的继承人，却位居名单首位，共向安妮·雷公益信托和玛格丽特·嘉吉基金会捐赠 60 亿美元。嘉吉女士创建这两个基金会是为了支持艺术、环境和灾难救援等其他事业。嘉吉女士于 2006 年去世，但根据《慈善纪事》显示，基金会直到 2010 年才能够清算其财产。

钢铁实业家威廉·迪特里希二世于 2011 年 10 月去世，位列第二，他为迪特里希基金会共留下 5 亿美元，该笔资金将主要支持宾夕法尼亚州西部的非营利组织和学院大学。

现年 59 岁的微软创始人之一保罗·艾伦连续十年榜上有名，2011 年共捐助了 3.726 亿美元，捐赠保罗·艾伦家族基金会 2.95 亿美元和 2003 年成立的艾伦脑科学研究所 7000 万美元。艾伦还为音乐体验项目和科幻小说展馆捐赠 760 万美元，2011 年捐助财产排名第三。

金融家乔治·索罗斯和梅耶迈克·彭博排名第五。81 岁的索罗斯为其开放社会基金会捐赠 3.35 亿美元，69 岁的梅耶迈克·彭博 2011 年为各种扶助艺术、公共事业和公共事务等的 1185 家非营利机构捐助 31.13 亿美元，大约是每天捐助三个以上的非营利组织。

名单上的 29 位人士 2011 年共捐献了超过 5000 万美元，而 11 位捐助人捐助超过了 1 亿美元。12 位已加入了捐赠宣言，捐赠宣言是由比尔·盖茨夫妇和沃伦·巴菲特共同发起的，提出捐赠至少一半财产给慈善机构的承诺。

《慈善纪事》第 12 年度慈善前 50 名名单是以非营利机构所接受的捐赠为基础，包括现金股票以及艺术收藏品。为了这份名单，《慈善纪事》从富裕阶层和很多美国著名非营利机构获取信息，然而并非所有捐助者都公开其捐赠的详细细节。

《慈善纪事》只关注捐助者在美国国家税务局法规下以慈善机构或基金会的形式为其他组织提供的捐助，来自家族基金会的捐助不计在内，以避免重复计算。名单也不包括匿名捐助者和捐赠声明前的费用。

参考资料来源

http://www.qiqi8.cn/article/37/40/2012/20120405146771.html.

http://en.wikipedia.org/wiki/Paul_ allen#Philanthropy.

http://www.pgafoundations.com/decadereport/Home.aspx.

http://www.forbes.com/sites/jacquelynsmith/2012/02/06/the - most - generous - people - in - america/.

彭博家族基金会

Bloomberg Philanthropies

第一节　背景介绍

一　基金会大观

“如果彭博想把自己塑造成为城市的文明大使，他的旗下有一大把资源任他差遣，而其中的猛将，就是他的基金会。彭博以前曾经说过他有意在去世前捐出自己所有的财富。”正如《慈善纪事》编辑斯塔西帕尔默所说：“如果他打算趁在世时捐出所有的钱，他将比比尔·盖茨捐钱的速度更快（因为他更老）。他必须把那么多钱都清扫出门，他想法很大。”

1. 基金会简介

彭博家族基金会2006年由现任纽约市长迈克尔·彭博创立于纽约，旨在关注特定领域的进步，如公共卫生和医药研究。作为创办者的彭博先生，是拥有彭博L. P（Bloomberg L. P）的金融软件服务公司88%股权的大股东，同时，他也在福布斯美国2011年亿万富翁排名中排第30位。

2010年，彭博家族基金会的资产市值达27亿，较2009年的财政年度（22亿）增长了22%。

彭博先生已经签署了“捐赠宣言”（The Giving Pledge），承诺至少贡献半数财产给慈善事业。

2. 彭博设立彭博家族基金会的原因

彭博先生一直以来都相信慈善能够改善人们的生活。他的父母从小就教育他要懂得公共服务和奉献精神，这些原则一直以来也指导着他前行。这也正是他一直以来不断奉献给彭博慈善的原因。至今彭博先生已经向广大组织和机构捐出超过16亿美元。在2011年，彭博慈善捐出3300万美元，这使得彭博先生在《慈善纪事》列出的美国前50位慈善家排名中位居前五。

二　相关企业：彭博 L. P

当你已经统治了华尔街，你会怎样做？你会成为拥有这条著名金融街的城市的市长。在把他的金融新闻和资讯公司送上成功轨道后，彭博摇身一变执掌起了这个“大苹果”（纽约市的昵称）。以他名字命名的公司依然在商业传媒领域中保持领导地位，它的核心“彭博职业服务”可以随时从终端登录并提供实时的金融新闻、市场数据和分析。公司拥有新闻资讯服务，出版杂志（包括著名的《彭博商业周刊》），还通过彭博电视、广播和网络发布各种商业信息。彭博在1981年设立该公司，他拥有公司的大部分股权。

彭博 L. P 职员

彭博 L. P 公司的纽约分公司有74名在列职员

彭博 L. P. 公司高层管理人员

丹尼尔·L. 道托罗夫
首席执行官
年龄：52

彼得·T. 瓜厄
主席
年龄：64

托马斯·F. 斯昆达

创立人

迈克尔 R. 彭博
创立人
年龄：69

马修·温克勒
首席编辑

三 作为企业家的迈克尔·彭博

彭博先生是 Bloomberg L. P 公司的创办者兼拥有者。彭博 L. P 公司是世界上领先的金融新闻和资讯公司，总部位于纽约。公司在世界上 185 个地区总共拥有超过 30 万名客户和 13000 名雇员。

彭博先生很早开始了他的事业。从约翰·霍普金斯大学得到工学学位后，他又在哈佛大学商学院得到了他的 MBA 学位。在 1966 年他 24 岁时，他搬到了纽约，加盟了一家名叫萨罗曼兄弟（Salomon Brothers）的投资银行。彭博先生很快就在萨罗曼中显示出他的锋芒，他后来得以掌管这所交易公司的信息系统。在 1981 年，萨罗曼被另一家公司收购后，彭博先生被新东家排挤。他创办了彭博 L. P 公司，从此勇往直前，逐步实现了他关于金融新闻和资讯公司的图景，即通过新技术给华尔街的金融公司带来透明度和效率。

彭博 L. P 公司向金融和商业精英提供关键信息，这些信息将会影响每天数十亿美元的关键决定。彭博 L. P 公司向客户提供的服务有：高级交易工具，资产组合分析，复杂商品定价和数据，实时市场覆盖，信用和债务市场投资分析工具，法律、管制和遵从平台，制药和生物技术搜索引擎，在列衍生品的估价工具，场外交易衍生工具，结构性票据市场和一系列对于公司日常运营和关乎推动全球金融服务的决策至关重要的信息。

彭博新闻（Bloomberg News）现在是世界上最大最受信任的信息来源之一。它包括了彭博电视（Bloomberg TV）——世上唯一一家24小时服务的商业和金融电视网络，还有彭博广播（Bloomberg Radio）、Bloomberg. com和一系列印刷品，包括著名的商业周刊。其新闻专线向世界各地的报纸、网站和其他传媒提供新闻。在一篇2009年11月的文章中，《纽约时报》这样描述彭博新闻："迈克尔·彭博在1981年创立以自己名字命名的这个资讯巨兽，早在彭博本人成为纽约市长之前，就已经有足够的资源、能力和胃口来吞噬这个世界，至少在缩水的商业新闻世界里是最有影响力的公司。"

以清廉、透明、强势和创新为使命的彭博L. P现在被广泛认为是世界上最领先的公司之一。其领先的理念范围广阔，包括了该公司为其雇员，包括CEO配置的牛棚式座椅和它对投资和支持雇员的重要性的坚定信念。彭博L. P公司的大成功使得彭博先生成为了世界领先的慈善家。

- 彭博L. P公司参与竞争的领域
- 信息收集与配送
- 媒体
- 电影 & 视频
- 因特网内容提供者
- 出版业
- 杂志出版业

四　理念

资助没有人感兴趣的领域

彭博先生充满雄心壮志，他对慈善的视角与众不同。不管他的家族基金会迄今为止做了什么，他明确表示了他的家族基金会的主要角色。

“去年，彭博捐出了2.792亿美元。但这只是个开始。‘我们基金会将要做的’，他说，‘是对别人都不感兴趣的领域进行资助。因此我们要办禁烟活动——我今年已经投资了（约）650万美元，并将持续六年。吸烟在本世纪将会导致10亿人死亡。这是一件很大的事。’他对C40的支持又是另一个例子，这个项目或许会带来另一个慈善果实。在纽约，他利用市长办公室作为号召平台，帮助非营利组织筹资。另一方面他也利用市长基金来改善纽约市建设，从私人捐赠者那里收集资金来支持那些政府本身支付不起的公共项目（在7月中旬，彭博捐出了2.4亿美元，支持5个美国城市的市长创建‘创新传递队伍’，使得城市关键服务在财政紧张的大环境下得以进行）。”

他承认私人基金会并不足以支持像政府支出那样的大额捐款，但他补充说，私人慈善可以做一些关键的，甚至是激进的事。

彭博先生对展现融合慈善和私人部门效率的美好图景显得特别热情。他或许可以与盖茨基金会争雄。而他，正打算这样做。

捐出所有财富

“一个彭博L.P的高级经理最近告诉我，他最新的招人宣传标语就是问对方：‘如果有一家公司，它的老板捐出了几乎所有的利润给慈善事业，你还能选择不去这家公司工作吗？’没有其他事能比这件事更让我为我的公司感到骄傲。”

“对人们生活的进步作出贡献，并亲眼见证他们生活的改善，这也许是一个人做的事情之中最满意的了。如果一个人想尽情享受生活——奉献吧。如果你想为你的孩子做点什么，想说你多么爱他们，那么最有用的就是支持一个为下一代创造一个更美好世界的基金会。长远来说，他们从你的慈善事业得到的将会比从你的遗嘱上得到的更多。我相信，我在做的慈善事业无论是对我的孩子还是对那些受资助企业，贡献都一样地巨大。”

当彭博先生创立这个家族基金会时，他说过他会捐出接近所有的财富。看来这个承诺依然有效，它仍将是基金会的终极奋斗目标。

主要关注领域

“在圣保罗期间，彭博从他的钱包里面抽出一张卡片，他说这张卡片是为了以防万一他被问到他的基金会到底是干什么的。卡片上面有五个词，他一个个从口中读出来，‘公共卫生、艺术、政府创新、环境，教育’不用我说，这里面包含的东西太多了。”

彭博家族基金会主要在全球范围内资助五个领域的发展：艺术、教育、环境、政府创新和公共卫生。详细的项目介绍将在第三节进行。

基金会合作伙伴

比尔 & 梅琳达·盖茨基金会

在禁烟活动中，比尔 & 梅琳达·盖茨基金会是彭博家族基金会的合作伙伴。

比尔 & 梅琳达·盖茨基金会是世界上最大的公开运行的私人基金会，由比尔·盖茨和梅琳达·盖茨创立。它是以“为盖茨家族的利益和理想服务”为宗旨的。在世界范围上，该基金会主要关注加强各地的卫生服务，减少极端贫困；在美国本土，该基金会关注增加教育机会，提供青少年更多接触信息技术的机会。总部在华盛顿州西雅图的比尔 & 梅琳达·盖茨基金会，主要由三个资助人出资：比尔·盖茨、梅琳达·盖茨和沃伦·巴菲特。其他主要雇员还包括联席主席老威廉·H. 盖茨和首席执行官杰夫·莱克斯。直到 2011 年 9 月 30 日，该基金会一共捐出了 335 亿美元。虽然基金会本身说慈善终究有其局限，但该基金会的规模和它把商业技术应用于慈善的实践使得它成为全球慈善界慈善资本主义的领跑者之一。在 2007 年，基金会的创立者们共同被列为美国第二最慷慨的慈善家。

第二节　组织架构

彭博家族基金会是一个非上市、非营利的组织，并且依照特拉华州普通公司法设立。

一　组织架构变动

2010年3月31日迈克尔·彭博正式任命他的第一任副市长帕特丽夏·哈里斯出任这个有17.5亿美元资产的慈善组织的主席和首席执行官。

原因：此前很多年，哈里斯已经在工作之余管理市长的私人慈善事业，这次任命并没有改变这个情况。换句话说，这次任命只是给哈里斯正名。

二　理事、行政人员以及职员

理事

责任基金会的项目和实务需要在理事会的指导下经营管理。

级别基金会有三个级别的理事：一级理事、二级理事、三级理事。

人数除了特殊情况，基金会应有至少16名、至多25名理事，并且至少有8名二级理事，以及8名三级理事。

表1　理事名单

理　事	职位/每周工作小时数	报酬（美元）
帕特里夏·哈里斯	首席执行官，理事/5	0
艾玛·彭博	理事/0.58	9000
乔治娜·彭博	理事/0.58	9000
特莱·奥尔布赖特	理事/0.58	9000

续表

理　事	职位/每周工作小时数	报酬（美元）
大卫·伯仁	理事/0.58	9000
克里·波克	理事/0.58	0
肯尼斯·切诺特	理事/0.58	9000
华特·伊萨克逊	理事/0.58	9000
玛雅·林	理事/0.58	0
约翰·马克	理事/0.58	9000
亨利·鲍尔森	理事/0.58	9000
约翰·艾斯利·布什	理事/0.58	9000
唐纳德·丹尼尔	理事/0.58	9000
曼纽尔·迪亚茨	理事/0.58	9000
菲奥娜·德克米勒	理事/0.58	9000
约塞夫·麦克肖恩教士	理事/0.58	0
萨姆·纳恩	理事/0.58	9000
阿尔弗莱德·索姆	理事/0.58	9000
马丁·索莱尔	理事/0.58	9000
总　计		135000

行政人员

人数

基金会应有1名首席执行官和1名首席行政官。另外，基金会的官员应包括1名首席投资官，1名首席财务官。这样的行政人员或行政助理职位可以变动。首任首席执行官应是一名理事。除此之外，其他行政人员可以但不一定是理事或理事成员。任何两个或多个行政职位可由同一人担任。

首席执行官

1. 首席行政官负责管理、控制基金会的日常资产和运作。所有理事会主席缺席的股东会，首席执行官必须在场。首席执行官必须如实向理事会告知基金会的实务。尽管有上述规定，在不违背章程的前提下，首席执行官有权利以及义务按照章程或理事会的决定管理基金会。

2. 除了前款规定的权限，首任首席执行官有权以基金会的名义给予或接受捐赠。首任首席执行官执行、证实、认可、交付、存档、记录所有证书、设备、协议和文件，以及完成所有首任首席执行官判断为了完成给予和接受捐赠所应当以及必需的行为。

首席行政官

首席行政官应做会议记录，管理基金会的印章，并且在授权时给文件盖章。首席行政官应对秘书室尽一切由理事会决定、且不违背章程的责任。

首席投资官

首先，首席投资官应当管理好基金会的资产组合，控制管理这些资产以达到利益最大化。其次，咨询投资委员会来管理这些资产。最后，首席投资官需要尽一切由理事会决定、且不违背章程的责任。

首席财务官

首席财务官应当负责基金会的一切财务计划以及记录，以及理事会决定、且不违背章程的其他相关职责。

解雇

首席执行官有权无理由解雇下属、中介机构和雇员。除此之外，只要理事大会或者特别会议 2/3 的理事投票，任何官员、中介机构和雇员任何时候都可能被解雇。

官员、雇员、中介机构的报酬

薪酬福利须由大多数理事会成员决定，如果没有理事会成员，就由多数理事决定。报酬的金额需要考虑许多因素：（1）国际性大组织提供给类似职务的报酬；（2）独立公司的最新薪酬调查问卷；（3）类似机构的书面报酬证明。尽管如此，任何官员都不能对自身的报酬投票。

三　禁烟活动

开始时间：2007 年

受捐赠的国家和地区：中国、印度、印度尼西亚、俄罗斯联邦和孟加拉国

合作伙伴：比尔 & 梅琳达 · 盖茨基金会、世界卫生组织等

目标：减少吸烟人口

如果放任不管，吸烟在 21 世纪将会导致 10 亿人死亡，其中有 80% 的死亡人口将会出现在发展中国家。彭博家族基金会对控制烟草使用作出的努力包括了对已被证实有效的控制烟草使用政策的支持和对吸烟全球化趋势的遏制。

在 2007 年，彭博家族基金会向世界卫生组织提供了支持，把六个已被证明有效的控烟政策打包并向全球推广。这些被证明有效减少吸烟率的对策包括了保护人们免受二手烟危害，提供禁烟帮助，通过警告标语和公共教育来提升人们对吸烟危害的认识，强化烟草广告禁令和提高烟草制品的价格。通过战略合作和一笔 3.75 亿的投资，彭博家族基金会协助当地政府和非政府组织确保这些措施在低收入和中等收入国家能够得到实施，而这些国家拥有着世界上大多数吸烟人口。

这些成就离不开彭博基金会的全球合作伙伴：世界卫生组织、无烟草青少年运动、疾病控制和预防基金会、世界肺脏基金会、国际防痨和肺病联合会以及约翰 · 霍普金斯大学彭博公共卫生学院。比尔 & 梅琳达 · 盖茨基金会也是这次彭博家族基金会行动的重要伙伴。

从 2007 年的倡议开始，已经有 21 个国家通过了 100% 禁烟的法律，免受二手烟危害的人口增加了 400%，而全球有几乎 40 亿人受这六项控烟措施中至少一种的保护。禁烟战役远没有结束，但彭博家族基金会和它的合作伙伴时刻准备着继续奋斗以挽

救世界上更多的生命。

第三节　关注领域及其项目介绍

一　公共卫生

彭博家族基金会对公共卫生事业的关心体现在一项为期 6 年、总价值 3.75 亿美元的捐赠上，这项捐赠通过禁烟的方式，意在遏制非传染性疾病引发的死亡人口的上升势头。彭博家族基金会的捐款还用于改善全球的道路交通安全和改善坦桑尼亚女性的健康。

二　环境

作为 C40 城市气候变化首脑小组的主席，迈克尔·彭博正在和很多世界上最大的城市合作以实施意在减缓气候变化的方案。这些方案将会帮助减少温室气体的排放。另外，彭博基金会还对塞拉俱乐部的远离煤炭运动进行注资，以帮助其在 2020 年前关停美国 1/3 污染严重的燃煤电厂。

远离煤炭运动

开始日期：2011 年 7 月 21 日

受捐赠的国家和地区：美国

合作伙伴：塞拉俱乐部

目标：用清洁能源取代美国老化的燃煤电厂

通过一笔为期 4 年 5000 万美元的注资，彭博家族基金会正在和塞拉俱乐部一起努力，希望使美国 1/3 的老化燃煤电厂在 2020 年前关闭，并被清洁能源取代。这项在 2011 年 7 月 21 日公开的合作计划，体现了彭博基金会对减缓气候变化的设想：进步是通过在城市和地区当地的行动造就的，而不是在政府和国际会议上唇枪舌剑就能带来的。

远离煤炭：加入使用清洁能源的队伍吧！承诺远离煤炭吧。登录 BeyondCoal. org 参看详情！

彭博家族基金会 4 年 5000 万美元的捐赠将会协助远离煤炭计划还原清新空气，终结煤炭时代，并加快我们向清洁无碳能源的过渡。

煤炭导致的隐蔽成本之巨使得远离煤炭迫在眉睫。煤炭不仅是温室气体排放的大头，它造成的污染还对 5 个生命杀手中的 4 个都有贡献——它们分别是心脏疾病、癌症、中风和呼吸道疾病。

得到彭博家族基金会的帮助后，远离煤炭计划将会努力在 2020 年前关闭美国 1/3 的燃煤电厂。计划将会通过以下方式来确保这一目标的实现：确保现行的环境保护法律得以执行，帮助基层社区反对现存燃煤电厂的抗争运动，鼓励其他清洁能源的使用。这笔捐赠将会使得这项运动从 15 个州扩大到 45 个州，帮助塞拉俱乐部实现在 2020 年前降低煤电产量 30% 的目标。

这是彭博家族基金会继参与 C40 城市气候变化首脑小组之后作出的又一重大缓和气候变化的倡议。

三 政府创新

既包括了捐助在城市间传播经证实有效想法的方案，也包括了所谓的创新传递队伍，旨在帮助市长们实现大胆的改革和对增加纽约市非裔和西班牙裔年轻人收入计划的捐赠。

四 艺术

包括了对壮大纽约艺术和文化组织的捐助。这项捐赠包含了一个对世界级的 250 个受资助单位的管理培训计划。彭博家族基金会还和纽约市的科技新企业 SeatGeak 一起努力，使得人们可以通过一种崭新充满活力的方式挖掘纽约市文化艺术表演的资讯。

资助纽约市艺术团体

开始日期：2011 年 2 月

受资助的国家和地区：250 个纽约市艺术和文化组织

合作伙伴：N/A

目标：帮助艺术团体组织度过困难时期，使他们更坚强地面对未来

《华尔街日报》报道说，彭博家族基金会，这个 2006 年由纽约市市长迈克尔·彭博创立的私人家族基金会，将会在接下来的 2 年内向 250 个纽约市的文化和艺术组织发放一笔 3200 万美元的捐赠，以奖励艺术团体的努力。

这笔捐款将会用以填补 2010 年纽约卡耐基中止 2 亿美元捐赠所造成的缺口。卡耐基公司的捐赠本来是用来资助纽约接近 600 个艺术组织和社区服务小组的。尽管彭博先生本人从来没承认过他参加了这个计划，但大众普遍认为市长就是这个卡耐基计划背后的匿名捐款人。就像前些年卡耐基公司进行的捐赠一样，彭博家族基金会对艺术进步的这项资助也会有一个由约翰·F. 肯尼迪行为艺术中心主席迈克尔·恺撒主导的艺术管理培训计划。

这笔无限制的捐款在接下来两年内数额将从 25000 美元到 35 万美元不等，主要向每年运行经费少于 300 万美元的小型和中型组织提供。受资助人和单位将被要求保留 20% 的捐赠资金不能使用，第二年的捐赠是否提供将视乎该组织是否能完成观众多样化和组织管理结构改革的目标而定。

彭博先生作为纽约市市长管理这大笔公共资金，同时他也是这个国家最慷慨的慈善家之一。尽管如此，参与这个基金会进行项目顾问的阿尼塔·康特尼说，基金会和纽约市之间并不存在所谓的合作和协调。

“通过提供灵活的资金和未雨绸缪的精细计划”，康特尼补充

说，“我们希望这些重要的组织可以安然度过困难时期，在面对未来时更加坚强”。

五　教育

彭博家族基金会对教育的关注体现在努力增强学生在学校群体中的领导力，也包括在联邦、州、社区层面上倡议有益的公共政策等。

六　关于对中国的资助

彭博家族基金会从2007年开始的对中国禁烟活动的资助，作为其6年3.75亿美元捐赠的一部分。对中国的具体捐赠金额并未公开。

七　申请相关问题

不接受不请自来的资助申请

彭博家族基金会不接受不请自来的资助申请。彭博家族基金会将内部决定对哪些项目进行资助。

第四节　财务状况

资金主要来源

表2　捐赠者信息

单位：美元

序号	捐赠者	总　额	捐赠类型
1	迈克尔·彭博	361517407	个人/非现金
2	无风险商品公司	225000	个人

表 3　财务分析

单位：美元

	收/支项目	收/支金额
收入	接受的慈善款项	361742407
	存款和现金利息	149
	证券的分红和收益	40248830
	其他收入	19753841
	总收入	468228828
运营和管理经费	支付官员、总监工资	135000
	资产管理	12371602
	法律咨询	617985
	财务费用	408786
	旅行和会议费用	7709
	其他费用	125798
	运营和管理总支出	15406866
	基金会本年度支出的慈善款项	104989685
	总经费	120396551
资产	非慈善用款净额	2271036808
	总资产	2234800686
负债	负债总额	80429599

表 4　高收入员工信息

单位：美元

（a）支付报酬超过 50000 美元的利益攸关方名称	（b）工作类型	（c）工资
四方资产管理公司	资产管理	12371602
威尔基和格拉格有限责任合伙事务所	法律咨询	617985
盖勒公司	财务会计	408786

表 5　2010 年支付的慈善款项信息

单位：美元

款项接受者信息	款项接受者与基金会关系	款项接受者性质	金　额
国际公路旅行安全协会	无	公共慈善	250000
无烟青少年运动	无	公共慈善	9665097
CDC 基金会	无	公共慈善	9315060

续表

款项接受者信息	款项接受者与基金会关系	款项接受者性质	金　额
CDC 基金会——女性死亡	无	公共慈善	366560
世界资源研究所交通与环境中心	无	国际同等结构	6000000
红十字国际联合会	无	公共慈善	3725000
约翰·霍普金斯彭博学院	无	公共慈善	5000000
约翰·霍普金斯彭博学院——国际道路安全	无	公共慈善	1300000
世界卫生组织	无	行政指令	7780090
妇女互助国际	无	公共慈善	3750080
世界肺健康基金	无	公共慈善	22520000
世界肺健康基金——女性死亡	无	公共慈善	2032094
世界肺健康基金——烟草	无	公共慈善	29590934
城建基金	无	公共慈善	1775000
非营利性金融基金	无	公共慈善	2000000
盖茨基金会对无烟青少年运动的捐款	无	公共慈善	528720
盖茨基金会对世界肺健康基金的捐款	无	公共慈善	2471280

第五节　综合评价

成长中的彭博基金会

经过几年辛勤的耕耘，彭博家族基金会迅速成长为一个真正起到作用的私人家族基金会。

根据今天《纽约邮报》的一则新闻，在 2010 年底，这个在周五公开其最新报税单的基金会拥有 27 亿美元的财产（这使得它成为美国第 18 大基金会）。纽约其他小报，如《每日新闻》，也调查了这些税单和报告，发现纽约市长在

2010年对这个基金会捐出了超过3.6亿美元，而这个基金会则向11个受助人捐出了1.08亿美元（捐助率约为4%）。

事实上，彭博家族基金会做出了不少成绩。在纽约，该基金会对艺术活动的支持受到了广泛欢迎。在全球范围上，这个基金会对禁烟的宣传也起到了在数字上实际的效果。也许是因为其对受助人秘密的选择标准，基金会很好地保持了专一性，就像彭博先生本人所说，一直集中于五个领域：艺术、教育、环境、政府创新和公共卫生。

不透明的基金会

和盖茨基金会不同，彭博家族基金会生来就有一股神秘感。这个不透明的问题至今并未解决，至少公众认为是这样。

在高呼透明的同时保留信息是彭博的商标。他一直保持着他的私人生活是“私人”的，这不仅意味着在周末他出现在纽约以外“未知”的地方，还意味着他的支出、他的慈善捐赠和他的私人生意，统统都是不被公众知道的。

他因为这笔慷慨解囊而获得了乐于助人的美好名声，但他的慈善活动依然被一股神秘所包围，这股神秘感还同时包围了他作为市长和企业家的私生活。“我们很难看到这么一大笔慈善支出的理念支柱在哪里”，帕尔默说。过去，彭博并不愿意具体公布他到底在每一个慈善项目上花费了多少，他也不愿意公布是否存在需要这些捐款的地方。他那个在曼哈顿上东城的家族基金会甚至连一个公开的地址都没有。

透明问题的雪球越滚越大，终于发展成可能的税收丑闻。市长彭博先生就因为利用极具争议的离岸避税港而备受质疑。

但当轮到记者提问时，题目就转移到市长的慈善基金的透明度问题上。彭博家族基金会投资了上亿美元在合法但具争议性的离岸避税港，包括开曼群岛。美联社的萨拉·库格勒就质疑彭博先生的这笔投资是否与他对金融行业应该留在美国和雇佣人员缴纳税金的呼吁相抵触。

直到 2008 年末，彭博家族基金会已经向多个离岸地点转移了近 3 亿美元，有些离岸地点甚至是臭名昭著的避税港，如开曼群岛、塞浦路斯、百慕大、巴西甚至是毛里求斯、印度洋上的一大群岛屿和马达加斯加等。其他的投资则散布在截然不同的世界各地，有在日本的，有在卢森堡的，也有在罗马尼亚的。

难以置信的是，彭博家族基金会至今没有自己的网站，而大部分主要的家族基金会都早已开设。只有一个彭博先生本人的网站里面寥寥几个页面涉及了彭博基金会。这个基金会也没有发行年度报告。所有公开的财务信息都只能通过基金会中心的 990 - PF 获得。

和政府行政分支的密切关系

自创立者始，彭博家族基金会就好像对政府工作人员特别有吸引力。彭博先生本人就是纽约市市长。当然，作为一个家族基金会，彭博先生的两个女儿都在基金会里面担任理事，但其作为家族基金会的特征显然因其官方因素而有所削弱。基金会的首席执行官帕特里西亚·哈里斯就是纽约市的现任第一副市长。而据报道称，至少有 9 名前政府工作人员和在任政府官员在彭博家族基金会工作。

这种与政府之间密切的联系是否会产生利益冲突，还有待时间检验，但人们已经开始担心。

这个不寻常的人事安排立刻被慈善专家和一些政府组织质疑，他们认为彭博家族基金会正在实质性地扩张，哈里斯女士将很难在她的公职和慈善中取得平衡，以避免可能出现的利益冲突。而且看起来，基金会并没有出台相关规定以保证两个角色分离。

顶级的市政府工作人员，友好的立法者，还有一些其他的人一直在市政府大厅和市长的私人利益中两头走，两头都统一在所谓的“彭博家族”中。彭博 L. P 公司现在由前副市长丹·道托罗夫掌管，而彭博家族基金会的大约 20 亿美元捐赠则在“自愿”的名义下，由第一副市长帕迪·哈里斯管理。彭博基金会的头等工作实际上是由很多在市政府大厅和遍布纽约各地的精英控制。

不接受不请自来的资助申请

从一开始，不接受不请自来的资助申请就是彭博家族基金会最不合理的一点。“不接受不请自来的资助申请”，看起来，只有那些和市长关系密切的人和那些正好受市长关心问题所折磨的人才有可能获得基金。而选择标准和程序均未公开。作为私人基金会，彭博基金会并不是唯一一个这样做的。但这无疑限制了基金会进一步拓展的可能性。

小结

由于创立者的巨大权力和庞大财富，彭博家族基金会在一开始就备受期待，曾被认为能与盖茨基金会并肩。而实际上，彭博家族基金会也的确做出了不少意义重大的捐赠。

但彭博家族基金会如今依然闭门造车，不接受任何不请自来的资助申请。除了彭博口中的 5 个主要资助领域，具体的决策标准并未公开，透明度问题仍然严重。基金会成立近 6 年，仍然没有一个专属的网站作为信息公开渠道。

而因为市长的特殊职位和彭博家族基金会雇员的政府背景，

纽约市民有理由怀疑政府和基金会存在某种利益关系。当这两者存在利益冲突时，纽约市民担心政府市长将何去何从。而基金会本身并未有严格的规定来防止万一的角色冲突。

我们认为，彭博基金会需要重新考虑其信息的公开策略。虽然是一个私人基金会，但在彭博基金会浓厚的政府背景之下，基金会应该更多地增加透明度，从而取得公众的信任。这样，彭博基金会才能更健康地成长，更有效地贡献于慈善事业。

参考资料来源

http：//www. mikebloomberg. com/index. cfm? objectid = B96D19BD - C29C - 7CA2 - F72C5EDC3BEDFA6A.

http：//www. hoovers. com/company/Bloomberg_ LP/cfjkri - 1. html.

http：//www. mikebloomberg. com/index. cfm? objectid = 87360FFB - C29C - 7CA2 - F92DC3FBE4A49054.

http：//givingpledge. org/.

http：//en. wikipedia. org/wiki/Bill_ %26_ Melinda_ Gates_ Foundation.

http：//pndblog. typepad. com/pndblog/2011/11/bloomberg - family - foundation. html.

http：//www. villagevoice. com/content/printVersion/2693999/.

http：//www. fastcompany. com/magazine/158/mayor - michael - bloomberg.

http：//www. wnyc. org/articles/wnyc - news/2010/apr/24/the - mayors - money - bloomberg - pressed - on - offshore - investments/.

http：//online. wsj. com/article/SB100014240531119036394045765167534243 84420. html.

http：//www. nytimes. com/2010/04/01/nyregion/01harris. html? _ r = 1&scp = 1&sq = bloomberg% 20foundation&st = cse

比尔&梅琳达·盖茨基金会

Bill & Melinda Gates Foundation

第一节　比尔 & 梅琳达 · 盖茨基金会简介

一　基金会概述

比尔 & 梅琳达 · 盖茨基金会坚持每个人都享有平等的生活权利。在发展中国家，基金会关注提高人们的健康水平及帮助人们脱离贫困。在美国，基金会尤其关注那些弱势群体，确保每个人都能获得同等的受教育权利。比尔 & 梅琳达 · 盖茨基金会总部设在美国西雅图，杰弗 · S. 雷克斯为现任首席执行官，与老比尔 & 梅琳达 · 盖茨共同担任基金会主席，比尔 & 梅琳达 · 盖茨、梅琳达 · 盖茨以及沃伦 · 巴菲特任理事会成员，把握基金会的总体发展方向。

项目区域	
全球发展	$ 3613000000
全球健康	$ 15271000000
美国	$ 6236000000
非项目赠款	
慈善支持	$ 71000000
员工匹配捐赠和赞助	$ 21000000
家族权益补助金	$ 982000000
总赠款额	$ 26194000000

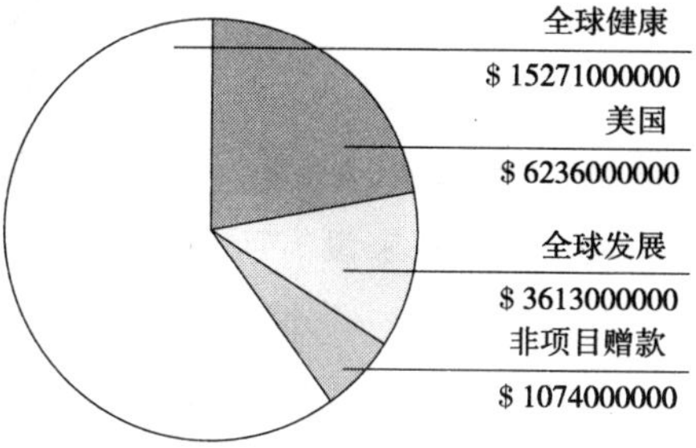

图 1　1994 ~ 2011 年的赠款信息

注：本赠款图每季度更新，本次更新为 **1994** 年至 **2011** 年 **9** 月信息。表内数据已四舍五入至最接近的百万美元。

目前，比尔 & 梅琳达 · 盖茨基金会在西雅图、华盛顿、印度新德里、中国北京以及英国伦敦设有办公室。基金会支持的项目涵盖了美国 50 个洲以及哥伦比亚特区。在世界范围内，基金会已经在超过 100 个国家开展了援助项目。截止到 2011 年 9 月 30 日，基金会拥有大约 980 名员工，总资产超过了 335 亿美元，从设立之初到2011年9月30日基金会援助项目总金额达到了261.9亿美元，2010年一年的援助项目金额约26亿美元。

二 基金会宗旨及创始理念

比尔 & 梅琳达·盖茨夫妇坚信每个人都有权利享有健康且有价值的生活。20年前，盖茨夫妇在报纸上读到了一则新闻，在一些发展中国家，每年有成千上万的儿童死于疾病的威胁，而这些疾病在美国已经不算是一个问题。其中的一种疾病——轮状病毒——引起了他们的特别注意。这个病毒每年都导致大约50万儿童死亡，但是盖茨夫妇之前从来没有听说过这种疾病。他们一开始以为是印刷错误。比尔·盖茨曾经告诉一位记者，“飞机失事的事故总是占据新闻头条，可是这样一种疾病每年会杀死50万儿童，我却从来没有听说过”。轮状病毒是导致痢疾的主要病因，在美国如果一个儿童得了痢疾，医生会用电解质进行治疗。可是在发展中国家，如果一个儿童得了痢疾，通常等待他们的只有死亡。盖茨夫妇因此开始为全球卫生项目、西北太平洋地区家庭援助项目及美国图书馆项目投入援助资金。渐渐地，他们关注的项目范围扩展到了美国地区的教育问题以及国际发展问题。2006年，沃伦·巴菲特出人意料地宣布将自己持有的大部分伯克希尔哈撒韦投资公司的股份捐给比尔 & 梅琳达·盖茨基金会，这使比尔 & 梅琳达·盖茨基金会的总资产翻了一番，影响力得以扩大。盖茨夫人曾说：“我们觉得责任重大。如果你仅仅是把你自己的资产捐出，这还是小事情，但是当有人把他毕生的财富都交

给你的时候，这就变成了一个很重要的事情。”

比尔 & 梅琳达·盖茨基金会现在在世界范围内和众多机构一起合作，解决发展中国家的贫困、疾病问题以及美国的教育问题。基金会将注意力限制在这些方面是因为他们觉得只有这样才能产生最大的影响力，同时他们认为这些问题在很大程度上限制了人们的发展，是使人们不能享受美好生活的关键因素。

三 核心价值观

积极乐观

基金会坚持积极乐观的态度，勇于面对难题和困难，希望能够作出有影响力的改变。同时也认识到，成功多来自长久的坚持，罗马不是一天建成的。

广泛合作

基金会自身的力量及资源有限，想要达成更大的影响需要与他人进行广泛的合作。基金会将保持谦逊的态度，倾听并学习，在与他人的合作过程中保证足够的尊重及公开透明。

严格要求

基金会需要用最高标准规范自身的行为，对自身行为负责，勇于承担风险和错误。

鼓励创新

想要达成很大的影响，通常都需要具有创造力，基金会坚持打破传统，坚持创新需要承担风险，并且有从错误中不断学习的勇气。

四 基金会资助项目

比尔 & 梅琳达·盖茨基金会主要资助以下三类项目：

- 国际发展项目
- 全球卫生计划
- 美国慈善项目

除此之外，基金会也有小额的慈善捐助。每一个项目领域都会包含一个政策宣传团队，帮助普及知识以提高人们对该问题的认识，以此来带动项目发展。这类工作包括宣传提高认知、扩大公众的声音及影响力、资助相关机构开展项目、公众教育和为政策制定者提供咨询建议及相关信息等。

1. 国际发展项目

目前世界上大约有25亿人每天生活费用还不足2美元，超过10亿人还必须忍受饥饿。在一些贫困国家，解决这些问题是可能的。国际发展项目致力于帮助那些还生活在贫困之中的人们脱离贫困和饥饿。基金会关注那些能够有深远且持续性影响的项目，与合作伙伴密切联系，支持创新性项目，扩展现有的项目，希望这些项目能够影响到更多的人。同时基金会还支持政策和宣传性的活动，以推动在世界范围内战胜贫穷和饥饿。

国际发展项目主要由以下项目组成：

- 农业发展项目：通过推广更优良的品种、改善农业管理技术、促进与市场联系和制定相关政策来帮助农民提高生产率及收入水平
- 为贫困人群提供金融服务：支持发展新型产品、开展新技术以及商业模型，建立更可靠安全且可及的金融服务，主要是储

蓄账务等，使更多发展中国家的人们能享受到这些服务

- 水资源及卫生：帮助成千上万的人们解决用水问题，提高洁净安全的水资源以及高质量的卫生项目的可及性

- 全球图书馆项目：在发展中国家为公立图书馆提供免费的电脑和网络连接

- 特殊项目：资助一系列对解决发展问题起关键作用的项目，如城市贫困以及其他相关国际项目等

- 政策制定及宣传：提升人们对国际发展问题的认识，发现并且推动有效的解决方法，促进更多且更有效的投资

主要资助项目

农业发展

- 投入1亿美元，与洛克菲勒基金会合作设立了非洲绿色革命联盟（Alliance for a Green Revolution in Africa），致力于提高非洲小农场的生产率

- 为国际发展企业（International Development Enterprises）资助1350万美元，开发并且促进灌溉技术发展

- 为联合国基金会（UN Foundation）资助3000万美元，保护玉米品种多样性，帮助农民能够在恶劣的天气条件下种植玉米

为贫困人群提供金融服务

- 资助为贫困人口服务的咨询工作组（Consultative Group to Assist the Poor，CGAP）2390万美元，研究如何利用手机或其他技术帮助贫困人口更有效地利用金融服务

- 为阿加汗基金会（Aga Khan Foundation U. S. A.）提供了550万美元的资助，为巴基斯坦和坦桑尼亚的贫困家庭提供小额保险，帮助他们度过财务危机，如作为主要收入来源的家庭成员的意外死亡，或者收成下降等

- 为机会国际（Opportunity International Inc.）提供了550万

美元的资助以及1000万美元的低息贷款，拓展非洲极度贫困地区的商业银行网络

全球图书馆项目

- 向智利BiblioRedes“打开你的世界”（Open Your World）项目提供1000万美元，为所有公立图书馆提供能上网的电脑设备，并培训了超过20万人
- 向博茨瓦纳投资73.2万美元，创立了一个企业计划，向公共图书馆和阅览室提供上网服务
- 向拉脱维亚的文化部提供1600万美元，支持安装能上网的计算机，并且培训了公共图书馆的职员

特殊项目

- 提供6000万美元，在发展中国家提供和推广清洁水源和卫生设施，帮助穷人避免疾病和死亡
- 向威廉与弗洛拉·休利特基金会（William and Flora Hewlett Foundation）提供4400万美元，改善发展中国家穷人的教育机会，从长远发展的角度来看，这是最为重要的方式之一
- 向孟加拉国的社区发展组织——农村发展委员会（BRAC）提供1500万美元，争取在坦桑尼亚复制BRAC，推广小额信贷、农业和健康服务的成功经验

2. 全球卫生计划

自1994年起，基金会已经在全球卫生方面投资了超过130亿美元，大约占了总投资的60%。之所以选择资助卫生项目，是因为这对于解决亿万人的生活问题是非常关键的。在发展中国家，科学技术发展为提高卫生水平提供了很好的机遇。基金会资助那些致力于研发、发展、投入有效可行低价的疫苗、药物以及其他健康工具的项目。大部分基金会的工作都是通过资助相关合作伙伴得以实现的。在这一过程中，专家以及基金会全球卫生的顾问组起了重要的作用。在中国和印度，基金会成立了自己的办公室

来管理一些大型项目。很多全球卫生的项目都是和国际发展项目联合开展的。

全球卫生计划关注那些对发展中国家有重要影响的疾病。同时我们也不仅仅关注疾病本身，也强调那些因为历史原因受到忽视或者缺少资助的健康项目。

基于以上理念，基金会主要关注于：

- 传染性疾病：包括痢疾、艾滋病、结核、疟疾、肺炎、被忽视的疾病、小儿麻痹症及其他可以通过疫苗预防的疾病等
- 家庭健康：孕妇及新生儿的死亡、营养以及生育计划问题等

比尔 & 梅琳达·盖茨基金会在全球卫生方面的策略很好地契合了其私人基金会的地位，这意味着基金会可以投入那些高风险、高回报的项目。同时基金会可以非常灵活，利用一些新出现的机会，做长线投资。

主要资助项目

疟疾

- 投入4.56亿美元支持PATH疟疾疫苗计划，开发新型疫苗
- 投入2.02亿美元支持疟疾药品事业会（Medicines for Malaria Venture）开发新的治疗方案
- 向PATH的非洲疟疾防治和评估伙伴关系（Malaria Control and Evaluation Partnership in Africa）资助7900万美元

结核

- 投入3.09亿美元支持Aeras全球结核疫苗基金会（Aeras Global TB Vaccine Foundation）疫苗的研发
- 投入4700万美元提高艾滋病高感染率地区的结核病防治策略
- 投入8600万美元支持创新诊断基金会（Foundation for In-

novative New Diagnostics）研发新的低成本的结核病诊断方法

可以通过疫苗预防的疾病

• 资助15亿美元给全球疫苗免疫联盟（GAVI Alliance），帮助发展中国家购买并分发疫苗

肺炎和流感

• 资助4100万美元帮助PATH开发新的流感疫苗

• 向马里兰大学（University of Maryland）资助400万美元，帮助在西非引进预防嗜血流感杆菌肺炎的疫苗

大挑战计划

• 投入4.36亿美元到全球健康大挑战计划（Grand Challenges in Global Health Initiative），支持43个创新性研究，包括如何阻止疾病传播、研发不需要冷冻或者注射的疫苗等

• 1050万美元支持探索大挑战计划（Grand Challenges Explorations Initiative），支持22个国家的研究人员进行大胆的实验研究

宣传及倡议

• 1.05亿美元资助华盛顿大学健康指标和评估研究所（Institute for Health Metrics and Evaluation）

• 2900万美元资助统一行动计划（the ONE Campaign）；2600万美元支持DATA计划，帮助全球有关艾滋病、贫困等相关议题的倡议运动

• 2500万美元资助全球发展中心（Center for Global Development）研究全球卫生政策以及财政政策等，以帮助捐助人制定决策

案例：

比尔&梅琳达·盖茨基金会的艾滋病策略

主要合作伙伴：艾滋病疫苗合作发现计划（The Collaboration

for AIDS Vaccine Discovery)，有效应对艾滋病/结核大流行联合协会(Consortium to Respond Effectively to the AIDS/TB Epidemic)，全球与艾滋病、结核和疟疾战斗基金（The Global Fund to Fight AIDS, TB and Malaria)，总统防治艾滋病紧急救援计划（President's Emergency Plan for AIDS Relief)

资助金额：到2010年为止，在全球范围内超过22亿美元

主要资助项目：

诺华疫苗及诊断公司（Novartis Vaccines and Diagnostics, Inc.)

日期：2011年11月

项目目标：在临床上筛选很多艾滋病病毒蛋白，在非洲南部地区进行痘病毒/蛋白相关研究

资助金额：14756274美元

项目周期：2年9个月

项目支持地区：全球

受助人所在地：美国马萨诸塞州剑桥

国际家庭健康（Family Health International)

日期：2011年11月

项目目标：有效地管理、提升、监督和评估南非当地及国家所属机构防治、护理、治疗艾滋病的措施

资助金额：3031796美元

项目周期：2年8个月

项目支持地区：非洲，全球

受助人所在地：美国北卡罗来纳州杜尔汉姆

国际艾滋病疫苗倡议组织（IAVI)

日期：2011年11月

项目目标：推动两种新型艾滋病疫苗的临床研究

资助金额：7543362美元

项目周期：3 年

项目支持地区：全球

受助人所在地：美国纽约

非洲全面 HIV/AIDS 伙伴计划（African Comprehensive HIV/AIDS Partnerships，Inc.）

日期：2011 年 8 月

项目目标：通过建立公共部门和私有部门的合作伙伴关系，减少艾滋病的传播，促进艾滋病的治疗

资助金额：50000000 美元

项目周期：8 年 1 个月

项目支持地区：非洲，全球

受助人所在地：美国新泽西州怀特豪斯站

3. 美国慈善项目

基金会坚持所有美国人都享有同等的实现他们天赋的权利。基金会与一些机构合作，推动公共教育，帮助保证所有美国人都能够接受中等教育和高等教育。

基金会主要关注的领域为：

- 教育：保证高中毕业生能够接受高等教育，为大学生和研究生提供奖学金
- 图书馆：支持当地公立图书馆，为公众提供免费的电脑和上网设备
- 西北太平洋计划：通过支持社区组织帮助位于西北太平洋地区的贫困家庭，打破无家可归和贫困的恶性循环
- 特殊项目：资助高等教育灾后援助等

同时基金会也致力于在公众中倡导和宣传其所关注的问题，为

政府决策提供支持和建议，开展新的可以提高效果的财务计划等。

主要资助项目

奖学金

- 盖茨千年学者计划（Gates Millennium Scholars）

20 年内投入 160 亿美元帮助 2 万名优秀的来自低收入家庭的少年接受高等教育

图书馆

- 投入 1600 万美元在 21 个州帮助建设公立图书馆

家庭

- 投入 4000 万美元帮助华盛顿州增加过渡性住房数量，解决无家可归的家庭的住房问题

4. 盖茨基金会中国项目

比尔 & 梅琳达·盖茨基金会在中国的项目包括艾滋病、结核项目、禁烟项目，以及农业发展及研究项目。2007 年底在中国卫生部的支持下，基金会在北京成立了办公室。原美国国家疾控中心中国项目主任 Ray Yip 博士任北京办公室的负责人。

HIV/AIDS 项目

虽然中国的艾滋病得病率比较低，仅占了总人口的 0.1% 不到，但是在一些高危人群如吸毒者、性工作者、同性恋者中，感染率非常高。为了能够有效遏制艾滋病的传播，基金会投入了 5000 万美元帮助中央及地方政府推动在高危人群中降低艾滋病传播。这包括开展一些项目降低高危人群向普通人群传播疾病的概率。同时加强了健康顾问、疾病检测、护理，以及克服社会歧视等方面的工作。基金会还支持对新的艾滋病防治手段的研究，如新型疫苗的研发。盖茨基金会在中国的艾滋病防治项目中有 700 万美元用于资助北京大学的相关研究项目。

结核

中国占世界结核感染人数的14%，多抗药性结核的感染人数占全世界的22%。中国政府越来越重视对于结核病的防治工作，这也为减少感染人数和死亡人数提供了很好的机会。

2009年4月，盖茨基金会投入3300万美元，为期5年，支持中国卫生部加强结核病的防治工作。在这个项目的前半期，将进行新的检测方法的预备实验，以确定研究方法的有效性和可行性。最有效的方法将结合到新的结核病防治工作中去，并在20个城市推广。

灾后援助

2008年5月12日汶川地震之后，基金会投入130万美元支持中国卫生部的灾后救援行动。

禁烟运动

中国是世界上受吸烟相关疾病影响最大的国家，同时拥有世界上1/3的吸烟人群。之前的一系列禁烟运动在中国很成功，在很大程度上表明我们可以改变人们的生活习惯。

在中国为北京奥运会开展的禁烟运动的基础上，基金会投入1000万美元支持中华医学基金会对如何在男性医疗工作者中进行戒烟运动开展经济学及实践研究。在这些男性医疗工作者中，有47%的人是现吸烟人群。同时这个计划还将在中国的医学院校中推广禁烟教育。

基金会还为全球烟草技术援助联盟（Global Tobacco Technical Assistance Consortium）投入了1400万美元，支持Emory大学与中国25个城市的禁烟合作计划。

健康创新

基金会鼓励中国的研究者和科学家申请探索大挑战计划。探索大挑战计划成立于2008年，是一个为期5年的鼓励实验探索新的健康问题解决方法的项目。每两年接受一次新的申请。到目前为止，共有10万美元的项目资助给了中国，包括：

- 复旦大学对微型RNA在潜伏性结核病转变为活动性结核病过程中的作用的研究
- 香港大学对能够激发中和抗体以防治艾滋病性传播的艾滋病疫苗的研究
- 香港中文大学对于抗流感家禽品种的研究
- 海南省热带医学重点实验室对新一代疟疾疫苗的研究

农业发展

作为盖茨基金会在中国农业发展计划的一部分，基金会为中国农业科技部投入了一个为期3年、总投入1800万美元的研究项目，开发新的绿色超级水稻杂交品种。这个新的品种和传统品种相比能够在原来所需水分和氮量水平的50%以下生长，能够更好地适应亚洲和撒哈拉以南非洲地区的恶劣环境。这个项目希望能够在未来的10年之内帮助2000万种植水稻的农民，其中大部分都是妇女，帮助她们把产量提高至少20%。

2008~2011年资助项目摘要

中华预防医学会（Chinese Preventive Medicine Association）

日期：2008年

项目目标：在中国城市地区的高危人群中改善高危行为，降低艾滋病传播率

资助金额：9999557美元

项目周期：5 年

项目主题：HIV/AIDS

项目支持地区：亚洲，全球

项目类型：全球卫生计划

受助人所在地：中国北京西城区

中国农业科学院（Chinese Academy of Agricultural Sciences）

日期：2008 年 11 月

项目目标：开发新型抗逆性水稻

资助金额：18243636 美元

项目周期：3 年 7 个月

项目主题：农业发展

项目支持地区：非洲，亚洲，全球

项目类型：国际发展项目

受助人所在地：中国北京

北京大学（Peking University）

日期：2009 年 3 月

项目目标：改善中国法律环境，帮助中国的非营利组织更好地参与公共卫生和艾滋病防治项目

资助金额：163417 美元

项目周期：2 年

项目主题：HIV/AIDS

项目支持地区：亚洲，全球

项目类型：全球卫生计划

受助人所在地：中国北京

香港中文大学（Chinese University of Hong Kong）

日期：2009 年 4 月

项目目标：研究转基因家禽对不同流感病毒的抵抗能力以降

低流感在家禽中爆发的可能

资助金额：100000 美元

项目周期：1 年 6 个月

项目主题：探索研发

项目支持地区：全球

项目类型：全球卫生计划

受助人所在地：中国香港特别行政区

海南省热带医学重点实验室（Hainan Provincial Key Laboratory of Tropical Medicine）

日期：2009 年 4 月

项目目标：研发新一代疟疾疫苗

资助金额：100000 美元

项目周期：1 年 6 个月

项目支持地区：全球

项目类型：全球卫生计划

受助人所在地：中国海口

清华大学（Tsinghua University）

日期：2009 年 10 月

项目目标：帮助盖茨基金会中国艾滋病防治合作项目，建立大规模的艾滋病防治模型，吸收利用有效的艾滋病防治手段

资助金额：2911073 美元

项目周期：2 年 7 个月

项目主题：HIV/AIDS

项目支持地区：亚洲，全球

项目类型：全球卫生计划

受助人所在地：中国北京海淀区

中国非营利组织网络（China NPO Network）

日期：2010 年 11 月

项目目标：建立一个有关中国私立基金会的数据库

资助金额：50000 美元

项目周期：1 年 1 个月

项目主题：高等教育

项目支持地区：亚洲，全球

项目类型：基金会

受助人所在地：中国北京

中国红十字会协会（Red Cross Society of China）

日期：2011 年 11 月

项目目标：在中国高级领导中寻求禁烟运动的支持，帮助改善吸烟者和非吸烟者的行为，在长期发展中使吸烟在中国社会变得不可接受

资助金额：9000000 美元

项目周期：3 年

项目主题：禁烟

项目支持地区：亚洲，全球

项目类型：全球卫生计划

受助人所在地：中国北京项目

北京天坛生物制品公司（CNBG – Beijing Tiantan Biological Products Co. Ltd.）

日期：2011 年 11 月

项目目标：确保联合国儿童基金会口服型小儿麻痹症疫苗的供应，控制疾病爆发以及疫苗接种水平，最终在全球消除小儿麻痹症活动中代替灭活型小儿麻痹症疫苗

资助金额：7350000 美元

项目周期：3 年 4 个月

项目主题：小儿麻痹症

项目支持地区：全球

项目类型：全球卫生计划

受助人所在地：中国北京项目

第二节 资助申请及管理

一 总体原则

基金会在自己所关注的项目领域，资助依法注册及其他有免税资格的非营利组织。基金会不为个人发放资助。在世界范围内，基金会同各类机构合作，在三大主要领域内开展活动，同时根据每个领域的不同情况，制定了不同的资助申请管理政策。

全球卫生计划目前接受咨询函（Letters of Inquiry，LOI）（咨询函是由申请机构撰写的申请项目资助的文件，包括对项目目标以及项目财务管理情况的描述等）。

国际发展项目不接受主动提供的申请或者咨询函。所有国际发展类型的项目都是通过征求建议书（Request for Proposal，RFP）或者邀请的方式申请。（征求建议书是一个对特定资助话题的公开邀请）

美国慈善项目只有西北太平洋计划接受主动的申请。其他教育及图书馆计划不接受主动的申请，大部分资助都是通过征求建议书或者邀请的方式申请。

征求建议书样本（Request for Proposal Sample）

开发快速的接种评估工具

征求建议书编号：SOL1054032

公开日期：2012 年 2 月 14 日

截止日期：2012 年 3 月 27 日

全球卫生计划新项目

比尔 & 梅琳达·盖茨基金会致力于确保每一个儿童都能够接受免疫接种，基金会签署了全球免疫前景及策略（Global Immunization Vision and Strategy），希望能够完成每个国家疫苗接种率的90%，地区覆盖率达到80%以上。

在发展中国家检测疫苗覆盖率对于评估项目进展来说是非常重要的。目前所用的工具以及过程有很大的局限性，可能会导致对疫苗覆盖率不准确的估计。

这一份征求建议书征求企业开发新的能够更准确地衡量发展中国家接种覆盖率的接种评估工具模型，以及详细的商业计划。

挑战

目前的工具以及过程有很大的局限性。例如，由于以下原因，覆盖率的估计可能会不准确：

- 婴儿存活人数估计的不准确性
- 因为政治原因或者地理条件限制，无法进入家庭进行调查
- 父母回忆孩子接种历史的不准确性或者家庭接种卡没有推广使用或使用不当
- 利用收集血样的方法进行血清调查十分困难

这个项目的目标就是在很大程度上提高现有工具和方法的准确性，以及使用中的简单性。

征求建议书目标

这份征求建议书征求企业开发新的能够更准确、简单地衡量发展中国家接种覆盖率的接种评估工具模型，以及详细的商业计划。最理想的工具应该成本低廉，操作简单。这个工具将和现有的接种覆盖普查一起更准确地衡量并且核实接种覆盖率。

二　资助模式及发放流程

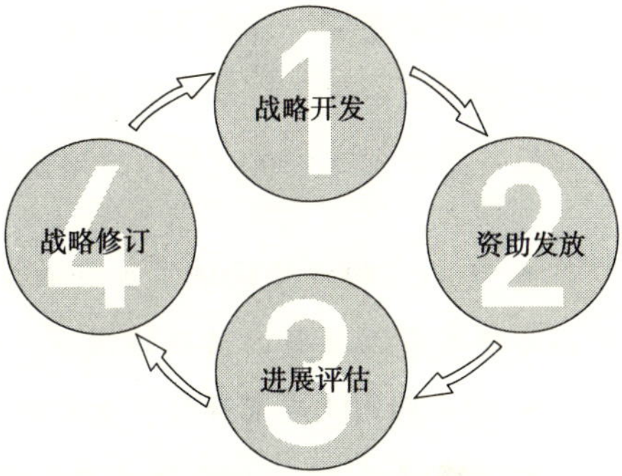

图 2　资助发放的基本流程

盖茨基金会的资助发放过程可以帮助基金会更好地决定如何更有效地分配时间及精力，以影响更多的人群。通过这个过程，基金会确定将资助哪些领域，哪些项目，哪些组织等。虽然在实际工作中每一个资助发放都有细微的区别，但是基本流程包括以下四个步骤：战略开发、资助发放、进展评估、战略修订。

第一步：战略开发

在发放资助之前，基金会首先确定在其所关心的三大问题领域中哪些问题是最关键的或者是最容易被忽视的。这包括对每一个解决方案项目的成本、风险、长期可行性以及潜在影响的研究。对于每一个问题，基金会咨询外来专家，制订策略、预算、预期结果、对短期及长期影响的评估等。基金会主席盖茨夫妇及首席执行官杰弗·S. 雷克斯复查这些战略，同意并且确定最终结果。

第二步：资助发放

战略审核通过之后，基金会着力于寻找最合适该战略的合作伙伴以及受助人。大部分情况下，基金会发放资助并且签订正式合约，明确目标及结果。大部分资助都给了一些大型的中间机构，这些机构再利用这些资金去资助他们所在领域的工作。这些大型的中间机构有多年经验，能够确保基金会的投入能够产生有效的影响力。

第三步：进展评估

资助发放之后，基金会要求每一个受助人至少每年评估并且汇报他们的成果一次。每年基金会也会根据自己的目标进行有关的评估。每一两年会有一次对整体战略及其目标完成情况的审核。

- 第三方的评估提供了重要的发现，一些情况下，基金会会评估具体的资助项目，其他情况下，将评估整个项目资助战略
- 外来顾问及专家帮助审核基金会的项目并且提供宝贵的建议
- 基金会同时还与直接受益人群进行沟通交流，衡量基金会开展的项目是否满足了他们的要求

第四步：战略修订

评估审核受到反馈之后，项目总裁以及首席执行官决定是否坚持原有战略或者进行相关修订。盖茨夫妇复查并且签署同意所有的主要修订。

三　咨询函书写指南

格式

五号字，页边距 1 寸，A4 纸张大

指南

提供申请机构的法人名称，申请提交日期，申请项目名称，联系人姓名以及联系方式。

一般性问题

一般性问题可能是与项目直接相关的技术性问题等，这些技

术性问题能够帮助基金会很好地决定对申请的项目应该进行怎样的内部审核程序，这并不决定基金会是否接受或者否决一个申请。这一问题大概不在4页的限制之内。

问题举例：请说明你在该项目中使用的生物样本（如血样、唾液、尿液等）。

对以下问题的回答需要限制在4页之内。

Ⅰ. 项目目标及背景介绍

描述项目的目标以及该项目如何能够解决全球卫生问题。简单描述一下之前相关的项目经历。同时介绍一下所申请的项目和该领域内大环境有何关系。

Ⅱ. 项目结果框架

项目结果框架可以帮助申请人更简单清晰地阐述他们的项目，在这个项目结果框架中，不用显示所有有关项目的详细信息，这只是一个对一些关键因素方便系统的总结，可以使基金会的工作人员更好地审核申请项目信息。在一些情况下基金会会要求提交一份详细的计划书，项目结果框架可以作为一个基础，需要在此基础上进行细节的扩展。

表1　项目结果框架

项目概述	结　果	结果评估
策略： 项目目标： 项目详细目标及标准：		

Ⅲ. 总体规划

描述一下项目的总体规划。提供一个需要完成相关详细目标及标准的活动摘要。

Ⅳ. 主要假设

描述一下有可能影响项目成功但是可能不可控的外部因素。

Ⅴ. 项目预算

根据详细的目标及标准，提供一个初步的项目预算。同时说明机构的年度总收入，以及是否有其他资助来源。

表 2　项目预算

目　标	第 1 年	第 2 年	第 3 年	总计
目标 1				
目标 2				
目标 3				
目标 4				
目标 5				
总　计				

机构最近一年的年度总收入：

年份：　　　　　　总收入：

额外资助来源：

财务预算需要遵守基金会的间接成本政策。

Ⅵ. 机构经历及合作伙伴

简单描述一下机构项目相关的经历以及完成该项目的优势。如果该项目是一个合作计划或者论坛，提供每一个合作者的信息，同时阐明各个合作者之间的分工如何、如何避免工作的重复以及效率如何最大化等。

Ⅶ. 证明

提交了申请书之后，申请人向盖茨基金会保证其为合法授权地代表其机构进行申请。

四　基金会间接成本政策及资助管理

定义

比尔 & 梅琳达·盖茨基金会对于间接成本的定义如下：

- 机构经常性费用或者不间断的运营花费，无法归属到某一个特定的项目上
- 行政或者其他不能直接与相关活动和项目挂钩的成本

• 机构日常的负责管理所有项目的运营开销

• 如监管、现有设备成本、会计、资助管理、法律成本、技术支持等，具体间接成本及直接成本差别见表3

表3　直接成本与间接成本

直接成本	间接成本
以下可以归入资助项目的直接成本，如果该成本是直接和该项目相关的： 雇员薪水 • 包括项目管理 • 包括项目直接相关的行政支持、法律财务支持等 雇员的附加福利 雇员的差旅费 顾问费用 工作用品等 附属资助（指受助机构外包给其他机构的业务，预先支付） 附属合同（指受助机构外包给其他机构的业务，业务完成后付款） 以下项目可以被归入直接成本，如果该项目是被直接用于所申请资助的项目本身： 新购买设备【注意所有现有设备都属于间接成本】 新获得的设施： • 新诊所 • 新检测实验室 • 新的项目实施小组办公室【注意所有现有设施都属于间接成本】 新设施的水电费用 新获得的与项目有关的信息技术设备或技术支持	现有设施费用（如租金、维护费用等），例如： • 学校校舍 • 国家或地区办公室 现有设施的水电费用 现有信息技术设备及技术支持（如中央信息系统、网络等） 现有公用设备 现有设备维护 现有设备折旧 保险 通信费用（如电话等） 行政办公用品 一般行政支持： • 执行管理（如CEO、COO、CFO等） • 行政管理 • 一般记账或会计 • 一般财务管理人员 • 内部审计 • 机构法律支持 • 研究管理人员 • 信息技术支持人员 • 设施辅助支持人员 • 科技支持 • 环境健康/安全人员 • 人力资源 • 图书及信息支持 • 公用支持资源 • 一般后勤支持 • 物资管理（如存货管理、运输等） • 其他项目公用资源

五　最大间接成本

项目资助或合同的最大间接成本限制如下：

0%	最多10%	最多15%
政府机构，其他私立基金会，营利组织	美国大学美国社区学院	非政府组织，国际组织，非美国大学

图3　最大间接成本限制

注：间接成本偿付用占项目总成本（包括劳务费、附属合同、办公用品、设备等）的百分比表示。

间接成本限制比例不仅适用于主要的申请机构，同时也适用于所有外包的附属资助和附属合同机构。每一个不同的机构根据其组织机构类型满足间接成本限制的条件。

例如，如果一个美国的大学是申请机构，有一个附属资助机构为国际组织，那么它最多可以将资助金额的10%用于间接成本，而该国际组织可以将资助金额的15%用于间接成本。

以上限制比例是基金会设定的最高比例，受助机构及其附属机构不应该在间接成本低于以上比例的时候随意提高间接成本以达到最高比例。同时因为以上政策规定是“最多”不能超过的比例，所以在实际情况中，间接成本的偿付比例可能为0%～15%。

例1：经基金会核定，一个大型的资助项目的间接成本偿付比例可能会比较低，这样能够通过降低间接成本来保证该大型项目所需的直接的管理成本。

例2：如果一个主要的受助机构将资助的大部分项目都外包给了第三方附属机构，那么基金会可能会限制主要受助机构在外包部分的间接成本。在这种情况下，间接成本偿付的比例可能会比规定的最高比例低。

第三节　基金会组织管理结构

一　双实体结构

基金会目前在西雅图、华盛顿、印度新德里、中国北京以及英国伦敦开设有办事处。截止到 2011 年 9 月 30 日，基金会拥有约 980 名雇员。

2006 年 10 月，基金会的理事会决定设立双实体结构：比尔 &梅琳达·盖茨基金会（基金会）和比尔 & 梅琳达·盖茨基金会投资基金（投资基金）。这两个机构都属于满足免税政策的私营基金会，但是二者作用不同：

- 基金会主要致力于在世界范围内解决不公平的问题。在发展中国家，提升人民健康水平，减少贫困，在美国资助教育相关的项目，在西太平洋地区帮助低收入的家庭。基金会在全球设有 5 个办公室。基金会理事为比尔 & 梅琳达·盖茨夫妇以及巴菲特。
- 投资基金主要用于管理盖茨夫妇以及巴菲特的慈善资产，制定投资政策并且定期将所得回报投入基金会以完成相关的慈善项目。投资基金的理事为比尔 & 梅琳达·盖茨夫妇。

表 4　比尔 & 梅琳达·盖茨基金会管理团队

姓　名	职　务	工作小时/周	工资（美元）	员工福利计划缴款（美元）	额外补贴（美元）
比尔 & 梅琳达·盖茨（William H. Gates Ⅲ）	理事	25	0	0	0
梅琳达·盖茨（Melinda French Gates）	理事	30	0	0	0

续表

姓　名	职　务	工作小时/周	工资（美元）	员工福利计划缴款（美元）	额外补贴（美元）
沃伦·巴菲特（Warren E. Buffett）	理事	1	0	0	0
杰弗·S. 雷克斯（Jeffrey S. Raikes）	首席执行官	40	975000	78079	0
老比尔 & 梅琳达·盖茨（William H. Gates Sr.）	执行主席	20	250750	62202	0
西尔维亚·马修·伯韦尔（Sylvia Mathew Burwell）	国际发展项目主席	40	586140	76105	0
埃兰·C. 格尔斯通（Allan C. Golston）	美国慈善项目主席	40	544041	69711	0
山田（Tadataka Yamada MD）	全球卫生项目主席	40	862725	74030	0
玛莎·崔（Martha Choe）	首席行政官	40	281345	72634	0
康妮·柯林斯沃斯（Connie Collingsworth）	秘书长兼总顾问	40	305176	75528	0
理查·C. 恩里克斯（Richard C. Henriques）	首席财务官	40	299744	51963	0
亚历山大·弗里德曼（Alexander Friedman）	前首席财务官	40	93428	35180	0
凯斯·奥尔森（Keith Olson）	前临时首席财务官	40	261610	57607	0
弗兰西·菲兰（Franci Phelan）	首席人力资源管理总监	40	273870	55330	0
凯特·詹姆斯（Kate James）	首席公共事务运营官	40	498643	52550	0
吉奥夫·兰姆（Geoff Lamb）	公共政策主管	40	466430	65742	0
谢丽尔·斯科特（Cheryl Scott）	首席运营官	40	465030	66310	0
格温·谢尔曼（Gwen Sherman）	财政主管	40	230925	55660	0

续表

姓　名	职　务	工作小时/周	工资（美元）	员工福利计划缴款（美元）	额外补贴（美元）
约瑟夫·塞雷尔（Joseph Cerrell）	欧洲分部主管	40	1188108	70788	0
叶雷（Ray Yip）	中国项目主管	40	616300	63908	0
丹钦（Dan Chin）	高级项目主管	40	597248	53889	0
山姆·德莱顿（Sam Dryden）	农业发展项目主管	40	507420	72721	0
阿肖克·亚历山大（Ashok Alexander）	印度艾滋病项目主管	40	453983	60813	0

表 5　比尔 & 梅琳达·盖茨基金会投资基金管理团队

姓　名	职　务	工作小时/周	工资（美元）	员工福利计划缴款（美元）	额外补贴（美元）
比尔 & 梅琳达·盖茨（William H. Gates Ⅲ）	理事及首席执行官	25	0	0	0
梅琳达·盖茨（Melinda French Gates）	理事	1	0	0	0
基思·特拉弗斯（Keith Traverse）	秘书长	1	0	0	0
康妮·柯林斯沃斯（Connie Collingsworth）	前秘书长	1	0	0	0
理查·C. 恩里克斯（Richard C. Henriques）	首席财务官	4	0	0	0
亚历山大·弗里德曼（Alexander Friedman）	前首席财务官	4	0	0	0
麦克·拉尔森（Michael Larson）	有限责任公司主管	1	0	0	0

在所有比尔 & 梅琳达·盖茨基金会及其投资基金的高级主管中：

- 有三位来自盖茨家族，分别为比尔 & 梅琳达·盖茨、梅琳达·盖茨（Melinda Gates）和比尔 & 梅琳达·盖茨的父亲（William Gates Sr.）
- 现任首席执行官为微软前任高级主管，其他的部门主管皆来自其他专业领域，分别都在相关的政府、企业或者非营利组织任职多年，有很丰富的经验

二 项目专家顾问组

2007 年 9 月，基金会宣布成立其第一个项目专家顾问组，希望能接受来自外部专家的建议和咨询，以提升其项目效果和影响力。项目顾问组并不直接审核有关资助的申请，但是在提高基金会在全球卫生、国际发展及美国教育项目质量方面发挥了重要作用。项目顾问组的成员都是来自各个领域有很丰富经验的专家，他们和相关的项目主管直接合作，提供独立、真实准确的评价及政策建议。

三 顾问组成员的选择

项目主管根据其相关领域情况选出合格的候选人，在前首席执行官 Patty Stonesifer 监督下，项目主管聘请 5 ~7 名专家加入项目顾问组，其中包括一名专家任顾问组组长，项目主管也同时任组长。

顾问组职责

- 任期 3 年
- 每年参加 2 次顾问组讨论会议
- 为项目提供战略性建议

● 定期为项目主管提供咨询

顾问组组长同项目主管一起商定会议日期、议程，主持会议并且将讨论结果呈报给首席执行官和理事会成员。

补贴报酬

● 为了表示对顾问组专家工作和努力的感谢，每一位专家参加每次会议都会象征性地收到4000美元的补贴，这一水平是根据美国联邦政府专家顾问组的补贴水平而定（顾问组组长5000美元）

● 基金会负责所有差旅相关的费用

限制

● 顾问组成员不能与任何一个受助机构有直接的利益相关或其他利益冲突（因为基金会所聘请的顾问组成员均为该领域的专家，所以很可能有利益相关或者利益冲突的情况出现，在这种情况下，项目主管或者顾问组组长可以请相关成员暂时离席或者缺席讨论）

● 顾问组成员必须严格遵守基金会的保密协定及内线交易原则

第四节　基金会财务状况及管理

表6　项目资助资金分布

单位：美元

年　份	2010	2009	2008
国际发展项目	489797	677170	459136
全球卫生计划	1485337	1826446	1818949
美国慈善项目	380966	488827	436706

续表

年　份	2010	2009	2008
家族相关项目	97774	42379	5062
慈善支持	12352	7134	3353
员工匹配捐赠	4119	3238	79466
总　计	2470345	3045194	2802672

由以上资助资金的分布可以看出，基金会在全球卫生项目领域的投入最大，占总资助资金的50%以上，其次为国际发展项目及美国慈善项目。

表7　综合财务状况

单位：美元

年　份	2010	2009	2008
资产			
现金	5183	8999	10283
比尔 & 梅琳达·盖茨基金会投资基金净资产利息	36720209	33439797	29574486
项目相关投资（净）	37828	35929	29535
预付费用及其他资产	3841	2768	12402
物业产权及设备（净）	663090	424828	262996
总资产	37430151	33912321	29889702
负债及净资产			
负债			
应付账款	58003	66157	52356
应付项目资助（净）	4553260	4844947	22928
应计负债及其他负债	43915	29273	5263223
总负债	4655178	4940377	5338507
净资产			
非限制性	32774973	28971944	24551195
总负债及净资产	37430151	33912321	29889702

基金会主要的资产为比尔 & 梅琳达·盖茨基金会投资基金的资产利息，负债占总资产的比率分别为17.86%（2008）、14.57%（2009）和12.44%（2010）。

表 8　综合运营状况

单位：美元

年　份	2010	2009	2008
收入			
收益及其他收入	2353	1972	10428
投资收入	928	669	1524
总收入	3281	2641	11952
支出			
项目资助	2180636	2630833	3643780
直接慈善捐助	100051	90431	54086
项目及行政管理费用	361686	351979	352166
税收等	21	60	31
总支出	2642394	3073303	4050063
计算利息之前净资产的变化	(2639113)	(3070662)	(4038111)
比尔 & 梅琳达·盖茨基金会投资基金利息变化			
比尔 & 梅琳达·盖茨基金会投资基金收益	3161730	3626100	3307259
计算比尔 & 梅琳达·盖茨基金会投资基金利息之后净资产增加（减少）	3280412	3865311	(9078490)
净资产变化	3803029	4420749	(9809342)
年初非限制性净资产	28971944	24551195	34360537
年末非限制性净资产	32774973	28971944	24551195

第五节　信息公开及宣传策略

一　年度报告

基金会致力于提供及时准确的财务及项目资助报告。自 1998 年开始，基金会每年都会发布年度报告，详细相关年份的财务报告请参考链接 http：//www. gatesfoundation. org/annualreport/Pages/annual - reports. aspx。

年度报告的内容每年都稍有变化，但是总体来说都会包含以下内容：

- 来自 CEO 的一封信
- 重点资助项目
- 成功案例及故事
- 年度财务报告
- 受助人列表及资助信息

二　年度财务报告

基金会每年都会公布审计之后的财务报告以及 990 - PF 税表。一般来说上一年的财务报告会在下一年的夏天公布，990 - PF 税表在下一年的秋天公布。因为现在基金会的双实体结构，基金会及投资基金分别发布各自的财务报告及 990 - PF 税表。目前在网络上可以查询到 2002 ~2010 年的相关财务报告和 990 - PF 税表：http：//www. gatesfoundation. org/about/Pages/financials. aspx。

自 2003 年开始，基金会请毕马威对相关财务状况进行审计，并且授权其在基金会网站上发布审计后的财务报告。

三　公共宣传及媒体联系

基金会利用多种方式进行公共宣传，特别是利用照片、媒体、图像等方式更有效地向大众传递信息。基金会拥有自己的照片库、视频库以及图像库等，这些都和基金会所关注的项目领域直接相关。

视频：http：//www. gatesfoundation. org/videos/Pages/default. aspx。

照片：http：//www. gatesfoundation. org/photogalleries/Pages/default. aspx。

图像：http：//www. gatesfoundation. org/infographics/Pages/infographics. aspx。

基金会的新闻中心发布有关基金会的最新信息，如人员变动、新的资助项目、新计划、项目进展报告等：http：//www. gatesfoundation. org/press - room/Pages/overview. aspx。

基金会非常注重与媒体的联系，同时也致力于为媒体提供可用的信息。基金会有自己专门的“媒体工具箱”，包括基金会简介、情况说明书、基金会大事表、基金会地区办公室情况说明书、高级管理人员履历、项目简介及说明等。大部分材料都有英语、德语、法语、西班牙语四种版本：http：//www. gatesfoundation. org/about/Pages/press - kit. aspx。

因为盖茨家族在世界范围内有很大的影响力，其家族成员的演讲及致辞也是基金会公共宣传很重要的组成部分，基金会官网有专门的演讲及致辞板块，提供完整的演讲稿：http：//www. gatesfoundation. org/speeches - commentary/Pages/overview. aspx。

附录：基金会大事年表

2010 年

基金会成立伦敦办公室，负责与欧洲相关合作伙伴的联系

2009 年

12 月 | 基金会 2009 年项目资助总金额达到 30 亿美元，员工超过 800 人

11 月 | 基金会位于西雅图的新办公室正式投入使用

2008 年

9 月 | 杰弗继帕蒂（Patty）之后被正式任命为 CEO，帕蒂继续担任基金会的高级顾问

7月 | 基金会位于西雅图的新办公室破土动工

6月 | 比尔 & 梅琳达·盖茨正式从微软转入盖茨基金会，开始集中精力负责基金会的重要业务

6月 | 基金会宣布成立三个资助项目的专家顾问组

2006年

10月 | 基金会正式成立双实体结构：比尔 & 梅琳达·盖茨基金会负责发放资助以及比尔 & 梅琳达·盖茨基金会投资基金负责管理资产

6月 | 巴菲特将其在伯克希尔哈撒韦投资公司的1000万股股份捐给基金会，在当时这些股份价值约为310亿美元

6月 | 比尔 & 梅琳达·盖茨宣布2008年7月他将正式从微软转入基金会的管理

4月 | 基金会进行了结构重组：美国慈善项目、全球卫生计划、国际发展项目及总体运营管理

2005年

12月 |《时代》杂志提名比尔 & 梅琳达·盖茨夫妇为年度人物，以表彰他们的慈善工作

1月 | 基金会正式决定将总部设在西雅图

2001年

3月 | 基金会扩大了在公共卫生方面的投入

1月 | 图书馆计划正式扩展到世界范围内的第一个国家——智利

2000年

盖茨基金会与盖茨学习基金会合并，更名为比尔 & 梅琳达·盖茨基金会，基金会的主要业务将关注全球卫生、教育、图书馆

以及西北太平洋地区社区项目

1999 年

11 月 | 基金会为全球免疫疫苗联盟投入了第一笔资金

1998 年

12 月 | 基金会开始关注公共卫生项目，投入 1 亿美元成立了比尔·梅琳达儿童疫苗项目

1997 年

6 月 | 盖茨图书馆基金会成立，成为盖茨基金会的一个姐妹组织

1994 ~ 1996 年

1994 年 12 月 | 比尔 & 梅琳达·盖茨夫妇将他们价值 9400 万美元的财产捐出成立了盖茨基金会，支持公共卫生事业和西北太平洋地区社区服务的发展，比尔 & 梅琳达·盖茨的父亲为基金会的主要管理者

参考资料来源

http：//www. gatesfoundation. org/Pages/home. aspx.

http：//www. gatesfoundation. org/annualreport/Pages/annual - reports. aspx.

http：//www. gatesfoundation. org/about/Pages/press - kit. aspx.

http：//www. gatesfoundation. org/about/Pages/financials. aspx.

伊芙琳和沃特·哈斯基金会

Evelyn and Walter Haas,Jr.Fund

第一节　基金会概览

一　基金会基本情况

伊芙琳和沃特·哈斯家族基金会于 1953 年由伊芙琳·哈斯和沃特·哈斯成立，迄今已经累计授予了近 3.9 亿美元的慈善捐款。该基金坐落在加州的旧金山。

哈斯的家庭成员通过自己作为基金受托人的工作将他们的领袖角色和领导能力带入基金会当中。已故的创始人的三个孩子在理事会任职。沃特·J. 哈斯是基金会的理事会席。他和罗伯特·D. 哈斯以及贝琪·哈斯同在理事会当中。基金会受托人也包括基金会主席艾拉·赫希菲尔德（Ira Hirschfield）。

通过捐赠，基金会立志成为一个希望的声音和一个改变社会的积极的、统一的力量。基金会也寻求加强那些追寻共同价值和利益的人之间的联系和相互尊重，从而为更广阔范围内的群体和社区作出贡献。

基金会工作的驱动是得力于一群对基金会运作、慈善服务有着深刻理解和丰富经验的员工共同的努力。基金会的工作离不开这些有卓越才能的领导，离不开我们非营利伙伴们中那些甘于奉献的员工。

基金会基本情况事实表

基金会性质：私人家族基金会

创始人：伊芙琳·哈斯和沃特·哈斯

创设时间：1953 年

使命：基金会旨在实现创始人对一个公正的和有爱心的社会

的愿景，这个愿景中所有的人都能平等地生活、工作和有尊严地供养他们的家庭

理事会：主席——沃特·J. 哈斯；财务主管——罗伯特·D. 哈斯；秘书——贝琪·哈斯；基金会主席——艾拉·赫希菲尔德

职员：约25名员工

地址：位于加州的旧金山

资产：约4.8亿美元（2010年底财务信息）

二 基金会发展历史

沃特·A. 哈斯和他的妻子伊芙琳·旦泽·哈斯秉着对他们社区以及生活在社区中的人的热爱，在1953年基于公平、平等机会的价值观创造了他们的家族基金会。慈善事业深刻地根源于哈斯的家庭。沃特·哈斯的曾祖叔利瓦伊·施特劳斯是1853年从巴伐利亚移民到旧金山的，他成功创业并发展创立了里维斯公司，并在成功的同时捐赠和帮助了大量的服务于孩子和穷人的组织，以及著名的伯克利大学。他因他“数不清的、不张扬炫耀的、不分种族和宗教信仰的无私慈善”而被世人高度颂扬。

伊芙琳和沃特·哈斯拥有过人的远见，创立这样一个基金会来适应人们变化的需求和面临的机会。他们的三个孩子现在继承了他们的这份事业：沃特·J. 哈斯是理事会主席，罗伯特·D. 哈斯是财务主管，贝琪·哈斯担任了理事会秘书的角色。在他们的领导下，基金会解决了大量复杂和高难度的问题，如促进移民、同性恋者拥有平等的权利和机会、减少在学业教育领域的种族和经济差异来帮助人们摆脱贫困，找到能够供养家庭的工作。

在伊芙琳和沃特·哈斯的价值观以及远见的激励下，基金致力于以有意义和有效的方法在地方、州和国家的层面上作出贡献。自成立以来，哈斯基金会投入了近3.9亿美元的基金拨款，范围涉及从社区背景的集团中的关键性投资到对主要文化机构的

支持。虽然这个基金专注的领域在不断向更好的方向进化，但基金会的核心价值保持不变。

三　领导层和受托人

1. 领导层中的家族成员

哈斯家族基金会的领导层从其创始人开始，延续到家族中的下一代。哈斯家族的领导经过时间漫长的努力构筑起了基金会对于一个公正包容社会的核心价值观，力求使得所有的人都能够有尊严地、平等地生活、工作并供养他们的家庭。

1995 年，创始人老沃特·哈斯去世，伊芙琳决定让他们的三个孩子承接领导层的职位和工作。伊芙琳在 2010 年去世之前和她的儿子沃特·J. 哈斯共同承担基金会的理事会主席职务。

伊芙琳和沃特家族同基金会的员工一道，在当前复杂的、极具挑战性的社区和社会问题的背景下实现着他们父母的愿景。在两代人对于慈善事业和捐赠的不懈努力下，哈斯家族认识到要达到基金会期望的社会变革的目标，基金会必须在当地、州以至全国这些不同层次的范围当中工作。这些工作力主帮助政府和私人部门有效地运用其资源来应对当前社会中最大的挑战。

基金会领导层基本情况

罗伯特·D. 哈斯

罗伯特·D. 哈斯在 1992 年加入了基金理事会，目前是基金会的财务主管和审计委员会主席。哈斯先生在商业和慈善方面的深厚知识及丰富经验让他能够胜任基金的受托人角色。

鲍勃·哈斯

鲍勃·哈斯在 1968 年从哈佛商学院获得了 MBA 学位。他在 1984 ~ 1999 年担任里维斯公司的 CEO。作为首席执行官，他带领

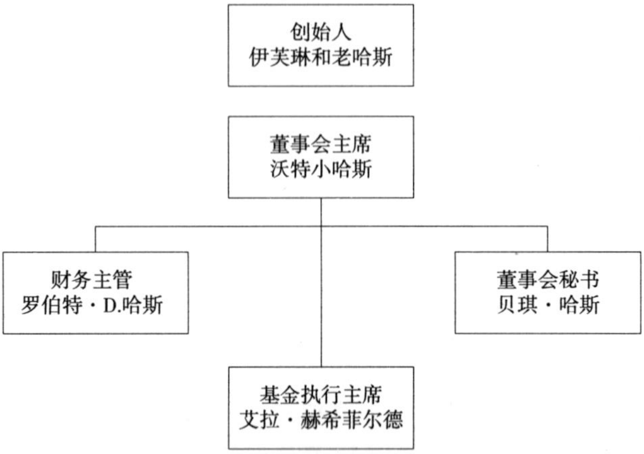

图1　基金会领导层

公司实现了关键性转折，走向超过十年的增长和扩展。鲍勃·哈斯先生在任职期间创立了 Dockers® 品牌并且获得了国际化的扩张。在他的领导下，里维斯公司持续了其在履行社会责任的企业中的长久的领导地位——举例来说，里维斯公司成为第一家为其海外生产制造厂家员工创设劳动安全标准的企业；1991 年，鲍勃·哈斯因其在强调重视工作地点的艾滋病传播中的努力而成为国家防艾领袖联盟小爱德华奖（National Leadership Coalition on AIDS' Edward N. Brandt，Jr.）的获奖者；1998 年，克林顿总统授予他第一届伦·布朗奖以表彰里维斯公司在抵制种族主义当中的领导地位。哈斯先生在 1989 年成为理事会主席，并在 2008 年成为理事会名誉主席。

沃特·J. 哈斯

沃特·J. 哈斯于 1972 年加入基金会理事会，并且自 1996 年起同他的母亲共同担任基金会的理事会主席，直到 2010 年他的母亲去世。他目前仍然担任基金会理事会主席。对于运动和社区服务的热爱推动着沃特·J. 哈斯继续在商务、慈善和教育机构努力工作。在哈斯家族拥有 Oakland A's 俱乐部的时候，沃特·

J. 哈斯是俱乐部的执行副总裁（1980～1987）、首席运营官（1988～1989），以及后来的 CEO（1993～1995）。1995 年起，他在里维斯公司理事会任理事，同时也是公司企业道德和社会责任委员会的一员。作为一个热心而忠诚的运动爱好者及大学关注者，沃特·J. 哈斯为许多大学的项目筹资做出了很大的努力。

贝琪·哈斯

贝琪·哈斯于 1992 年加入基金理事会，目前担任理事会秘书。她在斯坦福大学完成本科学业，研究生在加州学习法律。在获取两个学位之间，她还加入了伯克利教育学院，专注于教育城市中的孩子们。她曾经在东海岸和海湾地区教学龄前和一年级的孩子，她在基金会对于孩子和家庭的支持中的领导角色，源自于她母亲的角色，以及数十年在提升教学和学术培训上的志愿服务经历。

创始人介绍

伊芙琳和沃特·哈斯在 1953 年创立了基金会，灵感来源于他们所生活的社区——旧金山海湾区以及那里生活的一群创造不凡的人们。

“我总是对于那些在困境中挣扎同时期待过上积极、健康和富有成效生活的人们怀有一份深刻的同情心”，创始人老沃特·哈斯在被问到为什么创立这个基金会时回忆道。“伊芙琳和我希望我们的基金能够帮助那些需要帮助的人们，并且力争更好地改变人们的生活。基金会能够在无形中默默地帮助人们过好他们的生活，这让我们感到很满足。”

老沃特·哈斯（1916～1995）

老沃特·哈斯在 1939 年开始他在里维斯集团的事业生涯。他在 1958～1971 年担任里维斯的 CEO 和集团主席，1971～1976 年担任 CEO 和理事会主席。沃特领导里维斯集团从一个区域制造商和工作服装批发商成长为世界顶级的服装公司。与此同时，沃特时刻注重公司的社会责任，为各类慈善活动和非营利机构投入了大量的精力。20 世纪 50 年代中期他注意监督和纠正公司的种族隔离现象；同时在员工中成立社区服务团队，鼓励员工志愿服务，积极回馈社区；他捐助的非营利机构有伯克利大学、猎人角男孩俱乐部（Hunter's Point Boys' Club）等；1980 年，他买下了窘迫的奥克兰棒球队，接着，在他同他的家族成员共同的努力下，这支球队转型为一个蒸蒸日上的团体，不仅在 1989 年赢得了世界联赛的冠军，也成为整个奥克兰一份有活力的经济和社区资产。

伊芙琳·D. 哈斯（1917～2010）

曾任总裁、首席执行官和名誉主席。正是她和她的丈夫的大量工作使得新博物馆得以筹集 9500 万美元来建设新的设施，直到今天博物馆每年仍然吸引超过 70 万的游客从世界各地来参观。

艾拉·赫希菲尔德

艾拉·赫希菲尔德出生在芝加哥，毕业于华盛顿大学，从西方学院获得城市市政的硕士学位，从南加州大学获得公共管理和老年医学的博士学位。

作为基金理事会中唯一的非家族成员，他从 1992 年开始担任伊芙琳和沃特·哈斯基金会的总裁和托管人之一。此外，他还主导了基金会中一系列符合基金精神和宗旨的地方和国家层面的活动。在他的领导下，基金会支持旧金山的克里希完成了从一个只有 30 英亩可用土地的军事基地到一个每年吸引 100 万游客前来参观的拥有 100 英亩土地的城市国家公园的转变。基金会同时支持旧金山的普雷斯丢（Presidio）转变为拥有多条游径和野营基地的国家公园。

在基金会完成了金门国家公园的建造后，赫希菲尔德先生又推动基金会完成了电影《国家公园：美利坚最好的想法》的制作，成为美国公共广播公司历史上最大的一笔捐赠支持。在制片人的支持下，赫希菲尔德先生引导捐赠制作的这部电影展示了不同背景的个体是如何共同创造美国历史的。

在加入基金会之前，他是洛克菲勒家族慈善的主管。他在非营利部门的工作经验非常丰富。他同时在里维斯集团中担任领导职务，包括里维斯基金会执行副总裁和公司副总裁，以及公司社区事务委员会主管。

四　基金会使命

伊芙琳和沃特·哈斯基金会旨在实现创始人对于一个公正、充满关爱、人人都能有尊严地生活、工作、供养家庭的社会的愿景。基金会致力于对社区的构建和美化。哈斯家族对于旧金山海湾区充满活力的美景以及多元的人群的爱和赞赏启发了基金会的工作。基金会在公平、平等的价值观指引下解决不公正等社会中最为困难的一些问题。

主要目标及愿景

- 促进平等权利和机会的实现，保障移民和同性恋者的权利
- 提高低收入家庭和孩子的生活，着重关注教育
- 向我们的非营利伙伴机构的领导层投入
- 确保社区能够接触海湾区优秀的文化和市政财产并从中获益

第二节　基金会捐赠

一　项目概览

自成立之日起，哈斯基金会已经捐赠出近 3 亿 9000 万美元。

2010年，基金会支出了总数超过2500万美元的捐赠。

捐赠主要投向以下一些领域：移民权利保障；同性恋者权利保障；教育；领导者；社区联合创新项目。

社区联合创新主要包括以下一些项目：

- 重建金门公园历史久远的克里希田地
- 《旧金山纪事报》“爱心春天”基金项目：海湾区最大的为个人和家庭服务的应急援助项目，该项目向9个旧金山海湾区县城中的低收入家庭累计发放了多于7100万美元
- 旧金山现代艺术博物馆的一些关键性项目：例如伊芙琳·哈斯展览基金，帮助博物馆得以举办吸引大量观众来参观的具有世界级艺术水平的主要展览
- “为年轻人组队”计划：项目为孩子们提供了许多高质量的运动机会，为孩子们平等、快乐地在运动场上运动扫除了经济上、文化上以及性别上的障碍，为多于7万的孩童提供了真实、高质量和平等的课外运动竞技场
- 捐助加州伯克利大学的项目：修复沃特·哈斯运动馆的设施设备，为提高伯克利的学术和运动水平创设一系列项目，包括强调多元、平等、包容的多种项目，为低收入家庭孩子筹集奖学金以及让平等和包容出现在加州校园的每一个角落
- 自由婚姻权利组织：这个组织将全国各种不同的婚姻组织集合，教育公众，同时促进对婚姻权利的法律保障
- 旧金山“灯塔计划”：这个计划为旧金山8个社区中的低收入家庭和孩子创建安全的、功能齐全的课后社区活动中心，提供给这些家庭及他们的孩子足够的校外、课后的各项服务和帮助
- 旧金山“留住交响乐”项目：是一个国家范围的多媒体项目，推动发展更多的古典音乐的听众及爱好者，旨在让更多的人接触到古典音乐
- 关键性援助

- 为低收入家庭及个人提供应急食品、衣物、住所、交通及其他基本生活设施和便利

基金会支持的主要机构是集中在旧金山海湾区的一些县城。在某些领域，基金会支持一些符合基金会宗旨的、能够对海湾区产生一定影响的全国范围或者地区范围的项目。

二　项目领域

基金会资金的捐赠者确定出了以下一些主要的资助兴趣领域所在。

社区互助及创新

在过去的几十年中，基金会一直是海湾区中许多组织和机构的一个主导性的资助者。今天，它正在让社区中越来越多的人享受生活在这片地方的权利和优越性。这个地区的捐助资金是只有在申请的时候才会授予，同时主要投向那些与基金会有时间较长和较为稳定联系的组织机构。

促进教育机会平等

基金会一直积极地致力于提供给年轻人重要的生活技能。基金会目前主要专注于投入一个致力于降低三年级之前的孩子之间的差距的公共私人合伙企业。与此同时，基金会还持续探索如何促进海湾区社区大学生的学业完成率以及学业成绩的提高。

员工竞赛奖品提供

基金会为多个组织的、至少上岗一年的员工提供员工竞赛的奖品，奖品按照2∶1的比例发放，最高为5000美元。

同性恋者权利保障

基金会是一个主导性的同性恋者的权利保障者，这是与我们基金会对于一个公平正义的社会愿景相一致的。

我们与一系列的组织进行合作，在全国范围内对同性恋者的权利进行保障。我们有三个主要的工作项目：1. 在更多的州为同性恋者争取自由婚姻的权利；2. 推动各个层面上的政府给予同性恋者非歧视性保护；3. 在社区中建立同性恋者的平等权利保障。

移民权利保障

通过在地区、州和全国范围上加强与同类组织的合作，基金会努力为移民争取各项权利，让他们感受到社会对于他们所作贡献的认同，对他们人性的尊重，对他们的辛勤工作和创意给予平等基础上的认同。在此领域我们同样有三个工作重点：1. 让公众对于在全国层面上的综合移民政策改革的需要有个更深的了解；2. 提高加州社区中的移民对于市政、社区事务的参与度；3. 支持对于公众的教育，特别是在加州，让更多的人认识到建立移民友好社区和完善相关立法的重要性。

非营利组织领导力培训

增强非营利组织的领导水平是基金会捐赠的一个主要领域。基金会强调它所支持的非营利组织对于领导力的需求，同时也探索新的途径来加强在这个领域的领导力培训，以及推进这个领域的运动。基金会有两个主要的工作重点：1. 投资于那些接受捐赠者的领导和实践技能的培训，促进他们更好地实现他们改变社会的目标；2. 促进有关非营利组织领导力的知识和学习的广泛传播。

1. 基金会兴趣领域

主题

人权、民权
移民的人权、民权
社区、街道、居民区的提高和发展
家庭服务
财务服务
居住状况改善/避难所的提供
领导能力发展
非营利组织管理
青年发展计划

2. 资助人群特征

经济上困难的群体
移民、难民
性少数群体（此指女同、男同、双性恋者、跨性别者和对其性别认同感到疑惑的人）

3. 地区分布

全国范围
加州范围

4. 提供的资助类型

咨询服务
员工竞赛奖励
总务/运营支持
比赛/挑战赛支持

项目发展
项目评估
种子基金
技术支持

哈斯基金会专注于5个领域：

- 努力促进移民拥有平等的机会成为普通的拥有全部正常权利的居民
- 为同性恋者争取平等的婚姻权利以及其他保护
- 发展合伙企业，缩小儿童间的差距，促进孩子和青年得到他们所需的教育，使他们的潜力全面发挥、发展
- 帮助非营利组织的领导获得他们所需的技能、知识、视野，帮助他们将他们的组织和工作提升到一个全新的高度
- 支持旧金山海湾区的各种社区企业，借助他们的力量为更多的来自不同环境、背景下的人们提供平等机会去享受海湾区多元化的市政服务和文化资产

第三节 基金会组织结构

一 管理层及托管人

表1 管理层人员信息

管理层人员	在基金会中的职务	参与的其他项目及职务
沃特·J. 哈斯*	理事会主席	沃特和伊莉丝·哈斯基金，托管人 “为了青年人的运动队”计划主席和托管人 里维斯集团，主管

续表

管理层人员	在基金会中的职务	参与的其他项目及职务
艾拉·赫希菲尔德*	总裁	“为了青年人的运动队”计划主席和托管人 旧金山现代艺术博物馆，托管人 旧金山纪事报共享基金，托管人
迈克尔·布莱克	副总裁，主管财务	
珍妮·沃斯顿	副总裁，主管特殊首创机构	
斯尔维亚	副总裁，主管项目运营	“为了青年人的运动队”计划托管人
伊丽莎白·哈斯·艾森哈特*	理事会秘书	
罗伯特·D. 哈斯*	财务总监	里维斯基金会，总裁及执行主管 里维斯集团，理事会主席 海湾区委员会，执行主管 加州大学哈斯商学院，咨询委员会顾问 旧金山艾滋病基金会，荣誉总监
雷蒙娜·雷伊-墨菲	主计长	

注：名字后的星号表示该工作人员同时也是托管人或主管。

二 员工数量统计

15 名全职正式员工

3 名兼职专业员工

8 名全职支持维护人员

1 名兼职员工（该员工同时在苍鹭基金会工作）

三 主要员工介绍（不包括管理层）

鲍勃·贝利，主任，人力资源和行政管理部
凯茜·查，项目主管，移民权利及融入项目
丹尼斯·齿克拉，高级主管，通信部
马特·福尔曼，项目主管，同性恋者权利保障项目
希瑟·格雷厄姆，项目经理
克莱顿·C.娟，捐赠执行及会计
丽莎·马尔克斯·瓦伦蒂，项目成员
兰德尔·米勒，高级项目主管
迈克尔·史密斯，经理，信息系统
玛雅·特拉斌，部门员工，通信部
琳达·伍德，捐赠执行及主管，领导力培训项目

四 合作机构

亚太/亚裔慈善联合会
青年组织者基金联合会
关注艾滋病基金会
教育捐赠者
国际人权基金会组织
全国应急慈善委员会
社区街道基金会组织

五 员工职责

- 捐助金支持岗位——支持并且积极确保整个捐赠过程得以

顺利完成：为捐赠款的需求者提供优质的客户服务，援助接受者和基金会合作伙伴，监督和跟踪奖助金服务对象，按时跟踪整个流程，起草协议和奖授书信；确保奖助金的程序和文件的完整性和及时性；协调捐助资金的报告和支付；并帮助创建、编辑以及组织一年三次的理事会会议

● 行政支持岗位——支持日常工作的高级项目官员：处理电话、信件和电子邮件通信安排会谈和其他的约会；做旅行安排，流程业务费用报告；协调和建立会议，在会议上做笔记；维护档案，起草信件，开展其他所需要的文书任务

● 信息管理岗位——确保捐助过程得到准确和及时的报告，包括编码和其他数据录入：提供详细的跟踪赠款、协议、付款、报告和预算；数据库生成报表，收集和组织信息对内部和外部的报告

● 研究岗位——开展各类研究协助高级项目人员确定捐助对象，或在论文写作中予以协助，收集基金会资助领域的趋势和需求及有关其他赞助者、接受帮助者的信息，等等

技能和资历：

基本要求：

● 学士学位和两年的管理经验

● 强大的在个人电脑环境中工作的技能，包括熟练使用微软office 软件（Word，Excel，PowerPoint 等）；基础数据库经验（是知识平台的销售人员非常需要的）；网络信息搜集和理解能力；熟练运用键盘的技巧

● 较强的书面和口头沟通能力

● 按照优先级主动管理的日常工作量的能力

● 能保持对时间表的遵守

● 良好的解决问题的能力

● 在一般性的监督下独立完成工作的能力

● 有效的团队队员默契合作的能力

- 关注细节的精确
- 适应财务会计报表和相关的烦琐资料
- 适应变化的组织的要求的灵活性和能力
- 在不断变化的工作环境中能够接受分歧、更好地工作的能力

更理想的条件：

- 硕士学位
- 在慈善领域相关的工作经验

第四节 财务信息

基金会迄今为止已经向多元化的非营利组织付出了接近3亿9000万美元的捐赠资金，对于社区的改善和社会的改变有着潜移默化、不可磨灭的影响。

财务数据

截至2009年12月31日

资产：463985917美元（市值）

费用：40114829美元

总捐赠：32403848美元

符合资格的赠予：38132542美元

捐赠活动包括：

470笔共计32264700美元（最高每笔：2150000美元；最低每笔：100美元）

员工竞赛奖品共计139148美元

向基金会管理的项目捐赠共计674754美元

基金会捐助情况的图表以及数据库的查询：http：//www.haasjr.org/grants。

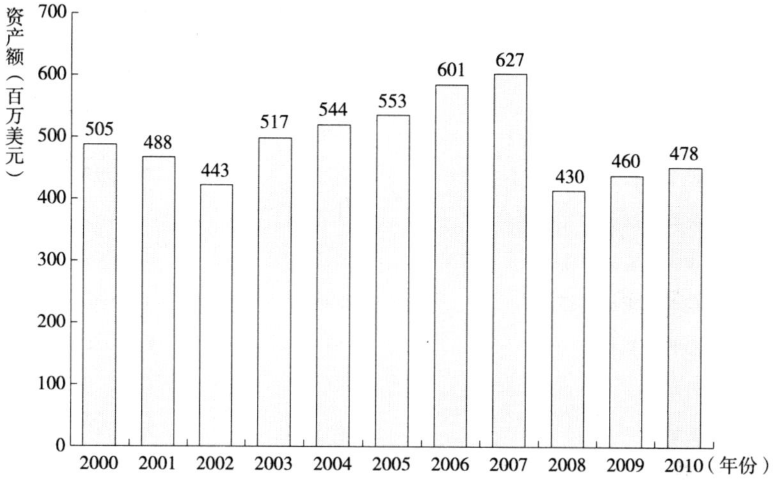

图 2　基金会资产：2000 ~ 2010 年

表 2　2010 年和 2009 年财务数据概览*

单位：美元

资　产	2010 年	2009 年
现金及现金等价物	421099	268665
应收利息	672060	727994
应收账款	(443982)	4540483
预付及其他资产	189598	159569
投资 - 公允价值下	481936895	457225477
财产和其他设施——净值	2081144	1063729
总资产	484856814	463985917
负债和净资产		
负债		
应付账款和其他应计负债	1770915	1012396
递延所得税	533340	191866
应付捐赠额，净值	26481167	29737191
递延租赁激励		88582
总负债	27661263	25319900
净资产	457195551	438666017
总负债和净资产之和	484856814	463985917

表3　2010年和2009年净资产活动变动

单位：美元

投资收益	2010年	2009年
分红，利息及其他	7354077	7159517
投资净损益	46167151	79559976
保管及投资相关费用	(1111664)	(999742)
税前投资净损益	52409564	85719751
税收优惠或惩罚	(450829)	(225862)
净投资损益	51958735	85493889
费用		
捐赠***	26481167	29737191
直接慈善活动	734134	674754
赠款管理	6213900	5809823
总费用	33429201	36221768
净资产增减变动	18529534	49272121
净资产		
年初	438666017	389393896
年末	457195551	438666017

*财务报表建立在收付实现制基础上。这些数据是经过审计的。

注：在现金的基础上，基金会在2010年和2009年的捐赠额分别是25151215美元和32404648美元。

财务分析

经济衰退对哈斯基金会的捐赠规模造成了一定的影响。

经济学家称这一轮经济衰退在2009年6月停止，但是其恶劣的影响一直在持续。在全国范围内，失业率一直盘踞在10%的高位，而在加州和旧金山海湾区这一数字甚至更高。

许多的非营利组织挣扎着尽量满足不断增长着的对他们捐赠的需求，另外，基金会收到的赠款却在大大减少，政府的融资也减少了很多。这一困境难以在短时间内摆脱。历史数据显示，非营利组织通常比其他的一些部门和组织从危机中恢复得更慢一些，因为要使得个体、政府和企业捐助者恢复到先前的慈善捐赠水平是需要一定时间的。

因此，基金会2009年和2010年在资金上确实面临着不小的挑战，基金会在努力克服种种困难。基金会在2009年达到一个捐赠的历史高点：3250万美元。2010年则大幅降低到了2500万美元。这些下降是由于以下三个主要原因。

1. 在2009年实现了大批对需要帮助者的承诺。在2008年，哈斯基金会的托管人完成了对基金会的整个计划，使得基金会支持的领域更加专注，营造了一个锐化基金集中战略。在维护权利和保障平等机会的工作中，基金加强支持移民权利、教育、非营利组织的领导，提供关键的帮助。此外，基金保持了对维护同性恋权利的强烈责任感。

2. 在加大支持基金会优先予以资助的领域和项目的同时，对于那些不密切符合基金会工作重点的领域在2009年仍然予以过渡性的大力支持，兑现多年的承诺。

3. 对较多接受帮助者的延迟付款。在有选择的基础上，基金会在确保其不受到重大恶劣影响的前提下与同基金会合作的几个大的机构协定了延迟支付资助金。这是出于保持基金会资产灵活性和流动性的考虑。

像几乎所有其他的基金会一样，哈斯基金会在经济危机中经历了一个资产价值下降的过程。该基金会资产从2007年的6.27亿美元下跌到2009年12月的4.63亿美元。幸运的是，由于市场反弹，基金的投资组合升至2010年的4.78亿美元。资产价值在下降，同时资助对象在扩展，这意味着我们需要在2009年让基金会支出资产的7.5%。在2010年，基金会支出的奖助金等于5.4%的资产。法律标准中指导基金会花5%的资产在捐赠执行和行政成本上，但是哈斯基金会很久以前就规定基金会资产的5%是基金会的底线。事实上，在过去的3年里，该基金的捐赠额度平均为资产总值的6%，始终保持在基本要求线之上。

在过去的几年中，基金会也一直通过减少员工的数量、搬到花销更少的办公室以及采取其他措施来削减成本。

基金会同所有在这场经济危机中努力的人一样，尽一切可能确保基金会能够继续实现所期待的使命以及未来。

参考资料来源

http：//www. haasjr. org/who – we – are.

http：//www. sfgate. com/cgi – bin/article. cgi? f = /c/a/2007/07/01/CMG-FMQFHJ61. DTL.

亨氏家族基金会

The Heinz Family Philanthropies

第一节　背景

一　简介

亨氏家族慈善基金会包括：

- 特蕾莎和 H. 约翰・亨氏三世基金会
- H. 约翰・亨氏三世基金会
- 亨氏家族基金会

正如许多以家族为基础的慈善事业一样，强大稳固的家族关系纽带连接着我们的传统和使命。此项慈善事业由亨利・J. 亨氏——亨氏企业的创业人启动。而我们关于运用合资企业的力量回报社会大众的信念则体现在我们选择支持和关注的项目上，尤其体现在我们提供资助的特别手段上。

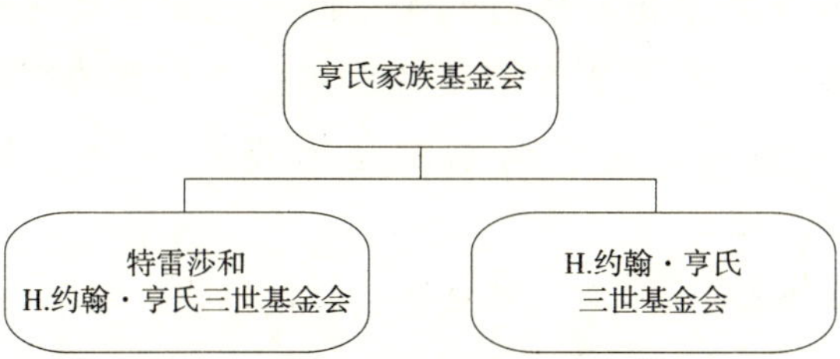

图 1　亨氏家族基金会结构

注释：事实上，特蕾莎和 H. 约翰・亨氏三世基金会和 H. 约翰・亨氏三世基金会并不是 501（c）（3）免税基金会。它们是由特蕾莎・亨氏持有的私人信托所支持的包含于亨氏家族基金会中的“基金”。

二 成立时间

- 亨氏家族基金会（The Heinz Family Foundation）：设立于1984年，于1992年合并［也以亨氏家族慈善基金会（The Heinz Family Philanthropies）的名义运作］
- 特蕾莎和H. 约翰·亨氏三世基金会与H. 约翰·亨氏三世基金会：于1992年之前成立（具体时间暂无从得知）
- 亨氏奖：设立于1993年

三 关联企业——亨氏企业

亨氏公司，总部设在宾夕法尼亚州匹兹堡市，是所有基于美国发展的食品企业中最国际化的企业。作为享誉六大洲的企业，亨氏为世界各地的200个国家和地区的家庭提供美味、营养和方便食品。在至少50个国家和地区中，亨氏位居市场上的第一或第二。

亨氏企业的主要市场是北美、欧洲、亚太地区以及其他国家和地区。亨氏承诺为消费者提供一系列突出营养和保健价值的健康食品；而它的承诺也使得它区别于其他食品公司。

对于消费者，亨氏是一个值得信赖的品牌；对于社会，亨氏是一个有价值的合作伙伴；而对于投资者，亨氏则意味着巨大的投资回报。

四 基金会的运作信念

基于优秀的慈善事业的运作需要宽阔的视野和与不同领

域广泛合作的信念，我们欢迎建立合作关系以应对复杂的挑战。

另外，我们也相信谨慎的冒险是必需的。慈善领域有众多机会；当中的许多机会是需要与企业和公民领袖携手合作去实践和实验新的想法的。当时机成熟时，我们会推出实践项目作为推动社会进步的“试验田”。

五 议题和项目

1. 议题

亨氏家族慈善基金会关注：

- 人类健康和衰老
- 环境
- 女性经济机会与权利

我们工作中的重要一环就是为有影响社会公共政策能力的人提供必要的教育培训。我们特别关注那些起草法律和有投票法律议案权力的人。

2. 常规项目

- 支持环境研究项目的奖金
- 女性会议
- 关于女性退休的研究
- 亨氏奖

第二节　组织架构

一　管理人员

表1　亨氏家族基金会主要管理人员

主席和首席执行官	特蕾莎 F. 亨氏·凯里
主管	罗丝·吉布森
亨氏奖主任	金奥德尔
信息技术主管	查尔斯·理查森

二　个人简介

1. 简介

表2　亨氏家族基金会主要管理人员介绍

职位	姓名	性别	个人信息	职务与权力
主席和首席执行官	特蕾莎·F. 亨氏·凯里	女	一个商人和慈善家，前美国参议员 H. 约翰·亨氏三世（宾夕法尼亚州）的遗孀，现美国参议员约翰·克里（马萨诸塞州）的妻子；特蕾莎·亨氏是她丈夫遗产和信托的受益人，这使得她非常富有；而作为亨氏家族财富的受托人她也极有权势	对基金会有最高的权力

续表

职位	姓名	性别	个人信息	职务与权力
主管	罗丝·吉布森	女	她在匹兹堡大学的拉罗什学院获得学士学位，在卡茨商学院获得 MBA	负责基金会的会计，包括应付账款、应收账款、赠款支付、预算、财务报表 990 - PF（纳税申报表），并协助决定该基金会的投资组合
亨氏奖主管	金奥德尔	女		除奖项运作以外，她还担任人权状况的项目主管；她在基金会的其他职责包括监督环境项目的奖金和参议员约翰·亨氏奖学金计划

2. 特蕾莎·F. 亨氏·凯里

- 亨氏家族基金会理事会主席，在 2002 年有 6900 万美元的资产，2002 年发放了 480 万美元的赠款
- 霍华德·亨氏捐赠会的理事会主席，在 2002 年有 7.733 亿美元的资产，2002 年发放了 4370 万美元的赠款
- 维拉 - 亨氏捐赠会的董事局成员，其 2002 年资产为 3.992 亿美元，并发放了 1790 万美元的赠款

三　疑点

特蕾莎·亨氏对基金会有着外界看不见的权力。

第三节　项目的详细信息

一　案例Ⅰ：支持环境研究项目的奖金

申请者

环境研究项目的奖金申请者必须提供以下所有文件：

1. 申请表的封面。

2. 一页的项目简介，内容包括研究项目的题目、研究项目与公共政策的相关性、此笔奖金带来的价值。

3. 不超过六页的项目阐述（12 号字体，1.5 倍行距），参考文献必须包含在前六页之中；超过六页的内容将不会被审核。

4. 完整的费用预算表。

5. Toefle 或 Melab 成绩（若您的第一语言并非英语，请附上这些考试的成绩单）。

6. 两封推荐信（推荐信应由推荐人直接提交至亨氏家族基金会）。

7. 正式的毕业成绩单。

8. 履历。

9. 指导教授，系主任的信或其他的大学官方证明；学生必须符合所有除论文以外的博士入学的要求（仅限论文申请者）。

合格者

- 博士论文资助

申请者必须是符合除论文以外的所有博士学位入学要求的博士学位的候选人，亦需要有得到认可的论文框架。若通过申请，他们必须在两年以后提交完整的论文。

申请者必须被以下学校的其中一所的博士学位录取：

- 卡内基梅隆大学
- 康奈尔大学
- 普林斯顿大学
- 斯坦福大学
- 耶鲁大学
- 哈佛大学

- 硕士论文资助

申请者必须是硕士学位的候选人，并需要在两年内提交一篇完整的论文。申请者必须被以上六所大学中的一所或得克萨斯州A&M大学科珀斯克里斯蒂校区（Texas A&M University at Corpus Christi）的研究生项目所录取。

二　案例Ⅱ：女性会议

简介：

女性健康与环境系列会议探讨身体、心理和经济环境对女性健康和福祉的影响。

作为亨氏家族慈善基金会的一个始于1996年的项目，此系列会议召集环境和女性健康领域的领袖。此系列会议基于特蕾莎·亨氏的一个信念，那就是：作为一项权利，女性应得到必需的健康教育，以更好地发挥和利用她们独特的身体性能。每年秋季在波士顿举行的会议会吸引上万的女性，活动家和母亲参与由女性问题专家领导的小组讨论。

女性健康和环境系列会议鼓励女性在涉及她们的健康、生活方式和经济的决策上担当积极和负责任的角色。

主题：

- 2005 第九次年度会议：我们是否生活在化学的烦恼中
- 2003 第八次年度会议：女性健康：关注我们心灵的健康

- 2002 第七次年度会议：女性健康：主宰我们的未来
- 2001 第六次年度会议：女性的牺牲
- 2000 第五次年度会议：女性健康：随着我们年龄的增长
- 1999 第四次年度会议：女性健康和性环境
- 1998 第三次年度会议：文化环境中的女性健康
- 1997 第二次年度会议：女性健康与环境
- 1996 第一次年度会议：理解男女关系并决定自己的命运

注：2006～2011 年数据未能在官方网站上获取。

三　案例Ⅲ：女性退休计划

女性退休计划致力于提高对退休金和退休储蓄等关键问题，尤其是对女性的尊重问题的关注和讨论。

作为特蕾莎和约翰·亨利三世基金会的一个项目，女性退休计划是 1995 年出版的《退休金危机》一书的产物。这本由基金会支持出版的书考量了脆弱的美国退休金系统。退休金计划意在深化考量和研究并考察我们的退休金和退休系统如何导致退休的老妇女中不合理的贫穷。

退休计划始于一系列致力于教育妇女关于退休前的储蓄和退休后的生活需要以及福利的重要性的会议。1996 年，为了产生更大的社会影响，基金会创立了“女性退休保障机构”（WISER）。

在 1998 年 4 月，基金会和 WISER 合作撰写了一个简明的指导——《每位女性必须知道的关于金钱和退休的知识》。这个指导被拥有 26 万读者的《优秀家政》（*Good Housekeeping*）杂志作为一本小册子发布。

四　案例Ⅳ：亨氏奖

简介：

为了纪念前任丈夫美国参议院约翰·亨氏，特蕾莎·亨氏于

1993年设立了亨氏奖。亨氏奖通过奖励约翰·亨氏非常重视的领域中的杰出的个人成就来纪念参议员亨氏的成就和精神。

由亨氏家族基金会组织和管理的亨氏奖对以下领域中的杰出个人成就进行奖励：

- 艺术和人文
- 环境
- 人类自身状况（Human Condition）
- 公共政策
- 技术、经济和就业

评审标准：

提名人可提名拥有非凡视野、乐观主义和创造力，并付出了艰辛努力，最终取得了明确的有持续影响力的成果的候选人。具体地说，候选人必须符合以下三个条件。

1. 被提名人必须拥有以下个人品质：

- 无止境地追求卓越的激情
- 植根于心底的对人类生存状况的关心和忧虑
- 超越具体领域和事物的博大胸怀和广阔视野

2. 亨氏奖的被提名人的成就必须符合以下标准：

- 有重大影响力，并非“治标的策略”
- 有持续和意义重大的影响
- 有创新性
- 明确并可复制及应用于其他地方

3. 另外，候选人必须活跃于所提名的领域，以求该奖项能提高他们的潜在的对未来社会的影响力。

筛选程序：

- 成立一个由以上五个领域中的专家组成的评审委员会
- 候选人在评审期间不得以任何个人行动干涉，他们不会被要求在评审或领奖阶段提供任何服务

五 数据统计：

表3 亨氏家族基金会常规活动信息统计

年　份	环境研究项目的奖金	女性会议	亨氏奖
1993			√
1994			√
1995			√
1996			√
1997			√
1998	√		√
1999	√		√
2000	√	√	√
2001	√	√	√
2002	√	√	√
2003	√	√	√
2004	√	√	√
2005	√	√	√
2006	√	√	√
2007	√	√	√
2008		√	√
2009			√
2010	√		√
2011			√
2012			√

资料来源：亨氏家族基金会官方网站。

表4 亨氏家族基金会非常规活动信息统计

领 域	活动名称	启动/举办时间	新闻发布
健 康	关于健康知识的卡片	2004	http://www.heinzfamily.org/library/pressreleases/long – tem care.html
健 康	州健康保健基金		http://www.heinzfamily.org/library/pressrnleases/idaho could save millions.html
健 康	研究资助：若改善管理，爱达华州或可节省几百万的医药费	2003	http://www.heinzfamily.org/library/pressreleases/idaho could save millions.html
健 康	研究资助：研究确认了州政府可节省处方药开支的几种途径	2004	http://www.heinzfamily.org/library/pressreleases/poverty level.html
女性问题	研究：超过40%的年龄介于25~55岁的女性会在退休之后处于或接近处于贫困		http://www.heinzfamily.org/library/pressreleases/poverty level.html
女性问题	研究项目：研究表明亚裔美国人为退休做的准备最少	1998	http://www.heinzfamily.org/library/pressreleases/least prepared.html
女性问题	奖励项目：奖励有成就的女生	2003	http://www.heinzfamily.org/library/pressreleases/wiser awards.html
环 境	资助：野外火灾公共服务公告		http://www.heinzfamily.org/library/pressreleases/wildland fires.html
经济安全	评论：一辈子的劳碌是否保证了你退休和年老时的经济安全呢	2004	http://www.heinzfamily.org/library/pressreleases/heinz philanthropies good housekeeping.html

资料来源：亨氏家族基金会官方网站。

第四节 财务

一 资金来源

- 2001年，亨氏家族基金会中的特蕾莎和H. 约翰・亨氏三世基金会接受了特蕾莎和H. 约翰・亨氏三世"慈善基金"（一个以慈善为目的的基金）的640万美元
- 2001年，亨氏家族基金会中的H. 约翰・亨氏三世基金会接受了H. 约翰・亨氏三世"慈善基金"的259525美元
- 以上两个慈善基金均由特蕾莎・亨氏控制
- 2001年，霍华德・亨氏捐赠会捐赠了40万美元
- 从媒体评论可知，基金会拥有大量的股票投资组合

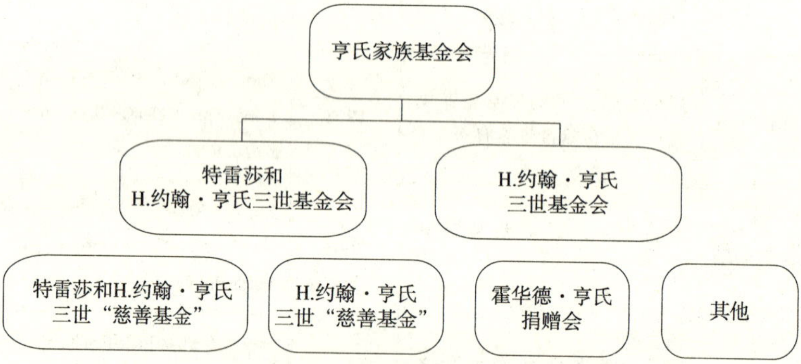

图2 亨氏家族基金会资金来源结构

注释："慈善基金"首先通过将受益人的部分收入捐赠给慈善机构来减少受益人的应纳税收入，经过一段时间，再将基金的剩余部分转移回受益人的基金。

二　待研究的问题

事实上，特蕾莎和H. 约翰·亨氏三世基金会与H. 约翰·亨氏三世基金会并不是501（c）（3）免税基金会。它们是由特蕾莎·亨氏持有的私人信托所支持的包含于亨氏家族基金会中的“基金”。它们并不在政府公布的免税机构名单（IRS Publication 78）之中。这一点比较特殊，有待更多研究。

三　财务报告

有2000～2010年的990S表格

下载地址：

http：//www. eri－nonprofit－salaries. com/index. cfm？FuseAction＝NPO. Form990&EIN＝251689382&Year＝2012

四　财务数据

- 2003年12月1号汇报给IRS

资产：64093300美元

总收入：没有数据

收入：42881700美元

- 2003年汇报给IRS的主要人事信息

姓名：弗兰克·加农

职位：研究总监

薪酬：149261美元

姓名：克里斯·布莱克

职位：通信总监

薪酬：149261美元

姓名：金奥德尔

职位：亨氏奖主任

薪酬：88651 美元

姓名：波比 · 孟森

职位：行政助理

薪酬：66290 美元

- IRS 登记数据

IRS 登记名字：亨氏家族基金会

联邦 EIN：25 - 1689382

IRS 分类：慈善机构

第五节　关联机构

一　亨氏捐赠会（The Heinz Endowments）

亨氏捐赠会是由 1941 年建立的霍华德 · 亨氏捐赠会和于 1986 年建立的维拉 · I. 亨氏捐赠会合并而成的一个基金会。它是始于 H. J. 亨氏并延续至今的亨氏家族对社会的重要承诺结出的硕果。

二　关系

尽管两个机构均植根于亨氏家族，但它们是两个独立的机构，有着不同的追求。

第六节 评价

一 自我评价：

从1840年起，亨氏家族成员就以下列目标为动力开展项目和推动政策施行：

- 提高产品安全
- 增加我们的文化资源
- 保护环境
- 提高健康保健的质量和增加相关资源

二 媒体评价

1. 基金会

《德雷莎的有钱朋友们：亨氏家族基金会和凯里的竞选团队——参议员凯里有钱的妻子和她的慷慨的朋友》

作者：罗姆·阿诺德

2004年4月13日

（以下要点由汤凯程整理）

（1）由媒体提出的一个疑云：基金会对环保团队的捐赠与参议员凯里竞选团队中的环保支持者的关系是什么？

- 亨氏家族慈善基金会中的三个基金会都对特蕾莎的丈夫参议员凯里的竞选团队中有权势的支持人所领导的环保团队给予了

大笔的捐赠。

- 亨氏基金会拨款支持稍加伪装的反商业团体和党派政治活动。其中最重要的团体是保护选民联盟（2001年的收入是230万美元）。这是一个监督选举办公室人员的投票记录、协调活动和鼓动选民的政治宣传团体。

（2）媒体也关注家族基金会的财务运作。

- “我并不在我的办公室里赚钱；相反，我把钱都捐出去”，这句话不准确地反映了特蕾莎拥有对基金会财务运作的个人权力。亨氏家族基金会大量的股票投资组合带来了大量的金钱，而特蕾莎只不过是捐赠了其中的一小部分。
- 特蕾莎·凯里隐瞒了她对基金会财务运作的控制。比如说，2001年的IRS的亨氏家族基金会的990S表格显示基金会拥有6900万美元的资产——4240万是美国本土和国外的权益，1580万投资于公司债券，210万投资于国库券，370万投资于艺术品，其余的部分投资于其他价值品。

（3）亨氏家族慈善基金会的名字同样引起了怀疑。

- 特蕾莎和H. 约翰·亨氏三世基金会与H. 约翰·亨氏三世基金会是属于亨氏家族基金会的由特蕾莎·亨氏所控制的非豁免的私人“慈善基金”所支持的基金。
- “慈善基金”：首先通过将受益人的部分收入捐赠给慈善机构来减少受益人的应纳税收入，经过一段时候，再将基金的剩余部分转移回受益人的基金。以下的一段话来自亨氏家族基金会的办公室的罗丝·吉布森：查看亨氏家族基金会的IRS的990S表格你可以发现，特蕾莎和H. 约翰·亨氏三世基金会接受了由特蕾莎控制的特蕾莎和H. 约翰·亨氏三世“慈善基金”的640万美元。她并没有解释捐赠的用途，这笔捐赠只是被列于亨氏基金会的非正式资金中。换句话说，特蕾莎和H. 约翰·亨氏三世基金会并不是一个豁免的基金会，它不只是一个被套上了基金会的名字并列在亨氏家族基金会的官方网站上的“私人钱包”。同样，亨氏家族基金会中的H. 约翰·亨氏三世基金会接受了特蕾莎控制的H. 约翰·亨氏三世“慈善基金”的259525美元。这笔捐赠同样没有说明用途，也只是被列于亨氏基金会的非正式资金中。它实质上也不是一个基金会，只不过在亨氏家族慈善基金会网站上被取名为基金会。

2. 亨氏奖

《奖励绿色英雄——以及一个共和党的环境主义者》

作者：布莱恩·华氏

2010年9月21日

为纪念1991年死于空难的宾夕法尼亚州参议员约翰·亨氏而创立的亨氏家族基金会今天宣布了第十六届为奖励在环境保护方面有建树的英雄的亨氏奖（亨氏奖由特蕾莎·亨氏组织；特蕾莎是参议员亨氏的遗孀和现任参议员约翰·凯里的妻子，约翰·凯里用自己的力量发起了关于二氧化碳限额与贸易的绿色战争）获奖名单。亨氏奖是环境领域中的最重大的奖项之一——每一个获奖者能得到10万美元的奖金；而今年的获奖者中有多名科学家、一名记者和一名摄像师，突出了对环境健康和有毒化学物的强调。

获奖者包括乔治·华盛顿大学公共卫生和卫生服务学院院长林恩·戈德曼博士，他领导了一场以防止有毒化学品危害幼童健康为目的的运动。密苏里大学生物学教授弗雷德里克·冯萨尔博士，他发现了被用在无数日常用品中的内分泌干扰物双酚A的潜在的问题。全球种子多样性信托基金的负责人卡里福勒率先提出在全球范围内保存现有的植物的种子；我们日后都会感激他的工作。詹姆斯·巴洛格，一个曾经对全球变暖持怀疑态度的摄影家已为世界各地的冰川拍摄了超过50万张照片，展示了冰川退缩和气候变化的事实。伊丽莎白·克伯特，《纽约客》的一个作家，将气候变化和其他环境问题写成了引人注目的故事。

亨氏奖为在毒物学、气候变化或海洋学等领域艰苦劳作的人们提供了急需的资金和认可。但是亨氏奖之吸引我关注却另有原因。出生在匹兹堡富裕的亨氏家族的已故参议员约翰·亨氏正是通过他在环境保护方面的努力赢取了众多的支持。以他的名字命名的位于宾夕法尼亚州东北方的约翰·亨氏国家野生动物保护区保存有该州最大的淡水潮汐湿地。他是《宾州野生行动》的作者，并且在国会帮助起草了超级基金和干净水行动方案。他批判亚马孙地区的森林砍伐。而他也是一个共和党人。也就是最后一个事实，使得环境问题就像政治界中的所有问题一样有着深深的党派色彩。最后凯里在参议院中找不到一个支持他的二氧化碳限额和贸易议案的共和党人，而2009年也只有少数的共和党人支持了该议案（而其中的一位，达拉威尔的代表麦克·卡斯尔，部分因为他的选票而失掉了共和党的参议员提名机会）。但事实也并不总是如此。尼克松设立了环境保护机构，尽管有些勉强，也通过了洁净空气行动和洁净水行动。布什承诺成为一个“环保的总统”。尽管这些都是说多于行动，但你也可以想象哪位共和党候选人会在2012年选举中用这些话为自己拉票了。

当然，也不仅仅是政治导致约翰·亨氏所做的事情在他去世以后变味了。气候变化成为首要的环境问题，减少二氧化碳排放在政治上相比于处理酸雨、水污染或扩展国家公园等议案变得更加寸步难行。但只要环境问题是两大党中的一个党的不可触及的问题，那国家就不会在约翰·亨氏致力于解决的环境问题上袖手旁观。

参考资料来源

http：//www. heinzfamily. org/.

http：//www. heinz. org/index. aspx.

http：//www. heinz. com/.

http：//www. eri – nonprofit – salaries. com/index. cfm? FuseAction = NPO. Form990&EIN = 251689382&Year = 2012.

http：//heinz – family – foundation. idilogic. aidpage. com/heinz – family – foundation/.

http：//www. undueinfluence. com/heinz. htm.

http：//www. humanevents. com/article. php? id = 3573.

http：//en. wikipedia. org/wiki/Teresa_ Heinz#Wealth.

http：//en. wikipedia. org/wiki/Heinz_ Award#Awards_ with_ special_ focus.

http：//ecocentric. blogs. time. com/2010/09/21/honoring – green – heroes%E2%80%94and – a – republican – environmentalist/.

哈德逊-韦伯基金会

Hudson-Webber Foundation

第一节　背景信息

一　成立时间

1939 年，理查德·韦伯和他的妻子艾萝依建立了艾萝依 & 理查德·韦伯基金会。

1960 年，两人又建立了理查德·H. & 艾萝依·詹克斯·韦伯慈善基金会。

1943 年哈德逊 - 韦伯基金会成立。

二　成立背景

（1）底特律是世界上最历史闻名和受普遍认可的城市之一，其创新的历史和文化遗产是无与伦比的。它现在确实面临诸多挑战，但在很多情况下也因为这些挑战，底特律成了很多人心目中的一座灯塔。对于 70 岁以上的老年人，哈德逊 - 韦伯基金会已悄悄地在支持他们的生活，努力改善城市中每个家庭的生活质量。

反观过去，展望未来，私募基金会将继续帮助底特律成为创新和繁荣的典型。

（2）哈德逊和韦伯的家族、J. L. 哈德逊公司和哈德逊 - 韦伯基金会在历史上关系错综复杂。因此，基金会最简单的账户缔造于公司创始人、于 1846 年在英国出生的约瑟夫·劳什·哈德逊。

在首先移居到安大略，紧接着到密歇根州之后，1881 年，约瑟夫·L. 哈德逊在底特律开了一个销售男士用品的小规模商店：J. L. 哈德逊公司。1912 年在他去世前，这个公司成为了底特律最大的百货公司。

在成功开展商务活动的同时，约瑟夫 L. 哈德逊也对底特律作出了强有力的承诺。他是当地的慈善家中最慷慨的捐助者，他在公民议会和委员会的领导很鼓舞人心。

他的丰富的工作直接或间接地体现了他的一生。

尽管终身未婚，约瑟夫·L. 哈德逊是家族中的老大，家族其他成员包括他的 3 个兄弟姐妹以及他们的孩子们。这些家人很多都和他生活在一起，依靠他的意见和生活资助。

约瑟夫的姐姐玛丽嫁给了密歇根州爱奥尼亚的约瑟·T. 韦伯。她的四个儿子是他特别的追随者。他把他们训练成商人，准备让他们担负起未来的企业管理职责，并灌输给他们社会责任感。韦伯兄弟在约瑟夫·L. 哈德逊去世后，继承了公司大多数的股票，同时也继承起决定该公司命运的权力。理查德·H. 韦伯成了公司总裁，詹姆斯和约瑟夫·L. 韦伯成了商品总监，奥斯卡·韦伯成了总经理。

理查德·韦伯和他的弟弟们已经从他们叔叔那学到了很多。在他们的管理下，公司不断开拓新的销售方法，公司规模不断扩大。通过他们的一生，他们把公司发展为美国最重要的百货连锁店，其中包括一些世界上最大的购物中心。

韦伯兄弟还继承其叔叔的传统，展现出了伟大的公民承诺和领导才华。他们每个人为了改善底特律，都慷慨地贡献了各自的才华和金钱。

三　基金会的起源

理查德·哈德逊·韦伯是一个有远见的人。在规划飞速增长的家族企业的同时，他还创建了三个慈善基金会，对大都市底特律社区家族的延续和公民社会作出了贡献。

在 1939 年，理查德·韦伯和他的妻子艾萝依共同建立了艾萝依和理查德韦伯基金会，并且多年来坚持对它给予财政补助。他们的女儿吉恩·韦伯和玛丽·韦伯帕克，以及理查德的妹妹路易丝·韦伯·奥布莱恩也作出了重要贡献。

在1960年，理查德和艾萝依·韦伯设立了理查德·H. & 艾萝依·詹克斯·韦伯慈善基金。

另外，他们的女儿吉恩和玛丽，还有理查德的兄弟约瑟夫·L. 韦伯也作出了持续的贡献。哈德逊-韦伯基金会在1943年成立。它的主要缔造者是J. L. 哈德逊公司、理查德·约瑟夫和奥斯卡·韦伯。其他重大的贡献来自公司的雇员和家族的其他成员。

在1983年，基金会决定，如果合并，就可以更有效地履行各自不同但兼容的职能。三个法人实体合并成一个，将能够更好地规划和管理，同时减少开支。合并也将消除公众关于基金会间的差异的困惑，同时将简化基金会与社会的沟通和交易。

因此，基金会理事和其他成员们在1984年1月1日，有效地将艾萝依和理查德·韦伯基金会、理查德·H. 慈善基金和埃洛伊塞·詹克斯·韦伯基金会合并入哈德逊-韦伯基金会。如今的基金会正成为其缔造者的公民精神的骄傲证明，它将继续为大都市底特律地区的公民生活和社会和谐作贡献，实现创造者们的计划。

四　相关企业组织

哈德逊/J. L. 哈德逊公司：一家零售百货连锁店，总部设在密歇根州底特律市。哈德逊的旗舰店，在底特律市中心的伍德沃德大道上（十月二十四日拆卸），是1961年世界上最高的部门商店；同时在面积方面号称是美国第二大部门商店（仅次于梅西公司的商店）。

历史

由约瑟夫・L. 哈德逊于1881年创立的商店在20世纪上半年于底特律市及其汽车行业里取得了创纪录的增长发展和蓬勃的繁荣。哈德逊家族也成立了哈德逊汽车公司，并最终成为美国汽车公司的一部分。哈德逊始终运营着商店，直到1912年去世，商店之后由他的四个侄子接管。在1961年，小约瑟夫・L. 哈德逊成为该公司的总裁，因而成为家族第三代的控制人。随着时间的推移，商店从在底特律歌剧院的无名小卒成长为25层大楼，面积共2124316平方英尺（197355.4平方米），占据整个城市街区。

哈德逊公司的商店以客户满意度闻名。它的宽松的退货政策尤为闻名，其允许的退货甚至包括顾客多年前购买的、但从未使用过的商品。1952年，哈德逊的总销售额为1.75亿美元，但它发出了总额为25亿美元的退款。

除了通过销售政策来培养忠诚度，哈德逊公司还积极参加社会活动。

1924年，早于它的竞争对手梅西公司两年，哈德逊公司组织了它的第一个感恩节大游行，游行的习惯一直持续到今天。在1923年，它推出了世界上最大的旗帜，它覆盖了伍德沃德建筑物3700平方英尺（340平方米）的外立面。该旗帜每年都被展览，直到它于1949年被一面更大的旗帜替换。商店在1959年开始赞助作为国际自由节一部分的年度烟花汇演。

哈德逊公司的商店后来扩大到底特律郊区。1954年，船锚商店在北美的中心地带（靠近密歇根州的南菲尔德，这成为美国最大的购物中心）开业。随后在类似的郊区也有商场开业，如1957年在伊斯特兰中心的商店，1965年在韦斯特兰中心的商店，以及整个三州地区的其他地点。

明尼阿波利斯顿公司在1969年收购J. L. 哈德逊公司，形成“代顿－哈德逊公司”，虽然“J. L. 哈德逊有限公司”继续作为一个半自治的实体。代顿 – 哈德逊最终收购和出售了一些其他的百货连锁店。

虽然顾客络绎不绝涌到郊区，但在 1961 年，市中心的商店仍然占了哈德逊一半的业务。然而，人口结构的变化不断蚕食销售。商店官员早在 1971 年就以被偷盗 900 万美元为由，表示有意关闭商店，但引起了城市官员和客户的强烈反应。于是又在 1978 年同意兴建 132 万平方尺（30000 平方米）小商店，拟为市中心购物中心的一部分。由于缺乏从其他零售商获取的利润，一些资金问题，以及多年的销售下滑和销售空间的缩小，哈德逊的旗舰店于 1983 年 1 月 17 日关闭（这一时期也是底特律市中心的衰退低谷）。

关闭后，哈德逊在市中心的商店保持其总部的工作人员约 1100 人。1984 年 5 月，J. L. 哈德逊有限公司正式并入代顿 – 哈德逊公司百货部，虽然其商店继续使用哈德逊的名字。所有行政和购买活动转移到明尼阿波利斯，其他工作人员转移到了南菲尔德的商店。最后，在底特律市中心的建筑和经营信贷业务的企业部门于 1986 年 10 月被转移。代顿 – 哈德逊公司在 1989 年 12 月卖掉了这栋建筑。在 1998 年 10 月 24 日这栋建筑被炸。此外，哈德逊在麦迪逊、亚当斯和灯塔街的底特律市中心街道范围内还区域经营着复杂的大型仓库。这些建筑建于 20 世纪 20 年代到 50 年代之间。它们在 20 世纪 80 年代初被出售和装修成麦迪逊中心，作为第 36 区法院的据点。剩余复杂的建筑物在 20 世纪 90 年代末封闭，以建立新的 65000 个座位的体育场。体育场部分的设计将部分仓库利用了起来，它现在处于伍德沃德和农民街之间。

在 2000 年，在被五月百货短暂拥有后，前哈德逊的商店在 2006 年由联邦百货收购，所有马歇尔 · 菲尔德的商店被纳入梅西的百货链。

五 使命与愿景

使命声明

哈德逊-韦伯基金会的使命是提高底特律生活的活力和质量。

15×15 倡议

反映地区的经济健康和繁荣的一个最好的指标是拥有四年制或以上学位的成年人的比例。“15×15”以一个共享的眼光，计划到2015年去吸引15000个青少年人才在大底特律市中心落户。“15×15”，尽管有时也被称为人才战略，其实更是一个以地方发展为基础的战略，它希望将特定的地理区域改造为对青年人才有吸引力的地方。实现吸引和留住人才这一最终目标的关键问题是住房、就业、商业机会和安全感。

目前密歇根州的四年制大学生比例排在美国第34位，底特律和其他城市排在更后面。在距离底特律90英里内有不止7个高等学府，还有70%的大学毕业生正在向城市中心转移。比较这个数据，必须提出问题：他们在建设谁的城市？我们如何和这些精英竞争？

- “大底特律市中心”的重点领域是新中心的北部、东部市场东南的滨河以及从考克郡（Corktown）到西部接壤的地带
- “15×15”计划依靠利益相关者和在底特律的未来发展中

扮演关键角色的合作伙伴——政府、慈善机构、非营利组织、商界领袖、企业家和个人

- “年轻而有才华的底特律人”的目的是带来有活力的人才，然而，为了衡量成功，该基金会将目标人群锁定在35岁以下的“年轻人”和“有才华”的高校毕业生，因为他们更频繁地流动，会去城市工作或者去创业
- “15×15”计划还旨在通过创造就业机会、实施劳动力培训和教育计划，以及改善现有的底特律居民的安全，以促进公平
- 追求“15×15”的策略是：振兴体育，发展经济、艺术，建设安全社区

第二节　项目信息

（1）项目名称

- 底特律体育振兴
- 经济发展
- 艺术
- 安全社区

（2）主要关注领域及其目标人群：底特律地区和底特律人

第三节　组织

一　基金会的理事、会员和官员

詹妮弗·哈德逊·帕克理事会主席和会员

大卫·O. 艾格纳，会长兼首席执行官
戴维·E. 米多尔，财务主管
阿曼达·凡杜森，秘书和会员
马修·P. 卡伦，理事
史蒂芬·R. 达西，理事
W. 弗兰克·福田，理事
吉尔伯特·哈德逊，理事及会员
小约瑟夫·L. 哈德逊，理事及会员
约瑟夫·L. 哈德逊第四，理事及会员
雷金纳德·M. 特纳，理事
让·哈德逊·威特默，理事

二 人事方面

1. 哈德逊－韦伯基金会2011年3月23日宣布资深员工晋升，底特律两个哈德逊－韦伯基金会的工作人员已收到通知，他们已从项目总监晋升为项目副总裁。朱莉·厄姆勒（Julie Ermler）已从财务总监晋升为财务和行政总监。另一员工名叫洛克尔。在2008年加入该基金会后，洛克尔管理着哈德逊－韦伯的捐助项目和外联工作。目前，他与基金会总裁兼首席执行官戴维·艾格纳共同努力，以加强基金会的工作为重点，建立了一个共同的愿景计划：到2015年底吸引累计15000名青少年人才及其家庭来到大底特律市中心生活和工作。

厄姆勒也于2008年加入哈德逊－韦伯基金会，并监督所有方面的工作，包括基金会的财政运作，关注基金会对人力资源和信息技术的需求。在她的新角色中，她将履行行政管理职责。

在2010年，哈德逊－韦伯基金会向底特律地区的30多个慈善团体作出赠款承诺。基金会的赠款中都是多年捐助承诺，这些均针对底特律艺术学院、底特律交响乐团、底特律经济增长协会、东欧市场的公司和大学文化中心协会。2010 年捐助的资金超过了 600 万美元。

2. 主要成员

戴维·O. 艾格纳（David O. Egner）

会长兼 CEO

戴维·O. 艾格纳自 1997 年以来作为会长兼首席执行官一直领导着哈德逊-韦伯基金会。

除了他在该基金会的工作，戴维还担任新经济倡议的执行理事一职（NEI），有 100 万美元的慈善合作伙伴关系，致力于促进密歇根州东南部过渡到一个更创新型的经济。在他的领导下，新经济倡议致力于捐助并促进一个成功的创业生态系统，利用现有区域的资产和资源，建立和聘请更多的熟练和受过教育的劳动力。

艾格纳有超过 20 年的非营利组织和基金会的工作经验，他是作为密歇根州理事会基础的底特律市中心理事会的合作伙伴，是密歇根未来理事会的理事和领导委员会主席。

艾格纳是底特律领导力班级 XIX 的毕业生，并在 2009 年到 2010 年担任底特律领导力理事会主席。他在 2006 年被州长格兰霍姆任命为密歇根州的艺术及文化事务委员会的成员，并在 2009 年因为他在哈德逊-韦伯基金会和 NEI 的工作被任命为克莱恩年度新闻人物之一。

艾格纳拥有西密歇根大学工商管理硕士和密苏里州富尔顿的威斯敏斯特学院的学士学位。他与他的妻子塔米、四个孩子一起定居在大都市底特律。

凯蒂·洛克尔（Katy Locker）

项目副总裁

凯蒂·洛克尔在2008年加入哈德逊－韦伯基金会。她是底特律领导力班级XXVIII的毕业生。她拥有康奈尔大学的学士和公共管理硕士学位以及密歇根大学的法律学位。在2010年，凯蒂·洛克尔被评为克莱恩40岁以下的40大商业人士之一。

朱莉·厄姆勒（Julie Ermler）

财务和行政总监

厄姆勒是底特律领导力班级XXXII的毕业生，她拥有韦恩州立大学经济学文学士学位，以及主攻会计及财务方向的MBA学位。

朱迪·林恩·迈尔斯

行政助理总裁兼首席执行官

阿比尔·阿里

计划研究员

斯蒂芬妮·阿迈斯

赠款和财务协理员

三　道德准则

哈德逊－韦伯基金会承诺：在它们的行动中以诚信为它们的决策及其后果负责。

- 承诺在所有的交易和交易的完整性中诚实
- 致力于在关系中妥善处理实际或明显的利益冲突
- 承诺要公平地对待捐助者，用尊严和尊重对待每一个人
- 致力于以尊重、公平、诚实信用对待员工，并提供保障他们权利和福利的就业条件

- 正致力于成为一个优秀的企业公民，去符合双方的精神和法律条文
- 致力于向工作所在的社区负责任地行动，使服务的社区受益
- 致力于成为负责任的、透明的，为所有行动负责的形象
- 致力于改善问责制，提高透明度、道德操守和非营利领域的有效性

第四节　财务信息

（1）财务及行政总裁及理事的认证

2010 年 12 月 31 日，资产负债表，市场价值声明

2010 年 12 月 31 日的活动表（见附件）

（2）财务报表备注

1. 哈德逊 - 韦伯基金会的报表以对会计的权责发生制为基础。

2. 2010 年 12 月 31 日，作出有条件的承诺，赠款总额达 4307675 美元。这些将不会被确认为负债，直到它们所依赖的条件都得到满足。

普兰特 & 莫兰和 990PF 报税审计的完整财务报表均保存在基金会办公室，并根据要求提供。

第五节　合作与交流

城市首席执行官

密歇根基金会理事会
底特律经济增长促进会
底特律工作项目
大底特律中心
底特律内
投资底特律
活在市中心
密歇根未来
密歇根非营利组织
新经济倡议

1. 城市首席执行官

城市首席执行官是一个催化运动，是今天城市领导人的公民实验室，致力于推动伟大的美国城市的下一代。城市首席执行官利用他们的人脉网络去发展更好的城市，吸引对城市的成功很重要、在关键的领域中脱颖而出的人才，建立连接，促成创新和独特性的发展。

2. 底特律经济增长促进会

底特律经济增长促进会（Detroit Economic Growth Corporation，DEGC）旨在使底特律的商业成功成为可能。许多公司都知道他们正在做什么，但需要帮助的是决定在哪里做，怎么去那里。这是促进会擅长的地方。促进会很了解底特律，知道这个城市的政府本质，知道这个城市的无数商机。公司一直致力于与大家分享所有商业知识，并就在这里，在底特律，最大限度地发挥其价值。

第六节　附件列表

1. 财务和行政总裁及总裁认证
2. 2010 年 12 月 31 日，资产负债表，市场价值声明

附表 1　资产

单位：美元

现金和现金等价物	3358105
应计利息和应收股利	26692
投资	158537635
其他	107668
总资产	162030100

附表 2　负债和净资产

单位：美元

应付账款和证券交易	4780
预提费用	181876
无条件的赠款承诺	1725000
总负债	1911656
不受限制的净资产	160118444
总负债和净资产	162030100

3. 资金活动表

附表 3　资金活动（直到 2010 年 12 月 31 日）

单位：美元

净资产（2010 年 1 月 1 日）	148176067
收入及收益	
利息和股息	2395173
捐款	486166
其他收入	175000
长期投资的净实现的和未实现的收益（损失）	16526585
无限制总收入及收益	19582924

续附表

费用	
资助	6255548
无条件资助承诺的减少	(520000)
行政	1875963
联邦消费税	29035
总费用	7640546
净资产的增加	11942378
净资产（2010 年 12 月 31 日）	160118445

参考资料来源

http：//www. hudson – webber. org/.

http：//en. wikipedia. org/wiki/Hudson% 27s.

http：//www. ceosforcities. org/.

玛丽恩·I.&亨利·J.诺特基金会

The Marion I. & Henry J. Knott Foundation

第一节　背景

一　简介

玛丽恩·I. & 亨利·J. 诺特基金会是一个天主教家族基金会。它成立于 1977 年，用以纪念他的创建人慷慨的遗产捐赠，并致力于巴尔的摩（美国一座港市）的大主教管区的社区工作。

二　联系信息

玛丽恩·I. & 亨利·J. 诺特基金会

美国玛丽兰州巴尔的摩市核桃大街第 3940 号

工作日办公时间：早上 8：30 至下午 5 点

节假日：新年、马丁·路德·金纪念日、总统纪念日、耶稣受难日、阵亡将士纪念日、独立日、劳动节、感恩节、圣诞节

联系电话：(410) 235 -7068

传真：(410) 889 -2577

官网地址：http：//www. knottfoundation. org

邮件地址：knott@ knottfoundation. org

三　历史

诺特基金会的历史可大致分为 5 个阶段：

- 寻常开端
- 组建家庭

- 创立事业
- 社区投资
- 遗产保存和创建基金会

诺特夫妇一生都在为两项事业而忙碌，一个是为他们的家庭，另一个则是为他们所在的巴尔的摩的社区服务。1977 年，诺特夫妇创建了这一基金会，把这两项事业连接在一起。今天，玛丽恩·I. & 亨利·J. 诺特基金会仍延续其家族式管理模式，致力于加强周边社区与保存诺特家族遗产捐赠传统的使命。

时间轴：
1977 年创立基金会
1978 年基金会开展第一项资助

1. 开端

亨利·诺特诞生于 1906 年 11 月 2 日，是家中六子中的长子。亨利的父亲是一名木匠，每日长时间辛勤工作，而亨利也很显然地遗传了这一家族特性。亨利·诺特小时十分淘气，常常违规犯错，不为故意捣蛋，只求以自己的方式去做事。他的弟弟约瑟夫·诺特评价他时说道："他会做各种各样疯狂的事情，妈妈常为此感到十分头疼。当他从外面回来时，妈妈总是训斥他，叫他脱了脏鞋再进门，因为他总是弄到地毯上全是土。很久以后，他也会这样不修边幅地参加公司理事会。"

玛丽恩·伊莎贝尔·博尔卡 1910 年 4 月 24 日生于美国弗吉尼亚州的里士满。4 岁丧母、11 岁丧父的悲惨命运使得她只能寄居在巴尔的摩的叔叔家。在那里玛丽恩生活得十分凄苦，她新的监护人安排年幼的她做很多家务，包括做饭，看管这家人经营的寄宿公寓里的小孩。苦难辛劳的童年生活也给玛丽恩的未来发展作了充足的准备。之后玛丽恩的生活满是各种日常杂务，只接受了很少的正规教育。

在这一段岁月里，亨利与玛丽恩在其好友马特·朗普安排的相亲活动中相遇。两年后，亨利前往洛约拉学院学习，也与玛丽恩有了更多的时间相处。基于这一点，亨利的父亲为亨利明确了两条路作选择，要么专注学习，要么辍学结婚找工作。

两人于 1928 年 8 月 2 日完婚。

2. 组建家庭

婚后，诺特家很快就添新丁了。先是玛丽·帕特里夏与玛丽恩·伊莎贝尔，之后玛莎·爱丽丝与玛格丽特·塞莱斯特相继诞生。再之后安·卡莱尔、亨利·约瑟夫、凯瑟琳·菲利蒙、罗丝·玛丽以及萨拉·林赛也相继出生。玛丽恩携战争优惠券去商店购物，但每每总要来回好几趟才能为全体家庭成员买回足够的食物与衣服。她的孙女卡莱尔·哈希姆说："商店售货员都不相信她居然要抚养 9 个孩子。"

在 1948 年弗朗西斯·泽维尔与詹姆斯·弗雷德里克出生后，《巴尔的摩太阳报》刊登了一篇关于诺特这一大家庭的新闻报道，名为《鹳鸟部》。这篇文章详细介绍了这一拥有 11 个小孩的家庭的生活收支明细。每周，光食品杂货的开支就高达 160 美元，这其中包括 28 条长面包、84 夸脱的牛奶、13 磅火腿和 10 打鸡蛋。

之后，马丁·杰勒德和玛丽·斯图亚特的到来将这家孩子的数目增至 13 个。孩子也确实成了玛丽恩生活的中心，是她的工作也是她的社交生活。事实上，她所有的责任与娱乐皆系之于他们。玛丽恩说："我的家庭就是我的俱乐部生活及业余爱好，我十分热爱它。"

在 1948 年诺特夫妇已生育 11 个子女。然而，也是在这一年卡莱尔夭折，年仅 13 岁。当这一消息传至周边地区，卡莱尔的家人亲友与同学纷纷赶往诺特家和教堂致哀。对于庞大的诺特家来说，这一刻无疑是悲痛的，对于亨利·诺特尤其如此。也许，拥有一个如此庞大的家庭也是上帝的赐予，使得人们能以更多的爱来缓解哀痛。

3. 创立事业

在1946年，亨利在联邦东街建立了自己第一个连栋房屋，越来越多的公寓建筑工事纷至沓来。在建筑房屋的同时，他坚持与约翰·霍普金斯（美国19世纪巴尔的摩的著名企业家、废奴主义者、慈善家）以及巴尔的摩市的房屋建筑委员会联系。他在巴尔的摩首创事先在工厂中制好墙板，再运往建筑工地用于筑屋，这一创举迅速风行。“这是一种非常高效实用的建筑系统，通过这一方法，原本两年的工程可缩短至6个月”，亨利·诺特的儿子小亨利说道。亨利·诺特的辛勤工作、独创性与好运使得诺特家变得富足起来。然而，这并不意味着亨利·诺特要放慢他前进的脚步。亨利的孙子亨利·乔三世曾说：“祖父总是在工作中，这是他唯一在做的一件事。”

为什么亨利·诺特要花这么多时间去工作呢？根据他的儿子马丁先生的说法，“亨利·诺特之所以如此勤于工作直至去世，是因为他相信上帝赋予了他赚钱的天赋，如果他退休了，那他就是违背了上帝的意志。由于他拥有这样的天赋，他就应当在有生之年尽最大的可能去利用它，直至他再也不能去利用这一天赋为止。他也确实这样做了”。

亨利的事业使他在阿伦德尔公司拥有相当大份额的股份，也因此拥有了该公司的理事会席位，直至成为阿伦德尔公司的理事长。在亨利的任期内，一个全新的通用电气设施出现在霍华德县，此外，在国家工作层面，阿伦德尔公司相继建造了位于加拿大西部不列颠哥伦比亚省的云母大坝、罗尔花岗岩水闸、华盛顿州斯内克河边的发电站，以及纽约市的地下水管道系统。

4. 社区投资

富裕的人们不应骄傲，也不应依赖“财富”这样不确定的事物。而应该慷慨地利用这些财富去做更多好事，与他人分享他们的所有。

——亨利·诺特

在创立玛丽恩·I.& 亨利·J. 诺特基金会这样一个慈善组织之前，亨利·诺特就一直很关注慈善事业，大大小小的捐款也不胜枚举。亨利也曾给许多个别性的求援提供过帮助。曾经有一个青年女子向他寻求了贷款去上护理学校，毕业后当那位女士找到亨利想与他商讨还贷款的事时，亨利最后竟以“做个好护士”的要求回绝了女子的还贷请求。据他的女儿罗斯·玛丽透露，他还曾无数次匿名帮助支付别人的葬礼费用。亨利还曾大规模地进行慈善捐助。他曾在与自己好朋友梅尔文·普盖其共进午餐时谈道，外面的天气是多么的寒冷，同时自己却感到相当的舒适。基于此，亨利竟直接从厂商处购买了4000套厚重衣物与600件毛衣，然后通知整个大主教管区的居民将衣物分发给任何需要防寒衣物的人们。

1975年亨利给埃米茨堡的圣玛丽山学院捐赠了该校167年历史上最大的一笔单项捐款。1982年他又给巴尔的摩的大主教之管地捐赠了2000万美元，这也是该地区收到的最大一笔捐款。

尽管亨利从未想过让所有人都知道自己的善举，但如此数额庞大的捐款自然而然地引起了人们的关注。亨利的一个亲密朋友弗兰克·巩特尔曾说：“亨利真正相信社区，并想为社区服务。他也确实这样做了，不需要太多的认可，也不想大张旗鼓。”

事实上，亨利捐出自己钱财的原因十分简单，他曾在巴尔的摩的一份杂志的文章中说道：“这就像捕鱼。如果你起得早，你能捕到满船的鱼，因此你需要在这些鱼开始腐烂前全部卖出或是送人。”

5. 遗产保存和创建基金会

据老马丁·诺特的儿子说：“亨利想要捐出所有遗产给慈善机构，所以他设立了这一基金会，同时也作为教育其子孙后代如何与社区融为一体的工具。”从1977年诺特基金会建立起来，它就一直坚持履行自己的使命（正如你在基金会的官网上所看到的）。

诺特基金会的使命很明确，那也正是所有诺特基金会的受托人与行政人员的不懈追求。

四 使命与愿景

1. 使命

玛丽恩·I. & 亨利·J. 诺特基金会是一个天主教基金会，致力于履行其创始人慷慨的遗产捐赠的目的以加强社区工作。

作为一个家族基金会，其信念与价值如下：

（1）通过知情的资助，加强对社区需求的理解与回应；

（2）尊崇罗马天主教信仰的价值观；

（3）教育从事慈善事业或非营利性社会领域的工作人员；

（4）确保委托于本基金会的资源得到良好的使用；

（5）鼓励社区间、工作人员及家庭间的相互沟通、同情、尊重与信任。

2. 战略方向

诺特基金会关注天主教组织、教育及非营利性领导体系，并向其感兴趣的五大领域提供资金。在提供资金方面，着重强调责任的重要性及可测量到的成果。更进一步，基金会聘用诺特家族的成员参与这一慈善事业，发展其领导能力，并通过这些来促进家庭团结。

第二节　组织

一　组织的工作

诺特基金会旨在通过标准资助计划及现金贷款与酌情补助金计划推动其创始人丰厚的遗产所带来的使命。每年基金会平均会在这些项目上以联合奖项的方式共支出大约 200 万美元。基金会的资助不仅是依据其地域及纲领性指南，还要求所资助的项目至少有一年的运行经验。

- 资助：诺特基金会每年大约要支出 150 万美元用于资助。平均的资助金额也在 35000 美元至 45000 美元，并且很少会资助多年性的活动项目。资助通常在每年的 2 月、6 月及 10 月中发放。
- 现金贷款：诺特基金会的现金贷款以资助协议或其他工程补偿费用的应收票据为依据，根据非营利性原则是免息的。
- 酌情补助金：基金会中也有一些小额的，但同时也是更加频繁的具有针对性的资助，金额一般为 500 美元至 2500 美元不等，而这是依据基金会每年的收支情况进行改变的。

二　资格指南

诺特基金会的资助、现金贷款及酌情补助金项目要求申请者须具有一些基本的资质，包括至少一年的非营利运行历史，同时申请者必须在该基金会的地理及纲领性的领域进行工作，规定如下所列。

只接受来自巴尔的摩市及马里兰州以下各县组织的资助请求：阿勒格尼县、安妮阿伦德尔县、卡罗尔县、弗雷德里克县、加勒特县、哈福德县、霍华德县及华盛顿县。在此之外的组织的资助申请一律不予接受。

1. 主要资助领域：

- 艺术与人文领域
- 天主教宗教活动
- 教育（包括天主教学校、无宗教性质的私人学校，尤其是特殊学校、私立学院和大学）
- 卫生保健
- 社会公共事业

在这些领域内，基金会一般资助以下项目：

- 资产费用
- 发展
- 新的或正在进行的项目
- 营业费用
- 技术

而在以下方面则不予以资助：

- 为非营利机构分配资金的代理处
- 年度捐赠
- 儿童日托中心
- 艺术及人文的捐款
- 环保活动

- 个人
- 法律服务
- 医疗研究
- 国家的或当地特殊疾病的医疗分会
- 只举行一次的活动、研讨会或讲习班
- 成立时间不超过一年的组织
- 政治活动
- 支持堕胎或生殖健康的项目
- 公立学校教育或政府资助的企事业
- 有补偿的或现有费用的活动
- 奖学金

2. 地域

只接受来自巴尔的摩大主教管区的组织的资助请求。

诺特基金会为巴尔的摩市及以下县城服务：

- 阿勒格尼县
- 安妮阿伦德尔县
- 卡罗尔县
- 弗雷德里克县
- 加勒特县
- 哈福德县
- 霍华德县
- 华盛顿县

三 基金会的组织

通常来说，诺特基金会只由诺特家族成员组成的受托管理委员会来进行管理。进入该委员会的家族成员必须年满 25 周岁，且为亨利与玛丽恩夫妇的直系子孙（或直系子孙的配偶），且在其参与理事会工作前必须参与培训课程长达一年。基金会在继亨利·诺特后的第二代、第三代及第四代的诺特家族子孙的领导下繁荣发展，也一直践行着亨利与玛丽恩所遗传下的慈善精神。

从 1977 年到现在，诺特基金会一直以其创始人所期待的方式尽最大的努力进行最恰当的直接资助。正如诺特夫妇所说，我们有责任为自己所得到的一切而感恩并将其还诸社会。而基金会正是秉着这样的理念进行慈善事业的。

四　委托人与员工

1. 主管员工

理事长：欧文·M. 诺特
副理事长：玛丽恩·I. 诺特
秘书：帕特里克·A. 罗杰斯
财务主管：大卫·L. 波特

2. 受托人

丹·加拉格尔
琳赛·R. 加拉格尔
E. B. 哈里斯
凯利·L. 哈里斯
托马斯·哈里斯
艾琳·诺特
小马丁·诺特
老马丁·诺特
特里萨·A. 诺特
布莱恩·麦当娜

梅根·麦当娜
彼得·麦吉尔
马丁·F. 波特
乔安娜·O. 波特
玛吉·里尔
迈克尔·里尔
布鲁克·罗杰斯
杰拉林·D. 史密斯
约翰·C. 史密斯
帕特里克·史密斯
佩吉·史密斯
简·斯丁丹姆
艾利斯·K. 维克尔
埃米特·维克尔

3. 执行主管

执行经理：卡罗尔·霍夫曼
资助及信息技术经理：凯瑟琳·麦卡锡
项目交流合作联络主管：凯利·梅丁格

4. 平均薪资

诺特基金会在其他领域也有分支。目前这一组织全体员工的每年平均薪资约为 68743 美元。

五　管理人员的变动

诺特基金会宣布其管理人员的变动

在巴尔的摩的玛丽恩·I. & 亨利·J. 诺特基金会宣布已受理了其执行理事 M. 格雷戈里·堪托里的辞职申请，并于 2012 年 2

月22日结束期任期。

诺特基金会受托理事会主席欧文·诺特说道："基金会十分感激堪托里先生这些年来为诺特基金会所做的一切。在他的领导下，基金会度过了其最重要的发展壮大时期。我们也祝愿他在今后的事业中取得成功。"

在堪托里先生13年的任期里，他将只由诺特家族成员组成的基金会受托理事会的成员扩大了1/4，在相当多的领域帮助组织理事会工作，包括制定综合战略计划及提高寻求诸如项目相关的投资等资助项目的主动性。此外，堪托里先生也为其他规模更大的慈善团体工作，包括在巴尔的摩地区资助者协会中任职。

六 招聘范例

招聘通知：

公布于2010年11月11日

由马里兰州巴尔的摩市玛丽恩·I. & 亨利·J. 诺特基金会的程序规划沟通联络部提供

监督者：执行理事M. 格雷戈里·堪托里

有效日期：2011年1月

工作要求：

1. 优先安排工作，按时完成任务，能同时承担多项工作任务
2. 优秀的电脑及网络应用能力
3. 优秀的写作、口语及分析能力
4. 熟悉巴尔的摩慈善社区

所需的素质与经验

申请者至少拥有学士学位及3年在非营利性或慈善领域的工作经验。相对于某方面的专家或偏才，基金会更偏向于那些对基

金会所关注的五大领域（艺术与人文、天主教活动、教育、卫生保健及公共事业）都有兴趣并有一个广泛的知识背景的通才。

职位要求申请人有写作、听力、策划、协作能力及优秀的抗压能力与判断力。同时还得具有出色的计算机使用能力、进行地方性旅行的意愿并愿意时常参加各种会议。

职责

程序规划沟通联络部需与基金会执行理事通力合作以评价基金会在社区中的影响力，与捐赠人、基金会员工及受助者沟通，确保基金会资金运转及资助运行正常。这一职位的工作与基金会的员工的工作紧密相连，协助对基金会工作、未来发展和委托人的评价及研究结果进行合并。在职者需协助其他员工的日常工作，包括他们的日常工作规定及业务展示的工作需要。

项目支持

强调非营利组织的影响力；追踪资助与非资助机构的创造统一的方式程序，使能够衡量该机构与基金会对包括募集资金的能力在内的影响。向资助委员会提供仪表盘型的报告。在资助调查阶段与受助者及其他代理机构接触，以确定资助申请是否符合诺特基金会对资助领域的规定，同时如果条件合适，也许应注意那些不在资助范围内的申请者，帮助其以便他们今后申请诺特基金会或是其他方式的资助时能获得成功。

策略计划

促进对新的 3 ~ 5 年的基金会工作策略计划的设计和补充。为委托人制作一个内部用的简介，同时也制作出一公开的文件，回顾基金会在最新战略计划的指导下所完成的活动，以及战略计划目前如何有益于社区与基金会。在 6 ~ 12 个月的时间内作为核心战略制定团队与委托人的团队紧密合作，制订出基金会战略计划。提供满足这些要求的结构及促进方式，并设计包括收集当地非营利性组织、天主教学校、其他资助者及家族成员的回馈意见的程序。

战略传达

传达基金会的全面影响。

利用基金会新的电子资助系统及其他信息来源渠道来传达基金会的工作历史与成果。以简明的教育报告将在基金会工作中所学到的知识加以传播，以加强大主教管区内的慈善事业。

利用社会传媒。通过一些有选择性的社会媒体渠道提升基金会在网络上的知名度，如博客、电子时事通信及其他合适可行的社会媒介。通过这些方式，帮助基金会更快更广地分享信息，促成网络慈善事业活动的相关话题讨论，并对非营利性组织伙伴的成功予以庆祝。

理事会的发展

为受托人增加机会。为受托人提供更多更频繁的机会来为基金会的家族时事通信与报告提供更多的想法与故事。鼓励参观基金会所固有的实地考察机构外的非营利性的活动项目及研讨会。

发展年轻人参与实习项目。为实习生提供一系列活动体验，帮助他们更好地理解基金会的工作（实地考察、小型资助回顾会议等)，这一项目同时也能为基金会员工的日常工作提供支持帮助这一次级效益。这样的实习机会的实习期从最短的一天到好几个月不等。

附加职责

协助执行理事的工作

专业实务项目活动包括研究与写作

通信

为各预约安排时间表

为各会议做准备工作

协助执行经理的工作

常设和特设委员会报告（收集并分发会议记录、打印通信函、报告及其他文件）

管理档案记录

协助资助及信息技术经理的工作

管理并报告来自 GFITS 数据库的信息

管理数据拷贝记录

提供网络更新信息

办公厅

招待协助参观者

应接电话

指导电话及问讯的回复

技能或经验的收获

1. 申请者将学会并精通多方面的执行经理、资助及信息技术经理及执行理事的工作。

2. 在协助员工、受托者及受助者工作的技术性方面具有强的竞争力。掌握出色的研究调查能力，在搜集并整理数据和财务信息方面获得良好的教育及经验。

3. 优秀的写作技能，能够准确简洁地将复杂的信息数据加以呈现。

4. 杰出的展示能力，根据观众的兴趣及耐心了解并调整信息或对话的开展。能将复杂事件简化并总结。

个人因素

1. 必须热情并有兴趣地去帮助非营利性组织实现其使命，提供定向服务。

2. 必须具有自主性及前瞻性。

3. 必须具有高水平的个人诚信与自信，并认同诺特基金会的使命。

4. 愿意干重复的或平凡的但却是基础性的工作。

5. 必须能够并且愿意根据需要帮助任何一个小办公室的工作。

6. 热情、坚定、镇定、机智而幽默。

7. 专业而友善的举止与外观。

8. 既善于与他人合作又有独立完成任务的能力，以谦虚的态度接受他人对工作的监督意见。

教育

本科以上学历，研究生更佳。

成绩：

1. 基金会能专业地运行，即使是在工作量临时增加或由于员工大会、请假或假期的原因而工作人员不足时。

2. 计划任务应当圆满完成。

3. 现在及将来的委托人会感觉有用并充分参与。

4. 报告及文献需是一流的、及时的并且是易于理解的。

5. 基金会通过维持其高水准有帮助的资助活动来维护其声誉。

报酬

薪金与工作经历相称。基金会提供优厚的福利包括医疗、人寿保险、长期或短期的采集保险假期、403B 计划、学费退还。

感兴趣的申请者可于 11 月 26 日前提交简历及附信，并附上薪金要求，发送至 knott@ knottfoundation. org。

请按程序规划沟通联络部的基本格式介绍您的信息：

主体栏（姓名），无须电话。

工作类型：程序规划（Program）

组织类型：基金会

第三节　项目活动

诺特基金会并不会自行开展活动项目，而是对其他非营利组织已有的且有一年以上历史的项目进行资助，并且不会进行延续性的资助。基金会地区性及宗教性色彩浓厚，这些均可从其相关项目的资质标准中看出。

一　历史活动项目

1. 数据统计

2012 年的项目资助的主要分布为：

教育：54%

社会工作：35%

卫生保健：11%

天主教活动：0%

艺术与人文科学：0%

2012 年项目：

切萨皮克大哥大姐项目（Big Brothers Big Sisters of the Greater Chesapeake）：社会工作

45000 美元

向巴尔的摩市面临困境的教师提供薪金支持

救助中心（Center of Help）：社会工作

25000 美元

向专职执行理事提供薪金

哈福特社区行动代理（Harford Community Action Agency）：社会工作

20000 美元

向 VITA 协调员与其项目总监提供薪金及附加福利

移动宴会（Moveable Feast）：酌情资助

1000 美元

支持与理事会退休相关的后续工作

陶瓷艺术博物馆（Museum of Ceramic Art）：酌情资助

2500 美元

在巴尔的摩市内推广中学生放学后的陶瓷艺术活动

格蕾丝圣母玛利亚学校（Our Lady of Grace School）：教育

60000 美元

资助该项目第二阶段的技术更新及培训

自闭症研究先驱（Pathfinders for Autism）：社会工作

32294 美元

向资源中心及拓展协调者提供一半的薪金及扩大父母与专业培训项目相关的费用

保罗扩展中心（Paul's Place Outreach Center）：社会工作

40000 美元

支持其个案管理及拓展计划

圣厄休拉学校（Saint Ursula School）：教育

50000 美元

帮助该校计算机实验室升级

牧羊人诊所（Saint Ursula School）：卫生保健

50000 美元

为三个全职工作岗位提供薪金支持

圣伊丽莎白学校（St. Elizabeth School）：教育

44748 美元

帮助购买安装 5 台新电子白板（SMART Boards）

圣约翰天主教学校（St. John Catholic School）：教育

30000 美元

帮助修理三间浴室

天主教信徒圣保罗教堂（St. Paul the Apostle Catholic Church）：教育

29000 美元

为其新的教育中心添置教室设备及技术设备

圣斯蒂芬学校（St. Stephen School）：教育

35000 美元

支持其首创的平板电脑项目

2. 天主教活动

诺特基金会为12个天主教活动项目提供资助

建于巴尔的摩的诺特基金会最近向28个地区组织提供了140万美元的资助金，其中包括12个天主教活动项目。

拥有超过6700万美元资产的诺特基金会向以下5个领域提供资助：艺术与人文、天主教活动、教育、卫生保健及社会工作。

以下天主教组织都获得了诺特基金会的资助金。

凯若琳中心：收到了50000美元的资助来为培训课程的讲师提供薪资。这一课程为将近100名低收入妇女提供了护理助理与药剂助理的培训。

河姆兰德的玛丽女王大教堂学校（School of the Cathedral of Mary Our Queen, Homeland）：收到了125000美元来安装HVAC（供热通风与空调）系统中的冷却装置。

南巴尔的摩天主教社区学校：收到了51000美元的资助来为美术与西班牙项目提供薪金与材料的支持。

陶森市巴黎圣母院预科学校（Notre Dame Prepatory School）：收到了51000美元，一部分用于发放全职的学习资源专家的薪金与福利，另一部分用于购买必需的器材来扩大学校的学习资源办公室。

帕克顿的格蕾丝圣母玛利亚学校（Our Lady of Grace School, Parkton）：收到了17500美元，更新学校网页，为在学生、教师与家长间创造一个网络沟通系统。

圣母玛利亚圣卢克希望学校（Our Lady of Hope - St. Luke School）：收到了28600美元用于为学校教室配置8个电子公告栏与8个书写板、6个液晶显示屏的放映机与6台手提电脑，同时也为教师提供培训。

科学合作伙伴（Partners In Science）：收到了80000美元来支

持中学科学合作伙伴（MSSP）创造的杰出科学与技术项目。项目由巴尔的摩大主教鲍德斯学校（Archbishop Borders School）协同巴尔的摩市的圣伯娜丁学校、圣凯瑟琳学校及圣安布罗斯学校共同领导发起。

罗杰斯·福吉的圣徘尔斯10世教堂：收到了54000美元的资助来替换教堂内的音响系统。

巴尔的摩修女学院：收到了50000美元，资助一个发展方案计划，聘请一个专职开发官，增加开发助理的时间（increase the hours of the development assistant）并购买管理捐资人的软件程序。

圣艾格尼丝基金会：收到了75000美元，用于购买24把躺椅及为接受化疗的病人所特制的视听设备。

圣阿布罗斯住房援助中心：收到了47000美元用于办公室盥洗室的翻新，拓宽门道入口，新增一个室外轮椅电梯。

威斯敏斯特的圣约翰学校：收到了40000美元，用于为学校计算机实验室和教室计算机网络购置并更新计算机设备。

3. 教育资助

史蒂文森大学接受了来自诺特基金会的资助

2004年6月29日

由于收到来自玛丽恩·I. & 亨利·J. 诺特基金会35000美元的资助，史蒂文森大学将继续致力于解决马里兰州目前或即将面临的护理人员短缺问题。

这笔资助金使得史蒂文森大学能调整现有的护理课程，加快课程进度，培训教师来开展远程教育。同时，资助也用于对远程教育的试点进行评估。

史蒂文森大学护理学院的院长朱迪思博士说："我们非常感激诺特基金会与我校建立的长期合作关系，使得我校能大力加强解决马里兰州护理人员短缺的问题。我们需要一切可用的资源，因为医护人员及医护教育人员的严重短缺将影响到每一个人。”

诺特基金会的资助将用于开展远程医护教育的试点工作，而这一项目将运用全动态视频技术来增加面对面指导的教学。这项计划将使得全美国的护士能在其工作地，或是在当地的一所社区大学也能与史蒂文森大学的正规护理学生获得相同质量的护理课程教育。

福伊斯特博士说：“通过灵活的课程安排使更多的学生接受护理教育，我们相信我们将同时满足学生与其雇主的需要。”

史蒂文森大学于 1991 年开始其护理教育计划，至今已有超过 600 名护士从此项活动中毕业。最近几年，史蒂文森大学已开展护理教育加速计划，这使得在职成人能在兼顾其工作的同时于仅仅两年内获得学士学位。

4. 卫生保健资助

牧羊人诊所

牧羊人诊所是一个独特的非营利性组织，旨在为巴尔的摩市无医疗保险的人员提供全面的高质量卫生医疗保健，同时也为无力支付商业医疗保险，且无政府资助资质的人员提供帮助。

我们于 1991 年开始这一项目，并为所有巴尔的摩市无医疗保险的人（除了能接受急症救助外，不能接受任何医疗保健的人）提供医疗保健。多年来，我们的使命与宗旨从未改变。

此项目资助了巴尔的摩市 13 个区的无保险人员（从地理上来看，涵盖了巴尔的摩市一半的区域），这些人的家庭总收入低于贫困线标准 200%，且几乎所有人要么正在工作，要么其家庭成员中有一人在职工作。

这一项目由志愿者参与开展，现有超过 350 名内科医生、护士及其他志愿者参与进来，为无医疗保险的病人提供高质量的悉心照料，既包括初级基础护理，还提供针对病人的心理健康与保健服务的特殊护理。而志愿者们则可在这一项目中不受时间与费用的限制而收获一次非常有益的经历。

由联盟纪念医院为我们的病人免费提供诊断、专项病例及外科手术服务。

2009 年，我们创建了乔伊康复中心，这一中心的治疗计划是特别设计来使我们的患者的生活变得更加健康、丰富多彩而又充满活力。

而我们正在寻找更多的病人与志愿者参与到我们的活动中来。

此项目不接受政府资金，而只接受来自我们的病患、个人、基金会、民间组织、公司企业及宗教团体的慷慨捐赠。这也意味着，我们正需要您的帮助。

我们的使命：

> 1991 年至今，牧羊人诊所致力于志愿服务，改革了为无医保人员提供医疗服务的工作。我们的使命即为既无医疗保险又不符合政府援助资质的人员提供全面的医疗服务，这一点从未改变……由成百上千的志愿者提供的医疗援助服务涵盖了巴尔的摩市的 13 个区，约该市一半的区域。病人也需要为每次的看诊缴纳相当于一小时工资的捐款，但如果该病人正处于失业状态，则只需支付 9 美元。而所有 19～64 岁临床病人的家庭总收入低于贫困线标准 200%，且大多数要么正在工作，要么其家庭成员中有一人在职工作。

二 最新活动

诺特基金会 2012 年 10 月的资助周期已开启。

第四节　申请流程

诺特基金会每年有三个资助周期接受资助申请，分别是：2月、6月与10月。

详细的资助周期截止日期如下表所示。

2012～2013年资助周期截止日期

咨询信与财政分析	资助申请书草案	完整的资助申请书	实地考察	资助裁定
2月12日至13日	3月7日	3月19日	4月至5月	6月12日
6月11日至12日	7月9日	7月23日	8月至9月	10月12日至16日
10月12日至15日	11月12日	11月26日	12月至1月	2013年2月

资助申请书需于截止日期下午5点前提交。尽管基金会所有的资助项目遵循相同的项目及地域指南，每一个资助项目开展过程中均有其自身的特性。但不管是哪一项目，申请者在提交任何申请请求前必须先仔细阅读基金会的资助指南与常见问题解答栏的内容。要获得更详细的申请指南，请先选择下列资助类别中最感兴趣的一类：

1. 资助
2. 现金贷款
3. 酌情补助金

一　资助

诺特基金会资助流程分为两步。

第一步：提交咨询信

第二步：以基金会资助审查委员会审查结果为基础，基金会会通知咨询信被委员会批准了的申请者，并要求其提交完整的资助申请书。

1. 资助申请总说明

申请截止日期：无论是申请者咨询信还是资助申请书都必须在截止日期下午 5 点前提交。

资助金数额与持续时间：一般来说，基金会的资助金在 100000 美元以下，但同时不排除为造成更大的影响而扩大资助金总数的可能。每年资助金平均的数目在 35000 美元至 45000 美元，且必须在一年内花完。基金会很少会进行多年期的资助。若资助金额小于 10000 美元，可选择酌情补助金项目。

实地考察：被要求提交完整的资助申请书的组织均须进行实地考察。

报告：资助发放 6 个月内需提交一份临时的报告，而资助总结报告则须在资助发放 1 年内提交。

再次申请：在提交了完整的资助申请书后被拒绝了的组织可在 1 年后重新申请，而已资助过的组织 2 年后才能进行再次申请。

提交申请前，申请者最好：

- 回顾基金会的项目及地理指南，确保具有获得诺特基金会资助的资格。
- 阅读基金会常见问题解答栏目。
- 回顾以上内容后仍有疑问，请拨打 410 – 235 – 7068 联系我们。

2. 第一步：咨询信

有意从诺特基金会获得资助且符合资助条件的组织首先须通过基金会网络资助程序提交咨询信（LOI）及财务分析表。若无法在网上完成资助申请，请拨打 410 – 235 – 7068 与基金会的资助经理凯瑟琳·麦卡锡联系，商定选择其他申请方式。

基金会鼓励申请者在开始申请前先预览在线咨询信及财务分析表。

- 咨询信指导说明：申请者可在线下载此说明，但此说明仅供参考，不能作为有效的申请材料。
- 注意：在线咨询信填写开始后，在提交前，系统会自动保存咨询信表格，以便进行下一次的补充修改。
- 咨询信叙述部分的填写样板，财务分析表指导说明及财务分析表模板均可在线下载。

下载地址：http：//knottfoundation. org/what_ we_ do/grant_ application_ process/grants/step_ one_ _ letter_ of_ inquiry

咨询信提交成功后，申请者会收到下述通知：

> 谢谢！您的咨询信已提交成功。若贵组织资助申请得以通过，我们会通知您提交完整的资助申请书。

咨询信审查后的通知一般会在咨询信提交截止日期的两周内下达，若申请得以通过，我们会向您发送申请流程的第二步中所需的提交完整的资助申请书的链接。

所有向基金会提交了咨询信的教区学校应注意在其提交咨询信前的至少两周内将咨询信与其分区学校共享。

3. 第二步：资助申请书

在您的咨询信被审查之后，您将收到一封通知您是否通过审查并提交贵组织完整资助申请书的邮件。若需进一步提交完整资助申请书：

- 邮件内容包含一个进行在线申请的链接，您将需要您咨询信中的原始注册账号信息进入资助申请书的填写阶段。

- 在大多数情况下，申请者在咨询信提交截止日期后的两周内会收到基金会回信。

在进行在线申请前，基金会建议您：

检验并打印资助申请书复印件（注意：这一附件不可直接填写，仅用于熟悉申请过程中将会被问到的问题，同时可作为收集所需附件的指南）

所需附件列表：（于向基金会提交资助申请书的终稿前提交）

电子附件：

审计分析表（Audit Insight Tool）：所有申请者，无论何种组织何种资助类别的申请都必须提交此附件。

结构形式表（Construction Form）：所有为预算在 3 万美元以上的非经常开支项目（包括建构、创新、性能改进）申请资助的申请者都需要提交此附件。

发展或募集资金表（Development/Fundraising Form）：所有为发展或筹款请求（包括工资支持、筹款软件、经营成本）申请资助的申请者都需要提交此附件。

学校概况表（School Survey）：所有中小学及特殊需要的学校无论申请何种形式的资助均须提交此附件（若贵校的咨询信已通过审查，此表将通过电子邮件邮寄给您）。

技术表（Technology Form）：所有为技术要求（包括硬件、软件，以及如电子白板或投影仪的电脑外设）申请资助的申请者都须提交此附件。

复印件类附件：（每样两份）

A. 财务

（1）项目预算——包括至今已筹集到的资金

（2）当期营运预算

（3）两个最近期的财务审计报表

（4）最近国税局 990 报表

注意：大主教管区天主教学校和教堂可提交经大主教区审计的财务报表代替国税局990或审计表。此外，巴尔的摩市大主教区的学校（AOB schools）应提交：

- 资产负债表
- 利润损益表
- 最近两财政年度的现金流量表

B. 理事会及组织结构

（1）理事会及受托人名单，包括姓名、地址及职位

（2）组织结构图

C. 其他

（1）国税局501（c）（3）号确认信

（2）组织于马里兰州州务卿办公室慈善组织部的注册副本或其免税原因的证明

（3）若资助请求包含工资支持，对所资助的工作职位进行描述

（4）若资助请求包含合作伙伴组织，提交谅解备忘录的副本

D. 可选择的

支持信、最新报道等（不超过3个额外附件）

所有复印件类附件（各两份）需邮到以下地址处：

玛丽恩·I. & 亨利·J. 诺特基金

玛丽兰州巴尔的摩市核桃大街第3940号

邮编：21211

资助申请的流程

在线资助申请的方式与前期咨询信的填写方式相似。申请者可在系统自动保存信息后进行后续修改，察看可打印的模板，及

在提交终稿前检查先前已完成的信息。申请者也可以选择在提交终稿前将草案通过电子邮件寄到基金会办公室来获取审核及反馈。正如咨询信的填写方式一样，在线申请前申请者须以 Word 文档的形式草拟将会问及的问题的答案，然后通过复制粘贴将这些答案填至在线申请表中。

（1）利用基金会发送过去的链接及自身注册在线账号的信息，登录账号并选择“在线申请者”选项。

（2）申请者在咨询信中提交的信息，会自动添入资助申请书中。

（3）完成申请书中的必填信息，注意每项问题的答案字数均有限制，使得申请书的终稿相当于 6 页打印纸。若未完成必答问题的答案填写，申请书则不能提交。在提交终稿前通过电子邮件将申请书草案寄到基金会办公室来获取评论及反馈意见，须遵照一定的指示。基金会会在提交后的一周内进行审核并回复。

（4）按照所需附件列表，上传所需附件。

（5）复审检查申请书的拼写及准确性，若满意则可直接提交。申请者将收到确认基金会已收到申请书的邮件（注意：直到基金会收到申请者的复印件类附件，申请才完成）。

资助申请书的审核

所有申请资助的组织将由诺特基金会的受托人或员工按照预定时间进行实地考察来进行联系。而实地考察一般在资助申请书提交截止日期后的 45 日内完成。

最终决策

资助委员会在申请书提交的截止日期大约 10 周后作出最终资助决策，并由基金会电话告知各申请者。

- 资助申请通过了的申请者须在资助发放 6 个月内需提交一

份临时报告，并在资助发放1年内提交资助总结报告。这些申请的组织在两年后才能再次向基金会申请资助。

- 为通过的申请者1年后才能再次申请。

二　现金贷款

为扩大基金会资源的影响，加快回复非营利性团体的需求，诺特基金会于2003年开始从事项目相关投资（PRI）。与资助项目不同的是，项目相关投资（现金贷款）采用投资形式，通常需要在一个既定的时间框架内完成资本回流，并伴有一定的利息及股息收入。对这一项目的贷款者来说，所获得的主要好处在于以更低的成本在更短的周转时间内获得资本。而对基金会来说，最大的好处在于贷款偿还的资金及利润收益可循环用于其他公益事业。项目相关投资（PRI）被视为利用慈善基金进行投机的手段。

什么是项目相关投资或现金贷款？项目相关投资是基金会以优惠利率提供贷款或股本投资来支持有直接慈善目的的活动。人们常常提到的项目相关投资扩大了来自基金会的资源，在一定条件下甚至能比无偿的资助更加有效。

资质标准

有至少一年的历史，并在基金会资助纲领及地理指南的范围内工作的非营利团体机构。

符合标准的非营利性机构可申请短期的现金贷款（30～180日内）以应对政府、基金会或公司推迟支付的应收资助金及延时的合同。对于基金会从未资助过的组织，贷款金额可在10000美元到25000美元，而对于已资助过的组织，贷款金额一般为30000美元。贷款发放与基金会资助指南、政策、标准及优先权一致，并以“先到先得，额满即止”的原则进行最大总额为20

万美元的循环发放回收。

现金贷款是否不利于申请者正常、正式的资助申请？

不。事实上，为向申请的团体提供更好的服务，同时加深对社区及其服务提供者的了解，基金会采用双重资格标准。

贷款规定

规模

最小：10000 美元

最大：25000 美元到 30000 美元

贷款周期

最长达 6 个月

贷款费用

45 日内还清的贷款：0.75%

90 日内还清的贷款：1%

90 日后 6 个月内还清的贷款：2%

后续工作

贷款人在贷款还清后需向诺特基金会现金贷款项目组提供一份书面报告。这份报告对基金会评估现金贷款项目的效力至关重要。

能否网络在线申请贷款？

目前，诺特基金会无法通过再线资助申请渠道接受现金贷款的申请。

如何获得更多信息？

基金会认识到目前有许多非营利机构都在一定程度上面临资金周转问题。如果对诺特基金会能提供帮助的方式有兴趣，拨打电话 420 - 235 - 7068 或发送电子邮件至 choffman@ knottfoundation. org 与卡罗尔·霍夫曼联系，讨论贵组织的现状及诺特基金会能提供的帮助。

1. 现金贷款申请流程

在开始进行现金贷款申请前，建议您回顾基金会的资格指南来确认贵组织及其请求满足基金会资助的标准。

第一步：申请流程

1. 拨打电话410－235－7068与卡罗尔·霍夫曼联系，简单介绍与请求相关的背景信息。

2. 下载并完成所要求的现金贷款申请表（注意：如果更方便的话，基金会也可将申请表模版通过电子邮件发送给申请者）。

3. 填写完的电子申请表提交至 choffman@ knottfoundation. org 给卡罗尔·霍夫曼。

4. 将现金贷款附件邮寄至基金会办公室给卡罗尔·霍夫曼。

第二步：申请审核

基金会一旦收到申请者的现金贷款申请表，并进行了内部审核，申请者完整的申请资料将分享至全体项目相关投资委员会以便进行进一步的审核与讨论。

贷款通知将于申请者提交申请后的2～3周内下达。

第三步：偿还贷款

贷款人应根据贷款协议的规定偿还贷款。任何时候，如果意识到将无法遵循这些规定，请立即拨打电话410－235－7068与基金会办公室联系。

第四步：最后报告

贷款人在贷款还清后需向诺特基金会提供一份最后的报告。这份报告对基金会评估现金贷款项目的效力至关重要。

三　酌情补助金

每年诺特基金会提供数量有限的酌情补助金。这类资助金的数额范围为500美元至2500美元，是为增加基金会资助选项，同时也是为增强回应社区需求的能力而设计的。酌情补助金的请求也必须与基金会纲领性及地理资助指南一致。

酌情补助金如何发放?

诺特基金会由执行理事及基金会受托人裁决，根据拟定的计划、资金的有效性及其他目前的资助要求全年均可发放酌情补助金。

如何申请酌情补助金?

为申请酌情补助金，申请者须提交一个有贵组织的专用信笺的简短咨询信（大概一页的长度)。咨询信应对贵组织的项目或计划进行描述，详述贵组织的需求，并提供一个若获得资助时使用资助金的时间表。

此外，还需提交：

- 非营利组织身份［501（c）（3)］的证明信
- 申请资助成功后的项目预算
- 理事会成员名单

是否接受网络在线酌情补助金的申请?

目前，基金会不能通过在线资助系统接受酌情补助金的申请。

酌情补助金申请提交的截止日期?

基金会全年接受申请并发放酌情补助金。

平均每年酌情补助金的发放量是多少?

基金会平均每年发放20~30笔酌情补助金。

提交酌情补助金申请后会发生什么?

如果贵组织已通过审核，基金会的员工会主动联系您，您将需要提交贵组织理事会成员名单、非营利性组织身份［501（c）(3)］的证明信及贵组织最新的国税局990审计表或其他财务审计表的附件。

通过批准后，何时能拿到资助金?

尽管未有明确的保证，一般来说申请通过组织将在酌情补助金申请获得批准后的 1～2 周内获得该笔资助。此后，资助获得者需就资助的结果提交一份简短的最后报告。

四　资助建议

基金会本着帮助申请人准备并提交最易获得通过的资助申请书的精神提出下列建议。尽管以下建议有些非常明显，但是多年的经验告诉我们确实有许多值得资助的项目由于在申请程序上忽视了一些基础步骤而与资助失之交臂。

全面优秀地完成必要的准备工作：进行资助申请的第一步即是做必要的调查研究，对基金会优先资助的项目及贵组织活动的目标及使命有一个清楚的认识。

信息获取的渠道：随着网络上可利用信息的激增，获取基金会信息的最佳方式即是登录该基金会的官网。在诺特基金会的官网上，潜在的申请者可参照资助优先顺序列表，阅读基金会最新受助者的资料，并察看基金会历史资助信息。所有的这些信息将有助于申请者对诺特基金会最有可能进行资助的项目有一个更清楚的认识。应访问“伞状”网站（起协调、保护等作用的组织），例如，美国基金会中心、马里兰州非营利组织协会和巴尔的摩地区资助者协会。这些网站都有可供搜索的数据库或其他工具，帮助申请者专注最好的也是最适合申请者的建议项目。

填写中心明确的申请书：通过做必要的准备工作，遵照基金会的指南与申请程序，申请者会发现其成功概率大大增加。仔细推敲申请特定资助的申请书，将使申请人通过详细定义其组织为社区服务的方式及其重要影响，进一步加深拓宽自身对组织目标的理解。

第五节　财务信息

一　咨询信息

最新更新时间：2012 年 1 月 24 日

第六节　相关组织

一　玛丽恩·I. & 亨利·J. 诺特基金会股份有限公司

玛丽恩·I. & 亨利·J. 诺特基金会股份有限公司位于马里兰州的巴尔的摩市，是一个玛丽恩·I. & 亨利·J. 诺特基金会组织下设的私人公司。记录显示该公司于 1987 年 8 月创建于马里兰州，目前估计该公司年收入为 557830 美元，员工约有两人。

注：1. 990 - PF 文件是美国国税局回复私人基金会的文件

2. 990 表是国税局回复组织免除所得税的凭证

二　诺特奖学金基金

诺特奖学金基金由亨利·J. 诺特成立于 1981 年，并在 1997 年由诺特夫妇的另一笔捐助得以扩大，向希望在巴尔的摩市大主教管区内的天主教学校继续其学业的天主教徒学术人才授予奖学金。天主教小学内五年级至八年级的学生、天主教中学的学生均能获得全额学费的奖学金，而马里兰州内只有3所天主教大学的学术人才能获得该奖学金。

2008～2009年学年，小学阶段共有32个玛丽恩·博尔卡·诺特奖学金名额，高中有16个，大学有12个。

而玛丽恩·I. & 亨利·J. 诺特奖学金基金会则提供了60个初中学生名额与40个大学学生名额。

创始人诺特夫妇希望，获得充分的天主教教育能帮助这些学生在将来成为大主教管区的领导者。同时，他们希望接受了这份天主教教育机会的学生会通过分享其才能的方式反过来回报社区及天主教教会。

联系地址：诺特奖学金基金会

5850 Waterloo Road，Suite 140

Columbia，MD 21045

Phone：443－325－7884

Fax：443－325－7883

www. Knottscholar. org

Knottscholars@ gmail. com

三　诺特机械股份有限公司

诺特机械股份有限公司的首席运营官欧文·诺特正是玛丽恩·I. & 亨利·J. 诺特基金会的理事长。

诺特机械公司由马丁·G. 诺特与其父老马丁·G. 诺特于1972年共同创建。多年以来，该公司在陶森市、汉普登、欧文斯米尔及威斯敏斯特均有运营历史，直到1996年马丁·G. 诺特与其合伙人将其工作中心定为铅管品制造、供热通风与空调安装及改装服务。诺特机械是第二代家族企业由小马丁·G. 诺特与欧文·M. 诺特管理运营。

马丁于1994年毕业于萨维尔大学，并获得了针对企业研究的工商管理学士学位。自 1996 年开始，马丁一直是诺特机械公司的理事长，其最初的职责即是业务开发与合同管理。

欧文则毕业于美国圣母大学，获得了财务会计方面管理信息系统专业的工商管理学士学位。在德勤华永会计师事务所的企业风险管理服务部工作 3 年后，欧文 2002 年加入了诺特机械股份有限公司，如今已是首席运营官。

2011 年 6 月 1 日，其叔约翰·J. 阿伊达加入了马丁与欧文的管理队伍。约翰毕业于陶森大学，获得了工商管理学位。约翰在美国开利（Carrier Corporation）公司从事了 30 年的供热通风与空调服务（HVAC Service），以及巴尔的摩市和华盛顿地区的销售与市场工作后，加入了诺特机械公司，职位为销售副总裁。

第七节　评价

一　自我评估

主席致词

亲爱的朋友们：

在将近 35 年的基金会历史中，玛丽恩·I. & 亨利·J. 诺特基金会延续了其创始人诺特夫妇遗留下来的慷慨精神。今天，诺特家族成员的三代人齐享基金会受托理事会的席位，管理着基金会向巴尔的摩市大主教管区的非营利组织提供资助。理事会在诺特基金会的资助项目中发挥着非常积极的作用——进行实地考察、审核资助申请书、写分析报告、讨论并对资助请求作出是否接受的决定。最终的资助结果反映了诺特家族延续了为加强社区而奉献的精神。

作为一个天主教家族基金会，诺特基金会对有机会参与非营利合作伙伴满含善意的工作感到非常幸运，我们期待在将来的工作中继续分享这一上帝的赐福。

真诚地，

欧文·诺特

理事长

二　他人评估

诺特基金会被授予自行车友好企业称号

2011年9月20日发稿

作者：格雷戈·坎托里，诺特基金会的执行理事

2011年9月14日，美国自行车骑士联盟宣布玛丽恩·I. & 亨利·J. 诺特基金会继多样化且具有开创性的111个青铜自行车友好商业企业（BFB）后，获得了此项殊荣。

全美范围内，诺特基金会是唯一一个铂金、黄金、白银、或黄铜奖认可的家族基金会。诺特基金会与马里兰州其他7个企业一起由于致力于自行车交通的努力获得了此项称号。

诺特基金会下一步将鼓励其他企业加入到此项创新活动中来，并分享以自行车作为交通工具提高雇员的身体健康、社会责任感及经济增长的经验。

一砖一瓦创建城市的过去与未来

作者：希瑟·哈伦，《巴尔的摩商报》

亨利·J. 诺特一砖一瓦建立了自己的王国

1928年当亨利·J. 诺特由于劣质手艺被其父赶出了家庭建筑行业后，以新婚丈夫的身份曾尝试过食品工业，直至陷入艰难处

境，最后不得不重回他所熟知的建筑行业……

今天，诺特家族的后代们不仅在商业领域，同时也在志愿活动领域努力效仿其祖先的远见和强烈的工作热情。

34 名诺特家族成员成立了玛丽恩·I. & 亨利·J. 诺特基金会受托人理事会。作为致力于向其创始人慷慨的遗产捐赠表示感谢，为加强社区而奋斗的天主教家族基金会，诺特基金会在 1979 年至 2003 年已向外提供了约 3000 万美元的资助。

去年基金会的受助人包括：巴尔的摩工业博物馆、菲尔斯点角剧院、玛丽女王大教堂、圣阿格尼丝学校、富兰克林广场医院、户外拓展训练项目、巴尔的摩市交响乐团、城区帆船中心及铁路博物馆。

参考资料来源

http：//www. knottfoundation. org/.

http：//www. lead411. com/company_ TheMarionIHenryJKnottFoundation_ 1260987. html.

http：//foundationcenter. org/pnd/jobs/job_ item. jhtml? id = 314300029.

http：//catholicreview. org/article/play/arts/knott – foundation – provides – grants – to – 12 – catholic – programs.

http：//apps. stevenson. edu/mpr/pressreleases/full – release. cfm? id = 72.

http：//myemail. constantcontact. com/Knott – Foundation – Newsletter——The – Buzz – About – Behavior – Testing. html? soid = 1102253740289&aid = b_ 4CWkEoBA.

http：//shepherdsclinic. org/.

http：//knottfoundation. org/what_ we_ do/grant_ application_ process/grants/forms_ for_ grant_ seekers.

http：//www. manta. com/c/mr47s30/marion – i – and – henry – j – knott – foundation – inc.

http: //www. faqs. org/tax - exempt/MD/Marion - I - Henry - J - Knott - Foundation - Inc. html#ixzz1rbr5TBpa.

http: //knottscholar. info/.

http: //www. bmorebikes. com/knott - foundation - named - bike - friendly - business/.

http: //www. bizjournals. com/baltimore/stories/2004/10/11/story3. html? page = all.

米尔肯家族基金会

Milken Family Foundation

第一节　背景

一　关于米尔肯家族基金会

1982 年，迈克尔·米尔肯和洛厄尔·米尔肯创立了米尔肯家族基金会，自创立以来，米尔肯家族基金会就一直在探索激发人类潜能的力量。米尔肯家族基金会的使命——帮助人们自己以及身边的人过上富足满意的生活——引导着其 30 年的努力。

在主席和共同创始人洛厄尔·米尔肯的指导下，米尔肯家族基金会的创新方案在教育、医疗保健、人类福利以及社区服务等方面开辟了新的途径。

指引着洛厄尔·米尔肯去不断开创多个国家中最具创新性的教育改革的宗旨即是：青年是最强大的力量，这不仅是对我们而言，更是对国家而言。

洛厄尔持续关注米尔肯家族基金会的相关工作，通过增强教师的有效工作能力来巩固美国的公共教育体系，从而保证青年人能够有效获得技能、知识和经验，并以此支持他们在动态的国际经济世界里与他人进行竞争。

二　使命阐述

米尔肯家族基金会的目的在于，发现并促进一些有开创性和有效性的途径，用以帮助人们自己以及身边的人过上富足满意的生活。基金会主要通过其在教育及医疗研究方面的具体工作来推广其使命。

在教育领域，基金会致力于以下方面。

通过认可和奖励杰出的教育者，并继而扩大他们在专业领域的领导能力和政治影响力来增强其职业能力。

通过综合性的学校整体改革吸引、发展、激发并聘请顶级的人才从事教学工作。

通过各种各样的项目激发青年人和成年人的创造力及生产力，鼓励他们将学习贯穿一生。

建立充满活力的社会组织，吸引各年龄层的人们加入各类有助于激发社区活力及对当地居民有好处的项目中来。

在医疗研究领域，基金会致力于以下方面。

促进和支持基础及应用医疗研究——特别是前列腺癌及癫痫病领域——发现和奖励在这些领域中表现杰出的科学家们。

支持各类基础医疗保健项目，以此保障社区内各年龄层居民的健康。

第二节　管理结构

理事会成员

洛厄尔·米尔肯

洛厄尔·米尔肯是米尔肯家族基金会的主席和联合创始人之一，在他负责基金会工作的30年里，为了实现为个人和社会创造有意义的机会这一坚定的承诺，他所做出的每一步努力都是可以被世人所了解的。自1982年基金会创办开始，洛厄尔·米尔肯就领导米尔肯家族基金会成为国内最具创新性的私人基金会之一，并不断创造有影响力的全新精神，以此鼓励

教育者、学生、研究者、人道主义者及国内各个社会阶层，乃至整个世界，去实现他们所有的潜能。

迈克尔·米尔肯

作为米尔肯家族基金会的联合创始人之一，迈克尔·米尔肯的职业生涯恰恰反映出他的三个主要职业追求：医学研究、教育和金融。在每一个领域中，他都作出了杰出的贡献。

1972年，迈克（大家都这么叫他）在华尔街开始其传奇职业的3年后，他的妻子告诉他，他的岳母被诊断为乳腺癌。从那时起，他就开始了关于医疗解决方案的研究，这是他生命中十分重要的一部分，尽管他在金融方面的创新更为人所知。在他同时从事金融和慈善工作33年后，一家财经杂志的封面称他为“改变医学事业的人”，同时称，“没有任何人能够完全描绘出米尔肯究竟是如何，以及多么强烈地撼动了整个医疗体系，并救助世人生命的”。

理查德·桑德勒

理查德·桑德勒目前担任米尔肯家族基金会的执行副总裁和理事。他于1982年基金会创立之初加入，并倾注了时间与支持，致力于基金会的教育和医疗研究事业。桑德勒以优异的成绩毕业于加州大学伯克利分校，并在加州大学洛杉矶分校法学院获得法学学位。

拉尔夫·费尔曼

拉尔夫·费尔曼是米尔肯家族基金会的高级副总裁和财务

官，作为理事会成员之一，他一直长期活跃于基金会的各项活动中。费尔曼先生是一名注册会计师和律师，他于美国宾夕法尼亚大学沃顿商学院获得其科学学士学位、哥伦比亚大学法学院获得其法学学士学位，并在纽约大学法学院获得其税务法学硕士学位。

第三节 资助及项目介绍

一 米尔肯教育工作者奖

1. 概况

米尔肯教育工作者奖是针对国内杰出教师进行奖励的项目，从东海岸到西海岸共有超过2500名中小学教师、校长和专家获得奖励，每人获得了25000美元的奖金，奖励金额超过了6300万美元。整个项目的投入金额已超过1亿3500万美元，同时还为获奖者的教育事业提供了强有力的职业发展机会。获奖者之所以得到资助，不仅是因为其在事业的早期和中期已经取得的成绩，同时也包括其对未来的发展所作出的承诺。

米尔肯教育工作者奖由教育改革的领袖洛厄尔·米尔肯设立，旨在祝贺、提拔和激励那些模范的中小学教师。本着教育中的伟大必须被认可和奖励的想法，该奖励项目以一种非常公开的方式向公众宣布获奖情况。25年来，米尔肯教育工作者奖向家长和政策制定者传递了这样一个被证明的事实：教师的水平是决定学生成就大小的一个最重要的学校方面的因素。

与大多数教师奖不同的是，该项目没有正式的提名和申请流程。每个参选州的教育部门指定一个独立的、权威的委员会，由其按照严格的标准推荐候选人，并由米尔肯家族基金会决定最终的获奖者。

每年秋天，当获奖名单在所有学校的集会上被公布时——学生为之高兴、同事为之骄傲，还有一同而来的知名官员和媒体——所有这些都让获奖者感到惊喜万分。在这一瞬间，他们得到了当之无愧的称赞，获得了被教育杂志誉为“教育界奥斯卡奖”的光荣。

未来属于受教育者——这是米尔肯教育工作者奖这一项目的口号，正因为如此，获奖者还会被吸收成为全国米尔肯教育工作者网络的成员，该组织致力于改革和加强美国中小学教育体制。

2. 目标

坚持自我提高的优秀教育工作者是学生成长、学校发展和教育事业提升的关键。因此，米尔肯教育工作者奖的目标如下。

对教学水平高、职业领导力强、对家庭和社会富有责任感和有能力对青少年健康成长作出突出贡献的优秀中小学教师进行表彰和奖励。

使全社会认识到优秀教师的重要性。

鼓励有能力、有爱心、有创意的人们选择教师这一富有挑战性、服务性和冒险性的职业作为他们的事业。

通过建立全国以及地区性的米尔肯教育工作者网络，为网络内外的教师提供积极的职业发展和提升的帮助；鼓励米尔肯教育工作者对教育政策的制定提供有益的建议，进而对课堂教学的学校建设施加积极的影响。

建立起米尔肯教育工作者与那些致力于提升教育水平的州政

府和联邦政府的教育机构、大学、教师以及企业合作者之间的桥梁。

鼓励企业和基金合作者为米尔肯教育工作者以及教育促进政策的制定提供帮助和支持。

二　米尔肯学者项目

1. 项目概述

米尔肯学者项目由罗瑞和迈克尔·米尔肯于1989年建立，为的是表彰那些在学术成绩、社会服务、领导能力上有突出表现并且不畏困难的杰出青年。该项目为这些才华出众的青年提供所需的资源和网络，使他们有能力帮助自己以及身边的人，并希望以此为获奖者在他们的学术和职业生涯中提供支持。

2011年，该项目共评选出284位米尔肯学者，他们来自洛杉矶、纽约和华盛顿特区的100多所高中，代表了不同年龄、不同种族背景、不同学术和专业领域。获奖者将进入全美顶级的高校进行深造。

米尔肯学者们在大学期间将获得基金会提供的资助。然而，与其他项目完全不同的是，获奖者们还将获得广泛的资源。成为一名米尔肯学者，也就意味着加入了一个大家庭，在这里可以和基金会的工作人员以及其他获奖学者建立联系，随着时间的推移，这将形成一个强有力的支持系统。例如，米尔肯学者能够获得就业方面的咨询机会、证券公司的实习机会、社区志愿服务的机会，以及在毕业后继续深造或就业的过渡时期获得资助的机会。

在米尔肯学者们读大学期间，他们会定期通过电话和电子邮件与基金会以及其他获奖者联系。基金会的工作人员和导师们会在参观校园或其他特别活动中与米尔肯学者们进行会面，包括一年一度的峰会。峰会通过一系列讲座、平台和活动为米尔肯学者们在生活、学业和事业上提供更多的选择，并以此对他们进行指导。通过这些资源，该项目建立了一种机制，帮助这些杰出的青年实现他们的学业和职业生涯目标，并在这一过程中对他们周围的世界产生深远的影响。

2. 项目组成

今天，已经有 284 名米尔肯学者在许多不同领域生活、学习、工作。米尔肯学者项目帮助这些优秀青年获得了从高中进入大学，从大学进入社会或继续深造这些艰难转变过程中所需要的技能。该项目的一个重要特点就是将这些学者们聚集在一起，形成一个团队，从而能够互相学习，互相帮助。除了由基金会为学生们提供大学期间的资金支持之外，米尔肯学者项目还包括以下这些组成部分。

颁奖晚宴

每年在洛杉矶举办的颁奖晚宴对米尔肯学者项目来说是一次欢迎新成员的机会，也是项目的前辈成员们交流和分享经验的机会。晚宴对每一位新获奖的学者的工作和成绩进行表彰，并对帮助他们取得优异成绩的家人、朋友及支持者给予肯定。

年度峰会

由米尔肯家族基金会的工作人员和一群优秀的协作者共同参与的米尔肯学者年度峰会，为学者们提供了一个平台，来交流讨论他们在全美享有盛誉的大学及各自事业中成功的关键因素。更重要的是，峰会为学者们提供了一个认识新朋友、回顾成长经历以及交流思想和抱负的机会。

社区服务

要成为米尔肯学者，不仅要有优异的学习成绩，在当地社区或学校服务上也要有良好的表现。在学校，他们通过校园组织参与志愿活动，而在假期，他们到自己家所在的社区进行志愿服务。作为一个团队，学者们参与了各种各样的服务活动，包括为流浪者准备和提供食物、为艾滋病人送上节日礼包、帮助低收入家庭对房屋进行翻新和为贫困儿童电话筹款。通过参与这些社区服务活动，学者们影响着他人的生活，并且获得了处理复杂社会问题的经验。

实习支持

在所有关键的事情之中，当一个大学生试图缩小其职业选择时，最重要的就是对所有可能从事的职业有着充分的认识。在实习中，学者们与他们感兴趣的领域的专家们一起工作。这些新的挑战和经验为获奖学者们提供了重塑目标、完善技能和增强自信的机会，从而使他们为当前就业市场的竞争做好准备。在米尔肯学者们寻找实习机会的过程中，项目的工作人员会为他们在实习机会选择、简历、介绍信、申请以及其他材料的准备上提供帮助。通过提供各种各样的帮助，米尔肯学者项目努力确保学者们拥有每一个使他们从大学生成长为专业人士的机会。

咨询和支持

负责米尔肯学者项目的基金会工作人员与每一个获奖学者定期联系，帮助他们解决学业和工作上的各种问题。工作人员会定期来到学者所在学校和社区探访，目的是将学者们聚集在一起，一起分享经验和参加社交文化活动。由于大多数的获奖者是新入学的大学生，这类由工作人员和其他获奖者提供的指导就显得尤为重要。

学术/职业探索基金

米尔肯学者项目为每一位获奖者提供一笔资金支持，用于支付他们在申请学校、求职面试、无薪实习、留学项目以及其他有助于实现职业目标的机会上所产生的费用。米尔肯学者们可以在就读大学期间申请该资助，也可以在以后申请。

三　师生进步体系

1. 目标

研究已经表明，学生成功的一个最重要的与学校有关的因素是拥有一位在课堂上才华横溢的老师。但是，除非现在采取行动，美国将在有才干的教师上出现短缺，难以确保所有儿童都能得到他们需要并应该享有的高质量的教育。

更多的教师，更好的教师

在20世纪90年代，美国的教育使太多的孩子落后。教育改革的先驱和米尔肯家族基金会主席洛厄尔·米尔肯，以及米尔肯家族基金会（MFF）的其他人——现已因其国家教师奖而闻名——汇聚了最好的有用的研究，以制定一个全面的、系统性的学校改革模式，来应对中小学教育的挑战。他们创造了TAP：提升教师和学生的体系。这是一个大胆的新战略，以吸引、保留、发展和激励有才能的人致力于教师这一职业。因其获得广泛的支持及高需求，TAP现在由全国优秀教学研究所（NIET，一个公益慈善机构）管理和扶持。

TAP的目标是通过使教师这一职业更具吸引力和回报性，为教师行业吸引更多的优秀人才并留住他们。TAP提供给教师：

- 强有力的职业成长的机会
- 在校期间与同事们合作的能力
- 公平和严谨的课堂评估，以确定和提高教学技能
- 由专家和导师带领的以学校为基础的职业发展，分析学生的需求，并确定学生的学习策略
- 有机会担任导师这一新角色，从而获得更高的薪水和职业提升，就像在其他行业一样，但不用离开教室

TAP 通过为教师们提供学习更好教学策略的机会，以及学习为他们的表现负责，使他们得到最好的成长。

2. TAP 四元素

多重职业路径

在现行制度下，优秀的教师提高他们工资最常见的方式是成为管理人员。不幸的是，这需要他们离开教室这个最需要他们的地方。

TAP 允许教师在他们的职业生涯中追求多种职位——导师和硕士生导师——根据自己的兴趣、能力和成就。随着他们的提升，他们的资格、角色和责任相应增加，他们的报酬也是如此。这使得优秀教师不用离开教室就得到提升。

应用型职业成长

绝大多数教师在最近的调查中表明，他们接受的传统的职业发展是无效的。我们知道，教师跟我们所有人一样，当有机会与同伴合作时会学到更多，他们专注于学生们在学校的具体需求，并且是每天在学习，而不仅仅是在每月的研讨会中才学习。

TAP 重新编排学校课程，为教师提供时间与其他教师相互见面、学习、计划、指导和分享，使他们能够不断提高教学质量，进而提高学生们的学业成绩。这些协作的时间，使教师在他们自己学校的专家和指导教师的支持下学习到新的教学策略。

TAP 学校正在进行的应用职业成长着重于教师面对学生时基于教学问题的明确需求。教师使用数据来针对这些方面的需求，而不是试图应用职业发展的最新理论。

教学重点问责

大多数人都同意最好的老师的报酬应超过无效的老师。但是什么成就一个有效的老师呢？

TAP 创建了一个复杂的体系，根据老师教导学生的好坏来对他们进行评价和奖励。教师应当满足 TAP 教学技能、知识和责任标准，以及对学生的学术成长负责。

基于绩效的薪酬

在大多数行业中，人们根据他们执行工作的好坏得到奖励和晋升。不幸的是，教学往往是这一规则的例外。

TAP 根据教师的角色和责任、他们在课堂上的表现，以及他们学生的表现为教师支付薪酬，通过这一方式，TAP 改变了现行的体制。新的体系还鼓励地区提供有竞争力的薪金给那些在师资短缺的科目和学校教学的教师。

通过把这一有效的改革策略中的元素结合起来，TAP 致力于将教学从一个旋转门职业转变成一个极有价值的职业选择。真正的价值是使全国每一个学生都能获得优秀的教育。

3. 人们眼中的 TAP

众议员乔治·米勒（CA），众议院教育委员会主席

“在 TAP 中，我们看到，你可以把人们整合到一起。你可以重新设计一个工作场所，使其成为一个高性能的，可以有嵌入式的，正在进行中的，现场职业发展的团队。它与教师的指导、团队建设，以及校长和同行的意见相关。它与分享才华、技巧、经验和知识有关，使所有的教师能够根据他们学校的需求来区别教学。”

阿恩·邓肯，美国教育部长；前芝加哥公立学校行政总裁

“高素质的教师队伍是促进学生成绩提高的关键……TAP 为教师和校长提供单独的以及以学校为整体的成长资源，最终使我们的学生受益。”

玛丽·兰德鲁，美国参议员（洛杉矶）

“路易斯安那州的TAP在学生的考试成绩上体现出强大的作用。同样重要的是，它正在改善教师的工作环境，使得教师的满意度和合作度提高，从而教学技能日益提高。”

鲍比·金达尔，路易斯安那州州长

“很显然，德索托教区和北德索托中学推行的创新改革使学生从中受益。德索托教区和北德索托中学的教育学家们已经选择通过TAP来确定、奖励和保留优秀的教师，并且他们为自己的学生升学以及进入劳动力市场做了更好的准备。”

蒂姆·波伦蒂，明尼苏达州前州长

“除了家长，教师对孩子在教育上的成功影响最大。我们当前的教师薪酬制度已经过时，它不适合成果问责。我们需要把教师看做专业人员，而不是20世纪40年代的流水线的一部分。这就是为什么我在全州范围内实行了以TAP为基础的改革，正当地奖励那些在提高学生成绩，并通过提供职业发展的激励机制来吸引和留住高素质教师等方面做得最好、最明智的人。我的QComp（Quality Compensation for Quality Teachers）立法——为高质量的教师提供高质量的报酬——给明尼苏达州的教师提供他们需要并应得的职业培训。”

四　洛厄尔·米尔肯中心

1. 使命陈述

洛厄尔·米尔肯中心发现、发扬并交流在历史上产生深远而积极影响的无名英雄的故事。

通过以学生为主导的基于项目的学习，整个美国和世界的人们学习到我们每个人都有责任和权利去采取行动改善他人的生活，以此“修补世界”。

2. 关于洛厄尔·米尔肯中心

洛厄尔·米尔肯中心与世界各地的学校合作，教导全体人民互相尊重和理解，通过发展那些有关无名英雄用其行动促进以上价值观的历史项目来实现这一点，不分种族、宗教和信仰。这些项目的形式有纪录片、演出、展览，或其他创意形式。现在该项目已经进入第四个年头，洛厄尔·米尔肯中心在全部 50 个州内已经拥有了超过 425000 名学生，覆盖了超过 4100 所学校，并在全球范围内日益发展。

洛厄尔·米尔肯中心有如下两个主要目标：

（1）通过基于项目的学习，教导尊重和理解；

（2）通过讲述激励人心的无名英雄的故事，改变人的行为和态度。

五　米尔肯档案馆

米尔肯档案馆，作为历史范围内的一次音乐冒险，始建于 1990 年。它用以记录、保存和传播那些有关美国犹太人经历的博大的音乐内涵。20 多年来，米尔肯档案馆已成为收藏美国犹太音乐最多的地方——700 多个录音作品，包括超过 500 个世界首演录音。但是目前，米尔肯档案馆主要是因其在纳克索斯标签上发布的突破性的50－CD系列而闻名，而不再仅仅是一个录音项目。米尔肯档案馆的收藏包含了800小时的口述历史，50000张照片和历史文献，以及数千小时的来自录制会议、采访，以及现场表演的录像，加上提供历史和文化背景的节目笔记和散文的广泛收集——大多数是由艺术总监尼尔·W. 莱文所写，他是犹太神学院的音乐教授，同时也是犹太音乐领域的重要专家之一。

1. 录音

录制音乐的工程由许多艺术家共同完成，其中包括200多名作曲家，从约瑟夫·阿赫龙到约翰·佐恩；多位举世闻名的艺术家，包括布鲁斯·阿德勒、戴夫·布鲁贝克、艾米·戈尔茨坦、戴维·克拉考尔、埃尔马·奥利维拉、内维尔·马里纳爵士、康托·本齐翁米勒、阿尔贝托·米兹拉希、杰拉德·施瓦茨和西蒙·斯皮罗；以及屡获殊荣的合奏组合，如茱莉亚弦乐四重奏、维也纳男孩合唱团、捷克爱乐乐团等。米尔肯档案馆的大部分音乐对于大多数观众来说是迄今未知的。在很多情况下，这些音乐从未被记录或没有可以接受的标准记录，从而作为历史记录和美国经验的一个重要表达，对后代而言，这些音乐面临着遗失的危险。米尔肯档案馆由慈善家洛厄尔·米尔肯创立，他不仅意识到这些音乐的艺术价值，而且意识到其对当前和未来几代人的重要性。米尔肯档案馆现在已经进入它的第三个十年，并且已成为350多年来这一大量而多样化的音乐体系保护和传播的领导者。

2. 文物和遗产

尽管档案馆的音乐收藏浩繁，其收藏的口述历史、访谈、照片和历史纪念品等也同样重要，所有这些都增加了它的历史深度和文化背景。口述历史和访谈的对象包括高级领唱者、意第绪语剧院的老演员人、作曲家、指挥家和其他人，从而保留了将音乐融入并继续融入生活的这些人的知识、表演传统和故事。这前所未有的记忆财富和第一人称的叙述对于学生、学者、纪录片导演、文化历史学家以及对美国犹太历史感兴趣的人来说将会是独一无二的资源。

3. 目标

米尔肯档案馆的目标是：

保存和传播有关美国犹太人经验的音乐；

鼓励创造新的音乐来讲述美国犹太人的经验；

鼓励表演美国犹太音乐；

编译和出版与历史有关的文献，阐述美国犹太音乐产生的文化、历史、政治、社会以及宗教环境；

发展教育平台和课程，以推动在中学和大学阶段，以及成人教育和继续教育中研究美国犹太音乐；

鼓励对米尔肯档案馆内来自各个学科的学者的材料，包括民族音乐学、历史、犹太研究、音乐以及音乐学等进行学术研究。

六　迈克的数学俱乐部

迈克的数学俱乐部是一个课程丰富计划，它向小学生展示数学是有用和有趣的。数学俱乐部团队由在加州公立学校正常上班并教授儿童的全职教师组成。MMC 同时面对全美国、波多黎各、墨西哥和加勒比群岛、格林纳达、特立尼达和多巴哥圣文森特等地的学生。数学俱乐部教授强调各种技能的秘密代码，促进两位数的乘法运算等基础知识掌握的“非常有用的提示”，以及向学生展示如何使用逻辑和演绎推理创建战略和解决问题的数学游戏。

俱乐部的笔友项目每年收到超过 2000 封来信，通过将每个年轻的来信者与为他或她解答问题和联系的团队成员相联系，培育友谊和归属感。

七　前列腺癌基金会

前列腺癌基金会是资助和促进全球研究的领先的慈善组织，坚定地致力于治疗前列腺癌。

自1993年以来，我们确定和投资最有前途的研究项目的独特战略产生了挽救生命的效果。我们将资源引向世界顶级的科学头脑中——减少繁文缛节，鼓励合作，以加快突破。

作为增加政府和私人支持的拥护者，PCF帮助建立了一个近100亿美元的全球研发企业。通过我们的捐助者的慷慨捐助，我们已在12个国家的近200个研究中心资助了1500多个项目。

最新发展的可靠来源

对于全球对抗前列腺癌的超过1600万男性及其家属，PCF是新的保健标准和研究信息的主要来源。我们将病人、病人的亲人、保健提供者和关键技术更新的科学家、最新发展、最佳做法以及来自治疗渠道的消息联系起来。

您的帮助，前进的希望

自1993年以来，在对抗前列腺癌的斗争中，许多重要的发现来自PCF的资助和协作——包括开发新的药物、基因治疗方法，以及那些可能快速与人体免疫系统协作杀死前列腺癌细胞的疫苗的发展。

由于这些以及其他的胜利，美国前列腺癌的死亡率比曾经预测的下降了将近40%。但是还有更多的工作要做，我们现在必须加紧努力。仍然有太多的男性死于前列腺癌，太多的家庭仍然在忍受折磨。

八　癫痫症研究奖项目

在过去的25年，我们在抗击许多威胁生命的疾病方面取得了巨大的进步。在众多顶级科研人员的持续支持下，我们加快了寻找医疗治疗方案的进程，为病人带去了巨大的希望。

——迈克尔·米尔肯，米尔肯家族基金会联合创始人、理事

自1989年起，米尔肯家族基金会就一直致力于寻找先进的治疗方法来治愈癫痫症，这种疾病可以由多种因素引起，并且从古代起就困扰着全人类。如今，患有癫痫病的儿童远远多于患其他神经紊乱病症的儿童的总和。

美国癫痫症协会/米尔肯家族基金会癫痫症研究奖、资助及奖学金项目

从1989年到2004年，美国癫痫症协会/米尔肯家族基金会癫痫症研究奖、资助及奖学金项目对那些努力改善癫痫症患者生活的杰出医生和科学家给予认可和表彰。该项目还特别在协会下成立了一个机构，对那些在神经科学和临床研究方面取得成绩，并且为现阶段了解癫痫症作出重要贡献的个人进行奖励。基金会还设立了科研经费和培训奖学金项目，对年轻的科学家在他们事业的关键阶段提供支持。

该项目的目的在于对优秀的医生和科学家提供额外的激励——以及对年轻研究者的早期激励——激励他们在癫痫症研究方面更加刻苦钻研，并更加积极地求索、传播和应用与癫痫症各个阶段有关的生物学、临床和社会学等各方面的知识。38名科学家获得了研究奖，另有57名科学家获得了科研补助和奖学金。

要想了解更多关于美国癫痫症协会的信息，请访问其网址：

www.aesnet.org。

九 犹太教育工作者奖

在当今这个社会，新的一代正在崛起。他们的价值观往往是向往青春活力而不是成熟稳重，他们往往易于冲动而不够深思熟虑，往往主张以暴力解决问题而不是以理相争。这样的社会环境使得建立一种致力于强化和延续犹太民族的智慧、精神以及道德观的犹太日制学校教育显得更加重要。杰出的教育工作者们正在教育前线为此做出不懈努力。

——迈克尔·米尔肯，米尔肯家族基金会联合创始人、理事

1990年，米尔肯家族基金会和BJE（犹太教育局）合作设立了犹太教育工作者奖这一项目，并将其作为米尔肯国家教育工作者奖的附属项目。

每年，该项目都会为在隶属BJE的日制学校里工作，并且在教育方面作出杰出贡献的教师、管理人员，以及其他教育专业人士中的四位进行公开表彰并颁发奖金。

这些教育工作者反映了犹太教育和普通教育的最高理想，培养了对知识的终生追求，并培育了一种价值观系统，以此来指导学生们直到成年。

获奖者们还展现出一项杰出的能力，即激发犹太儿童对他们的宗教、课堂活动以及校外生活之间联系的理解。

犹太教育工作者奖学生征文比赛是米尔肯家族基金会和BJE之间合作关系的一个令人兴奋的延续。它面向隶属于BJE的初高中的学生。和犹太教育工作者奖一样，对表现优秀者的肯定是比赛的重要部分，获奖者所在学校将会得到1800美元的礼物作为奖励。每年秋天将会公布比赛的作文话题和评委名单。

目 标

不断进取的优秀教育工作者对学生的成长、学校的发展以及教育事业的提升至关重要。因此，犹太教育工作者奖的目的在于：

对犹太日制学校里杰出的教育工作者的教学质量、职业领导力、对家庭和社区的贡献，以及为学生的健康成长作出更多贡献的潜能进行表彰与嘉奖。

为那些为学生的发展作出杰出贡献的犹太日制学校的教育工作者们赢得更多的公众支持与认可。

提高公众对他们在社区或社会里所扮演角色的重要性的认识。

鼓励有能力、有同情心、有创新意识的人选择具有挑战性、服务性和冒险性的教育行业作为事业。

第四节　财务信息

一　990－PF 基金会纳税申报表信息概览

表 1　米尔肯家族基金会 990－PF 纳税申报表

单位：美元

收　入	2000 年	2001 年	2002 年	2003 年	2004 年	2005 年	2006 年	2007 年	2008 年	2009 年
收到的捐献、礼物、资助等	—	—	8821195	1728805	—	—	—	—	—	25000
存款和短期现金投资的利息	1525482	547442	102280	177750	533810	929068	3505060	1471966	513333	99719
投资证券取得的利息和股息收入	7147690	4524452	6769085	5020441	6101453	6600277	5021139	6671529	5596983	1737843
出售资产取得的净收益或净损失	764917	(3430479)	6980488	8453521	15823290	19253239	39893409	6536203	1620778	13374978
毛收益或损失	—	—	1795	1444	—	—	—	—	—	—
其他收入	1973134	2979988	1342111	2982532	3540432	9612006	3229585	1124437	5358086	6699576
共计收入	11411223	4621403	24016954	18364493	25998985	36394590	51649193	15804135	13089180	21937116

续表

收　入	2000 年	2001 年	2002 年	2003 年	2004 年	2005 年	2006 年	2007 年	2008 年	2009 年
费用	—	—	—	—	—	—	—	—	—	—
董事、高管补偿	122221	337516	264770	193963	136401	198507	262895	241335	313424	352091
其他职工薪酬	555728	1048053	890901	765577	783111	820303	855156	934914	1020381	1073391
退休金计划，员工福利	32089	81451	82392	68032	63910	71442	67453	90127	105179	120312
法律费用	6263	12254	1671	3662	5119	4763	12736	2701	13703	4067
会计费用	—	—	—	—	—	30000	30500	42000	14500	46000
其他专业费用	985291	1073876	1019443	1040024	1141903	1343523	1200601	1246700	489944	540366
税	218289	447959	432554	511848	581627	1891442	1900464	493531	147757	702250
折旧费	734622	669067	492754	377243	348817	301880	405415	460876	422683	358112
物业使用费	190758	272810	156572	124722	131424	142661	166656	152583	168343	185710
差旅费及会议费	59485	42415	17372	21080	40087	32010	31091	59631	36015	11214
打印与公开出版物	15635	12237	5432	8015	3470	8930	560	34752	1160	—
其他费用	108552	214723	216063	154295	196353	184338	216691	202566	219476	211039
运营和行政费用小计	3028933	4212361	3579924	3268461	3432222	5029810	5153218	3961716	2952565	3604552
支付的捐献、礼物、资助等	24369289	37210641	13698399	17784836	22348979	13346735	14534059	13076807	9931379	8253977
共计分配和费用	27398222	41423002	17278323	21053297	25781201	18346545	19687277	17038523	12883944	11858529
收入超出分配和费用的部分	（15986999）	（36701599）	6738631	（2688804）	217784	18048145	31961916	（123438）	205236	10078587

续表

收　入	2000 年	2001 年	2002 年	2003 年	2004 年	2005 年	2006 年	2007 年	2008 年	2009 年
不产生利息的现金	7500	7500	7500	5549	4103	4049	4049	4000	4000	4000
存款和短期现金投资	34675270	15792894	17176519	21609164	24496273	20789779	78831266	42578636	6852436	29416574
其他应收款	—	1000000	1000000	—	—	—	—	—	—	—
存货	46711	43638	41871	40606	39542	38588	37604	37012	—	—
投资：公司投票	35670826	31325066	31655155	31988694	32563527	35330021	9773391	4883397	3822845	887557
投资：公司债券	11630357	18783690	20926148	22289327	20305785	21449319	14626603	29002738	2230800	—
投资：其他投资	154527470	133234107	129586070	121549610	120543796	138011547	144271185	169048011	233745177	227118616
土地、建筑和机器设备	1528108	1376128	1229277	1122183	898969	1038011547	144271185	169048011	233745177	227118616
其他资产	873678	615950	481346	827168	800406	1030242	740008	1736005	989991	514234
资产总计	238952420	202171473	202108726	199426752	199648298	1254661043	392551242	416333810	481386426	485055597
负债	—	—	—	—	—	—	—	—	—	—
其他负债	9898	30623	1883	33793	35406	26694	22304	18749	19958	18551
负债总计	9898	30623	18383	33793	35406	26694	22304	18749	19958	18551
净资产	—	—	—	—	—	—	—	—	—	—
公司股票、信托资金和现金	238903311	202101712	202090343	199401540	199619324	217667369	149629279	248394891	248600127	258678714
净资产总计	238903311	202101712	202090343	199401540	199619324	217667369	149629279	248394891	248600127	258678714
负债和净资产总计	238913209	202132335	202108726	199435333	199654730	217694064	249651583	248413640	248620085	258697265

二　资产规模状况

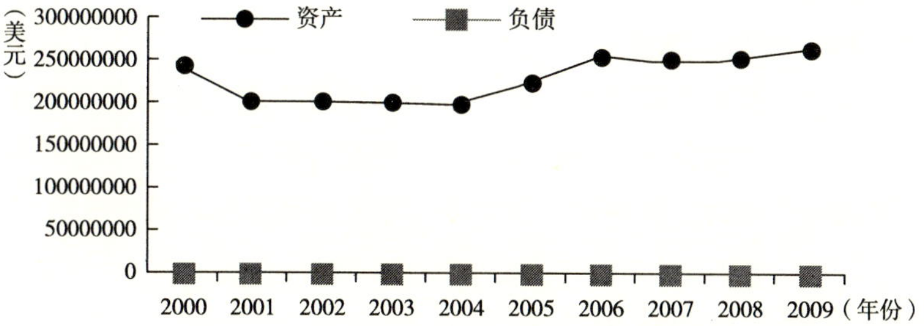

图 1　资产状况

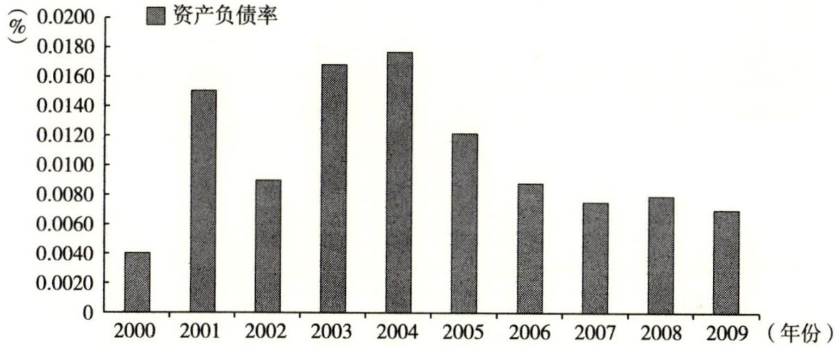

图 2　资产负债率

由以上两图可以看出，米尔肯家族基金会的资产状况稳定，并保持着极低的资产负债率。

三　收入和支出分析

从已有的 2000 年至 2009 年的 990 - PF 及财务报表的相关分析可知，米尔肯家族基金会的主要收入来源为存款及短期现金投资的利息收入、投资证券取得的利息和股息收入、出售资产取得的收入以及其他收入。这几项收入来源占总收入的比例不断变化，特别是证券投资收益和出售资产收益，在2000年至2002年变化幅度巨大，2002年后基本稳定。此外，米尔肯基金会在2002年、2003年以及2009年3年中收到了捐款和资助，其中2002年，迈克尔·米尔肯向基金会捐赠875万美元，占当年总收入的36.43%，对收入影响较大。

米尔肯基金会以其自身设立的慈善项目为主进行捐助，每年捐助款项的大部分都投向这些项目。同时，米尔肯基金会也对教育和医疗行业的一些学校、诊所以及其他慈善组织等提供资助。

四 运营及行政费用比例

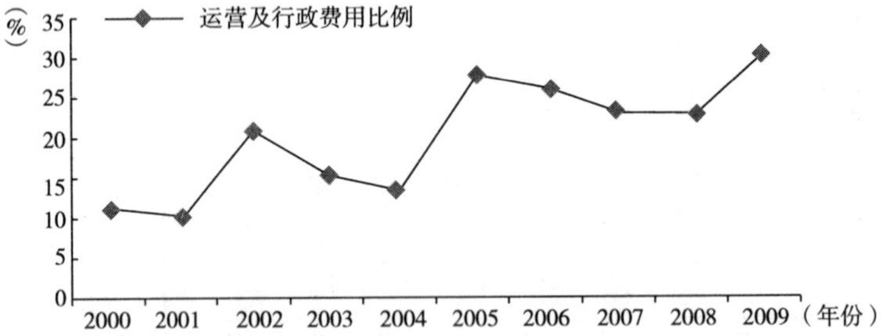

图3 运营及行政费用比例

上图是运营及行政费用占总支出的比例，这一比例总体上呈上升趋势。运营费用主要集中在其他员工薪酬、员工福利、税费、折旧费以及其他专业费用等项目。

参考资料来源

http：//www. mff. org/mea/mea. taf? page = overview.

www. aesnet. org.

洛克菲勒兄弟基金会

Rockefeller Brothers Fund

洛克菲勒兄弟基金会是美国洛克菲勒家族创立的大型基金会之一。基于第二代至第三代家族成员庞大的遗产捐赠、三代家族成员的协力运作，基金会实现超过 70 年的长期运转，并将代代传承。秉持“帮助建立一个更加公正、可持续发展以及和平的世界”的愿景，资助关注民主实践、建设和平以及可持续发展的项目，影响遍及世界各地，其中纽约市、中国南部以及西巴尔干地区是基金会的三大“关键地区”。通过逐步深入了解基金会的发展历程、组织文化、组织架构、七个主要项目以及财务信息，可以了解美国大型私人基金会如何运作、美国税收制度对这些基金会进行了怎样的保护以及监督、慈善基金会的信息公开途径以及重要性——对这些问题的解答为当代中国基金会存在的种种问题提供了启发性的答案。

第一节　基金会简介

一　成立背景

洛克菲勒兄弟基金会（以下简称 RBF）由小约翰·洛克菲勒（John D. Rockefeller, Jr.）的五个儿子于 1940 年创立，创始人包括约翰·洛克菲勒三世（John 3rd）、纳尔逊（Nelson）、温斯罗普（Winthrop）、劳伦斯（Laurance）和大卫（David）。小约翰·洛克菲勒唯一的女儿——艾比·洛克菲勒·莫兹（Abby Rockefeller Mauzé）于 1954 年加入基金会担任理事，直至 1976 年。RBF 的成立初衷是为洛克菲勒兄弟们提供一个分享经验、研究慈善活动、整合慈善资源的平台，以创造更大的价值。现在基金会的使命表述为："帮助建立一个更加公正、可持续发展以及和平的世界。"

1951 年，小约翰·洛克菲勒向基金会提供了一笔数额可观的捐赠；1960 年，基金会又得到了他的大部分遗产捐赠。这些捐赠构成了基金会的原始资金。1999 年 7 月 1 日，康涅狄格州斯坦福的查尔斯·E. 卡尔佩珀基金会（the Charles E. Culpeper Foundation of Stamford，Connecticut）与 RBF 合并，将基金会的总资产提升到约 6 亿 7000 万美元。2006 年来自大卫·洛克菲勒的 2 亿 2500 万美元遗产捐赠进一步巩固了基金会总资产。截至 2012 年 1 月 31 日，基金会的总捐赠资金达到 7 亿 3970 万美元。

二　发展历程

基金会的核心使命是推动社会变革，帮助建立一个更公正、可持续以及和平的世界。通过捐赠不同项目，RBF 在全球范围内支持推广教育，倡导落实具体公共政策，鼓励项目培养领袖人才，提供公民参与公共事务的机会，通过长期合作提高机构运作效率。自成立至今，基金会的项目经历 70 年发展，逐渐走向成熟。

基金会成立初期主要与亚洲文化协会（the Asian Cultural Council，约翰·洛克菲勒三世基金会的分支机构）合作，支持美国和亚洲艺术领域的文化交流，同时为亚洲的艺术家、学者以及学生提供研究奖学金。1992 年至 2009 年，基金会设立"不同肤色有志教师奖学金"（the Rockefeller Brothers Fund Fellowship for Aspiring Teachers of Color），每年为美国 27 所学院和大学的 25 名学生提供奖学金，资助在艺术以及科技领域的杰出少数族裔毕业生修读教育硕士学位，这些学生在毕业后将到美国的公立小学以及初中教学。1957 年 4 月，基金会理事与当时的菲律宾政府合作，以前菲律宾总统之名设立了“拉蒙·麦格赛赛奖”，并专门成立了一个非营利基金会管理这个奖项，即 RMAF，选举 7 名优秀的菲律宾人担任首任理事会理事（现在有 9 名）。这一奖项面向全亚洲，分为六大领域，奖励推行优秀的公共政策以及提供广泛公共服务的组织或个人。

自 1999 年与查尔斯·E. 卡尔佩珀基金会合并后，基金会启动了对所有项目系统的战略评估。2003 年 1 月 1 日，基本确立了基金会当前的项目架构。现在基金会的资助围绕三大主题：民主实践、建设和平以及可持续发展。基金会在全球不同地区实现这三大使命，但考虑到项目的长远发展以及资源集中发挥的作用，选取了三大“关键地区”——纽约市、西巴尔干以及中国南部。

三 关联组织

洛克菲勒家族的庞大产业建立于标准石油公司（Standard Oil Company）之上，并与美国金融行业，如大通银行（the Chase Manhattan Bank，现摩根大通银行）联系密切。这也是一个为世界慈善事业作出杰出贡献的家族，自 20 世纪第一个亿万富翁约翰·洛克菲勒在 19 世纪末开始慈善事业，每一代家族延续他的做法，至今，洛克菲勒家族成员的捐赠总额估计约 30 亿美元，活跃于医疗、艺术、教育、民主等各个领域。

创立 RBF 的是家族第三代成员，他们继承了祖辈、父辈的优良传统，成为美国各行各业的领军人物，并为基金会的发展奠定了坚实的基础，整合政治、经济以及社会的慈善资源，实现项目持续发展。约翰·洛克菲勒三世接管了家族的慈善经营，自 1929 年起，他先后在不同的家族慈善组织中担任理事会成员，其中包括洛克菲勒大学、美国中华医学基金会以及洛克菲勒基金会。劳伦斯继承了祖父买下的纽约证券交易所，走上创业之路，开美国风险投资之先河。他创办的凡洛克风险投资公司截至 1996 年共投资了 221 家创业公司。大卫接管了家族的经济帝国，担任大通银行行长。纳尔逊则成为出色的政治家，曾任美国副总统并四次连任美国纽约州州长。

洛克菲勒档案中心统计数据显示截至 2004 年，家族共创办了 72 家主要公益机构，包括洛克菲勒基金会、RBF 以及纽约现代艺术博物馆等。

四　基金会文化

基金会的基本章程规范了理事会以及员工的行为，也为基金会文化奠定根基，具体包括基金会章程（Bylaws）、委员会章程（Charters）、行为守则（Code of Conduct）等。另外，基金会特有的一些原则、条例以及声明则塑造了基金会的个性文化。对于 RBF 而言，多元化、平等和包容原则（Diversity, Equity and Inclusion），以及永续发展声明（Statement of Perpetuity）便是最佳体现。

1. 行为守则

行为守则确立了基金会的基本价值观，包括：对地球以及全人类的尊重（Respect for all people and earth）；真诚（Integrity）；负责（Accountability）；独立（Interdependence）；公民精神（Citizenship）；多样化（Diversity）；积极参与（Engagement）；高效（Effectiveness）；领袖才能（Leadership）；合作精神（Collaboration）；长远目光（Long view）。这些价值融入基金会的行为守则中，并在招聘、考核理事会成员以及员工的过程中得到进一步强化。

2. 多元化、平等及包容原则

在多元化、平等及包容原则中，基金会理事会以及员工一致认可："对于那些因历史、社会、政治以及经济等因素而得不到应有发展机会的族群，我们坚信基金会有道德上的义务帮助他们，消除当前以及未来的不公正。"

对多样化的追求是由基金会的使命以及洛克菲勒家族的慈善传统决定的。实现基金会内部的多样化才能保证基金会的高效、活力以及可持续发展；将平等思想推广到项目运作中，发挥一个大型基金会对这一议题的影响力。对于 RBF 来说，多样化意味着人种、种族、国籍、年龄、性别、性取向等个人及群体的多元，基金会平等对待每个人，给予同等机会，具体表现为保持理事会以及员工的多样性、资助多元化及平等包容的项目、倡导促进社会包容的公共政策等。

3. 永续发展声明

永续发展声明是 20 世纪 70 年代，当第四代家族成员参与到理事会中，创办理事们提出的基金会未来发展规划。在美国私人基金会中有一个持久的争议：基金会应该在短时间内用尽（Spend down）所有资金，还是作为一个永续（Perpetuity）机构，代代传承？大多数大型基金会是以永续发展的目的运作，因此基金会每年的支出不会超过免税政策的最低支出要求——基金会总资产的 5%。小部分的基金会则采用"用尽模式"（Spend - down Model），于短时间内用尽基金会的所有捐赠，这样做是为了保证捐赠人的钱能够用在捐赠人认可的项目中。

RBF 的创办理事经过长时间的磋商以及讨论，决定保留一些基金会发挥关键作用的项目，这一部分约占总捐赠金额的 50%，而其余的捐赠资金则交到接班人手上，让他们免受旧项目的束缚。2005 年，新一代理事会成员重新讨论传承问题，并作出决定，为未来的理事会保有选择不同项目的空间，并将保持总捐赠金额的完整价值作为长期目标。如果出现了需要花费大量捐赠金额以致减少总捐赠的情况，理事会认为，下一代理事会为了实现基金会的慈善使命可以这样做。RBF 基于组织的使命——“帮助建立一个更加公正、可持续以及和平的世界”，这一使命没有硬性规定基金会的工作范围以及面向的项目，给予一代又一代的理事会选择、运作项目的灵活空间；而一代又一代的理事会以基金会的使命以及永续发展作为根本出发点，保证基金会文化的活力及传承。

第二节　组织架构

一　管理层

根据官方网站信息，RBF 现由 16 名理事以及一位顾问理事管理，其中洛克菲勒家族成员占了一半，五位来自家族第五代。其他理事来自各行各业，包括制药、金融、艺术等领域。理事会成员的责任是：（1）每年 3 月、6 月以及 11 月召开三次会议，确认捐赠资金；（2）监督组织落实日常事务；（3）不定期召开会议评估管理工作，为基金会会长提供补助，为投资委员会成员颁发奖励等。根据基金会章程，每一位理事在理事会年度会议上选举产生，任期为 3 年，连任不超过三届。创始理事退休之后自动成为顾问理事。

基金会目前会长为斯蒂芬·汉兹（Stephen Heintz），统筹机构运作，领导基金会的执行管理层。这一四人管理层还包括：项目副会长伊丽莎白·坎贝尔（Elizabeth Campbell）以及财务及运营副会长杰拉尔丁·沃森（Geraldine Watson），分管基金会的不同领域；秘书长南希·穆尔黑德（Nancy Muirhead）。会长在理事会年度会议上选举产生。

二　职能部门

1. 职能部门

据官方网站发布的“2010 年基金会统计报告”（Statistical Review）显示，2010 年，基金会共有 65 名员工，包括 49 名全职以及 16 名兼职员工。基金会新增 3 名员工填补岗位空缺，并且新增一个职位。

基金会的职能部门包括会长及副会长办公室、秘书长办公室（Office of the Corporate Secretary）、项目部（Programs）、捐赠管理部（Grants Management）、传播部（Communication）、财务及运营部（Finance and Operations）、人力资源部（Human Resource）、Pocantico 中心（The Pocantico Center）。

基金会的职能部门如表 1 所示。

表 1　2010 年洛克菲勒兄弟基金会职能部门组成

会长以及副会长办公室	会长（President）	会长特别助理（Assistant）	
	项目副会长	项目副会长助理	
	财务及运营副会长	财务及运营副会长助理	
	会长及理事长办公室执行助理		
秘书长办公室	秘书长①	秘书长助理	

① 原文为 Corporate Secretary，中文直译是“公司秘书”，但是根据美国 Society of Corporate Secretaries & Governance Professionals 的定义：“The Corporate Secretary in today's world is a senior corporate officer with wide - ranging responsibilities, who serves as a focal point for communication with and between the board of directors, senior management and the company's shareholders, and who has a key role in the administration of the Board and critical corporate matters”，这一秘书职位直接对最高职员负责，统筹组织的核心事务，因此在此将之译为“秘书长”。

续表

项目部	项目副会长	项目副会长助理	
	西巴尔干项目经理（Program Director）	建设和平及西巴尔干项目助理（Program Assistant）	
	建设和平项目高级职员（Program Officer）		
	可持续发展项目经理	可持续发展项目高级职员	可持续发展项目助理
	纽约市项目经理	纽约市及中国南部项目助理	
	中国南部项目助理		
	民主实践项目经理	民主实践及全球治理项目高级职员	民主实践项目助理
捐赠管理部	捐赠管理经理	捐赠管理助理（associate）	捐赠管理助理
传播部	传播经理	传播助理	
财务及运营部	财务及运营副会长	财务及运营副会长助理	
	运营经理	运营协调员（coordinator）	运营助理
	财务经理	财务经理	
	会计	助理会计	
人力资源部	人力资源经理	人力资源协调员	人力资源协调员
Pocantico中心	执行主管（Executive Director）；副主管（Deputy Director）；馆长（Curator）；行政助理（Administrative Assistant）；会议及行政经理（Manager, Conferences and Administration）；设备工程师及行动经理（Staff Architect and Director of Operations）；保存项目助理（Preservation Program Associate）		

续表

Pocantico中心	公共项目经理（Manager, Public Programs）；客房主管（Housekeeper）；客房服务协调员（Coordinator of Housekeeping Services）；雕塑保存技术师（Sculpture Conservation Technician）		

资料来源：RBF官方网站。

基金会员工不仅服务于RBF，而且为其他基金会，如大卫·洛克菲勒基金会、洛克菲勒档案中心、亚洲文化协会等提供人力资源以及会计财务支持。以下是2010年全职人员各部门分布比例（见图1）。从中可以发现项目部的人数最多，有22人，其次是Pocantico中心以及财务及运营。可以看出RBF的日常工作主要在项目运营这一块。2012年官网数据显示，RBF当前项目部人

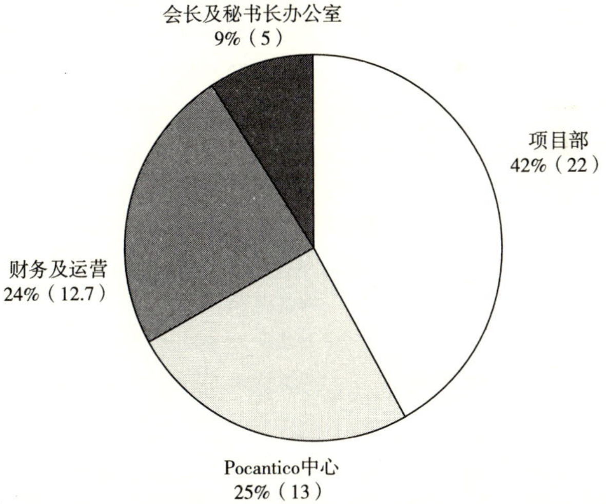

图1　2010年洛克菲勒兄弟基金会全职人员各部门分布比例

数据来源：官方网站。

数仍然是最多的，有 14 人；其次是 Pocantico 中心，有 11 人。财务及运营部有 9 人，相比 2010 年人数均有减少。

2. 高级职员补助

基金会网站并没有公布员工薪酬数据，有关的员工薪酬信息，笔者主要从基金会 2008 年至 2010 年的 990 - PF 表格中获取，并整理如表 2 所示。

表 2　最高补助员工列表

单位：美元

职　位	工作时间	补　助
2008 年工资最高的五位员工的薪酬信息		
Pocantico 中心执行主管	每星期 35 小时	196024
人力资源经理	每星期 35 小时	178861
纽约市项目经理	每星期 35 小时	160298
中国南部项目经理	每星期 35 小时	137901
Pocantico 中心副主管	每星期 35 小时	132562
2009 年工资最高的五位员工的薪酬信息		
Pocantico 中心执行主管	每星期 35 小时	207786
可持续发展项目经理	每星期 35 小时	186910
纽约市项目经理	每星期 35 小时	165909
人力资源经理	每星期 35 小时	145000
中国南部项目经理	每星期 35 小时	144107
2010 年工资最高的五位员工的薪酬信息		
民主实践项目经理	每星期 35 小时	243565
Pocantico 中心执行主管	每星期 35 小时	212981
可持续发展项目经理	每星期 35 小时	193452
和平与安全项目经理（已离职）	每星期 35 小时	191443
记录管理员（已离职）	每星期 35 小时	178384
其他收入数据		
会长	每星期 40 小时	500000
秘书长	每星期 40 小时	183563
项目副会长	每星期 40 小时	295362
财务及运营副会长	每星期 40 小时	250052

3. 员工流动

根据官方网站统计报告显示，2010 年基金会员工的平均任期为 8.5 年。根据 5 年的员工任期数据整理得出如下结论（见图 2）：基金会中“服务时间少于 5 年”的员工数目最多；其次是“服务时间为 5～10 年”的员工，约为 15 人；比较特别的是，有三位员工的任期超过 25 年以上，2006 年至 2008 年均没有发生变动。与任期相关的数据是基金会员工平均年龄，统计报告只有截至 2008 年数据，当时基金会员工平均年龄为 48.3 岁，员工年龄众数在 50～59 岁年龄段，有 22 人，占机构员工总数的 37%。

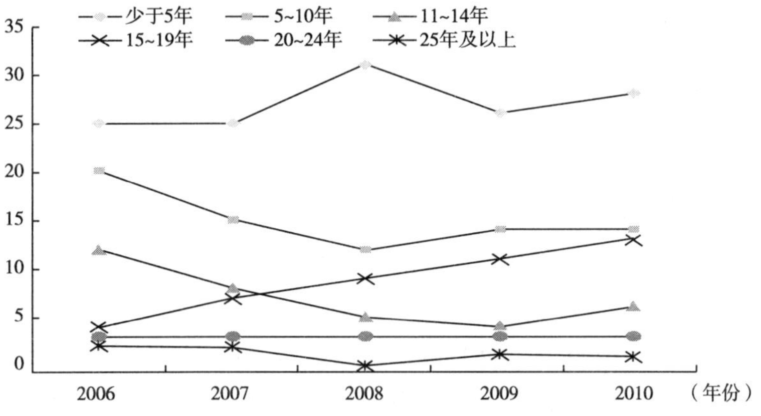

图 2　洛克菲勒兄弟基金会员工任职统计

数据来源：RBF 官方网站。

相较于员工平均年龄，基金会更加关注的是职员的种族多样性，这是基金会的多样化项目（Diversity Project）的内部实践。以前，基金会主要统计职员的多样性；2010 年，基金会还统计了理事会成员的种族组成。理事会成员中，90% 为白人，其余两人分别为亚洲人以及黑人。

表3是基金会自2006年至2010年的职员种族组成数据，显示出基金会逐渐缩小白人所占比重，增加其他肤色员工的努力。

表3　洛克菲勒兄弟基金会员工种族组成统计

单位：%

年　份	2006	2007	2008	2009	2010
亚洲人	9（6）	8（5）	5（3）	5（3）	8（5）
黑人	14（9）	15（9）	15（9）	17（10）	17（11）
拉美裔	9（6）	12（7）	10（6）	10（6）	10（7）
两种及以上种族	0	0	2（1）	5（3）	5（3）
白人	68（45）	65（39）	68（41）	63（37）	60（39）
总　数	66	60	60	59	65

数据来源：RBF官方网站。

三　家族成员参与

洛克菲勒家族成员在基金会理事会中担任重要角色。自基金会成立伊始，家族五代成员曾经担任理事或者会长。约翰・洛克菲勒三世担任基金会第一届会长（1940～1956），纳尔逊（1956～1958）以及劳伦斯（1958～1968）接任其后两届会长。随后的四任会长则由非家族成员担任。一代一代的会长、理事会成员、高级职员及员工延续了洛克菲勒家族的慈善理想。

考虑到基金会的长远发展，理事会有意识地让家族外成员参与其中。自1952年起，创始人就开始让非洛克菲勒家族成员担任理事。这一多元化政策在一份公开文件中清晰表述："RBF的理事会以及员工竭诚努力，实现组织的多样、平等以及融合。"

第三节　基金会项目

一　选择项目的基本原则

自 1940 年成立至今，基金会发展出选择项目的基本原则：

• 远虑（Long View）。资助解决最基本问题，并达成长期目标以及创造持久影响。

• 承诺（Commitment）。竭诚向特定议题以及特定区域，甚至是特定受助者负责。

• 协作（Synergy）。基金会不会仅考虑单一因素，而是综合考虑不同资助项目之间的联系，并放在特定地理空间中进行选择。

• 主动（Initiative）。基金会发起了许多项目，亦参与到受助项目的发展过程中。

• 参与（Engagement）。除了提供资金支持，基金会还与受助机构紧密合作提升组织能力。

• 合作（Collaboration）。基金会积极寻求与其他基金会的合作。

• 整合（Convening）。基金会投入时间以及资源（如 Pocantico 中心）促进不同利益相关方之间的交流、合作，包括政府机关、私人企业以及非政府组织。

RBF 以美国纽约市为根基，活跃于美国国内外。基金会的资助项目主要围绕三大主题：民主实践、建设和平以及可持续发展。这三大主题并非截然分离，而是相互交织——其中一个主题的发展往往会影响到另外两个主题。虽然基金会的资助范围不限定地域，但考虑到资源的集中以及项目的长期发展，设定了三大

“关键地区”：纽约市、中国南部以及西巴尔干。接下来会详细介绍基金会的三大主题以及三大“关键地区”的具体项目。

二 项目介绍

1. 民主实践

（1）项目简介：民主实践项目致力于增强美国以及全球民主制度的活力。项目的核心理念是让民主生根发芽，从而实现公民参与、推动公民赋权以及增强公民信心，让管理机关更加包容、透明、负责、高效。

（2）受助项目介绍

A. 美国行动援助（Action Aid USA）

世界上的极度贫困人口超过10亿，而“美国行动援助”则雄心壮志——他们的使命是“消灭贫困”。他们与其他同类组织的区别在于，不是简单提供资助，而是找到一种可持续发展的解决方式动员赤贫人口。机构与贫困人口以及边缘人士组织合作，让他们参与到社区建设以及政治事务当中。机构当前的工作主题包括粮食、医药、政府、教育、安全及保护、女性权利，近期新增主题是气候变化与经济发展之间的矛盾。

表4 RBF对“美国行动援助”的资助明细

单位：美元

机构名称	金　额	捐赠日期	所属项目
美国行动援助	100000	03/18/2011	民主实践
	80000	01/28/2010	特别倡议及机会
	200000	11/19/2009	民主实践
	150000	11/20/2008	民主实践
	150000	12/15/2005	民主实践
	50000	12/16/2004	民主实践
	10000	10/09/2003	可持续发展

B. AmericaSpeaks 公司

对话促进民主进步——只有当公民参与到议题当中并发声说出他们的要求时，公正及民权才能真正实现。这便是 AmericaSpeaks 公司的核心观念。自 1995 年成立以来，AmericaSpeaks 不断寻找方法加强选举产生的官员与民众之间的联系。机构的使命是建立一种创新机制，增加公民在社区、地区以及国家事务当中发声的机会以及力量，并为这一民主磋商机制建立一个全国性框架。机构的主要项目是名为“21 世纪市政会议”（21st Century Town Meeting）的活动，至今，这一活动已经动员了全美 50 个州数百万市民与官员面对面讨论关键性的公共政策问题。此外，AmericaSpeaks 还建立“民主实验室”（Democracy Lab）领导公民参与以及协商民主（Deliberative Democracy）的创新路径。

表 5　RBF 对 AmericaSpeaks 公司的资助明细

单位：美元

机构名称	金　额	捐赠日期	所属项目
AmericaSpeaks 公司	40000	04/19/2010	民主实践
	25000	04/02/2009	民主实践
	150000	06/19/2008	民主实践
	148000	06/14/2007	民主实践
	100000	11/21/2006	特别倡议及机会
	50000	12/01/2005	特别倡议及机会
	150000	06/09/2005	民主实践
	10000	12/21/2004	关键地区：西巴尔干
	150000	03/13/2003	民主实践

2. 建设和平

（1）项目简介：建设和平项目的主要目的是建立一个公正包容的社会，实现这一目的主要通过三个途径：支持和资助创新、协作的实践以防止社会矛盾；加强组织以及公共意愿以应对危机和实现社会包容；探索解决跨国危机的方法。

(2) 受助项目介绍

A. 亚伯拉罕之路行动项目 (Abraham Path Initiative)

中东作为三大宗教的发源地，长期以来种族、宗教纷争不断，因此在这一地区以及全球范围培养尊重和理解至关重要。哈佛大学全球协商行动项目（Global Negotiation Initiative）创立了“亚伯拉罕之路行动项目”——一个国际性非营利组织，致力于在中东建立一条文化旅游路线，作为不同宗教教徒、不同国籍公民的文化交流平台。这一段旅路绿线以亚伯拉罕（Abraham）传说中的出生地土耳其桑尼乌法（Sanliurfa）为起点，以约旦河西岸约伯伦——他的坟冢为终点，象征性地追寻亚伯拉罕的脚步以及他经过的历史遗迹和中东圣地。

表 6　RBF 对“亚伯拉罕之路行动项目”的资助明细

单位：美元

机构名称	金　额	捐赠日期	所属项目
亚伯拉罕之路行动项目	100000	06/17/2010	建设和平
	100000	03/12/2009	建设和平
	100000	10/11/2007	建设和平

B. Link Media 公司

Link Media 公司是一家非营利机构，属下的 Link TV 是一个面向美国全国的电视频道，为美国公民提供全球视野的新闻、节目等，全天 24 小时运作。Link TV 呈现与其他美国电视台不同的节目，包括来自全球各地的纪录片、环球新闻、获奖外国电影，来自 96 个国家的音乐以及推动公民参与的创新节目等。这种不以美国为中心的节目编排将不为美国人所知、不受传统媒体关注的人群、社区呈现在公众面前，通过电视平台创造跨文化的对话与交流。RBF 是 Link TV 项目有关伊斯兰专题的最早资助者，拍摄了一部纪录片，名为“Who Speaks for Islam?”。

表 7　RBF 对 Link Media 公司的资助明细

单位：美元

机构名称	金　额	捐赠日期	所属项目
Link Media 公司	25000	09/04/2008	建设和平
	300000	12/15/2005	建设和平
	5000	03/28/2005	建设和平
	300000	12/11/2003	建设和平

3. 可持续发展

（1）项目简介：可持续发展项目促进全球环境保护意识与行动，这一倡议基于环境友好、社会公正、文化正确以及代际平等等原则。人类行为已经引起全球变暖、生物多样性锐减和加速地球生命系统恶化。其中，气候变化将对其他环境问题产生显著影响，因此可持续发展项目专注于解决气候变化问题。

（2）受助项目介绍

A. 2030 公司

美国能源信息管理局（the U. S. Energy Information Administration）估计建筑物“贡献”了全年 48% 的温室气体排放量。此外，76% 由美国发电厂生产的电力是用于这些建筑物的。作为最大的温室气体排放者以及最大的能源消耗者，建筑业应该在对抗气候变化当中发挥主要作用。2002 年，世界知名建筑师爱德华·马兹瑞亚（Edward Mazria）成立了 2030 公司，一家致力于转变美国以及全球建筑业的非营利组织。他们倡导让建筑成为解决气候问题的核心方法，向全球建筑师以及建筑同行提出了一项挑战：在 2030 年以前让所有新建筑实现“碳平衡”（carbon neutral）。自 2006 年开始，全球数百家建筑师事务所加入了这一挑战，美国多个州和城市在建设新的政府建筑时也努力践行这一原则。2007 年，2030 公司实现重大突破，时任总统布什推出了能源独立与安全法案（the Energy Independence and Security Act），要求所有联邦政府建筑物都需要达到“2030 挑战”所提出的能源标准。

表 8　RBF 对 2030 公司的资助明细

单位：美元

机构名称	金　额	捐赠日期	所属项目
2030 公司	500000	11/17/2011	可持续发展
	400000	11/19/2009	可持续发展
	250000	03/13/2008	可持续发展
	50000	01/11/2008	可持续发展
	150000	12/14/2006	可持续发展

B. 雨林行动网络（Rainforest Action Network）

《华尔街日报》将雨林行动网络誉为“商界最聪明的环境倡导者”（the most savvy environmental agitator in the business）。能够从一大批环保倡导组织当中突围而出，可见这一组织成就卓著并影响广泛。雨林行动网络向大企业说明帮助改善环境即是帮助企业本身。他们开展了一系列营销推广活动、非暴力抵抗运动以及与商界经理面对面的会议对谈。这些努力成果显著，依靠 36 人组成的团队以及 300 万年度预算，雨林行动网络说服了数十家财富杂志全球 500 强公司资助可持续发展项目，如高盛集团、摩根大通银行、美国银行等企业已经决定拨出资金支持保护原始森林的项目。

表 9　RBF 对“雨林行动网络”的资助明细

单位：美元

机构名称	金　额	捐赠日期	所属项目
雨林行动网络	200000	06/14/2007	可持续发展
	100000	12/15/2005	可持续发展
	200000	06/09/2005	可持续发展
	200000	06/05/2003	可持续发展

4. 关键地区：纽约市

（1）项目简介：纽约市最有潜力成为 21 世纪可持续发展城市的模范，培养公民社会、保护自然环境、动员移民参与公共事务、支持个体发展以及艺术表达、实现大范围的共享共荣。RBF 纽约市项目致力于支持这个城市成为推动一系列积极变革运动的先锋。

（2）受助项目介绍

纽约市民剧场联盟（Alliance of Resident Theatres/New York, Inc.）

纽约市民剧场联盟是外百老汇——美国最大、最具影响力并且最多元的剧场组织——的积极支持者。自 1972 年成立至今，它已经帮助了纽约市 400 家非营利剧场。尽管这些非营利剧场每年为 300 万戏剧观众提供表演，并培养了 12 位普利策戏剧奖得主，但是他们资金有限，缺乏技术支持以及彩排场地。纽约市民剧场联盟为非营利剧场工作人员提供工作坊、领导力培训、现金资助以及低息贷款，支撑着众多外百老汇社团。此外，联盟还提供共享办公室、会议室以及排练空间。

表 10　RBF 对“纽约市民剧场联盟”的资助明细

单位：美元

机构名称	金　额	捐赠日期	所属项目
纽约市民剧场联盟	50000	06/19/2008	关键地区：纽约市
	150000	12/15/2005	关键地区：纽约市

5. 关键地区：中国南部

（1）项目简介：中国南部是发展最快的地区，但同时也面临着环境恶化、贫富差距加剧、城乡发展不同步等问题，威胁着这个地区、中国甚至全世界的可持续发展。中国政府以及民众已经积极采取措施应对这些挑战，而 RBF 则通过资助支持这些行动。

（2）受助项目介绍

中山大学公民与社会发展研究中心［the Institute for Civil Society（ICS）］

中国南部被看做小型草根机构发芽成长的沃土，这些机构致力于解决环境、健康、教育等社会问题。中山大学公民与社会发展研究中心扎根于此，为非营利组织领袖提供技能培训以及组织发展所需资源。通过不同项目，研究中心满足新生公益机构领袖的不同需求，还争取建立公益机构与政府、企业之间的合作。

表11 RBF对中山大学公民与社会发展研究中心的资助明细

单位：美元

机构名称	金 额	捐赠日期	所属项目
中山大学	250000	03/10/2011	关键地区：中国南部
	33000	12/14/2009	关键地区：中国南部
	20000	08/26/2008	关键地区：中国南部
	250000	03/13/2008	关键地区：中国南部
	40000	10/12/2006	关键地区：中国南部
	70000	03/09/2006	关键地区：中国南部

6. 关键地区：西巴尔干

（1）项目简介：西巴尔干地区的国家在实践中逐渐意识到欧洲一体化的优势：稳定与法治。后者更加是长期和平、经济繁荣以及政治民主的先决条件。RBF在巴尔干地区的工作关注当地民主实践以及可持续发展的要素，尤其是在塞尔维亚、蒙地内哥罗以及科索沃三个国家。

（2）受助项目介绍

巴尔干社区行动基金会（Balkan Community Initiatives Fund）

在塞尔维亚第四大城市克拉古耶瓦茨（Kragujevac）的郊区，一群贫困的Romas族人住在一个非法垃圾场附近。由于低收入以及低税收地位，官方多次无视他们要求清理垃圾场的要求，直到巴尔干社区行动基金会介入其中。这个基金会于1999年成立，帮助不同的社区为社会问题寻求一种可持续、自我赋权的解决方式。至今BCIF已经向当地社区群体以及塞尔维亚、蒙地内哥罗、科索沃三地的非政府组织提供了超过525000美元、共计200笔慈善捐赠，帮助改善由于长期中央集权统治以及经济控制导致的公民冷漠。那么 BCIF 如何帮助这些 Roma 族人呢？他们与 Roma 社区的领袖合作，查阅地方法律，同时申请使用市政卡车清理垃圾场并植树。为了解决核心问题，BCIF 主动与当地政府沟通，直到他们通过财政预算拨款处理这一个垃圾场。最后，BCIF 与当地职业介绍所联系，为 Roma 社区居民提供就业机会。

表 12　RBF 对西巴尔干社区行动基金会的资助明细

单位：美元

机构名称	金　额	捐赠日期	所属项目
巴尔干社区行动基金会	70000	07/22/2010	关键地区：西巴尔干
	500000	03/12/2009	关键地区：西巴尔干
	600000	03/09/2006	关键地区：西巴尔干

7. Pocantico 中心

Pocantico 中心为反映基金会关注热点的非营利组织以及公共服务机构提供召开会议的场地，为这些社会问题提供新层次的理解以及创造性解答。Pocantico 中心反映了 RBF 以及美国史迹国民信托（the National Trust for Historical Preservation）的使命以及价值。每年平均有 60 场会议、集会以及公共项目在 Pocantico 中心举行。同时，Pocantico 中心也是展示分享洛克菲勒家族故事的纪念馆，保存 Pocantico 山历史遗迹以及艺术收藏等。

Pocantico 中心亦是环保建筑的代表，具体的环保实践包括购买 100% 风力发电能源，使用环保绿色产品，在中心实行循环再用计划等。中心日常运营也体现环保意识，例如用当地产的海鲜、当地种植的蔬果为食物用材。

三　申请资助

对于新申请者来说，官方网站推荐组织回答以下三个问题。

第一，阅读项目指南（Program Guidelines）——组织的工作是否与 RBF 当前项目领域相关？

第二，了解往年捐赠——组织的工作是否与近期捐赠资助一致？

第三，浏览基金会资助项目——组织的提案是否与基金会过往资助实践兼容？

如果上述问题都是肯定答案，那么组织可以向基金会提交网上捐赠查询，工作人员会认真审核每份查询并在短时期内得到回复。如果 RBF 对某个组织感兴趣，工作人员会联系申请人提供其他信息，包括一份详细提案。

提交捐赠查询又分为两步，第一步是完成一个资格测试（Eligibility Quiz），第二部是完成一份捐赠查询表。一共有两套表格，分别面向美国国内组织以及国外组织。资格测试是对填表者的简单区分，区别项目申请者、奖学金申请者以及会议中心使用者。美国国内组织在填表时需要说明是否获得 IRS 的 501（c）（3）免税认证，没有这一认证，组织不能够申请资助。而进一步的捐赠查询表则主要填机构的基本信息，此外比较重视的是组织与基金会的关联度、组织的独特之处以及预算及项目时间表等。申请者还可以上传附件以补充相关信息。

那么项目与项目之间是否存在竞争？既然存在捐赠查询流程，就相当于进行第一次的筛选。在填写捐赠查询表的过程中，申请者需要清晰而准确地描述项目主要解决的问题、预期成果以及目前进展；在捐赠查询表中，也出现了体现组织竞争力的一个问题：简单描述组织并陈述组织能够担当项目责任的原因（Why it is the right one to undertake this project）。另外，从官方网站的“申请者常见问题”中，可以了解到新申请者的请求捐赠金额没有限制，但 2010 年的平均单笔捐赠金额为 83045 美元；每年的捐赠项目数量、捐赠时间也有差异，而主要的考虑因素是组织的项目与基金会的切合程度，以及基金会每年的项目预算、项目时间表。

最后，获得资助的项目将会收到RBF发出的捐赠说明，说明捐赠的金额、时间以及组织的汇报要求。捐赠分期支付，在考核了组织的报告之后才会发放。

四 资助金额比例

2010年，RBF共提供了274笔捐赠，共27870625美元。这一数字与捐赠金额（Grants Paid）不同是因为有些捐赠可以逐年支付。总体来看捐赠少于往年，因为金融危机之中，基金会员工也在不断探索新平衡。此外人类进步项目（Human Advancement Program）的中止也影响到总捐赠金额。表13是RBF在2008年至2010年各项目的捐赠金额统计，表14则是RBF不同项目接受捐赠数量的统计。两个表中出现的其他项目包括一些非营利、慈善基础机构，拉蒙·麦格赛赛奖学金基金会，亚洲文化协会以及海地地震救助资金。

通过三年横向比较，可以了解到RBF的民主实践、可持续发展、纽约市项目以及中国南部项目是接受捐赠最多的四个项目。民主实践三年的资助数目基本一致，其他三个项目则有幅度较大的波动。从平均值来看，单看2010年，中国南部的捐赠总金额高，项目少——仅有27个，因此平均值最高，其次是可持续发展、民主实践以及纽约市项目。

表13 RBF 2008年至2010年各项目的捐赠金额统计

单位：美元

资助项目	2008年	2009年	2010年
民主实践	5482279	5709735	5257000
和平与安全（即现在的“建设和平”项目）	2589500	3009500	2443900
可持续发展	6403950	9193880	6053000
人类进步（2009年中止）	5761150		

续表

资助项目	2008 年	2009 年	2010 年
关键地区：纽约市	4145900	4405600	2383800
关键地区：南非（2010 年中止）	2547500	605000	
关键地区：中国南部	4503000	1678500	4165000
关键地区：西巴尔干	1471000	2553210	1374740
其他	322000	715200	1076877

表 14　RBF 不同项目接受捐赠数量统计

项目名称	2008 年	2009 年	2010 年
民主实践	63	67	72
和平与安全	34	41	37
可持续发展	53	78	51
人类进步	27	0	0
关键地区：纽约市	54	51	39
关键地区：南非	39	1	10
关键地区：中国南部	27	25	27
关键地区：西巴尔干	18	22	28
其他项目	12	15	20
总　计	327	310	274

五　RBF 与中国

中国是 RBF 在亚洲区的工作焦点，他们的主要工作范围在中国南部泛珠三角洲的 9 省，包括广东、广西、湖南、云南、四川、贵州、福建、海南以及江西，此外还包括中国香港和澳门。对中国的关注延续了洛克菲勒家族在中国接近一个世纪慈善工作的传统，1917 年洛克菲勒基金会就在国内创办了北京协和医学院（中国协和医科大学的前身）。

为什么关注中国南部地区？泛珠三角洲地区人口是全中国的 1/3，生产总值占全国的 40%。在过去的 30 年中，这一地区的迅速发展深刻地影响了整个中国，数百万中国人摆脱极度贫困，中国也一跃成为世界第二大经济体。当然，在实践中 RBF 还和北京驻华南地区的机构和利益相关者紧密合作，因为解决地方性议题以及可持续发展离不开这些机构和利益相关者的支持。

与此同时，这个地区也无可避免地经历了经济迅速发展带来的阵痛，如环境恶化、贫富悬殊等问题。RBF 在中国南部的捐赠在于（1）防止以及减轻环境污染，改善当地居民的生活质量；（2）推广可持续能源应用，寻找气候变化问题解决良方；（3）加强社区可持续发展领袖的培养和合作。

在官网的“捐赠记录”中，可以检索到所有 RBF 中国南部项目的记录，分为三大主题（对应上述的三大目标）：环境与人类健康（Environment and Human Health）；能源与气候（Energy and Climate）；持续发展社区领袖（Community Leadership to Support Sustainability）以及其他项目。

• 环境与人类健康：在这一项目下共提供了 62 笔捐赠，始于 2005 年资助云南思力中心，至今仍然在运作。最近期的项目是成都根与芽中国项目的一笔捐赠，无 2012 年捐赠记录。以下是部分受助机构信息。

表 15　“环境与人类健康”项目部分受助机构

单位：美元

机构名称	所在地	捐赠总额	起止时间
思力生态替代技术中心	云南省	445000	12/15/2005 ~ 06/16/2011
中山大学	广东省	413000	06/15/2006 ~ 03/10/2011
汕头大学	广东省	45000	06/15/2006
中国科学院	北京市	775000	11/20/2008 ~ 11/18/2010
根与芽中国项目	四川省	40000	11/04/2009 ~ 11/18/2011

• 能源与气候：这一项目共提供了 38 笔捐赠，但是其中有相当一部分是境外非营利组织。这些美国、英国等地的环保组织在中国南部开展可持续发展项目。最早一笔捐赠始于 2007 年，

近期捐赠是云南社会科学院。以下是部分受助机构信息。

表 16 “能源与气候”项目部分受助机构

单位：美元

机构名称	所在地	捐赠总额	起止时间
全球环境研究所	北京市	995000	06/14/2007 ~ 11/18/2010
可持续发展社区研究所	美国佛蒙特州	492000	01/02/2007 ~ 12/14/2011
气候变化组织	英国韦布里奇萨里郡	570000	06/09/2005 ~ 06/17/2010
国家发改委能源研究所	北京市	100000	12/14/2011
云南省社会科学院	云南省	260000	06/18/2009 ~ 12/14/2011

- 持续发展社区领袖：这一个项目提供了 33 笔捐赠，最早一笔是 2006 年给中山大学的捐赠，近期捐赠是 2012 年广东省千禾社区公益基金会。以下是部分受助机构信息。

表 17 “持续发展社区领袖”项目部分受助机构

单位：美元

机构名称	所在地	捐赠总额	起止时间
中山大学	广东省	453000	03/09/2006 ~ 03/10/2011
家工作营	广东省	170000	07/10/2006 ~ 11/18/2011
生态学家促进草根运动联盟	美国佛蒙特州	100000	12/16/2004 ~ 08/26/2008
青年应对气候变化行动网络	北京市	85000	06/17/2010 ~ 11/18/2011
广东省千禾社区公益基金会	广东省	258240	11/18/2011 ~ 03/08/2012

第四节　财务信息

RBF 的财务信息可以通过多种途径查询：官方网站提供了 2006 年至 2010 年的财务报告、统计报告、年度报告以及 990 - PF 表格，早期数据还可以在洛克菲勒档案中心里进一步查询；此外在美国国税局（IRS）的网站以及指导星（GuideStar，一个监督基金会的网站）也能够找到基金会的完整 990 - PF 表格。自觉并完整地公开财务信息（即国内俗称为“晒账单”的行为），不仅是基金会建立品牌公信力、接受民众监督的途径，更重要的是，美国税收制度明确要求享受 501（c）（3）免税政策的私人基金会必须填写 990 表（享受所得税减免的组织税务表）以向公众公开财务信息。公众也可以通过多种方式获取各种非营利组织的财务信息。免税政策是美国基金会赖以生存发展的重要土壤，另一方面，严格的免税资格审查制度保证了基金会履行组织的使命，行善助人。

以下就是分别通过基金会的统计报告、990 - PF 表格以及财务报告得到的有关 RBF 的财务信息。

一　统计报告

1. 投资业绩以及支出比例

根据官方网站 2010 年统计报告显示，2008 年和 2009 年急剧的市场下滑严重侵蚀了 RBF 的投资组合，2010 年基金会逐步恢复，投资业绩增长了 13%。2009 年基金会预算预计总支出将超过 IRS 的硬性支出要求以满足项目及组织的需求；2010 年为达到长远捐赠增长以及满足当前捐赠需要的优化平衡，预算中的总支出再次超出了 IRS 最低支出要求，因此从表

18中可以看到基金会在三年中的支出比例的变动：2008年为5.73%，2009年为8.15%（包含基金会办公室迁址及扩建的支出），2010年为5.80%。

表18 RBF投资业绩和支出比例（2008~2010年）

单位：美元，%

投资业绩和支出比例	2008年	2009年	2010年
投资组合	667979000	701400000	762030000
组合平均市场价值	837293000	654697000	707799000
纳入预算平均值	750711000	816424000	816571000
投资业绩（净收益率）	-25.87	12.70	13.00
总支出	48010628	53325544	41102483
总支出与组合平均市场价值的比例	5.73	8.15	5.80

2. 总支出（Total Spending）

RBF2010年总支出为41102483美元，比2009年低23%。总支出包括捐赠、项目相关支出、管理费用以及Pocantico中心的核心运作与维护费用。Pocantico中心支出占总支出的10%。

表19 RBF总支出（2008~2010年）

单位：美元

总支出	2008年	2009年	2010年
捐赠金额	34128098	31191649	28043087
项目相关支出	884644	890483	185979
管理费用	8350000	9043996	8633879
Pocantico中心	255886	266136	359221
小计	43618628	41392264	37222166
Pocantico核心运营	4392000	3933280	3880317
办公室迁址及环保扩建的资本化费用		8000000	
总支出	48010628	53325544	41102483

二 990－PF 表格

1. 990 表格简介

990 表格是免税机构以及非营利组织向美国国税局提交的年度财务信息表格。990－PF 是私人基金会用表，是向公众提供该机构财务信息的重要途径，有时甚至是唯一途径。政府机构通过该表防止机构滥用免税特权。表 20 是根据 RBF2008～2010 年 990－PF 表的数据整理所得，从中可以了解到基金会的一些基本财务信息。

表 20　RBF 2008～2010 年 990－PF 表数据整理

	2008 年	2009 年	2010 年
免税类型	501（c）（3）免税政策		
总收入	62600291 美元	－43471878 美元	16000832 美元
	收入来源包括接受捐赠（主要来自大卫·洛克菲勒、安妮·巴特利以及英格尔德·洛克菲勒三位的个人捐赠）、存款利息收入、股票分红及股息、资本利得（占最大比重）以及其他收入	收入来源包括接受捐赠（来自三位匿名人士捐赠）、存款利息收入、股票分红及股息、资本利得（由于这一年办公室迁址以及扩建，所以为负）以及其他收入	收入来源包括接受捐赠、存款利息收入、股票分红及股息、资本利得（占最大比重）以及其他收入
总支出	48547286 美元	47222999 美元	43764155 美元
总运营以及行政费用	16719636 美元 行政费用占总资产的 2.5%	20052464 美元 行政费用占总资产的 2.7%	21257000 美元 行政费用占总资产的 2.7%
	其中管理层的补助为 1426402 美元；其他雇员工资总数为 2991488 美元	其中管理层的补助为 1588810 美元；其他雇员工资总数为 3307407 美元	其中管理层的补助为 1406652 美元；其他雇员工资总数为 3991412 美元

续表

	2008 年	2009 年	2010 年
捐赠支出	34131191 美元	31188924 美元	28066006 美元
总资产	663781425 美元	729263381 美元	789378035 美元
	资产的主要来源是投资收入——企业股票收入为 167018119 美元；其他投资收入为 410447437 美元；其他投资中账面价值最高的三家公司为 Investure Alternative Fund；Investure Evergreen Fund，LP；Fir Tree Value International；这几家私人公司分别是能源及电器行业、产业投资基金以及对冲基金	资产的主要来源是其他投资收入，为 661959697 美元其他投资中账面价值最高的三家公司为 Investure Global Equity Fund、Investure Alternative Fund、Investure Evergreen Fund，LP，其中第一家为产业投资基金	资产的主要来源是其他投资收入，为 -716504733 美元，其他投资中账面价值最高的三家公司为 Investure Alternative Fund、Investure Global Equity Fund；Investure Evergreen Fund，LP，三家都是前两年合作的公司

2. 总收入

990-PF 表中，由基金会的总收入可以了解到未来的收入增长潜力。通过观察连续三年的数据，如果收入大致相当，那么可以预见基金会的收入将保持稳定水平；如果连续三年收入增长，那么可以认为基金会的收入将增加。而在实际情况中，总收入不仅受到大环境的影响——2008 年至 2010 年影响全美的经济衰退也影响了 RBF 的收入情况，2010 年的总收入就明显低于 2008 年——还与基金会当年的运作有关，2009 年 RBF 总收入为负，是因为办公室迁址以及扩建花费超出收入。

3. 总支出

总支出一栏是了解该基金会的活动范围的快速途径，而且可以了解到行政管理费用。美国法律对基金会的管理费用比例要求比较宽松，对于像 RBF 一样的大型基金会而言，美国税法 4942 节规定每年支出比例为 5%，这一比例包含项目支出以及管理费用。从表 20 中还可以看到，RBF 每年的行政费用占总资产比例为 2.5% ~2.7%，略少于项目支出。

4. 总资产

从基金会的总资产可以看到基金会的规模。RBF 的建立基于小约翰·洛克菲勒以及其他洛克菲勒家族成员的大笔遗产捐赠，并遵循永续发展原则，以不减少基金会总资产平衡每年的支出。因此每年的支出大致相当，除非有比较大型的项目或者机构变动。另外，通过投资以及收取利息、股息、红利，基金会的资产也在增值。以投资增值实现机构可持续发展，同时孵化公益项目，实现慈善资源的重新配置，这种经营方式令基金会呈现浓厚的企业化特征。

三　财务报告

基金会的主要目的是向地区、国家以及海外慈善组织提供资助，在主基金（Principal Fund）之外，理事会设立了如下分支基金会，这些特定目的的基金会的资金来源于主基金以及捐赠。

Pocantico 基金——为保存、维护纽约市 Pocantico 山历史遗迹，作为一个惠及公众的历史公园以及会议中心。

Pocantico 二期基金——作为 Pocantico 历史遗迹的 Playhouse 的长期管理经费，因为这一区域已经由一慈善机构接管。

拉蒙·麦格赛赛奖学金基金——用于支持拉蒙·麦格赛赛奖以及该基金会的其他相关活动。这一项目已经于 2010 年 1 月中止，剩余资产转移至主基金中。

表 21　主基金与其他基金的资产分布

单位：美元

年份	主基金	Pocantico 基金	Pocantico 二期基金	总计
2008	586062962	57764923	16964319	660792204
2009	645779783	62548045	17660193	729263381
2010	704742916	66316386	18318733	789378035

第五节　评价

- “RBF 是一个实现平衡的捐赠机构。”

在《慈善纪事》（The Chronicle of Philanthropy）的一篇报道中，Paul Connolly 认为最佳捐赠机构必须实现理智与情感的均衡，以通过捐赠创造更大的社会影响力。文中，他认为 RBF 像其他小部分基金会以及非营利组织一样实现了这种平衡。

- RBF 会长斯蒂芬·汉兹被列入“非营利时报权力与影响力 50 强”

RBF 会长斯蒂芬·汉兹再次成为“非营利时报权力与影响力 50 强”获得者之一。汉兹连续第三年获得这一荣誉，他鼓励非营利工作者勇敢冒险，并提出让小捐助实现大影响。

- RBF 获得 LEED 体系铂金奖（Platinum LEED Certification）

LEED，即 Leadership in Energy and Environmental Design，是一个评价绿色建筑的工具，由美国绿色建筑协会于 2003 年推行。RBF 在众多竞争者之中突围而出，凭借纽约市总部新办公室获得 LEED 铂金奖。

参考资料来源

洛克菲勒兄弟基金会章程、委员会章程、行为守则、多元化、平等及包容原则以及永续发展声明，http：//www. rbf. org/content/governance。

洛克菲勒兄弟基金会 2008 ~ 2010 年 990 – PF 表格，http：//www. rbf. org/content/form – 990 – pfs。

洛克菲勒兄弟基金会 2008 ~ 2010 年财务报告，http：//www. rbf. org/content/financial – statements。

洛克菲勒兄弟基金会 2006 ~ 2010 年统计报告，http：//www. rbf. org/content/annual – and – statistical – reviews – archive。

陈亮光：《台湾非营利组织资讯揭露及税务申报议题之研究》，台湾政治大学，2009。

Peter Swords, *How to Read the IRS Form 990 & Find Out What it Means*, 2006, http：//www. npccny. org/Form_ 990/990. htm。

百度百科，“洛克菲勒家族”词条：http：//baike. baidu. com/view/1366465. htm。

洛克菲勒（中国）研究发展中心，洛克菲勒家族及机构介绍：http：//www. rockefeller. org. cn/pdf/% E6% B4% 9B% E5% 85% 8B% E8% 8F% B2% E5% 8B% 92% E5% 85% 84% E5% BC% 9F% E5% 9F% BA% E9% 87% 91% E4% BC% 9A. pdf。

Jia Lynn Yang, *Buffett to Gates: Spend It!*, CNN Money, March 2007, http：//money. cnn. com/ magazines/fortune/fortune_ archive/2007/03/19/8402333/ index. htm.

Rich Cohen, “Spending Down vs. Existing in Perpetuity: The Historic Foundation Debate Continues”, *Nonprofit Quarterly*, 12 March, 2012, http：//www. nonprofitquarterly. org/philanthropy/19952 – spending – down – vs – existing – in – perpetuity – the – historic – foundation – debate – continues. html.

徐辉、杜志莹等：《中外基金会管理费对比破解公益机构支出费用误解》，2011 年 7 月 26 日《公益时报》，http：//www. gongyishibao. com/News/201107/137043. aspx。

泽勒巴赫家族基金会

Zellerbach Family Foundation

第一节　背景

一　介绍

泽勒巴赫家族基金会（Zellerbach Family Foundation）在旧金山海湾地区，作为社会改变的催化剂，致力于加强家族和社区力量。其投资项目涵盖以下方面：加强社区建设；改善社会体系中的儿童福利、精神健康和教育的管理实施；提高难民和移民人员的生活质量并帮助他们融入社会；青少年艺术发展；主要社区艺术机构和社区文娱中心。

二　简要历史

泽勒巴赫家族基金会由珍妮·泽勒巴赫女士建立于1956年，初始捐赠额是54600美元。泽勒巴赫夫人一直对基金会做定期的投资，而且直到她1965年去世前，她都在进行额外的投资。在基金会运营的第一年，基金额提升到8210美元。在接下来的时间里，基金会已经在慈善事业中投资超过7000万美元。

基金会从一开始就着重于泽勒巴赫家族所在的旧金山海湾地区。自从1886年安东尼·泽勒巴赫开始在旧金山贩卖自己的四轮马车，泽勒巴赫家族开始活跃于经济、宗教、艺术和社区的慈善事业中。

在1968年，泽勒巴赫家族作出了重要的决定。它联合纽约希尔德公司（New York Firm of Heald）等机构来重新审视基金会并对其未来的发展方向做出建议。报告表明基金会开始远离以支持捐赠者的兴趣为基础的家族基金会的模式，而转向更通用的基金会模式。希尔德·霍普森（Heald Hobson）的报告鼓励基金会在这个方向上进行深入探索，并且提供到现在都仍有意义的建议。长期以来，基于长期坚定执行的理事会的成员和工作人员的合作，基金会拥有实现在哈德·霍普森（Heald Hobson）报告中体现的领导力和稳定性。

在2000年后期，泽勒巴赫基金会理事会和其员工对基金会的很多方面进行了有益的回顾。之后提出了一份价值目标报告，这份报告肯定了基金会一直以来的价值观，并设想了将来如何实现这些价值。

三 目标和价值观

1. 目标

泽勒巴赫家族基金会在旧金山海湾地区，作为社会改变的催化剂，致力于加强家族和社区力量。

2. 价值观

责任

“我们重视泽勒巴赫家族基金会长期以来得到的尊敬和名誉。”

实施：“我们以基金会创立人为荣，我们也以长期以来持有高度正直诚实、专业和关心我们的事业的前辈们为荣。我们关心为我们所做的一切工作，并且一直深刻明白基金会的存在是为社区进行服务，而不是发展参与基金会的个人的兴趣。”

永久性

“我们重视私人慈善在美国社会中扮演独特而不断前进的角色。”

实施："基金会不断保存和增加本金来面对现在和将来可能出现的问题。"

影响

"我们尊重能将我们对社会变化的帮助最大化的赠款。我们也尊重我们对旧金山海湾地区居民的承诺。"

实施："我们注重可以使我们的资产和专家才能发挥最大价值的地区和机会。"

创新和对新领域的开放

"我们重组开拓新办法的能力，希望创造更多持续有效的新的应对社会变迁的办法，同时我们乐于冒险。"

实施："我们通过对不断出现的需求和挑战的认识和回应来确定我们的赠款保持合理而有活力。我们也乐于实施有保障的想法。"

多样化

"我们尊重给社区带来的丰富性、多样性以及促进文化间互相理解和尊重的机会。"

实施："我们致力于建设一个包容的社区。"

个人决心

"我们尊重来源于个人积极参与所产生的对自身和其社区的影响。"

实施："我们致力于促使社会成员参与到决策制定中来，并从社会中寻找、发展领导力。"

增加机会

"我们重视在机会最少的领域开展工作的能力。"

实施："我们致力于增加机会。基金会的主要规划是给社会弱势团体和志愿者寻找更好的未来。"

不间断的学习和积极参与

"我们在发展基金会的规划中扮演积极的角色，这要求我们重视从他人处学到的东西。"

实施："我们一直努力通过和受赠人，社会成员和领导，顾问和学者的积极互动来增加我们的知识。"

合作

"我们尊重丰富我们赠款的合作伙伴。"

实施："我们致力于寻找和增加与他人合作的机会。"

相互尊重和共享领导力

"我们尊重和坚信我们的工作得益于基金会的文化。这促进了成员、理事会和工作人员之间的互相尊重和共享领导。"

领导力

"我们尊重有效的领导力所带来的有益的社会变革。"

实施："在我们工作的过程中，我们支持公认的领导者，同时也为潜在的领导者创造机会。"

四　项目

改进人类服务系统

加强社会

移民和避难者

青少年艺术发展

主要社会机构

艺术基础

奖金援助

社区艺术

注意：除了社区艺术项目，泽勒巴赫家族基金会不接受主动的奖金申请。

五　相关经济活动

皇冠泽勒巴赫公司与内华达公司合并于 1924 年 8 月 28 日，成为泽勒巴赫股份公司的控股公司。

在 1928 年，泽勒巴赫股份公司和皇冠威拉米特文案公司合并，正式改名为皇冠泽勒巴赫公司。新成立的公司有 1 亿美元的资产，每天 1450 吨的生产能力，消耗超过 350000 英亩的林地，其纸张长度相当于整个大西洋海岸。在合并后，公司成为美国第二大的造纸公司。公司生产包括新闻用纸、亚硫酸盐纸浆、牛皮纸、纸袋子和其他各种纸制品。在 1928 年 12 月，皇冠泽勒巴赫公司的股票在纽约证券交易所上市。

皇冠泽勒巴赫公司于 1975 年发展起成熟的木材生产体系。此后它一度成为世界上最大的造纸商，拥有多种多样的产品线，包括纸浆、纸、圆木、木料、胶合板和木箱子。

第二节　基金会运作

一　理事会成员

南希·泽勒巴赫·博思赫维茨
珍妮特·M. 敦克尔
小菲利普·S. 埃利希
罗伯特·S. 葛步丽娜尔
玛丽·安·米利亚斯
斯蒂芬·R. 夏皮罗
米尔德里德·汤普森
雷蒙德·H. 威廉姆斯
查尔斯·R. 泽勒巴赫
约翰·W. 泽勒巴赫
托马斯·H. 泽勒巴赫
威廉·J. 泽勒巴赫

理事会工作人员
威廉·J. 泽勒巴赫，主席
托马斯·H. 泽勒巴赫，会长
约翰·W. 泽勒巴赫，副会长和财务总监
南希·泽勒巴赫·博思赫维茨，副会长、秘书长
辛迪·兰博，执行总监

第三节　项目信息

一　正在进行的项目

1. 社区艺术

不管何种艺术，都是海湾地区精神和生活质量不可缺少的一部分。超过25年的时间里，泽勒巴赫家族基金会一直寻求通过社区艺术类的基金，来确保成员可以得到各种各样的艺术体验，促进社区艺术的多元发展，鼓励新艺术家的提高和开发新的观众。基金会重视来瓦利斯·亚历山大·格尔博得基金会和威廉与芙罗拉·胡丽特基金会对社区艺术基金的支持。

这一类的基金由代表海湾地区丰富艺术文化的艺术家组成的基金会社区艺术委员会来审查。委员会成员有：

金安诺，视觉艺术家
何塞·纳瓦雷特，戏剧与表演
埃里卡·庄·沙赫，编舞、舞蹈家
丽莎·斯坦德勒，导演、演员
阿马拉·泰伯·史密斯，编舞、舞蹈家

迈克尔·桑托罗，乐手、作曲家

社区艺术项目是唯一接受申请奖金的项目。详情请见我们网站上的申请表。

2. 改进人类服务系统

此类别的项目帮助改善弱势儿童和家庭的公共系统的管理、实施和问责机制。此基金旨在促进政策工作，适应政策变化和成果的文件记录和传播。

这个资助的主要焦点是公共精神卫生和儿童福利体系及其他人性化服务体系，包括刑事和少年司法系统。

六个捐赠项目的原则是：

（1）为了儿童和家庭的利益，资助鼓励各服务部门相互学习合作。

（2）资助重点放在早期干预和促进资产来规避深入涉及公共系统的风险。

（3）鼓励消费者和家庭参与到政策工作、管理、实现服务和评估中来。这种参与会促进捐赠适应不同种族的人群。

（4）捐助可以通过学习有用的知识以及和他人分享知识来增加工作的价值。

（5）资助项目吸收来自不同领域专家的意见，囊括各个领域如政治、公共系统和学术界，并且建立在现实生活的知识经验之上。

（6）这个资助项目是为了帮助平衡和维持公共系统进行商业运作。

最近资助项目的例子：

- 监狱联络参观项目，西部社区工程组织

这个项目与旧金山治安部门合作，旨在加强孩子和关押在旧金山监狱的父母之间的联系。

- 心理健康与青少年司法课程项目，美国儿童和家庭倡

导者组织

这个项目产生了一个训练课程，针对的是陷入刑事司法系统、特别是有精神健康需求的家庭成员和青少年，帮助他们处理司法问题，帮助他们处理其他儿童机构的事务和与当地政府决策者沟通来进行必要的程序和系统调整。

- Y. O. U. T. H. 湾区学院，旧金山州立大学的培训项目

这个项目增加精神健康和福利，来支持现在和曾经参与过这个项目的青少年，来培训儿童福利工作者和其他工作者，使这个项目能在收养孩子的工作上更加有效。

- 大湾区心理健康与劳动力发展合作项目，加州精神卫生研究所

这个项目支持共同努力来改进公共机构和为公共机构培训未来员工的培训机构之间的关系，并鼓励学生和客户考虑公共部门的心理健康事业。

在2010年，基金会需要继续关注弱势儿童和青年的需求，包括支持着重于有父母在监狱的家庭的创新性政策、加强过渡时期青少年的声音来传播政策和改进实践，还有培训退伍军人和他们的家属的工作人员。基金会通过提高增强工作人员在精神健康和社会服务上的质量来继续发展未来的人类服务的劳动力。

3. 移民和避难

海湾地区拥有大量多样化的移民人口来丰富和增强我们社会的思想、文化和活力。移民和避难项目是为了用综合灵活的方法来帮助移民人口进入我们的社会，并参与到社会生活中来。

资助直接用于社会机构从事直接服务、发展领导力、市民参与和政策分析与发展。资助也勇于加强移民服务组织的能力和促进当地社区用创新的方法来面对不同种族的人群。

总的来说，这个项目使社会成员更具有技巧和知识来促进公平的政策以及促进组织间更好的交流合作，以更有效地满足社区成员的需求。

一些最近的例子如下。

海沃德日间劳动中心为移民工人提供了结构化的政策来帮助他们就业和获得社会教育服务，以促进健康和福利。

东湾国际研究所－入境事务处的法律服务计划（International Institute of the East Bay – Immigration Legal Services Program）为人数上在阿拉米达和康特拉科斯塔县居主导的移民和难民提供了多样化的移民法律服务，包括公民申请、家庭签证申诉、临时保护状态、促进政治庇护和社会教育及其他服务。

女人岛：这是一个由拉丁移民女性和难民女性领导和为其服务的基层社会组织，女人岛的使命是给拉丁女性移民和难民提供关于经济的必要信息和技能，促进政治社会平等。

扶持中国移民行动－机会均等的服务项目（Chinese for Affirmative Action – Equal Access to Services Project），旨在帮助英语不熟练的华裔美国人进入政府关键部门参与其项目。

4. 加强社会建设

这个项目旨在改进生活在贫困社区的个人和家庭福利。这个项目的目标是当地能力建设，使社区居民参与决策和社区改进，以及加强社区机构和社区组织。

基金会认识到积极的市民对于建设和维护社区有着重要的作用。现在需要居民更严肃地参与到社会生活中来。公立学校代表了一种将人们聚集起来的强大工具，而家庭在学生的成功中有着直接而重要的作用。通过动员代表社会多样性的家长，这个项目可以改善教学成效并建立更强大、健康和充满活力的社会。

最近的例子如下。

家长计划（Congregations Organizing for Renewal – Parents Organizing for Better Schools）旨在加强南阿拉米达县的公共教育。其方法为通过多年发展出多位家长领导者，鼓励家长参与社区改革，与其他社区合作来促进家长参加学校建设。

体育馆大学预科学院 – 家庭进高校倡议（Coliseum College Preparatory Academy – Family College Going Initiative）是针对6年级到12年级的低收入家庭的家长、建立在家在学校都有的“走进高校的文化”（college – going culture）的项目。

旧金山关键小型学校联盟 – 家长参与领导力培训（San Francisco Coalition for Essential Small Schools – Leadership for Parent Engagement）是一个新的专业的发展项目，旨在帮助校长和老师提高策略来鼓励家长积极支持学生的成功。6所高中、3所初中和1所小学参加了这个专业的发展。

湾区家长领导力行动网络（Bay Area Parent Leadership Action Network）帮助家长在可能影响孩子生活的政治、学校或者其他机构中成为杰出的领导者。该机构为家长领导者提供关系网、培训课程、能力建设和公民参与机会。

5. 青少年艺术发展

这个项目通过提供人生导师关系（caring adult relationships）、人生经历和发展探索机会来帮助青少年变得成熟。这个项目直接指向在低收入地区的年轻人，因为他们对此有极大的需求，并且将重点放在以艺术为基础的项目上，通过这些项目年轻人可以开拓、发展、学习和丰富他们的艺术经验。

这个项目适用于在校时间和课外时间，所以可以最大限度地帮助年轻的参与者。

最近的例子如下。

- 里士满青年媒体项目：西部康特拉科斯塔公共教育基金

(Richmond Youth Media Project: West Contra Costa Public Education Fund)

这个项目教在里士满的里士满与肯尼迪高中里的青年录像和数字媒体，并且这个项目直接联系到康特拉科斯塔社区学院(Contra Costa Community College)。这个项目强化了批判性思维技能、在校英语和历史课，使年轻的社会成员在诉说自己各自故事的同时可以看到媒体世界的无限可能性。

• 第三街青年中心和诊所的艺术课程：旧金山湾景猎人角社区改善基金会（Arts Program at the Third Street Youth Center and Clinic in the Bayview Hunters Point, San Francisco: Bayview Hunters Point Foundation for Community Improvement)

这是为第三街青年中心和诊所提供的项目。凡是参加了医学项目的青年都可以在等待时间里感受一下艺术。艺术空间为青年提供了离开街道的安全空间，使他们在等待自己的预约和医学测试结果的时间里感受艺术氛围。

• 沼泽青年剧场（The Marsh Youth Theater: At the Marsh in San Francisco)

这个项目为旧金山教会区的沼泽青年剧场提供其宣传和物质需求。为这里的年轻人提供可以表演符合他们年龄层次戏剧的安全场所，包括第一语言不是英语的年轻人。

6. 主要社会机构扶持计划

这个项目提供支持这些机构并且维持那些一直在努力的机构。

二 地点

旧金山海湾地区

第四节　财务信息

一　捐赠摘要

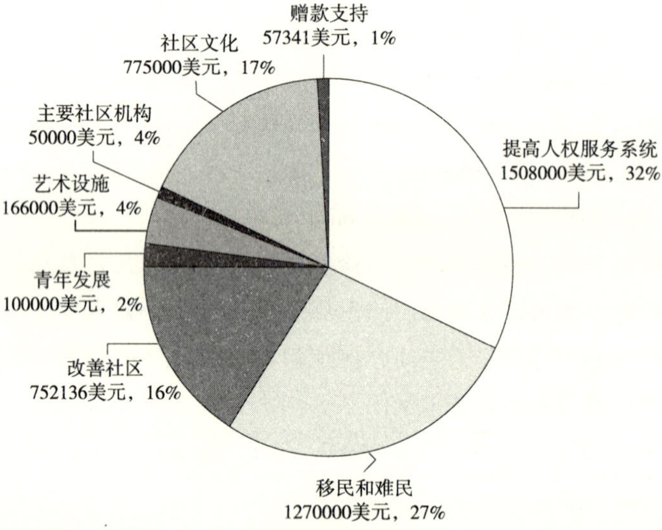

捐赠概况图

二　财务状况

财务状况表

单位：美元

资产	
现金	459361
投资收入	126752
投资	126892824
其他资产	188289
总资产	—

续表

负债和净资产	
负债	
应收账款和预提费用	232899
递延税款	405849
应付无条件赠款	975000
总负债	1613748
净资产	126053478
总负债和净资产	127667226

参考资料来源

Lehman Brothers Collection – Contemporary Business Archives.

http：//www. library. hbs. edu/hc/lehman/chrono. html? company = crown_ zellerbach_ corp.

http：//www. zellerbachfamilyfoundation. org/index. html.

http：//www. richmondyouthmedia. org/fresh. html.

特别鸣谢

在美国家族、企业、社区基金会的案例研究项目中，在沈一帆和他的两位助手刘阳、刘旸的协调，以及其所在的世青创新中心学术网络的支持下，共有 47 位来自国内外高校的同学参与，我们对于这些同学所付出的努力表示感谢！

沈一帆　中国人民大学/伦敦政治经济学院

王若思　耶鲁大学

辛培宸　英属哥伦比亚大学

周舒彦　俄亥俄州州立大学

胡吉　范德堡大学

王媛媛　密歇根大学迪尔伯恩分校

陆雨晨　北京大学

黄书丹　北京大学

宋春晓　中国人民大学

王诗莹　中国人民大学

雷嘉雯　中国人民大学

曹青骊　中国人民大学

汤凯程　中国人民大学

崔爽　中国人民大学

王青　武汉大学
李倩倩　上海交通大学
刘瑞涵　浙江大学
屈欢　北京外国语大学
刘瑶　北京外国语大学
陈楚君　中山大学
李戈　山东大学
杨婧思　中央财经大学
裴蕾　中央财经大学
何雅洁　中央财经大学
邵雪丹　中央财经大学
王心一　中央财经大学
徐娅欣　中央财经大学
刘晓彤　中央财经大学
竞瑜　中央财经大学
于凌达　中央财经大学
赵阳　北京师范大学
王禹　大连外国语学院
陈晓虹　南开大学滨海学院
张月　郑州航空工业管理学院
史悦　首都师范大学
刘阳　北京化工大学
徐梦玫　北京工业大学
关宏磊　吉林大学
潘思宇　华南师范大学
罗杭翡　北京语言大学
吴哲钰　郑州大学
黄和雨　云南大学
连小西　香港浸会大学

陈晨　上海师范大学
何岳恒　华北电力大学
刘旸　华北电力大学
唐金　北京信息科技大学

图书在版编目(CIP)数据

美国家族基金会／基金会中心网编．—北京：
社会科学文献出版社，2013.3
（世界基金会案例丛书．美国卷．第1辑）
ISBN 978-7-5097-4313-3

Ⅰ.①美… Ⅱ.①基… Ⅲ.①家族-基金会-
案例-美国 Ⅳ.①D771.27

中国版本图书馆CIP数据核字（2013）第035947号

世界基金会案例丛书·美国卷Ⅰ
美国家族基金会

编　　者／基金会中心网

出 版 人／谢寿光
出 版 者／社会科学文献出版社
地　　址／北京市西城区北三环中路甲29号院3号楼华龙大厦
邮政编码／100029

责任部门／社会政法分社（010）59367156　　责任编辑／李　响
电子信箱／shekebu@ssap.cn　　责任校对／陈　磊
项目统筹／王　绯　　责任印制／岳　阳
经　　销／社会科学文献出版社市场营销中心（010）59367081　59367089
读者服务／读者服务中心（010）59367028

印　　装／北京季蜂印刷有限公司
开　　本／787mm×1092mm　1/20　　本册印张／14.6
版　　次／2013年3月第1版　　本册字数／235千字
印　　次／2013年3月第1次印刷
书　　号／ISBN 978-7-5097-4313-3
定　　价／168.00元（共三册）

世界基金会案例丛书

美国卷 I

基金会中心网◎编

世界基金会案例丛书 · **美国卷 I**

美国社区基金会

基金会中心网 ◎ 编

Community Foundations in U.S.

社会科学文献出版社
SOCIAL SCIENCES ACADEMIC PRESS (CHINA)

新湖公益创投基金
XINHU VENTURE PHILANTHROPY FUND

新湖公益创投基金资助

世界基金会案例丛书编委会

总　序

慈善基金会在欧美国家已有数百年的历史，其问世和发展为人类社会的文明进步发挥了不可替代的作用。尤其是近百年来，世界各国基金会已成为推动社会变革的伟大力量，创造出许许多多改变世界的成功案例。

我国基金会是伴随着改革开放成长和发展起来的。自 1981 年中国儿童少年基金会成立以来，在短短 30 年间，全国基金会总数已经超过 2700 家。由民间主导的非公募基金会快速增长，数量已经超过公募基金会。非公募基金会的崛起正在改变中国慈善行业的生态环境，具有无限的发展创新空间，同时也面临许多挑战。越来越多的企业考虑更加全面和系统地参与公益慈善，成立自己的基金会，但同时也担心被指为“企业公关”，谋取私利；越来越多的富人从传统捐赠开始向专业慈善转变，作为家族财富管理一部分的家族慈善概念逐渐在中国形成，如何通过家族基金会的方式将家族财富和荣耀传承下去，已经成为越来越多慈善家族的重要选项；在全国性基金会迅猛发展的同时，专注于地区发展的基金会也如雨后春笋般地出现，这些基金会在资助方向和项目运作上不同于全国性基金会，需要探索出一条立足当地、造福一方的发展策略；同时，中国的公募基金会正顺应社会发展潮流，改革转型，回归民间，探索项目资助模式创新，以期焕发生机和活力。

美国有近10万家基金会，数量多、发展历史长、种类复杂，要将它们清楚地分类并非易事。美国基金会中心依据慈善基金会资金来源和运作方式的不同对它们进行分类。依据这种标准，该中心将慈善基金会分成五大类。

企业基金会（Corporate Foundation）：由公司或企业捐资设立的基金会，其资本金来源于发起公司或企业。公司基金会在做出捐赠决定时会考虑到发起公司的市场利益或社会影响，但是，它们在内部管理和财务运作上一般与发起公司相互独立，其理事会成员可以是发起公司的管理人员，也可以是与发起公司无关的社会专业人士。

独立基金会（Independent Foundation）：通常是基于某个人或某家族的成员捐赠或遗赠所创立的基金会。随着时间的推移，这些慈善基金会通常都与其创办者、创办者的家族以及在这些家族名下的公司脱离了关系，转而由独立的理事会和专业的职员进行管理。

家族基金会（Family Foundation）：由个人或家族捐资设立并参与管理、运作的基金会，家族基金会的创办者或其家族成员通常会出任理事会的领导职务，而且至少有一名家族的成员一直在基金会任职，捐赠者或其亲属在基金会的管理和运作中起到重要作用。尽管一些独立基金会的创始基金也来自家族，但独立基金会独立于创办家族，由专业的理事会进行独立管理。

运作型基金会（Operating Foundation）：由自己的工作人员直接参与项目运作的慈善基金会。运作型基金会主要是自行参与策划、组织和实施有关教育、科研及其他服务于社会公益的项目或活动。

社区基金会（Community Foundation）：资助特定社区社会发展、教育、宗教等公益活动的大众支持的基金会。社区基金会的资本金一般是从社区内多渠道筹集而来，主要来源有个人捐赠或遗赠、家族捐赠、公司捐赠及其他机构的捐赠。社区基金会根据

税法大多被批准为公共慈善组织，遵循与其他私人基金会不同的规章与规则。

另外，美国有许多大学基金会，最有钱的基金会是大学基金会。美国私立大学本身就是免税组织，可以为捐赠人提供免税捐赠收据，通常下设捐赠基金（Endowment Fund），例如耶鲁大学捐赠基金（Yale Endowment Fund）；而公立大学需要设立独立的公共慈善机构（Public Charity）才能给捐赠人提供免税捐赠收据，通常称为基金会（Foundation），例如印第安纳大学基金会（Indiana University Foundation）。美国大学基金会强大的筹资能力及其在私立大学发展中举足轻重的贡献，令人印象深刻。最近一二十年来，美国公立大学的发展也越来越倚重学校基金会的资金支持。

美国基金会的散财之道早为中国基金会同人津津乐道，它们在社会创新方面的强烈意识和丰硕成果，更教人叹为观止。他山之石，可以攻玉。在这种背景下，由中国基金会中心网编撰的“世界基金会案例丛书”诞生了。该丛书的美国卷包括《美国家族基金会》《美国企业基金会》《美国社区基金会》《美国独立基金会》《美国运作型基金会》《美国大学基金会》和《美国基金会创新案例》，以美国基金会的创立背景和典型案例为内容，试图原汁原味地介绍美国基金会的慈善模式，讲述美国基金会在做什么、怎么做、做的效果如何，以便为中国的基金会从业者和机构合作者、将要设立基金会的企业家和慈善家、专业研究者、政府机构人员、传媒人士以及有兴趣了解基金会和公益慈善的社会各界人士提供丰富的参考案例。如果把这些案例再进行重新组合，分类研究，对应学习，对于中国基金会将会有更为直接的帮助。

继美国基金会案例后，中国基金会中心网还将编纂欧洲基金会案例、发展中国家基金会案例和中国基金会案例。我们试图通过这套丛书，全方位展现和解读以基金会为主体的慈善机构的行

为轨迹，帮助基金会创办者、从业者和利益相关者深入了解基金会这一崇高美好的事业，懂得如何借助基金会这部“社会创新发动机”的伟大功能，有效解决人类社会发展中出现的诸多问题，推动社会的和谐、文明、进步，服务于人类的福祉。

本丛书的编纂出版得到了美国基金会中心（foundationcenter. org）的倾力支持，得到了联合国开发计划署及有关国际机构的大力帮助；爱德基金会－新湖公益创投基金为研究和编译出版提供了资助。在此，谨表示由衷的感谢！

徐永光

基金会中心网理事长

南都公益基金会理事长

目 录
CONTENTS

代 序

通过社区促进中国的繁荣

——建立和支持社区基金会的好处

美国基金会中心

史蒂文·劳伦斯

社区的价值

在过去的几十年中，越来越多的中国人拥有了能让他们自己和家人在未来过上好日子的机会。许多中国人依靠着不懈的努力和勤俭节约，以及一种抓住机遇的意愿，已经进入了中产阶级，有一些人甚至已经变得相当富裕。私家车、新的公寓及假日旅行只不过是越来越多的中国家庭所享有的回报的一部分。

家庭，永远是中国社会的支柱。但是，大部分中国人生活质量的持续性改善是基于他们所生活的社区的健康与活力。随着中国经济的持续增长和多样化，很多高技能的工作者会被吸引到一些优秀的社区中去，那里有良好的环境氛围、干净友好的公共环境，并且能为那些最为不幸的人提供生活上的支持和机遇。仅仅几个富人是无法做到这一点的。对于那些较为富有的居民，他们有责任共同努力来使他们的社区——无论是一个小镇、一个小城市或一个大都市的部分地区——成为一个对于所有家庭都充满快乐、健康、和谐的环境。

这本书包括了美国社区基金会的简史和现状概述，讲述了这些基金会的名称、大小以及所支持的对象，为中国公民提供了一个通过共同努力来改善其社区的模型。这本书也为中国的社区领导人确立了在其所在地区建立社区基金的出发点，同时，也为居民支持社区基金会提供了支持性理由。

美国社区基金会：过去的历史及目前的工作重点

虽然我们的财富掌握在我们每个人自己手中，但如果没有社区及其财力物力的支撑，我们每个人的财富将会微乎其微。一个人曾居住和工作过的社区对其人生的成功有一定的决定作用。

——首个社区基金会建立者

弗雷德里克・戈夫

目前，世界上的很多国家已经有了社区基金会。世界上第一个社区基金会——克利夫兰基金会——是于 1914 年在美国成立的。该基金会的目的是将多个捐助者的慈善资源聚集起来，用来提高俄亥俄州克利夫兰城居民的身心健康。用一家银行来管理基金，同时，由社区领导人选择了一个委员会，监督补助金的分配。这种模式很快就在美国各地的社区推广开来。

20 世纪，社区基金会得到了很大的发展，但是基本原则几乎没有变化。这些机构努力去通过个人或公共机构的捐赠建立基金，来处理那些来自特定社区或地区的需求。它们由社区领导管理，一般由领薪员工来监督拨款和筹款工作，同时，从不受限的基金和捐赠者指示基金那里取得拨款。后者由个人捐赠，但有为特定项目提供支持和帮助的趋向，例如，儿童、教育和环境等，甚至是特定的组织。基于捐赠者指示基金的结构，基金会会去核实并确认所要援助的组织，或者直接为捐赠者所预选出来的组织分配资金。

美国是社区基金会的发源地，在 2010 年，拥有超过 734 家社区基金会，总支出达到了 42 亿美元。社区基金会遍及美国 50 个州，在罗德岛和爱达荷州数量最少，分别只有一个，最多的是印第安纳州，达到了 76 个。在印第安纳，该州最大的私人基金会为州内许许多多小型社区提供资金，来支持它们建立自己的社区基金会。

在美国，最大的社区基金会是纽约社区信托基金会。该信托基金会在2010年拨款超过了1.4亿美元，其重点支持的地区涵盖了超过800万的纽约及其市郊的居民。虽然如此，但大部分社区基金会与之相比实在是太小了。有超过40%的美国社区基金会在2010年拨款数不足100万美元。相较而言，只有大约12%的社区基金会在去年拨出了1000万美元或更多。

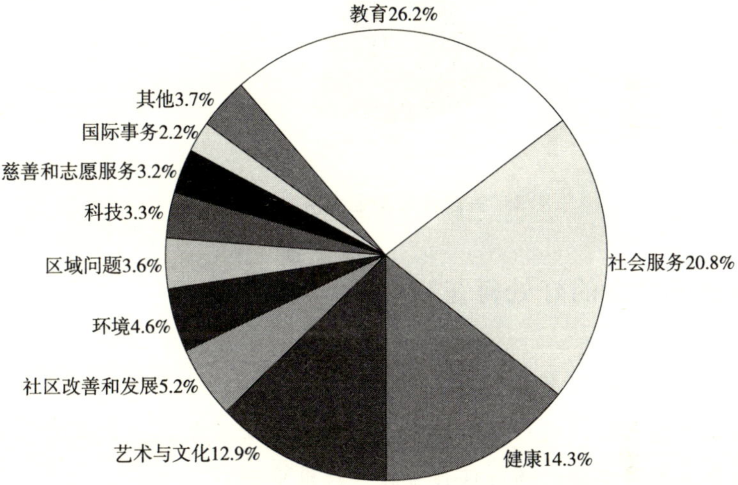

图1 美国社区基金会各领域资助额所占比例

美国社区基金会对于当地的社会服务、教育、社区发展和文化组织都是强有力的支持者。通过捐赠者指定型基金，基金会还可以为社区之外的机构进行拨款。举例来说，一些社区基金会的捐赠者会将他们的一部分资金定向拨给他们年轻时候上的大学，而这些学校通常不是坐落于本地。反之，一些在社区长大的人会在该社区基金会维持一定资金来保障本地的需求，除非他们已搬走了好久。

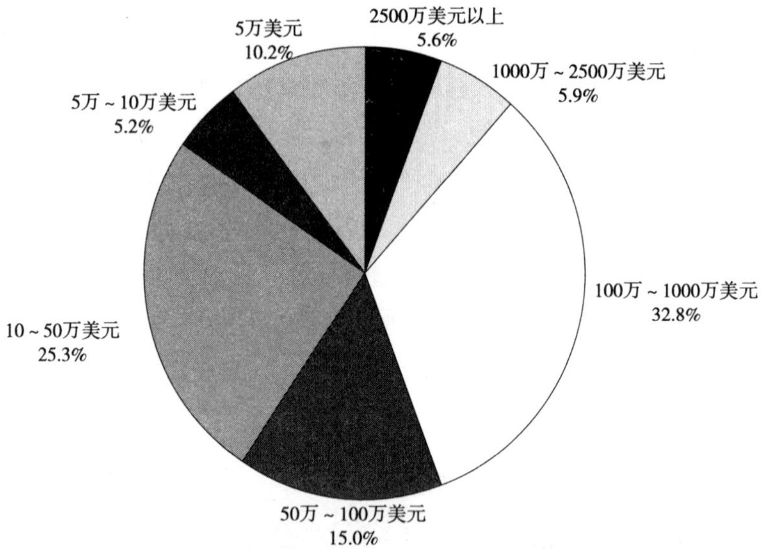

图 2　美国社区基金会捐款额度分布

社区基金会的好处何在？

> 我希望能够有更多的人意识到，即使他们不是亿万富翁，也能成为慈善社区的一分子。我是一个工薪阶层的人，但我相信我们应当共同为我们的社区作贡献，这很重要。
>
> ——纽约社区信托基金会捐赠者

没有一种社区基金会的模型可以灵活处理地区和优先拨款的关系，也没有一种政府的模式能让一个特定的社区利益最大化。基金会的指导性原则是帮助捐赠者满足其社区的特定需求，同时也建立起当地人的自豪感和责任感。

毫无疑问，中国的社区将会建立属于自己的社区基金会，有着独特的结构和功能。虽然如此，但美国的社区基金会可以提供关于一些问题的指导，例如为什么中国各地需要考虑建立这样的组织机构，以及为什么捐赠者需要考虑来支持这些机构。

在中国，建立社区基金会的潜在好处如下：

- 创建有吸引力的生活环境

成功的中国社区是能够吸引并留住大部分高技能劳动者的。他们通常是些年轻人，希望可以拥有一个良好的文化氛围和友好的生活环境，并跟自己的子女一起享受于此。对于文化机构和公共服务机构，社区基金会将会是一个重要的资金源，来支持它们的发展和维护。尤其对于一些充满活力的社区还能提供其他的资源。

- 满足社区需求

即使是在最繁荣的社区也有由于各种原因而收益不均的人存在，例如经济的发展以及脱离贫困地区的移民数的增加等。社区基金会可以为他们提供协助和支持来使这些人融入到经济发展中，并成为社区生产的一分子。

- 发展当地特色

由于对于当地的需求和机遇有特别的关注，社区基金会会帮助捐赠人在其投资项目上取得最大利益，来改善所有社区居民的生活质量，这些基金会在这方面扮演着举足轻重的角色。在危机时期，这些基金会也可以成为一种特别的资源，捐赠者和其他的机构可以利用基金会对于本地的了解来指导他们的投资，使资金流向最需要的地方。

- 提供技术支持

在拨款之前，社区基金会通常对于社区内组织的运作起着至关重要的作用。例如基金会可在一些组织遇到相似的困难时为它们提供一个良好的平台，供其分享、交流、学习以及合作。基于基金会的经验，也可以为这些组织提供管理上的建议，使其提高工作效率。

- 建立信用社区机构

伴随着过去几十年中国经济剧烈的变化，中国社会的转型十分引人注目。个人拥有社会和物质流动的前所未有的机遇。但是传统人际关系的紊乱使个人需要找到新的方式联系到相关机构来解决他们所关心的问题，同时无须怀疑这些机构作出的承诺。社区基金会既可以处理好社区亟待解决的问题，也可以建立信用关系，而这对中国经济的持续增长是至关重要的。

对于中国的投资者，支持建设社区基金会的潜在好处如下：

- 投资教育和参与公共事务

接受过良好培训的社区基金会员工对于投资者来说是非常理想的资源，他们可以协助分析投资者想要支持的项目，还可以帮忙联系当地最好的机构来帮助他们实现自己的目的。富有见解的社区基金会还会积极参加捐赠人和潜在受赠组织的会晤，也会参与决定资金受赠者的会议。这个过程使得捐赠人和社区基金会与慈善活动的联系更加紧密，也会促使他们将来变得更加慷慨。

- 集体的影响力

社区基金会使得个人捐赠者的贡献聚集到一起，形成更大的影响力。社区基金会能挑出最有生产力的组织，并将资金拨给它们，这样做比把资金分配给很多组织更有效率。

- 易于给予

建立社区基金会会获得大量的监督，但基金会也许并不会让捐赠者来监督，尤其是那些并不是很富有的捐赠者。社区基金会为中产阶级和比较富裕的捐赠者提供了一种管理自己捐赠的战略，而不是通过正式的机构。

- 匿名捐赠

通过社区基金会可以匿名捐赠，特别是对于那些想把捐赠作为私人事务的个人或家庭。在这种情况下，捐赠的名义是该机构，而不是个人。

建立大家共享的社区

那些在日常生活中所遇到的问题，很有可能会毁了我们已然为自己建立起来的快乐生活。我们应该去关心那些不认识的人，或者是那些看起来遥不可及的情况，这对我们非常有必要。

——索诺玛社区基金会捐赠者及理事会成员

千百年来，艰苦奋斗和坚持不懈的精神一直引导着中国社会的发展；近几年，这种精神也使中国的经济发展获得了成功。但这种精神会为中国带来一种氛围，让人们认为个人及家庭的得失与安全要高于社会的利益。在经济大发展的初期，这是不可理喻的。然而，随着中国社会和经济的逐步成熟，通过多元化发展获得利益的人将有机会成为持有传统价值观的中国人的榜样。

社区基金会为富人和中产阶级提供了回报他们的社区的机会，将他们团结到一起，使他们有更大的影响力来帮助那些在经济发展浪潮中没富裕起来的人，同时也会促使他们所在的社区变得更有活力和吸引力。最终，捐赠者回报社区，社区基金会也会为他们的善行做出回报，形成一种良性循环。

社区领导团结起来建立社区基金会，他们能很快去响应变化中的中国的需求。世界银行和中国国务院发展研究中心的一份联合报告总结道："不断壮大的中产阶级越来越要求在方针政策的讨论决定中发出自己的声音……政府可以把其先前的职能慢慢转移到整个社会，使得民间人士可以通过新颖的方式建立网络，并建立创新和创造力的空间。"社区基金会可以改善社会参与，并引导民众的力量来为中国创造繁荣和和谐的未来。

巴特尔斯维尔社区基金会

The Bartlesville Community Foundation

第一节　背景信息

一　成立背景

巴特尔斯维尔社区基金会成立于 1999 年，作为一个免税的公共慈善团体，它向个体或组织接收、管理和分发礼品，从而促进所在区域的社会发展。基金会管理的每个基金有其自己的身份证明和慈善目的，每一个基金投资都能为社区带来好处，进而形成一个持久促进社区和谐的源泉。巴特尔斯维尔社区基金会的目标是创造一个更美好的社区，以便居住和工作。众所周知，在一个社区中，如果没有慷慨并愿意分享的人，社区基金会是不可能实现这个目标的。在巴特尔斯维尔社区基金会中，工作人员努力将慈善捐助变为一件简单的事情，并在此过程中确保每一笔捐助被最有效地使用。

管理一个非营利组织是非常具有挑战性的，巴特尔斯维尔社区基金会在这里为大家提供帮助。无论你是否期待一个养老或项目基金的合作者，工作人员都将珍惜与您合作的机会，同时，您也可以更加出色地完成任务。

二　愿景

巴特尔斯维尔社区基金会的愿望仅仅是提供一个简单的方法便于更多的社区居民行善。当您在学习更多关于巴特尔斯维尔社区基金会在做什么以及该社区基金会将如何为您提供服务时，真诚希望您会更了解整个巴特尔斯维尔社区共同的社会目标。

三　目标

巴特尔斯维尔社区基金会的主要目标是建立一个博爱的志愿基金组织，并且致力于一个自我良好发展的社区基金组织，在这里，可以实现多种慈善的意图，包括：

在正在运营的组织机构的基础上支持一个或几个慈善机构；

可以为一个特别的慈善机构或项目提供一个短期的基金机制；

创建一个为了慈善兴趣而建成的永久性基金捐助项目；

为当地的学生提供奖学金；

提供财务以便支持个人兴趣的一些特殊领域，诸如环境、社区发展或者教育等。

四　项目领域

巴特尔斯维尔社区基金会在2012年致力的项目领域有很多，具体如下：

1. 社区经济发展；
2. 消除社区饥饿贫困状态；
3. 共同建造人文的巴特尔斯维尔社区；
4. 创建并维护巴特尔斯维尔年轻人俱乐部；
5. 桥梁建造；
6. 联合社区行动的相关计划。

五　申请人资格

在过去的一段时间，向巴特尔斯维尔社区基金会申请资助的人有各种各样的理由。例如，有人考虑成立一个私募基金会，以为人们提供更大的税收优惠。有人正寻找方法，以支持多年来特定的某些组织，不想因为负债而失去捐助基金。有人愿意给一个已经建立的基金会捐款，就像愿意参加其他的慈善团体一样。有人致力于一个令巴特尔斯维尔社区发展得更好的志愿者组织，但是因为行政负担需要相应的帮助。不管出于以上哪种原因，这样的人都符合巴特尔斯维尔社区基金会的申请资格，都可以向该社区基金会提出申请。

第二节　项目资助信息

一　社区基金 2012 年滚动补助金捐助计划

2012 年，巴特尔斯维尔社区基金会将给予更多机会去应对社区的各种需求。因此，该基金会启动了一个全新申请过程，以便能够向非营利组织和慈善机构提供基金。两个捐助项目共同组成了 2012 年的滚动捐助计划，主要包括经济发展项目和消除饥饿项目。

经济发展项目专注于提高本地的经济情况，提高就业等级，同时消除社区中的贫困区域，与社区状况恶化作斗争，提高教育质量和科学发展，以便促进整个社区的经济发展。对于该地区捐助的上限是 15000 美元。

饥饿消除项目专注于减少整个社区的饥饿情况。对该地区捐助的上限是 10000 美元。

巴特尔斯维尔社区基金会接受此资格申请的截止日期为 2 月 13 日。初步的申请必须不迟于周一下午五点递交。资助最迟将于 2012 年 5 月 31 日获得。当然，您可以同时递交多于一个项目的申请，但是最终一个项目不能同时获得多于一个资助。同样，您可以从组织中申请多于一个项目。申请过程中，您需要递交六份相同的资助申请，如果每一份多于一页，请您将其钉在一起。

申请者必须回答格式中全部规定的九个问题，未完成的申请或者申请中没有使用格式化的将不予考虑。请用数字标出您的每个回答。这九个问题如下：

1. 组织的名称和合法的 ID 号码。

2. 您是否属于 501 免税组织？递交一份您的免税证明的副本。

3. 如果您的组织不是免税组织或者政治分支，请描述项目的慈善方面，如财富管制的定义。

4. 您申请什么项目的资助：（1）经济发展 ；（2）消除饥饿

5. 您申请项目的题目。

6. 您需求金额的数量。

7. 提供对项目的描述。

8. 简要阐述该项目是如何回报社区的。

9. 提供联系人姓名、地址、邮箱以及联系电话。

这些资助基金是可用的，因为大部分的捐助者均是巴特尔斯维尔社区基金会的支持者。基金会提供了各种各样的方法以便人们去进行捐助。巴特尔斯维尔社区基金会的主管乔哈利说：“在我们捐助者的支持下，我们能够将这些钱给予社区。”

想要获得更多有关资助循环的信息或者更多机会去支持巴特尔斯维尔社区基金会的工作可以联系哈利，电话为 918 - 337 - 2287。或者访问 www. bartlesvillefoundation. com。

补充：

一　免税目的

一般来说如果一个组织运营中包括如下区域，可以被视为免税组织：

1. 宗教

2. 慈善

3. 科技
4. 公共安全测试
5. 文学
6. 教育
7. 防止对儿童或动物施暴

二 对于慈善项目的定义

慈善项目包括：对于穷困的人的抚慰，以及对于社会地位低下的人群的解压；区域性的进步与提高；教育科学的进步；安装或维护公共设施以及相应工作；减轻政府负担以及任何致力于促进社会福利的组织项目，这其中又包括缓解邻居间的不良紧张关系，排除歧视与偏见，保护人权，与社区恶化和老年歧视作斗争。

二 巴特尔斯维尔社区基金会2012年资助计划

1. 起源及其目的

巴特尔斯维尔社区基金会由社区领导建立于1999年，作为一种简单的媒介去行善。向基金会捐助基金的合作者的初衷是提高整个巴特尔斯维尔社区的生活质量。

2. 限制

一般来说，基金会仅对非营利的有地位及资格的组织或者一个免税的慈善机构或组织进行捐助，资助在以下领域将不被授予：每年进行的基金筹措，组织捐助的基金，赤字财政，个人资助或者具有宗派目的。基金会将在一开始对每项资助进行审核。

3. 过程

巴特尔斯维尔社区基金会已经公布了资助的条件。滚动资助计划可能将致力于一个特定的领域，也可能对普通申请者开放。资助基金数额是变化的。基金会很少给予多年的资助。当资助金被提现，获得资助金的组织有义务将资金用于申请时所说的项目中去。当项目完成时，或者在接受资金9个月后，接受资助者将被要求填写书面回执。基金会将为全部的基金接受者提供资助回执指导。

4. 申请信息

申请基金时必须向巴特尔斯维尔社区基金会提供所有申请表格中要求的信息，提交的截止日期将在每个循环期公示。巴特尔斯维尔社区基金会是一个公众社区基金会，并且会灵活处理需求中的问题，在测评申请时，巴特尔斯维尔社区基金会主要从以下几个方面考虑：

1. 申请项目是否服务于巴特尔斯维尔社区、俄克拉荷马州或是周边地区。

2. 该项目是否首先考虑到社区需求以及它的性质、眼界和服务人数。

3. 该项目是否为社区提供正面影响。

4. 该项目是否复制其他社区服务。

5. 该项目是否会对社区需求产生重大影响，将会达成什么样的成果以及怎么样去衡量。

6. 该项目是否有一个健全的财务计划。

7. 在该项目结束后，基金怎样继续，如果不再提供资金，基金会怎么办。

8. 该项目是否具有一个社区支持的显著基础，比如志愿者的参与、邻居参与度及与其他组织的合作。

三　护理项目

罗杰斯州立大学派出代表参与巴特尔斯维尔的绿色财富活

动，罗杰斯大学为此设计一套计划，从为实用的医护人员、护理人员颁发许可，到同注册护士相衔接。完成相应的衔接项目后，学生将有资格参加注册护理许可证考试。学生们可以通过传统的课程、远程学习课程或者上网来完成所有程序和第二年课程的第二学士学位项目。此外，学生还可以利用两个占地 1000 平方英尺、配置无障碍设施的科学实验室和物理科学实验室来设计参与生物学课程。罗杰斯州立大学接收来自巴特尔斯维尔社区基金会的支持与帮助，协同玛丽查普曼基础医学教育、AEP/PSO 和简菲利普斯医学中心共同开展护理课程。根据近年来美国劳动统计局的预测统计，2016 年将有超过一百万名新护士投入社区中来满足当前以及计划中的需要。罗杰斯州立大学扩大了在巴特尔斯维尔校区的护理教育规模。相比于来自其他俄克拉荷马州的学院或大学的学生，罗杰斯州立大学的护理学生通常可拿到更高的分数通过许可证考试。去年，罗杰斯大学的护理通过率为 92%，而全国的平均水平为 85%。巴特尔斯维尔校区将添加一名全职护理教员，用来教授学生临床课程并提供相应建议。

巴特尔斯维尔社区的赖斯博士表示："罗杰斯州立大学开展的护理培养程序是对本地区注册护士严重短缺问题的一个突破性尝试。"

基思·马丁博士表示："根据以往科学的教育经验，我们可以肯定动手学习是实习课程中的一个重要部分，我们很高兴一些实验室可以全力支持我们的学习工作。"

罗杰斯州立大学代理护士管理员南希表示："我们真的非常兴奋，护理项目的扩大可以为居民提供更多高素质的护理服务，从而提高居民的卫生保健状况。"

这个护理衔接程序包括了巴特尔斯维尔校区的 24 名学生，当程序扩充人数后，它最终可能包括 36 个学生。

俄克拉荷马州委员会已经批准了该项目的运行程序。

马丁说："建立这样一个计划，建立新的实验室设施在巴特尔斯维尔校区将使得更多的学生考虑职业卫生保健。"

欲知更多信息，请致电338 - 8000（918）或访问www. rsu. edu。

四　巴特尔斯维尔志愿者网站提供志愿者更多机会

VolunteerBartlesville. com网站致力于在巴特尔斯维尔地区更好地筛选录用志愿者。

网站建立于2006年，经过升级改版，全新的升级版网站于5月7日正式投入使用，现在可以使民众更有效地参与非营利组织及志愿者活动。

该网站由俄克拉荷马州卫斯理大学的学生及导师共同建立，它的创建改变了巴特尔斯维尔地区传统的区域联系，与巴特尔斯维尔社区基金会建立了沟通合作关系的基础。该网站出现之前，每年举行的志愿者活动是通过康菲石油让志愿者同非营利组织连接起来。现在将这种联系升级为网络方式，可以使更多的潜在的志愿者来了解巴特尔斯维尔地区的机构组织，并且更简单有效地参与其中。这个社区志愿者网站为用户提供了两种方法找到志愿者机会。一个方法是战略匹配，网站会邀请一位志愿者填写自己的技能和特殊意愿，然后网站推荐匹配的需要、事件，以及相应的非营利组织，从而使志愿者可以找到适合自己的志愿活动，听从相应的非营利组织活动安排。另一个方法允许用户浏览本地区所有的非营利组织、事件和需求。

用任何一种方法，志愿者都可以像找朋友一样，找到一个适合自己的岗位，同相应的组织建立联系，取得更多更完善的信息。

我们通过提供不同的岗位以及志愿者信息，使得慈善行为渗透到更多人群中，从而获得更大的成功。

同时我们可以连接其他网站，例如创建自己的facebook和twitter，这样用户可以通过他们最喜欢的方式接收志愿者信息。俄克拉荷马州卫斯理大学通信艺术工作计划紧密结合巴特尔斯维尔区域联合方式和巴特尔斯维尔社区基金会计划。参与设计网站的学生表示，非常荣幸可以参与这项具有创造性的活动，体现了自己的能力，同时改变了以往的慈善方式。为了协助宣传新网站，合伙人组成了一个营销委员会。

“VolunteerBartlesville. com 是一个伟大的社群资源。它让全社区的志愿者通过自己的手指就可以找到志愿者机会。它允许他们自愿决定如何作出自己的贡献”，志愿者克劳奇说。

五 罗杰斯州立大学启动筹措基金活动

罗杰斯州立大学宣布它已收到超过 600 万美元的资金用于针对巴特尔斯维尔校园的募款活动。该公告是在星期四晚上的运动比赛上发布的。

竞选内阁主席的 Diven 认为高等教育需要密切联系私人以及公共部门，通过这次筹措基金活动，学校、私人、公共部门之间建立了良好密切的关系。这项基金筹措活动将给巴特尔斯维尔校区提供巨大的支持。

这项活动的重要由俄克拉荷马州高等教育资金债券计划构成，覆盖俄克拉荷马州的全境，康菲、简菲利普斯医疗中心，查普曼基础、俄克拉荷马州公共服务公司，SAP 美国公司和巴特尔斯维尔社区基金都有参与。此外，罗杰斯州立大学的理事会、校友、职工也为此作出了贡献。

活动实施后将对巴特尔斯维尔校园进行一系列的改善，包括学术项目的发展、建筑的翻新改造、电脑及实验室设备和教学用具的维护更新。

罗杰斯州立大学巴特尔斯维尔校区已经愈发完善成熟。在过去的一年里，该基金活动吸引公共与私人的投资。该公私合作项目加速了巴特尔斯维尔校区的建设。同时，通过该活动使得巴特尔斯维尔校区转移到了市中心，招生增加，完善了学生服务，建立了新校区的实习计划。去年秋天，760 名学生进入了巴特尔斯维尔校区学习，生源比之前大幅增加。大学招生官员表示，巴特尔斯维尔校区招生将增加到1000多名学生。该项目也使巴特尔斯维尔校区教职工人员增加，有效促进了该地区的经济发展。

六 一篇关于巴特尔斯维尔基金会成员的新闻

因为雪莉・考克斯对于疾病预防以及相关教育项目的长期关注，她将被授予2012年“巧克力味道”的荣誉。考克斯从小生于巴特尔斯维尔社区，并一直在这里成长。她1964年毕业于巴特尔斯维尔高中。继那之后，她进入了俄克拉荷马大学，曾在俄克拉荷马城任职法律秘书，直到1979年，她才回到巴特尔斯维尔社区。

一直以来，考克斯一直是巴特尔斯维尔社区的活跃成员，是巴特尔斯维尔建筑协会的执行官，同时，她还任职于撒玛利亚的咨询和增长中心、罗杰斯州立大学基金会委员会。在这之前，考克斯还曾经担任巴特尔斯维尔领导群中的主席，是巴特尔斯维尔城乡权威机构的成员，同时还是巴特尔斯维尔社区基金会受托人中的一员。

考克斯想要感谢颁予她“巧克力味道”奖项的人，她说：“家庭健康会所一直是我们社区中不可缺少的部分，它为巴特尔斯维尔社区的患者们提供了应有尽有的服务项目，当然还有那些巴特尔斯维尔社区周边的人们。”

第三节 管理结构

一 理事会构成

巴特尔斯维尔社区基金理事会认为，巴特尔斯维尔社区基金会得益于领导中的每个人愿意分享共同的爱心与激情，都拥有着同一个目标，那就是为了创建一个更和谐更美好的社会而努力。

该理事会每月举行定期会议，来制定巴特尔斯维尔的政策方针与方向，他们致力于将目光集中在为居民提供简单有效的方式，以便让他们参与其中，建立一个更加和谐的社会。

基金会 2011 年至 2012 年的名单：

鲍勃·帕莫里，理事会主席，菲利普斯退休人员
黛比·穆根伯格，副主席，注册会计师
斯宾塞金，司库，康菲石油
贝丝·希顿，秘书和前任主席、康菲石油退休人员

理事：

兰德，康菲石油
吉姆，Arvest 银行
查理·鲍尔曼先生、菲利浦石油公司退休人员
凯莉，66 年联邦信用合作社
丹·吉列姆，康菲石油
大卫，酿酒商，律师在法律
珍妮·柯克·帕特里克，社区志愿者
迈克，五月兄弟男子商店
凯文·波特，收音机公司
伯爵西尔斯，国家的代表
唐娜·史盖利，公司员工
肯特，员工
盖伊·萨瑟兰，菲利浦石油公司退休人员

二 招聘程序

请登录官方网站填写相应表格。

第四节　财务信息

2011 年财务信息

单位：美元

总收入	900988
资产总数	2424411
资产幅度	1000000 to 4999999
收　　入	900988
收入幅度	500000 to 999999

参考资料来源

www. bartlesvillefoundation. com.

加利福尼亚社区基金会

California Community Foundation

第一节 背景信息

一 历史发展

加利福尼亚社区基金会（California Community Foundation，简称CCF）成立于1915年，由洛杉矶银行家乔瑟夫·萨托利（Joseph Sartori）创办。成立之初的65年间，基金会主要做小型捐款，因捐款大多为设备和资金补助而被称为“打字机基金会”，累积的资产只有1700万美元，社会影响力不大。1980年，基金会进行彻底改组，将工作重点放在拉美裔移民问题上。1986年，美国国会通过《移民改革和控制法》，在国内引起了一系列新的社会问题，加利福尼亚社区基金会在当地发挥了重要作用，从而一跃成为美国知名的社区基金会，并且因其管理运营方面的创新和尝试，持续发展为继克利夫兰社区基金会之后的全美第二大社区基金会。

二 组织概况

加利福尼亚社区基金会累计资产超过10亿美元，是美国最大的社区基金会之一。加利福尼亚社区基金会每年收到大量慈善捐款，除去基本行政费用，几乎全部分配给各慈善项目。

作为社区基金会，加利福尼亚社区基金会聚焦社会变革中产生的问题，致力于促进洛杉矶地区和整个世界的进步。加利福尼亚社区基金会是洛杉矶社区的主要捐助人，同时是该地区非营利组织资金、技术和管理支持的主要提供者。基金会与不同的机构组织和舆论媒体合作，着力解决该地区所面临的最为紧迫和关键的问题，特别是在艺术、教育、医疗、住房和人类发展方面。

基金会在提供捐款的同时，也承担着其他的角色，包括：

- 个人、家庭、机构和企业慈善捐款的捍卫者
- 赠款和遗产资金的可靠管理者
- 非营利组织的资金、技术和管理支持的主要提供者
- 各类组织决策人和舆论媒体的积极合作者
- 洛杉矶地区最紧迫最重要问题的主要捐助人

加利福尼亚社区基金会资金来源主要有两个：

- 个人、家庭、机构和企业慈善捐款

基金会每年收到的慈善捐款几乎全部用于慈善项目的分配。从2003年到2011年，基金会共获得慈善捐款1.4亿美元，作出超过50000项赠款，总额为1.1亿美元。

- 资产投资增值

基金会的资本投资情况良好，其资产以平均每年10%~20%的速度增长。

三 基金会价值观和愿景

加利福尼亚社区基金会的核心原则是：注重效率、资产利用、合作伙伴的影响。

加利福尼亚社区基金会期望将洛杉矶建设成安全、繁荣和多样化的社区，因此，该基金会致力于：

- 增加洛杉矶地区的捐助者参与，争取更多慈善资金，解决与本地区生活质量息息相关的核心问题
- 为非营利组织提供支持服务，帮助确保其组织能力，以壮大洛杉矶社区非营利部门
- 引导公民参与，促进积极的社会变革
- 向捐助者、受助人及工作人员公开展示其运营效率

第二节 资助领域

洛杉矶因其发达的娱乐业和宜人气候而世界知名。而鲜有人知的是，洛杉矶地区有 40000 个非营利组织，每天都在为向最易受伤害的个人和家庭提供关键服务而奋斗。

在过去五年中，CCF 向这些非营利组织提供了 1 亿美元的战略性捐款，支持五个需求多样且需要长期系统性投资的核心领域：艺术、教育、卫生保健、住房保障和社区关系建设，以及人类发展。

该项战略性捐助成功的关键在于参与项目的工作人员对洛杉矶地区极度复杂的社会需求的了解。他们生长在洛杉矶地区，拥有广博的知识和专门技能，在非营利组织工作而获得第一手的经验，具有倾听的能力。这使他们能够了解受助人的利益、愿望和面临的挑战，帮助他们与受助人建立良好的合作关系，获得最好的结果。

加利福尼亚社区基金会注重持久的影响，为核心项目提供常年的资金支持。基金会也非常注重对非营利部门和公共政策进行系统性投资，提供能力建设和公众政策宣传补助。

一 资助方向

- 老年人

帮助老年人获得经济安全、全面的和负担得起的卫生保健，以及融入社会的机会。

- 艺术

支持艺术家更多地到艺术水平低下的社区服务。

- 基本需求

协助个人和家庭找到摆脱贫困的创新途径。

- 公民参与

使人们能够通过领导和协作解决社区问题。

- 残疾人士

提供身体残疾或发育不良者个人发展所需要的工具。

- 教育及奖学金

为个人提供奖学金资助，以寻找影响政策变化和鼓励家长参与的新途径。

- 环境

保护洛杉矶及世界各地的自然遗产和资源。

- 卫生及健康

推进医学研究和加强社区诊所，增加居民获得医疗保险的机会，促进洛杉矶居民的福祉。

- 住房和社区

对促进社区发展的坚定承诺。

- 国际捐助与赈灾

应对本地及世界各地的自然灾害，如马来西亚、加纳、厄瓜多尔。

- 宠物与动物

延续本基金在动物支持方面的传统。

- 退伍军人

改变慈善事业在为退伍军人、军队和军人家庭提供支持方面发挥的作用。

- 青年发展

促进因帮派暴力而处于危险中的儿童、持续暴露在有害环境条件下的儿童，以及被领养的青少年的成长与发展。

二　重点项目

- 社区基金会土地信托（CFLT）

自 2003 年以来，社区基金会土地信托已投资超过 2450 万元，帮助 550 余个家庭启动发展计划，并确保他们的经济适用住房的长期可持续性。

- 焦点基金

基于对洛杉矶的大胆展望，采取行动，解决紧迫的短期和长期的社会需求。通过与资助者和社区进行合作，最大限度地发挥我们的影响，促进重大的社会变革。

- 传递善举基金

传递善举基金是美国加州社区基金会旗下的基金，帮助本地社区中最易受伤害的个人和家庭，并请他们继续传播仁慈的理念。

- 伊拉克阿富汗部署影响基金

由2006年的一笔捐助开始，该基金对数以百万计的服役人员、退伍军人及其家庭提供直接的支持帮助，推动立法和政策的变化，加强公共宣传和研究，提高公众意识，改变了退伍军人的慈善领域。

- 青少年暑期活动基金

为来自低收入家庭以及处于危险环境中的青少年提供丰富多彩的暑期活动扩展项目。

- 艾尔蒙特社区建设计划（CBI）

关注历来被慈善资助者忽视的洛杉矶郊区地带，这个10年期的计划将帮助这里的儿童和青年人在未来更加成功。

- 移民一体化倡议

旨在加强洛杉矶县的移民和社区的社会、经济和公民参与。

- 洛杉矶学前教育宣传倡议（LAPAI）

学前教育与社区居民的利益有直接关系，提高公众对此问题的认识，促使洛杉矶县的所有儿童都获得高质量的早期护理和教育是LAPAI的终极目标。

- 准备明日成就的倡议（PAT）

这是一个为期五年、共计1200万美元的计划项目，旨在帮助南洛杉矶的青少年提高学业成绩和决策能力，并通过体育、音乐和娱乐活动获得更多自尊。

- 计划有关的投资

自 1986 年以来，CCF 一直为低收入群体提供低息贷款，支持他们购买经济适用的住房，并进行卫生保健设施扩建和其他人性化的、缺乏其他贷款机构支持的服务项目。

表 1　2010 年资助详情

单位：美元

受助人	地　点	金　额	资助期限
Good Samaritan 医院	洛杉矶	990000	一年以上
美国加利福尼亚南部核心资源中心	洛杉矶	200000	一年以上
南加州大学	洛杉矶	199441	一年以上
救世军南加州分会	洛杉矶	150000	一年以上
儿童诊所	长　岛	125000	一年以上
社区经济发展中心	奥克兰	125000	一年以上
洛杉矶东部社区合作组织	洛杉矶	100000	一年以上
社会与公共艺术资源中心	威尼斯	95000	一年以上
美国红十字会	洛杉矶	25000	一年以上
南加州社会学习与研究图书馆	洛杉矶	25000	一年以上
合　　计		1044441	

第三节　申请资助

赠款分配时优先考虑

1. 基金会合作伙伴，基金会支持非营利组织建立长期的方案，解决洛杉矶地区的主要社会问题——经济和教育的不公平现象。

2. 受资助的组织，能够与其他结果导向的组织合作。

3. 基金会提倡以整体性、多学科、综合的方法，在有限条件下解决本地区的重要问题。

4. 为了确保资源不足的地区和个人得以入选，基金会鼓励没有从主流基金来源获得资助的组织提出申请。

5. 基金会专注于为洛杉矶地区建立非营利性的基础设施，以此为优先事项或其方案与此密切联系的组织，基金会将提供核心操作方面的支持。

通常不被考虑的申请要求

- 同时多笔或连续三次以上对同一组织赠款
- 为满足艺术家的个人需求而直接援助（该基金会的视觉艺术家团体除外）
- 年度筹款活动
- 一次性的特别活动
- 以设立基金形式的捐赠
- 用于支付债务，或补充资金来源
- 购置设备（为完成某既定的组织目标所必需的除外）
- 以推广宗教为目的
- 政治组织或活动
- 新成立的非营利组织，其所提供的服务在本地已经存在、造成重复
- 故事片，纪录片或视频项目

申请资格

提出申请的组织须符合以下条件：

1. 非营利机构，根据美国国内税收法规规定明确拥有免税地位，且不属于私人基金会；

2. 位于洛杉矶地区，主要服务于洛杉矶地区居民，能够在地

区、州或国家的公共政策影响之外惠及较多的本地人口；

3. 在人员招聘或提供服务时不因种族、宗教、性别、性倾向、年龄、国籍或残疾而进行歧视；

此外，加利福尼亚社区基金会在每一个战略领域有特别的资格条件，并在其网站列明了许多详细问题，以帮助申请者确定其是否符合申请资格。

详见 https：//www. calfund. org/page. aspx？ pid =788。

其他的机会

- FEDCO 教师基金

每年颁发给洛杉矶的进行 12 岁以下基础教育的公立和私立学校的教师，向重视以经验为基础的教学方法的教师提供资助。

- 中外视觉艺术家奖学金

洛杉矶地区新涌现的，以及处于职业生涯中期的视觉艺术家。获奖者将收到 15000 ~ 20000 美元的赠款用于支持其专业发展。

- Centinela 医疗基金
- 管理支持性组织
- 计划有关的投资
- 塞尔玛·珍珠·霍华德基金会

其他非营利性支持

旨在加强洛杉矶地区的非营利部门整体，无论该受助组织当前是否正在接受捐助款项。

为诸如非营利组织管理中心、主根基金会和非营利金融基金等非营利性组织提供人员培训、工作场所、咨询服务，以及能够加强非营利组织实力的机遇。

第四节　管理结构

一　主要领导人

表 2　主要领导人名单

姓　名	职　务	在其他机构兼任
Antonia Hernandez	理事会主席及行政总裁	—
John E. Kobara	执行副总裁兼首席运营官	—
Steven J. Cobb	副总裁兼首席财务官	—
Nichole Baker	捐助开发及捐助者关系副总裁	—
María Blanco	公民参与副总裁	—
Carol Bradford	资深大律师和慈善顾问	—
Nike Irvin	项目副总裁	—
Ann Sewill	土地信托公益基金总裁 住房和社区关系副总裁	—
Carolyn Steffen	财务总监	—

二　理事会成员

表 3　理事会成员名单

姓　名	职　务	在其他机构兼任
Sheldon M. Stone	理事会主席	橡树资本管理有限责任公司负责人
Cynthia Ann Telles	主委当选人	加州大学洛杉矶分校医学院西班牙语心理诊所主任
Antonia Hernández	总裁兼首席执行官	

续表

姓 名	职 务	在其他机构兼任
Patrick Dowling		加州大学洛杉矶分校大卫·格芬医学院家庭医学系主席
Reveta Bowers		早期教育中心校长
Louise Henry Bryson		终身电影网前执行副总裁兼总经理
Dr. Patrick Dowling		加州大学洛杉矶分校大卫·格芬医学院家庭医学系主席
David W. Fleming		Latham & Watkins 事务所顾问国土资源部法律顾问
Dennis Gertmenian		Foxdale Properties 首席执行官
Meloni M. Hallock		相思树财富顾问首席执行官
Preston L. C. Johnson		约翰逊·马丁顾问公司创始人及总裁
Joanne Corday Kozberg		加州策略公司合伙人
Carlos R. Moreno		前加利福尼亚州最高法院法官
Quan Phung		20 世纪福克斯电视前高级副总裁
Todd Quinn		范式公司首席财务官
Paul Schulz		美国红十字会大洛杉矶兼首席执行官
Jean Bixby Smith		洛斯阿拉米托斯地产公司理事长兼总裁

续表

姓　名	职　务	在其他机构兼任
Melanie Staggs		Goodsearch 有限责任公司咨询部委员
Catherine L. Unger		公共事务顾问
Tom Unterman		峡谷投资机构合作管理者
Sonia Marie De León de Vega		圣塞西莉亚交响乐团指挥
Ronald T. VeraPartner		Vera & Barbosa 事务所合伙人
Marie Brooks Washington		华盛顿斯图尔特基金会前财务及行政副总裁
William C. Choi		Rodriguez, Horii, Choi and Cafferata 律师事务所总顾问

第五节　财务管理

成立近一百年以来，加利福尼亚社区基金会一直努力做到财政负责和捐赠资产管理工作透明。自 1915 年成立起，CCF 已经收到 15 亿美元的捐款，将 11 亿美元有效且有针对性地赠予洛杉矶地区及世界各地。自 2003 年起，基金会的资产增加了一倍，目前 CCF 管理着超过 10 亿美元的资产。

CCF 依托其强有力的理事会、专业的投资委员会和高素质的员工，以与其价值观和愿景相符合的模式进行资金管理，短期需求和长期需要兼顾。

资产配置情况

永久池

该部分资金以长期增长和多元化增值为投资目的。永久池当前的资产配置：50% 股票、20% 的固定收益债券和 30% 可供替代的投资策略。

永久池是扣除年度助学金和费用分配后的留存（净值），代表基金会经过通货膨胀调整后真正的资产购买力。另外，永久池为赠款和费用提供了相对可预见的、稳定的现金流。

小贴士

资金池（Cash Pooling）也称现金总库。最早是由跨国公司的财务公司与国际银行联手开发的资金管理模式，以统一调拨集团的全球资金，最大限度地降低集团持有的净头寸。基金也是一个资金池，资金的流入流出使基金会可以用于投资的资金处于一个相对稳定的状态。

短期流动资金池

该部分资金用于进行投资以满足短期行动的资金需求。

投资高品质的短期固定收益工具和现金工具以保证本金，确保流动性，并为当前和未来的需求提供周转资金。

投资合作伙伴：城市国民银行。

社会责任资金池

该部分资金用于投资共同基金，参与多个社会领域和长远目标项目。

将可持续投资策略与严格的财务、社会和政府治理分析结合，按市场利率获得足够的报酬以满足基金会的长期（超过五年）支出政策和投资管理费用。

投资合作伙伴：派克斯世界基金。

表 4　截至 2011 年 6 月 30 日的财务状况

单位：美元

资　产	1242402000
收到捐款	106597000
支出	125737718
捐赠	117608000
有效捐赠款额	117608000

资料来源：本节中的信息，包括国税局的文件、审定财务状况和投资业绩报告，展现了 CCF 卓越的管理效率。详见 https：//www. calfund. org/page. aspx？ pid = 867。

第六节　透明度和信息公开

在财务透明度及信息公开方面，加利福尼亚社区基金会始终走在同行前列。CCF 将财务透明作为其主要原则之一，定期在其网站公布各期财务报告。

加利福尼亚社区基金会及时详尽地在网站的新闻室部分公布其最新资助项目进展及各项活动的详细信息。

以下为加利福尼亚社区基金会报告项目进展的网页截图。

加利福尼亚社区基金会报告项目的网页截图

第七节 特点分析

重大转折

加利福尼亚社区基金会成立于1915年，在很长时期内只做小型捐款，不为社会所重视。到1980年才进行彻底改组，一跃成为全美国知名的有特色的社区基金会。

转折起因于基金会理事会的一名负责人谢克里（Jack Shakely）的一篇文章，批评CCF常年工作因循守旧、缺乏创新，因而没有起色，并以之与旧金山基金会作对比。当时的CCF管理委员会会长就把谢克里请到洛杉矶来，说服管理委员会聘他为CCF的执行主任。谢克里上任后进行了一系列的整顿，开始把工作重点放在拉美裔移民问题上。因为加州特别是南加州是墨西哥和其他拉美移民集中的地方，他们对建设加州作出过很大的贡献。加州既需要拉美的劳动力，又担心大量移民带来的问题。随着美国经济繁荣或不景气，对移民的政策也时松时紧，政策紧时，非法移民的数量就大大增加，造成更严重的问题。

1986年，国会通过《移民改革和控制法》，一方面增加边境巡逻，杜绝非法移民，另一方面对自1982年以来连续居住在美国的非法移民实行特赦，允许其成为合法居民。这部法律基本上涉及的是墨西哥移民。谢克里过去曾参加和平队，到哥斯达黎加工作过，对拉美比较熟悉。根据有关的研究报告预测，到2010年，60%的加州居民将是少数族裔，其中2/3是拉美裔。由于实际上非法移民是无法杜绝的，大量此类移民享受不到任何医疗保险之类的福利。

谢克里及其同事认为新移民法的通过给了CCF一个难得的发挥作用的机会，可以一展抱负。其工作有以下内容：经常召开拉美裔居民代表和企业家、私人基金会的座谈会，以了解需求；设立各种帮助拉美裔居民的基金，例如建立专为难民服务的免费医疗中心、资助学校、资助艺术家等；对根据新移民法可以转为合法的拉美移民所需的申请费用给予资助；资助一份最大的西班牙语日报《民意》。

首创贷款方式

CCF 一项重要的创举是建立新美国人基金（Fund for New Americans）。

这是谢克里的创意，这个基金与一般赠款的做法不同，是采取贷款方式。谢克里认为这样做与单纯赠予相比，其好处是：一方面使基金会的有限资金得到回收，另一方面使接受者有自尊，感觉受到信任，并且通过正常途径很快融入社会生活的主流。但由于这一做法很不寻常，因此阻力很大。

通过谢克里的努力，CCF 首先找到了加州太平洋保险银行同意合作，然后说服理事会先拨款 50 万美元。CCF 历史上最大的一次性拨款是 15 万美元，所以理事会通过这一方案也颇费唇舌。谢克里根据自己的计算，得出需要 100 万美元方能满足所有移民需求的结论。其余 50 万美元则通过向其他非营利机构募捐凑足。

具体做法是把 100 万美元资金存入太平洋保险银行，由银行负责培训人员向应该转化身份的移民宣传解释贷款的意义、帮助其填写申请表、审查其是否符合条件，然后以 10% 的低利给家庭或个人发放贷款，两年以后归还。

在实践中最难的是贷款部分。CCF 于 1987 年 7 月召开记者招待会，正式宣布启动这一项目，并委托若干家非营利机构代为办理申请事宜，但是开始后相当一段时期内，申请者寥寥。原因一是规定的申请人资格条件过于苛刻，不符合移民的实际状况（例如对其偿还能力的估计等）；二是没有考虑到文化因素，许多拉美人不习惯向银行等机构借款，而习惯于朋友间互借；三是不少移民有种种顾虑，不愿如实回答表格所设计的过细的调查问题。经过调查研究，CCF 调整了贷款条件，加强了宣传，到后期申请才开始踊跃起来。到一年期满截止时，共发放 1606 项贷款，总计 538400 美元，比原来预计的 3000～6000 项相差甚远。所筹得的资金尚余 60 万美元，一部分退还原捐赠者，另一部分留下转入其他项目。

这次尝试就直接效果而言，被认为成功和失败参半。原因主要是经验不足，对移民问题的复杂性和移民的心理估计不准确；并且美国当时在中美洲的政策是其国内有争议的问题，许多非法移民是为政治所迫，CCF 的做法是以承认新移民法为前提的，这本身就不为一部分拉美流亡者所接受。但是就已经接受贷款的部分移民来说，结果是成功的，数目虽小，却是雪中送炭，后来的归还率大大超出预期。

对基金会自身而言，这是一次成功的创新，不但开创了一种新的资助方式，而且为以后此类大额拨款开了先例。后来，CCF 又为社区一项艾滋病项目捐款 50 万美元，与福特基金会相同。

参考资料来源

加利福尼亚社区基金会官方网站：http：//www. calfund. org/。

资中筠：《财富的归宿》，上海人民出版社，2006。

美国首都地区社区基金会

The Community Foundation for the National Capital Region

第一节　美国首都地区社区基金会的建立背景

一　美国首都地区社区基金会历史简介

美国首都地区社区基金会是位于华盛顿特区的非营利组织，该基金会的使命是通过为全社区人民乃至美国人民提供解决重要问题的领导力来鼓励并支持捐赠。美国首都地区社区基金会始建于 1973 年 12 月，最初名为大华盛顿社区基金会，遵从哥伦比亚特区非营利企业法规。美国首都地区社区基金会于 1974 年 1 月开始运作。该基金会的性质是免税的非营利组织，该组织遵守国内税收法规第 501（c）（3）条。该社区基金会被美国国税局分类为公共扶持组织。

美国首都地区社区基金会建立以来不断发展强大，向社会提供了大范围的慈善服务，以此促进包括慈善捐赠、捐赠管理、财产规划、资产管理、慈善顾问服务以及多方面来源的非营利利润的慈善捐赠发展。美国首都地区社区基金会以每年管理并实施数百万美元捐款而成为华盛顿地区最大的慈善组织。

二　美国首都地区社区基金会的使命

美国首都地区社区基金会的使命是通过鼓励和支持有效捐赠和为社区重要问题提供领导力使华盛顿地区变得强盛。该基金会是个捐赠者的摇篮，致力于在华盛顿及华盛顿以外地区激发和创造改变。美国首都地区社区基金会及其两个附属基金会——蒙哥马利郡社区基金会及乔治王子郡社区基金会——是全国由 700 家社区基金会组成的网络的一部分，它们是免税的公共慈善机构，组成结构包括由个人、家庭、企业和其他组织建立的慈善捐赠基金会。该社区基金会目前经营超过800家捐款方基金会，总资产多达3亿6000万美元。该基金会是大华盛顿区最大的非营利组织，2010财年捐款总额超过5000万美元。

和其他社区基金会一样，美国首都地区社区基金会扮演多重角色——基金管理者、捐赠者、会议召集者、催化剂等。通过该基金会进行捐赠，应该说，捐赠者选择合理，理由充分。

第二节　捐赠项目

社区计划

1. 2011年度会议：将种族问题提上议程

2011年1月15日

美国首都地区社区基金会一直以来都相信平等、途径和机会是每个人都应得到的。然而种族主义所创造出来的障碍不同程度地使华盛顿地区乃至全国的社区出现边缘化现象。

过去几十年，该基金会在提高社区对种族不平等现象的意识和促进减少种族不平等等方面一直在努力。一种方法是系列讨论专题：将种族问题提上议程，旨在培养在大华盛顿地区的种族和平等问题上作真诚对话。2011年的讨论格外引发共鸣，因为美国人口普查数据表明首都地区的种族多样化甚于从前。

首都地区社区基金会对社会公正的贡献

首都地区是目前最多样化的区域之一，这种多样化是最重要的长处之一，这点从该社区基金会过去几十年的捐赠和特殊计划中可以看出。该社区基金会同捐赠者和社区伙伴共同努力解决一系列和种族相交叉的重要问题。该社区基金会实现这些计划是通过以下途径。

投资从事解决不平等问题的非营利机构

该社区基金会及其捐赠者已经向优质项目和旨在解决教育、酒业、住房、医疗和国民机会及其他方面的种族不平等的非营利机构投资几百万美元。项目通常是由基金会和捐赠者、地方和国家基金会、企业和地方政府合作完成。

合作模式包括：

- 华盛顿地区移民联盟：一个区域性领导集团，过去7年间，在提升对该地区变化的民主意识，建立服务于移民者地位和发言权，以及解决围绕教育、语言、劳动力、公民身份和移民者权利等方面投入超过360万美元。
- 共同立场基金会：在该地区种族多样化社区社会公正方面投资。
- 平等联盟：为在大华盛顿区工作的非营利机构的有色人种领袖提供领导力发展投资。
- 教育组织合作社：支持低收入家庭的青少年及家人参加哥伦比亚特区的教育改革。
- 大华盛顿区劳动力发展合作：投资帮助低收入成年人获得并保持收入、福利和发展机会良好的工作。

建立局部意识

通过召集社区成员、捐赠者、慈善组织、政府代表、企业领导和基于信仰的组织机构召开会议，首都地区社区基金会努力强化大家对首都地区的低收入有色人群的各种问题（从教室质量问题到医疗质量问题）的认识。

通过对种族问题的观察，将种族问题提入议程论坛，解决了一些最为棘手的社区问题。

另外，从2003年7月起，首都地区社区基金会出版了捐赠精神指南，该指南是捐赠者对高效非营利组织和关于社区重要问题进行了解的信息来源。

投资研究

首都地区社区基金会开展了经国家认可的关于种族对华盛顿地区影响的研究。研究和报告包括：《问题浅析：家长领导力2006》《问题浅析：劳动力英语2006》《问题浅析：青年参与2006》。

2. 社区需求基金会

人们为了最基本的需求苦苦挣扎——衣食住行——虽然本应该帮助人们的社会保障类机构也在挣扎着满足人们日益增长的需求，但是它们的资金却在逐渐减少。社区需求基金就是要保证社会安全网的持续牢固。

2008年年底，美国首都地区社区基金会建立了社区需求基金会，旨在帮助安全网组织为首都地区成千上万的家庭和个人提供衣食住行等最基本需求。社区需求基金会是首都地区该类型的基金会中最大的，在全国也是最大的之一，同时还包括由蒙哥马利郡社区基金会捐赠者建立的附属基金会。

建立伊始，各年龄段和各收入水平的捐赠者便慷慨捐赠。社区需求基金会筹集资金达500万美元，向超过110家非营利组织提供衣食住行、财政资助和止赎预防资助。该基金会支持两种工作：

- 直接服务：向首都地区最有效地提供基础社保服务，包括向医疗、处方和心理健康方面服务的非营利组织提供普通运行支持。

- 系统改革：投资改善地方政府、信仰团体和非营利组织对社保服务的实施。

社区需求基金会的目标是解决首都地区在当前经济危机环境下所面临的最具挑战性、最有压力的问题。

3. 教育组织合作社

教育组织合作社建立于2007年春，教育组织合作社旨在实现首都地区社区基金会的长远目标：极大地增加低收入家庭的儿童、青年和成年人的机遇，使他们能够受益于地区繁荣并能够为社区作出贡献。教育组织合作社和哥伦比亚地区公立学校系统和哥伦比亚地区特许学校学生共同合作，目的在于将高中毕业学生数量增加一倍。这种途径的核心是相信系统组织低收入家庭和青年对公立和特许学校计划的影响，以及有色人种儿童对学术发展和社会发展的影响力。

教育组织合作社是首都地区社区基金会和其他地方和国家基金会联合致力于增加该地区高中毕业生数量的合作性组织。短短的三年间，教育组织合作社便产生了极大影响，无论是学生和家长还是社区和学校，都认为教育组织合作社具有积极影响。

4. 劳动力发展

指导社区居民终身就业

首都地区社区基金会致力于保证所有首都地区居民拥有公平、途径和机遇。这个长期目标通过投资优质教育、劳动力发展和安全网计划得以实现。劳动力发展领域的目标是通过增加首都地区取得中高级凭证的成年人来改善工人的就业前景和收入水平。

众所周知，首都地区的经济越来越要求具有高水平知识和技术的工人。随着低等技术需求的降低，成千上万的人面临失业，并缺少应有的技术去找新的工作或者保持一份工作。招聘者看重文凭，因此劳动力发展是联系成年教育培训和招聘者最低需求的纽带。

首都地区社区基金会追求劳动力发展的三种途径：

①投资过渡性课程，从而为地区居民进入社区大学增加途径。

②通过大华盛顿区劳动力发展合作组织增加该地区在劳动力发展领域的合作。

③增加在有效劳动力发展项目上的投资。

5. 非营利部门和领导力发展

该社区基金会致力于强化首都地区非营利组织将华盛顿地区变成为所有居民提供机会的地方方面的工作。通过定向捐赠、普通捐赠和其他能力建设和领导力发展等方面的资助，该基金会帮助加强首都地区的非营利组织和它们的领导者。首都地区社区基金会正在努力促进非营利部门的价值和效率。

林诺维斯领导力奖

通过年度林诺维斯领导力奖，一直默默无闻地用自己的创造力、洞察力和领导力改善大华盛顿区人民的生活质量并激励个人得到认可。

非营利组织发展基金会

非营利组织发展基金会隶属于附属基金会蒙哥马利郡社区基金会，致力于建立对蒙哥马利郡非营利部门的认识。

非营利村

由首都地区社区基金会的附属基金会蒙哥马利郡社区基金会带头，非营利村工程致力于创造出非营利组织能够高效节约地实施其业务的空间。

乔治王子郡合作项目

由首都地区社区基金会的附属基金会乔治王子郡社区基金会带头，这个项目将非营利组织、企业、政府和社区领导聚集到一起，为该地区的健康快速发展共同努力。

6. 区域合作

首都地区社区基金会是着眼于区域的全国性运动，基于对低收入社区及其居民的未来前景与区域、社会、政治和经济因素息息相关的实施的认识。

要改善低收入社区的生计需要区域分析和行动。因此，首都地区社区基金会致力于加强首都地区跨领域和跨地域合作的能力来缩小差距。实现这种努力需要民众参与，社区成员的声音需要被倾听被重视。

7. 危机预案及应对

在应对和预防灾难方面，首都地区社区基金会长久以来一直扮演着领导角色。

幸存者基金会

2001 年 9 月 11 日的灾难发生后的几个小时内，首都地区社区基金会领导迅速建立幸存者基金会，后来成为全国致力于支持“9・11”袭击事件幸存者最大的基金会。

卡特里娜胸怀基金会

2005 年，首都地区社区基金会建立基金会，资助墨西哥湾海岸地区受到飓风影响的人们，包括撤退到大华盛顿社区的人。

大华盛顿非营利应急准备特遣部队基金会

“9·11”过后，首都地区社区基金会召集了慈善机构和非营利组织领导视察灾难应对部门，加强这个部门在应对灾难方面的作用。

8. 地域影响

首都地区社区基金会服务于大华盛顿区的众多社区：

- 华盛顿
- 蒙哥马利郡
- 乔治王子郡
- 阿灵顿郡，弗吉尼亚
- 亚历山大市，弗吉尼亚
- 福尔斯彻奇市，弗吉尼亚
- 费尔法克斯郡，弗吉尼亚
- 劳登郡，弗吉尼亚
- 威廉王子郡，弗吉尼亚（仅受社区需求基金会捐赠）

尽管首都地区社区基金会鼓励捐赠者在所有地区范围进行慈善捐赠，但是主要还是鼓励居民在当地或该区域进行捐赠。

第三节　基金会类型和捐赠方式

一　基金会种类

捐赠人指导型基金会

捐赠人指导型基金会是最灵活的基金会，允许客户将他们的慈善捐赠合并到一个投资渠道。这种类型的基金会一旦建立，客户可以在任何时间提出向遵循国内税收法规第501(c)（3）条的公共慈善捐款500美元或以上。他们可以自行建议向他们捐赠过的慈善机构捐款，或者由社区基金会提供关于慈善组织或关注领域的信息，并协助他们选择受益人。这种基金会对于那些想个人参与到捐赠过程中的人比较有用。

指定基金会

客户可以指定一个或多个特定组织或者代理。他们的捐赠具有长期收益，并向他们选择的慈善组织进行永久捐赠。另外，他们的指定长期有效，除非所指定的组织停止他们指定的资助服务。

关注领域基金会

关注领域基金会使客户有机会向他们最关注的一个或多个领域提供捐赠，例如教育、青年、健康、艺术等。这种基金会资助范围广泛，但通常限于某个区域。首都地区社区基金会中经验丰富、知识广博的工作人员会用他们的专业来帮助客户识别、评估和确定他们所关注领域中最有资格获得资助的组织或项目。

奖学金基金会

奖学金基金会使客户能够帮助那些值得资助的学生完成学业。客户可以指定从学前教育到硕士教育的任何教育水平、任何学习领域和任何资格要求。

非限制性基金会

非限制性基金会对于建立能够响应变化和不断出现的需求的灵活应对型社区捐赠基金来说非常重要。这种基金会使首都地区的社区基金会及其地方附属基金会能够向一系列社区计划和服务进行捐赠。非限制性基金会的捐赠者允许基金会理事会决定怎样最具效率地投资他们的资金，从而满足社区最迫切的需求，而不去指定捐赠的钱如何花。

辅助组织型基金会

家庭或者企业可以选择作为辅助组织附属于首都地区社区基金会，这种基金会有自己的身份，捐赠者可以全面参与组织的捐赠、投资决定和运作方式。辅助组织不仅能够受益于首都地区社区基金会有利的税收法规，还能受益于社区基金会的专业行政管理。

捐赠代理

捐赠代理可以由非营利组织建立。捐赠代理集合来自许多不同捐赠者的捐款用于投资，本金产生的收益将用于非营利组织的慈善项目和运作。捐赠代理不会耗费非营利组织的资金，使它们少了管理资产和资产投资的压力。但是每年捐赠代理要收取基金结存款的0.5%作为和该基金相关的管理费用。

二　捐赠方式

全额捐款：现金和信用卡

增值财产：公开交易股票、不公开股票、不动产

私募基金会资产

计划捐款：遗产、人寿保险、剩余资金慈善信托、信托、慈善捐赠年金、同享收入基金

退休金账户

终身财产

三　项目领域

教育组织合作社

大华盛顿地区劳动力发展合作

林诺维斯领导力奖

社区需求基金会

奖学金

四　资助领域

艺术

儿童、青少年、服务

民权、人权维护

社区发展、经济发展

教育

初等教育、中等教育

环境

卫生保健

卫生组织

住房

人群服务

非营利性管理

青少年发展、服务

五　捐赠资金来源

来自捐赠人指导型基金会的善款

捐赠人指导型基金会筹集的善款占大概整个基金会筹款的90%，远远超过我们的控制。这种情况下，资金捐赠者向我们建议向特定非营利组织捐赠特定金额的善款。

来自关注领域基金会的善款

建立关注领域基金会的捐赠者鉴别出他们感兴趣的慈善事业类型或组织类型，然后向专业的社区投资顾问团队咨询在该领域杰出的非营利组织。

来自社区领导基金会的善款

这个基金会代表了美国首都地区社区基金会本身的捐赠钱款，这些捐款来自个人、企业、基金会以及其他来源的贡献与支持。社区领导基金会通常支持那些开展同优先捐赠教育、劳动力发展和安全网问题等领域直接相关的慈善项目和活动的非营利组织。

第四节　基金会项目资助申请指南

基金建立流程

在首都地区社区基金会建立基金非常快捷、容易并且高效，多数情况下，一个基金不到 24 小时就可以生效。在基金建立和额外捐赠发生时，捐赠者可以获得减免税款的优惠。

- 确定慈善目的和意图
- 选择最好实现该目的或意图的基金种类
- 完成简单的管理文件
- 命名该基金
- 指定基金的咨询顾问
- 通过设立捐献激活该基金

基金一旦设立，捐赠者可以：

1. 在任何时间向基金中注入任何金额捐款。

2. 指定捐款支出的确认方式。该捐赠者可以使用他/她自己基金的名字，也可以保持匿名。

3. 向全美国乃至全世界任何非营利组织进行捐赠。

第五节　组织管理结构

一　组织结构

美国首都地区社区基金会由一系列捐赠者建立的或者社区基

金会内部设立的附属基金会构成。首都地区社区基金会服务于大华盛顿地区。为了为大华盛顿区附属地区提供专门服务，首都地区社区基金会采用区域附属组织结构，建立了两个区域附属社区基金会，分别是蒙哥马利郡社区基金会和乔治王子郡社区基金会，将社区基金会的活动本土化。

美国首都地区社区基金会拥有近700家由华盛顿地区个人、家庭和企业设立的捐赠人指导型基金会和关注领域基金会，每个基金会都有各自的捐赠优先权。

二 理事会

基金会董事会由不同性质的来自19个杰出领域的常驻董事构成，代表首都地区商业、教育以及非营利部门。同时也有来自蒙哥马利郡、乔治王子郡及哥伦比亚特区的咨询委员会代表。董事会任期通常为2~3年。

下面是理事会结构：

主管

小大卫·布拉特，WTAS有限责任公司主席
卡萝·汤普森，科尔公益创投合伙人副主席
小博·琼斯，华盛顿邮报财务主任
帕特丽夏·麦奎尔，三一学院秘书

荣誉职位

维多利亚·桑特，华盛顿峰会基金

理事

埃里克·艾德勒，种子基金会
费尔南多·巴鲁塔

约翰·特里
比蒂·布朗，顾问
弗吉尼亚·张，麦克林资产管理公司
泰丽·李·弗里曼，美国首都地区社区基金会主席
威蒂亚·海伍德
凯瑞·夸西维
G. 霍尔曼，乔治王子郡社区基金会主席
罗莎琳·里维·乔纳斯，蒙哥马利郡社区基金会主席
南希·傅里
温蒂·汤普森·玛吉士，玛瑙媒体集团/EVS 通信
丹尼尔·梅耶斯，哥伦比亚地区咨询委员会主席
吉恩·萨克斯，克里沙合伙人
塞缪尔·薛瑞柏，美国富国银行
皮特·史密斯，斯密斯咨询公司
马丁·温斯坦，威尔基，法尔 & 盖拉格尔有限责任合伙人

三　美国首都地区社区基金会如何运作

社区基金会总体上来说是个复杂的机构，因为它们在众多问题上服务于广泛的受众。美国首都地区社区基金会也不例外。但是美国首都地区社区基金会日常工作基本围绕两个方面。

1. 该社区基金会促进慈善捐赠。该社区基金会和个人、家庭、企业领导和其他人共同工作，通过捐赠帮助他们为社区改变作出贡献。最常见的方法之一是通过首都地区社区基金会建立慈善捐赠基金。一旦建立慈善基金，社区基金会会和捐赠者一起从捐赠者建立的基金会中捐款给非营利组织，地点在华盛顿地区，或者全国，甚至走向国际。社区基金会见多识广的工作人员会作为捐赠者私人基金会员工，向捐赠者建议可投入集团，组织现场

考察并将志趣相投的捐赠者聚到一起。目前，首都地区社区基金会有超过800家慈善捐赠基金会，净资产多达3.6亿美元。

2. 该社区基金会扮演榜样的角色。该社区基金会发现影响到社区的问题，将企业领导者、政府和非营利部门聚集起来商讨持久的解决方案。从“9·11”事件到目前经济衰退再到改善教育，该社区基金会为社区成员提供为社区最重要问题的解决作出贡献的机会。

下面的信息提供了该社区基金会是怎样帮助捐赠者实现他们的慈善捐赠目标的。

对目前的捐赠者、未来的捐赠者和财政顾问

资产管理

金融和发展团队为捐赠者的慈善基金提供可靠的财政建议和管理建议。

捐赠管理

捐赠管理根据捐赠者需求而灵活多变。很多捐赠者建议从他们建立的基金会中向特定的非营利组织捐赠。捐赠管理工作人员对非营利组织进行严格考察，对捐赠者提出的捐赠建议进行处理并提供捐赠者捐赠历史报告。

不动产规划

首都地区社区基金会鼓励捐赠者加入该社区基金会的遗产社，这让捐赠者能在去世后继续进行慈善捐赠，并且中间要缴的税更低。

慈善咨询服务

首都地区社区基金会通过管理捐赠过程帮助捐赠者实现慈善捐赠的目标。咨询活动帮助捐赠者发展或集中他们的捐赠习惯，了解更加高效的非营利组织，复审捐赠申请，组织现场考察以及执行捐赠后评估。

非营利组织

捐赠管理

一些捐赠者不接受基金会主动提供的捐赠申请，而是直到基金会向他们选择的非营利组织提供捐赠。接受基金会主动提供的关于他们关注领域的建议的捐赠者要求基金会起草征求建议书（RFP）。

任何对慈善、对社区问题和对回报社会感兴趣的人

建立认识

作为华盛顿地区最大的慈善机构，首都地区社区基金会认识到它负有责任培养公众对积极改变的需求的理解，以及促进区域非营利组织的慈善工作的开展。

召开会议

该社区基金会扮演首都地区居于首位的召集者，召集区域基金会、非营利组织领导者、公司决策者、政府代表和其他利益相关者探讨重要问题和发展可行的解决办法。

赞助面向问题的研究

该社区基金会在研究重要社区问题和出版研究结果方面具有悠久历史。

第六节　财务报告

下列数据来自美国首都地区社区基金会及其附属基金会 2011 年 3 月和 2010 年 3 月的统一财务状况报告。

表 1　资产

单位：美元

资　产	2011 年	2010 年
现金及现金等价物	46163051	48901435
投资	311367417	300909270
代其他人进行的投资	5116178	2899176
应收捐献和抵押	1960160	2996986
应收票据，当前净价值贴现 31875 美元和 123482 美元	813709	939173
慈善信托应收账款	2216905	2216905
利息及其他应收账款	441853	482762
预付开支和其他资产	279052	256807
总资产	36358325	359602514

表 2　负债和净资产

单位：美元

负　债	2011 年	2010 年
应付账款和应计费用	1411855	1243384
捐赠和拨款，应付账款当前净价值贴现 52481 美元和 239375 美元	11187403	17142316
寄存在信托中其他人的资金	5116178	2899176
总负债	17715436	21284876
净资产	2011 年	2010 年
非限制资产		
运作资金	5560026	6230167
辅助组织资金	33430674	32327701
捐赠者指导和其他资金	304341454	291459469
总非限制资产	343332154	330017337
暂时受限资产	7310735	8300301
总净资产	350642889	338317638
总负债和总净资产	368358325	359602514

表 3　非限制净资产变化

单位：美元

非受限资助和收益	2011 年	2010 年
资助	55381316	61424771
联邦增款	251924	267385
投资收益	25218155	48689011
其他收入	509042	469678
解除限制的净资产	1080000	1080233
总非受限资助和收益	82440437	111931078
支　出	2011 年	2010 年
项目捐赠和拨款	62969894	50364592
配套服务		
普通和行政管理	3721295	3232434
筹款	2434431	2621085
总配套服务	6155726	5853519
总支出	69125620	56218111
非受限净资产增长	13314817	55712967

表 4　暂时受限净资产改变

单位：美元

暂时受限净资产改变	2011 年	2010 年
资助	90434	4385902
慈善信托应收账款价值变化	0	2521
可疑应收款限额增长	0	(577131)
解除限制净资产	(1080000)	(1080233)
暂时受限净资产（降低）增加	(989566)	2731059
转移前净资产变化	12325251	58444026
转化为代他人保管资金的净资产	0	(797041)
净资产变化	12325251	57646985

续表

暂时受限净资产改变	2011 年	2010 年
年初净资产	338317638	280670653
年末净资产	350642889	338317638

表 5　经营活动产生的资金流动

单位：美元

经营活动产生的资金流动	2011 年	2010 年
净资产变化	12325251	57646985
调整净资产向经营活动产生的现金净额的改变		
实现和未实现投资收益	(19821395)	(44958890)
慈善信托应收账款价值变化	0	(2521)
应收票据价值变化	31875	0
可疑应收款限额增长	0	577131
收到的捐赠投资	(18376047)	(17119222)
营业资产变化和负债变化		
应收捐献和抵押	1036826	(839320)
利息和其他应收账款	40909	132305
预付开支和其他资产	(22245)	(39807)
应付账款和应计费用	168471	(323198)
捐赠和拨款应付账款	(5954913)	(11109831)
为他人信托的基金	2217002	1082598
总调整	(40679517)	(72600755)
用于经营活动的现金净额	(28354266)	(14953770)

表 6　投资活动产生的现金流动

单位：美元

投资活动产生的现金流动	2011 年	2010 年
用于运作活动的现金净额	(28354266)	(14953770)
以投资为目的的购买	(99842208)	(93675320)
销售投资产生的收益	125364501	111111436

续表

投资活动产生的现金流动	2011 年	2010 年
应收票据面额下的支付	93589	75589
投资活动产生的现金净额	25615882	17511705
现金和现金等价物的净（缩减）增长	（2738384）	2557935
年初现金和现金等价物	48901435	46343500
年末现金和现金等价物	46163051	48901435

第七节　美国首都地区社区基金会公信力和透明度

慈善导航网是美国一家独立的非营利慈善机构评估网站。该网站最初始的目标是“通过评估美国各大慈善机构的金融状况来推进更有效、反应更敏捷的慈善领域发展”。

慈善导航网成立于 2002 年 4 月 15 日，以帮助捐赠者作出明智捐助抉择，以及帮助运行良好的慈善组织展示它们履行有效管理捐赠者捐款的职责的决心。最初，慈善导航网提供 1100 家慈善机构的金融评级，目前，除几百家国际运营的慈善组织外，慈善导航网还评估超过 5400 家美国慈善机构。

该网站的服务是免费的，遵守国内税收法规第 501（c）（3）条文的规定，不允许该网站所评估的任何慈善组织通过该网站做广告，也不接受捐款。

慈善导航网采用的途径受两个目标驱使：帮助捐赠者以及颂扬慈善工作。

慈善导航如何评估慈善组织的公信力和透明度？

慈善导航网对公信力和透明度的定义如下。

公信力是慈善组织向其利益相关者解释其所做的事情的义务或者意愿。目前慈善导航网专门评估慈善组织的信用表现。

透明度是慈善组织向公众公布与该组织相关的关键数据的义务或意愿。可信并透明的慈善组织通常能够表现出廉正，并且从错误中学习，让捐赠者知道它们是可信赖的。通常来说，遵从最优管理、捐赠者关系和相关领域的慈善组织参与不道德或不负责活动的可能性最小。因此，这些慈善组织滥用慈善捐款的可能比那些不遵守这些管理的组织小。

当检验某慈善组织的公信力和透明度时，慈善导航网通常寻求两个问题的答案：该慈善组织是否遵守良好的管理和道德管理？该慈善组织是否向捐赠者公布关于该组织的关键信息？

慈善导航网所用数据是什么？

两种数据来源被用于检验慈善组织的公信力和透明度，分别是美国国税局990表格中的可获得信息和组织网站评述。

慈善导航网的目标是让捐赠者了解慈善组织是否将某些重要信息公布给捐赠者。

慈善导航网对美国首都地区社区基金会的总体评估如下。

表7　慈善导航网的总体评估

	70为满分	等级
总体	50.19	★★★
财务	49.42	★★
公信力和透明度	51.00	★★★

表 8　美国首都地区社区基金会公信力和透明度表现度量

独立选举委员会成员	√
无资产的物质转移	√
由独立会计师起草的财务审计	×
不接受相关方面提供的借款，也不向相关方面提供借款	√
将理事会议记录存档	√
归档前向组织管理机构提供 990 表格复印件	×
利益冲突政策	√
揭发政策	√
档案扣押和毁灭政策	√
列出首席执行官及其薪酬	√
裁定首席执行官报酬程序	√
不向理事会成员提供报酬	√
该慈善组织网站是否包括以下信息	
捐赠者隐私政策	√
列出理事会成员	√
财务审计	√
990 表格	√
列出主要成员	√

注：此表内容来自 990 表格。

独立理事会

业内人士强烈建议慈善组织采用独立管理机构，允许充分审议，在管理及其他关于该组织事宜等方面具有多维思维。慈善导航网分析人员核对 990 表格以确定该慈善组织独立理事会成员是否多数人选举产生，并且人数至少有 5 人。

如果一个慈善组织独立选举产生的理事会成员少于 5 人，或者这些成员不是多数人选举产生，该组织的责任岗和透明度分数将扣除 15 分。

从表 8 可知，美国首都地区社区基金会有独立理事会。

资产转移

资产转移是指任何未被授权的资产应用于该组织未授权的目的，包括但不限于挪用和盗用，也会使外界对该组织的财务信用产生疑问。慈善导航网审查该慈善组织上的两个 990 表格，看是否有资产转移。如果该慈善组织报告资产转移，慈善导航网则检验该报告是否根据 990 表格指示描述了转移经过及其纠正措施。这种度量分为以下几种类型。

☑过去两年中没有资产转移

☐该慈善组织过去两年中有过一次资产转移，并用 990 表格附件 0 解释转移性质，涉及的金钱或财产数目和为解决该事件采取的纠正措施。在这种情况下，该慈善组织的公信力和透明度分数将扣除 7 分。

☒该慈善组织过去两年中有过一次资产转移，并且在附件 0 中的解释不存在或不充分。这种情况下，该慈善组织的公信力和透明度分数将扣除 15 分。

因此，从表 8 可知，美国首都地区社区基金会过去两年没有发生资产转移。

由独立会计师起草的财务审计报告，由一个审计监察委员会监督

财务审计报告提供有关该慈善组织的财务责任和准确度的重要信息。财务审计报告应该由独立会计师起草，由审计监察委员会监督。该委员会为组织管理提供监管，负责提供财务信息报告。独立会计师则检查该组织的财务状况并起草基于其发现的意见书。慈善导航网检查该慈善组织的 990 表格，确认该组织符合标准。

这种度量分为以下几种类型。

☑ 该慈善组织的财务审计由独立会计师起草，并由审计监察委员会监督。

☐ 该慈善组织的财务审计报告由独立会计师起草，但是没有审计监察委员会监督。这种情况下，该慈善组织的公信力和透明度分数将扣除 7 分。

☒ 该慈善组织财务审计报告不是由独立会计师起草。这种情况下，该慈善组织的公信力和透明度分数将扣除 15 分。

从表 8 可知，美国首都地区社区基金会财务审计报告并非由独立会计师起草。

从相关方面借款或向相关方面提供借款

向相关方面，例如主要官员、职员或者理事会成员提供借款不是标准惯例，因为这种借款削减了慈善捐赠的资金，并导致利益冲突问题。如果该慈善组织向官员或者其他利益方提供借款或者向他们借款，该慈善组织的公信力和透明度分数将扣除 4 分。

从表 8 可知，美国首都地区社区基金会没有向相关方面提供借款，也没有从相关方面借款。

将理事会议记录存档

理事会议应该正式记录以留未来参考。慈善组织并未被要求公布理事会议记录，因此慈善导航网无法评估和批评会议记录。对此表现度量，慈善导航网仅检查该慈善组织 990 表格中是否有其存档会议记录的报告。如果该慈善组织没有会议记录，该慈善组织的公信力和透明度分数将扣除 4 分。

从表 8 可知，美国首都地区社区基金会有将理事会议记录存档。

归档前向组织管理机构提供990表格复印件

如果该慈善组织没有在归档前向管理机构提供其990表格复印件，该慈善组织的公信力和透明度分数将扣除4分。

从表8可知，美国首都地区社区基金会没有在归档前向管理机构提供990表格复印件。

利益冲突政策

当该慈善组织考虑一项目可能对该组织某一官员或者理事个人产生利益时，这种政策保护该组织，进而保护该慈善组织所服务的方面。慈善组织没有被要求与公众分享其利益冲突政策。尽管慈善导航网不能够对该组织这项政策的实质进行评估，从该组织990表格中提供的信息可以看出该组织是否有利益冲突政策。

如果该慈善组织没有利益冲突政策，该慈善组织的公信力和透明度分数将扣除4分。

从表8可知，美国首都地区社区基金会有利益冲突政策。

揭发政策

这项政策概述了员工投诉的解决程序，同时也为员工秘密揭发财务管理不当提供途径。慈善导航网从该慈善组织990表格中确认该组织是否有揭发政策。

如果该慈善组织没有揭发政策，该慈善组织的公信力和透明度分数将扣除4分。

从表8可知，美国首都地区社区基金会有揭发政策。

档案扣押和毁灭政策

如果该慈善机构没有档案扣押和毁灭政策，该慈善组织的公信力和透明度分数将扣除4分。

从表8可知，美国首都地区社区基金会有档案扣押和毁灭政策。

列出首席执行官及其薪酬

新990表格要求慈善机构列出首席执行官的姓名及薪酬，这是很多捐赠者共同关注的问题。慈善导航网分析员检查确认慈善机构是否遵循990表格指示在归档时涵盖这项信息。

如果该慈善机构在990表格中没有列出首席执行官及其薪酬，该慈善组织的公信力和透明度分数将扣除4分。

从表8可知，美国首都地区社区基金会有在其网站列出首席执行官及其薪酬。

裁定首席执行官报酬程序

慈善导航网确认该慈善组织在990表格中报告其决定首席执行官薪酬的程序。如果该慈善组织没有一个决定首席执行官薪酬的程序，该慈善组织的公信力和透明度分数将扣除4分。

从表8可知，美国首都地区社区基金会有裁定首席执行官报酬程序。

理事会报酬

通常慈善组织不向理事会成员提供报酬。如果慈善组织向任何理事会成员提供报酬，该慈善组织的公信力和透明度分数将扣除4分。

从表8可知，美国首都地区社区基金会不向理事会提供报酬。

捐赠者隐私信息

☑有捐赠者隐私政策。这个慈善组织有书面捐赠者隐私政策发布在组织网站上，清楚表明（1）该组织不会向任何人出售、交易或者分享捐赠者的个人信息，也不会代表其他组织发送捐赠者的相关邮件；（2）该组织不会分享捐赠者个人信息，除非捐赠者允许该组织分享其个人信息。

□选择退出，该慈善组织有书面隐私政策发布于组织网站，捐赠者能够要求该慈善组织将他们的联系信息和姓名从该慈善组织出售、交易或分享的邮件中移除。不同慈善组织对选择退出的要求都不同，但是都要求捐赠者对保护隐私采取行动。这种情况下，该慈善组织的公信力和透明度分数将扣除 3 分。

☒没有捐赠者隐私政策。该慈善组织没有书面捐赠者隐私政策保护捐赠者的个人信息。这种情况下，该慈善组织的公信力和透明度分数将扣除 4 分。

从表 8 可知，美国首都地区社区基金会在其网站上有公布捐赠者隐私信息。

列出理事会成员

慈善导航网分析员检查慈善组织网站是否列有理事会成员名单。理事会成员名单的公布使捐赠者和其他利益相关者确认该慈善组织管理机构的组成。如果一个慈善组织没有在其网站上公布理事会成员名单，该慈善组织的公信力和透明度分数将扣除 4 分。

从表 8 可知，美国首都地区社区基金会有在其网站上公布理事会成员名单。

财务审计公布

慈善导航网检查该慈善机构的网站，看是否有美国国税局最新发布的 990 表格下该财政年的财务审计报告。如果一个慈善组织没有在其网站上发布最新的财务审计报告，该慈善组织的公信力和透明度分数将扣除 4 分。

从表 8 可知，美国首都地区社区基金会有公布其财务审计。

公布 990 表格

慈善导航网检查慈善组织的网站，看其是否发布美国国税局发布的最新 990 表格。如果该慈善组织没有在其网站上发布其最新的 990 表格，该慈善组织的公信力和透明度分数将扣除 3 分。

从表 8 可知，美国首都地区社区基金会有公布其 990 表格。

列出主要职员

捐赠者和其他利益相关者应该了解每日运营该组织的人员。如果该慈善组织没有在其网站上公布主要成员名单，该慈善组织的公信力和透明度分数将扣除 3 分。

从表 8 可知，美国首都地区社区基金会有在其网站上公布主要职员名单。

第八节　相关报道

一　美国首都地区社区基金会社区需求基金会投资 645000 美元改革并加强首都地区安全网（2009 年 12 月 17 日）

社区需求基金会目前总共向 70 家以上的非营利组织捐款 190 万美元。

为了保证决定性安全网服务在受到经济衰退打击最严重地区持续、快捷、有效实施，美国首都地区社区基金会宣布通过该基金会附属的社区需求基金会新增捐款 645000 美元。不像先前的捐款，这次捐款关注该地区的公共系统改革，因为成千上万的人依赖于安全网服务和非营利组织。

使这轮捐款变得独特的原因，在于它们将会在未来很多年帮助该区域的公共和非营利系统改善对低收入个人和家庭的服务的实施。首都地区社区基金会主席泰丽·李·弗里曼说："我们要确保这些受到经济衰退打击严重地区人民的温饱，我们想要实施这些决定性服务造福人民。"

美国首都地区社区基金会捐赠实例：

- 150000 美元捐赠给三个保持并改善哥伦比亚特区社保的伙伴组织。集合公共支持以长期致力于消除贫困和应对短期社保类预算削减（城市面包，公正预算联盟，特区财政政策研究所）。
- 50000 美元捐赠给食品研究和活动中心，用于增加食品救济券和其他针对低收入家庭的饱腹计划的获得途径。这批捐款将食品研究和活动中心的工作扩展到特区之外，到了马里兰的蒙哥马利郡和乔治王子郡。
- 40000 美元捐赠给路德会社社会服务处以建立基于网络的服务数据库，数据库中收录的服务可通过 135 家美国福音信义会教会和 10 家慈善组织获得，这些服务能够改善该地区的贫富差距。

社区需求基金会第三轮捐赠将捐款额提至 190 万美元，用于资助约 70 家华盛顿地区的社保类非营利组织。前两轮捐赠分别是在 2009 年 3 月和 9 月，集中提供直接服务资助，例如为无家可归的人提供住宿、食品计划、衣物、止赎预防以及应急财务支持。

弗里曼主席评价道："我们的目的不仅仅是提供长期系统改善，同时也提供短期资金支持和应急需求支持。危机同时让我们有机会改变事态发展，激励政府和非营利组织之间更好的合作。"

为应对经济危机而建立于 2008 年秋的社区需求基金会至今已经筹集了来自区域企业、基金会、个人和家庭的超过 360 万美元善款。首都地区社区基金会仍在继续寻求对社区需求基金会的资助，设立500万美元的筹款目标。

城市面包

华盛顿地区

40000美元

支持“拯救安全网”运动，联合公共支持应对哥伦比亚特区安全网服务财政削减。

普查项目

区域性

25000美元

支持地区非营利组织面向个人和家庭关于即将到来的2010年人口普查的外延服务，保证覆盖所有当地居民，这种外延服务对联邦和州慈善基金产生了重要影响。

哥伦比亚特区公平就业中心

华盛顿

30000美元

支持哥伦比亚特区失业保险政策改革，帮助该区域取得额外刺激资金资格，为合格家庭提供1000万美元失业保障福利。

哥伦比亚特区财政政策研究所

华盛顿

70000美元

本项目旨在将哥伦比亚特区短期安全网资源维护和长期致力于消除贫困连接起来。

平等预算联盟

华盛顿

40000美元

支持哥伦比亚特区统一战线和关于安全网问题的协调信息的发展。

食品研究和行动中心

华盛顿

50000 美元

改善华盛顿地区、乔治王子郡和蒙哥马利郡食品救济券和其他低收入家庭饱腹计划。

乔治王子郡慈善组织联盟

马里兰州

60000 美元

支持流浪者合作服务处（Homeless Service Partnership），协调组织 65 家服务于乔治王子郡无家可归人群的组织。

影响银泉

马里兰州，银泉市

25000 美元

支持社区活动，是政府和非营利组织以及社区居民之间的一种新型合作，旨在改善应急服务在高度多样化和由于传统而隔离的人群中的开展，这种服务通常基于社区活动中心，并且得到社区的积极参与。

多信仰工程

马里兰州罗克维尔市

70000 美元

支持蒙哥马利郡非营利组织安全网联盟的发展，努力建设安全网基础设施。

首都地区路德会社社会服务处

华盛顿

40000 美元

支持建立基于网络的服务数据库，数据库中的服务可通过 145 家美国福音信义会教会获得，直接服务提供者会为安全网网络中的其他组织做出榜样。

大华盛顿非营利组织圆桌会议

华盛顿

40000 美元

支持地区储蓄和安全网计划，调动逾 900 家非营利组织参与当地预算程序。

北弗吉尼亚家庭服务处

弗吉尼亚州奥克顿

25000 美元

支持北弗吉尼亚家庭服务处和服务公司的合并，在威廉王子郡建立统一的服务连续体结构。

乔治王子郡儿童资源中心

马里兰州上马波罗

50000 美元

改善乔治王子郡儿童保育传票制度，保证低收入家庭获得合格的儿童保育。

妇女反家暴权利

华盛顿

25000 美元

支持华盛顿地区家暴问题处理中心的能力建设。

工作环境华盛顿

华盛顿

35000 美元

支持劳动力发展服务处和其他几个哥伦比亚特区组织之间的协调。

二 在教育、劳动力发展和安全网等方面的投资能够缩小收入差距

我们的华盛顿是个惊人财富和揪心贫穷并存的地方。特区财务政策协会这个月先前发布的新闻报道表明收入差距大得惊人。他们的分析（集中于特区）表明最富有的 5% 的家庭平均占有 473000 美元收入，在美国最大的 50 座城市中居首位。同时，特区最贫穷的 20% 的家庭平均收入在 10000 美元之下。马里兰和弗吉尼亚郊区城镇收入差距也在逐渐加大。

换句话说，当我们的地区经济使位于财富阶梯中部和顶端的居民得以发展和繁荣时，却将那些位于阶梯底部的人落下。

这对我们这些投身于慈善的人并不陌生。例如，华盛顿地区一家主要的非营利基金会“美国首都地区社区基金会”致力于通过向高效非营利机构投资来促进我们社区所有居民公平获得机会的通路。

已经受到经济衰退重创的低收入居民，再次受到地方和中央政府预算削减的致命打击，如华盛顿特区、马里兰和弗吉尼亚司法系统权衡预算紧缩提案，这也使我们为慈善做努力更显紧迫。我们认为只有公共收入和慈善投入同时增长才能保证所有居民能够享用我们地区的繁荣。

尽管慈善自己不能填补收入不均，但慈善能够做出改变。我们相信经济保障能够从三个主要方面得以保证：教育、劳动力发

展和安全网。

1. 教育

年轻人怎样才能成功并最终获得经济保障，如果他们的教育基金不稳定的活？我们必须投资教育以保证高中毕业率，并使准备好开展高中后生活的青年的人数处上升趋势。慈善通过理性投资催化改变，它阻止青年误入歧途，干涉易受引诱的学生和少年学生，促进毕业条件的达成，以及促进退学人群重新进入教育和事业的发展轨迹。

2. 劳动力发展

我们地区的雇主有成千上万个技术职位得不到满足。我们需要增加符合条件的成年人，这需要我们投资劳动力发展，为社会提供具有技能和市场资历的高中以上学历的工作者。

3. 安全网

华盛顿地区是全国经济最强盛的地区之一，但是贫困也在滋长，对于基本安全网服务的需求如食品和住房持续增长，但公共资源在持续下降。失业或者工作时间减少和房地产市场的崩溃使很多家庭难以保全他们的住房，从而增加了应急服务的需求。经济危机的影响远未结束。我们的社区基金会重点帮助我们地区的安全网有效运行，增加并保持安全网资金，改善长期扶贫政策。

最终，公共的、私人的和非营利组织共同努力促进积极的社区变化，保证我们的社区不再贫富分化。

参考资料来源

http：//cedc. org/design/civic-spirit-event-program.

http: //www. thecommunityfoundation. org/site/c. ihLSJ5PLKuG/b. 4475727/k. B2D0/Board_ of_ Trustees. htm.

http: //www. businesswire. com/news/home/20091217006048/en/Community-Foundation-National-Capital-Region.

http: //www. charitynavigator. org/index. cfm? bay = search. summary&orgid = 3722.

http: //www. qikan. com. cn/Article/xfcs/xfcs200911/xfcs20091103. html.

http: //en. wikipedia. org/wiki/Charity_ Navigator.

印第安纳州中部社区基金会

Central Indiana Community Foundation

第一节　背景信息

一　发展背景

印第安纳州中部社区基金会（Central Indiana Community Foundation，以下简称 CICF）位于美国印第安纳州中部的印第安纳波利斯市，属于一家大型的多机构合作成立的社区联合基金会。根据官方最新数据，截至 2012 年 4 月，CICF 管理的总资产已超 5.7 亿美元。其中，来自个人、机构和慈善组织等各种形式的基金高达 838 种，用于社区服务和区域建设。自 1997 成立以来，基金会先后于 2002 年和 2007 年投入实施五年计划，发起社区领导力倡议，旨在“回馈社区，展望未来”。近些年来发展迅猛，规模渐大，已成为美国 25 家最大的社区基金会之一，也是募集基金款项种类最多的社区基金会之一。

CICF 成立于 1997 年，包括三大部分：印第安纳波利斯基金会（The Indianapolis Foundation）、社区遗产基金（Legacy Fund）和印第安纳州中部社区基金会（即 CICF）。前两家是其附属基金会，后者是合作形式的体现。其中，印第安纳波利斯基金会成立于 1916 年，是印第安纳州历史最悠久、规模最大的社区基金会之一，主要服务马里恩县。而社区遗产基金成立相对较晚，自 1991 年以来，主要服务哈密尔顿县。如今，以这两家社区基金会为主导的 CICF，携手更多非营利组织和其他慈善基金会扩大合作互助，以提供更广泛的慈善项目和社区服务。在每个县的基础上，继续以当地社区的需求为出发点，建立战略伙伴关系，享受协同效应和区域的基础资源。

目前，CICF 日常管理运作着眼于三大方面：

- 将慈善捐赠回馈服务于资助者、家庭基金会和专业顾问团队。

- 资助那些管理有效的非营利组织。
- 领导并管理社区事务，满足社区需求，并抓住机遇。

二 CICF使命和愿景

服务社区的未来——激励慈善，优化管理，投身实践。

展望中未来的印第安纳州中部社区：

- 最大效率地将慈善捐赠用于那些最需要帮助的人和事。
- 具备足够的能力去培养高素质、有创新能力和社区互助意识的公民。
- 提供一个惬意而舒适的社区生活环境，使每一个居民由衷地满意。

三 CICF结构图

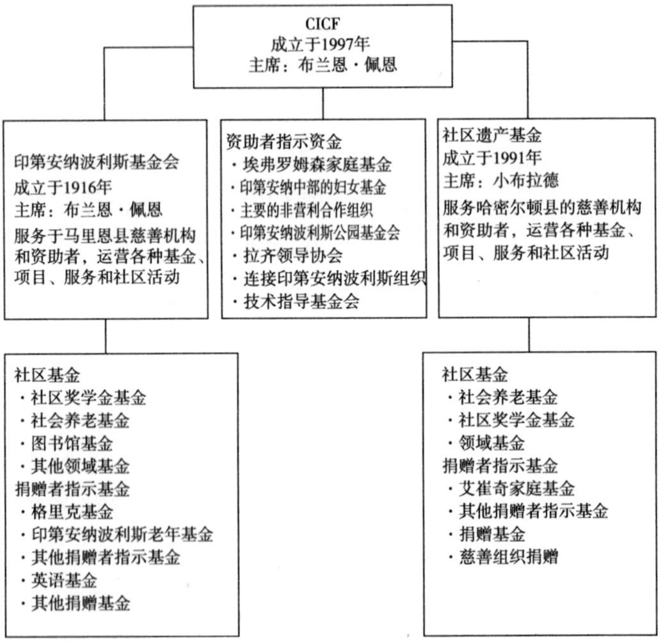

图1 CICF结构

第二节　资助信息

一　资助类别和项目领域

CICF 管理下的资助资金性质，可以根据设立出发点的不同分为三大类别：

- 竞争性的资助——针对社区居民提出的建议和想法，CICF 及其下属基金会作出回应的项目建设。
- 积极性的资助——旨在解决本社区内的关键性需求，如引导低收入家庭成功，设立高等教育准备奖学金和改善建筑设备等。
- 捐赠者资助——捐赠者按照自己的慈善意图，通过 CICF 的专业建议和帮助，达成特定的慈善目标。

CICF 慈善基金用途的框架，根植于以下五大元素的社区建设：

- 基本需求

为弱势群体提供安全和经济型的住房补助

增加营养食品的供应渠道

- 经济稳定

给缺乏技能的个人提供就业准备、培训和教育的机会，增加工资和财富

尽可能消除屏障，如解决儿童保障、提供交通运输工具，实现经济自足

- 卫生与健康

促进健康和积极的生活方式

给低收入和弱势群体增加卫生保健服务的可能

- 教育

为初高中学生提供更多接受高等教育的机会，并保证入学后的成功

培养学生独立自主的生活技能

促进学生创新实用的学术研究和校外的健康锻炼

邻里间的和谐

组织活动来提升社区的活力和吸引力

组织活动引起居民响应，带动他们积极参与社区建设与改造

- 艺术和文化

为学生提供艺术教育课程，并提高艺术项目的质量

保护现有的自然环境和资源，改建设施，改善社区环境

二 创造个性化的资助

CICF 作为一个公共平台，连接了大众捐赠者和社区公益，实现了双向互动。不仅旨在将捐赠人的慈善理念演绎到实践中，也将社区公益的进程及时反馈给捐赠者，从而产生长远的积极意义。

在具体情况中，CICF 所配备的专业化工作人员，会根据捐赠者的意愿（其价值观念、所倾向的非营利组织或关注的慈善热点）来帮助其选择最适合的基金类型，并协助制订进一步的资助策略，使得决策更明智，资金去处更合理。任何一名资助者，无论个人、家庭、企业还是其他组织，都会在 CICF 建立在线账户，方便随时查询、跟进与咨询。自 1916 年以来，该团队已经帮助了各种规模的慈善捐赠者完成咨询服务，提供给所有捐赠者以灵活、可靠、安全的财务管理和专业化服务，实现了多方的人力物力资源整合，提高了公益资金的效用。

在经济时代背景下，富有战略性的慈善选择如下。

● 创立一个基金：在个人或公司特定的慈善目标下创设基金，基金启动最低额度在2.5万美元到10万美元不等，包括个人捐赠者指示基金、公司捐赠者指示基金、社会养老基金、特殊关注领域基金、奖学金基金和慈善组织基金等。资产捐赠形式可以为现金、公众股票、限制性股票、房地产、有限合伙制公司资产、递延税务或储蓄、私人基金会的拨款等任何信托或实业资产。

● 家族名义下的捐赠基金：无论是从个人传承家族慈善理念的角度，还是以家族名义为后代留下慈善遗产的考虑，CICF为其提供策略规划和资源配置，如协助召开家族会议并记录文件，通过研讨会、讲习班等课程给年轻一代传承理念等。

● 未来指向性基金：预见未来的慈善需求，从个人、家庭基金到社区领域，使基金捐赠人自己和他人都能从中受益。无论是最简单还是最复杂的基金，CICF使其能满足今后的长远慈善目标，如有利年轻一代的遗产基金、年老后的退休和保险基金、减低资本税收来增加资产等经济利好的基金。

表1 CICF管理下的家族基金与其他独立私人基金的对比优势

对　比	独立的私人基金会	CICF下的家庭或合作基金会
启动基金或基金会	由捐赠者创建非营利团体	在CICF下成立
启动时间	可能花费一年或更长的时间	立即成立，或由CICF协助私人基金会转变，这可能需要几个星期
启动费用	类似于创建一个新的公司；运用大量的法律条款，会计核算和业务开办费	对捐赠者来说没有成本
税务状况	适用于私人基金会在国税局的免税条款	享有CICF的公益慈善免税地位
扣除现金和捐赠物	税前扣除仅占调整后总收入的30%	税前扣除最高可达调整后总收入的50%

续表

扣除增值资产	税前扣除仅占调整后总收入的 30%，其他情况下视成本而定	税前扣除根据市场价值，最高达调整后总收入的 30%
隐私	报税是公共记录，并在互联网上公布在国税局表格上，必须填写资产基础、补助、办公人员和投资情况	信息的使用权由捐赠者自己衡量，可以是完全匿名或由 CICF 协助进行宣传
受托责任	理事会有充分的信托责任，国税局处罚可以被评估	CICF 符合所有相关的受托责任
赔付责任	无论年收入，都必须支付资产值的 5%	不适用
捐赠者参与	捐赠者保留超过投资和捐赠项目的控制权，需按国税局要求	捐赠者的咨询拨款建议只要符合美国的 501（c）（3）条款，由 CICF 理事会自动批准
人员、设施、捐赠品、补助金等的管理	必须建立或获取服务	CICF 提供个性化的服务
资助支持	必须雇用员工或顾问	全方位服务资助项目研究、分析监测和跟进
行政费用	可能是昂贵的	最少（0.3% - 3%）
年税	收取高达净资产收益的 2% 消费税，其中涵盖了净投资收益	无
年纳税申报和返款	需要配套的时间规划	无需

资料来源：CICF Private Foundation News，http：//www. cicf. org/files/documents/download. php？ q = pf_ magazine_ may2011. pdf。

三　运营项目中的主要基金和基金会

CICF 独特的非营利合作组织——通过财务和知识的力量，以满足社区的最大化需求。

• 印第安纳波利斯公园基金会（Indianapolis Parks Foundation）：为提高印第安纳波利斯社区的娱乐、教育、文化生活等水平，鼓励并支持该城市公园系统的设施改造，旨在打造世界级的休闲娱乐公园。

• 拉齐领导协会（Lacy Leadership Association）：一个领导管理网络，用于推进高水平项目的策划参与。目的在于培养潜在的未来领导者，给社区慈善事业注入持久动力，努力使印第安纳波利斯成为美国最好的城市之一。

• 连接印第安纳波利斯组织（Making Connections Indianapolis）：该组织是安妮·凯西基金会（一个美国国内基金会，另有其他九个城市的分支）的一部分。协助社区居民，使其与家人、亲戚、邻居、宗教团体和民间团体建立密切团结的关系。帮助提升工作福利和家庭资产，改善弱势儿童艰苦的生活环境。

• 技术指导基金会（TechPoint Foundation）：为印第安纳州那些处于社会边缘的青少年提供必要的技能学习训练和思维训练，使其也能在全球信息化经济中有一番用武之地。同时为未来的劳动竞争力投入更多的教育资金。

• 威廉·英格利什基金会（William E. English Foundation）：是印第安纳波利斯的一所合作机构，低价提供办公场所和项目活动空间给非营利社会服务组织。

CICF 的主要捐赠者指示基金或资产性质的实物资源——用于日常经营，以提高服务社区的能力和完成 CICF 的使命。

• 埃弗罗姆森家庭基金（Efroymson Family Fund）：作为美国最大的捐献者指示基金之一，该基金拟出 5300 多万美元用于地方、区域、国家和国际组织。主要专注于生态环境、弱势群体的福利、古迹保存和犹太区的福祉等领域。

• 格里克基金（The Glick Fund）：提供超过 30 万美元的资助，用于增加教育机会、促进艺术和创造性展现，并支持自足自强的先进事迹，帮助有需要的人士和低收入困难者。

● 印第安纳波利斯老年基金（Central Indiana Senior Fund）：支持促进老年人优质生活的项目和服务，保证低收入者的基本生活需求。

● 图书馆基金（Library Fund）：资助马里恩县的公众、学术和高中图书馆，扩充马里恩县居民的知识获取渠道。

● 青少年暑期活动计划基金（Summer Youth Program Fund）：提供款项和专业的协调发展机会，并传播社会信息，支持服务马里恩县青少年暑期课程。

● 妇女基金项目（Women's Fund）：众多家关注于妇女和儿童的组织或基金会，根据共同的目标来有效分配资助款项。目前的资金重点在于看护照料、家庭暴力、低收入和弱势女孩四个方面。并放眼未来，通过专业建议，确保赢得长久的体能健康、经济独立和最终自我发展。自 1991 年成立以来，累计已有 257 项资助用于 93 家关注妇女和儿童的组织机构，款项达 400 多万美元。

第三节　管理结构

一　理事会

由于 CICF 包括三个独立的社区基金会（印第安纳波利斯基金会、社区遗产基金和 CICF），所以 CICF 理事会是由其上的三个独立社区基金会分别选派占一定比例的成员构成。

成员分别是 6 名印第安纳波利斯基金会受托人、3 名遗产基金的人员和 12 名 CICF 选举成员。CICF 侧重于整体基金会的治理和运作，类似于以家庭基金为经营的“控股公司”。

其中，印第安纳波利斯受托人基金会的理事会由 6 名受托人组成，并执行最初 1916 年的信任决议。这 6 人中的 2 名受托人由印第安纳波利斯市市长任命，另 2 人受马里恩县巡回法院法官任命，剩下的 2 名由美国地方法院审判长任命。每名受托人任期 6

年。而遗产基金共计 30 个理事会成员，成员是由理事会发展委员会提名就职的。每名理事任期 3 年。

二　员工及部门

- 部门长官办公室及行政
- 发展和公益服务
- 资助及社区倡议活动
- 市场推广及传讯
- 财务与运营
- 信息系统与知识管理
- 设施及维修
- 哈密尔顿县遗产基金
- 妇女基金
- 其他

三　专业投资及管理咨询团队结构

图 2　专业投资及管理咨询团队结构

第四节　资金运营简况

一　资产

表 2　CICF 资产

单位：美元

年　　份	数　　额
2008	461755913
2009	529771366
2010	575647178
2011	547215222
2012	578502521

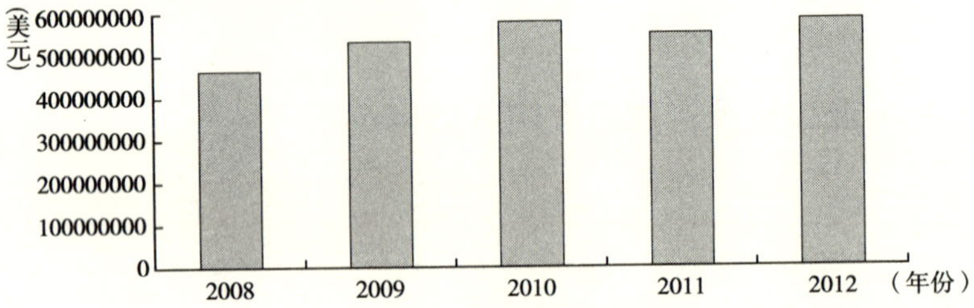

图 3　CICF 资产

二　资助和捐赠

表 3　资助和捐赠

单位：美元

年　份	捐　赠	资　助
2008	37411777	36610204
2009	21692202	32678923
2010	26380478	33986646
2011	28765179	41491736
2012	15605989	6744600

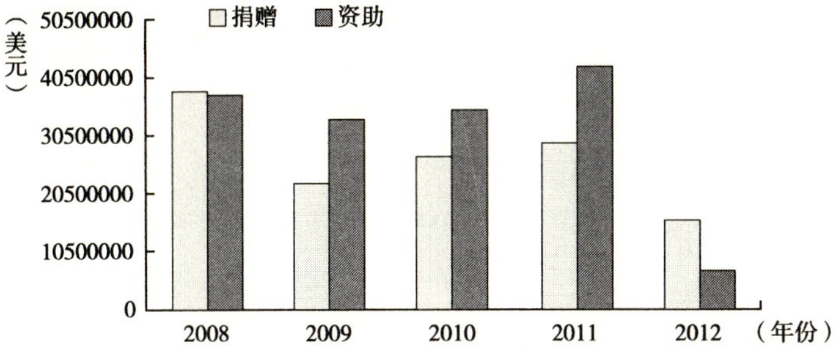

图 4　资助和捐赠

表 4　基金捐赠类型

单位：美元，%

基金类型	资　产	比　例	基金数量
捐赠者指示	287466819	48.2	303
社区捐赠	157038648	26.4	58
机构捐赠	54291333	9.1	200
其　　他	49339032	8.3	86
捐赠者设计	17420564	2.9	58
特殊利益	11173550	1.9	15
奖学金	11405819	1.9	99
社区项目	7812093	1.3	19
总　计	595947857	100.0	838

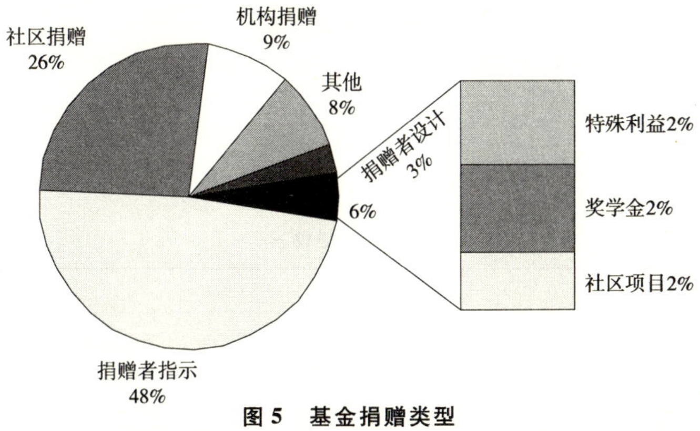

图 5　基金捐赠类型

表 5 资助领域

单位：美元，%

领域	资金	比重
艺术和文化	618837	8.62
城市和社区改造	1446790	20.15
教育	1636816	22.80
环境	924959	12.88
健康和人性化服务	2551320	35.54

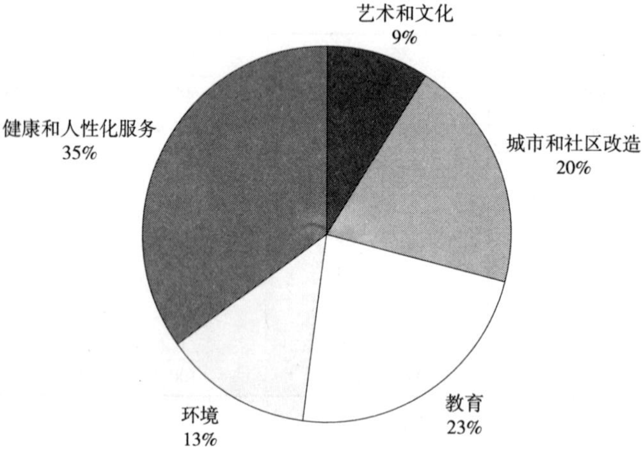

图 6 资助领域

数据来源：http：//www.cicf.org/our－vital－statistics。

三 评级情况

表 6 评级情况

总体评价（满分 70 分）	
印第安纳中部社区基金会	★★★☆ 50.80

续表

总体评价（满分 70 分）	
财务及其透明度	★★★★ 66.00
融资情况	★★☆☆ 43.15
组织效率	
项目支出比率（%）	81.5
行政费用比例（%）	14.8
筹款（%）	3.6
筹款效率（$）	0.05
组织能力	
收入复合增长率（%）	-14.0
项目支出符合增长率（%）	-3.7
营运资本比率（%）	14.88

数据来源：Charity Navigator Evaluation Table 2010 年度模拟评估，http://www.charitynavigator.org/index.cfm? bay = search.summary&orgid = 5237。

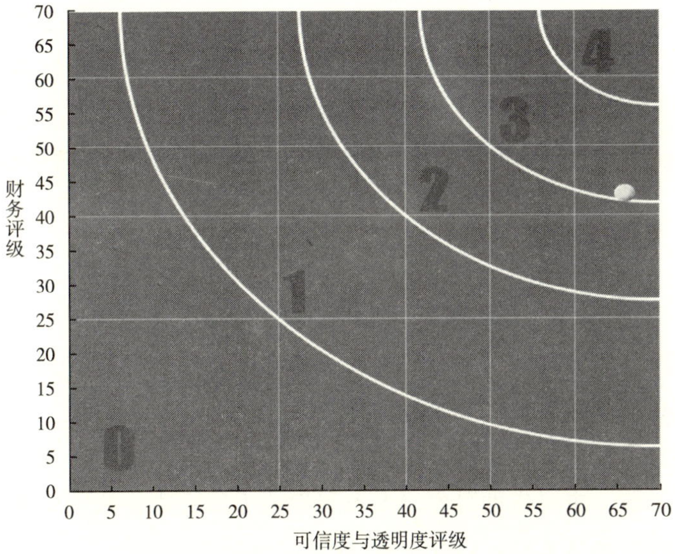

图 7　印第安纳州中部社区基金会总体评级

第五节　管理运营案例——3 个社区领导力倡议

CICF 重点工作项目——社区领导力倡议，意在全面有效地改善社区的居民生活质量——“回馈社区，展望未来”。

家庭成就

鼓舞人心的地方

高等教育准备

- CICF 引领下的资源大联合

CICF 意识到仅仅靠资助资金是无法将社区慈善服务发挥到最佳水平的。欲使社区领导力的倡议发挥更大的效用，需要积极调动各方力量。

资金资源：撬动赠款的杠杆，寻求与其他出资者和资助者的合作投资机会，最大限度地发挥资金利用率。

影响力资源：通过资助者、理事会成员、工作人员等各方的知识、经验及才能，拓宽 CICF 的视野，以强化领导和解决问题的能力。

人力资源：利用各方人才的知识和经验，使投资更加明智可靠。

一　家庭成就

CICF 提供项目和服务，如劳动技能培训、金融知识学习和收入支持，已帮助数百个有需要的家庭实现自我的经济富足。该项目不仅在于克服他们现阶段的低收入困境，亦授人以渔，使其从长远角度彻底打破贫困的恶性循环，实现家庭成就。实现目的的运作手段，主要借助财力、人力和影响力的资本，集中体现在直接服务、网络支持，以及系统/政策层面的工作。

具体运营项目之一：**工薪家庭中心模式**（The Center for

Working Families）属于 CICF 创建下的一种最佳的实践模式，来帮助低收入家庭达到财务稳定和向上的经济进梯。通过直接的财政支持，提供工作准备培训和就业机构的直接服务，实施制定计划，帮助增加工薪家庭的储蓄和资产。这样也有利于社区的整体建设。目前已经有 4 个被资助街道适合该模式：东南社区服务站、约翰·波纳社区中心、霍桑社区中心和玛丽·里格社区中心。该模式立足长远，彻底帮助低收入工作者。

这种创新的架构可以帮助个人和家庭：

- 长期的就业保障，增加潜在收入收益
- 通过获得公共资助和税收减免，增加收入
- 帮助拓展金融知识，使个人能自我管理长期赢利资产

工薪家庭中心模式中的成功案例：特丽是一个带着两个孩子的单身母亲，之前，尽管她拼命工作，但生活还是常常入不敷出。在 2004 年，特丽被迫申请破产。后没多久，她进入工薪家庭中心，并有幸与一名金融导师共同工作。通过这里的服务帮助，她找到新的提高收入的工作，并还清破产后的累积欠债。她去年的信贷报告显示，改进信贷评分为 630。在不久之后，特丽还清了居所贷款，在工薪家庭中心储蓄计划的帮助下，还节省了房子的交易费用，并重新被批准获得了 70000 美元的抵押贷款。同时，特丽也于 2008 年 11 月完成了为期六周的税务认证。她现在是一名报税配置部门的志愿者，服务于工薪家庭中心。

二　鼓舞人心的地方

随着越来越多的居民、游客和新移民融入印第安纳地区，该区的城市基础设施暴露出众多的不协调问题。为了响应提高生活质量的倡议，须改善这些设计不足或设施老化，打造一个具备高品质基础设施的社区。

成功个例：**印第安纳波利斯的文化步廊**

位于格里克基金下的“宜居宣言”项目旨在转变印第安纳波利斯，将其打造成享誉全球的高生活质量社区，并推动经济和自然和谐绿色的可持续发展。其中，投入 2500 万美元打造文化步廊。

这项文化步廊的道路改建，位于城市中心的商业区，总长达 8 英里，将原有的路道分割成不同的区域，分别为机动车和人行区的缓冲界限、自行车道、植物绿化带和行人路径，以求美观、舒适和安全。

三　高等教育准备

据估计到2025年，美国60%以上的工作岗位，都将需要受过高等教育的人才。然而在马里恩县，初中生中有高达1%的退学率，且近1/3不能按时毕业；高中生中，只有70%的毕业率，仅23%的高中毕业生会进入大学深造。对于低收入家庭的学生，这个数据更是惊人。

正在实施的目标：

➢ 来自马里恩县低收入家庭，现在只有12%的初中毕业生会继续高中教育，这个数据预计将被提高到36%，并保证他们后续的成功毕业和深造。

➢ CICF与卢米纳教育基金会（Lumina Foundation for Education）和21世纪学者项目（21st Century Scholars Program）共同合作，创建了高等教育准备基金，致力于关注校外和课外服务。

➢ 在印第安纳州，近80%高中毕业生渴望上大学，但其中的大部分并却不知道进入大学学习之前读一年预科的重要。CICF将帮助其了解更多。

➢ 学生与志愿成年人结对，帮助学生了解预科准备过程。

a. 对有想要接受高等教育的学生提供绝对支持，帮助其达到最高学术水平。

b. 适当的高等教育机会，能够满足学生的（和家庭）的需求。

c. 协助确定财政援助，以支持学生的深造学习愿望。

第六节　资助故事

一　第一份鼓舞人心的礼物

1920 年圣诞节，印第安纳波利斯基金会宣布收到了第一份捐款，但是这第一份礼物绝不是一次巧合，之后也在印第安纳地区产生了巨大的影响。

阿方索·佩蒂斯（Alphonso Pettis），一名来自纽约的商人，从来未曾踏足于印第安纳波利斯，因为之前在那里做过生意，听说印第安纳波利斯成立社区基金会后，立即大方地给出高达 30 万美元的捐赠，其中包括了铁路、煤矿、银行和石油的股票及债券。

这份捐款随后被用于成立贫困生奖学金基金，佩蒂斯的 30 万美元也感染并带动了之后的更多捐款，后续多达 200 万美元用于印第安纳地区的慈善事业。直至今日，它继续服务地区居民，尽管绝大多数人并不知道他们的受助来源于谁。

佩蒂斯的初衷，是希望以他微薄的初

始基金作为一颗引导希望的种子，来呼吁更多的有心人士加入慈善，最终创造出最大的效用，带来更深远的影响。1929 年，佩蒂斯去世时，他的悼词也表达了他的慈善心愿，倡议更多的事业有成者回馈于社区慈善。而事实也如其所愿，近一百年来，印第安纳波利斯基金会已收到数以千计的各类型慈善捐款。而这些款项也用于最需要的组织和个人，并产生了更大的影响。

二　人生之爱，社区之爱

查尔斯医生和他的夫人莎拉，始终亲切地把社区称呼为“家”，他们的一生热衷于社区慈善领域，折射出了这对夫妇长期以来反馈社区理念的光芒。尽管他们都已离开，但他们的社区之爱将永存于印第安纳波利斯社区。

查尔斯家族可以追溯到 1651 年，他的家人于 19 世纪中叶迁至印第安纳中部，并最终在印第安纳波利斯落地生根。他的父亲还在这里帮助建立了美国汽车公司。

1916 年 1 月 10 日，查尔斯出生在这里。从普林斯顿大学本科毕业后，他进入芝加哥大学继续深造，并在 1941 年获得医学博士学位。此后，他在美国印第安纳大学医学院培训中心接受医疗培训。

1942 年，第二次世界大战期间，他加入了陆军医疗队。在之后的 3 年时间里，一直任职于太平洋战区，包括澳大利亚、新几内亚和菲律宾群岛。

查尔斯的夫人莎拉，则出生在美国马萨诸塞州的福尔里弗，她毕业于纽约市北威郡郊区多布斯费里地区的马斯特学院。后来加入红十字会。二战期间，也被分配到太平洋战区的新喀里多尼亚医院，但这对夫妇并没有在当时结识对方。

1954年，莎拉来到印第安纳波利斯，并与当时只身抚养两个孩子的查尔斯相识。8个月后，他们举行了婚礼。不久，随着另两个孩子相继出生，查尔斯家成了现在的大家庭，包括查尔斯、他的夫人莎拉以及四个孩子。

查尔斯家始终热衷于社区生活，家庭成员纷纷成为体育、戏剧等俱乐部的会员，并加入印第安纳大学医学院和许多其他组织，成为忠实志愿者。如今，他们的后代，也延续并贡献着这份热情。

每年夏天，查尔斯一家都会到马萨诸塞州，在那里钓鱼，放松心情，享受假期。正是这份对大自然和户外运动的热情，使他们也成为大自然保护协会的狂热支持者。

1998年，即CICF成立翌年，查尔斯也加入其中，开始支助更多的基金会项目，包括资助阿勒姆学院、印第安纳大学医学院、Genneserat义诊、历史悠久的伍德拉夫基金会和威舍德的纪念基金会（属于印第安纳波利斯基金会）。

此外，在CICF专业顾问克里斯廷·弗吕瓦尔德的协助下，查尔斯夫妇提供了更多有效的基金策略，加强管理和监督，提高基金有效的利用。他们还成立了自己的指定基金。其中，如查尔斯基金，将于2013年起，每年给印第安纳大学医学部和阿勒姆学院设立奖学金。而由查尔斯夫人莎拉所资助的儿童医疗中心，也会给更多儿童带来健康福利。

2011年底，莎拉去世后，他们的遗产基金亦随即在社区成立。这份慈善遗产体现了他们强烈的社区意识，并将长久留存在社区的生活改善中。而CICF亦致力于履行资助者的意愿，将他们的这份“人生之爱，社区之爱”永远传承。

三　青少年暑期活动计划基金

青少年暑期活动计划基金拥有 10 个国家和地区的合作伙伴，将提供超过 230 万美元的赠款，以支持在马里恩县组织的方案。该资助款项将覆盖近 177 个低成本或无成本的夏季计划、活动和项目。目标群体为 40000 多个地区的 4 岁至 19 岁儿童，领域包括体育、露营、生涯探索、青年就业、社区服务、大学访问和增加学识等。

由印第安纳波利斯基金会（The Indianapolis Foundation）和礼莱捐赠公司（Lilly Endowment Inc.）共同出资，成立于 1995 年的青少年暑期活动计划基金的资金项目，致力于在美国的青少年暑期活动。自 1995 年以来，该基金已经贡献出高达 31 亿美元，用于一般性业务运营合作及服务于马里恩县组织的暑期项目资金支持。

在 2011 年至 2012 年，资金的合作伙伴是：迪翰和 Christel 家庭基金会（Christel DeHaan Family Foundation），Clowes 的基金公司，胡佛家庭基金会（Hoover Family Foundation），摩根大通基金会（JPMorgan Chase Foundation），礼莱捐赠公司（Lilly Endowment Inc.），尼娜·梅森普利亚姆慈善信托基金（Nina Mason Pulliam Charitable Trust）。

“关于青少年暑期活动计划基金所汇集起来的强大能量，说明了无论各界——商人、政府、非营利组织和基金会等，都立志于社区和谐建设这个共同目标”，布兰恩·佩恩（印第安纳州中部社区基金会总裁兼首席执行官）说，“这是一个令我们整个社区都为之自豪和骄傲的关于合作和支持的模型”。

参考资料来源

CICF Investment Presentation to Donors, March 2011.

http://www.cicf.org/files/documents/download.php?q=cicf_2010_investment_presentation_march_2011.pdf.

http://www.cicf.org/cicf-news/2011/july/an-inspiring-gift-for-indianapolis.

http://www.slideshare.net/mkwrite1/planned-giving-dr-and-mrs-Test.

http://www.cicf.org/cicf-news/2012/May/40000-marion-county-youth-to-benefit-from-more-than-23-million-in-grants.

克利夫兰基金会

The Cleveland Foundation

第一节　背景信息

一　成立背景

1914 年，克利夫兰基金会通过银行信托决议和声明在俄亥俄州成立，它是美国最古老的基金会，同时也是美国第二大社区基金会，拥有 800 多个基金和 8 个辅助组织，他们都承诺将自己的资产用于慈善目的以及为基金会谋利。

五个信托银行和克利夫兰基金会的其他各种投资管理者会对所拥有的 800 多个基金进行投资，也就是由一个 15 名成员组成的分配委员会在专业人员的协助下，每年拨款数次给那些基金。分配委员会中的 5 名成员由信托委员会任命（信托委员会是由信托银行的首席执行官组成的）；5 名委员由公职人员任命，另外 5 名由理事会自己选拔。委员们最高有两个五年任期，他们组成了一个拥有社区领导人的交叉部门，这些领导人熟知社区的教育和慈善需求。

二　与所在公司的关系

基金会的行政管理事务交由一个慈善公司——克利夫兰基金会大公司负责，该公司为克利夫兰基金会提供职员和服务。

三　愿景

克利夫兰基金会是美国首家社区基金会，也是美国乃至全世界范围内社区基金会的模范。其愿景在于建立社区捐助，以资助应对需求及提供对关键性社区事务的领导，提高大克利夫兰地区所有市民的生活质量。

四 项目领域

基金会对这七个领域中的项目进行资助：艺术与文化、市政事务、经济发展、教育、环境、医疗和社会服务。特殊的具有交叉功能的重大资助活动包括建设社区和住房、壮大中等规模的艺术组织、公立学校的改善、幼儿教育、成功的老龄化和经济改革。

五 资助限制条件

捐赠限于俄亥俄州的大克利夫兰地区，如果捐赠人没有明确要求，就主要集中于克利夫兰、古亚霍加、湖泊和吉奥格等县。

基金会不资助宗派或宗教活动、军火和警力保护等社会活动、政府职位供给以及图书和福利事业。

不向个人提供资助（除奖学金外）、不资助捐赠的基金、营业费用、债务削减、筹款活动、出版物、电影和影音资料（除非它们是已获资助项目的组成部分）、基金会成员、乐队旅行、体育运动队、组织及类似团体；不提供资金支持用于建筑物的规划、建设、翻新或购买，不资助设备和材料、土地添置或公共空间的翻新，除非有有力证据证明该项目对基金会来说有应优先考虑的因素。

六 资助的资金分配方式

1995 年以来，克利夫兰基金会一直通过对大克利夫兰地区非营利团体的资助，帮助创新性理念和方案的实现。

克利夫兰基金会的影响在整个东北俄亥俄州都能被感知到——它存在于这里的市政公园、文化机构、社区以及学校中。克利夫兰基金会通过奖学金和实习工作帮助一代又一代的新领导人生根发芽。克利夫兰基金会的对外拓展活动通过所有的生活舞台与人们进行接触，从婴儿产前期到人们年迈时。

每一年，克利夫兰基金会的资助金额达 8000 万美元到 8700 万美元，主要针对古亚霍加、湖泊、基奥加县的非营利组织。

克利夫兰基金会拨款基于这样三种方式：

1. 响应来自社区的想法和提案；
2. 预测重要事务上的共同需求；
3. 支持克利夫兰基金会资金捐献者的愿望。

七　社区基金会是什么？

一个社区基金会是一个慈善组织，它是由一个社区的人们为了这个社区的人所创设的。这个组织由当地捐赠者支持并且由代表个人的公民组成的一个理事会进行治理，这些公民为这个社区人们能生活得更好而努力。款项来自于各种资源，包括过世所遗赠的和健在时信托的，这些款项将被永远地投资于此。投资所得资金随后被分配给有价值的组织或者事业。今天，世界上已经有超过 1000 个社区基金会了。

- 经济危机信息

克利夫兰基金会已经宣布“基本需求基金”的成立和“大克利夫兰区之脉动”的启动，一个在线数据显示器被设计来说明经济衰退对凯霍加县居民的影响，以及基金会是如何应对经济衰退的。

第二节 项目/资助信息

一 资助者已经确定的利益相关项目与各领域资助项目的要求

1. 安尼斯菲尔德·沃尔夫（Anisfield – Wolf）纪念奖

该奖项奖金为20000美元，奖励克利夫兰地区某一作出卓越服务的非营利机构。

2. 艺术和文化方面

基金会支持这样的项目：

（1）针对艺术风险控制能力建设的项目；

（2）针对教育领域实用性文科专业的扶持项目；

（3）增加对艺术的了解机会、提高对艺术的认知的项目；

（4）改善公众观念以及支持艺术和文化的项目。

3. 与市政有关的方面

基金会支持这样的项目：

（1）提高邻居生活质量的项目；

（2）支持社区发展规划的项目；

（3）提倡劳工培育的项目。

4. 经济发展方面

基金会将会有前瞻性地寻找这样的项目，它们建设经济可持续发展的行业、鼓励创业和增加工作机会，培养一个繁荣的城市中心。基金会经济发展计划目标包括如下五个方面。

(1) 能源改良;

(2) 企业家诞生;

(3) 国际商务营销;

(4) 区域合作;

(5) 一个充满活力的内陆城市。

5. 教育方面

基金会支持这样的项目:

(1) 协助改善区域治理和管理的项目;

(2) 增强领导层、教学和家长参与的项目;

(3) 建设公立学校新方法的试验项目;

(4) 发展系统研究、评估和报告方法的项目;

(5) 激励地区性学院和大学战略性活动的项目。

6. 环境方面

基金会支持这样的项目:

(1) 承担公园和开放空间运营的项目;

(2) 壮大环保组织的项目;

(3) 支持环境教育,特别是针对城镇青年环境教育的项目;

(4) 建立公民意识和公众参与机制的项目;

(5) 支持先进能源的项目。

7. 卫生健康

基金会支持的项目有:

(1) 援助贫困人群和没有医疗保险人群的卫生健康项目;

(2) 提高对慢性疾病人群关注的项目;

(3) 帮助社区转向可控医疗/人头税(managed care/capitation)的项目。

8. 奖学金方面

基金会向合格申请者提供多种奖学金。有许多奖学金是可以申请的，其中一些奖学金的金额高达 5000 美元。这些奖学金有各种不同的标准，大多面向进入更高学府深造的应届毕业生，其他的则帮助个体能继续深造专业知识和追求个人发展的机遇，如果访问该基金会的网站能获得更多信息。

9. 社会服务方面

基金会支持这样的项目：

（1）优化家庭的项目；

（2）增强提供重要服务之机构实力的项目；

（3）帮助长期贫困人群的项目；

（4）帮助机构应对公共政策变化的项目。

二　资助者已确定资助的利益相关领域的主题

包括：艾滋病；艾滋病研究；老龄化、中心区/服务；艺术；艺术教育；社区/经济的发展；自然灾害、卡特里娜飓风；经济发展；经济学；教育；小学/初等教育；环境；家庭服务；政府/公共管理；卫生保健；卫生组织、机构；高等教育；住房/庇护处发展；对人的服务；医学研究、医学院；医学院/医学教育；表演艺术；中学/中等教育；城乡/社区发展；视觉艺术；青年、服务；人口组织；老龄人口。

三　以何种形式提供帮助

1. 募款活动；2. 咨询服务；3. 合适的资助、申请资助（matching/challenge support）；4. 与使命相关的投资/借贷；5. 与项目相关的投资/借贷；6. 项目研发；7. 研究；8. 奖学金基金；9. 奖学金——面向个人；10. 种子基金（Seed Money）；11. 技术援助。

四　对项目申请资料的要求与处理

克利夫兰基金会现在要求组织机构提交电子形式的资助咨询和资助申请；通过访问克利夫兰基金会的网站可以查询到申请指导。

资助申请者将会被提醒是否要在资助咨询表的基础上提交完整充分的提案。资助申请表是必须要提交的。资助申请者应当提交以下信息：1. 所服务的人数；2. 组织机构的名称、地址和电话号码；3. 国税局所作决定的复印件；4. 组织机构的历史概要和任务描述；5. 服务的地理区域；6. 理事会理事、信托人、高级职员和其他重要人员，以及与他们有从属关系的机构等的目录；7. 项目的具体描述和所需资金数额；8. 本年度组织机构的预算以及/或项目预算的复印件。

初步接洽工作：将建立或更新组织机构的在线文件

理事会会议日期：将在 3 月、6 月、9 月、12 月召开

截止日期：无

最终通知：几周内告知资助咨询表的结果；可能因提案的完整性而有所调整

- 地理聚焦：俄亥俄州

五　克利夫兰基金会的社区项目运营方式介绍

1. 如何选择社区委员会成员

（1）一开始要制定一个委员会候选人的名单。

（2）通过已有的社区组织结构以及那些与人们一起工作的人，例如社区组织者、社区组织、街道俱乐部、社区基层组织（CBO）和社区黄页（CDC）寻找潜在的候选人。

（3）超越民众“通常的预设对象”——取而代之的是，寻找那些在监测体系下工作的人们。

（4）如果资助活动代表的是明确的地理区域，确保从这些区域选择委员会成员时的公平配额。

（5）不可鲁莽，花额外的时间来挖掘新的参与者，回报的将是社区工作中来自于这些新兴领导者们的一股新鲜且真诚的力量。

2. 具体申请程序和挑选成员的程序

（1）向列在名单里的所有潜在候选人投递（关于委员会委员职务的）知会 & 申请信。

（2）研制一个软件既能估测有形资产，又能指示（主体）对社区的关怀（show care for community）。

（3）资历可能是一种评估手段，但是它们并不反映一个候选人对社区工作的关怀与从事社区工作的能力。

（4）在第一回合，让尽可能类型多样的人参与候选人面试。

3. 使委员会为他们的角色做好准备

（1）以一些通常的关于市政组织问题、面试和资助审查的培训开始培训最终确定的人选。

（2）依赖委员会成员良好的判断，而非过度的规则制定。

（3）一定要制定能确保良好程序的基础性规则，比如利益冲突原则。

（4）准备好应对部分委员会成员可能会失去兴趣的情况——重新激发他们的兴趣或者寻找新的候选人。

4. 如何改善你的协调者角色

（1）以协调者而非决策者的身份开展工作。

（2）信任委员会成员且绝不推翻他们的决定。

（3）让成员们自己解决冲突、进行决策——接下来参与进来的人也一样。

（4）鼓励成员不要对规则吹毛求疵——鼓励成员良好的判断力。

（5）用良好的提问以引导组织克服冲突，但不要将他们向同一方向引导。

（6）不要做针对个人的打击。

（7）记住，这是一个过程而非一门精准的技艺——不断提醒你的委员会成员这一点。

5. 基金会将受益什么

（1）关于社区的高质量、细致的决策，因为它们是由在那里生活并工作的人们作出的。

（2）更强大地处理其他资助决策的能力，因为更多的人参与到了这个过程中。

（3）结识潜在的受助者的时间，这些受助者可能还没有准备好接受一项资助，但已经表现出了潜能。

（4）将一个社区里的观念向积极方向转变的潜力。

6. 充分利用居民导向的资助模式的组织

（1）巴特尔克里克社区基金

（2）亚伯·路易斯·莱利基金会

（3）克利夫兰基金会

（4）雷曼德·约翰·韦恩基金会

（5）汉密尔顿基金会

(6) 斯基尔曼基金会

(7) 圣道基金会

(8) 邻里团结基金会

六 出版物

(1) 年度报告

(2) 信息小册子

(3) 时事通讯

第三节 组织架构、管理层的相关信息

一 组织架构

1. 高级官员，执行委员会，以及管理委员会
2. 执行团队
3. 项目团队
4. 预赠事务团队（Advancement Team）
5. 金融事务团队
6. 公共事务团队

二 基金会管理层和职员信息

1. 高级职员和理事

注意：个人名称后有 * 号的人员同时是信托投资管理人或理事。

(1) 查尔斯·P. 博尔顿，* 理事长

与其相关的机构或公司：
音乐艺术协会，信托投资管理人
克利夫兰艺术博物馆，信托投资管理人
霍肯学校，人寿信托投资管理人
布列塔尼冲压（Stamping），有限责任公司，理事长
化聚（Polychem）公司，理事长
凯文和埃莉诺·史密斯基金会，信托投资托管人
凯斯西储大学，法官信托投资托管人
（2）弗兰克·C. 苏力帆，* 副理事长
与其有关的机构或公司：
美国红十字会之大克利夫兰区，理事会成员
克利夫兰摇滚乐名人堂和博物馆，理事会成员
铁姆肯（Timken）公司，理事会成员
RPM 国际、联合公司，首席执行官兼理事长
大克利夫兰合伙企业，理事会成员
（3）罗纳德·B. 理查德，首席执行官和总裁
与其相关的机构或公司：
俄亥俄州商业发展联盟，理事会成员
大克利夫兰合伙企业，理事会成员
艺术文化社区合伙企业，理事会主席
俄亥俄州资助人论坛，理事会成员
基金顾问委员会，理事会成员
人居城市，理事会成员
（4）罗伯特·E. 埃卡德，副执行总裁
与其相关的机构或公司：
美国中老年化协会，会员（或研究员）
实效慈善事业中心，咨询委员会成员
俄亥俄州健康政策研究所，理事会成员
（5）凯特·A. 埃斯贝克，高级副总裁兼首席财务官

（6）卡耶·利多费，高级副总裁，处理赠与策划和捐赠者关系事务

（7）莱斯利·A. 顿佛，高级副总裁兼公司总监和行政

与其相关的机构或者公司：

俄亥俄资助人论坛，俄亥俄（东北部）委员会，成员

青少年商机无限，信托投资托管人

克利夫兰领导层中心，理事会成员

（8）凯西·S. 帕克，审计员

与其相关的机构或者公司：

克利夫兰中国人基督教教会，财务主管兼信托投资托管人

（9）以那乔·戴维斯·查佩尔

与其相关的机构或者公司：

乌尔姆和伯尔尼非营利组织，理事长

克利夫兰领导层中心，理事会成员

凯霍加县选举委员会，委员会成员

俄亥俄州投票机检查理事会，理事会成员

俄亥俄州医学互助慈善基金会，理事会成员

（10）鲍尔·J. 都兰

与其相关的机构或者公司：

克利夫兰印第安人

（11）戴维德·戈尔德伯格

与其相关的机构或者公司：

社区发展公司，理事会成员

克利夫兰市中心联盟，理事会成员

社区和司法全国大会，理事会成员

爱德格顿投资，主要人员

大学医院，理事会成员

（12）约瑟夫

与其相关的机构或公司：

凯斯西储大学，信托投资托管人
康奈尔大学电子工程学院，咨询委会议成员
北部技术（NorTech），副理事长
嘉德森退休服务社区，信托投资托管人
大克利夫兰合伙企业，信托投资托管人
俄亥俄航空领事会，信托投资托管人
克利夫兰艺术博物馆，公司理事会成员
布鲁时（Brush）工程材料，理事
诺信（Nordson）公司，理事
早期合作伙伴，顾问
（13）弗里德里克·R. 南希
与其相关的机构或公司：
斯凯尔·桑德和戴普西有限责任合伙公司，执行合伙人
大克利夫兰合伙企业，理事会成员
克利夫兰诊所，理事会成员
克利夫兰布朗队，总顾问
克利夫兰 50 俱乐部，理事会成员
（14）桑德拉·皮埃纳托
与其相关的机构或公司：
克利夫兰联合之路服务项目，理事会成员
大克利夫兰合伙企业，理事会成员
摇滚乐名人堂和博物馆，理事会成员
克利夫兰联储银行，首席执行官
大学医院卫生系统，理事会成员
俄亥俄东北高等教育理事会，理事会成员
克利夫兰基金会天主教香港教区，理事会成员
（15）玛丽埃·乔斯·浦亚娜，医学博士
与其相关的机构或公司：
凯斯西储大学医学院全球健康和疾病研究中心，兼任讲师

马升（Marise）首饰设计，主席兼设计师
地铁保健基金会，理事会成员
贝克艺术中心，理事会成员
美国红十字会，理事会成员，克利夫兰区
凯霍加社区学院基金会，理事会成员
(16) 贝斯·O. 蓝金
与其相关的机构或公司：
克利夫兰游戏之家，联合主席
克利夫兰市政厅，执行委员会成员
(17) 杰姆斯·A. 莱特勒
与其相关的机构或公司：
克利夫兰艺术博物馆，理事会成员
城市土地学会，理事会成员
游戏之家广场基金会，理事会成员
森林城市商业团体，理事长兼首席执行官
(18) 阿莱尼·L. 瑞特曼
与其相关的机构或公司：
罗伯特·S. 瑞特曼和西尔维亚·K. 瑞特曼家庭基金会，托管人
依摩曼（Immerman）基金会，托管人
霍肯学院，托管人
西佛（Sifco）行业，联合公司，理事
(19) 史蒂芬·罗曼博士
与其相关的机构或公司：
克利夫兰浸信会，主任牧师
(20) 拉坦吉·S. 松德荷
与其相关的机构或公司：
探索船基金会，理事长
斯基（Sikh）企业商业联合会，理事长

探索帮助网站，首席执行官

(21) 额尔尼斯·L. 维尔克逊

与其相关的机构或公司：

维尔克逊和联合者，侏儒症援助团体（LPA），管理合伙人兼奠基人

橄榄山制度浸信会，理事会成员

全国教育委员会联合会，理事会成员

克利夫兰会展中心设施权威，理事会成员

2. 重要员工及其职务

注意：不包括高级职员。

梅吉·麦格拉斯·爱默，项目合伙人

马乌鲁斯·贝克，捐赠关系和奖学金工作主管人员

尼尔森·贝克福德，项目主管人员

杰姆斯·T. 比克尔，经理，负责技术设备工作

莉萨·伯特姆，项目经理，负责对人服务和儿童与青少年发展工作

莫尼卡·布朗，经理，负责人力资源工作

瑟琳·A. 格弗尼，经理，负责公共机构研究和艺术活动工作

卡拉·客佩兰，项目主管人员

特里·伊森，经理，负责捐赠规划工作

安·费尔赫斯特，主管人员

希尔·帕克达，项目经理，负责经济发展工作

凯瑟琳·霍利斯，经理，负责社区响应性捐赠工作

伊丽莎白·阿诺德，经纪人，负责投资和财务工作

里廉·库里，项目经理，负责建筑、城市规划和可持续发展工作

因迪亚·皮尔斯·李，项目经理，负责邻里、住房和社区发展工作

凯文·麦丹尼尔，项目主管人员
金格·马拉卡，经理，负责捐赠关系工作
鲍尔·普特曼，项目主管人员
珍妮弗·鲁多夫，捐赠策划助理
朱迪·M. 萨姆，捐赠关系主管人员
卡伦·萨热，捐赠关系主管人员
辛西娅·V. 斯库兹，经理，负责公共事务和战略工作
海伦·威廉姆斯，项目经理，负责教育工作

3. 职员

42名全职人员；2名兼职人员；20名全职助理；1名兼职助理。

三 信托投资管理人

1. 北美第一银行
2. 亨廷顿国家银行
3. 北美摩根大通银行
4. 北美核心银行
5. 国家城市银行

四 会员

1. 区域性的资助人协会

俄亥俄资助人论坛

2. 关系密切的组织

睿智成长和宜居社区的资助人网络；关注艾滋病资助人；我

们的经济前景基金；健康资助人；艺术资助人；教育资助人；有效率机构的资助人；老龄化资助人；基层民众资助人；更多使命；社区投资者组织；PRI 制造商网络。

3. 联盟和其他慈善组织

基金会委员会；独立部门组织。

第四节　基金会资助项目及运营中的故事、新闻评论

一　基金会运营中的故事

居民导向的基层民众资助项目——名副其实的民主化的、参与型的计划

1. 对硬币另一面——以人为主题的一面的投资里，克利夫兰基金会正在做些什么作为房产等的配套辅助措施？

克利夫兰基金会对克利夫兰诸多地区的投资，有着悠久的历史。作为美国最古老的社区基金会和最大的社区基金会之一，它对房产的社区发展以及社区的经济发展所做的资助，有着令人印象深刻的成绩——这已为克利夫兰地区带来了变革。

可是，它们在这一领域的成功，也提出了基金会在近十年前开始探索的一系列新问题。由于社区组织成为它们的合伙人后开始变得复杂精细了，基金会意识到，它们需要另一个计划以纵深发展。

基金会意识到，在它们的整套计划中有一个被遗漏的部分涉

及社区街坊们自身。乔・赖特勒是雷蒙・约翰・威恩基金会的总裁和社区社会关系项目（Neighborhood Connections）负责人，也是克利夫兰基金会的基层民众资助项目之一的前任主管。赖特勒说，克利夫兰基金会已经开始提出这个问题了：在硬币的另一面——以人为本的一面，人们正在做些什么投资作为那些房产的配套辅助措施？

汤姆・奥・布瑞恩是社区社会关系项目的现任主管，他知道："你可以在一个社区拥有许多漂亮的建筑物，但是要获得一个社区实务上重新开发的成功，你就必须拥有活跃且积极参与的公民，他们生活在那些社群之中，而这些社群正推动着这些变革。人们想要而且也需要在社区贡献中被重视。不幸的是，在许多关于社区关系活力复苏的努力中，社区成员被设定为是有机会就提出批评建议和进行捐赠的一方。不通过有意义的途径将社区成员纳入并重视他们的工作都将以失败告终。"

赖特勒回忆起基金会特别受启发于在芝加哥开展的工作，在芝加哥，居民们可以请求资助以改善社区。他们也参考了其他城市中的各种小型资助项目。但是为了使工作更进一步，他们决定，自己的方案将使居民们有权来决定谁接受资助。

赖特勒说，基金会知道这一步骤将"诞生一个真正民主的和参与型的计划"，在此，居民们在他们自己的社区里将获得投资、还享有"影响力且（同样可以对之）决策"。移交出这一层面的控制是一个计划，它真正地将"社群置于社区基础组织之中"。

民众基层捐助是使得居民们参与并投资他们自己的社区的一个有效的方法。现在许多投资者都接受了这一观念并先行一步，将资助决策权交给那些居住并工作在那个社区中的居民。

2. 大海捞针

赖特勒是在2002年被雇用到社区社会关系项目的，那时这个项目才刚刚出炉。他的任务之一是确认居民资助者中的第一批人。赖特勒以制订一份可以代表克利夫兰24个社区潜在候选人的名单作为开始。他承认自己对于这些社区并不是非常了解，所以只能按逻辑以“已有的社区基础组织结构”作为参考的一个资源着手。

赖特勒说，他同样也想要拓宽候选人名单以纳入那些“在监测体系之下”工作的个体们。他说：“我们有意识地决定我们将不寻找一般的候选人或者那些人们首先提到的对象——他们将不被作为社区影响力代理人，我们要寻找那些有着很多领导潜能和有能力专注于做出变革并完善变革的人们。”

为了更加深入到居民和积极分子中这一层面，他经由区域黄页向社区的组织者们（他们就在社区中工作）询问以获得他们的推荐人选，并汇编出了一个潜在候选人名单。这是一个需要花费时间的过程，赖特勒说慢慢来并挖掘出那些可能并非一开始就呈现出来的人是很重要的。

“要迅速地推动一些新鲜事物总是有压力的”，赖特勒说，“但我们需要确保我们找到的是正确人选”。

赖特勒准备了一份知情函（a letter of inquiry）介绍委员会的前景以及他们被提名的原因，并邀请人们填写一个简短的申请表，如果他们对这项工作感兴趣的话。他感觉自己一开始在决策时犯了一个错误，那就是要求候选人披露他们的教育水平。一位基金会同事指出，他们所寻找的人更应具备“原生态的才智和社区智慧，而非资历证书之类”，这位同事还说：我们并不想让（资历）这一点成为可能使得那些真正适合这一工作的人望而却步的因素。

超过50个人表示感兴趣，赖特勒以及社区顾问还有来自基金会的其他人开始面试候选人。就像是一个大海捞针的过程，他说他们发现了“18根很不错的针，这些人是真正了解他们的社区的人，并且常常低调地做成一些事情”。

3. 第一步以及成长之痛

赖特勒以一些培训活动启动该组织的工作，培训内容包括这些问题的背景知识：城市问题以及基础治理结构、在选择资助者的面试中的角色扮演以及一些审查方案的一般原则。知情函更像是一种艺术而非仅仅是技艺，它需要委员会成员更多地从他们的直觉和对社区的可靠判断来开展工作。

这一工作并没有遇到大量的“严重障碍”，赖特勒对委员会成员作为决策者这一过程进展之好印象深刻。有时，一个成员可能会失去兴趣或者“被他们自己的生活分心”，所以要开展“重新激活和重新凝聚”成员的工作，或者寻找一个新的参与者。

赖特勒注意到，有些新成员有时会担心他们可能作出差劲的决策，并认为他们可能通过规定关于资助的导向性更强的规则来创制一个以防意外的机制。赖特勒说这是一种“好的直觉”，但是他同时也认为委员会的主旨是为人们带来很好的关于社区的决策。

他开玩笑地说：“制定越来越多规则的倾向是存在的，这一点基金会们已经做得太多了。”取而代之的是，他建议委员会成员们信任他们自身的决策是一种“避免错位”的方法 。

但是委员会确实想要拟制一个利益冲突的政策，这一点令赖特勒印象深刻。这是一种使得他们能与冲突和困难情景相分离的方法，这些冲突和困难始终是社区工作中的一个问题。

4. 基金会以及社区影响——孕育果实

5 年之后，赖特勒调到俄亥俄的沃伦与雷曼德·约翰·韦恩资助信息以建立它们自己的居民导向的民间基层资助项目。汤姆·奥·布赖恩作为克利夫兰的一位前社区组织者承担起社区社会关系项目的工作，推动它迈向下一个阶段。

项目中一开始出现的障碍已经被清除了。这使得奥·布赖恩能够方便地评估该项目的优点并推动委员会进入下一个阶段。

奥·布赖恩说他很清楚自己正与资助委员会的成员们工作，这个委员会对他们的社区有着“深刻的见解和专业知识”，他们“清楚什么是有效用的以及什么是发挥不了作用的，因为他们在那儿居住并工作”。他说到目前为止，民间基层视角是基金会的一个有形资产，基金会已经获得了一个关于如何有效建立社区的更细致的认识。

通过对资助委员会的扩充，基金会开展更多工作的能力也被提升了。每年能收到将近 400 个资助申请，这些申请已经超过了成员们能处理的工作量。

在审查提案和进行社区中“社区社会关系”扩展工作的那些阶段，为基金会的工作所添加的人力资源委员会成员是极为有用的。奥·布赖恩说：“资助委员会是这一资助项目的骨干。”

奥·布赖恩说，资助委员会的工作给了员工们更多时间和被资助人一起工作，将被资助者彼此相互联系起来，并与他们一起工作以建立他们对社区变革的影响能力。他还说：“我们的员工数量很小。如果员工们审查所有这些方案并做出资助决策的话，我们将没有时间去做很多其他的工作了。”

基金会和社区社会关系项目收获很多，但同样显著的是，委员会在许多方面开始影响社区了。因为委员会成员的挑选过程更注重舞台背后的人而非传统的领导者，一群“新兴的社区领导人”出现了。

奥·布赖恩说，新的领导人倾向于拥有一种“联系和沟通”的品质，告知并激发社区中的其他人通过统筹他们的天赋和才华寻找解决方案。这与那些常常作为一个社区的唯一发言人的居民领导人形成一个全新的对比。奥·布赖恩还说：“这些新的领导人也是自励的，他们发现他们可以改善事物且不需要等待其他人来做出变革。”

委员会成员们还有一种有趣的方法可以转换社区的世界观，

使他们看到“每天正在这里发生的数以百计的积极事物”。奥·布赖恩说，任何人“浏览新闻并思考着城市正在一个狭小的空间里经受磨难”是一件容易的事情，但是依靠着委员会成员之手（他们每天都能碰触到积极的成果），在克利夫兰，一个对社区有助益的信息正在传播。

当委员会的建议和活动在一个城市/非营利合作项目（它致力于将闲置土地转换为公共花园和公园）中被发现时，委员会的影响力得到了证实。委员会成员和员工们协助了项目的设计过程，并且有三个来自资助委员会的居民在这一重大活动的资助审查讨论小组中工作。

“我认为市政机构认识到他们不能仅凭自身且确实需要居民们来开展工作是一个研究课题”，奥·布赖恩说。他将其视为委员会一个重要的成功标志，委员会显然已经在民间基层工作有价值这一点上给人们留下了印象。

“每个人都有可以贡献的东西这一信息已经为人们所完全理解”，奥·布赖恩说，“尽管仍然存有许多需要做的工作。这一观念也为克利夫兰的社区带来了一种不一样的感觉。”

5. 通过良好的协调行为来改善工作

当委员会的工作趋向成熟时，奥·布赖恩继续将其视为一项进展中的需要细微调试的工作。

委员会不太需要奥·布赖恩做有意的改变。取而代之的是，他说，自己的角色是“聆听并回应他们的履行行为，就像一位协调员”。

委员会的履行行为在工作中有时会出现重要的改变。最近的一项变革是针对成为资助寻找者的申请工作的。当委员会成员可以承担原创性工作时，他们发现有一些重要的信息被所提出的审查问题遗漏了，而且申请工作太过于关注问题了。成员们组织了一个目前委员会的附属委员会和一些前委员会委员，而他们修订了申请中所应提出的审查问题，这着实鼓舞了小组寻找他们所立足社区的资产。

委员会成员也想要他们的基金发展得更清晰、更持续一贯。例如，有些人认为资助一项对的设备需求并非一个好的决策，与此同时，其他人却认为在一些情况下这是可取的。制定规则的办法被取而代之，委员会决定增加一些单独的问题，这些问题有关一个申请者是否会提出这样一份申请。

人事变动在任何一个委员会都是一个自然发生的过程。但是在这里，并不由奥·布赖恩或者基金会成员来做出这个决策，而是由委员会来决定。奥·布赖恩说，他的角色是鼓励成员寻找候选人，这些候选人有着“基层民众经历，可靠，信誉好，与社区相连，且可以将玻璃杯视为半满状态”。

奥·布赖恩说，他确实需要实施一些类似于期间限制的事情，以及对新的委员会成员进行协调培训。“有一些指引规则是很好的，这样人们可以知道如何扮演自己的角色”，他说，“但是，我也需要变得更具韧性、更耐心、更愿意挑战他人”。

这些挑战有时出现在成员们对细节吹毛求疵之时，所以他尽力提醒他们“项目的精神以及指引项目的是什么”。

但是奥·布赖恩也说，“最大的挑战其实是最后的共识。可以花的钱只有这么多，而且还有很多的申请要审查。成员们是有激情的，并且当他们与委员会的其他成员捍卫他们的投资决策时也会争论纷纷”。

他鼓励委员会成员多多思考他们正在做什么，在作出投资决策时要专注项目目标，但是在他们的决策中同时保持开放和富有灵活性。“我们鼓励委员会成员在委员会会议上尽力抛开个人的偏见，专注于项目提案，如果提案符合社区社会关系的目标和标准”。

“这并不是一段完美的旅程，我也尽力提醒人们，这是一种艺术而非精湛的技艺”，奥·布赖恩说。

6. 基金会改变了它被配置的方式

有意义的居民参与活动现在成了克利夫兰基金会社区投资计划中的一个组成部分。但是为了达到这一点，还需要在基金会通常开展工作时采取一个重大的转换，这并不容易。

赖特勒这样解释这个过程："社区投资决策是一个基金会的权力，我们是被培训来做这件事情的。这就是我们被配置的模式——因而把权力移交给那些我们一开始可能视其为'未接受培训过的人'的过程是令人生畏的。这对于一个基金会来说是一项巨大的改变，而这一过程也是艰难的。"

他说基金会能够"继续坚持过去的资助方式，但将失去一个做一些确实迥异、新鲜而具有自主性的事情的机会"。

他还说："我认为许多基金会可能没有看到参与的重要性，并且没有将其视为一种策略。"

而奥·布赖恩则认识到，"一些基金会之所以对做这些事情的态度相对更开放可能只是因为现在这杂乱的状况"。

但是赖特勒总结道，不管一个基金会多想要支持社区的变革，"你都不能离开这个社区中人们的参与"。

奥·布赖恩补充道，"如果人们不被重视或者不作出贡献，基础民众参与过程将不会起作用，在大多数的共同体中，社区实在是一个尚未开发的资源，在这里我们可以找到一些有价值的解决方案"。

尽管基金会实际上害怕将来的结果存在风险，赖特勒说，"它创制了一系列有影响力的关系，并且如果基金会有兴趣改变社区，这就是我们所需要的了"。

7. 一个居民导向的委员会的进化：莉萨·莱弗里特对调解人的思考

要发展一个居民资助委员会不仅仅意味着将工作部件汇聚起

来就可以了。就像汤姆·奥·布赖恩所说的，它同时也与定基调有关，并通过支持手边工作的方法向社会关系倾斜。

莉萨·莱弗里特为这一观念提供了持续回应。她在过去的四年中通过“抵制网络”（Prevention Net Work）开展工作，抵制网络是斯基尔曼基金会在底特律、密歇根的“好邻居”项目的一位中间人，以协调他们的社区社会关系资助项目。与奥·布赖恩一样，她也认为，设定正确的工作基调是很重要的，但是让一个资助委员会“有机地发展”也很重要。她说，在底特律出现的结果，是一个这样的个体组织的出现：这个组织正将一个全新的社区领导层打造成为社区和资助基金的有影响力的管事。

8. 接受分歧

莉萨·莱弗里特说：“四年之后，在处理了100万美元的资助后，我认为我们的居民资助委员会成员知道，在社区里做这些事情并非仅仅是乐趣而已。”

当她初次开始和建立在底特律的六个相互斗争的社区之下的一个居民资助委员会工作时，她说她想要他们看到，在社区里，委员会并非是一个常规性的志愿者角色。“我想要这个组织明白，他们是真正的资助活动人。他们是大量金钱的管理者，在他们所收到的每一个请求从某种意义上来说是微小的同时，这每一个请求也是有影响力且变革性的。”

她强调工作中的“职业精神”，或者说是一种有助于委员会明白他们的角色和“那些职位在数百万美元捐赠工作中的人们”一样关键的论调。

她说：“我想要他们真正明白，他们在那个岗位上所做的是一项非常重要的工作，并认真对待这项工作。他们所做的并非仅仅是一件善事，这同时也是一个他们真正重视他们自己的声音的时刻。”

联系是重要的，但对于莱弗里特来说，它并非是敏感的直观的相互作用影响，而是委员会成员“形成他们自己的声音”的能力和“说出他们自己的社区所喜欢和所需要的东西”的能力。当成员们不是祈望地看基金会并与其保持距离时，她将此视为他们已经“建立起自信”的一个积极的标志。

“团队思维”是她一直感兴趣的事情，她还将委员会讨论中的“内部共识”视为一种“常常能产生一些非常好的结果的动力”。

“这是一个多样的组织。我寻找那些能接受分歧的人们，但他们最终仍将彼此尊敬，与年轻人分享一种辩论的犀利观念”，莱弗里特说。在一个六个社区组成的区域之上，她认为，对资助的筹资活动“经过过去的四年后最终变得相当的公平”——证据支持了他们的意图，这些证据有时是一些富于争论的对话。

9. 个人的以及职业的关系提升

莱弗里特说，当委员会成员每个月开会时，这是一项严肃的工作，将资助进行分类并对他们展开讨论将持续四小时。她说，委员会成员之间“存在着一个缓慢发展的相互尊重”，但是“当他们在委员会中时，他们全身心投入他们的工作并严肃地将其视为一份职责来对待”。

待在一起的时间以及有条不紊的工作性质并没有为发展成员间的私人关系留出许多时间。但是当莱弗里特和委员会成员们出发去一个在俄亥俄的沃伦与青年镇举办的民众基础资助者现场集会，以探索雷曼德·约翰·韦恩基金会的工作时，这一点发生了变化。

这是委员会走出他们有条不紊的工作的时候，这时他们是去探索其他人的工作的。在回答他们在那儿看到了什么时，莱弗里特说，他们开始表述他们彼此之间的“团队真情”，同甘共苦“使得他们能看到他们是被联系在同一关系之中的，在这个关系里他们可以发现每一个他人的共同情感”。

莱弗里特知道成员们常常将他们自己视为“从社区中选拔出来的孤独的社会运动斗士”。他们没有发现的是：他们彼此间所共享的纽带——其实“其他人也是出于同一原因而被选出来的”。

委员会成员开始成为“彼此的拉拉队员”，寻找更好的办法以协调邻里间的工作，她说。莱弗里特也见证了新的“成长与领导层”，以及在社区里其他论坛上更大的进展。有人甚至在旅途中决定开一家邻里办公室，因为这一经历汇聚了一个更棒的社区情感观。

“当你获得了个体成员们的影响力以及观念间的协同作用和激情，所有人在会议上致力于改善社区成员和孩子们的生活，你便收获了”，莱弗里特说。

“你得到了与那个社区有关的改良和积极的团队。这不是被灌输的东西，有人说这是‘你所需要的东西’。”

“取而代之的是，这是明白问题出在哪里的民众们在投身于解决问题。这是本土的，通常更及时，而且他们有承诺要维系这一改善过程。问题和解决方案都有了负责者。”

10. 居民智慧：明白“人们的角色以及事物的内涵”

唐恩·威尔森明白，她在担当斯基尔曼基金会的社区社会关系资助项目的资助委员会成员的三年里，“获得了一个发出声音的机会”。

威尔森——一位专业的滑稽演员，在为年轻人带来积极的信息和获得财富的机会时，自己也获得了乐趣。然而当她尽力在她的社区里将一些新观念付诸实践时，若遭遇路障她常常会受到挫败。她在讨论小组中的角色帮助她改变了这一点，提升了她的技能、邻里联系以及支持她在邻里间开展优质项目的影响力。

但这不只是一个提升她自身的社区眼界的机会——她同样认为，由居民资助成员们对一个基金会进行良好的投资来说是一条关键性的通道。

威尔森说，“作为这里的委员会成员以及居住在这个社区的亲身经历”能使资助在很多方面都变得更有效率。

成员们是知道“人们的身份和事物的内涵”的。威尔森说，常常一个委员会成员会认识每一个申请者或与他们有联系，这一点能为扩张机会和作出有根据的决策提供有用的见解与权衡。

有一次，一位委员会成员认识一位在过去有着一些问题的金融交易的申请者。威尔森说像个人经历这类问题的“准确识别对于作出好的决策是有助益的”。

威尔森对社区的熟识度使得她与之前没有被支持也没有被注意到的与年轻人一起工作的民众基层组织之间产生了联系。威尔森说，讨论组成员起着“桥梁”的作用，这将基金会和那些在其他情况下看不到的合伙人相互联系了起来。

同样的，对社区文化的委员会成员认知也帮助基金会作出更有根据的决策。

威尔森说了一个组织的故事，这个组织在克里索默斯，在她自己的社区里进行了10年的向需要帮助的居民们分发食物的工作。因为她明白那儿的文化以及居民们通常吃什么，她明白有一些食物还没有被充分利用而且还被浪费了。她与组织者沟通的能力以及对居民观点的解释使得一项规则更有根据了。

威尔森归纳到，“基金会和组织需要一些成员是与社区的人们相联系的，而他们的唯一办法就是有一些员工能与那个社区接触”。

基层民众资助者是以地区为基础的投资人在美国和加拿大的一个网络，他们立足于一个“我们从居民开始”的视角进行工作，支持活跃的公民权利以建立社会资本，支持与城镇有关的能力建设，以及社区里的街道层次的居民间社区复原能力的建设。

二　精选公益资助项目

2010年被报道的资助活动

1. 向俄亥俄克利夫兰社区发展组织拨款4500万美元，以运转资助活动和战略投资活动，三年内可支付。

2. 向俄亥俄克利夫兰生物事业（BioEnterprise）公司拨款 80 万美元，以支持现有的事业发展项目和新克利夫兰健康科技执行阶段的启动，1.25 年内可支付。

3. 向俄亥俄克利夫兰 NEO 基金会拨款 51.5 万美元，用于提高其商业和商业经济学硕士的吸引力，1 年内可支付。

4. 向俄亥俄克利夫兰伊利湖能源发展公司拨款 500 万美元，以促进该公司启动和运营，1 年内可支付。

5. 向 OH 克利夫兰社区重返组织拨款 400 万美元，以开展克利夫兰调解联盟外展项目，1 年内可支付。

6. 向俄亥俄州克利夫兰区肖班克事业组织（Shorebank Enterprise）拨款 40 万美元，资助常绿合作发展基金的绿色城市种植者合作项目，两年内可支付。

7. 向俄亥俄州克利夫兰基金会拨款 30 万美元，以提高公众对克利夫兰大都会学校改造方案的认知和支持度，1 年内可支付。

8. 向俄亥俄克利夫兰州立大学基金会拨款 25 万美元，以规划克利夫兰州立大学和俄亥俄东北大学下的医药合伙企业一起组建的提高都市健康项目，1 年内可支付。

9. 向 OH 克利夫兰戈登广场艺术区拨款 25 万美元，以支援克利夫兰公众剧院的二期翻新，1 年内可支付。

三　公益项目运营中的新闻报道

为什么克利夫兰基金会削减了对“我们的繁荣未来”基金的资助？

出版时间：2010 年 1 月 31 日，星期日

更新：2010 年 2 月 1 日，星期一

摘自《普通经销商》，作者：汤姆·布来科恩里奇

约翰·昆兹——位于东第 105 大道的常青合作洗衣店直营店，是一项价值 580 万美元的商业投资，起始于 10 月，它是

“更佳大学圈活动”的一部分，该活动是由克利夫兰基金会四年前启动的。克利夫兰基金会现在正被围攻，因为它最近大幅削减了对“我们的繁荣未来”基金的专款。

俄亥俄，克利夫兰——2007年3月，克利夫兰基金会的领导罗恩·理查德——该地区最有影响力的人物之一，告诉数百名市镇领导人，克利夫兰基金会是“我们的繁荣未来”基金的一位“自豪而忠实的成员”。

大概三年后，理查德兴致勃勃的自豪之情已向愤怒与怀疑转变。

罗恩·理查德

理查德和基金会的高级官员说，在12月作出一个了不起的决定——大幅削减基金会对“我们的繁荣未来”基金的资助，结果他们承担着不公平的且史无前例的指责。

该基金是一个慈善共享资金，在国内因其对经济发展的协作接洽而颇具特色。每一个对该基金的重大捐赠款都要就其资金如何使用进行投票。

但是这一受欢迎的合作开始分裂了，暴露了杰出基金会之间一个罕见的、激烈的权力争斗，这些基金会决定着在东北部的俄亥俄州应该花费多少慈善资金。

在“我们的繁荣未来”基金的头六个年头里，克利夫兰基金会理事会资助了这个基金2200万美元，此后理事会一致投票在接下来的三年里只资助30万美元。

这一行动增加了六个核心发展组织的经济不确定性，这些组织致力于促进区域经济繁荣。他们接受来自“我们的繁荣未来”基金的数百万美元的资助。

克利夫兰基金会高级官员们说，取代“我们的繁荣未来”基金会开展的工作是，计划将相同金额的资金直接资助给这些经济发展组织，只要它们表现良好。

克利夫兰基金会咎由自取：布莱恩特·拉金

基金会的专款决定带来的是“我们的繁荣未来”基金领导人数月的内讧。

理查德和戴维德·格尔伯格——克利夫兰基金会的理事长，在一次采访中说，“我们的繁荣未来”基金的使命以及十六县目标领域已经变得超过了基金会的以克利夫兰为中心的目标。

“克利夫兰是区域的核心”，理查德说，“除非我们重新恢复克利夫兰市中心的繁荣以及它的邻里关系，我们不能使该区恢复往昔的面貌”。

但“我们的繁荣未来”基金的领导人说，基金会已经基本上拒绝了有助于鞭策该区经济发展的一项努力中的合作精神。

戴维德·艾伯特：“克利夫兰基金会的决定是令人遗憾的。”

“我认为该决定是不幸的”，戴维德·罗伯特说，他是“我们的繁荣未来”基金的理事长和高基冈德基金的执行理事长。“它

对于我们领域中的一个非常少有的类型的很有意义的合作显然不那么重视了。”

理查德对这一观点很愤怒：他的基金会并非一个合作者。他援引了与大学圈、克利夫兰城市大厦以及克利夫兰一些学校的合作关系。

“在我的观念中，克利夫兰基金会毫无疑问是美国基金会中最好的合作者”，理查德说。

理查德、戈登伯格和克利夫兰基金会的高级员工请求与普通经销商杂志的编辑召开一次会议以抵制他们所相信的事情，这些事情是“我们的繁荣未来”基金领导人在最近的媒体上攻击基金会的一个有组织的活动。

窗体顶端

基金会高级官员被针对他们慈善行为的职责伤害了，他们的慈善事业是这个国家中最大的社区基金会组织，他们的工作向来产生良好的意愿。

很明显，克利夫兰基金会的撤资惹怒了“我们的繁荣未来”基金的慈善合伙人。

“据说，事实上，我们的社区基金会——本地区最有影响力的机构之一决定对合作组织进行控制”，罗伯·布里格——阿卡隆的GAR基金会执行理事，以及凯希·路易斯——克利夫兰基金会的前任理事长，在12月30号的一封信中对普通经销商杂志的一位编辑这样说。

12月27号普通经销商编辑页面上的一个由来自两个区域的基金会高级官员所写的专栏详细陈述了“我们的繁荣未来”基金所获得的成功，以及在这个地区继续合作所需要的帮助。

该专栏没有提到克利夫兰基金会的名字。但是这已经足够戈登伯格从他在 Mt. 斯奈健康中心基金会理事会的职位上辞职了，该基金会是与专栏签约的十八家非营利组织之一。

戈登伯格说："我不能在一家这样的组织供职：该组织对我所管理的另一个组织进行谩骂。"

"'我们的繁荣未来'基金的职员草拟并传播该专栏，在考虑到克利夫兰基金会对基金所作决定的情况下，以此回答来自公众的对基金会的前景的疑问"，"我们的繁荣未来"基金的高级职员说。

阿伯特说："将专栏描绘为对基金会的一次攻击是愚蠢而荒谬的。"

基金会的诞生

"我们的繁荣未来"基金是一项慈善活动，被整个国家的非营利组织领导人密切关注。

它创立于 2004 年，促成了克利夫兰和阿科隆地区的企业与非营利组织领导人之间的对话，这些人想要变革东北俄亥俄州萎缩朽坏的经济带。

基金是地区中 69 家主要基金会、大学和公司在过去三年每一家捐赠至少 10 万美元所形成的资金储备池。

这些钱用来支持东北俄亥俄州进步，在全面的经济研究和考虑来自 2 万位居民的建议之后精心制作的一个战略计划。

在它的头六个年头里，"我们的繁荣未来"基金集资了超过 6000 万美金用于该计划的四项任务：扩张并吸引企业，发展优势，促进小型私有企业繁荣，提升政府合作。

有 4100 万美元注入 6 个组织以集中用于建立有希望的领域中的企业，比如生物科学和先进制造业。

"我们的繁荣未来"基金报告说：6 个组织拥有的 10 亿美元影响着跳跃式启动的数十家新公司，吸引了风险投资和大型国家投资项目。

“‘我们的繁荣未来’基金是使得6个组织规模化的一股重要力量，他们正在开始产生回报，即便是在经济衰退时期”，经济学家爱德华说。他是克利夫兰州立大学的莱温城市事务学院的主任。

克利夫兰基金会在组织这一合作性组织的过程中担当着领导角色。这是市镇领导人困惑于基金会决定削减专款的一个原因。

战略中的紧张关系

克利夫兰基金会的高级官员坚持认为基金会的专款决定对任何人都不会产生困惑，特别是从2007年秋天克利夫兰基金会第一次提起对该问题的关注时起。

他们说克利夫兰基金会大幅度削减专款的原因如下。

“我们的繁荣未来”基金的区域性足迹开始变得超过克利夫兰基金会所关注的领域。

“我们的繁荣未来”基金在它2004年成立时覆盖了9个国家。现在，它覆盖了16个国家。

克利夫兰基金会的主要服务领域——以及它的捐资者最大的一部分，只包括古雅和加、湖泊和格奥佳县。

在2007年12月给“我们的繁荣未来”基金的一封信中，杰奎琳·伍兹——克利夫兰基金会那时的理事长，表示她的理事会正关注“我们的繁荣未来”基金，并指出该基金“想要做的太多了，并且承担了跨越非常广泛的地理区域的太多的活动”。

“我们的繁荣未来”基金的领导人回应道：克利夫兰基金会对经济所持视角是短浅的。

“像维尼和马洪尼这样的县因其通勤规律、劳工市场和供应链而与本地区联系紧密”，刚德基金会的阿伯特说。

“在斯塔克县的燃料电池研究和维尼县的农业研究将使得整

个地区受益”，“我们的繁荣未来”基金的理事长布莱德·怀特海德这样说。

“想要获得一个更狭隘的地区性联系的方案没有注意到我们都是同一个经济区域中的一部分这一事实”，阿伯特说，“这就是我们如何全球化地进行竞争的方式。这对地区来说也是至关重要的”。

对于克利夫兰基金会资助“我们的繁荣未来”基金的控制也存在不同意见。

去年秋天，基金会承诺在接下来的三年里提供300万到400万美元资助给“我们的繁荣未来”基金，而非仅仅是30万美元。但是基金会想要将这笔钱投资给6个经济发展组织。

“在我们的100年历史里，我们第一次提供数百万美元，而人们说‘不，谢谢’”，理查德说。

“我们的繁荣未来”基金的成员说，克利夫兰基金会对他的资金投资的推力将避开关于对区域最佳立意的合作性决策。那些决策是由一个经投票组成的投资人委员会作出的。

怀特海德说：“基金的慈善理念使我们作为一个区域在合作性工作时更具影响力。”

但是克利夫兰基金会的高级职员说在投资上曾有过这样的先例。

“Mt. 斯莱健康疗养基金会被允许将它的捐资直接送给生物企业组织，这是一个促进生物科学公司增加的发展组织”，理查德说。

密特谢尔·波尔克，作为Mt. 斯莱德理事长，获得了“我们的繁荣未来”基金对投资的同意，因为他的基金会只对健康和医药领域进行捐赠。而且它在“我们的繁荣未来”基金成立前就已经在为生物企业组织提供资金了。

阿伯特和怀特海德说，他们从未拒绝300万美元到400万美元的资助。他们力劝克利夫兰基金会将它的情况直接拿到基金委员会进行投票。

克利夫兰基金的高级官员说，他们收到了关于投票可能不利于他们的警告。

戈登伯格说，他是在对话中拔掉塞子，不削减专款，将 300 万美元到 400 万美元作为投资资金送给“我们的繁荣未来”基金的人。

“关于投资的争论和决策持续太久了，此时其他的需求也需满足”，戈登伯格说。

戈登伯格说：“我基本上说了我们需要继续行动，而且不会通过牵引的方式削减资金。”

阿伯特说，达成合作性的决定常常包括“剧烈的争夺”，这是慈善工作还没有习惯的。

“我们的繁荣未来”基金在建立企业方面的资金减少了。

克利夫兰基金会的高级官员注意到“我们的繁荣未来”基金在针对接下来三年的计划中，要求它 70% 的投资用于 6 个组织，这 6 个组织专注于企业和工作机会的增长。

这些经济发展组织在过去的三年里收到了 84% 的投资。

“我们的繁荣未来”基金的官员回应道：对于建立企业的投资百分比可以增加，但是预算在不断地变化，这是因为克利夫兰基金会要减资的决定。

“我们的繁荣未来”基金也计划将它预算中的 13% 用于发展技术工人，以回应雇用者的需求，这一比例是以前的两倍。

克利夫兰基金会的高级职员说，他们也关心这 100 万美元所做的“即刻有效治理”的努力，该活动将资助分散给那些致力于联合服务的社区。

罗伯特说：“项目是有价值的，但是也花费太多了，这已经与我们的首要优先事项不一致。”

“我们的繁荣未来”基金的官员辩驳道：“即刻有效治理”支持治理的合作和效率性。这是基金会 2007 年 3 月会议上启动的四个关键计划之一，这个会议理查德参加了，“我们的繁荣未来”基金记录了。

阿伯特说：“削减治理成本将增加本地区的经济竞争力。”

克利夫兰基金在一项有限制的预算中需求增加了。

“在过去的六年里，世界发生了变化”，理查德说，“莱曼兄弟破产了。我们的捐赠被削减到5亿美元。而需求却如火箭般冲天上涨”。

克利夫兰基金会每年花费大约2500万美元在一系列社区项目上，处理每一件事情，从学前幼儿教育到老年痴呆护理。

“这使得被抵押品赎回权取消所摧毁的克利夫兰社区对新公司和就业基金会的需求不断增长”，理查德说。

所以基金会为诸如格林威尔县的新洗洁合作之类的项目付出努力。

“我不认为那些为我们而感到忐忑的人们对在社区中所发生的事情有任何认识”，理查德说。

基金会的投票正在进行。

理查德注意到“我们的繁荣未来”基金现在有5个全职工作者，当2004年理解备忘录被制定时，该备忘录要求从参与的基金会和咨询者中借用职员进行工作。

“他们增加了许多的人数，坦诚地说，我并不知道这是否应该做的事情”，理查德说。

在过去的3年周期里，运营成本平均达到110万美元每年。这包括一个与怀特海德订立的35.3万美元的年度合同，该合同被几个基金会从基金中单独加以支付。

“‘我们的繁荣未来’基金的雇用和预算被基金成员以压倒性赞成意见所支持”，阿伯特说。

“我不记得职员数量被任何人以抱怨的形式提出过”，阿伯特说。

一个新的模式

阿伯特因为超过92%的基金成员已经按照预计更新他们的成员关系而受到鼓励，在接下来三年中将筹集大约700万美元。

“我们的繁荣未来”基金高级官员希望至少能抽到1500万美元，大约超过过去三年所筹集资金的一半多一点。

尽管削减了资金，他和怀特海相信基金将坚持下去，而且并非仅仅因为它最近从一个非政治合作组织被转而组织为一家免税慈善机构。

“本地区需要一个地方能就其未来做出集体经济决策，即便程序是棘手的”，他们说。

“我们正看到基金想从一种旧模式……带有城市中心主义，相当集中化的决策模式转向一个更分散的模式”，怀特海德说，“这很令人期待”。

第五节　财务数据

一　2010年克利夫兰基金会财务数据

截至2010年12月31日

资产：1888630534美元（市场价值）

接受捐赠：40561975美元

支出：114935701美元

总捐赠额：94560803美元

捐赠活动包括：2560次捐赠活动总计94560803美元（最高4500000美元，最低50美元）

2011年12月31日财务数据估计：

资产：1900000000 美元

拨款：75000000 美元

资料出处：Cleveland – FDO. pdf。

二　克利夫兰基金会宣布 2011 年第三个季度资助 800 万美元

克利夫兰基金会已经宣告了第三个季度的资助总额为 800 万美元，其中包括对凯斯西储大学的医疗项目 150 万美元的资助用于医疗研究行动，克利夫兰纯经销商这样报道。

该所大学将使用这些捐赠来雇用领军型的研究者，并为它的克利夫兰细胞膜和结构生物学研究中心购买设备——包括一个低温电子显微镜——科学家们用这个来观察细胞内部。根据培美拉·达维斯——该所大学的医疗事务的副负责人和医学院主任所说的，研究被寄望能发现针对不同疾病的更有效的治疗方法，其中包括癌症、心血管疾病、失明以及传染病。

其他的被资助人包括克利夫兰诊所基金会，这家基金会被授予了 75 万美元以便在以莱纳德·克里格命名的预防性心脏病学方面设立一个教授席位；制造业拥护者和迅速发展的网络（MAGNET），将因其在扩张中小型制造企业上的努力而获得 40 万美元；而 ASPIRA 联盟，因其与埃斯伯兰兹（Esperanza）公司的合伙而被授予 216530 美元，以帮助拉蒂诺学生的记忆力、成就和进步提升。

伯恩斯坦·玛格丽特："克利夫兰基金会资助了 880 万美元；医疗机构被大大地震惊了。"

参考资料来源

http：//www. clevelandfoundation. org/Grantmaking/.

http: //www. clevelandfoundation. org/About/WhatIsACF. html.

http: //www. clevelandfoundation. org/About/Staff/.

www. grassrootsgrantmakers. org.

http: //www. cleveland. com/business/index. ssf/2010/01/why _ the _ cleveland_ foundation_ c_ 1. html.

埃文斯顿社区基金会

Evanston Community Foundation

第一节　背景信息

一　成立背景与发展过程

埃文斯顿社区基金会（Evanston Community Foundation，以下简称 ECF）于 1986 年在埃文斯顿联合劝募组织（Evanston United Way）的支持下成立。其创始人的预期是使之成为埃文斯顿社区新的资金来源，为新兴组织提供资金、作为新项目的种子资金，以及为社区利益的创造性想法和行动方案提供支持。

15 万美元的启动资金来源于巴克斯特国际基金会（Baxter International Foundation）对埃文斯顿联合募捐组织的资助，被用于第一个五年工作的款项；10 万美元的配套资金来源于埃文斯顿联合劝募组织大楼的出售，被用于留本基金的种子资金。留本基金是基金会的核心基金，用来支持基金会的运作、基金资助和项目运行。

1998 年，西北大学的学生运营慈善项目舞蹈马拉松（Dance Marathon）开始将 ECF 作为其年度资金筹集人的第二受惠者，来增加基金会的资金预算。到 2000 年，新的基金会得到了可观的发展，其接受的个人捐赠接近 45 万美元。2001 年，基金会任命了自己的常务理事，领导基金会从埃文斯顿联合募捐组织中脱离出来，增强了基金会的公众影响力，为捐赠者和委托结构提供了更广泛的服务，加速了捐赠活动的发展，从而满足了社区更多的需求和愿望。

现在，基金会通过 50 种不同的基金来管理 1000 万美元的慈善资产。它通过创新的项目资助、与其他慈善组织的合作关系和协作的社区领导层加强了社区的非营利组织，并服务于其捐赠者。它是基金会理事会和芝加哥捐赠者论坛的成员，并同伊利诺伊的17个社区基金会一起参与了维多利亚基金会社区工作计划（Grand Victoria Foundation's Communityworks Initiative）。目前，基金会的本地社区工作计划“每个儿童都准备好去幼儿园，每个青年都准备好去工作”（“Every Child Ready for Kindergarten, Every Youth Ready for Work”）是一个主要的项目；2007年，超过12万美元的资金通过此计划被赠予。基金会理事会证明埃文斯顿社区基金会达到了规定的社区基金会国家标准。

二 愿景

——为现在和将来的机遇捐赠资金

——培养私人慈善

——聚集集体赠予的影响力

——为社区问题提供解决途径

——款项分配

——提供领导力培训

三 项目领域

基金会目前有三个主要的拨款领域：

- 弹性响应款项（Spring Responsive Grants）

处理埃文斯顿社区内以下领域的事务：

艺术和文化

基础人类需求

社区发展

儿童早教

教育

环境
家庭支持与咨询
健康
住房
老年人
劳动力发展
青年

- 根到果（Root 2 Fruit）

能力建设基金，以及用于指导小型组织加强其能力来更好地服务于埃文斯顿社区。

- 社区工作（Community Works）

为实现基金会“每个儿童都准备好去幼儿园，每个青年都准备好去工作”计划目标的组织战略资金。

第二节　项目/资助信息

一　基金类型

多种多样的基金出于社区的需求和改善生活的机会而设立。基金可以由个人、小组或组织设立。基金的设立可以出于单一的捐献，也可出于多元的贡献。基金可以是匿名的，也可以由捐赠者命名，或者从基金的特殊用途来冠名。

理事会管理的无限制基金或总体支持基金（Board - Directed Unrestricted Funds or General Support Funds）为满足社区的大型需要提供各种规模的资金，来提高基金会对社区不同时间的最为紧迫需求的应对能力。无限制基金是典型赠予的，但同时也可以是不被赠予的或是现正在使用的资金。

理事会管理领域的利息基金（Board - Directed Field of Interest

Funds）关注某个具体利益领域的筹款，同时增加基金会的弹性，以将捐赠用于不同时段的特殊需求。捐赠者在设立一项基金时制定其利益领域；资金分配每年由基金会理事会根据其有竞争力的资助项目来决定。

捐赠人建议基金（Donor – Advised Funds）允许捐赠人向基金会捐赠，并根据捐赠人的兴趣和时间来安排具体的更小规模的资金走向。这一简单有力并高度个人化的方法允许捐赠人与基金会的专业员工一同工作，以确定方案并提出资金建议。资金将以基金的名义资助给受助人（或者捐赠人愿意匿名捐助）。

捐赠者指定基金（Donor – Designated Funds）允许捐赠人资助某一个其指定的具体的非营利组织，包括学术基金。

组织捐赠基金（Organizational Endowment Funds）是由非营利组织建立的基金，作为一个简单有效的途径来建立捐助并挖掘社区投资管理专长资源。

社区行动基金（Funds for Foundation Initiatives）是典型的非捐赠型基金，用于支持独特的社区行动或项目。

二　项目情况

1. 根到果（Root 2 Fruit）：小型组织能力建设资源

根到果资助为当地小型组织提供有助于其能力建设的资源。这是与另一个基金会合作的项目。根到果资助为受助者提供资金、指导和同伴合作。

受助者的获益

每年由咨询理事会审查当地组织提交的申请，最终入选者将被邀请与咨询理事会会谈。最多三个资金项目可以被批准。受助者将得到：

√ 首年上限为10000美元的资助

√ 有资格继续申请资金（总额上限为30000美元），最多三年

√ 通过根到果理事会获得资源和指导

√ 每年四次例会讨论工作进程，并获得关于理事会发展、资源发展、市场营销和其他重要组织能力的知识

√ 受助者和理事会成员的同伴关系网络

指导方针

1. 项目的目的在于组织能力建设

2. 此项目不为特定计划的建议书提供资金

3. 此项目专为小型组织提供

4. 申请的组织必须位于埃文斯顿并且/或者为埃文斯顿居民提供重要服务

申请流程

申请者需提交一份简单的申请：

第7章对组织的描述

第8章解释组织理念及其是如何构思的

第9章总结迄今为止的计划和工作情况，包括其他的基金会、合作者、员工等情况

第10章详述资金将如何被用于加强组织建设

第11章在根到果基金资助结束后如何维持组织理念的大致计划

2. 响应性资助（Responsive Grants）

ECF接受服务于埃文斯顿社区的非营利组织发出的关于项目

能力建设的款项申请。基金会将资助对社区有长期影响的广阔领域的项目。

资助类型：

- 项目：对已被证明有长期积极影响的项目或计划、新计划、试点计划、综合计划或合作的持续改进。
- 能力建设：对关注于公共设施建设以支持组织的长期成长和发展的活动（如战略计划、委员会发展、职员发展、技术升级等）。

3. 2012 年“现在捐赠”资助（Endon Now Challenge Grant）

为了庆祝为埃文斯顿繁荣作出贡献的组织支持的 25 周年纪念，ECF 计划了这个“现在捐赠”的资助来筹集应对款项（“当前埃文斯顿非营利发展组织财富”，Evanston Nonprofits Develop Organizational Wealth Now）。2012 年，基金会将分别对 5 个资助项目进行上限为 5000 美元的奖励。

资金奖励将在 2012 年中以滚动方式进行。申请提交的最晚日期为 2012 年 9 月 28 日，或是截至这 5 个相应的资助项目被选出为止。

目的

- 资助非营利组织进行长期稳定性建设。
- 资助无论经济状况好坏都提供增长的利益。
- 由 ECF 举行的资助将参与基金会的投资，对组织提供多样化的投资渠道和代表性战略，尤其是在小型投资者能力之外的。

4. 护理教育的伦纳德 · 费舍尔基金（Leonard Fisher Fund for Nursing Education）

2010 年资助的指导方针

注册护士被森林湖医院（Lake Forest Hospital）或高地公园（Highland Park）录用为员工，医院可以为以下目的申请最高金额为500美元的基金：

- 继续教育/专业发展会议
- 邀请外部专家为内部在职护士开培训班
- 注册费用及/或差旅费用
- 会议必须与工作相关

理事会根据以下原则评判申请书：

- 会议的价值
- 在公共机构服务的年限
- 看护的时间长度
- 推荐的力度
- 先前未接受过资助的护士将被优先考虑
- 少量花费就能完全资助的会议将被优先考虑

奖金以付还开支的形式发放，决定于一个完全的执照或注册的其他证明。

5. 想象力资助（Imagination Grants）

ECF首次宣布对埃文斯顿公立学校已经建立或者计划开展花园项目（这一项目包含了从5年级到11年级的学生）的教师提供想象力资助。

想象力资助由橡树基金会（Acorn Fund）提供，这是一项由一位埃文斯顿长期居民向ECF捐赠的资助。橡树基金会鼓励教师和其他人进行能够带来大改变的小项目。通过橡树基金会，对想要帮助年轻人发展其能力和想象力作为“用他们的手和脑工作”的教师进行鼓励。

首期的计划是资助教师在学校花园中同学生一起工作，在项目中，教师通过植物、花园和课堂教学来教导学生“现实世界的工作”。希望由小型资金资助的这些项目在某一天能够演进成包含更多人并使其受益的大型项目。橡树基金会的潜在愿望是支持教师进行常规课堂之外的教学，通过与学生一起工作来提供更多的亲身实践机会。

第一轮的申请指导方针如下：

• 每年，根据基金会成员决定，将有100美元至300美元的小型资金奖励

• 申请无固定截止日期

• 资金奖励将从一月开始以滚动的方式进行，直到本年度的资金全部用完

• 一所学校一学年内只能申请一次资助，需要有校长的推荐信

• 项目可以由教师个人申请，也可以由一组教师联合申请（如一个年级组的教师或一个学科组的教师）

• 可以对新的项目或者已经建立的项目的改进进行资金申请

• 项目接下来的几年里可以继续申请资助，要通过描述最初理念的成熟的改进机制

• 鼓励教师让学生参与最终批准报告，它将包含一个综述、照片、图画、花园材料展示等最能够体现资金利用的东西

• 根据项目情况为每项拨款建立时间表，可能会包含对项目的参观

申请书（至少1－2页）需包含以下信息：

• 教师姓名、学校、年级

• 联系方式：电话、电子邮箱地址

• 提交日期

- 申请者的项目是什么
- 这个项目对申请者的学生来说意味着什么
- 申请者怎样达到这个设想
- 申请者要求橡树基金会资助的资金总额
- 申请者将如何运用这些资金
- 项目起止时间
- 如果项目成功，学生将会知道/能够做什么

6. 埃文斯顿气候行动（Evanston Climate Action）

气候行动基金是减少埃文斯顿集体碳足迹社区活动的一部分。它是埃文斯顿气候行动计划的一项实施战略。

此基金致力于埃文斯顿温室气体排放减量项目，尤其关注有益于非营利组织和低收入家庭的项目。它力图使全社区的民众都参与进这个活动，来帮助埃文斯顿达到其排放减量的总目标。

基金咨询委员会和基金会资助的项目必须是：

可靠的（有良好的方法和实践）

有发展空间（由于资助而可进行）

可计量的（对温室气体排放减量有一个可计量的影响）

持久的（将来不会撤销）

7. “每个儿童都准备好去幼儿园，每个青年都准备好去工作”计划（Every child ready for kindergarten, Every youth ready for work）

2007年，ECF开始实施一项有影响力的计划，来联结人生头三年和年轻人离开高中的发展。这个“每个儿童都准备好去幼儿园，每个青年都准备好去工作”计划主要关注于相关年限的倾听、研究和咨询。

这项计划通过一个叫做“社区工作”（Community Works）的项目实施，这是一个由维多利亚基金会从2003年开始主办的全

州范围的活动，18个社区基金会同意从包括早期儿童教育和劳动力发展的角度来检验当地生活质量。

该项目的目标是，所有的埃文斯顿儿童将进入幼儿园，准备好学习。计划关注于成绩落差的起点：生命最早的几年或几个月。主要策略是如果年轻父母的经济地位使得其孩子有低词汇量、原因不明的发展迟缓和行为问题而不能很好地进入幼儿园，那么训练有素的专业人员将通过高质量家访向他们提供支持。这是一个长期的项目，致力于不断增长的资助。

ECF将通过以下方式投资：

a. 对婴儿和学步儿童进行筛选，尽早发现问题，确定参与的家庭。每年有数百儿童参与筛选。

b. 试点项目的核心是训练有素的专业人员的家访，在家中帮助家长和其孩子，分享有益的教育策略，减小家长压力，将家长与社区资源联系起来，并促进早期学习。每次试点项目包括50多个家庭。

c. 由埃文斯顿公共图书馆馆员提供的改进阅读能力的活动和家庭娱乐室内的家长—儿童玩耍模块。

d. 对高质量幼儿园入学的补贴。

e. 建立联系服务于每个儿童及其家长的社区组织网络，以增进对“家庭支持服务是通向幼儿园准备状态的早期步骤”的共同目标和认知。

f. 建立研究—测试模型和家访者评估手段，以收集关于家长学到了什么和他们如何应对的资料。

8. 埃文斯顿领导力建设项目（Leadership Evanston）

埃文斯顿领导力建设项目致力于为社区培养有能力召集群众共同做事的领导人。这个项目鼓励和支持在埃文斯顿居住或工作的个体的潜在领导力和社区参与。

此项目由 ECF 于 1991 年建立，致力于：

- 对参与者的社区领导能力的培训
- 扩展参与者对埃文斯顿和其面临的许多问题的理解
- 为网络交流创造机会

包含 5 个子项目：

◆“签名”子项目（Signature Program）是一个为期 10 个月的基于能力培养的体验，主要培养社区领导技能、扩大对埃文斯顿及其面临问题的理解，并为参与者创造建立社区同僚网络的机会。

◆“埃文斯顿快照”子项目（Snapshot Evanston）是一个为期半天或全天的模块，提供了埃文斯顿是如何组织起来的以及它是如何工作的全景。这一子项目包括一个大众历史巴士观光，将社区生活的不同侧面联系在一起。这一子项目很容易为不同的社区群体的需求和兴趣所定制。

◆“领导阶层重奏”子项目（Encore Leadership Evanston）由三王冠公园（Three Crowns Park）提供部分资助，带领退休或半退休状态的参与者参加一个为期 10 周的内容丰富的技能培训，并将其与有意义的社区参与联结起来。

◆公共服务挑战子项目（Public Service Challenge）是一系列协作性研讨会，每两年举行一次，来鼓励埃文斯顿人竞选当地公职并参与到社区中。

◆校友网络（Alumni Network）提供了多样的项目和出版物来保证埃文斯顿领导力建设项目的校友灵通消息和高参与度。

埃文斯顿领导力建设项目是全美国和其他国家近 1000 个社区领导力建设项目之一，其中许多是社区领导力联盟（Community Leadership Association）的一部分。

9. 埃文斯顿女性史项目（Evanston Women's History Project）

ECF 协调参与了埃文斯顿女性史项目（EWHP），这是一个为期 3 年的埃文斯顿组织的合作项目，开始于 2007 年。这个项目将用文件证明并肯定有着重要意义的埃文斯顿女性史，以及对社区作出持续贡献的女性。这个项目由一些基金会资助者的领导层和基金会的妇女与女孩基金进行资助。

10. 埃文斯顿志愿者项目（Volunteer Evanston Program）

埃文斯顿志愿者项目致力于通过社区范围的志愿者体系促进和支持社区服务项目。此项目的使命是将志愿者与埃文斯顿的行动联结起来，协助服务于埃文斯顿社区的当地组织。

此项目的资助者除了埃文斯顿社区基金会还有埃文斯顿市、西北大学、202 学区和 65 学区。

网络将志愿者与埃文斯顿志愿活动及组织联系起来。志愿者能够通过兴趣、组织、可用性和地区来筛选志愿活动。同样，能够通过电子邮件联系到志愿者协调员。

注册志愿者可以建立一个志愿者档案，知晓志愿任务，投入志愿时间，并协助发现新的志愿活动。每个月，网站会“聚焦”社区内有影响力的一位志愿者、一个志愿活动和志愿组织。

第三节　管理结构

一　理事会名单

朱迪思·艾洛-凡特思（Judith Aiello - Fantus），秘书

前副市执行长（已退休）

丽莎·奥腾本德（Lisa Altenbernd *）
社区志愿者
伦叶·“朗尼”·克里罗迪（Lun Ye “Lonnie” Crim Barefield）
前埃文斯顿镇高中学院与职业中心协调员（已退休）

迈克尔·布罗迪（Michael Brody）
Jenner & Block LLP. 有限责任合伙企业合伙人

朱莉·开普敦（Julie Captain）
国际保育组织高级区域发展主任

朱莉·切诺夫（Julie Chernoff）
社区志愿者

戴安娜·科恩（Diana Cohen）
社区志愿者

马文·R. 科恩（Marvin R. Cohen）
大城市芝加哥犹太联合会高级慈善顾问

玛丽·芬尼根（Mary Finnegan）
社区志愿者

琼·甘孜伯格，第一副主席（Joan Gunzberg，Lst Vice Chair）
前芝加哥艺术与商业协会执行理事（已退休）

伯格威尔·霍华德（Burgwell Howard）
西北大学教导主任

朱迪·坎普，前任主席（Judy Kemp，Past Chair）
社区志愿者

比尔·罗根（Bill Logan）

前埃文斯顿警察局局长；前埃文斯顿镇高中安全主任（已退休）

约翰·麦卡锡（John McCarthy），出纳

Centaur Capitol Partners 有限公司首席投资官员

凯文·莫特（Kevin Mott）

埃文斯顿爱德华琼斯财务服务处财政顾问

安妮·默多克（Anne Murdoch *），委员会主席

社区志愿者

理查德·皮奇（Richard Peach）

Dempster Auto Rebuilders 有限公司的所有人；前埃文斯顿领导指导委员会主席

金伯利·金·佩鲁茨（Kimberly King Perutz）

社区志愿者

佩内洛普·萨克斯（Penelope Sachs），主席

Ars Viva 乐团市场与外联主任

沙步楠·桑威（Shabnum Sanghvi）

社区志愿者

基思·萨波利斯（Keith Sarpolis），医学博士

北岸大学医疗卫生系统执业医师

罗娜·斯塔姆（Ronna Stamm），第二副主席

社区志愿者

二　职员名单

萨拉·L. 沙司多可（Sara L. Schastok），博士
主席及首席执行官

玛丽贝思·施罗德（Marybeth Schroeder）
项目副主席

简·费舍尔（Jan Fischer）
首席财务官员

杰里米·R. 巴罗斯（Jeremy R. Barrows）
发展与交流主任

艾米·芒德（Amy Monday）
发展与管理副主任

贝斯·奥斯特朗德（Beth Osterlund）
埃文斯顿领导能力主任

莫琳·鲍尔斯（Maureen Powers）
项目官员

三　招募体制

埃文斯顿志愿者项目（Volunteer Evanston Program）

埃文斯顿志愿者项目致力于通过社区范围的志愿者体系促进和支持社区服务项目。此项目的使命是将志愿者与埃文斯顿的行动联结起来，协助服务于埃文斯顿社区的当地组织。

此项目的资助者除了埃文斯顿社区基金会还有埃文斯顿市、

西北大学、202 学区和 65 学区。

网络将志愿者与埃文斯顿志愿活动及组织联系起来。志愿者能够通过兴趣、组织、可用性和地区来筛选志愿活动。同样，他们能够通过电子邮件联系到志愿者协调员。

注册志愿者可以建立一个志愿者档案，知晓志愿任务，投入志愿时间，并协助发现新的志愿活动。每个月，网站会“聚焦”社区内有影响力的一位志愿者、一个志愿活动和志愿组织。

捐赠作为一项协作活动（Giving as a Collaborative Activity）捐赠者为满足大的需求而捐赠，有着共同利益的捐赠小组可以通过决定筹款利益、捐赠资金、邀请新的捐赠者加入它们而汇聚在一起，从而完成慈善事业的协作。ECF 的利息基金领域（Field of Interest Funds）证明了这种合作。

其他非营利组织通过为使他们与当地其他组织建立联系的基金会、研习班和培训课程汇聚在一起。基金会提供从理事会发展和筹款到计划性捐赠的信息。一些组织和 ECF 一同工作，以在 ECF 的管理之下建立禀赋。基金会同样促进捐赠者的捐助来使其他的非营利组织获益，同样也使社区获益。

机构和企业也能从基金会建立，或扩展对社区总体或特定捐助的专业行动中获益。

家庭基金会和其他协作慈善小组也在当地筹款活动中与 ECF 一起工作。

领导社区协作的活动（Leading the Community as a Collaborative Activity）。埃文斯顿领导力项目将个人汇聚在一起来开阔个人对社区的视野，并发展和磨炼他们的社区领导能力。从 1992 年开始，超过 300 个工作或居住在埃文斯顿的人参加了由基金会提供的多样的领导力发展项目。

四　基金会论坛

第一届埃文斯顿基金会论坛（Evanston Funders Forum）于2003年春天在埃文斯顿社区基金会的号召下举办，主要用来讨论公共利益和需求。出席这次论坛的组织包括ECF、埃文斯顿妇女俱乐部（The Woman's Club of Evanston）、埃文斯顿艺术委员会（Evanston Arts Council）、三角洲基金会（The Delta Foundation）、灯塔扶轮社（Lighthouse Rotary Club）和埃文斯顿联合募捐组织。其他加入的组织有并联社（LINKS）和崇德社基金会（Zonta Foundation）

基金会在ECF的办公室聚集，共进自带的午餐，讨论资金筹备、社区需求与合作。共同的目标是对各自慈善项目信息的分享，来更好地服务于埃文斯顿社区。ECF的目标是让所有参与者都能增进对最佳地利用影响社区的捐款的理解。

每次会议都会有新的参与者，所有的参与者都表达了对这类论坛的感谢和支持。论坛带来了可观的埃文斯顿慈善资源。

五　外部联系

埃文斯顿社区基金会是追求类似目标的更大组织中的一员。它属于基于芝加哥的捐赠者论坛（Donors Forum），这是筹资者的地区组织。捐赠者论坛为基金会、企业捐赠项目和非营利组织提供了许多项目和服务，包括培训项目和一个资源库。

伊利诺伊州社区基金会（Community Foundations of Illinois）代表定期聚会来建设州内社区基金会的合作。

埃文斯顿社区基金会与其他17个伊利诺伊州的社区基金会参与了与维多利亚基金会（Grand Victoria Foundation）的长年合作，这个活动叫做社区工作（Community Works）。这个活动致力于每个参与者的建立捐赠基金的能力建设，优先考虑每个社区在儿童保育、劳动力培训与发展、土地利用与保护，以及全州基金会的联系等领域。

ECF 同样从属于基于华盛顿的基金会理事会（Council on Foundations），这是一个提供领导专家、法律服务和交流机会的全国性组织。理事会为其成员组织会议与项目，并有一系列关于慈善事业和基金会管理的出版物。

基金会理事会证明 ECF 达到了规定的社区基金会国家标准。

第四节　新闻报道

一　埃文斯顿社区基金会将要对 5 个当地组织进行高达 5000 美元的奖助

选自《西北大学日报》（*The Daily Northwestern*），2012 年 1 月 20 日。

为纪念成立 25 周年，埃文斯顿社区基金会将资助当地非营利组织 25000 美元。

这个项目被称作“当前埃文斯顿非营利发展组织财富”或“现在捐赠”，将给埃文斯顿的 5 个不同的组织分别捐献 5000 美元。

“我们认为，没有比建立永久性基金来加强这 5 个组织的未来更能表达我们的使命的方法了，他们的持续活力对于埃文斯顿来说非常重要”，基金会主席兼首席执行官 Sarah Schastok 在周一发布的新闻上如是说。

基金将用来帮助服务于埃文斯顿的组织建立对社区的服务。地方组织可以申请这项资金，条件是提供一个组织稳定性和持久性的有力证明，并未曾接受 ECF 的其他资助。

基金会将奖励每个组织 5000 美元。

二　埃文斯顿社区志愿者受到表彰

选自《当日埃文斯顿》(*Evanston Now*)，2012年4月11日。

周二晚，埃文斯顿社区的11位志愿者在西北大学的接待会上受到表彰。

这是这个项目的第七年，由西北大学、埃文斯顿市、埃文斯顿镇区高中和埃文斯顿社区基金会赞助。

来宾欣赏了由埃文斯顿镇区高中爵士乐队帅蝾螈（Handsome Salamander）和西北大学的和声小组未知因素（The X - Factors）与高音制造者（The Treblemakers）的演出，同时埃文斯顿镇区高中的学生（Shamir Villeda）做了主题讲演，讲述了志愿活动如何影响了他作为移民的生活。

参考资料来源

http：//evanstonnow. com/story/wellness/evanston - now/2012 - 04 - 11/48975/reception - honors - evanston - community - volunteers.

http：//www. dailynorthwestern. com/city/evanston - community - foundation-to - award - 5 - 000 - to - 5 - local - organizations - 1. 2687801#. T4K7uXr5j_ o.

http：//www. evcommfdn. org/about/links. html.

http：//www. evcommfdn. org/community/funders_ overview. html.

http：//www. evcommfdn. org/community/collaboration. html.

http：//www. evcommfdn. org/about/staff. html.

http：//www. evcommfdn. org/about/board. html.

http：//www. evanstonforever. org/donors/fund_ types. html.

http：//www. evcommfdn. org/grantees/index. html.

http：//www. evcommfdn. org/about/missionstatement. html.

http：//www. evcommfdn. org/about/history. html.

中南三州基金会

Foundation for the Mid South

第一节　背景信息

一　概述

中南三州基金会成立于 1990 年，致力于将慈善业发展为一个强有力的消除社会不平等的工具。其主要服务范围是美国的中南地区，包括美国三个最穷困的州：阿肯色州、路易斯安那州和密西西比州（见图 1）。该基金会是一个混合型的慈善组织，一个以私人基金会形式运营的地域性社区基金会。它和单纯的私人基金会或社区基金会最主要的区别，是它的资金来源不仅有外界捐助的资金，还包括自有资本的增值。

多年来，中南三州基金会和许多基金会和公司建立了合作关系，他们都认同这样一个理念：在中南地区建立一个活跃的非营利群体十分重要。在多方的共同合作下，中南三州基金会已经作出了如下贡献：向很多非营利组织提供了资助和技术支持；在该地区开展了创新性的项目；投资领导力发展；团结人们一起分享理念和知识。

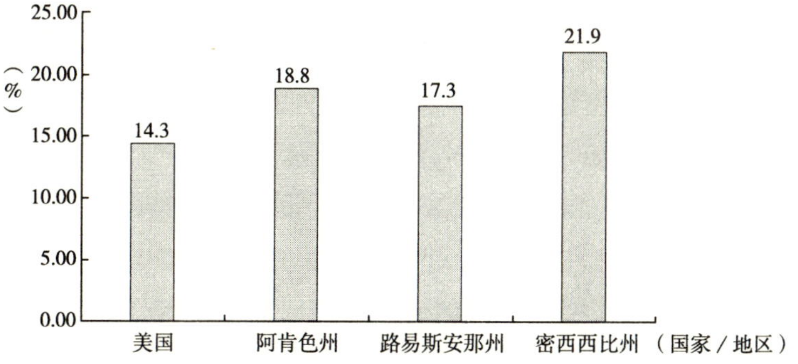

图 1　美国中南地区的贫穷率

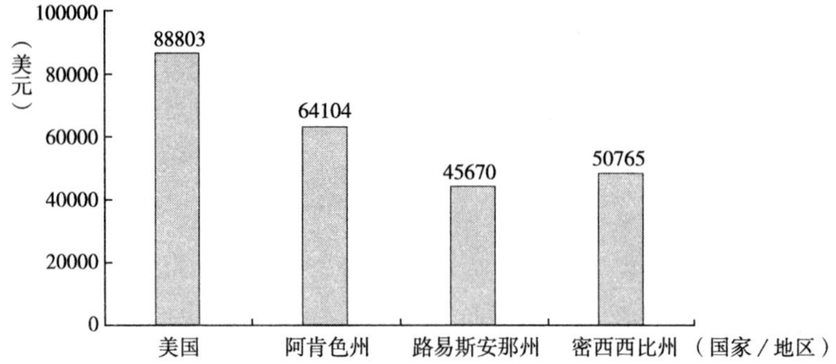

图2 美国中南地区的家庭净资产

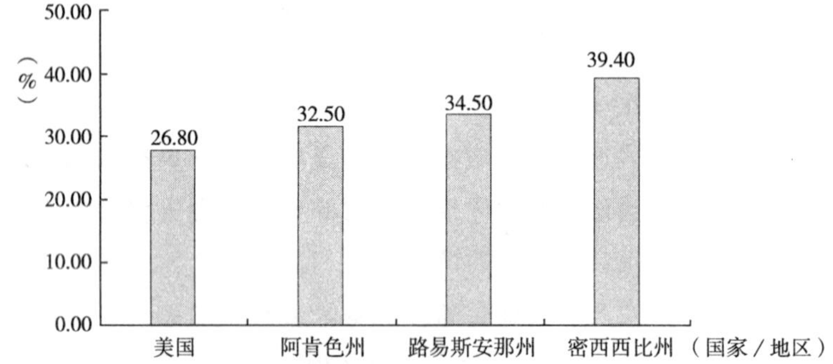

图3 美国中南地区无银行账户家庭的比例

- **中南三州基金会是什么？**

中南三州基金会致力于改善阿肯色州、路易斯安那州、密西西比州人民的生活。这是一个十分艰巨的任务，因为中南地区拥有全国30%的贫困人口，严重影响了社会、教育和健康体系的发展。如果没有人为参与解决的话，这一问题将持续恶化，进一步影响现代家庭乃至子孙后代的发展。

中南三州基金会帮助连接公私双方，集中双方资源以增加促进经济和社会繁荣的机会。基金会所使用的方法是明确且长期的：增强社区的能力，使其能创造更好的环境来改善社区人民的生活。

- **中南三州基金会关心什么？**

中南三州基金会关注的四大优先领域被认为是社区繁荣强盛

的基石。

在教育领域，中南三州基金会致力于帮助学生实现学术上的成功——通过强化传统的教育体系和项目，发展为学生服务的社区组织 。

在卫生与健康领域，中南三州基金会致力于提升人们的身心健康，最终全面改善该地区的健康状况。

在财富创造领域，为了打破世代贫困的恶性循环，中南三州基金会的工作在于帮助人们获得经济上的保障，稳步提高他们的经济能力。

在社区发展领域，中南三州基金会投资并参与了一些项目，帮助社区发展和繁荣。

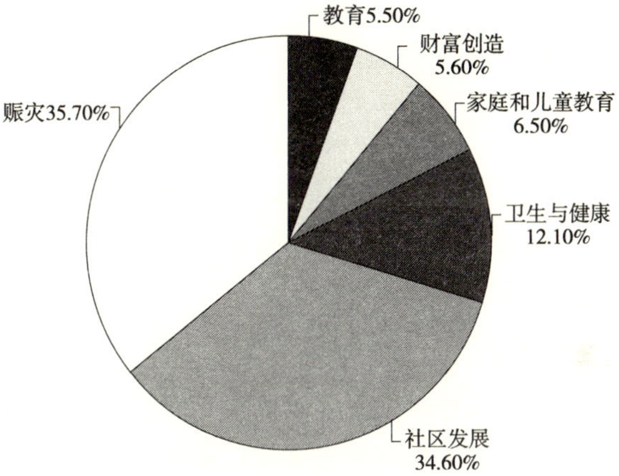

图 4　1990～2007 年中南三州基金会资助金额分布情况（按项目领域）

- **中南三州基金会做了什么?**

中南三州基金会投资并参与的活动主要是帮助社区——社区的领导层、居民和组织——拓展他们的知识和技能，让他们可以有效地解决他们自己的需求和挑战。

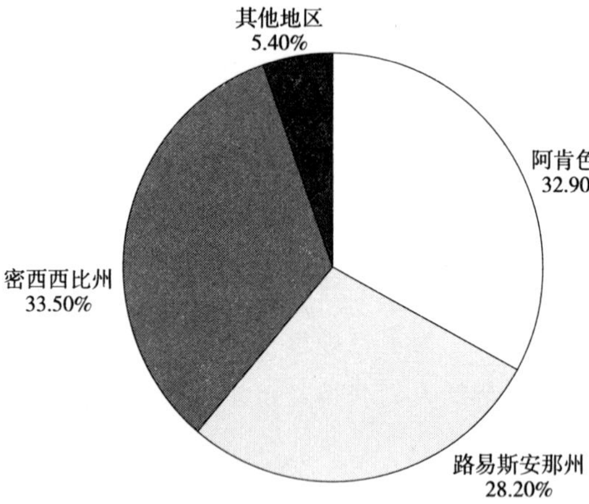

图5 1990～2007年中南三州基金会资助金额分布情况（按地域）

优先领域：

1. **教育**

中南三州基金会的目标是帮助学生实现学术上的成功。为此，中南三州基金会支持强化教育体系的项目，为学生们提供有效、创新性的自我提升的机会。

2. **卫生与健康**

中南三州基金会的目标是促进人们的身心健康，提倡一种广义的健康观念，关注人们的综合素质。因此，中南三州基金会投资参与一些倡导健康行为的项目，使人们更容易得到针对身心健康的服务。

3. **财富创造**

中南三州基金会寻找机会帮助家庭获得经济上的保障。为了实现这一目标，中南三州基金会投资一些项目，帮助家庭创造财富，并增加他们的财政知识。

4. **社区发展**

中南三州基金会的目标是使中南地区拥有更多强大、活跃的社区。因此，中南三州基金会参与一些工作，使居民和组织齐心协力，共同促进社区的发展和繁荣。

第二节　运营项目和资助信息

一　资助

资助金额是中南三州基金会用以衡量自我影响力的指标之一。

1. 如何向中南三州基金会申请资助金?

该地区的非营利组织和机构向中南三州基金会申请资助金需要经过 3 个步骤（见图 6）。

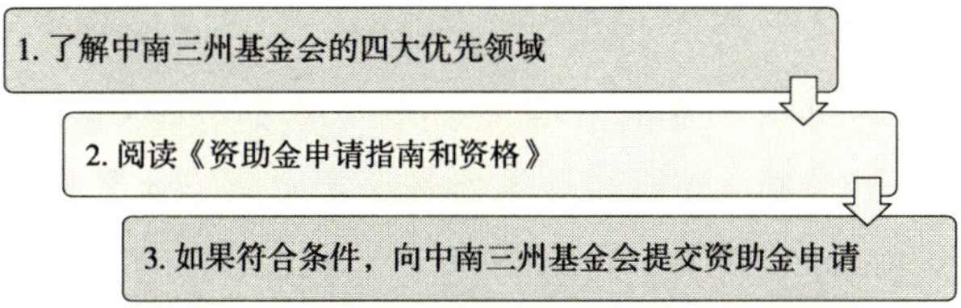
1. 了解中南三州基金会的四大优先领域
2. 阅读《资助金申请指南和资格》
3. 如果符合条件，向中南三州基金会提交资助金申请

图 6　向中南基金会申请资助金的 3 个步骤

以下情况，不能向该基金会申请拨款：

①个人需要

②商业协助

③用以进行游说活动

④用作营业费用或解决现存债务

⑤用以捐赠

⑥用作资本成本，包括建设费用、翻修、费用、购买器材等

⑦用以进行国际项目

申请者需要提交以下信息：

一旦得到资助后将如何运营项目

项目的预期结果

组织中关键成员的资历

项目服务的人口数

组织的名称、地址、电话

项目结果将如何测评

项目的详细介绍及申请的金额

联系人

该组织当年的预算

注：由于申请资助者数量庞大，通常情况下，只有不到10%的申请者最终获得了该基金会的资助。

2. 查找历史资助信息

任何人均可在中南三州基金会的官方网站上根据项目领域、地域、年份、金额、组织名称等条件搜索中南三州基金会过去的资助信息。

目前，网站上共有1344条历史资助信息。

以下列举2条：

（1）组织：阿卡狄安娜推广中心（Acadiana Outreach Center）

目的：帮助因灾难撤离的家庭建立永久的支持性住房和相关服务

金额：40000美元

开始时间：2007年6月1日

结束时间：2008年5月31日

城市：拉斐特

州：路易斯安那州

项目领域：社区发展

（2）组织：阿卡狄安娜遗产保护文化基金会（Acadian Heritage & Culture Foundation, Inc.）

目的：支援卡特里娜飓风的灾后重建

金额：20000 美元

开始时间：2006 年 1 月 2 日

结束时间：2007 年 1 月 31 日

城市：艾拉斯

州：路易斯安那州

项目领域：教育

二　项目

中南三州基金会的工作主要集中在 4 个区域性的优先领域，这四个领域被认为是社区繁荣发展的关键。针对每个领域，中南三州基金会支持致力于扩展人们的知识，改善人们的生活水平的组织及活动。换言之，中南三州基金会主要是资助和支持其他组织机构，帮助他们开展项目，基金会本身并不直接运营项目。

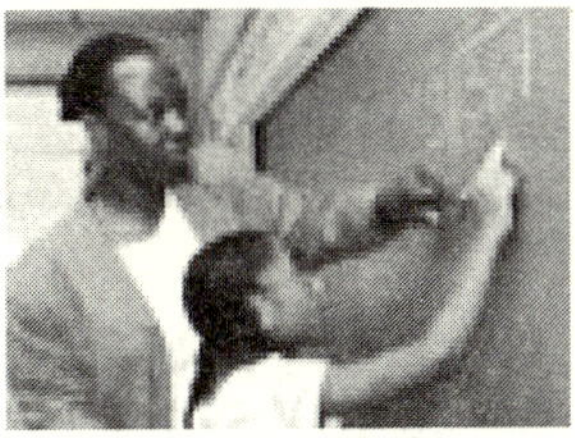

教育

卫生与健康

财富创造

社区发展

1. 教育

(1) 综述

中南地区的教育体系和社区组织面临资源严重不足的问题，不能满足21世纪学生的需求。该地区缺乏高质量的教室和强健的教育体系。在全国阅读和数学能力测试上，该地区的学生得分低于全国平均水平。中南三州基金会秉承“学术成就创造机会，创造更美好生活”的理念，坚信所有学生应该共享高质量的教育，无论他们来自哪里，拥有多少财富。

(2) 中南三州基金会在教育领域上的致力点

在教育领域，中南三州基金会的目标是帮助中南地区的学生获得学术成就。

因此，中南三州基金会帮助强化教育体系，提高教师和教育管理者的能力，从而更好地满足学生的需求，提高他们的学习能力。同时，中南三州基金会积极为学生创造机会，提供给他们更有效的、创新性的学习方法。

(3) 如何实现

两大战略：

A. 强化教育体系

中南三州基金会帮助提供教师的强化训练，提高教师的授课技能，从而帮助学生提高成绩。

同时，中南三州基金会也提供针对管理者的训练。从长远的角度来看，这有利于优化教育体系——维持高质量的指示，增加课程活力。

B. 丰富学生生活

中南三州基金会提供有效的创新性的方法帮助学生学习，并最终获得学术成就。学生既可以在课堂上获得这些学习方法和机会，也可以通过参与课后活动和各种各样的社区组织来获得。

(4) 效果

和中南三州基金会合作的学校中，学生在全国阅读和数学测试中的成绩提高了，有的甚至提高了10%。

总体而言，中南三州基金会在教育领域的努力取得了显著的效果。以下是一些具体的成效：

①强化了服务于111000个孩子的教育体系——在一些本国资源最匮乏的学校，大部分孩子参与了免费或优惠午餐计划。

②对来自40个公立学校的600多名教师和300名管理者进行强化培训。

③为超过6000名学生提供创新性的学习机会，主要是通过暑期项目、课后项目以及文化中心和博物馆的形式。

2. 卫生与健康

(1) 综述

中南地区的高贫困率、高肥胖率、高糖尿病率导致人们的预期寿命低于全国的其他地区。缺乏获得健康服务的渠道以及养成不健康的习惯使得人们的健康状况每况愈下。在中南地区，将近40%的青少年超重，这也是导致该地区死于糖尿病的人数居高不下的原因。

中南三州基金会坚信，健康——包括生理健康和心理健康——对中南地区的繁荣发展至关重要。健康是一种资产，身体是革命的本钱。只有拥有健康的身体，人们才有能力改善他们的经济状况。

(2) 中南三州基金会在卫生与健康领域上的致力点

中南三州基金会的目标是提高三个州人民的健康水平，使社区和居民能够认识并采取行动来改善自己的健康状况。

因此，中南三州基金会支持推广有利于维持健康体重和减少糖尿病风险的健康行为的活动。同时，中南三州基金会也投资于提高人们心理健康意识的活动，并提供相关服务。中南三州基金会致力于拓宽健康服务的渠道，特别重视运用科学技术来服务农村社区。

（3）如何实现

由于中南三州基金会坚信健康的含义包括身心两方面，因此它所做的不仅仅是增加医生、护士和诊所的数量。

三大战略：

A. 宣传健康行为

这是一个社区导向型方针。中南三州基金会支持有利于减少肥胖和糖尿病的活动，帮助人们更便捷地获得有营养的食物。

B. 提高心理健康意识

中南三州基金会帮助社区提高心理健康意识，并提供心理健康服务。

C. 拓宽人们获得健康服务的渠道

中南三州基金会帮助更多的人得到卫生保健服务，特别是在农村地区以及其他缺乏足够健康服务的地区，包括健康诊所和高科技的健康服务。

（4）效果

中南三州基金会的三大战略都取得了一定的成果：

①增加了社区操场的数量，为人们提供了进行身体锻炼的安全场地和器材。

②联系宗教团体，让他们和人们分享营养学和健康饮食的知识。

③捐助了200万美元给34个合作组织，帮助卡特里娜飓风的灾后重建工作。超过16000名受害居民获得了中南三州基金会提供的心理健康服务。

④在数千个社区和组织中创新传播健康知识的途径。

⑤投资于该地区首家为农村居民提供便捷健康服务的新生机构。

3. 财富创造

（1）综述

中南地区家庭净资产的中位数处于全国倒数的水平。资产的匮乏——譬如没有房子——使得该地区的高贫困率居高不下，人们很难为后代创造财富。

中南三州基金会认为帮助人们创造财富的关键在于增加他们获得有效财政项目和信息的渠道。当家庭拥有合适的工具和信息时，他们就可以开始储蓄，使收入最大化，并最终获得资产。

（2）中南三州基金会在卫生与健康领域上的致力点

中南三州基金会的目标是使中南地区的家庭建立起经济上的保障。它通过增加人们获取财政知识和资源的渠道，帮助人们获得财政知识。同时，中南三州基金会帮助家庭增加净资产，支持一些项目，以帮助人们在获得资产的同时保护他们的资产并使之增值。

（3）如何实现

两大战略：

A. 增加财政竞争力

B. 创造财富

（4）效果

一个重大的区域性成果是建立了3个遍及全州的财富创造联盟，造福了全中南地区的人民。

总体而言，中南三州基金会在财富创造领域的努力也得到了相应的回报：

①通过教育和培训，提高了超过10000名青少年和成人的财政知识和技能。

②在该地区推进了IDA项目的全面发展，帮助60000人民获得经济上的保障。

4. 社区发展

（1）综述

中南三州基金会关注关于社区发展的一切问题，包括确保居民能够获得高质量的教育、安全且承受得起的住房、娱乐的绿地，以及一份收入适当的工作。

（2）中南三州基金会在卫生与健康领域上的致力点

中南三州基金会的目标是提高该地区人民的生活质量，让全民参与进来，为建设更美好的社区而努力。

中南三州基金会直接作用于社区。中南三州基金会认为关键是让社区通过知识技能来改变自己，改变社区中的个体、组织、机构和企业。通过让居民参与到改造的过程中，居民们会更有积极性。

（3）如何实现

五大战略：

A. 社区建设

中南三州基金会投资改善社区的条件，包括社区安全、为居民建设可负担的房屋、增加绿地和公园面积、保护环境、保护文化等。

B. 经济发展

中南三州基金会帮助社区经济，例如提供劳动力培训、小商业发展、吸引更多商业和工业到社区中。

C. 领导力发展

资助并支持当地一些培养青少年和成人领导力的组织，提高他们的办事能力。

D. 教育

中南三州基金会的目标是强化教育体系，提高教师和管理者的能力，让他们能更好地满足学生的教育需求。

E. 卫生与健康

中南三州基金会携手社区一起改善该地区人民的健康状况，

通过宣传健康生活方式，增加健康服务和设施。

(4) 效果

在中南三州基金会和其合作伙伴的共同努力下，美国中南地区的人民正在逐渐改善他们的生活社区和提高他们的生活质量。

中南三州基金会在社区发展领域所采用的五大战略发挥着重要作用。以下是一些由中南三州基金会支持的活动，这些活动给当地人民带来了积极的影响。

①强化了中南地区三个遍及全州的非营利协会，提高了1000多家非营利组织的效率和能力。

②向300多名青少年及成人提供了劳动力发展培训，从而创造了就业，为企业提供了更好的劳动力，并促进了三县人力联盟(Tri－County Workforce Alliance)和圣弗朗西斯县社区发展公司(St. Francis County Community Development Corporation)的成立。

三　中南三州基金会参与的项目举例

1. 个人发展账户项目(Individual Development Account)

目标：帮助低收入人群储蓄资产

具体步骤：

①有意愿参与者接受一个指导，告诉他们这个项目的目标、要求、缺点、潜在的利益。

②有意愿参与者填报并上交一份申请。

③如果项目组工作人员通过了申请，参与者需要指定一份特定的目标资产（买房、装修、高等教育、创业等）。

④参与者接受财政知识培训。

⑤参与者和IDA项目组合开一个IDA储蓄账户。

⑥参与者定期存钱到IDA账户里，全过程中都能持续接收到

IDA 项目组的指导和技术支持。

⑦针对参与者最初设定的目标资产，提供给他们特殊的培训。

⑧目标资产达到之后，在通过 IDA 项目组的审核后，参与者可以把这笔资产从账户中取出。

效果：整个项目取得了巨大的成功，并引起了州乃至国家机构的关注。在过去的 5 年内，中南地区 IDA 账户的数量几乎翻倍。对参与者而言，超过 60% 的参与者在两年之内获得了他们的目标资产，50% 的参与者在项目结束之后选择在银行开通储蓄账户。

未来目标：

①继续增加 IDA 账户的数量，特别是鼓励农村地区的人们参与。

②吸引地区和国家的资源，包括资金和技术支持。

③发展各个地区项目组的能力，以帮助参与者更好地获得 IDA 账户。

④创建学习网络。

2. 租借高管项目（The Loaned Executive Program）

背景：2005 年，新奥尔良经历了一场灾难性的风暴。之后，为了增强城市灾后重建的能力，使政策和程序更加组织化，能够更好地应对灾难，更快速有效地进行重建，代表城市就灾后重建问题与地区、州和联邦政府代理处进行联络。现在这一项目被中南三州基金会推广到慈善界，用于优化社区和组织。

方法：慈善组织或机构借出他们的高级员工，或资助这一项目（提供工资给租借来的高官们）。广义而言，商业界、慈善界和其他非营利机构的领导者都可以和其他组织机构分享他们的知识、关系和经验。

效果：项目运行良好，贯穿到了社会和政治文化中，但仍然面临不少挑战和障碍。

第三节　管理结构

一　综述

中南三州基金会由理事会和职员两部分组成。其中，阿肯色州、路易斯安那州、密西西比州分别有各自的理事会，理事会成员数目分别为7名、4名、6名。职员的类型有理事长、公关员工、公关主任、资助和技术经理、项目运营职员、财务主管、执行助理、财务助理、开发助理等。

二　详细信息

中南三州基金会把详细的董事会及主要职员名单公布在其网页上，并详细标明每个人的具体职位。

第四节　财务状况分析

一　评分

表1　财务评分

发布日期	2012/5/1	2011/9/20	2011/4/1	2010/7/1	2009/5/1	2008/4/1	2007/5/1	2006/6/1	2005/11/1
综合评分	54.32	55.14	49.37	68.77	68.83	68.99	67.05	49.99	62.44
财政评分	48.19	49.37	49.37	68.77	68.83	68.99	67.05	49.99	62.44

注：该评分是由美国 Charity Navigator 计算得出的。

二 财务指标

表2 财务指标

单位:%

发布日期	2012/5/1	2011/9/20	2011/4/1	2010/7/1	2009/5/1	2008/4/1	2007/5/1	2006/6/1	2005/11/1
项目费用	81.90	93.70	93.70	87.70	88.30	89.90	84.90	82.10	84.50
管理费用	11.60	5.40	5.40	8.70	8.50	7.10	8.60	8.40	6.70
筹款费用	6.40	0.80	0.80	3.50	3.10	2.90	6.40	9.50	8.70
筹款效率	0.05	0.03	0.03	0.04	0.02	0.03	0.02	0.32	0.13
主要收入增长	-5.10	-47.80	-47.80	42.90	36.40	50.10	52.60	3.30	68.70
项目费用增长	-21.60	-17.60	-17.60	13.10	14.50	36.80	8.50	4.30	14.10
流动资金比率	2.29	1.4	1.4	1.8	2.59	1.37	2.8	1.92	2.21

三 收入情况

表3 收入情况

单位：美元

年份	2010	2009	2008	2007	2006	2005	2004	2003
主要收入	4858114	1610259	5404757	11616524	11340353	12550213	1295626	3348070
出资	4858114	1610259	5404757	11616524	11340353	12550213	1295626	3348070
项目服务	0	0	0	0	0	0	0	0
成员	0	0	0	0	0	0	0	0
其他收入	339411	401233	667184	850909	1081160	449462	323910	399127
总收入	5197525	2011492	6071941	12467433	12421513	12999675	1619536	3747197

四　支出情况

表 4　支出情况

单位：美元

年　份	2010	2009	2008	2007	2006	2005	2004	2003
项目费用	3623638	5902135	5897378	7087829	10557929	4713785	3594440	4122546
管理费用	515097	341040	585505	682974	835478	477704	368275	329181
筹款费用	285249	51341	236610	253154	348536	356279	417414	425833
支付给附属机构的费　用	0	0	0	0	0	0	0	0
总功能性支　出	4423984	6294516	6719493	8023957	11741943	5547768	4380129	4877560
赤　字	773541	(4283024)	(647552)	4443476	679570	7451907	(2760593)	(1130363)

五　资产负债情况

表 5　资产负债情况

单位：美元

年　份	2010	2009	2008	2007	2006	2005	2004	2003
资　产	18607989	20736883	24671948	26337066	18277143	17406724	9171026	11558559
负　债	2191046	5673841	6277862	5477993	2036508	1271232	325665	132022
净 资 产	16416943	15063042	18394086	20859073	16240635	16135492	8845361	11426537
流动资产	10163716	8814140	12152088	20812783	16142420	15545252	8419564	10771524

六　数据分析

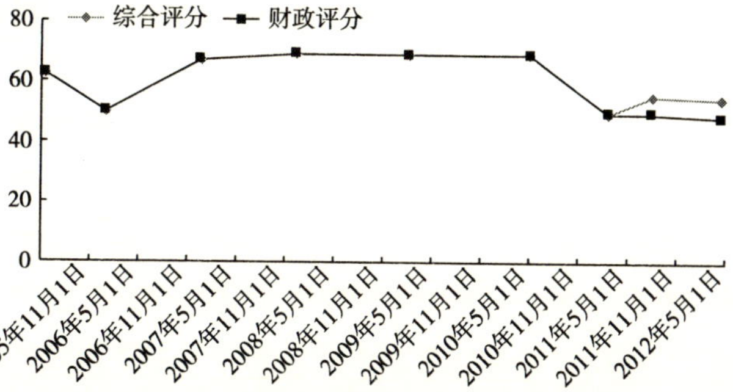

图 7　财务评分

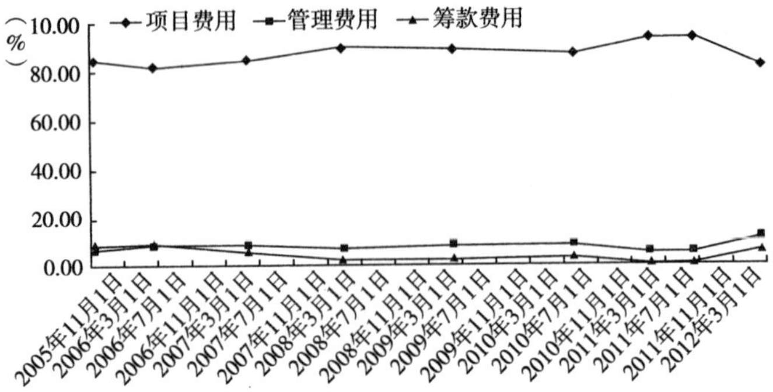

图8　三项支出数据

第五节　相关新闻报道及案例

一　相关文章

社区基金会能改变社区吗?

李讷塔·吉尔伯特（Linetta Gilbert）

文章概要：中南三州基金会成立于1990年，最初资助位于格林伍德（Greenwood）及其周边城镇的一些非营利公共组织。中南三州基金会所进行的四笔资助在发展社区教育的同时，也鼓励了该地区发展种族和社会平等，令社区拥有崛起的期望。以下简要介绍一下其中的三笔资助项目。

第一，中南三州基金会投资120万美元在当地的学区进行员工培训和课程改革，教师的教学质量和学生的成绩都得到显著提高，从而避免了该学区被州政府接管的命运。更喜人的是，当地学区因此获得了500万美元的联邦教学提高资助金。

第二，中南三州基金会资助了5万美元在格林伍德附近的村庄建立了一个乡村图书馆，这个图书馆后来变身为一个社区组织，吸引了许多老老少少，他们正在进一步重建和推动乡村图书馆项目。

第三，中南三州基金会资助了 9 万美元给格林伍德商会，用以开展一个青少年领导力计划，鼓励不同种族的青少年共同参与 NGO 或政府组织的志愿活动。青少年们在参与活动的过程中与不同种族的青少年建立了友好关系。得益于这个活动带来的触动，部分青少年在大学毕业后选择回到社区工作。

自成立以来，中南三州基金会始终资助有需要的组织和机构，其在社会各界的可信度和支持度得到强化。它对社区动态变化的分析使得它可以应用特定的慈善工具来促进种族、经济和社会平等。

二　相关报道

新闻 1　2008 年 8 月 2 日

中南三州基金会向两个非营利组织资助了近 140 万美元，这两个组织致力于为来福劳尔县（Leflore County）的社区带来积极的改变。其中来福劳尔县公立学校地区（Leflore County Public School District）将获得超过 110 万美元，用以开展一个学校提升和职业发展的综合项目。另外的 24 万美元被赠给了格林伍德主干道，用以扩大它的立面改进项目，该项目旨在促进市中心地区发展的同时，吸引小商业在该社区发展。

新闻 2　2011 年 11 月 11 日

美国地区有将近 100 万人正在接受糖尿病治疗，还有将近 300 万人面临着糖尿病的威胁。美国在糖尿病上的花费每年高达 1.74 亿美元，其中中南地区大约占了 600 万美元。专家表明，如果这一趋势不改变的话，到 2050 年，美国将有 1/3 的人口罹患糖尿病。女儿红阿肯色慈善服务（Daughters of Charity Services of Arkansas）教给人们与糖尿病相关的知识，教人采用健康的生活方式以预防糖尿病。这个慈善机构得到了中南三州基金会的资助和技术支持，在该地区发挥了重要作用。

三　案例

案例 1

托马斯和缇莎来自阿肯色的赫莱纳，他们迫不及待地想告诉别人，他们刚刚买了房子，也开始拥有属于自己的财富了。他们在南部好望基金会资产构建项目中注册后，开始接受财政知识培训。

这类项目在中南地区正逐渐增多，它们主要是帮助低收入的工薪家庭变得更有财政竞争力，通过教他们财政知识，帮助他们养成良好的理财习惯。

案例 2

在路易斯安那州的东艾伯维尔，居民们纷纷来到当地高中和教堂，让学生们免费帮助他们报税。二十多名学生接受了农村学校和社区信托（Rural School and Community Trust）的培训后，帮助当地数百名居民处理他们的税务。

卡完卓娅是其中一名年轻的报税员，她现在就读于十年级，她说："我很喜欢帮助人们处理他们的税务。有些人带着怀疑的心而来，但高高兴兴地离开了。"他们不仅帮助人们报税和退税，也教人们怎样使收入最大化。在与来访者面对面交谈时，她会判断来访者是否有资格申请所得税抵免。如果符合的话，卡完卓娅会替他们申请这笔信用账款，帮助低收入的工薪家庭年均增加2000美元收入。

案例3

2005年，卡特里娜和丽塔飓风给美国中南地区的数百万人民造成了毁灭性的灾害。珍妮恩是有四个孩子的单身母亲，住在波顿社区，她的生活也意外地受到了飓风的影响。由于飓风影响，人们四处分散寻找房子，使得她所居住的社区的房子租金突然上涨，她支付不起房租了。珍妮恩知道购买一个属于自己的房子会更加稳定安全，但是她怎么能买得起呢？后来她参加了IDA项目，在垂思银行建立了自己的IDA账户。最后她成功地购买了一套住房，她也从财政教育课上受益匪浅。她说："财政预算课程教我未雨绸缪，每个月定期存一笔钱。"

案例4

卡洛斯一直想拥有一份属于自己的小小事业。当他开始做打算时，突然意识到自己对如何开始创业一点概念也没有，因此他陷入了迷茫之中，不知该从何着手。在一个朋友的介绍下，他参加了"南部好望"的IDA项目。与项目工作者第一次会面之后，卡洛斯便激动难耐，他终于找到了一条光明的创业之道，而且他还可以持续接受项目组提供的信息和培训。卡洛斯最终梦想成真。

第六节 资助金申请指南和资格

FOUNDATION FOR THE MID SOUTH
ARKANSAS · LOUISIANA · MISSISSIPPI
Expanding Knowledge, Improving Lives.

Grant Guidelines and Eligibility

Learn About our Priorities
Before submitting a grant inquiry, please review our four priorities on our website www.fndmidsouth.org.

What We Don't Fund
We do not award grants to individuals or make grants for personal needs or business assistance. Additionally, funds are not awarded for lobbying activities; ongoing general operating expenses or existing deficits; endowments; capital costs including construction, renovation, or equipment; or international programs.

Eligible Organizations
To be eligible for a grant, the applying organization must meet both of the following criteria:

- Possess tax-exempt status under section 501(c)(3) of the Internal Revenue Code
- Possess a certificate from the Mississippi Secretary of State that designates it as a public charity or exempt for the state of Mississippi

For those applying to the Foundation for the Mid South:

Mississippi organizations MUST register and receive a certificate that designates it as a public charity or exempt for the state of Mississippi when submitting a full proposal. The application—Form URS—and instructions are available here.

All other organizations must apply and receive a notice of exemption from the Mississippi Secretary of State's office. The application – FORM CE—and instructions are available here.

Submit an Inquiry
If the proposed work aligns with the Foundation's priorities and goals, eligible organizations may submit the Grant Inquiry Form found on our website. The form seeks basic information about your organization and a brief overview of the concept. If our review of the initial inquiry is favorable, applicants will be contacted to discuss the request in greater detail. Within six weeks of the Foundation's receipt of your Grant Inquiry Form, you will receive one of the following:

- A request to submit a full proposal
- A request for more information
- A letter informing you that your project will not be supported at this time

Proposal Timeline
If a proposal is being considered for a grant, the approval process—which includes meetings, site visits, grant negotiations, administrative and legal review and presentation of the grant for approval—is generally completed within three months but can take longer depending on the complexity of the project.

Grant Declinations
Our funds are limited in relation to the large number of worthwhile inquiries we receive. In a typical year, less than 10% percent of inquiries made to the Foundation for the Mid South result in a grant. The Foundation does not provide critiques of proposals submitted. If we decline a particular proposal, it is not a reflection of our opinion of the merit of the idea, nor is it a rejection of the grant applicant—many current grantees have had earlier proposals turned down

134 East Amite Street | Jackson, MS 39201 | 601.355.8167 ph | 601.355.6499 fax | www.fndmidsouth.org

纽约社区信托基金会

The New York Community Trust

第一节　背景信息

一　基金会基本情况

基金会名称：纽约社区信托基金会（The New York Community Trust）

联系电话：(212) 686 -0010

E -mail：aw@ nyct - cfi. org

网址：www. nycommunitytrust. org

类型：社区基金会

财务数据：总资产 1877885562 美元，累积捐赠额 140835396 美元

二　基金会简介

纽约社区信托基金会成立于 1924 年，为那些致力于提高纽约生活质量的慈善基金会管理和分配收入，同时也为活体捐赠者提供服务。它是美国历史最悠久、规模最大的社区基金会之一，并于 1931 年率先发起成立了捐赠者顾问基金（DAF）。[①] 基金规模从 5000 美元开始，由生前委托或遗书的方式来决定。这些基金的资助方向是由社区信托的理事会根据信托的章程来决定的，目前该组织资助的项目主要包括艺术、教育、儿童、环境、健康等各个领域。截至 2010 年底，纽约信托基金会从 2000 家慈善基

① 捐献者顾问基金（Donor Advised Funds）：是一个致力于媒介管理的慈善基金会，目的是创建一个模式简单、低成本、灵活的媒介系统以达到更好管理慈善基金会善款的目的。

金募款 19 亿美元，同时捐款的拨款总额达 1.41 亿美元。

三　成立背景

1924 年决议声明书在纽约的发表标志着纽约社区信托基金会的成立。

该基金会是纽约社区信托基金会和慈善信托非法人团体的统称，它的下属公司社会基金有限公司是纽约州的一个非营利公司。基金设立之初，几家由捐助者从受托人名单中选出的银行对信托进行了投资。基金会的工作人员和财务委员会负责监控投资效益。

由社区基金会（包括威彻斯特社区基金会和长岛社区基金会）设立的基金有两个方面的用途，其一是构建一个多元化的投资基金池，由根据个人专长挑选出的经理来管理；其二是被投资到互惠基金，基金会的财务部门和投资委员会的工作人员负责指导工作。

四　基金会权限

捐赠仅限于纽约这样的大都市。

不支持有宗教目的的活动。

捐赠不授予个人（奖学金除外），以及融资赤字、应急资金、建设活动、电影、养老基金、基本建设项目、一般业务支持等。

五　基金会愿景

纽约社区信托基金会致力于在现在或是未来为捐赠者提供一系列灵活、高效和奖励的方式来完成其慈善捐赠；同律师和财务顾问合作，帮助他们的客户把慈善纳入其投资的一部分；帮助项目承办人找到合适的资助方向、组织和项目的类型，以及基金会是否合适相关项目的要求。该基金会期望通过一代又一代纽约人的慷慨，支持这座城市中上千个最好的非营利组织和非凡的人，帮助纽约成为一个理想的生活和工作场所。

六 基金会资助方式

- 咨询服务
- 特长匹配就业
- 奖学金
- 收入提高
- 管理建设/能力发展
- 项目开发
- 项目评估
- 刊物
- 研究
- 奖学金基金
- 种子基金
- 技术援助

七 基金会出版物

- 年报
- 应用指南
- 财务报告
- 资助名单
- 资料册（包括应用指南）
- 通讯
- 阶段性报告
- 项目政策声明（包括应用指南）

八 基金会成员

表1 基金会成员

资助者区域协会	同类团体	相关协会及其他慈善组织
纽约博爱	残疾资助网 环保捐助者协会 社区安居捐助网 艾滋病捐助关注者 健康捐助者 慈善事业全国宣传委员会	基金理事会 独立部门 纽约非营利组织协调委员会

九 基金会战略伙伴

• 纽约社区信托基金会－艾滋基金会：以大众利益为出发点，为教导人们如何与艾滋病人共处提供了很多至关重要的方案，目前已经为防止艾滋病的传染募集了大量资金。

• 纽约社区信托基金会－麦克阿瑟基金会：联合开展了一个以帮助孩子们更好地学习、为科学家的研究创造更好的环境、为艺术创作项目提供更好的氛围为目的的项目。

• 纽约社区信托基金会－新公民基金会：帮助纽约市的移民。

• 纽约社区信托基金会－同域基金：为三洲地区的交通规划和改革提供了支持。

• 纽约社区信托基金会－纽约市人力资源发展基金会：建立了一套更高效的就业服务系统，方便了纽约的求职者。

• 纽约社区信托基金会－教育协作基金：为纽约市公立教育改革的宣传提供了支持。

此外，纽约社区信托基金会的受托银行包括：美国银行、贝西默信托有限责任公司、纽约梅隆银行、布朗兄弟哈里曼信托有限责任公司、花旗集团、美洲德意志银行、信托国际有限公司、美国汇丰银行、摩根大通银行、雷曼兄弟信托有限公司、美林信托有限公司、洛克菲勒信托有限责任公司等。

十　基金会所获奖项

纽约社区信托基金会基金在过去几年内被授予以下奖项。

- 2011 年：

市长布隆伯格授予荣誉给“健康饮食健康社区”项目。

- 2010 年：

为儿童提供特殊需求的资源，被授予“创始人奖”。

为盲人和视障者的服务，被授予“杰出合作伙伴奖”。

因劳动力解决方案荣获“2010 年的杰出赠款奖”。

食品银行对纽约市作出了贡献，其食品保障了基本温饱和生存，被授予“慈善合作伙伴奖”，表示认可及表彰其应对经济危机时所表现出的责任感。

- 2009 年：

纽约社区信托基金会基金中的纽约城市艾滋病基金收到了“市长办公室的认可证书”，以纪念其在世界艾滋病日的贡献。

由城市丰收组织授予的“经济危机下的责任感”荣誉。

邻里联盟授予的“带来改变的新纽约客”荣誉。

女童子军大纽约地区的“影响力奖”，也是该理事会的最高荣誉。

法律服务纽约组织的“富有远见领导奖”。

- 2008 年：

联合医院基金委授予“慈善事业特别领导奖”，以奖励其为改善纽约市民的幸福感而作出的努力和贡献。

- 2007 年：

城市议会为表彰其对犹太贫困作出的贡献而授予其“帮

手奖”。

- 2006 年：

市民健康委员会为表彰其对社区健康的呼吁，向其颁发“马歇尔英国纪念公共卫生奖”。

史丹顿岛社区的卫生行动组织授予其“合作领导奖”。

第二节 资助信息

一 关注领域

1. 主题

- 艾滋病
- 老年人服务中心
- 艺术
- 生物医学研究
- 癌症
- 儿童发展，教育
- 儿童/青少年服务
- 公民人权，同性恋者
- 公民人权，老年人
- 公民人权，障碍者
- 公民人权，移民
- 公民人权，少数民族
- 公民人权，女性
- 公民自由，生育权
- 社会经济发展
- 预防犯罪、暴力，家庭暴力

- 教育
- 教育，公共教育
- 就业
- 环保
- 家庭服务
- 餐饮服务
- 政府公共管理
- 保健
- 健康组织，健康协会
- 古迹保护，历史学会
- 无家可归者，人性化服务
- 房屋/庇护所建设
- 人性化服务
- 法律服务
- 心理健康/危机服务
- 药物滥用，服务
- 妇女服务中心
- 青年发展

2. 受众

- 残疾人
- 少女
- 青年人
- 女性

二　项目领域

具有重要意义的项目领域有：

1. 儿童问题、青少年问题、包括饥饿和无家可归者问题在内的家庭问题、社会服务、药物滥用、青年发展、女童问题和青年妇女问题。

2. 社会发展与环境保护，包括公民事务、社会发展、保护环境和技术援助。

3. 教育、艺术与人文学科，包括艺术和文化、教育、历史建筑保护、移民问题和大众正义。

4. 健康问题和有特殊需要的人，包括医疗服务政策、生物医学研究、艾滋病、视觉障碍、残疾儿童和青年、老人问题、精神健康和发育迟缓者。此外，基金会成立了两个下属部门以惠及更大地区：威彻斯特社区基金会和长岛社区基金会。

三　相关工作

1. 艺术、教育以及大众正义

纽约社区信托基金会担心公立学校无法满足儿童成长发展的需要，艺术组织在日趋多样的都市难以为继，法律部门不能公平对待每个人。所以基金会的主要精力集中到了相应的项目上，改善纽约市的公立教育体系，促进艺术的多样化发展，宣传每个人都应享有的权益。捐款也集中在这些方面：艺术和文化，教育，历史建筑保护和大众正义。

2. 儿童、青年和家庭

纽约社区信托基金会与政府和私人机构合作，帮助家庭和青少年的发展，使穷人的生活变得殷实，保护脆弱的儿童，改善服务政策，扩充公益宣传和服务机构的能力。捐助属于下列类别的情况：女童和青年妇女、老人、饥饿和无家可归者、社会福利、药物滥用和青少年发展（包括就业、休养、服务和未成年官司）。

3. 社会发展和环境保护

纽约社区信托基金会侧重于稳定和改善低收入者的生活以及环境保护的问题。基金会支持以社区为基础的机构的工作，这些工作涵盖了社区、政府和非营利组织，将社会作为一个整体发展的实体。在环境保护问题上，基金会关心的不仅仅是本地，也有国家和全球的环境问题。它为非营利机构和政府的环保工作提供各方面的支持。捐助集中在如下方面：公民事务、环境保护、社会发展和技术援助。

4. 奖学金

纽约社区信托基金会的爱德华和萨莉范利尔基金侧重那些经济条件差但具有艺术天赋并且认真敬业的年轻人。这一轮的捐赠会为这些青年艺术家提供各方面的资助，帮助他们完成大学毕业后从接受正规培训到开始职业生涯之间的过渡。为期一到两年的资助将被授予少数几个艺术团体，用以资助两个或两个以上的奖学金项目。设立奖学金的目的是帮助青年艺术家建立良好的职业信誉，而这些可能会给他们未来的事业带来机遇。对每个艺术团体的资助最多会达到6万美元，具体多少取决于它们设立的奖学金的数额。每位奖学金获得者会从基金会这里得到每年1万美元的资助。

5. 有健康问题及特殊需要的人群

纽约社区信托基金会支持以下的一些相关项目：加强预防保健的措施，改善服务，促进卫生资源有效利用率，提高有特殊需要人群的生存技能和独立性。捐助侧重如下方面：生物医学研究、医疗服务、卫生系统和政策以及有特殊需要的人群（包括艾滋病患者、残疾儿童和青年、老年人、心理健康有问题和智力迟钝者和失明者）。

第三节 管理结构

一 理事会

纽约社区信托基金会基金理事会由 12 名成员组成，分别来自纽约社区信托基金会委员会和社区基金理事局，他们的责任是监督信托基金的业务和赠款。

六名成员由代表公众的公民当局任命。其中一个由纽约市市长任命，一个由美国第二巡回上诉法院的首席法官任命，一个由纽约市合作伙伴和商会主席任命，一个由林肯表演艺术中心主席任命，一个由纽约市律师协会的主席任命，一个由纽约医学专科学院主席任命。这些成员提供服务而无须给予补偿。他们因自己的判断力、正直和对慈善需求的理解而被选拔为委员会成员。该委员会全年每两个月会有小组定期会晤。

- Charlynn Goins，主席，在以下机构担任理事：安盛金融、联邦抵押协会、格雷西大厦保护协会；外交关系委员会委员；恒丰证券前高级副总裁。
- Ernest J. Collazo，科拉佐、弗洛伦蒂诺与 Keil 公司律师事务所合伙人；纽约联邦维护者；拉丁美洲华盛顿办事处理事；美国第二巡回上诉法院咨询委员会委员，市律师代表团驻纽约州律师协会的代表；内务部门上诉庭第一司法厅部门纪律委员会委员，外交关系委员会成员；市律师执行委员会前成员。由美国第二巡回上诉法院的首席法官任命。

• Jamie Dorake，德雷克设计公司创始人和负责人；阿尔法工作坊理事会主席、委员；美国室内设计师协会成员，理事局历史内务信托委员会主席，室内设计馆名人堂委员会委员；纽约“装饰一个未来”工业委员会前联合主席。由纽约市市长任命。

• Roger J. Maldonado，巴尔博·皮卡德·马尔多纳多和范德因个人电脑合作伙伴；纽约州最高法院上诉庭纪律委员会会员；致力司法管理工作的纽约市律师公会执行委员会主席；纽约州司法行为委员会仲裁者；联合邻里社副主席兼议员。由纽约市律师协会主席任命。

• Anne Moore, M. D.，康奈尔大学琼和桑福德医学院临床医学教授；纽约长老教会医院主治医师；威尔康奈尔乳腺中心医学主任；前美国内科医学委员会主任。由纽约市医学委员会主席任命。

• Valerie Peltier，美国铁狮门房地产公司理事总经理；在以下机构担任理事会成员：美国自然历史博物馆、纽约访视护士服务处。由纽约市合作委员会主席任命。

• Samuel S. Polk，前米尔班克、花呢服装、哈德利和麦克罗伊合作伙伴；在以下机构担任受托人：特种外科医院、威彻斯特土地信托、科学与艺术进步库珀联盟、弗雷德里克·R. 科赫基金会、三井信托投资公司。

• Lorie A. Slutsky，纽约社区信托基金会理事；在以下机构担任主席：社区基金公司、詹姆斯基金会；在以下机构担任理事：联博资产管理公司、安盛保险公司；在以下机构担任荣誉受托人：科尔盖特大学、新学院大学；曾在以下机构担任总裁：基金会理事会（主席）、基金会中心（副主席）、BoardSource（主席）、西班牙裔美国人慈善事业、纽约联合之路。

• Estelle (Nicki) Newman Tanner，在以下机构担任受托人：纽约公共广播电台、犹太妇女档案、奥本神学院；在以下机构担任荣誉受托人：卫斯理学院、威廉斯堡基金会。

• Barron (Buzz) Tenny，福特基金会原常务副主席、秘书长、总顾问；纽约律师协会基金会主任；在以下机构担任受托人：国际奖学金基金会、国际司法过渡中心、基金会中心（副主席）、本土艺术文化基金会、美洲青年乐团；基金伦理委员会和实践委员会会员。

• Ann Unterberg，林肯中心研究所主席；国际妇女健康联盟副主席；在以下机构担任受托人：林肯表演艺术中心、蒙默斯医疗和卫生保健基金会；曾在以下机构担任高级副总裁：罗斯高、乌恩特伯格、Towbin。林肯表演艺术中心主席提名。

• Jason H. Wright，戈耳山控股有限责任公司委托人；纳贝斯克基金会前任主席；非洲艺术博物馆建设项目主席；国际记者中心受托人；詹姆斯·比尔德基金会受托人和财政部长；纽约大学全球事务中心咨询委员会成员；曾在以下机构担任受托人：库珀联盟、校园工作室协会、麦迪逊广场男生女生俱乐部。

二 顾问团

• Barbara H. Block，林肯表演艺术中心（执行委员会）理事会成员。

• William M. Evarts，皮尔斯伯里瑞律师事务所资深大律师；纽约社区信托基金会分配委员会前任主席。

• Charlotte Moses Fischman，克莱默来 & 弗莱克尔有限责任公司合作伙伴。

• Robert M. Kaufman，Proskauer Rose 律师事务所原副主席、纽约社区信托基金会分配委员会合作伙伴。

• Anne P. Sidamon - Eristoff，美国自然历史博物馆名誉主

席、纽约社区信托基金会分配委员会前主席。

- Carroll L. Wainwright, Jr.：前米尔班克、花呢服装、哈德利和麦克罗伊合作伙伴。
- Lulu C. Wang：图珀洛资本管理公司行政总裁。

三　供职人员

1. 职员人数

- 23 位全职专业人员
- 1 位兼职专业人员
- 18 位全职协助者
- 1 位兼职协助者

2. 骨干职员（不包括管理层）

伊尔凡·哈桑，项目主任，主要负责健康项目/特殊需要者项目。

罗德里克·V. 詹金斯，项目主任，主要负责儿童/青年/家庭项目。

帕特里夏·J. 珍妮，项目总监，主要负责社会发展和环境保护。

利扎·拉古诺夫，理事，主要负责捐助预算。

克里·麦卡锡，项目总监，主要负责教育，艺术，大众正义。

玛吉·墨菲，捐助项目经理。

安妮·纳利，主要负责捐助项目管理。

帕特里夏·斯旺，高级项目主任，主要负责社会发展和环境保护。

帕特里夏·怀特，高级项目主任，主要负责儿童/青年/家庭项目。

艾米沃尔夫，通讯干事。

第四节 财务管理

在财务方面，财务和审计委员会负责监督信托基金的金融业务。投资委员会确定资产配置方案，提出关于投资顾问和传播媒介的建议，并监督其投资的表现。该基金的宗旨和建议审查委员会确保每个捐助者对于慈善方面的规定和目标是光荣的，同时评估捐助者的资助，以确保它们满足信托基金的慈善准则。

一 总体财政情况

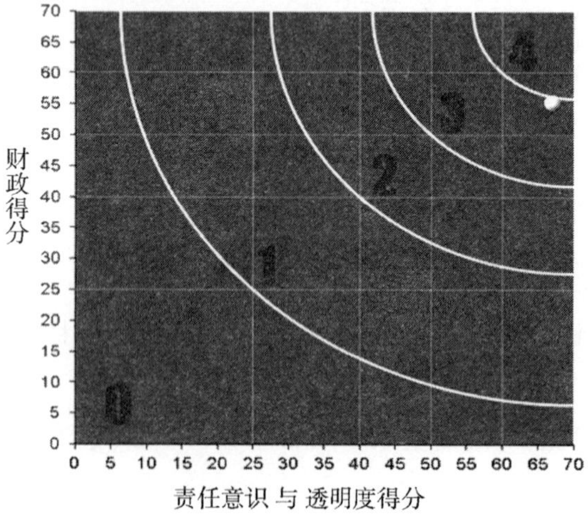

图 1 财政情况评分示意

表 1　责任意识 & 透明度分数（即公信力）

	分数（满分 70）	等　级
总体等级	59.50	★★★☆
财　　务	55.46	★★★☆
公 信 力	67.00	★★★★

表 2　财务绩效指标

活动经费（%）	88.4
行政开支（%）	10.1
筹款开支（%）	1.4
筹款效率（美元）	0.02
主要收入增长（%）	4.5
活动开支生长（%）	-11.5
营运资金比率（年）	11.28

二　2010 年的财务情况

表 3　2010 年损益

单位：美元

收入捐款总额	106535663
项目服务收入	0
主要收入总额	106535663
其他收入	42375738
收入总额	148911401
开支	
活动经费	144949797
行政开支	16696509
筹款开支	2302634
功能开支总额	163948940
分支机构花费	0
年度盈余（或亏损）	-15037539
净资产	1850601134

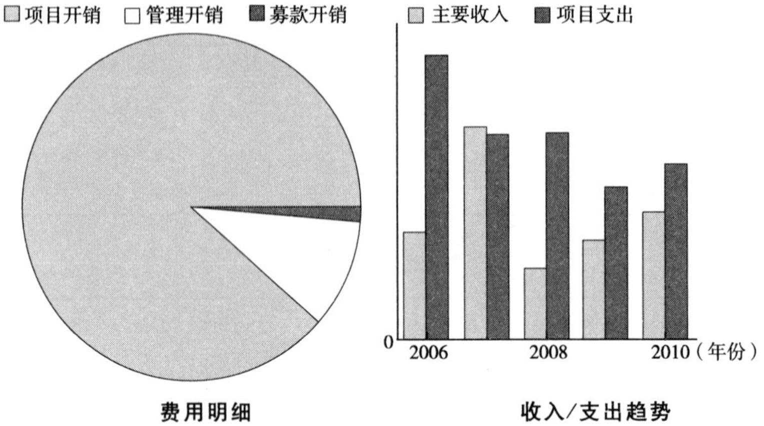

图 2 费用明细和收入/支出趋势

第五节 公众眼中的纽约社区信托基金会

一 对筹款部门部长的采访

背景介绍：2005 年 9 月日本 NPO－C's 组织了一期以 NPO 的公信力和筹资为主题的访美活动，访问团一行 4 人在 9 天的行程里一共走访了 4 个城市的 23 家组织，此为访问团对纽约社区信托基金会基金的采访。

采访日期：2005 年 9 月 13 日（星期二）

采访方：日本 NPO－C's 组织

采访对象：筹款部门部长 Gay Young 女士

访问团：首先请介绍一下你们的操作方式。

Young：我们是以社区为基础的信托基金会。像我们这样的社区信托基金会遍布全美。我们纽约社区信托基金会的业务范围为纽约州北部地区。现在，我们的资产总额有 20 亿美元，由个人捐款设立的约 1500 个基金组成。这些捐款同时成为我们社区信托基金会的资产。

我们按照捐款人的捐款意向，选择适合的 NPO 项目进行资助，也有一些捐款人对基金的使用对象没有任何要求。另一方面，希望接受捐赠的 NPO 需要向我们提交书面申请，对于通过审查的 NPO 进行资助。

访问团：请你谈谈美国社区信托基金会诞生的背景。

Young：好，下面我介绍一下社区基金会的历史背景。

举个例子说，在社区信托基金会诞生以前，如果某个人留下遗书说要将遗产捐赠给孤儿院，根据当时的美国法律规定，即使当地一个孤儿也不存在，如果你想改变遗书的内容，一定要向当地提出申请才有可能得到许可。

然而，Rockefeller 一家的律师是非常聪明的人，他想不通过法庭而改变遗产用途，使遗书更具备灵活性。于是他建立了一个机构，委托他们做遗产管理。这样的话随着社会状况的变化，遗产用途也能随机应变。而创造了“社区信托”这一概念的人则是银行家，因为银行家发明了将遗产作为“信托”而管理的遗产管理机制。

美国法律对信托的管理有非常严格的要求，可以说没有比信托更严格的管理规范和完整的法律制度了。因此，捐款人如果发现了什么问题，可以向法庭起诉并主张自己的权利。总之，所谓信托（Trust），就是可以信赖的意思。

访问团：一个捐款人捐赠的金额大概是多少？都是个人吗？

Young：捐款大约都是 5000 美元。因为我们是社区信托基金会，所以我们要尽可能地从社区里筹资。我认为：呼吁大家“哪怕是小额也能设立基金”是很重要的。与此同时，向有钱人呼吁捐款也是必要的。捐款的大部分是个人，不过，也有一部分是企业、法律事务所等的捐款。

访问团：你们给 NPO 提供资金的机制是什么样的？怎样确保 NPO 的可靠性？

Young：我们受理NPO提交的项目申请书。另外，我们机构的执行主任都是儿童、家庭、无家可归者、艺术文化、教育、扶贫等不同领域的专家。他们会寻找并发现一些有创意、有意义的NPO，鼓励他们向我们提出申请。可是原则上任何NPO都可以向我们申请，我们有项目资助申请的详细指南。

有的时候会有一些捐款人希望将捐款提供给特定的NPO。我们对于提交项目申请的NPO或捐款人指定的NPO都会进行同样的审查和认定。我们会要求相关机构提交一份机构资料表格，以便我们能够非常细致地了解他们的情况。因为有这个制度，捐款人才能够放心地向我们托付他们的钱。

这个表格的内容其实很简单，但是还是有相当多的NPO无法填写完整。表格的内容包括：机构正式名称与所在地、捐款支票的邮寄地址、使命（组织的目的）、执行主任的姓名、理事会成员的名单、这些人之间有无亲属关系、与该机构之间是否有利害关系、是否从该机构收取报酬等。表格需要由该机构的最高负责人签名证实这些都属实。

除此以外，申请者还需提交最新的国税局财务报告。如果他们由于合理的原因还没有向国税局提交报告的话，则需提交监察完毕的财务报表。

我们对审查资料会进行很认真慎重的审查。除了该机构的使命、目标以及具体项目的内容以外，我们还要看理事会的结构是否合理——理事的数量，是否有不同领域的人参与，是否有多样性。这些都是为了确定该机构是否是有独立性的组织。如果他们的理事只有3个人，或者理事中同姓很多的话，我们会向他们要求更加完整的说明。同时，我们还要看看理事是否得到报酬。

有的NPO认为理事应该可以获取报酬，不过，我们的看法是NPO的理事会是履行一种公民义务的平台，所以如果有理事获取报酬的话，我们会要求说明为什么要获取报酬。

我们对NPO的审查认定的有效期为5年。如果被认定了，基本上5年以内都会登载在我们的认定名单上。不过如果在此期间有关于该机构的负面报道或信息的话，也有可能被取消认定资格。

访问团：从你刚才介绍的情况来看，你们机构似乎已经得到了捐款人的充分认同。

Young：对于捐款人来说，我们就是NPO部门的专家。如果捐款人要求我们把善款用于扶贫，我们就能确保专款专用。像刚刚发生的新奥尔良飓风灾害，也有些人向我们咨询如果要资助赈灾，应该向哪个NPO捐款比较好。对此，我们会介绍适当的NPO。同时，我们对已经被分配的款项的用途也会给捐款人及时反馈。另外，我们以捐款人为对象举办捐款讲座，得到了参加者的高度评价。总之，我们被视为这个领域里富有知识和经验的专家。

二　来自《资助观察》的报告

合作提升公共健康：基金会支持公共项目——纽约社区信托基金会资助纽约市预防直肠癌和性传染病的项目

简介：纽约信托基金会与纽约公共健康基金密切合作，测试一个为易感染人群进行健康监测的新途径，该基金是附属于纽约市健康和精神卫生局（DOHMH）的一个非营利机构。经费的猛涨促进了创新的项目，在经费资助项目之外，影响了公共部门资助和项目扩张。

自1924年起，纽约信托基金会就以将纽约市建设成一个有活力和安全的生活场所为使命。改善纽约市民健康状况以及强化城市的卫生保健体系成为纽约信托基金会两个首要的经费获取策略。

定期改善和重新定位其经费获取方式，纽约信托基金会回顾了公共健康机构发布描述纽约市民健康状况的报告，在2004年的评论中，纽约信托基金会发现800万市民有一半以上是少数民族，约1/3是外国出生居民，约1/4居民不精通英语。此外，很多少数民族家庭生活贫困，1/4没有健康保险，这导致了他们得不到所需的卫生保健。心脏病和癌症几乎占据了这个城市2/3的死亡原因，同时年轻人的肥胖，以及性传染病和艾滋病的高比例也令人担忧。纽约信托基金会还发现该市资源主要集中在昂贵的制度保障上，极少部分花费在初级和预防保健上。

针对以上问题，纽约信托基金会理事会为其月1000万美元的年度健康资金项目通过了一项决策，该决策有三个目标：（1）普及基础服务，尤其是在少数民族和移民社区中。（2）提高健康服务提供者素质，尤其是那些为最穷困市民服务的机构。（3）促进健康生活方式。纽约信托基金会通过支持直接健康服务、预防保健、政策分析和主张，努力实现了这些目标。

启动公共项目

为了实现其健康项目的目标，纽约信托基金会寻求与当地组织搭档合作。虽然很多是典型的非营利项目，但是仍旧能使两个公共机构为共同的目标紧密合作：城市健康和精神卫生局与健康和医疗保健总公司（HHC）。坚信支持公共实体有潜力获得高的回报，纽约信托基金会开始与这些城市机构合作来评估可以实现其健康目标的项目。因此，纽约信托基金会赞助纽约公共健康基金（FPHNY），一个与DOHMH搭档合作密切的非营利组织，来寻找和管理资助推进公共健康的创新项目的私人拨款。这笔拨款资助提供给由DOHMH监管和实施的两个项目：直肠癌预防项目（与HHC合作，旨在增加公共医院里的结肠镜检查服务），以及对性传染病的检测和治疗项目（与纽约市教育部合作，旨在教育、检测和治疗就读于公共学校的青少年）。因为本章的关注点在于经费获取策略，我们仅涵盖了项目评估数据的简短总结。

增加“领航员”以提高直肠癌检测率

每年，超过1400名纽约人死于直肠癌。这导致了年龄调控的死亡率为每100000人19.6例。不说大多数，且说其中很多死亡是可以通过根据推荐频率定期检查而避免的。根据纽约州癌症等数据统计，在2005年，低于40%的直肠癌在早期被检测出来。而该市历史上曾有最高的肠胃病学家与患者的比例，以及充足的当地检测能力。

为了提高结肠镜检查的使用率并缩小贫富社区的直肠癌死亡率差距，纽约信托基金会为DOHMH开展的直肠癌预防项目提供了165万美元经费。该项目利用基于医院的患者“领航员”来实施社区服务扩展，帮助患者为检查进行准备，并且与医院员工和社区提供者合作，致力于减少检测障碍。

在超过三年的时间里，纽约信托基金会的经费支持了三家公共医院的领航员项目的启动，DOHMH与每家医院的员工一起工作，培训和帮助领航员，跟踪结果，并且将早期结肠镜检查增长的发现告知医院管理人员。利用纽约信托基金会的基金，DOHMH还进行了一项评估，调查健康受益情况，并进行了成本收益分析。

该评估显示，领航员项目启动后，在三所医院里每年结肠镜检测数量有所增长，虽然由于社区需求不断被满足，这一比例在接下来一年持平甚至略有降低。总计起来，在有经费支持领航员项目期间（2003～2006年），这三家医院实施了近15000例结肠镜检查。在一年的结肠镜领航员项目之后，相比于项目实施前的一年，三所医院结肠镜平均值增长了68%。

该评估显示，在三所医院中的两所，在各个时间段毁约数量都有所降低，因此，随着这些医院里取消已预约结肠镜检查数量的减少，无法收费的操作空间和时间也随之降低。结合结肠镜数量的增长，可以预期毁约数量的降低，从而实现医院收入的增长。这个评估还记录了三所医院在不同时期内结肠镜检查数量的增长。

这些早期结果是由 DOHMH 提供的，在城市范围直肠癌控制联合峰会（5C）和其他会议上，医院员工与肠胃学专家分享了该模型的成功经验。项目新闻的不断传播，帮助扩展了需求。

在项目的第二期，另外五个医院参与进来，尽管只有三个从纽约信托基金会得到经费。为了保证持续性，所有的五所二期医院被告知只提供一年经费，随后各医院应当自行承担项目支出。此外，在项目进入第二期时，所有三家第一期医院不再被纽约信托基金会支持，而是自行承担项目支出，继续实施该项目。

另外在第二期，为了便于三个新项目点的启动，纽约信托基金会的经费资助了组织、课程和草案的开发，使得结肠镜导航员项目在新增加医院中的使用和复制更为简易。款项基金还帮助强化和维持项目运作，并且支持进行中的技术协助研讨会、在线研讨论坛和常规会议，以此促进纽约市不断增加的导航员社区之间分享最优实践经历，彼此扶持，相互学习。

在 2008 年，其他公共和私人医院联系到 DOHMH 请求参与实践。八所医院被添加进第三期实践，而且这些项目中没有一个是靠纽约信托基金会资助启动的。相反，他们都收到了为期一年的公共基金，并被期望他们在随后的几年自行承担项目支出。

根据每年对实际结肠镜总数和 2008 年计划总数的统计，实施结肠镜检测的数量稳定增长，反映了两期项目从一个到十六个实践点的可持续性和延展性。

总体来说，纽约信托基金会对结肠镜检测导航者项目五年的拨款资助，实现了有良好文件记录的公共健康结果和随后由公共部门开展的项目推广。该项目可能还为提高获得结肠镜检查机会的纽约人总数作出了贡献。在 2003 年，只有 41.7% 的 50 岁以上的纽约人报告在过去的 10 年中做过一次结肠镜检查。到 2007 年，61.7% 的 50 岁以上的纽约人报告在过去的 10 年中做过一次检查，比 2003 年增长了 424000 人。这一过程中人种和种族间的差异几乎消失了。在 2003 年，白种人比黑人和西班牙人更多地做过该检查，在 2007 年，检查比例在三个群体中几乎相等。

三　来自《慈善新闻文摘》的报道

纽约社区信托基金会捐款总额达 5 亿美元

近日，纽约社区信托基金会宣布已完成对非营利组织的 46 次捐款，总额达到 500 万美元。这些组织的项目涉及范围极广，包括教育、医疗卫生、社会工作、艺术和环境保护。

获捐助者中有纽约州的社区卫生保健协会，他们得到了 17.5 万美元用于社区卫生服务中心的管理，以及临床医生、前线员工和管理人员的招聘和培训。琼和桑福德·威尔医学院获得了 10 万美元，用以培训从事临终关怀工作的医务人员。纽约社区信托基金会捐给大型山水自然保护中心 8 万美元，支持该中心提供有关气候变化和疾病模式的相关科学知识，同时支持环保人士开发野生动物走廊和其他项目，以保护黄石地区的野生动物。美国鸟类保护协会收到 5 万美元，他们用这笔捐助开展了一项活动，销毁猎枪子弹和渔具中的铅，旨在保护鸟类，保护野生动物，同时也保护人类。

信托基金会捐助 7.5 万美元给“法律动量”，用以增加建筑、维护、自然资源等行业培训中的女性比例，这些行业现在都是男性主宰的，捐助国家预算和政策优先中心 5 万美元，希望它们能够在预算磋商时多考虑穷人的利益；捐助 4 万美元给纽约公民自由联盟基金会，以减少因为轻微过错而被捕的学生人数；捐助 3.5 万美元给“爆炸发展”，用以建立一个网站，汇集和推销实验音乐的作曲家和表演家的作品。

参考资料来源

http：//en. wikipedia. org/wiki/New_ York_ Community_ Trust.

www. nycommunitytrust. org/.

http：//www. charitynavigator. org/index. cfm？ bay = search. summary&org-id = 4231.

http：//www. globallinksinitiative. com/inspire/？ p = 914.

Grant Watch Report（2009）subject file：532.

Philanthropy News Digest，posted on February 112012.

西雅图基金会

The Seattle Foundation

第一节　背景

一　西雅图基金会简介

西雅图基金会成立于1946年，是华盛顿州最古老最大的社区基金会。过去60多年，西雅图基金会已经资助了金恩郡及其他地方的2000多家组织和有发展前途的项目超过630万美元，发展成为一个十分重要的慈善机构。

西雅图基金会通过捐赠者的共同努力，使得发展越来越好的西雅图社区成为一个有活力、健康的适于居住的地方，也使很多事情向积极的方面改善。

作为华盛顿州最大的社区基金会，西雅图基金会的总资产接近6000万美元，它的理事会由一些有声望的社区领导者组成，进行基金会的管理，并且在捐赠者以及其他基金会中享有很好的声誉。

西雅图基金会与当地的社区有着深远的联系。60多年来，它的活动都会由当地具有声望的慈善家进行通知。它经常通过与数百个金恩郡的非营利组织交流来获得有关具有实在意义的项目以及发展策略的第一手资料，以此来理解当地的需求与相关的事物。

随着新的领导组织、技术发展以及社区激励机制的出现，西雅图基金会正在为这里的人们打造一个充满希望的未来。

二　基金会愿景

西雅图基金会的目标是通过正在进行的慈善事业、社区的群策群力以及领导力创造一个健康和适于生活的社区。它鼓励当地的、全国的以及国际性的慷慨捐赠，来使得社区变成一个重要的适合居住的地方。

三　西雅图基金会项目领域

基金会的资金往往覆盖以下领域的项目：

- 艺术文化

涉及音乐、艺术、文学、喜剧、舞蹈、文化传承、历史社会、社区庆典、公共艺术以及电影等方面的相关组织都符合要求。

- 基础需要

涉及饥饿、房屋购买、无家可归者以及救济房和法律服务的机构都符合条件。

- 经济

涉及工作培训和学习、小型商业、小额信贷以及技术援助等方面的组织都可以加入。

- 教育

涉及资助在学儿童、早期学习、关爱服务、工作培训、教育深造、远程学习、图书馆、公共广播以及电视、非母语英语课程、课后辅导以及青少年发展等方面的相关组织都符合要求。

- 环境

涉及空气水质净化、环境保护以及公园绿地、环保教育、自然资源管理保护和野生动物保护等方面的相关组织都在此列。

- 国际援助

西雅图基金会同样重视减少贫困、保障房、拥护政策改革等方面。

- 公共卫生

涉及身体健康、防护保健、心理健康、交替健康、医疗保健、内科和牙科的保健、长期关怀、家庭暴力、儿童虐待、药物滥用、慢性疾病、医学研究以及驯养动物等方面的相关组织均符合要求。

- 邻里社区

涉及社会援助、社会安全、公园及娱乐设施、邻里关系、市民参与度、领导力发展、保障房、社区发展、邻里和谐、网络建设、社区园地、相互关心以及社区服务等方面的相关组织均符合要求。

- 奖学金

西雅图基金会为拥有不同背景的学生们设立了40多个奖助学基金。高中学生、大学生以及社区大学、四年制大学、技术学校、职业学校的毕业生等均可申请。奖励金额从500美元到20000美元不等，有一部分项目金额会有变化。每个奖学金都有其特殊的标准以及申请指导方针。

第二节　西雅图基金会基金申请标准

一　非营利组织

西雅图基金会的资助项目往往是投资给金恩郡那些对社区有健康积极帮助的非营利组织。该项目希望通过对建立健康社区的七大要素的积极有效支持来建设一个运转良好的社区。西雅图基金会十分重视处理各种组织之间的差异，会通过机会平等以及渠道公开的方式来解决这个问题，并且尝试着服务于低收入或者残障人群的组织，但是西雅图基金会的资助项目并不会投资于国际化运行的组织。

西雅图基金会以年度为单位审阅各个申请方向的申请材料，他们相信这样会提高效率以及资助活动的有效性。这样的结构使得投资与健康社区的框架联系更为紧密，也为基金持有者以及其他捐助者提供了更多的合作机会。

对于基金会审阅人员来说，审阅的时间范围一般在 5～8 个月。这样的时间安排使得基金会可以有更多的时间与捐赠者进行沟通，共享机会，邀请他们为基金会的其他组织进行捐赠。

西雅图基金会承诺提供整个的操作支持。各个组织需要在与其活动对应的不同的分类之间进行申请。每项分类具体的时间见表 1。

表 1　不同项目领域的申请时间

截止日期	项目分类	决定日期
2 月 1 日	艺术与文化	9 月
5 月 1 日	经济	9 月
5 月 1 日	健康保健	12 月
8 月 1 日	环境	3 月
9 月 1 日	基础需求	3 月
11 月 1 日	教育	6 月
1 月 15 日	邻里社区	6 月

但是基金会不会通过此项目资助以下的组织：

- 位于金恩郡之类的组织，除非该组织立志于建立一个和谐稳定的社区，并改善了金恩郡居民的生活质量
- 以设立基金形式的捐助
- 个人
- 任何在年龄、种族、国籍、民族、性别、残疾、性取向、政治关系或者信仰方面有歧视的组织
- 宗教目的的组织
- 募捐行为
- 书籍、影视作品的出版

- 会议或研讨会
- 为公立或私立的小学、初中、高中大学等提供管理费用
- 其他的基金会捐赠活动

二　学生

概况

西雅图基金会在 theWashBoard. org 网站上列出了大部分华盛顿地区的奖学金。对于学生和捐赠人都是免费的。这个网站会及时更新奖学金信息，并且为那些寻求奖学金资助以及希望提供资助的人进行匹配。在 2009 年 12 月，由私立组织包括西雅图基金会的华盛顿奖学金联盟为了方便学生高效地找到并申请相关的奖学金，设立了该网站项目。华盛顿的学生以及进入华盛顿州上学的学生均可使用该网站。奖学金既包括州内也包括州外的项目。

关于奖学金

西雅图基金会为拥有不同背景的学生设立了 40 多个奖助学基金。高中学生、大学生以及社区大学、四年制大学、技术学校、职业学校的毕业生等均可申请。奖励金额从 500 美元到 20000 美元不等，有一部分项目金额会有变化。每个奖学金都有其特殊的标准以及申请指导方针。

重点日期

申请要求以及指导会在每年的 1 月 1 日进行更新。除非特别提示，大多数西雅图基金会的奖学金的截止日期都是在 3 月 1 日，而学生会在 4 月中旬得到通知。

第三节　项目/资助信息

一　具体项目领域

表2　具体项目领域

艺术文化	(公共) 图书馆及文学 媒体、影视及表演艺术、舞蹈、音乐 视觉艺术 历史保护
基础需求	农业及食物 无家可归人群、人道服务及住房 人道主义
经　济	经济发展 社区发展 小型商业
教　育	成人/继续教育及早期儿童教育 公共教育 非母语英语课程 阅读
环　境	动物/野生动物 空气污染 水质污染
公共卫生	健康保健 健康组织及协会 医学研究 心理健康
邻里社区	儿童/青年服务 公共事务 娱乐休闲设施、公园广场

二 具体项目

- 基础需要

西雅图第一个流浪的长期酗酒者的住房供给项目
城市急救服务中心（Downtown Emergency Service Center）在1811年的Eastlake为无家可归的酗酒者建立了第一个救助站。该组织提供了急需的健康关爱服务以及其他的对应服务。在那个急救医疗、危机处理水平下降的年代，此项目在第一年实施的时候大约节约了纳税者40万美元。

- 公共卫生

非正式支持健康生活方式的社会公益性健康活动
更好的西雅图（Greater Seattle）的YMCA为年轻人及大人提供了参加支持健康生活方式的公众健身的机会。非正式的一些选择，诸如在工作午饭时间集合的行走团使得人们在工作时更加活跃与积极。

- 环境

运输、健康及气候变化联盟
交通方式选择联盟将市民、商人以及公共机构集合在了一起，以帮助解决华盛顿需要面对需求日益增长的运输系统。该联盟为公众提供交通运输的相关事务、政策以及项目，并在交通运输、健康以及气候变化方面建立了联系。

- 经济

促进自我富裕以谋求长远的积极变化
一家名叫 Hopelink 的组织为流浪者、低收入家庭、儿童、老人以及残障人士提供服务。该组织的服务范围十分广泛，可以为人们提供租赁、紧急资金支持、获取收益、报税以及其他服务。这些服务旨在帮助人们重新稳定资金并使他们的生活有一个长远的积极变化。

- 教育

投资机构为西雅图公立学校的学术成就表示支持
教育联盟旨在帮助西雅图公立学校的学生获得学术成就。在该项目中，该组织会帮助募集与阅读、社区管理、学校理事会以及人员发展和数据更新相关的资金。

- 艺术文化

青少年音乐与艺术中心促进了参与创新
维拉项目（Vera Project）是一个由青少年自己组织与运营的音乐艺术中心。它会为参与者提供不同的音乐创作类型，并且通过举办音乐会、艺术项目、实践学习和为各个年龄段提供的志愿服务来促进社区对这些创新娱乐项目的参与。Vera 最近完成了一项 18 万美元的资金运作，并搬进了西雅图中心的一处新地方。新的建筑可以容纳 400 人，包括一个表演场地、艺术馆、录音室以及电影放映室。

- 邻里社区

杜瓦米许部落的长形房屋联系并加强了本地文化
杜瓦米许部落的长形房屋位于杜瓦米许入河口的传统的杉树茂密的地方，是部落贸易发起和文化及教育事件发生的地方。该组织为当地人民提供了一个中心地段来练习与加强其本地文化。

第四节　基金的相关问题

一　捐赠方式

表 3　捐赠方式

你最关心什么	作出贡献	建立基金
更好的社区	资助项目 社区领导力基金	捐款人基金 社区基金
一件事务	资助项目 基金会项目	捐款人基金 兴趣领域基金
一个组织	资助项目	捐款人基金 指定类型基金

二　捐赠形式

1. 现金
2. 市场证券，例如股票、债权以及共同基金等
3. 固定资产
4. 控股资产及其他资产（经过基金会验证）
5. 人寿保险

三 基金使用途径

● 捐赠流向

以 2010 年为例：

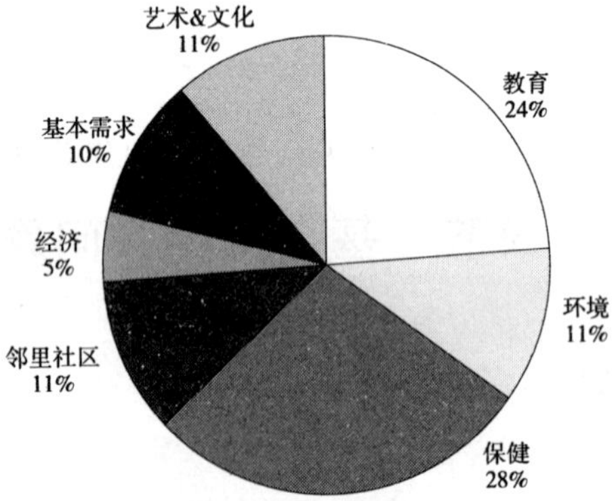

图 1 2010 年资助分布

● 资助形式

1. 建筑物建筑与翻新
2. 资金运作
3. 基础设施
4. 一般性/操作性资助
5. 与项目目标相关的投资或贷款

四 资产投资

理事会对西雅图基金会的资产投资项目最终负责。其责任在投资政策的宣布以及投资的运作上得到体现，其中包括基金会资产在不同投资产品的具体分配以及投资委员会的行为准则。

投资委员会是理事会的一个代表机构，它负责监管所有的资产投资活动，这包括根据需要雇佣投资经理来满足投资政策的要求以及管理这些经理。委员会同样会在投资政策方面给理事会提出相关建议，包括资产的具体分配。委员会共有七名成员，是根据投资方面的专业性以及辨别力来选拔的。其中两名成员同样任职于理事会。

为了辅助投资项目的管理，基金会选择了一个独立的投资咨询机构。这个咨询机构会为投资经理的选择、管理、证券投资组合的风险管理以及其他所有有关证券投资的相关管理提出十分宝贵的指导建议。提供给咨询机构的薪酬严格建立在一个标准费用基础上，而且，该机构不会从其他有关基金会资产管理的渠道获得报酬。目前，这个投资咨询机构是纽约的克隆尼尔咨询公司(Colonial Consulting)。

第五节　管理结构

一　基金会人员组成

1. 理事会
2. 工作人员

二　理事会

- 理事会成员

玛姬·沃克，主席

玛莎·崔，副主席

布拉德·史密斯，副主席

苏珊·G. 达菲，秘书
皮特·石默尔，财务主管
罗伯特·A. 瓦特，前任主席

- 理事会成员简介

玛姬·沃克（Maggie Walker），主席

玛姬·沃克是历史与工业博物馆（MOHAI）的理事长，同时也是 Bullitt 基金会的理事长。除此之外，她还是文化伙伴专责小组、中心海滨委员会的联席主席，还是西雅图艺术博物馆理事会的选举主席。与此同时，她还是 ARCS 基金会西雅图分部的前主席。

玛姬拥有着对于环保、教育以及艺术的强烈热爱，所以她也是亨利美术馆（Henry Art Gallery）、森林动物园（Woodland Park Zoological Society）和华盛顿妇女基金会的理事长。除此之外，她也是华盛顿奥杜邦（Washington Audubon）和西雅图儿童之家（Seattle Children's Home）的前理事会副主席。玛姬也是社区风险合作（Social Venture Partners）的共同创立者，并担任了五年西雅图艺术集市的主席，而且为了艺术与科学学院曾前往华盛顿大学参加游行。玛姬分别从范德堡大学和华盛顿大学毕业，在那里她得到了历史与新闻的双学位。

玛莎·崔（Martha Choe），副主席

作为比尔 & 梅林达·盖茨基金会的艺术总监，玛莎·崔监管着信息技术部门、安全部门与网站管理部门。而盖茨基金会建于西雅图中心的新校园也是由她来负责的。崔是在 2004 年加入盖茨基金会的，当时她是基金会全球发展计划中的全球图书馆计划的主管。

在加入盖茨基金会之前，崔是华盛顿州社区贸易与经济发展部门（CTED）的主管，主要负责的是保证华盛顿州稳定的就业

率与就业增速。作为 CTED 的主管，她带领贸易代表团去了亚洲、墨西哥、欧洲，并且还带领了一个由多个司法管辖区组成的小组战胜了其他 47 个竞争州，赢得了新波音 787 客机（Boeing's New 787 Dreamliner）的展会机会。在这之前，玛莎在西雅图城市委员会连续两个任期、共八年被选举为委员长，同时还作为运输与经济发展部门的主席、金融委员会的主席。

在从事公共事务之前，崔是加利福尼亚信贷银行、商业与私人银行的副主席。她还在俄勒冈州尤金区的高中进行教学工作。崔从华盛顿大学毕业，获得了演讲与种族学专业的学士学位；她还从西雅图大学毕业，获得了商业管理的硕士学位。她在公民与亚裔美国人的组织中表现十分活跃，同时任职于很多理事会，包括白宫亚裔美国人与太平洋岛民委员会的前任主席。

布拉德·史密斯（Brad Smith），副主席

布拉德·史密斯是微软的法律总顾问兼执行副总裁。他管理着公司的法律及公司事务部（LCA），其中有将近超过 1000 名员工。他负责公司的法律工作、知识产权证券组合和专利授权业务，以及其管理事务和慈善工作。他还担任微软的公司秘书和首席合规官。

史密斯同样作为微软公司的高级管理人员领导公司在华盛顿州的公司职员。他曾经担任华盛顿圆桌会议，一个华盛顿州级的商业组织的主席。在 2010 年，他担任华盛顿州长克里斯汀·格利高里的高等教育投资专责小组的负责人。在过去的一年里，史密斯和他的妻子凯西共同负责了金郡联合之路一年一度的活动，也是美国最大的联合之路活动。

在 1993 年加入微软前，史密斯是 Covington & Burling 的一个合伙人，曾在华盛顿特区的公司和伦敦办事处工作过。他以优异的成绩从普林斯顿大学毕业，并于哥伦比亚大学法律系获得了他

的法律学位。他还在日内瓦国际问题研究所学习国际法和经济学。

苏珊·G. 达菲（Susan G. Duffy），秘书

苏珊·G. 达菲是 Davis Wright Tremaine 合伙有限公司的一个合伙人。达菲女士是公司的免税机构、卫生保健和公司法律实践团体的成员，也是华盛顿州医疗代理人的前任主席，以及华盛顿州税赋管理协会的前任主席。达菲女士在法律方面的业务包括当大量免税机构的代表，这些机构包括卫生保健系统、教育组织和基金会。她在各类商业规划与法规条例方面有丰富的经验，其中包括免税机构的形成与运作、事务管理、合并收购以及企业重组、免税方面的财务管理和税务计划与分析。

达菲女士是美国健康律师协会、美国税赋管理委员会的成员，同时，她也是免税组织相关方面的一个活跃的演讲者与作家，达菲女士是华盛顿大学法律评论的一员，并以优异的成绩从华盛顿大学法律系毕业，获得了法学博士学位。

皮特·石默尔（Pete Shimer），财务主管

皮特·石默尔是西雅图德勤办公室的经理合伙人，他有着超过 24 年以上的在审计、战略关系管理与客户服务方面的丰富经验，这些客户包括消费以及工业行业，其中包括耐克、诺德斯特龙、星巴克好市多。他也是太平洋西北 CFO 圆桌会议的创始人。除了西雅图基金会，他也任职于儿童医院基金会理事会、西雅图基督教青年会、华盛顿大学基金会、雷尼尔山俱乐部以及西雅图运动委员会。他也是华盛顿运动俱乐部的前任理事会主席。

皮特在华盛顿大学攻读会计专业，并获得了工商管理的学士学位。他还在哥伦比亚大学、宾夕法尼亚大学、西北大学完成了项目管理专业的学业。皮特是美国华盛顿州和俄勒冈州的一个特许注册会计师，也是华盛顿注册会计师协会以及美国注册会计师

协会的成员。

罗伯特·A. 瓦特（Robert A. Watt），前任主席

罗伯特·A. 瓦特在2007年12月以波音公司洲际地区管理与全球公司职工部门副主席的身份退休。在来波音之前，罗伯特担任的是大西雅图商会的总裁和首席执行官，西雅图市的副市长以及家庭服务和东部青少年服务部门的首席执行官。罗伯特目前任职于西雅图基金会、Thrive by Five、早教商业合作伙伴的理事会，他还担任着白色中心连接项目的合伙人的主席、儿童联盟委员会的主席、西雅图教育联盟的主席，以及社区健康基金会和SEAFAIR的主席。

罗伯特经常做许多慈善组织的志愿拍卖商，同时也是早期教育问题方面的社区积极分子。他是Seattle Rotary组织的成员，同时任职于Seattle Rotary基金会的理事会。鲍勃于俄勒冈州波特兰的波特兰州立大学毕业，获得了社会学学士学位，并从西部华盛顿大学获得了特殊教育教师资格证书。以下是基金会的管理架构。

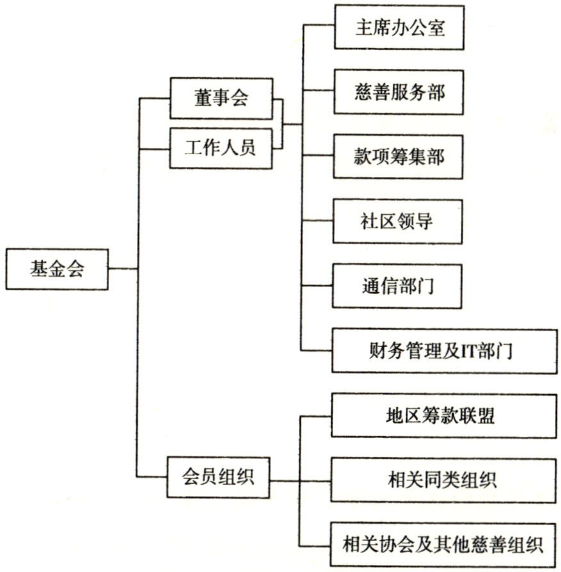

图2　基金会的管理架构

参考资料来源

National Committee for Responsive Philanthropy (U. S.) Community Foundation Responsiveness Project, *The Seattle Foundation and the Disadvantaged*: *Limited Vision – Inadequate Response*: *A Report*, National Committee for Responsive Philanthropy, 1991.

旧金山基金会

The San Francisco Foundation

第一节　背景信息

一　成立背景

旧金山基金会是一个于1948年成立的公益社区基金会。1948年，一群有远见的民主领袖，在丹尼尔·客氏兰德（Daniel Koshland）的领导以及哥伦比亚基金会少量资金的支持下，建立了旧金山基金会。在2003年7月1日之前，基金会是以信托公司的形式开办的，此后，它在加利福尼亚州的法律下成为一个非营利的公益公司。

二　愿景

基金会发挥起调动资源的作用，并且作为一个催化剂来建立更强大的社区，培养公民的领导力，促进慈善事业。

三　价值

旧金山基金会奉行这些价值观，为其本身，也为其所服务的社区：

- 建立合作伙伴关系，以促进共同的理解，加强解决问题的能力，并确保建立一个关爱的社区
- 开发其所有的资源来有效地倾听，反省，并分享教训
- 在个人和机构中，培养追求卓越的态度和领导力品质
- 在其所有的行动中，评价多样性和公正

- 通过可理解的、及时响应的行动，来示范正直的态度

四 项目领域

项目领域主要包括六个方面：艺术与文化、社区健康、教育、环境、社区与社区发展、社会公正。

第二节 项目/资助信息

一 运营的项目及提供的资助信息

1. 文化奖

詹姆斯·费伦文化奖于1935年创立，用于表彰那些家乡是加利福尼亚的在不同领域有所建树的艺术家。自1982年以来，这个奖项已经在一年内在版画复制和摄影之间交替变换，又在下一年间，在电影和录像之间转换。多年以来，这些奖项已经在介绍年轻艺术家的职业和确认更知名的人才两方面作出了贡献。

2. 艺术与文化

资金优先支持：能够反映代表旧金山湾区的多元人口的文化活动，能够加强和鼓励独特创新能力的项目，通常是基于以纲领性的和组织上的变化为明确目的的组织发展。重点关注的项目有：

（1）文化多元组织；

（2）鼓励那些直接参与旧金山湾区居民的文化活动的节目，通常穿插在节日、研讨会、检阅、业余爱好者协会或者是展览会中；

（3）激发青少年积极发展的活动；

（4）中小学生的能力培养，用于提升青年的创造性和推理论证能力；

（5）支持能够促进群众发展的组织。

3. 旧金山湾区纪录片基金

每年都有从20000美元至25000美元不等的四五个奖项被分配来支持早期生产阶段的纪录片项目，由经验丰富、受人尊敬，并且之前做过创造性工作的导演来操作。这项基金对那些探索性的纪录片比较感兴趣，包括在历史上曝光不足的、被曲解的或者忽略的那些有关旧金山湾区五个郡的故事。

个人制片人必须在资金上由海湾地区五个郡内的501（c）（3）非营利组织赞助。

4. 社区健康

基金会致力于：

（1）改善低收入以及无医保和保额过低人群的医疗护理、服务和治疗；

（2）以投资保健以及健康教育领域的方式来努力预防健康水平较低、疾病和残疾的状况；

（3）确保健康服务安全网的使用；

（4）支持地方力量行动，致力于减少或消除因贫困、过度接触非环保制剂（危险品）和种族等原因所造成的健康状况上的不平等和差异；

（5）加强政策改革力度，增进健康服务的普及。

5. 社区领导力奖

该奖项面向旧金山湾区领导力在社区内影响极大的组织和个人。该成就包括解决社会民众议题、从事健康与环境工作，以及促进艺术和人文学科的发展。四份奖项中，有一份将专门颁发给一名旧金山湾地区正在作出杰出贡献的成年艺术家。

该奖项将会颁发给从事表演、文学、媒体和视觉艺术（包括手工、民间和传统等形式）方向工作的艺术家。个人奖项为10000美元。

同时，来自阿拉米达、康特拉柯斯达县、麦林县、旧金山和圣马特奥的个人也可以提名。

6. 教育

资金重点包括学校改进、青少年发展、早期儿童教育和家庭支持。特别强调的领域是：

（1）为儿童提供发展性和学术性需要的项目，尤其是那些来自低收入家庭，和从文化和语言上与本地不同的家庭；

（2）加强家长在孩子的发展和教育方面参与度的策略；

（3）强调成人、儿童、青年之间的尊重的、迷人的和个性化的关系和促进归属感的项目；

（4）项目致力于为得不到充分服务的儿童提供公平获得素质教育的机会，并用文化响应的方法来促进内部和跨文化的了解；

（5）可以复制和影响公共政策的创新方法；

（6）促进国际间代理机构合作和多部分接触的策略。

7. 环境

基金重点包括保护和重建生态系统；促进宜居、可持续的健康的城市环境，重点在于贫困地区的需求；促进多元文化的参与和领导者的努力；促进环境素养和职业机会，特别是对有色人种的年轻人；维护旧金山湾区的绿化带、公园、开放空间和户外休闲机会。特别强调的领域是：（1）为那些最需要的人改善环境质量；（2）采用和实施健全公共政策；（3）保持一个健康的旧金山海湾/三角洲生态系统。

8. 法学博士费伦、墨菲、多根美术奖学金

3500 美元的多个奖项提供给海湾地区的美术研究生，供持续的学术研究之用。申请人必须是美术 MFA 专业的学生，积极争取以下学校的研究生学位：旧金山艺术大学、加利福尼亚大学的艺术系、肯尼迪大学、密尔斯学院、旧金山艺术学院、旧金山州立大学、斯坦福大学、加州大学伯克利分校。学生必须完成自当年第一个当前日历年度起的至少一个学期的研究生学习，必须持续地加入同一项目，并且在同年保持好的成绩。

9. 科什兰公民团结奖

该奖项用来寻求旧金山湾区的基层冒险人士，要求他们是拥有大胆精神的社会改革者，可以接受将最顽固的社区问题作为深刻的个人挑战。

10. 科什兰组织奖助金

该奖项用于奖励对社区需求展现始终如一承诺的非营利机构。共享对跨种族和民族的居民福利问题关注的机构，将被选作科什兰的奖项优胜者。

11. 文学奖项

每年每项价值 2000 美元的奖励都会被提供给出生在加州或目前居住在加州或内华达的年轻作家，以鼓励他们创作未出版的正在处于修改的手稿。就附加的现金奖励而言，胜出者将会被邀请参与融合了艺术的公共阅读项目，同时，获奖的手稿将会被永久地保存在伯克利的班克罗夫特图书馆。申请人被提名这个奖项，然而却没有收到任何申请。

12. 多元文化研究项目

该项目为年轻的有色人种职员提供资金筹集、社区建构方面富有挑战的工作和领导机会，其中包含一期集中课程和动态的专业实习经验，是一个为期两年的全职带薪职位。在基础规划中，项目职员在项目团队内供职于项目科，并将从事全队以及团队间的实际工作。研究人员将学习进行提案的研讨和评价，在组织内参与合作和实施合作项目，并参与职业发展工作。应征者须为大学毕业生，有硕士学位者优先；可以代表不同的背景和社区，有非营利部门工作经验，且热爱慈善、非营利组织和服务行业。研究人员的招募活动于每年 1 月启动。如需更多信息，请通过以下方式联系研究项目协调人：发送电子邮件至 fellowship@ sff. org 或拨打电话：（415）733 – 8500。

13. 社会公正

基金会的预期效果是：居民们能够充分了解并参与到社区的公民生活当中去；居民拥有得到尊重的、受保护的、可获得的民主权利和平等机会。

二　提供资助的形式

1. 职工捐赠

（1）奖学金

（2）常规性/经营性支持

（3）与项目相关的投资/贷款

（4）项目发展

（5）面向个人的奖学金

（6）技术援助

三　运作形式及特点

社区基金会使得利用大规模的捐助形成长期固定的二级基金、应对重大需求成为可能，并借此组建和巩固社区。通过富有想象力、多样化并且具有包容性的慈善事业，社区基金已经成为城市中心及农村设施发展的催化剂。

2005 年，社区基金会在美国有超过 700 个社区筹集了约 448 亿美元的资产，并用 32 亿美元投入到各式各样的非营利组织的活动中。

社区基金会关注在一个特定地区的资金投资、资金募集以及社区的积极改变。

社区基金会为受捐者提供各种服务和福利。平时他们与家庭、个人、律师、房地产商、财务策划师们一起设计一些福利计划，这些计划适合各种经济形势，能确保受捐者最大化地获利，这就能使他们的善款得到充分的利用。

他们收到来自公民私人、企业、政府部门以及其他基金会的各种形式、大大小小的捐赠。几乎每一种类型的捐赠，包括房产、公债和艺术品，都能贡献于社区基金会。这些捐赠来自已故者的遗产或者活着的捐赠者、它们通过不同的基金和其他方式传递给受捐者。所有社区基金会，不论大小，都有着服务捐赠者，非营利组织和社区的共同目标，它们是一个整体。除此之外，社区基金会的一项特殊功能是评估和帮助协调社区内部的服务，使捐赠品能够有效地满足社区最重要的需求。同时，许多的社区基金会还会召集思想领袖来共同解决那些影响到整个区域的问题，以及那些关系到子孙后代的政策。

第三节　管理结构

一　治理结构

受托管理委员会

员工组成包括：行政办公室，慈善服务、公共事务、通信、金融、奖助金管理、人力资源管理、信息技术、项目部门（包括艺术和文化、社区发展、社区卫生、教育、环境、科什兰项目）

投资委员会

科什兰委员会

社区领导力奖金委员会

多元文化奖学金项目

二　管理层信息

安迪·巴德兰是赫尔曼 & 弗里曼公司的总经理。他还担任以下公司的理事：AS（Activant Solutions）公司、卡特琳娜营销公司、盖提图像有限公司和互联网品牌公司。同时，他还活跃于公司在国际网络预订的投资。他曾担任大伯可立克（DoubleClick）公司和维塔佛尔（Vertafore）公司的理事。在 2004 年加入赫尔曼 & 弗里曼公司之前，还受雇于旧金山和波士顿的贝恩投资公司。他以优等成绩从哈佛大学毕业，并在斯坦福商学院的研究生院获得 MBA 学位。安迪于 2008 年被任命。

大卫·弗里曼是福尔/埃尔赛瑟（Forell/Elsesser）工程师理事会的资深主席。他是旧金山犹太之家（Jewish Home）理事会的上一任主席，目前担任以下公司和团体的理事：莫尔道（Moldaw）家庭住宅公司、陶布－科莱特（Taube－Koret）犹太大学、犹太老年人的生活团队和犹太人老年生活基金。他还是加州大学伯克利分校基金会的受托人，弗里曼家庭基金会的受托人和财务主管，以及福特莱恩（Faultline）基金会、旧金山规划城市研究和地震工程研究机构的理事。他就任于加州大学伯克利分校土木与环境工程系和环境设计学院的顾问委员会。曾任旧金山走读学校、旧金山建筑设计基金会和亚洲区域设计公司的理事。大卫于2004年被任命。

莎琳·哈维于管理中心的旧金山作为非营利组织的支援顾问工作了长达16年。2011年，她被任命为普莱斯迪欧（Presidio）信托公司的理事。她担任普莱斯迪欧公司竞选和金门国家公园的副主席。她曾经担任旧金山公共电视台和艺术奖学金会的理事长，以及旧金山青年联盟的主席。她也曾任美国加利福尼亚太平洋医疗中心的理事、罗森博格（Rosenberg）基金会理事和旧金山心理健康协会的理事等。1997年，她被授予鼓励奖，1996年，她被国家社会的基金募集的高级管理人员授予基金募款的杰出义工奖。莎琳于2004年被任命。

桑德·R. 埃尔南德斯医学博士是旧金山基金会的首席执行官。她毕业于耶鲁大学、塔夫斯大学医学院和哈佛大学肯尼迪政府学院。在成为基金会的CEO之前，她是旧金山城县公共健康部门的主任及旧金山加利福尼亚医学院的助教，并在旧金山总医院的艾滋病诊所中施行一项医学实验。目前，埃尔南德斯博士是加利福尼亚蓝盾医疗福利协会、加利福尼亚基金会蓝盾医疗福利协会、第一共和国银行、米尔斯学院和海湾公民团体的理事长。她也是西方石棉（Asbestos）信托机构的受托人，是旧金山联邦储备银行经济顾问委员会、加州公共政策研究所领导委员会、露西派克儿童医院的公共政策委员会、耶鲁大学委员会，以及加州大学临床和转化科学研究所咨询委员会的委员。她先前还在针对消费者保护和医疗质量的克林顿总统咨询委员会、基金理事会、医学院针对流行感冒的抗病毒药物研究机构和哈佛大学肯尼迪政府学院行政会议等机构从事慈善事业。埃尔南德斯博士还是就近上大学医疗保健委员会的共同理事。

特维纳·李是罗斯 T. Y. 陈（Rose T. Y. Chen）慈善基金会的理事会成员、旧金山文教基金会中国艺术委员会的顾问，以及索诺玛鲗鱼涌山（Quarryhill）植物园理事会成员。她曾担任旧金山中华文化中心代理执行主任。之前，她曾在旧金山音乐学院理事会就职，在旧金山中国文化图书馆理事会担任主席，在旧金山公共图书馆友好基金会担任联合主席，还担任东海岸音乐基金会的理事长。她还是旧金山普林斯顿家长基金国家委员会下文库基金会主要的华裔委员。她积极担任伯克利大学的志愿者达十多年之久。她于 2003 年被任命。

爱德华·H. 麦德默特担任 SPO 合伙制有限公司的总经理，SPO 私人投资合伙企业为上市公司和非上市公司进行集中的长期的投资。在加入 SPO 合伙制有限公司之前，在高盛投资公司工作，负责投资银行部门。麦德默特先生现任拉尔玛（Lamar）广告和艾格李格莰（Aggregates）美国公司的理事会成员。他还担任旧金山学校志愿者的前任理事会主席。他从威廉姆斯学院取得本科学位，从斯坦福商学院研究生院取得 MBA 学位。爱德华于 2011 年被任命。

雨果·莫拉莱丝是拉丁美洲国家公共广播电台网络的执行理事，并且是双语广播的一位创建者。他担任罗森博格基金会和莫喜德（Merced）美国加州州立大学的理事。他是美国加州州立大学的主席，是弗雷斯诺咨询理事会中的一员。他作为专员为加州高中后教育委员会和夫勒斯诺市的 5 个郡工作。他创立了加州中部的西班牙裔商会，曾在 1994 年得到过麦克阿瑟基金会的奖学金，并在 2006 年得过兰南基金的文化自由奖。他于 2002 年被任命。

约翰·默里是甄我思（Genworth）金融财富管理公司的高级副总裁和首席信息官。他是金门国家公园保护组织的受托人和旧金山夏日探索组织（一个问题少年的支持组织）的理事会成员。他是旧金山休闲和公园委员会的前主席，国家休闲和公园委员会的前组织成员。同时，他还任职于 2011 年城市重划选区特别小组。约翰于 2005 年被任命。

库尔·C. 奥甘斯塔博士，在加州大学伯克利分校任副院长和社会福利学教授。他讲授精神病理学以及如何应对压力的课程，并且还有关于社会工作的实践与拉丁裔人口的分析。他对拉丁美洲人的身心健康非常感兴趣，还引领了艾滋病病毒/艾滋病预防与墨西哥/拉美裔民工领域的研究，并且他是《解决拉丁裔社会心理和健康问题：理论，实践，人口》的作者，该书于 2007 年由约翰威利父子公司出版。他目前担任《种族与文化差异日报》的社会工作编辑，《行为科学杂志》的西班牙裔编辑、美国《社区心理学杂志》的高级编辑委员，以及《墨西哥研究/语言学研究》的编辑。他曾在 2009 年被国家卫生研究院办公室委任为加利福尼亚州办事处的艾滋病研究咨询理事会的拉丁裔咨询委员会的成员。

佩吉·塞卡是太平洋岛民公益慈善事业的亚裔总裁兼执行理事。她是亚洲太平洋地区环境网络（APEN）创始执行理事，和以前亚洲法律会议的执行理事。她还是亚洲妇女庇护协会、亚裔/太平洋岛居民抉择会、全国亚太裔美国人法律联合会及全国亚太裔美国人妇女论坛的联合创办人之一。她是过去的新世界基金会和加利福尼亚健康基金会主席。她还担任妇女基金会、旧金山区公益金、莫茨 - 吉尔默（Mertz - Gilmore）基金会和资助者国家网络基金会理事会的理事会成员。她是第一位被阿拉梅达县妇女地位委员会任命的亚裔美国人。她曾在全国环境卫生科学研究所的咨询委员会任职，并且由克林顿总统任命在国家环境调整咨询理事会任职。她还在 2009 年获任凯洛格国际领袖计划研究员一职。

莎拉·史坦因是霍尔资本合伙公司（Hall Capital Partners LLC）旗下的理事总经理和研究共同主任。她曾任职于高盛投资公司和费舍尔家庭基金会。在中国广州，她是一名英语教师。她目前是突破合作社（Breakthrough Collaborative）、水晶春之城（Crystal Springs Uplands）学校和KIPP海湾区研究院的管理人。她也是前普林斯顿大学的管理人，并在那里获得了她的学士学位。在2012年，她获得了斯坦福大学的工商管理学士学位和教育学研究生学位。

第四节 组织管理、公益项目运营中的故事、新闻评论

一 通过纪录片改变生活（2012年3月）

纪录片是一个令人难以置信的讲述故事的强大工具，它使得我们这个时代的一些最重要的问题得以宣传。纪录片通过报道住在有着艾滋病疫情高传染风险的旧金山市里的男同性恋者虐待女性的家庭暴力行为，以及受害者的合法斗争来弘扬社会正义——甚至改变人们的生活。

旧金山基金会于2008年成为旧金山湾区纪录片慈善基金会的合作伙伴。合作的支持工作在贫困、艾滋病、婚姻平等、保健、绿色就业机会等方面很大程度上帮助了有远见的艺术家们。该基金通过投资于早期生产的这些电影，给整个地区和全国的观众带来独特的改变。

今年，旧金山基金会重新启动旧金山湾区纪录片慈善基金会的10000美元至25000美元的奖励来帮助艺术家、电影、视频和

数字媒体。“旧金山湾区纪录片慈善基金会的电影，给我们的生活带来极大的帮助，作为一个影响人民生活的重要工具”，旧金山基金会艺术和文化项目官员特雷·罗莫说道。

16 岁以前的湾区纪录片基金电影已经取得了显著的影响，接受国家的嘉奖和好评。我们的几个合作伙伴制片人已被授予圣丹斯电影节的纽约评论家奖和学院奖。

导演大卫·威斯曼是旧金山湾区纪录片基金会获奖得主，并且其拍摄的《我们在这里》（We Were Here）在 2011 年 1 月获得圣丹斯电影节大奖。

二 旧金山基金会提供500万美元的奖项用于安全网络系统

旧金山基金会已经宣称为旧金山湾区非营利组织提供 500 万美元的资助。

加利福尼亚州州内丧失住房赎回权的人数持续上升，越来越多的旧金山湾区居民正在转向提供资源和安全系统服务的非营利组织。为了帮助支持这些非营利组织，旧金山基金会为安全系统资助项目提供了 200 万美元的奖金资助，来为 53 个组织的工作提供支持，这些工作包括提供食物、财务及法律援助，为低收入和弱势群体提供支持服务，服务范围包括家庭暴力和心理健康问题咨询。

通过旧金山基金会的职业培训和创造力项目，该基金会为 32 个组织提供了约 150 万美元的基金，这些组织致力于通过使客户达到现在和未来的雇员要求，增加自给自足的能力和创造更多的工作岗位，来使当地居民摆脱贫困。同时，通过丧失住房赎回权回应服务和住宅区保护项目，基金会为 28 家组织提供了总数 140 多万美元的资助，这 28 家组织提供了住房赎回权的咨询服务和房屋贷款调整的帮助，帮助因丧失住房赎回权而无家可归的居民，并帮助他们恢复正常生活，赎回、转让住房所有权。

三　来自旧金山基金会的2011年的网上年度报告

各位尊敬的旧金山基金会的朋友们：

在旧金山基金会，一切都是为了向更好的方向改变。这种改变是美好的、复杂的，需要耐心，需要时间和资源。我们总是通过协作的方式来改变现状。我们相信改变是通过社会公众、组织、社区和国家政策来实现的。

我们承担着时间紧迫的压力，并且我们不单单只面对这一个问题。公共教育、工作、住宅、医疗保健改革，建立强大的社区——我们知道我们必须同非营利组织、政府、商家、慈善机构的同盟者们联起手来努力协作，通过我们的捐助来建立起持久的影响。

在2011年，我们共捐献了8200万美元，我们不只是一个奖助金的捐助者。我们在社区中建立的深入的关系和专长帮助我们确定了最佳的实践方式，并且提供了长期的解决方式。我们在两方面之间寻求一种平衡的资助策略，一是经过实践可靠的资助非营利机构，二是培养有潜力突破看起来棘手的问题的新思路。

我们在当地进行投资，并且支持体系的改变，就像旧金山湾区社区基金会的建立，它将长期在此地提供帮助。

我们希望当你们看到我们的工作时，你会想要加入到我们中来，为了这个世界变得更好而做出一些改变。

大卫·弗里曼桑德拉·R.埃尔南德斯

理事会主席　首席执行官

参考资料来源

http：//www. sff. org/about/about – our – work/mission – history.

http：//www. sff. org/about/about – our – work/about – community – foundations.

http：//www. sff. org/about/who – we – are/board – of – trustees.

http：//www. sff. org/about/publications/annual – reports/ar2011/online – annual – report – 2011.

特别鸣谢

在美国家族、企业、社区基金会的案例研究项目中，在沈一帆和他的两位助手刘阳、刘旸的协调，以及其所在的世青创新中心学术网络的支持下，共有 47 位来自国内外高校的同学参与，我们对于这些同学所付出的努力表示感谢！

沈一帆　中国人民大学/伦敦政治经济学院

王若思　耶鲁大学

辛培宸　英属哥伦比亚大学

周舒彦　俄亥俄州州立大学

胡吉　范德堡大学

王媛媛　密歇根大学迪尔伯恩分校

陆雨晨　北京大学

黄书丹　北京大学

宋春晓　中国人民大学

王诗莹　中国人民大学

雷嘉雯　中国人民大学

曹青骊　中国人民大学

汤凯程　中国人民大学

崔爽　中国人民大学

王青　武汉大学
李倩倩　上海交通大学
刘瑞涵　浙江大学
屈欢　北京外国语大学
刘瑶　北京外国语大学
陈楚君　中山大学
李戈　山东大学
杨婧思　中央财经大学
裴蕾　中央财经大学
何雅洁　中央财经大学
邵雪丹　中央财经大学
王心一　中央财经大学
徐娅欣　中央财经大学
刘晓彤　中央财经大学
竞瑜　中央财经大学
于凌达　中央财经大学
赵阳　北京师范大学
王禹　大连外国语学院
陈晓虹　南开大学滨海学院
张月　郑州航空工业管理学院
史悦　首都师范大学
刘阳　北京化工大学
徐梦玫　北京工业大学
关宏磊　吉林大学
潘思宇　华南师范大学
罗杭翡　北京语言大学
吴哲钰　郑州大学
黄和雨　云南大学
连小西　香港浸会大学

陈晨　上海师范大学

何岳恒　华北电力大学

刘旸　华北电力大学

唐金　北京信息科技大学

图书在版编目(CIP)数据

美国社区基金会/基金会中心网编. —北京:
社会科学文献出版社, 2013.3
(世界基金会案例丛书. 美国卷. 第1辑)
ISBN 978-7-5097-4313-3

Ⅰ. ①美… Ⅱ. ①基… Ⅲ. ①社会基金-
基金会-案例-美国 Ⅳ. ①F837.123

中国版本图书馆CIP数据核字(2013)第035883号

世界基金会案例丛书·美国卷Ⅰ

美国社区基金会

编　　者/基金会中心网编

出 版 人/谢寿光
出 版 者/社会科学文献出版社
地　　址/北京市西城区北三环中路甲29号院3号楼华龙大厦
邮政编码/100029

责任部门/社会政法分社(010)59367156　　责任编辑/李　响
电子信箱/shekebu@ssap.cn　　责任校对/刘宏桥
项目统筹/王　绯　　责任印制/岳　阳
经　　销/社会科学文献出版社市场营销中心(010)59367081　59367089
读者服务/读者服务中心(010)59367028

印　　装/北京季蜂印刷有限公司
开　　本/787mm×1092mm　1/20　　本册印张/13.6
版　　次/2013年3月第1版　　本册字数/217千字
印　　次/2013年3月第1次印刷
书　　号/ISBN 978-7-5097-4313-3
定　　价/168.00元(共三册)

世界基金会案例丛书
美国卷
I
基金会中心网◎编

世界基金会案例丛书 · **美国卷 I**

美国企业基金会

基金会中心网 ◎ 编

Corporate Foundations in U.S.

社会科学文献出版社
SOCIAL SCIENCES ACADEMIC PRESS (CHINA)

新湖公益创投基金
XINHU VENTURE PHILANTHROPY FUND

新湖公益创投基金资助

总　序

慈善基金会在欧美国家已有数百年的历史，其问世和发展为人类社会的文明进步发挥了不可替代的作用。尤其是近百年来，世界各国基金会已成为推动社会变革的伟大力量，创造出许许多多改变世界的成功案例。

我国基金会是伴随着改革开放成长和发展起来的。自1981年中国儿童少年基金会成立以来，在短短30年间，全国基金会总数已经超过2700家。由民间主导的非公募基金会快速增长，数量已经超过公募基金会。非公募基金会的崛起正在改变中国慈善行业的生态环境，具有无限的发展创新空间，同时也面临许多挑战。越来越多的企业考虑更加全面和系统地参与公益慈善，成立自己的基金会，但同时也担心被指为“企业公关”，谋取私利；越来越多的富人从传统捐赠开始向专业慈善转变，作为家族财富管理一部分的家族慈善概念逐渐在中国形成，如何通过家族基金会的方式将家族财富和荣耀传承下去，已经成为越来越多慈善家族的重要选项；在全国性基金会迅猛发展的同时，专注于地区发展的基金会也如雨后春笋般地出现，这些基金会在资助方向和项目运作上不同于全国性基金会，需要探索出一条立足当地、造福一方的发展策略；同时，中国的公募基金会正顺应社会发展潮流，改革转型，回归民间，探索项目资助模式创新，以期焕发生机和活力。

美国有近10万家基金会，数量多、发展历史长、种类复杂，要将它们清楚地分类并非易事。美国基金会中心依据慈善基金会资金来源和运作方式的不同对它们进行分类。依据这种标准，该中心将慈善基金会分成五大类。

企业基金会（Corporate Foundation）：由公司或企业捐资设立的基金会，其资本金来源于发起公司或企业。公司基金会在做出捐赠决定时会考虑到发起公司的市场利益或社会影响，但是，它们在内部管理和财务运作上一般与发起公司相互独立，其理事会成员可以是发起公司的管理人员，也可以是与发起公司无关的社会专业人士。

独立基金会（Independent Foundation）：通常是基于某个人或某家族的成员捐赠或遗赠所创立的基金会。随着时间的推移，这些慈善基金会通常都与其创办者、创办者的家族以及在这些家族名下的公司脱离了关系，转而由独立的理事会和专业的职员进行管理。

家族基金会（Family Foundation）：由个人或家族捐资设立并参与管理、运作的基金会，家族基金会的创办者或其家族成员通常会出任理事会的领导职务，而且至少有一名家族的成员一直在基金会任职，捐赠者或其亲属在基金会的管理和运作中起到重要作用。尽管一些独立基金会的创始基金也来自家族，但独立基金会独立于创办家族，由专业的理事会进行独立管理。

运作型基金会（Operating Foundation）：由自己的工作人员直接参与项目运作的慈善基金会。运作型基金会主要是自行参与策划、组织和实施有关教育、科研及其他服务于社会公益的项目或活动。

社区基金会（Community Foundation）：资助特定社区社会发展、教育、宗教等公益活动的大众支持的基金会。社区基金会的资本金一般是从社区内多渠道筹集而来，主要来源有个人捐赠或遗赠、家族捐赠、公司捐赠及其他机构的捐赠。社区基金会根据

税法大多被批准为公共慈善组织，遵循与其他私人基金会不同的规章与规则。

另外，美国有许多大学基金会，最有钱的基金会是大学基金会。美国私立大学本身就是免税组织，可以为捐赠人提供免税捐赠收据，通常下设捐赠基金（Endowment Fund），例如耶鲁大学捐赠基金（Yale Endowment Fund）；而公立大学需要设立独立的公共慈善机构（Public Charity）才能给捐赠人提供免税捐赠收据，通常称为基金会（Foundation），例如印第安纳大学基金会（Indiana University Foundation）。美国大学基金会强大的筹资能力及其在私立大学发展中举足轻重的贡献，令人印象深刻。最近一二十年来，美国公立大学的发展也越来越倚重学校基金会的资金支持。

美国基金会的散财之道早为中国基金会同人津津乐道，它们在社会创新方面的强烈意识和丰硕成果，更教人叹为观止。他山之石，可以攻玉。在这种背景下，由中国基金会中心网编撰的"世界基金会案例丛书"诞生了。该丛书的美国卷包括《美国家族基金会》《美国企业基金会》《美国社区基金会》《美国独立基金会》《美国运作型基金会》《美国大学基金会》和《美国基金会创新案例》，以美国基金会的创立背景和典型案例为内容，试图原汁原味地介绍美国基金会的慈善模式，讲述美国基金会在做什么、怎么做、做的效果如何，以便为中国的基金会从业者和机构合作者、将要设立基金会的企业家和慈善家、专业研究者、政府机构人员、传媒人士以及有兴趣了解基金会和公益慈善的社会各界人士提供丰富的参考案例。如果把这些案例再进行重新组合，分类研究，对应学习，对于中国基金会将会有更为直接的帮助。

继美国基金会案例后，中国基金会中心网还将编纂欧洲基金会案例、发展中国家基金会案例和中国基金会案例。我们试图通过这套丛书，全方位展现和解读以基金会为主体的慈善机构的行

为轨迹，帮助基金会创办者、从业者和利益相关者深入了解基金会这一崇高美好的事业，懂得如何借助基金会这部“社会创新发动机”的伟大功能，有效解决人类社会发展中出现的诸多问题，推动社会的和谐、文明、进步，服务于人类的福祉。

本丛书的编纂出版得到了美国基金会中心（foundationcenter. org）的倾力支持，得到了联合国开发计划署及有关国际机构的大力帮助；爱德基金会－新湖公益创投基金为研究和编译出版提供了资助。在此，谨表示由衷的感谢！

徐永光

基金会中心网理事长

南都公益基金会理事长

目 录
CONTENTS

代　序

创造价值与促进和谐同步

——建立企业基金会的益处

美国基金会中心
史蒂芬·劳伦斯

一个特殊的国度，一份特殊的机遇

中国的经济为全世界所羡慕。在短短的几十年中，中国的企业帮助提供机遇，提高了成千上万的中国人的生活水平，并且牢固建立了中国作为全球经济领头羊的地位。中国企业通过其领导、职工和顾客群会聚了大量的资源和广泛的影响力。这样一种特殊的地位使得中国企业能够积极通过行动来保证和谐社会成果的持续惠泽，并且同时建立顾客对企业产品和总体品牌的忠实度。

中国有着悠久的历史和独特的文化传统。这意味着来自别国的商业和慈善模式需要调整以适应中国的特定需要。尽管如此，美国企业的经验以及它们在建立企业基金会方面的决策仍可以在战略思想和规划方面对当今的中国企业起到借鉴作用。

本书简述了美国企业慈善组织的历史，并且对美国企业基金会的现状进行了概述——有哪些企业基金会，它们的规模如何以及它们资助什么样的项目。本书接着阐述了中国企业领导将面临的关键问题：为什么要建立基金会？从美国公司的经验来看，中国企业的领导将很可能发现这种决策背后的许多有价值的原因。

美国企业基金会：过去的历史和现在工作的重点

我们一直将企业的成功与其生长的社会环境所具有的力量联系在一起。如果这个大环境得不到蓬勃发展，那么我们的企业也极有可能因此遭殃。

——可口可乐公司 CEO，穆塔·肯特（Muhtar Kent）

目前美国拥有超过 2700 家企业基金会。它们在 2010 年的所有捐赠总额约为 47 亿美元。创立这些基金会的企业规模不一，有家庭经营的一般规模的企业，也有许多世界级的大型企业。企业不需要达到一个规模的下限才能建立基金会。它们所需要的只是一种关怀的精神，利用自身的专长和资源去扶助和改善人民大众的生活。

美国企业基金会于 20 世纪 50 年代开始进入繁荣发展阶段，与美国战后经济的飞速增长相生相伴。然而，有些企业基金会在此之前就已经建立。企业对非政府组织的赞助行为至少可以追溯到 19 世纪 70 年代。铁路公司首开先河，是迄今所知最早进行这种赞助行为的公司。在他们的支持下建立了“基督教青年会”（Young Men's Christian Association，YMCA），这个组织为铁路工人提供食宿，并且为当地社区提供一系列的服务。因此，即使是在美国企业慈善行为发展的早期，企业已经开始为加强社区建设贡献力量，并同时促进自身的商业利益。

美国基金会在 20 世纪 80 年代、90 年代和 21 世纪前 10 年的经济繁荣时期获得了加速发展。在目前活跃的基金会中，有超过 30% 是美国企业在过去的 10 年中建立的。即使是在 20 世纪 70 年代美国经济的滞涨时期，一些企业仍然选择建立基金会。

所有类型的美国企业都建立了基金会。最活跃的基金会是由银行、金融服务公司和制药公司建立的。但是基金会涵盖了从交通到零售乃至农业的各种类型的企业。以赞助数额来衡量，

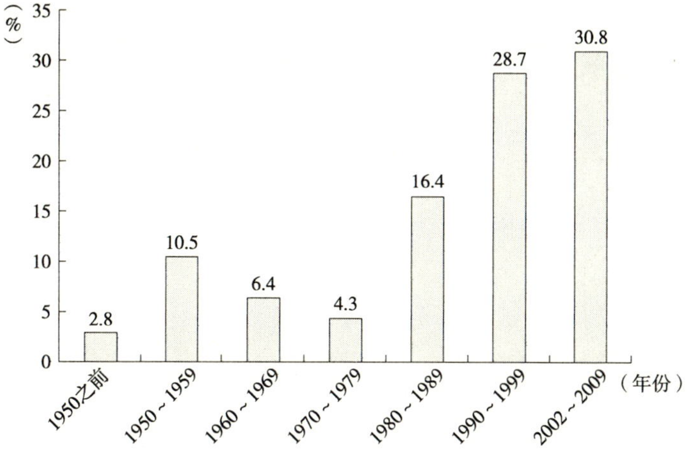

图 1　各时期美国基金会所占比例

美国最大的企业基金会包括赛诺菲安万特患者援助基金会（The Sanofi－Aventis Patient Assistance Foundation）（制药业）、沃尔玛基金会（Wal－Mart Foundation）（零售业）、美国银行慈善基金会（Bank of America Charitable Foundation）（银行业）、通用电气基金会（GE Foundation）（科技业），以及可口可乐基金会（Coca－Cola Foundation）（饮品业）。

虽然美国最大的企业基金会每年可以捐赠上亿美元，但是大多数基金会的赠与在数量上相对而言非常有限。1/3 的企业基金会上一年的赠与不超过 5 万美元，接近一半的赠与不超过 10 万美元。公司的规模和赢利状况并不和对基金会的赠与有着必然的关联。赢利水平相同的公司向基金会捐赠的金额可能大相径庭，这反映出它们不同的捐赠理念和资助的优先顺序。

美国企业基金会将捐赠用于十分广泛的领域。捐赠金额的最大一部分集中于教育领域，其目的是培养下一代的工人。举例而言，一个科技企业基金会可能会赞助自己所在社区中小学和中学的数学和科学教育。企业基金会也是社会服务和卫生健康领域最有力的支持者。在其他一些优先考虑的领域中，许多企业基金会利用捐款来促进所在社区的经济和艺术

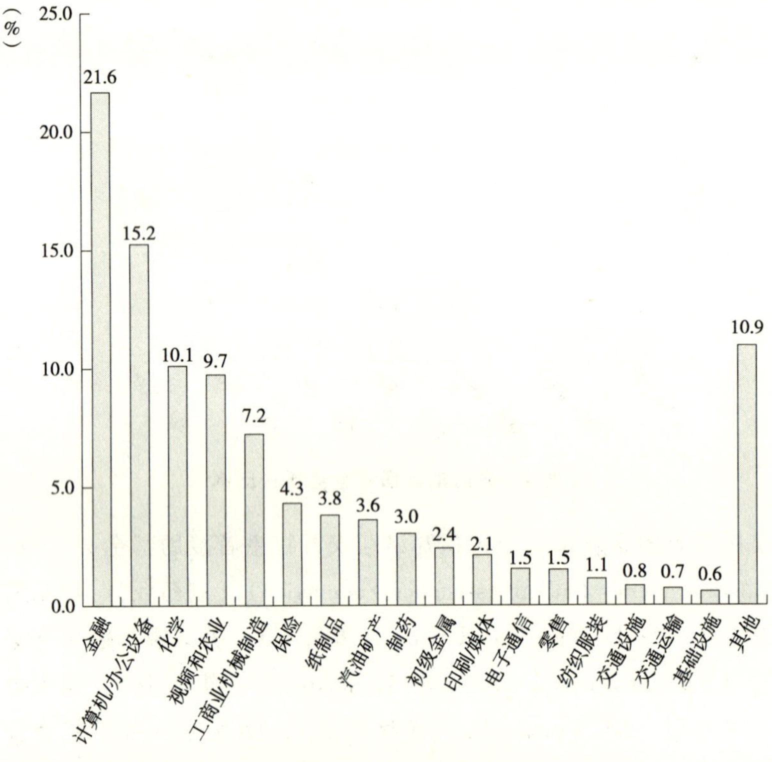

图 2　美国企业基金会各领域资助额所占比例

的发展，这两者的重要性在于能够创造对高质量的工人具有吸引力的环境。

最后一点，美国企业基金会遍及国内各地。正如前文中的例子所示，这些企业基金会将赠与集中在它们所在的社区，那里有它们的工厂或者公司总部。这样做是为了提高这些地区的生活质量，并且展示企业对当地社区的价值。那些分支和顾客遍及全美的大型国内企业可能也会扶持资助项目，这些项目接受来自美国各地组织的申请。

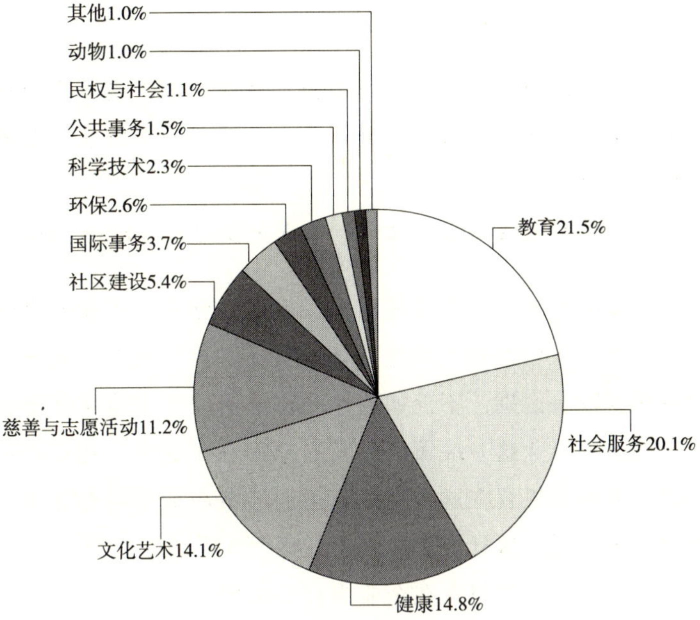

图 3 美国企业基金会各领域资助额所占比例

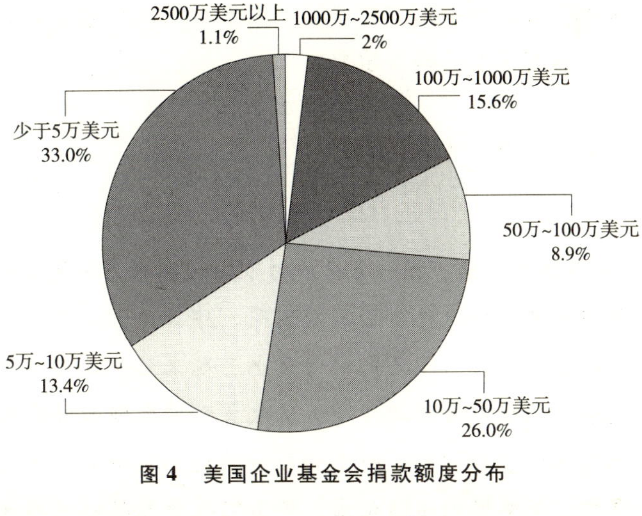

图 4 美国企业基金会捐款额度分布

为什么您的公司需要创立基金会？

我们认为通过我们的慈善和志愿活动来创造机会对于推动我们的社区——因而也是我们的企业——不断进步具有关键性的作用。

美国银行慈善基金会主席，凯莉·沙利文（Kerry Sullivan）

公司出于各种各样的考量而选择建立基金会，从希望“做善事”到宣传自己的品牌并以此增加收益，在这一点上，公司和个体的捐赠者没有区别。不论如何，公司之所以作出建立基金会并正式参与慈善事业这一决策，其核心原因在于这样一种认识——如今的企业如果想要在这个高度竞争的经济环境中生存下来，它们必须被承认为当地社区，经常还是整个世界的好“公民”。

关于美国企业的研究在企业为什么要投身于慈善事业这个问题上为我们找到了几个关键性的原因。尽管中国的社会结构不同于美国，但是商业领域不断增强的全球化特质、消费者的需求，以及地区和国家的利益都意味着这些因素对于正在考虑建立基金会的中国企业而言也许同等重要。

建立基金会的潜在收益包括：

- 赢得顾客信赖。在一个竞争的市场环境中，公司必须找出任何一种可能的方法来使自己与众不同。顾客通常会非常重视产品质量、服务和价格。但是他们同时也会越来越关注自己所支持的公司是否在促进社会的进步——从改善环境到创造经济机会再到对自然灾害的应对方式。一个公司如果建立基金会，并且拥有一个一贯的、战略性的捐赠记录，那么它就会处在以造福社会来为公司发展助力的理想状态下。

- 改善社会关系。一个企业如果想要在已有的市场中扩展商业行为以及开拓新的市场，那么就需要得到政府和社区领袖的支持。那些在改善自己所在社区方面拥有良好记录的公司就会比其竞争者更有优势。企业基金会关注的重点，不论是教育、环境，还是经济发展，都没有这样一个事实重要——这些企业在向人们展示自己将成为社区中慷慨的“公民”。此外，那些投身于慈善基金会的企业更有可能与社区的领导者建立联系，而这些领导者将会帮助企业在处理商业扩张所面临的阻碍时抢占先机。

- 提升员工认可度。成功的企业会密切关注其内部劳工市场的管理。对于中国这样一个快速增长的经济体而言，公司雇员在应聘时的选择面不断拓展。一个公司如果能够使其员工感到自己不仅在为企业创收，而且更在为建立和谐的社会环境作出贡献，那么这样的公司就可以吸引和留住更多有价值的员工。优秀的企业会通过其基金会，以多种形式来促进员工对企业的认可度：基金会可以为员工安排志愿活动，使他们能够参与社区建设；在选择捐赠领域和扶持机构时，基金会也可以征求员工的意见和建议；或是在公司如何致力于增强国力的问题上与员工展开广泛交流。

- 拓展市场和创新产品。企业慈善行为可以对公司的市场规模产生积极而持续的影响，有助于培育创新成果。举例而言，通过支持促进经济发展，企业基金会最终能够扩展其客户群的规模和财富数量。再比如，通过对高校等机构的科研活动提供资金支持，企业能够促进创新和新产品的研发，并最终将这种科研成果市场化。

现在就开始行动

我们认为衡量一个公司价值的真正标准，不仅包括其边际利润或是股票价格，更应当包括这个公司对社会的回馈。

赛诺威美国网站

中国企业在商业界建立了成功的新标准。然而在成功的背后，中国的持续繁荣也可能受到一些因素的制约，比如环境污染问题，以及农民工和外地人就业难问题。中国企业，不论大小，如果能够建立基金会来应对这些问题，那么它们就有可能保证中国的发展惠及全体国民。这样就能够增强中国社会的凝聚力，从而维护社会的稳定，并且为企业的兴旺发达提供强有力的客户群支持。

在企业慈善领域，美国的企业基金会的经验既为其提供了许多合理依据，同时也为其扩展影响力提供了多种多样的策略。这些策略不仅能够造福大众，也可以使企业受益。不过最值得期待的是，中国企业将如何应用过往的经验，并发现出新的模式来更好地运作企业基金会。在这样一个创造性的过程中，中国将向世界证明自己不仅能够引领全球经济发展，并且能够成为慈善领域的领导力量。

沃尔玛基金会

The Wal-Mart Foundation

第一节　沃尔玛系统

一　沃尔玛公司

沃尔玛公司（Wal - Mart Stores，Inc.）（NYSE：WMT）是一家美国的世界性连锁企业，以营业额算当为全球最大的公司，其控股人为沃尔顿家族。它在世界范围内 27 个国家的 10130 个零售店面供应其服务，以（2012 财年为例）4430 亿美元的收入，世界员工达到 220 万之多。

二　沃尔玛基金会

沃尔玛基金会于 1979 年在美国建立，沃尔玛基金会旨在通过为社区内的顾客和员工提供更多的机会来改善其生活水平。沃尔玛基金会作为世界上实力最雄厚的基金会之一，涉足公益和社会企业责任的方方面面，通过捐款、志愿者行动等形式提供相关支持，沃尔玛基金会主要在以下四个方面提供支持：

- 教育
- 劳动力经济机会
- 环境可持续发展
- 健康和生活质量

第二节　沃尔玛基金会资助项目

一　基金会资助的领域和典型案例

沃尔玛基金会通过经济上的贡献、捐赠和志愿者行为，主要在教育、劳动力发展（经济机会）、环境可持续发展以及健康和福利四个领域为需要帮助者带来更多的机会。本章将特别细分为五个类别：国际女性经济授权、解除饥荒、教育、军事支持和灾难解除。

1. 国际女性经济授权

国际女性经济授权行动旨在通过全球供应链来使女性获得权力。在超过一年的时间里，该行动已经获得了顶尖的政府机构、非政府组织、慈善机构和科研院所的支持去最大化其福利和项目有效度。

沃尔玛和沃尔玛基金会为世界女性经济授权行动提供为期 5 年共计 1 亿美元的支持，其主要专注于以下五个方面。

（1）增加来自女性自主创业机构的支持

在未来的 5 年中，公司在美国范围内从女性自主创业机构中寻找 200 亿美元的支持，并在世界范围内加倍这一资金额度。同时，沃尔玛会实施一些项目，为 2 万名零售市场上的女性创业者增加经济活动的机会。在新兴市场国家，我们会和 NGO 还有国际机构合作向 5000 名女性企业家提供获得教育、训练以及证书的机会。

（2）使女性在农场和工厂中获得更多支持

新计划会帮助 60000 名女性在为沃尔玛提供产品的工厂以及其他零售商工作，这个过程会使她们在其职业和家庭中变为更加主动的决策制定者。这一项目会帮助中国、印度、拉丁美洲的女性农业劳动者更好地投入到农业产业链中。

(3) 通过培训和教育使女性更加有力

在印度、巴西，成功的零售培训项目将扩展规模到在世界范围内为200000名女性提供帮助。在美国，该项目将帮助200000名来自低收入家庭的女性获得工作技能，获得更好的教育，以及实现更好的经济稳定性。

(4) 在主要供应商中增加性别多样性

公司主要服务公司和商品供应商合作用10亿美元的销售额来增加女性和少数民族在沃尔玛员工中的比重。本项目首先从国际供应商开始，然后采取国家和国家的战略。最终，目标是为公司全球化的足迹带来更大的变化。

(5) 为女性经济授权作出杰出的慈善贡献

公司会用超过1亿美元资助这些项目，来帮助实现这些目标。资金额来源于沃尔玛基金会和从国际业务中直接得来的捐赠。

这一保证标志着女性提高经济授权迈出重要一步。沃尔玛基金会很荣幸支持像CARE，SAVE THE CHILDREN，COUNT ME IN，PROMUJER，TECHNOSERVE等机构，沃尔玛致力于通过合作去提升世界范围内的女性生活质量。

沃尔玛基金会目前正在州和国家层面从国内非营利机构或者高等教育机构接受支持赞助。对于资助细节和申请过程，可以在赠与项目发展获得更多信息。

2. 解除饥荒

沃尔玛和沃尔玛基金会投入了20亿美元现金，加速帮助解除美国的饥荒问题。“共同解除饥荒”行动包括四个主要部分。

(1) 从沃尔玛商店、分销中心、山姆俱乐部捐赠超过11亿英镑的食物，相当于17亿5千万美元。

(2) 总计2亿5千万美元的捐赠款来帮助国家级、州级和本地级别的贫困解除机构。

(3) 调动沃尔玛同事和顾客。例如，沃尔玛物流团队会借助其专业知识使项目操作流程更加有效率；

（4）和政府、食物生产者及其他公司合作来解除饥荒，并增加影响，达到需求家庭的更大数量的实现。

案例

根据2009年11月美国农业局报道，美国家庭饥荒率当前处于1995年以来的最高值，15%的家庭缺乏营养丰沛的食物。沃尔玛期望其现金以及新鲜食物（肉、蛋白质等）可以为这些有需要的家庭提供超过10亿美元的食物。

“逐渐地，我们看到在社区中用我们的方法去解决问题的机会。现在就是这些时刻之一。”沃尔玛的副主席Eduardo Castro-Wright说。“合作起来，我们相信我们可以达到这样一天：这个国家没有一个人会担心饿着肚子上床或者明天白天桌子上没有食物。”

Castro-Wright在国会山上宣布了公司的计划，同行的还有美国农业局食品、营养和消费服务副秘书长Kevin Concannon等重要官员——宣称这是美国第一个食物银行。

“解决美国饥荒问题需要各方面的帮助——政府、非营利机构和私人部门——一起行动”，Concannon评论道。“沃尔玛五年的资金和资源的贡献及其员工还有顾客的帮助，会帮助无数的儿童和家庭实现其食物上的需要。”

今天，沃尔玛基金会宣布其第一批捐赠款。

捐赠共计800万美元，用来帮助美国食物银行提升其生产能力。这包括600万美元为FEEDING AMERICA买60个冰箱卡车。加上之前沃尔玛捐赠的69辆卡车，这些卡车会帮助确保每一个食物银行可以安全将食物从沃尔玛商店和其他供应商处传送。

共计1000亿美元的捐赠款会帮助美国国内的学生吃到健康

的食物。例如200万美元会帮助国家娱乐和公园协会的暑期食物计划并为美国儿童提供200万份营养餐。

这些以及其他努力都是为了提高美国食物银行系统的效率，使有营养的食物更方便获得，并为贫困的解决提供长期的方案。

沃尔玛会帮助140万员工和1亿4000万顾客（每周在商店消费）发现机会去支持食物银行、高级食物配送计划和其他饥荒解决机构。

去年，当失业率的高水平对食物银行提出了更高的需求，沃尔玛会加倍其食物捐赠，提供比上一年多8100万磅的食物。公司的捐赠占了所有零售商向FEEDING AMERICA捐赠额度的45%，公司还在2009年通过“男孩女孩美国夏季食物供应项目”帮助了超过93000名儿童。

3. 教育

——“在沃尔玛，我们知道天赋和努力会让你走得很远。我们也知道教育是21世纪我们可以给予的唯一的最有竞争力的优势。”

下面是沃尔玛做的有关教育的项目。

（1）终身教育项目

终身教育项目为沃尔玛、山姆会员店的员工提供在工作的同时攻读学位的学费。每一位入选者能获得学费的15%~45%的赞助。从2010年12月以来，沃尔玛基金会在超过三年的时间里投入了5000万美元用于终身教育项目。

（2）第一代大学生资助项目

沃尔玛基金会为高等教育政策院捐款420万元，旨在奖励家庭中第一代大学生顺利完成学业。

（3）沃尔玛基金会奖学金项目

沃尔玛基金会相信一个好的教育会创造更好的机会从而有更好的生活。

（4）沃尔玛大学优秀奖获得者

20所高等院校最近收到了100000美元的沃尔玛基金会的捐赠款来帮助它们奖励成为家庭中第一位大学生的学生。

4. 军事支持

沃尔玛基金会相信军人从事着世界上最艰苦和重要的工作，认识到军队服役人员及其家属付出的努力，并支持在全国范围内为军人社区带来机会和服务。

在本地，沃尔玛商店、山姆会员店和分销中心的同事们在帮助现役军人家属在老兵节当天在店内参加纪念英雄等活动起到了带头作用。

【新闻】沃尔玛基金会帮助国家英雄完成大学学位

为庆祝2008年老兵节，沃尔玛基金会捐赠了360万美元帮助为国家服役者完成学业。捐赠款分发到了12个机构及其项目帮助老兵获得教育、支付大学学费、适应普通生活并顺利毕业。

美国教育委员会接受了250万元的捐款去帮助20个老兵的大学资助项目。基金会同样拨款100000美元给10所大学去建立项目和资源，从而帮助老兵完成其大学生涯。最后，美国老兵学生会，一个来自全国各个大学的老兵草根社团，接收了100000美元用于帮助老兵们书写新的人生篇章。

"为国效力的都是国家的英雄"，沃尔玛基金会的主席Margaret Mckenna说。"沃尔玛基金会非常骄傲可以帮助老兵提供他们所需的资源去攻读学业并返回到平民生活。"

5. 灾难救援

——"当不可思议的事情发生的时候，沃尔玛在。"

不管灾难是一场火灾、洪水还是飓风，沃尔玛和其基金会总是第一个向社区伸出援手的组织之一。在灾后，生存所需物品是最重要的，很多沃尔玛和山姆会员店的产品可以拯救生命。和美国红十字会合作，沃尔玛及其基金会可以提供维持生命所需的物品，并对急需帮助的人给予精神上的抚慰。沃尔玛及其基金会为能在世界范围内支持灾难救援而感到自豪。

【新闻】沃尔玛基金会支持美国红十字会灾难志愿项目在圣伯纳教区

2009 年 4 月 1 日，周三——圣伯纳教区在 2005 年曾遭到卡特琳娜飓风的侵袭。

在三年后，超过 50% 的住户返回到了原住处。返回的居民对于灾难中的训练和教育有很大的需求。沃尔玛基金会提供给圣伯纳教区 7759 美元的捐赠款作为与红十字会合作的巨灾恢复和项目建立的项目中的善款（总额为 5 亿美元）。

圣伯纳教区是红十字会从沃尔玛基金会接受捐款的教区的 128 个分支机构之一，这些组织负责支持草根、灾难反应和能力建设项目。这一捐赠款帮助圣伯纳灾难重建项目，这一项目要获取资源从而在飓风灾害反应行为中作出有效的回应。其目的是在后灾难时期帮助 50 户家庭。这要求它可以购买灾难回应的供应品；在灾后重建其志愿者机构；和本地组织合作为未来应灾做准备；对于教育训练实施社区分支；在教区内鼓励有准备和缓解灾害损失的行动。卡特琳娜飓风的巨大损失证明灾难是无法预计的事件。“沃尔玛基金会的慷慨解囊保证我们可以准备好回应像卡特琳娜飓风一样的事件”，Melissa Eugene，St. Bernard Parish Chapter 的总执行官说道。“红十字会帮助家庭和个人获得其需要应急的技能，我们感谢沃尔玛基金会对此做出的支持。”

沃尔玛基金会对圣伯纳教区的支持体现在为其提供受灾时非常紧需的资源上，像笔记本电脑、庇护所、护理、帐篷，以及帮助招募和培训志愿者的资金。沃尔玛基金会的金融支持会帮助这一小的、疏于支持的红十字会分会更好地应对飓风、龙卷风以及公寓大火和其他灾难。

二 基金会给予项目——“我们努力工作回报我们的社区”

沃尔玛基金会帮助大大小小的慈善机构。沃尔玛支持这些机构努力来帮助所在社区成为更好的社区。同时鼓励公司同事做志愿者，成为社区和本地机构的积极分子。

设施给予项目

通过参与本地社区分布和饥荒极端赠与项目，沃尔玛商场、山姆会员店、物流设施可以以从250美元开始的捐赠额捐赠给本地NGO。

极端饥荒给予项目

基金会给每一个沃尔玛商店1000美元的捐赠额用于赞助非营利组织（由沃尔玛商店、山姆会员店、物流设施推荐的）在本地社区中打败饥荒。

本地社区贡献项目

基金会给沃尔玛商店、山姆会员店、物流设施推荐的NGO给予250~5000美元的奖金，从而帮助满足本地社区的需求。该项目的重点包括提升教育、劳动力发展、经济机会、健康、环境可持续发展、小型企业、青年社会企业。

全国性资助项目

全国性资助项目对那些通过组织各分支机构在全国各地开展的具有可复制性的创新项目提供至少 250000 美元的资助。

州立资助项目

州立资助项目提供至少 25000 美元（开始）的捐赠款给非营利性组织。州立顾问委员会（由本地的沃尔玛员工组成）决定每个州的需求，审查捐赠款申请，对基金会做出建议。基金会鼓励要求和支持教育；劳动力发展和经济机会；环境稳定；健康和养生；灾难解救。

“志愿者劳有所得”项目（VAP）

沃尔玛基金会鼓励沃尔玛员工和对其家庭和社区重要的慈善机构有充分的联系。通过 VAP（Volunteerism Always Pays）项目，沃尔玛员工可以要求其付出志愿服务的机构捐出善款。

沃尔玛基金会奖学金项目

一个好的教育创造更好的机会从而获得更幸福的人生。

山姆沃顿社区奖学金

基金会每年给高中毕业生（累计 GPA 达到 2.5，并有资金需要的）3000 美元奖学金。这一项目由 ACT 获准。

沃尔玛员工奖学金

基金会每年奖励 3000 美元给沃尔玛和 SAM 俱乐部员工在美国公共大学完成大学以上文凭（通过终身教育计划）。这一项目由 ACT 获批。

沃尔玛支持奖学金

基金会每年颁发 3000 美元奖学金给沃尔玛员工子弟。子弟 GPA 需达到 2.5 以上并有此金融需求。这一项目由 ACT 获批。

沃尔顿家庭基金会奖学金

基金会每年颁发大学生奖学金 13000 美元给 ACT 成绩达到 22 或者 SAT 成绩达到 1030 者。这一项目由 ACT 获准。

第三节　沃尔玛基金会的组织管理结构

一　沃尔玛基金会的领导者——前盖茨基金会高级管理者将领导沃尔玛基金会

相关负责人宣布，高级管理者西尔维娅（Sylvia Mathews Burwell）将于 2011 年 8 月份结束她在比尔 & 梅琳达·盖茨基金会的任期，接替已在沃尔玛基金会工作四年并已退休的玛格丽特（Margaret A. McKenna），成为沃尔玛基金会的新任负责人。

“西尔维娅证实了商业知识和真正的激情能够赋予人们谋生手段，使他们脱离贫困，解决饥饿，促进可持续发展”，麦克·杜克说。沃尔玛的主席在确定沃尔玛的公共事务策略的过程中，很多组织以及个人都与沃尔玛的所作所为利益相关。这些利益相关者可以被分为两类：市场利益相关者和非市场利益相关者。

二　利益相关者

市场利益相关者是那些和该公司所作所为有经济相关利益的组织和个人。而非市场利益相关者则是那些与该公司有非经济或政治利益相关的组织和个人。

1. 市场利益相关者

（1）股份持有者

第一类与沃尔玛有经济利益相关的人群是它的股份持有者。这些真正持有沃尔玛股份的人理所应当地关心自己的投资收益。他们希望他们的股票升值，进而得到分红。根据2001年的年报，去年沃尔玛每股给出0.24美元的分红（2001年年报）。

（2）沃尔玛主管

沃尔玛高层管理者像一般股票持有者一样与公司有着相关的经济利益。股份是很多高层管理者薪水的一个来源。很明显，正因为他们的很大一部分的报酬决定于沃尔玛的股票到底如何，他们当然希望沃尔玛的股票价值上升。

（3）员工

尽管一些员工拥有公司的股票，但是他们很多人之所以与公司有经济利益相关仅仅是因为他们的工作是收入的主要来源。因为他们希望保住他们的工作和收入来源，他们希望沃尔玛越来越好。沃尔玛的经济报酬维持了员工们的生活。沃尔玛在全美国雇佣了885000名员工。

（4）沃尔玛所在的社区

每一个沃尔玛所在的社区都和沃尔玛的经营状况有密切关系。很多这些社区不仅依赖于沃尔玛所提供的工作，更依赖于沃尔玛所提供的低价日常必需消费品。如果没有沃尔玛，该社区的很多人将失去工作，很多家庭将付更高的价钱购买必需品。

（5）顾客

顾客与沃尔玛的运营状况利益相关。根据2001年的年报，沃尔玛是美国最大的杂货零售商，所以很多人来沃尔玛购买日常所需。

（6）非营利组织

很多非营利组织也和沃尔玛的经营状况有经济或市场相关利益。

沃尔玛基金为许多非营利组织提供了资助，所以如果沃尔玛经营出现状况，基金也会因此而受到影响。沃尔玛 Good Works 基金每年 97% 的资金都捐给了沃尔玛所在社区的非营利组织。沃尔玛 Good Works 基金为旨在解决社区、教育、环境和儿童的项目提供基金。如果沃尔玛进驻某一社区，非营利组织可以把沃尔玛基金作为一个可能的资助来源。

（7）其他零售商

其他零售商和沃尔玛的经营状况有密切的利益关系。如果沃尔玛进驻一个社区，带来的变化就是该地其他零售商，特别是私有运营商将损失利益甚至被迫关门，因为沃尔玛是财富五百强上排名第一的最大的零售商，他们有能力降低价格进而强迫其他零售商因无法抗衡沃尔玛的低价而倒闭。

（8）网络零售商

和其他社区有沃尔玛的零售商一样，网上零售商也与沃尔玛的经营状况有关。为了让网络成为他们零售帝国更有利益的部分，沃尔玛在 2000 年彻底更新了他们的网站。不像别的电子零售商，沃尔玛于 2000 年 9 月为了更新把网站暂时关闭了。虽然网络销售只代表沃尔玛总体销售的很少一部分，但网络确实是以低成本的方式给无沃尔玛社区发送货物。

（9）原油供应商

在 1996 年，沃尔玛第一次和原油产业建立合作伙伴关系。今天，沃尔玛已经和诸如墨菲石油公司、太阳石油公司和特索罗石油公司签订了合同。沃尔玛和这些公司签订合同，并且为了让这些公司在沃尔玛商店提供汽油，而在他们的土地上租出房屋。和沃尔玛有合约关系的石油公司以及本地的加油站都和沃尔玛利益攸关。本地的加油站经常在价格和便利程度上都不能与沃尔玛匹敌。明年，和沃尔玛有合约关系的原油公司计划在更多沃尔玛所在地扩大便宜汽油的供应。比如墨菲公司就打算在 2003 年之前扩张到 600 个沃尔玛所在地，其他零售商都有相似的计划。

2. 非市场利益相关者

（1）工会

由于沃尔玛对于他们的员工联合起来有严厉的政策，工会和沃尔玛政治上密切相关。沃尔玛认为有更好的保护员工利益、提供最好的福利以及报酬的方案。沃尔玛不想要来自公会的介入。最近，沃尔玛因为阻止员工组织选举和阻止员工参与联合食物和商业工人国际公会而遭到国立劳动关系委员会的起诉。

（2）国际零售商

沃尔玛的一个关键策略就是进入国际零售市场，在别的国家展开业务。2011 年，沃尔玛的国际销售份额增长了 41%。近来，沃尔玛在中国、韩国、英国、巴西、阿根廷、德国、加拿大和墨西哥相继建立商场。为了不在这些地区开展业务时遭到阻力，沃尔玛必须与公关公司紧密配合。他们在建立新卖场的时候必须小心谨慎地遵循不同国家的法律。沃尔玛长久以来一直以一种谨慎的态度地入国际市场。他们已经拥有许多在别的国家成熟发展的公司，并且保证 90% 的国际货物来源于当地。

（3）政治家

政治家因为以下因素与沃尔玛有非市场相关利益。首先，政治家可能支持或反对沃尔玛在他们所在区域落户。从一个方面说，这可能对社区有好处。但是，如果这个社区本身就有一个大的工会存在，政治家可能就不希望沃尔玛在这个地区出现。同样，政治家可能让沃尔玛来支持他们的竞选。上一次相关选举中，沃尔玛政治行动委员会向不同的委员会和候选人贡献了 752500 美元的捐款。

二　资产规模概况

在世界各地，沃尔玛和沃尔玛基金会已在截至 2011 年 1 月 31 日的财务年度提供了超过 3.19 亿美元的现金和 4.8 亿美元的非现金的捐助。

第四节　沃尔玛基金会财务管理

一　990－PF 基金会纳税申报表信息概览

沃尔玛基金会 990－PF 纳税申报表

单位：美元

收　支	2005 年	2006 年	2007 年	2008 年	2009 年	2010 年
收入						
收到的捐献、礼物、资助等	142471282	118164310	219790334	214930183	166130542	
存款和短期现金投资的利息	233244	79183	91571			
其他收入	4590613	4526919				
共计收入	147295139	122770412	111417467	219790334	214930183	166130542
支出						
税	3600	2500	1923			600
差旅费及会议费						160
其他费用	579403	750248	509364	2203990	1803385	
运营和行政费用小计	583003	752748	511287	2203990	1803385	
支出的捐献、礼物、资助等	155073614	128043643	110895707	210951338	209331865	164068511
共计支出	155656617	128796391	111406994	213155328	211135250	164069271
收入超出支出的部分	－8361478	－6025979	10473	6635006	3794933	2061271

续表

资产和负债	2005 年	2006 年	2007 年	2008 年	2009 年	2010 年
资产						
不产生利息的现金	-20543091	-12554895	-38372117			
存款和短期现金投资	6025979					
应收账款	34258546	35448807	42774700			
应收承诺捐献				51444377	36101036	34535274
资产总计	19741434	22893912	4402583	51444377	36101036	34535274
负债						
应付账款和应计费用					768526	1110129
应付资助	19741435	22894012	4402583		4361219	
其他负债				50379377	26111358	26503941
负债总计	19741435	22894012	4402582	50379377	31241103	27614670
净资产						
非限定性净资产	0	0	0	1065000	4859933	6921204
净资产总计	0	0	0	1065000	4859933	6921204
负债和净资产总计	19741435	22894012	4402583	51444377	36101036	34535274

沃尔玛基金会截至 2012 年 3 月位列美国基金会资助排行榜的第 27 名。

资料来源：http：//foundationcenter. org/findfunders/topfunders/top100giving. html。

注：2008 年开始，基金会的纳税申报转移，公司对基金会资助和基金会的资助项目也转移。纳税申报由 The Wal - Mart Foundation（纳税雇主编号：716107283）转移到 Wal - Mart Foundation，Inc.（纳税雇主编号：205639919）。目前两个纳税主体共存，但前者的规模大量减小。2006 年和 2007 年的数据采用 The Wal - Mart Foundation。2008 ~ 2010 年的数据采用 Wal - Mart Foundation，Inc。

基金会采用收付实现制来计量。

二 资产规模概况

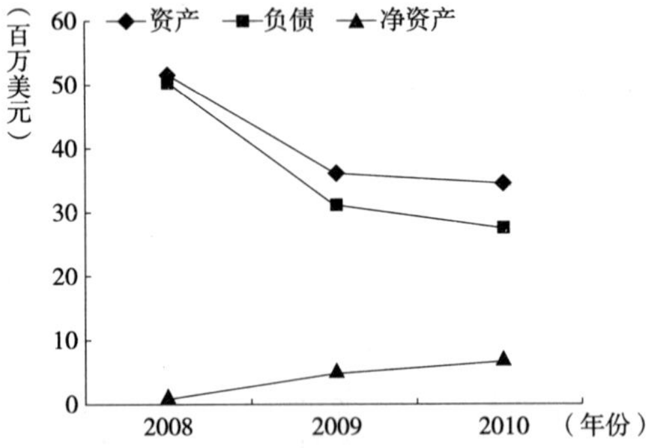

图1 资产状况

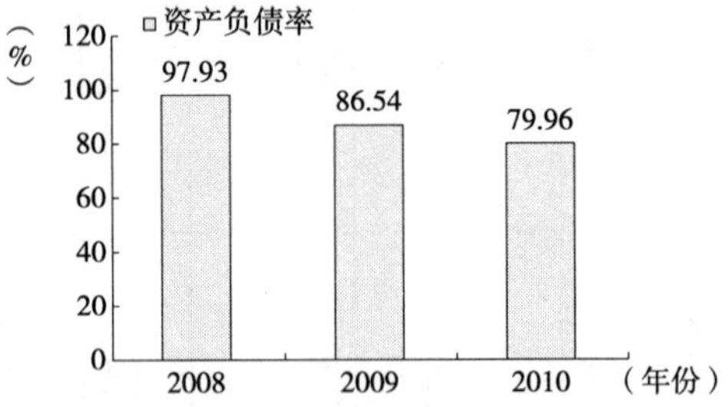

图2 资产负债率

三 收入

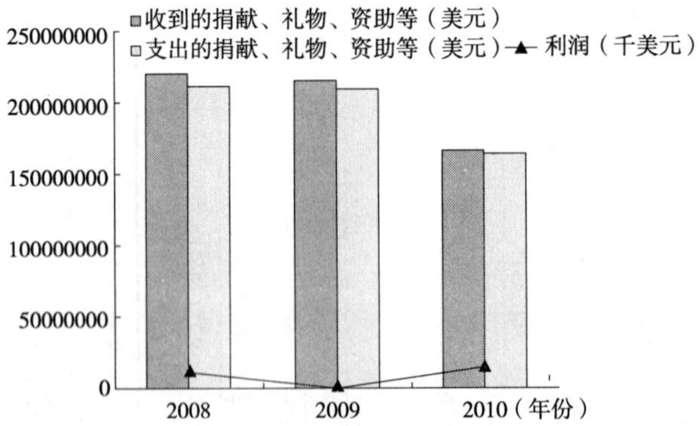

图3 收益分析

基金会的绝大多数收入来源于公司的资金和服务捐献。

四　支出

2011 财务年度慈善捐助概览：

- 从 2010 财务年度 4.67 亿美元上升到 7.32 亿美元的现金和非现金捐助
- 从 2010 财务年度 0.45 亿美元上升到 0.668 亿美元的对于国际市场的现金和非现金捐助
- 通过店内捐助项目从沃尔玛顾客和联盟募得 1.14 亿美元从而使得当地慈善机构得利
- 从沃尔玛、沃尔玛基金会、顾客、全球的联盟获得 9.13 亿美元的慈善捐献

《慈善编年史》将沃尔玛命名为美国的对非营利机构和社区组织的最大的现金捐献者。

“志愿者劳有所得”项目用资金捐献奖励非营利机构，与此同时沃尔玛联盟做志愿。在 2011 财务年度，联盟已志愿 1300 万小时。

代表山姆会员商店，沃尔玛基金会提供了超过 0.89 亿美元的现金和非现金的捐助。

沃尔玛承诺解决饥饿

在 2010 年，沃尔玛和沃尔玛基金会作出历史性的 20 亿元承诺，以解决美国的饥饿问题。一起战胜饥饿发起活动将持续至 2015 年，届时沃尔玛将提供 110 万磅的食物和给予饥饿救济组织 2.5 亿美元。

在 2011 年财务年度，沃尔玛食物捐献项目给当地粮食银行提供超过 2.56 亿磅相当于 1.97 亿餐的食物，这些非现金的捐献

价值超过4.07亿美元。沃尔玛基金会同时向美国的饥饿救济组织提供了0.62亿美元的资助资金。

第五节　主要合作伙伴

长期合作伙伴

沃尔玛基金会一直以与一些全国非营利性组织合作为荣，下面就是一些如何与这些组织合作、扩大沃尔玛基金会在服务社会中的影响力的例子。

American Red Cross

美国红十字会

每天，美国红十字会会面对各种事件，大型的包括飓风、洪水、龙卷风，小的有房子和公寓的失火。沃尔玛基金会长期对美国红十字会的支持是其抗震救灾的重要组成部分。

FEEDING AMERICA

赈饥美国

沃尔玛正在与“赈饥美国”（全国最大的饥饿救济慈善体）合作，争取其整个网络购物中心、邻里市场及山姆会员店的协助，以帮助有需要的人士。

救世军

沃尔玛和山姆会员店联营公司致力于救世军的“红色水壶运动”。沃尔玛为体现对此运动的支持，在全国沃尔玛超市门口进行捐募基金超过 20 年。

儿童奇迹网络

超过 100 万家的沃尔玛联营公司通过与儿童奇迹网络的合作，每年帮助总共 1700 万的儿童。

美国联合之路

联合之路是一场约 1300 种联合工作方式同时在美国进行的运动，利于推进共同利益，更好地为所有注重教育、收入和健康的生活创造机会——高质生活的基石。

案例 A

与全球女性的经济权力倡议的合作

全球女性的经济权力倡议旨在在沃尔玛的全球供应链中赋予女性权力。一年多来，全球女性的经济权力倡议的发展已得到了领导型的政府机构、非政府组织(NGO)、慈善团体和学者的支持和关注，以最大限度地产生积极影响和计划成效。像我们最近在可持续发展、饥饿和健康食品方面的工作，它是公司承诺中，改善我们的供应商、联营公司和客户生活中的重要一步。在沃尔玛和其基金会5年1亿美元承诺的支持下，全球女性的经济权力倡议将会专注于5个核心领域的持续改善。

增加来自女性拥有型企业的采购

在未来五年中，公司将会从美国女性拥有型企业采购20亿美元，从国际女性供应商那采购40亿美元。此外，我们将实施方案，通过我们的零售市场为20000名妇女企业家提高经济机会。在新兴市场中，我们将与非政府组织和国际机构合作，去教育、培训和认证5000名妇女拥有的企业。

赋予妇女在农场和工厂的权力

新方案将帮助在为沃尔玛和其他零售商提供产品的工厂工作的60000名妇女发展所需要的技能，以使其成为在工作和家庭中更积极的决策者。这一举措也将有助于使在中国、印度和拉丁美洲的女性农场工人更充分地参与农业供应链环节。

通过培训和教育赋予女性权力

印度和巴西的零售培训计划的成功将在国际上帮助20万名女性。在美国，我们将帮助20万来自低收入家庭的女性去得到工作技能，获得更高的教育，实现更大的经济安全。

增加主要供应商间的性别多样性

沃尔玛要求与其业务销售额超过10亿美元的专业服务公司和商品供应商增长妇女和少数种群代表在沃尔玛相关业务的参与程度。沃尔玛将与全球供应商追求一个国家的治国方略。最终的目标是在公司的全球足迹中引领更广泛的改变。

请为女性的经济权力做些有意义的慈善给予

关键目标的进展情况，公司将用超过1亿美元的补助金支持这些方案。资金将来自沃尔玛基金会和沃尔玛的国际业务。这一承诺标志着女性在增加经济权力上迈出的重要一步。沃尔玛基金会对于支持合作伙伴如“护理”“拯救儿童”“算上我”“ProMujer”“Technoserve”等引以为豪。因为我们一起努力去提高全世界女性的生活质量。

目前，我们正在接受来自国内（美国）501（c）（3）非营利组织的建议，通过州和国家层面上人力资源开发和/或高等教育的机会赋予女性权力。

案例B

与“赈饥美国组织”的合作（食品银行）

沃尔玛宣布向国家粮食银行捐赠20亿美元（主要在食品方面）的计划。

沃尔玛今天宣布：沃尔玛和其慈善基金会计划，在未来五年内给予美国2.5亿美元现金和价值17.5亿美元的食品抵抗饥饿。这个承诺，被称为“一起抵制饥饿”。作为关于食物和非现金礼品的最大合作承诺之一，粮食银行会努力满足在经济衰退中失业民众的愿望。

一份去年秋季由美国粮食署经济研究服务发表的报告显示，据估计有4900万美国人在为得到足够健康的食品而努力，相对于前年增长了36个百分点。食品专家不相信经济复苏会很快改善这个情形。“赈饥美国组织”（美国关于食品银行的最大网络，沃尔玛公司的受惠组织）首席运营官Bill McGowan说：“事实上，我们会看到2019年这事还在进行。”USDA估计，沃尔玛承诺提供的11亿磅食品，足够超过10亿顿饭。McGowan说，去年，喂养美国网络的食品银行运输了26亿磅食品。

帮助学校儿童——即使在今天宣布前，沃尔玛仍是抵抗饥饿队伍中一个大的捐赠方。去年沃尔玛成为了第一个一年内提供给喂养美国超过10000万磅食品的企业。通过努力，沃尔玛的初步现金捐助今天宣布包括了800万美元去帮助食品银行提升自身服务饥饿人民的能力。其中，600万美元会帮助喂养美国添加60辆冷藏车直至2000辆。这些车使得在食品变质前，从杂货店能很快得到食品。

沃尔玛和其基金会仍将会提供1000万美元用于学校儿童的健康餐。200万美元的捐助，举个例子，将会在夏季的几个月中帮助国家康乐及公园协会“喂养”孩子们。

呼吁顾客——除了捐助食品和现金，沃尔玛的行政人员说他们还将呼吁员工和顾客一起抵制饥饿。例如，员工将提供专家给食品慈善机构关于怎样最大化效率的意见。“渐渐地，我们看到使用我们的规模和范围来解决社会挑战的计划。这是其中的一个时刻”，沃尔玛的副主席 Eduardo Castro - Wright 在一篇声明中提到。"通过一起合作，我们相信我们可以拥有一个没有饥饿着去睡觉，或担心明天早餐的一天。去年，根据沃尔玛公司统计，沃尔玛和其基金会捐助了 51200 万美元的现金和物品。在 2008 年，沃尔玛捐助了 42300 万美元，其中 32050 万美元为现金。这个数字足够使得沃尔玛成为在《慈善编年史》年度企业捐助名单上最大的现金捐助者。这一承诺标志着女性在增加经济权力上迈出的重要一步。沃尔玛基金会对于支持合作伙伴如"护理""拯救儿童""算上我""ProMujer""Technoserve"等引以为豪。因为我们一起努力去提高全世界女性的生活质量。目前，我们正在接受来自国内（美国）501（c）（3）非营利组织的建议。

参考资料来源

http：//walmartstores. com/CommunityGiving/10748. aspx.

http：//walmartstores. com/CommunityGiving/9599. aspx.

http：//groups. google. com/group/alt. walmart/browse_ thread/thread/2d70582f54d9f662.

http：//cn. reuters. com/article/pressRelease/idUS134297 + 10 - Nov - 2008 + PRN20081110? symbol = WMT. N.

http：//walmartstores. com/pressroom/news/9637. aspx.

星巴克基金会

The Starbucks Foundation

星巴克基金会虽然成立时间不长，但其依托于星巴克集团的企业文化，始终坚持成为社区负责任的一员，紧紧围绕这一愿景展开工作，逐步将其项目领域由最初的教育领域延伸到环保、教育、社区发展及社区能力建设等主要领域。今天，星巴克基金会在北美洲、拉丁美洲、亚洲、非洲、欧洲都资助了不同类型的项目。

可以说，星巴克基金会以其自身特点独树一帜，从成立伊始就有明确的战略规划，在具体执行方面，其偏向于资助类而非运作类基金会，在其并不熟悉的地区和领域，总是试图找到专业的合作伙伴，无论在金融、环境还是非营利管理方面都有典型案例加以诠释。就像星巴克集团所表现出的不畏风险坚持创新的精神一样，星巴克基金会善于审时度势，面对亟待解决的新的社会问题能够做出快速反应，比如解决美国失业问题、应对气候变化问题等。在社区能力建设方面，其将青年人看做社区变革的中坚力量的切入点与众不同，在政策倡导方面的推动也凸显了其促进社会变革的决心。

总之，星巴克已经用自己的实际行动诠释了从小事做起，“吃水不忘挖井人”地回馈社区、与利益相关方同进退的优秀品质，这无疑是用积极履行企业社会责任的方式为其品牌增强了竞争力。可以说，在这方面星巴克将资金用于社会公益而非广告宣传颇有远见。也许星巴克不是在慈善领域做得最大的也不是最好的，但是它的确可以成为最有特点的，这些内容鲜明、格局清晰的项目使人对该企业顿生好感。星巴克所表现出来的独特个性值得我们反思与借鉴。

第一节　星巴克概况

1997 年，星巴克总裁霍华德·舒尔茨（Howard Schulz）为支持在星巴克经营范围内的社区发展而创建了星巴克基金会。“用灵魂构建公司”这一舒尔茨所提出的愿景，有力地展现了星巴克公司在履行企业社会责任方面的坚定决心，因而星巴克基金会作为其企业社会责任的重要履行者完成了大部分星巴克公司的社会项目。基金会的早期目标是在美国和加拿大地区投资基础教育项目。随着基金会的壮大，资助领域已扩展到经济危机时期的就业促进，资助青年推动当地社区发展，水资源环保，清洁能源供给，应对气候变化保持物种多样性，促进公平贸易，对饮料原料咖啡、茶叶和可可的种植区进行社会投资，艾滋病防治以及海湾地区受飓风袭击社区重建等多种形式的项目。其资助领域也从北美地区拓展到包括拉丁美洲、亚洲、非洲在内的落后社区及原料供应地。

一　关于星巴克

1. 星巴克故事

1971 年，英语教师 Jerry Baldwin、历史教师 Zev Siegel 和作家 Gordon Bowker 合作开了第一家星巴克。他们三人开店是受到阿尔弗雷德·皮特（Alfred Peet）的皮特咖啡公司的影响。第一家星巴克店位于西雅图市中心的鱼市派克市场（Pike Place Market）旁，主要出售高质量的咖啡豆和咖啡器材（这家店至今仍然存在）。在开业的第一年，他们从皮特那里购买绿色咖啡豆，尔后，他们就直接从咖啡豆产地购买。

1971 年时，星巴克仅有西雅图的 6 家店铺，而且只卖咖啡豆。1987 年，现任董事长霍华德·舒尔茨（Howard Schultz）筹资买下了星巴克。此后，他把星巴克做成了美国版的意大利咖啡屋。如今已经在全世界 30 个国家开了 6000 个店铺。

2. 星巴克的名字与商标

星巴克的名字是以赫尔曼·梅尔维尔《白鲸记》中海军大副的名字命名的。

星巴克的商标有两种版本，第一种版本的棕色商标的由来是一幅 16 世纪斯堪的那维亚的双尾美人鱼（希腊神话中的塞壬）。目前位在美国西雅图派克市场的“第一家”星巴克店铺仍保有原始商标，其内贩卖的商品也多带有这个商标。这所谓的第一家事实上已经迁离原址，虽然仍在派克市场街上。

（第一季星巴克的商标）

后来星巴克被霍华德·舒尔茨所创立的每日咖啡合并，所以换了新的商标，第二版之商标，沿用了原本的美人鱼图案，但做了少许的修改，她没有赤裸乳房，并把商标颜色改成代表每日咖啡的绿色，就这样融合了原始星巴克与每日咖啡的特色的商标诞生了。

2006 年 9 月，星巴克又重新让棕色的商标复活，不过只限于热饮的纸杯上。星巴克指出，公司是为了庆祝 35 周年纪念，并且象征其商标来自美国西北部太平洋沿岸地区的传承。但这个活动会在 9 月底结束，而且只限美国。

2011 年 1 月，星巴克公布新的商标，取消了旧商标的“STARBUCKS COFFEE”字环，仅保留中间的美人鱼图样，3 月起全面更换。

二 星巴克使命

将星巴克建成全球极品咖啡的翘楚，同时在公司不断成长的过程中，始终坚持自己一贯的原则：

➢ 提供完善的工作环境，并创造互相尊重和信任的工作氛围

➢ 秉持多元化是我们企业经营的重要原则

➢ 采用最高标准进行采购、烘焙，并提供最新鲜的咖啡

➢ 时刻以高度热忱满足顾客需求

➢ 积极贡献社区和环境

➢ 认识到赢利是我们未来成功的基础

三 星巴克基金会

1997 年，星巴克总裁霍华德·舒尔茨为支持在星巴克经营范围内的社区发展而创建星巴克基金会。基金会首个目标是在美国和加拿大地区投资文化项目。随着基金会的壮大，资助领域已扩展到包括资助青年推动当地社区发展项目，通过清洁饮用水基金（Ethos Water Fund）所开展的水利项目，以及对星巴克提供咖啡、茶叶和可可的种植区进行社会投资。同时，星巴克与星巴克基金会也是以致力于非洲艾滋病防治和墨西哥湾恢复项目的 Product Red（RED）的主要倡导人。

第二节 星巴克基金会资助项目

星巴克公司因其经营模式主要为遍布全球的咖啡店而将其企业文化定位于致力成为负责任的社区成员。其对自身在社

区中所承担的角色进行了深度解析，即不仅仅局限于顺利融入社区以提高经营业绩，而是扮演更重要的社区发展推动者角色。这种社会责任定位由最初对其员工所在社区的深切关注逐步扩大到对落后社区、原料产地以及发展中国家的落后地区予以支持。通过星巴克基金会的运作，员工个人的社会道德价值及整个企业的社会责任得以实现。由此可见，与其他企业基金会形成鲜明对比，星巴克基金会紧紧围绕社区发展这一议题开展工作，其各种项目主要分为三大领域——环境、生态及能源项目，教育及健康项目以及社区能力建设项目。

一　环境、生态及资源能源项目——饮料制造商的专业关切

作为重要的饮料制造商，星巴克公司直接关注环境、生态及资源能源项目。公司成立了专门的环保委员会以寻找减少垃圾及废物利用的方法，并且为地方社区的环保行动提供帮助。各区域的门店店长还组成了绿色小组（Green Team）来促进环保事业的发展。

1. 使用清洁饮用水

清洁饮用水项目［Ethos（R）™ Water］作为社会风险投资启动项目，致力于为缺乏清洁水源供给的国家提供保健教育、卫生设施建设等援助。有趣的是，星巴克采用一种新的方式来募集善款，即创立专门的清洁饮用水品牌，在美国地区每卖出一瓶清洁饮用水，其中的5美分将直接汇入Ethos（R）™ Water基金以帮助全球范围内的可持续水资源发展。截至2010年11月，该项目已募集到600万美元，其捐助惠及全球42万人口。

2. 水资源保护

星巴克深知水作为其大部分饮料的主要成分对其经营来说是一种何等宝贵的资源。因此，公司运用科技手段来更加负责地使用水资源。

星巴克遍布全球的商店正在运用新的器皿清洁装置来替代原有的清洗槽以期更高效地节约水资源。在清洗工具中一如既往地引入节水科技。比如在美国的门店，自动洗碗机安装高压喷头以将每次清洗器皿的用水量控制在一加仑以内。在很多国家，门店都利用高压喷头来代替普通水管清洗器皿。咖啡机也被设置为使用更少的水清洗咖啡杯。公司还培训员工保持制冰机的冷藏圈清洁以避免造成额外热量，从而尽量减小冰的融化量。

3. 循环利用减少垃圾

星巴克致力于通过循环利用尽可能地减少门店产生的垃圾。事实上，顾客关于杯子循环利用的建议超过了任何其他环保问题。公司克服垃圾回收过程中的种种障碍，于 2009 年起在一些地区开展门前回收项目方便消费者，以促进垃圾循环，并与地方政府合作推动垃圾的商业回收。公司还组织召开了三次关于杯子回收的峰会，邀请制造商、学者及公民社会组织参与讨论以提高回收杯子的能力。从 1997 年至今，星巴克公司不断研制新的一次性纸杯以减少对环境的破坏。在各门店，星巴克为自带可重复使用器皿的顾客提供价格优惠并提供一定数量的陶瓷器皿供顾客堂食。自 1995 年以来，星巴克门店为顾客提供免费的咖啡渣以增加其花园土壤的肥力。

4. 利用替代能源，减少碳排放

星巴克公司一直致力于利用新战略减少能源消耗。公司购买可再生能源的总量占到北美地区所有门店用电量的20%。公司目前正在投资新的照明系统并升级其空调系统。

5. 建造更多绿色门店

自2004年起，星巴克打造了绿色门店项目，期望从建筑材料到装潢到能源再到水的利用率等建造全方位的绿色环保门店。公司还应用U. S. Green Building Council's LEED认证标准来定期对各零售商的达标情况进行检查。

6. 应对全球气候变化

随着全球气候变化，咖啡种植者发现雨季和收获类型的变化正在使得世界上适宜咖啡生长的土地减少，对此，星巴克将应对气候变化列为其首要任务。自2004年起，公司开始采取应对气候变化战略，通过以上各项目减少垃圾、保护资源能源、设计绿色门店，并寻求在气候变化的政策倡导上与其他企业和社会组织的通力合作。

星巴克还与保护国际基金会（Conservation International）合作研究如何增加咖啡产量，保护动物的自然栖息地并为农民创造机会进入森林碳排放交易市场，以减少温室气体排放。

案例

星巴克全球服务月——绿色社区行动

如星巴克咖啡公司主席、总裁兼首席执行官霍华德·舒尔茨先生所说，当我们将推进公司进入下一个阶段时，我们即已进入一个深思传承并向其致敬的时刻。这也是为何我们将致力于通过服务提升当地社区的积极变化——这个传统多年来已成为星巴克使命的一部分——作为40周年庆的内容之一。

2011年的整个4月，星巴克举办了全球服务月活动，实践我们对于社区服务的不变承诺。在短短一个月内，世界各地的星巴克伙伴和顾客一起，以实际行动对他们生活和工作的社区带来了持久而积极的影响。

在中国，星巴克与上海益优青年服务中心合作，在上海、广州、成都、深圳和北京开展了一系列的社区服务活动。活动以创建绿色社区为模板，分为绿化与园艺、节电节水、低碳教室、垃圾分类，以及清洁整理五项主要内容，最终以4月25日在上海古美社区举行的大规模活动而推向高潮。

当天，750名全国各地的伙伴和社区志愿者齐聚上海市闵行区古美社区，共同参与了绿色社区行动。古美社区是星巴克在全球选定的六个举行大型志愿者服务的社区之一，同时也是公司在亚洲唯一一个举行此类大规模活动的社区。伙伴们和志愿者通过包括园艺、粉刷墙面以及建立垃圾管理系统等一系列工作来参与建设洁净绿色的社区。大家通过趣味互动游戏推广环保的生活方式，同时还来到居民家中，帮助安装简易的节能节水设备。

霍华德带领星巴克咖啡公司的高层领导团队和中国区的伙伴们一同参与了此次活动，他在启动仪式上表示："星巴克一直奉行将我们的经营业务的地方创建成为一个繁荣的社区。在过去的

40 年，我们平衡了企业赢利和社会道德间的关系，并长期致力于激励和投资于我们的社区。正如本次活动一样，我们将继续采取积极的行动来改善我们的伙伴和顾客所生活和工作的社区。”

活动得到了来自政府的关注与支持。上海市精神文明办主任、上海市委宣传部副部长马春雷亲临现场并发表了讲话。他表示：“我相信正因为星巴克和在场伙伴们的爱心，才使其成为最富有竞争力的企业之一。我希望这种志愿者服务精神能够通过星巴克在更多社区得到传播。”上海市闵行区古美路街道党工委、办事处对活动给予了大力支持。本次活动由上海益优青年服务中心协同组织，这是一家设在上海的非政府组织，致力于在环保方面发展创新志愿者项目。可以说，这次活动是由企业发起、社会组织携手、政府支持、公众参与的，不仅成功为社区带来了改变，同时推广了志愿者精神和环境保护理念。

绿色社区行动是星巴克全球服务月活动的一个重要里程碑。在整个 4 月，星巴克中国集结全国 2341 名伙伴和志愿者，奉献了 6317 个服务小时。所有这些小时数都将计入星巴克“共爱地球”项目在 2015 年之前每年 100 万社区服务小时的目标内。

全球服务月不只是我们 40 周年活动的重要组成部分，它也激励我们每一天如何努力活出我们的价值。4 月只是一个开始！让我们重温《我们的星巴克使命》里的这段话：

我们的社区每家门店都是所在社区的一部分，我们认真承担邻里之间的应尽责任。无论我们在何处营业，都希望受到社区的欢迎。我们可以成为积极行动、带来正面影响的一股力量——汇合我们的伙伴、顾客和社区共同创造出美好的时光。我们明白自己的责任——我们向更好的方向前进的潜能——我们能变得更为强大。世界再次把目光投向星巴克，期待我们树立新的标准。我们一定不负众望，领导前行。

二　教育项目——最早的专攻领域

星巴克基金会成立伊始就致力于教育项目，其 1997 年促进识字率减少文盲的项目可谓开创其项目运作先河。公司至今已经捐助超过 20 万美元以期降低文盲率，其资金来自 Oprah's 图书俱乐部的营业额。今天，其在发展中国家落后地区的教育项目运作状况良好。其在中国的妇女儿童教育项目可谓其中的代表之一。

1. 中国教育项目

2005 年，为秉承一贯的企业社会责任传统，以及意识到教育在中国传统中占据的重要位置，星巴克咖啡公司设立星巴克中国教育项目，联合赠与亚洲基金（Give2Asia）支援中国教育项目并拨款 4000 万人民币。星巴克基金会不了解中国的社会组织运作情况，因而其在开展中国慈善项目时选择了与在国际上很有专业声望的赠与亚洲合作，由后者筛选具备相应运作能力的中国社会公益组织运营其项目，并由赠与亚洲组织担任捐赠管理人进行捐助信息披露。最初候选的中国教育项目包括在四川省建立图书馆、培训中小学教师、为妇女提供清洁饮用水及水资源保护培训等项目。

案例 1

与中国宋庆龄基金会合作

星巴克捐赠 150 万美元，与中国宋庆龄基金会合作举办了“西部园丁培训计划”，为来自宁夏回族自治区、云南省、四川省、陕西省以及重庆市的教师提供了培训活动，并且共同启动了

“星巴克园丁助学金”项目，为支持师范院校的贫困学生们完成他们的学业（学生来自杭州师范学院、四川师范大学、沈阳师范大学、首都师范大学、华东师范学院、重庆师范大学、辽宁师范大学、天津师范大学、上海师范大学、云南师范大学、宁夏师范学院、华中师范大学、北京师范大学、华南师范大学和陕西师范大学）。

通过这两项为期四年的计划，将会有3000名来自中国西部的教师和1200名来自这15所师范院校的大学生们从中获益。另外，星巴克还将计划为中国中西部地区的300所学校提供教学设备。

附件：中国宋庆龄基金会“星巴克园丁助学金”受助学生申请表

个人资料						
姓　　名		性别		民族		近期免冠照片
出生日期		政治面貌				
特　　长						
所在院系、班级						
通信地址				联系电话		
邮政编码				电子邮件		
身份证号				月生活费		
是否担任班、校、学生会、党（团）组织干部				否□/是□请注明		

家庭资料					
原籍	省/市　地区/县　区/乡　街道/村　号				
地址		邮编		电话	
是否贫困县	□否　□是（□国家级贫困县　□省级贫困县）				
上年家庭收入		家庭成员数			
父亲职业		母亲职业			
家中是否有欠债	有□/无□	父母是否有病或残疾	父亲有□/母亲有□/无□		
父母是否健在	父母双全□/父母双亡□/父亡母在□/父在母亡□				

续表

个人资料
申请理由
本人签字____________ 日　　期____________
学校意见
学校（盖章）____________ 日　　期____________
注：请注明该生是否属于特困生或贫困生。

案例 2

星巴克捐资460万人民币支持中国妇女发展基金会开展"水·妇女·健康与发展"项目

2007年3月22日，在"世界水日"这个特殊的时刻，美国星巴克咖啡公司宣布通过赠与亚洲基金，向中国妇女发展基金会捐赠460万元人民币（折合60万美元），以支持一项名为"水·妇女·健康与发展"的水教育项目。该项目是2005年设立的星巴克中国教育项目的一部分，体现了星巴克对改善中国教育状况的长期承诺，以及为解决世界水资源危机所作的不懈努力。

该项目旨在通过提供水质清洁与安全、水源保护、水与健康、水与环境等培训，培养当地妇女与群众正确的有关水的知识，形成他们良好的卫生健康习惯，改善当地的卫生环境，提高生活质量。项目为期两年，将分期进行。第一期拟在重庆、云南、广西、宁夏、海南等五个省、直辖市和自治区展开。

三　社区发展项目——核心领域

星巴克公司及其基金会以其对于社区责任的独特视角，无论是在品牌建设还是在社会公益方面都独树一帜，明显区别于其他企业。从其成立至今，星巴克基金会一直将社区建设项目作为其核心项目，在世界上不同地区针对不同社区需求不断扩大项目范围。其中，在社区能力建设方面，又以促进青年领导力项目为核心，其切入点可谓新颖。公司将自身定位为好邻居，热情地参与到促进社区团结、推动社区积极改变的活动中去。

1. 青年领袖——社区能力建设的中坚力量

星巴克相信，青少年以其清澈的双眸与乐于奉献的双手，将会对社区发展作出很大贡献。星巴克·Shared Planet™青年行动资助项目提供青少年改变社会的机会。青年们有实力让世界变得更美好，青年人的参与是使社区获得新生的最重要途径之一。因此，星巴克创立青年行动基金（Starbucks™ Youth Action Grants）培养和激励青年人参与、领导并创造积极的解决其所在社区问题的方案。

在2011财年，星巴克青年行动基金捐助了总值260万美元的资金给全世界的100个在当地促进和支持青年行动的申请组织。基金会很高兴与包括 America Scores，City Year，Hands On，Jump-start，International Youth Foundation 以及 Youth Venture 等为青年人提供综合支持的专业组织继续保持合作关系，因为这些组织能帮助青年人发现他们自己社区的需要。基金会还为青年人提供政策倡导培训、经济支持及其他资源，以使得他们可以在世界范围内引发积极变革。

星巴克基金会很高兴看到截止到2011年，其到2015年帮助5万名青年人为他们的社区带来变革的目标已经提前5年实现。

案例

践行环保，共爱地球

2010年11月15日，星巴克咖啡公司与中国宋庆龄基金会签署合作协议，正式发起“星巴克大学生环保践行者项目”。该项目将由星巴克设立的“星巴克中国教育基金”出资600万元人民币资助和鼓励中国大学生积极开展环保创新，并通过行动积极回馈所在的社区。中国宋庆龄基金会主席胡启立先生和星巴克咖啡公司主席、总裁兼首席执行官霍华德·舒尔茨先生出席并见证了合作协议的签字仪式。

霍华德·舒尔茨先生表示：“星巴克所创造的独特的星巴克体验，除了那份对于制作最高质量和最美味咖啡的热情之外，还包括我们对融入和回馈社区所做的努力。对‘星巴克大学生环保践行者项目’的支持正是源于星巴克以负责任的方式经营业务，并为咖啡种植者、社区和环境创造美好未来的持续承诺。”

“星巴克大学生环保践行者项目”将历时三年，每年在全国20所高校中资助300个在环境保护领域具有新颖的创意或预期效果显著的大学生项目。该项目将在大学生群体中宣扬环保意识，激励社会创新，并鼓励大学生与星巴克员工共同开展社区服务活动，激励年轻人共同关爱所在的社区。

中国宋庆龄基金会秘书长李宁先生表示："中国社会经济的快速发展给环境带来了前所未有的压力，使得保护生态环境面临的任务十分艰巨。树立正确的生态环境道德是社会发展的必然要求，也是公民道德建设的重要内容。而在环境保护的践行者之中，大学生又是最有积极性和执行力的群体。'星巴克大学生环保践行者项目'将通过在大学生群体中宣扬环保意识，有力推动全社会对于环境保护领域的关注。"

"星巴克始终致力于回馈社区，积极为其业务所在的社区作出贡献。2009年底，星巴克宣布在中国范围内全面启动星巴克™ Shared Planet™平台，正式确立了我们对环境和社区的承诺。"星巴克咖啡公司高级副总裁兼星巴克大中华区董事长王金龙先生表示："星巴克同中国宋庆龄基金会的合作正是基于星巴克™Shared Planet™这一企业社会责任平台。而'星巴克大学生环保践行者项目'的启动也再次显示了星巴克致力于为本地社区带来积极影响的决心。"

据悉，参与"星巴克大学生环保践行者项目"的每所项目高校每年将获得15个资助金额为5000元人民币的资助名额。由中国宋庆龄基金会组织项目评审委员会将根据参选项目的原创性、科学性、可实施性等标准选出获得资助的环保项目。资助款将完全用于执行所申报并获选的环保项目。受助项目也将获得"年度大学生环保践行者项目"称号。此外，项目开展期间还将定期组织进行各优秀环保项目展示、组织参与活动学生与其他公益组织或相关政府机构的交流、开展学生环保项目座谈交流等内容。

2. 为美国创造就业机会——与时俱进，急民所急

在美国经历前所未有的就业危机时，星巴克基金会感到其社区责任空前重大。当美国的失业率达到9%，在拉美裔社区达到11%，在非洲裔社区甚至达到16%时，很多美国人陷入了绝望。

于是，星巴克决定以实际行动创造更多就业机会，每天雇佣 200 人并计划在 2011 年底将雇员总数提升到 7 万人。在下一财年，公司计划在美国新增 200 家门店，重组 1700 家门店，这将增加 2000 个就业岗位。

除此之外，星巴克还将与 The Opportunity Finance Network（OFN）合作建立“为美国创造就业”项目（Create Jobs for U. S. A. Program）来资助社区发展金融机构（Community Development Financial Institutions），以帮助经营困难的社区，为其提供小额商业贷款、社区中心贷款、住房项目贷款及个人小额贷款。该项目已经向星巴克基金会募集了 500 万美元。该项目呼吁个人通过星巴克门店以及网络进行捐款。（详见第六章）

3. 重建墨西哥湾沿岸地区——灾后重建显身手

星巴克与星巴克基金会创建 The C. O. A. S. T. Fund 以帮助被卡特里娜飓风及丽塔飓风摧毁的墨西哥湾沿岸地区进行灾后重建工作。

4. 国际项目——负责人的利益相关方

如前文所述，星巴克基金会最初致力于美国教育项目，但其项目范围在其负责任的社区成员的企业文化驱使下呈现多元化、全球化的趋势。随着其市场的扩大，对于其门店所在的海外社区以及作为其原料来源的社区，基金会表现出了一如既往的关心与支持，并在调查当地社区需要的基础上开展不同内容的社区发展项目，以下列举两个富有代表性的项目。

支持咖啡、茶叶及可可产区的地区建设

星巴克致力在为其提供咖啡、茶叶及可可的产区开展公共发展项目。项目包括教育和农业的培训支持，小额信贷服务，生态

保护以及卫生健康方面的支持。

非洲艾滋病防治援助项目

星巴克公司在非洲拥有很多咖啡种植区，这些地区的健康问题引起其关切。星巴克与 RED 计划行动组织合作，加入 Product（RED）™计划。只要消费者使用 RED 卡消费，星巴克（PRODUCT）（RED）特别产品的一部分销售收入将捐给全球基金（Global Fund），帮助挽救非洲受艾滋病影响的人们。至今，星巴克公司筹集的资金已经可以支付 1800 万份日剂量的艾滋病药品。

第三节　星巴克基金会组织管理架构

一　管理人员名单

一个人的名字后带一个星号（*）表示该人也是受托人或基金会理事

奥林·史密斯*，主席

保拉·博格斯*，秘书长

兼任星巴克公司执行副总裁兼总法律顾问

唐娜·布鲁克斯，财务主管

罗德尼·海因斯，执行理事

二　主要合作伙伴

星巴克在全球范围内与很多机构都有广泛的合作伙伴关系。通过这些合作，双方可以达到优势互补，更好地推进项目的发展。其主要合作机构如下。

埃塞俄比亚发展协会（Abyssinian Development Corporation）

除了提供住房、人力资源开发和社会服务计划项目，埃塞俄比亚发展协会（ADC）在哈莱姆中部地区（Central Harlem）还通过支持当地6个传统的公立学校，并借此发挥教育在促进个人发展和社会福祉上的效用。

美国红十字会（American Red Cross）

美国红十字会作为美国首屈一指的应急组织和庇护所，为受灾地区提供情感支持。此外，红十字会为超过40%的国家提供血液、教育支持，以及国际人道主义援助和军队家属援助政策。作为非营利性组织，红十字会依仗志愿者和美国公众慷慨履行使命。要了解更多信息，请访问redcross. org。

企业社会责任协会（Business for Social Responsibility）

星巴克作为BSR全球网络的一分子，将与其共同努力推动企业的社会与环境保护责任，并就社会问题提供负责任的解决方案。

卡尔弗特基金会（Calvert Foundation）

卡尔弗特基金会致力于通过有效运作投资资金来回馈投资者与社会。“影响投资”（Impact Investment）通过连接投资者、弱势人群和社区，来创造一个权力、机遇与债务运作的良性循环。

希瑞斯（Ceres）

星巴克作为BICEP（Business for Innovative Climate and Energy Policy）的一员，与其他公司共同支持气候与能源立法案。星巴克通过与希瑞斯以及其他有关企业联合向公众与政府呼吁环境问题的重要性。

国际环保组织（Conservation International）

星巴克与国际环保组织常年合作，以提高环境、社会与经济的良性发展为宗旨，来引导咖啡的道德采购（ethical sourcing）。这条被称为 C. A. F. E（Coffee and Farmer Equity）的条款，帮助星巴克评估并奖励能够提供优质、环保咖啡豆的咖啡农。国际环保组织旗下的弗德机构（Verde Ventures）也为能够作出生态能源方面贡献的中小型企业提供支持。

捐赠者的选择（DonorsChoose. org）

捐赠者的选择（DonorsChoose. org）是一个在线资助学校建设的慈善机构。在美国境内的任何公立学校老师只需在该网站上传资助请求，任何个人就可以通过阅览这些请求来选择资助对象。

公平贸易组织（Fair Trade）

国际公平贸易标签组织（FLO）及美国分部为星巴克购买的带有公平贸易认证（Fair Trade Certified™）的咖啡豆提供认证标签。与该组织一起，星巴克为小规模种植咖啡的农民提供社区环境支持。

食品包装服务机构/废纸回收同盟（Foodservice Packaging Institute/Paper Recovery Alliance）

食品包装服务机构（FPI）为公众提供一个法律论坛以推动食品包装业的可循环工程。2011年，废纸回收联盟（PRA）在食品包装服务机构（FPI）内部发起了一个独立成员资助项目。FPI召集了一组同盟机构来为废纸再循环利用提供解决方案。

美国国际绿色协会（Global Green USA）

美国国际绿色协会是美国国际绿十字会的附属机构，由戈尔巴乔夫总统创立，以推动全球价值观向可持续发展转变。在近20年的发展历程中，美国国际绿色协会为全球气候变暖问题，以及包括经济适用房、学校、城市和社区的环保建材问题提供解决方案，并借此促进就业机会与健康保障。

连手网（HandsOn Network）

连手网（HandsOn Network）是光明基金会网站（Points of Light's network）的250名志愿者行动中心。它以一种创新的方式，通过利用人们的空余时间与智慧来解决社区困难，从而使得更多人有机会来改变世界。同时，该网站与70000家企业和非营利性组织合作优化领导资源。每年，连手网都连接了260000个服务项目——代表了价值63400万美元、2800万小时的服务工作。

洛杉矶城市联盟（Los Angeles Urban League）

成立于1921年，洛杉矶城市联盟一直致力于通过社区服务（Neighborhoods@ Work™）、创新的就业培训与就业安排、青年成就以及企业发展项目来帮助非裔及其他裔的青少年与成人获得更多公平机会。

麻省理工学院/组织学习协会（Massachusetts Institute of Technology/Society of Organizational Learning）

SCL是一个由全世界各组织、咨询员、科研人员和当地组织学习机构组成的全球性的学习社区，致力于通过创新方法来促进建立学习型组织的实践技巧。它为个人与机构提供一个可以相互协作以解决个人难以解决的难题的平台。彼得·森奇（Peter Senge）是该组织的创始人。SOL的前身是MIT的组织型学习中心。

国际美慈公司（Mercy Corps）

星巴克与国际美慈公司多年来共同协作以推动咖啡、茶叶种植区域的卫生健康和清洁水资源环境的建设。

“红”［Product（RED）］

“红”致力于协调顾客的购买力以帮助他人。自 2008 年 12 月与“红”合作以来，星巴克已投资近 1000 万美元来帮助非洲的艾滋病患者。

种植资本（Root Capital）

种植资本是通过借贷资金、提供金融培训和增强小型农业企业的市场联系来为非洲与拉丁美洲的贫困、贫瘠地区提供社会投资的非营利性组织。

救助儿童组织（Save the Children）

救助儿童组织通过提高儿童的健康、教育以及经济机会来帮助儿童获得长足发展。星巴克与救助儿童组织协作，为咖啡种植地区的儿童提供有效资助。

可持续食品研究室（Sustainable Food Lab）

星巴克是可持续食品研究室的一员，与其他企业和社会民主人士一同致力于传播可持续食品的概念。同时，星巴克也是可持续食品研究室的创始联合企业人之一，为食品业与农业的可持续发展提供行业平台。

英国儿童会（UK Youth）

英国儿童会是英国青年发展慈善组织的领军人物，为超过3/4的青少年提供支持。他们通过与成员组织协作开发一系列创新型教育项目来帮助更多的儿童。

美国生态建筑协会（United States Green Building Council）

美国生态建筑协会发明了名叫 LEED 的生态建筑认证系统。星巴克一直作为该协会的先头部队，为零售商提供生态建筑认证系统服务。同时，星巴克与该协会合作发起了一个允许跨地区企业修建可持续商店的设计项目。

第四节　财务信息

一　990 – PF 基金会纳税申报表信息概览

表 1　星巴克基金会 990 – PF 纳税申报

单位：美元

收　支	2003 年	2004 年	2005 年	2006 年	2007 年	2008 年
收入						
收到的捐献、礼物、资助等	1863171	12732626	16373165	966230	1798374	11616089
存款和短期现金投资的利息	2725	5941	850008	1068572	617780	104840
共计收入	1865896	12738567	17223173	2416154	2034802	11720929
支出						
其他专业费用	18900	9369	21000	23100	24820	27000
税	28		17200	16572	26525	
其他费用	112	134	1466	2395	2348	6654
运营和行政费用小计	19040	9503	39666	42067	53693	33654

续表

收　支	2003 年	2004 年	2005 年	2006 年	2007 年	2008 年
支出的捐献、礼物、资助等	1829615	2688463	7122344	8179784	7019288	6025080
共计支出	1848655	2697966	7162010	8221851	7072981	6058734
收入超出支出的部分	17241	10040601	10061163	-6187049	-4656827	5662195
资产和负债	2003 年	2004 年	2005 年	2006 年	2007 年	2008 年
资产						
不产生利息的现金	38807	11304567				
存款和短期现金投资	588900	209841	21715748	19758448	15625120	17599190
应收资助		307503				
资产总计	627707	11514408	22023251	19758448	15625120	17599190
负债						
应付账款和应计费用	18900		17000			2097
应付资助	185000	1050000	1480680	5419926	5943425	2253203
负债总计	203900	1050000	1497680	5419926	5943425	2255300
净资产						
非限定性净资产	423807	9643408	20325571	14338522	9681695	13771938
暂时性限制性净资产		821000	200000			1571952
净资产总计	423807	10464408	20525571	14338522	9681695	15343890

注：采用权责发生制来计量。

二　资产规模概况

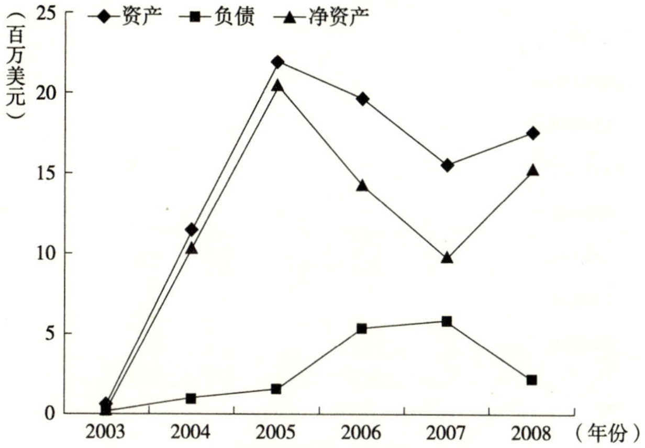

图 1　资产状况

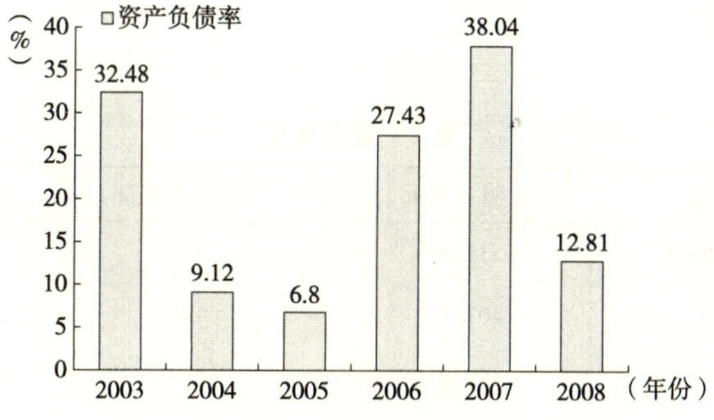

图 2　资产负债率

2003 年的资产规模急剧上升，2005 年后回落，近年来有上升的趋势。2005 年来，负债的增加表明基金会对跨年度的批准的项目增大。基金会的发展有不断壮大的趋势。

三　收入

基金会的大部分收入来自星巴克的资助，部分来源于百事可乐的捐献。资助占了公司净利润的1%左右。

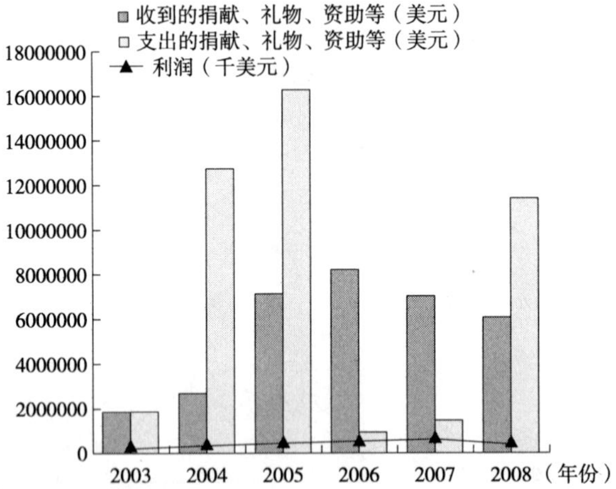

图3 收益分析

四 支出

表2 资助概览

主　题	金额（美元）	受资助者数量	资助数量
国际或外国事务	5371478	18	29
健康	4073238	16	19
社会服务	1880973	69	81
社区发展	1670263	23	30
慈善或志愿	1653600	13	31
教育	1512045	75	98
艺术和文化	1148970	74	85
年轻人发展	759730	55	62
休闲	462500	11	12
环境	346560	26	29

续表

主　题	金　额	受资助者数量	资助数量
住房或避难所	195031	12	14
犯罪或法律执行	113800	10	13
健康机构	92439	28	58
农业或食物	88850	5	10
动物或野生动物	76320	13	13
公民权利或人权	43600	4	5
科学	24810	1	1
宗教	15615	6	8
社会科学	15000	1	1
公共关系	11000	2	2
心理健康或危难服务	9000	2	3
安全和灾难	2250	2	2
就业	1000	1	1
医疗研究	1000	1	1

五　分配比率

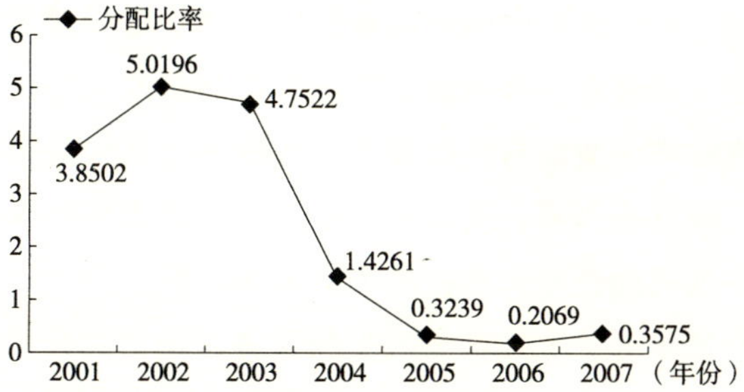

图 4　分配比率

第五节　组织管理、公益项目运营管理深度研究

一　星巴克在大中华区的发展及慈善项目

星巴克公司于1998年进入大中华市场，第一家门市店位于台北。1999年，通过与Mei Da Coffee Co. Ltd签订专利使用权转让，星巴克在北京开设了中国大陆地区第一家星巴克。自此，星巴克以其高品质的阿拉伯咖啡豆、个性化的品位和独特的市场推广经验风靡中国。在2010年第四季度的财政报告中，星巴克在大中华地区（包括香港、澳门、台湾地区）已开设超过750家分店。

除了在大中华地区的几个主要大城市推广星巴克体验，公司还在常州、成都、重庆、大连、东莞、佛山、杭州、昆山、南京、宁波、青岛、绍兴、沈阳、深圳、苏州、天津、无锡、武汉、西安、朱海、长沙和福州等城市开设星巴克分店。为支持星巴克在中国大陆的扩张及地区性的渗透，星巴克大众化后援中心于2005年在上海成立。

可以说，星巴克在中国大陆地区已成功引进并发展出一套独特的咖啡厅经营理念。公司通过鼓励客户品尝和享用优质咖啡来同他们分享咖啡的激情与制作技术。人际网络将一直是星巴克的突出标志，通过参与绿色长征——中国最大的青年环保运动，星巴克致力于加强同合作伙伴在各个方面的联系。

为给台湾地区的顾客带来更大的惊喜，星巴克公司通过改良传统咖啡的口味，于2002年在台湾的星巴克咖啡店发明并引进绿茶星冰乐。2007年11月，星巴克向中国顾客引进瓶装星冰乐，

让更多的人能够在家中、工作时或路上，随时随地体验星巴克带来的味觉享受。

星巴克建立的与所在社区的联系不仅包括员工与顾客的日常交流，也包括星巴克™ Shared Planet™ 所倡导的社区责任的一部分。本着崇信教育与环境是创造更好生活的两个重要主题，星巴克为此提供资金的援助及倡导合作伙伴积极投入到社区服务中去。为显示这项承诺，公司公开投资 3417 万元人民币以支持星巴克中国教育项目。其中，第一笔从该计划拨出的总值为 12 万元人民币的捐款捐献给中国宋庆龄基金会，来推动中国贫困地区的教育培训项目

同时，星巴克向中国妇女发展基金会捐款 410 万元人民币，以支持“水 · 妇女 · 健康与发展”的水教育项目。2009 年 1 月，星巴克从中国教育项目中集资 500 万元人民币投入成都教育基金会，来重建汶川地震后受到严重影响的再教育工作。

自 2008 年汶川地震后，星巴克基金会与美国红十字会、国际红十字会以及红新月会（支持中国红十字事业组织）联合，共投资 250000 美元用于人道主义援助及长期的灾后重建修复工作。除此之外，星巴克咖啡大中华地区的合作伙伴与顾客通过捐款与集资共筹集到 100000 美元用于灾区短期修复工作及长期重建工作。

附：时间表

1995 年，星巴克国际建立。

1998 年 3 月，星巴克通过与统一企业公司签订合资协议，于台北开设第一家星巴克店，正式进入大中华市场。

1999 年 1 月，星巴克通过与 Mei Da Coffee Co. Ltd 签订专利使用权转让，在北京开设了中国大陆地区第一家星巴克咖啡店。

2000 年 5 月，星巴克通过与美心集团签订合资协议，在香港交易广场开设香港/澳门地区第一家星巴克咖啡店。

2000年5月，星巴克进入上海市场，通过与统一子公司签订合资协议，在力宝广场开设第一家星巴克咖啡店。

2002年8月，星巴克通过与美心集团签订合资协议，成立美心星巴克餐饮（南中国）有限公司，并在深圳开设第一家星巴克咖啡店。统一星巴克台湾集团成功引进绿茶星冰乐饮料并在当地获得巨大成功，随后该饮料在被亚太地区与北美地区引进后，同样赞誉声不断。

2003年7月，星巴克咖啡国际在上海与台湾地区获取更多股份，掌握上海统一合资分公司50%的股票所有权，以及台湾统一合资分公司50%的股票所有权。

2003年8月，星巴克在东山核心位置——和平世纪广场开设广州第一家星巴克咖啡店。公司又进一步在除上海以外的南京与宁波开设星巴克咖啡店。

2004年4月，星巴克在苏州开设第一家星巴克咖啡店。

2004年5月，星巴克在无锡开设第一家星巴克咖啡店。

2004年11月，星巴克在常州开设第一家星巴克咖啡店。

2005年4月，星巴克创立青岛美国星巴克咖啡公司，正式进入青岛市场。青岛成为中国第一个星巴克公司经营市场。

2005年9月，星巴克总裁霍华德·舒尔茨宣布投资3417万元人民币给星巴克中国教育项目，以此来推动中国教育事业的发展。

2005年9月，星巴克在大连开设第一家星巴克咖啡店。同月，公司深入中国西部，通过合作企业美心星巴克公司与星巴克咖啡国际签订的合资协议，于成都开设第一家星巴克咖啡店。

2005年12月，星巴克进入沈阳市场并在太原开设第一家星巴克咖啡店。星巴克在上海成立大中华地区支援中心。

2006年1月，星巴克进入重庆市场，其在大陆地区总计进入19个城市。

2006年2月，星巴克拨出总值为12万元人民币的捐款捐献给中国宋庆龄基金会，来推动中国贫困地区的教育培训项目。

2006 年 8 月，星巴克从高冠投资有限公司手中获取其在北京与 Tianjian（疑为天津）分公司的主要所有权。

2007 年 11 月，星巴克在中国开发瓶装星冰乐饮料。

2008 年 2 月，星巴克进入武汉市场，将触角延伸至 26 个大陆城市。

2008 年 3 月，星巴克庆祝其在台湾地区成立 10 周年。

2008 年 5 月，星巴克捐赠 270 万元人民币用于汶川地震后的灾区重建工作。

2008 年 8 月，星巴克大中华地区总裁王金龙被授予 2008 年度 CBLA 奖。

2009 年 1 月，星巴克庆祝其在中国大陆地区成立 10 周年。

同年 1 月，星巴克在大中华地区开发“彩云之南”（South of the Clouds Blend™），标志星巴克史上第一次从中国采购咖啡豆。

同年 1 月，星巴克宣布与云南省人民政府建立战略合作关系，共同致力于提高省内咖啡豆质量和积极开发云南咖啡种植产业。

同年 1 月，星巴克从中国教育项目中集资 500 万元人民币投入成都教育基金会，来重建汶川地震后受到严重影响的灾区教育工作。

2009 年 12 月，星巴克在中国发起星巴克™ Shared Planet™，并撤除之前的“I'm in”广告标语，进一步履行星巴克对中国大陆地区的社会责任承诺。

2010 年 3 月，星巴克庆祝新星巴克茶饮料在中国的发行。茶饮料共 9 个品种，包括中式茶系列、运用国际化的制茶配方制成的新原叶星巴克茶饮料，为顾客在星巴克提供更多优质的选择。

2010 年 5 月，星巴克进入珠海市场，触角延伸到大陆地区 27 个城市。

2010 年 9 月，星巴克在长沙开设两家星巴克咖啡店，使其成为第30个大陆市场。同月，星巴克进入福州市场，覆盖31个大陆城市。

二 我们都可以成为就业岗位的创造者——社区责任下的国家责任

我们在8月中旬离开星巴克总裁时，他刚撰写完一封哀叹国内政治腐败状况的公开邮件。也正是这一封邮件促使他有了第一个想法：呼吁大众在民主党与共和党开始以国家的良性发展而非以党派利益为基准行事之前，拒绝提供政治性的捐款。

毫无疑问，这个想法非常具有诱惑性。但就现实而言，它不免有些堂·吉诃德，只能流于想法却难以成为现实。

两个月以后，舒尔茨又带着第二个大主意回归我们的视线。这个主意虽然同前一个一样理想化，却比之更具实践性。星巴克将创设一个政府与银行绝不会提供给居民的新途径：为小型企业提供贷款服务。这个计划将于11月1日全面展开。而这一回，舒尔茨并不只是纸上谈兵。

从一开始，舒尔茨的行动队伍就将目光锁定在就业需求上，或者，用他的话来说，“就业危机”。问题就在于政府是否有必要计划出一套基础建设项目来增加就业岗位？回答是肯定的。那么，政府又是否有必要通过减税手段来促使公司雇佣失业者呢？回答仍然是肯定的。可是随着选举的到来，以上任何一种都未被付诸实施。

鉴于政府的无所作为，舒尔茨开始琢磨其他的办法。他知道小型企业往往能够创造出多数新的就业岗位，但是在金融危机之后，许多小企业主由于失去银行信用而无法雇佣员工。因此，他考虑让星巴克在其咖啡采购区进行小额贷款项目。同时，他也担心此种对小型企业提供微贷款的措施是否能在这个国家被有效地实施。最终，他想到了星巴克在美国地区拥有将近7000家星巴克咖啡店以及成千上万的顾客。因此，他想到，其中一定有办法能够从星巴克这个庞大的家庭中得到所需的帮助。

8月底，舒尔茨邀请一批雇员到他家中做客，并告诉他们这次邀请与生意无关。“我们来为增加更多就业岗位大干一场吧，这将揭开星巴克新的一页!”这次会议异常顺利地进行到深夜。舒尔茨为大家提供了比萨。

这就是他们在那晚得出的想法：在星巴克作为中间人的情况下，美国人将自主向小型企业提供贷款服务。星巴克会找到愿意给小型企业提供信贷服务的组织机构。星巴克的顾客也将通过购买星巴克咖啡为此捐赠部分资金。捐赠5美元或以上数目的顾客将获得一个红白蓝相间的腕带，上面亦将标注“Indivisible”字样。“我们希望可以借此重拾作为美国梦的骄傲”，他说道。结束语将会是：“美国人帮助美国人。”

很快，星巴克便找寻到了合适的资金合作人：社区发展金融机构，又称CDFIs。他们作为出借方为贫困社区提供借贷服务。大多数CDFIs是非营利性的，因此提供的信贷利息也非常之低。“我们的工作便是大量出借款项，收回借款，再还给投资方。”马克·平斯基的组织，机会金融网络，即作为其中最好的一个保护组织（umbrella group）。

此前，舒尔茨并不知道平斯基，他甚至从未听说过CDFIs。但是年轻的星巴克主管们一心想要将这个主意变成现实，很快他们找到了平斯基——并意识到他的组织就是为他们的项目而生的。只花了几天时间，平斯基就与舒尔茨会了面，并签订了相关协议。

星巴克和星巴克基金会将会支付营销成本，而腕带以及其他与这个将会被叫做“为美国创造就业机会”（Create Jobs for USA）的新项目所挂钩的花费则出自它自己的资金库。

这是整个计划安排中最棒的部分。“为美国创造就业机会”项目的捐款将不会借贷给CDFIs。它们将被转化成资本——可以通过杠杆作用来调节的股本。平斯基和其他人告诉我，这意味着如果1000万星巴克顾客每人捐赠5美元，将会产生350万美元以用作借贷资金。

星巴克基金会以500万美元的捐款为起始点。舒尔茨希望能说服更多的其他国家零售连锁企业加入到这个行列中来——这样，星巴克将不会是人们寻求帮助的唯一站点。当然，他也希望星巴克的顾客们可以积极参与进来。

三　星巴克基金会向埃塞俄比亚的咖啡种植者拨款50万美元

在2年的时间内，这笔50万美元的拨款将被用于清洁饮用水和环境卫生项目来改善健康问题。

圣地亚哥，加州2012年2月27日

PCI（Project Concern International）今天宣布，它已收到来自星巴克基金会50万美元的赠款，通过清洁饮用水与环境卫生项目来改善星巴克在Sidama咖啡种植农民的健康状况。该项目旨在改善埃塞俄比亚南部Sidama的两个高需求地区种植咖啡的农民和他们所在社区的生存健康问题。这笔赠款是星巴克和星巴克基金会履行长期承诺的一部分，旨在支援当地咖啡种植区的相关需求以及继续对当地水资源和卫生项目提供支持保障。

在埃塞俄比亚，咖啡种植业是许多农村家庭收入的主要来源，而在非洲撒哈拉以南的一些地区，饮用水资源、卫生与健康（WASH）设备覆盖率仍处于最低值。由咖啡洗涤设施引起的水源污染也是存在于这些咖啡种植地区的隐患之一。埃塞俄比亚财政和经济发展部门的数据显示，国家卫生覆盖率为56%（2010年），而根据Sidama区域卫生部门的统计，只有47%的家庭有厕所，与此同时，清洁饮用水的覆盖率只有44%。

这个为期两年的项目是星巴克基金会对 PCI 的第二次拨款，而 PCI 也是作为为数不多的组织之一被邀请参与提交关于解决埃塞俄比亚咖啡种植区的迫切需要的提案。自 2009 年以来，PCI 一直与星巴克基金会共同致力于开展坦桑尼亚清洁饮用水和卫生健康项目，其中包括建设或修复 120 个供水点、学校和家庭的厕所建设，以及改善当地整体卫生环境与卫生习惯。

“星巴克和星巴克基金会通过解决当地需求来帮助社区解决的蓬勃发展。我们很荣幸能在埃塞俄比亚与 PCI 合作，继续努力延续我们在坦桑尼亚的清洁饮用水和卫生健康项目上的成功经验”，星巴克基金会负责人罗德尼·海因斯如是说。

PCI 的 Sidama “咖啡农” 项目将为 10000 人开放更多获取安全饮用水的渠道，同时将有 2000 人使用到更多的卫生设备。为了促进项目成果的可持续性，该项目也将协助 Sidama 农民合作社联盟和其成员参与到完善资源管理行动计划中去。此外，为提升妇女在决策过程中的发言权，该项目将通过 PCI 的妇女权益/微型企业方法案，在咖啡种植区训练 500 名妇女。PCI 将与 BIGA（Bright Image for Generation Association）合作，以履行对 Sidama 区域的经济与社会可持续发展的长期承诺。

“能够再次与星巴克基金会一同致力于提供饮用水资源和卫生设施的实践活动，PCI 感到异常荣幸”，PCI 的首席执行官乔治·吉马良斯（George Guimaraes）评论道。“我们渴望通过给予技术与资源的支持，为 Sadima 地区带去长远的影响和可持续的实践行动。”

2008 年，PCI 与星巴克基金会在洛杉矶、西雅图以及纽约开展公民意识活动。2009 年，PCI 在圣地亚哥为“水”节（Water event）发起年度徒步活动，为全球救生项目募集超过 15 万美元。来自 16 所圣迭亚戈高中的学生参与策划盛会，2000 名参与者模拟发展中国家的妇女与儿童每日携带重型水罐取水的行程。来自 2012 盛会的捐款将用在建设埃塞俄比亚偏远乡村的水系统中，该项目还将惠及世界各地的 PCI 的救生项目。如需详细信息，请访问 www. pciglobal. org/WWD – 2012。

参考资料来源

星巴克及其基金会官方网站

http：//www. starbucks. com/responsibility/community/starbucks – foundation.

星巴克中国官方网站

http：//www. starbucks. com. cn/.

第五节文章来源（依次）

http：//news. starbucks. com/about + starbucks/starbucks + coffee + international/greater + china.

http：//www. nytimes. com/2011/10/18/opinion/nocera – we – can – all – become – job – creators. htm.

http：//www. newsdire. com/news/2591 – starbucks – foundation – grant – 500000 – for – coffee – farmers – in – ethiopia. html.

诺斯洛普·格鲁门基金会

The Northrop Grumman Foundation

第一节　背景信息

一　业务介绍

诺斯洛普·格鲁门（Northrop Grumman）是一家全球性的美国公司，1994 年由诺斯洛普（Northrop）和格鲁门（Grumman）合并形成。根据 2010 年相关机构的统计数据，诺斯洛普·格鲁门为全球第四大国防项目承包商公司和最大的海军舰队制造商。

诺斯洛普·格鲁门在全球有超过 75000 员工，2010 年收益高达 340 亿美元。公司规模在财富 500 强（Fortune 500）排名第 72 位，总部位于弗吉尼亚州福尔斯彻奇市。

诺斯洛普·格鲁门现有四个主要业务部门，包括：航天系统（Aerospace Systems）、信息系统（Electronic Systems）、电子系统（Information Systems）以及技术服务（Technical Services）。其涉及的主要产品和业务介绍如下。

➢ 航天系统

无人驾驶飞机及有人驾驶飞机、航空系统、卫星系统和高级安全技术的首要政府提供商。美国军队大量使用诺斯洛普·格鲁门制造的飞行器。诺斯洛普·格鲁门也为美国政府制造卫星和空间有效载荷，包括美国国家航天和航空管理局（NASA）、美国海洋和大气局（NOAA）和美国空军（the US

Air Force)。

➢ 信息系统

信息系统部门主要从事对美国弹道导弹项目的支持，多重命令整合，情报系统控制，政府和军队的技术和管理服务。

➢ 电子系统

制造军用传感器和相关产品，包括雷达系统。为美国、英国和其他北约国家及日本等建立和维护预警机空中监视系统(Aerial Surveillance Systems)。

➢ 技术服务

为全球客户提供各种生命周期和长期技术支持与服务。例如，负责管理运作美国能源部设在内华达州的核武器试验场、美国陆军作战指挥训练计划等。

二　企业愿景和价值观

公司愿景

成为最可靠的系统和技术提供商，确保国家和同盟国的安全和自由。

作为全球技术领导者，我们全方位地定义未来的防御——从深海到外太空，再到信息空间。

我们将——

➢ 以诚信为导，铭记公司价值；

➢ 提供最优质的服务；

➢ 培养内部创新、合作和信任的工作环境。

价值观

诺斯洛普·格鲁门中的每一个人，都遵循并实践以下价值观，为股东、客户、雇员和供应商和社会创造长期的利益：为质量负责；传递顾客满意；领导行业；诚实守信；与供应商诚心合作。

三　诺斯洛普·格鲁门基金会

邮政地址：1840 Century Park E.
Los Angeles，CA 90067 -2199
电　　话：(888) 478 -5478
邮　　箱：ngfoundation@ ngc. com
网　　址：www. northropgrumman. com/community/foundation. html
财政情况：固定资产 17886462 美元（截至 2009 年）

第二节　基金会主要资助方向和项目

诺斯洛普·格鲁门认识到公司对于股东、员工、客户和社会的责任，致力于成为一个对社会负责、支持社区的公司。通过与不同组织的合作关系，诺斯洛普·格鲁门慈善项目（Northrop Grumman Charity Programs）帮助积极应对国家和当地社区面临的挑战，努力满足社区人群的多样化需求。为了使资源和专业得到有效应用，诺斯洛普·格鲁门通过“公司贡献计划”（Corporate Contributions Program）确定了当地社区的重要问题和主要资助方向。

概括地说，诺斯洛普·格鲁门的资助主要分为两个部分。

其一，针对国家性灾害进行赈灾和援助。

其二，针对明确的社会问题进行资助。公司根据自身资源特色和社会需求，针对明确的社会问题，澄清主要资助领域和目标，其中包括：

- 教育（以支持 STEM 项目为主要内容）
- 军队和退伍军人

➢ 环境问题
➢ 健康和人类服务

一　教育

诺斯洛普·格鲁门主要关注STEM教育，即包括科学（Science）、技术（Technology）、工程（Engineering）和数学（Mathematics）在内的学科教育，和当地组织合作提供项目启发下一代的科学家、工程师和技术专家。为教师和学生提供关于教育、技术、工程和数学（STEM）的独特教育体验是诺斯洛普·格鲁门基金会最重视的项目。

在高等教育资助方面，诺斯洛普·格鲁门与高等教育机构合作，提供奖学金，为学生组织和STEM项目的深入开展提供资金支持。

针对教育领域，主要资助途径有两种。

其一，企业员工通过员工教育匹配项目（Matching Gifts For Education），资助与基金会合作的教育机构和教育活动。

其二，基金会为全国性的STEM项目提供资金帮助。

教育领域主要项目包括：

➢ 零重力飞行探索（Weightless Flight of Discovery）
➢ 教师资质强化项目（Take one Program）
➢ 网络爱国者（Cyber Patriot）

二　军队和退伍军人

作为一个具有军方背景的国防供应商，诺斯洛普·格鲁门坚定地支持为了保卫国家而付出良多的人们。为了增强对军队和退伍军人的支持，诺斯洛普·格鲁门提倡员工志愿服务，通过慈善捐赠项目和战略伙伴合作关系，帮助退伍军人和伤残军人重新就业。

诺斯洛普·格鲁门公司的员工积极参与各种其他致力于关于军人和退伍老兵的组织的项目：向在伊拉克和阿富汗的美军送去了爱心包裹；员工小组以社区服务工作的形式对一个当地的美国对外战争退伍老兵协会的应急房进行了修缮。对于诺斯洛普·格鲁门的员工们来说，劳军联合组织（USO）中心并不陌生，他们经常在那里为军人及其家人准备食物，欢迎军人的归来。

军队和退伍军人领域主要项目包括：

- 负伤勇士计划
- 负伤军人协助性转业项目

三　环境问题

诺斯洛普·格鲁门公司的"环卫安全组织"（EHS）致力于为员工们提供一个安全而且健康的工作环境，同时也确保我们的商业运作遵守对环境负责的要求——保护自然资源和减少对环境的负面影响。公司的政策要求我们的行为要符合联邦、州和地方的法律和规章，我们也努力对"环卫安全"进行持续改进。到目前为止，所达到的成效令我们满意。

作为公司社会责任的一部分，我们努力将公司运作向可持续方向靠拢，采用绿色提案，并且把它们变成可量化的行动。通过提倡在家庭、工作场所和社区的保护活动，对绿色提案和商业提供资助，我们有志成为一个拥有可见影响力的可持续性企业。

诺斯洛普·格鲁门基金会下属的"地球瞭望教育者项目"是一个深入社区的例子。这个项目让老师们有机会同实地研究者一起工作，向后者学习第一手的关于气候变化和海洋保护的知识。另外诺斯洛普·格鲁门公司也建立了一个实验性的绿色员工资源小组，员工们可以通过这些小组来实施那些能帮助公司更好实现对环境的责任的倡议。

环境领域主要项目包括：

- 地球瞭望教育者项目（Earthwatch Educator Program）
- 生态课堂（ECO Classroom Program）
- 环卫安全组织（Environmental，Health & Safety，简称 EHS）

四　资助原则和项目营运方式

资助原则

诺斯洛普·格鲁门基金会有清晰的资助原则。基金会结合自身资源和优势，明确非常有针对性的资助目标群体，围绕关键议题进行整个基金会活动的安排，集中于教育领域的资助，尤其是针对 STEM 学科的教育和研究。

诺斯洛普·格鲁门基金会感兴趣的资助领域包括：

- 学科研究
- 教育
- 阅读教育
- 基础和中等教育
- 工程和技术
- 高等教育
- 数学
- 科学
- 重点关注群体：青少年

原则上，基金会不会为以下对象提供资助：

- 宗教组织
- 政治群体
- 个人
- 运动群体或活动（包括慈善运动活动）

➢ 特许学校（公校私营的学校）

➢ 乐队或合唱团

➢ 资本竞争

➢ 主要为动物提供服务的组织

➢ 美国之外的社区

➢ 任何歧视种族、性别、信仰、民族、性向、残疾、退伍军人或其他任何受法律保护身份的组织

项目运营方式

诺斯洛普·格鲁门基金会采用的项目运营方式有：

➢ 自主运作

➢ 员工志愿参与

➢ 与相关专业组织合作

➢ 直接提供经济资助

其中，与相关专业组织进行合作是诺斯洛普·格鲁门基金会最常采用的项目组织方式，与专业组织合作确保了项目的专业性和效率。在此基础上，诺斯洛普·格鲁门提倡员工深入参与，提出非常具有特色的员工参与计划，让企业员工通过企业内部的相关组织深入参加到基金会所支持的项目中。

五　重点资助项目介绍

1. 教育领域

建立人才供应线的重要一步就是使科学和数学对于学生来说实用又有吸引力。为了吸引学生们，我们也需要教育者能够将独特的教育机会带到他们的课堂中。如诺斯洛普·格鲁门基金会的探索零重力飞行项目、地球瞭望教育者项目以及和国家专业教育准则协会（National Board for Professional Teaching Standards）的合作正是为了解决上述问题而开展的项目。

除此之外，诺斯洛普·格鲁门和其雇员到当地的学校激发年轻人的学习热情，进入当地的学校或建立合作关系来帮助提供教育质量和提升学业表现。例如，网络爱国者，全国最大的高中网络防御比赛，正是为了激发高中学生向着信息安全或者其他STEM科学的发展。由诺斯洛普·格鲁门作为发起者，空军协会（Air Force Association）实施的网络爱国者项目面向国内所有的高中或受认证的家庭学校项目（Accredited Home School Programs）开放。

零重力飞行探索

简介：

零重力飞行探索项目是诺斯洛普·格鲁门基金会的代表性项目。为全国的教师提供专业而独特的培训，帮助激发学生对于STEM教育的热情。零重力飞行提供了以体验为基础的学习机会，将STEM的相关概念形象化地展示给教师和学生，帮助学生理解STEM理论在零重力太空环境下的应用。

零重力公司（Zero Gravity Corporation）

项目目标：

为教师提供独特的零重力飞行体验和专业的工作坊学习，帮助他们在课堂教学中更好地激发学生对于科学技术的学习兴趣。

主要活动：

➢ 零重力飞行

教师们可以在一个抛物线飞行或零重力的飞行器中进行体验，飞行器能够产生与飞向月球类似的失重状态，模拟太空员是如何进行太空飞行训练的。教师们的飞行经历将由录像记录下来并且作为日后课堂教学的材料。

➢ 实践科学工作坊

在每个工作坊中，教师们能够学习失重的相关物理知识，了解并体验失重飞行的具体情况。同时他们设计微重力实验，将科学、技术、工程和数学学科应用于微重力的环境中。在微重力飞行体验随后的一周到两周，他们将自己实施实验，并进行录像。教师们可以利用飞行经历的录像和实验结果来帮助他们提升数学、科学、技术和工程方面的课程质量。

➢ 网络教育资源指南

教师们能够从网络查阅教育者指南，从中了解零重力飞行项目的详细情况。同时，指南也帮助教师们了解如何最大化地利用零重力飞行经历，在课堂中激发学生们的学习热情。

项目产出：

项目自2006年启动，在随后的4年时间中，在24个城市开展共48次零重力飞行活动，共1320名教育者参与到项目中来。仅2006年，已有10000名小学、初中和高中学生间接受到了教育启发。

参与者体验：

诺斯洛普·格鲁门基金会宣布2011年度探索零重力飞行课堂正式启动。今年有30名来自加利福尼亚和内华达州的数学及科学教师被选定参与该项教师发展项目。这些当选教师们将亲身参加一项创新体验，在体验计划中当选老师们将搭乘微重力飞行器以亲身验证牛顿的运动定律，以便在将来的教学中能够利用自己的亲身体验激励他们所教授的学生。此次飞行课程将于2011年9月26日在加州长滩举行。

在飞行课程开始的几周前，教师们将参加为期一天的研讨会。接下来，他们将与他们的学生合作制作适于在月球重力条件下、火星重力条件下以及失重环境下操作的实验。结束历时2个小时的飞行后，每位教师可以利用他们在飞行课程期间拍摄的视频和照片与课堂上的学生分享他们的课程体验。

诺斯洛普·格鲁门基金会零重力飞行课程的开设是为了缓解美国在STEM学科上大学生师资力量的匮乏，这种趋势将对高度依赖杰出的科学家和数学家的美国工业产业带来不利的影响。该课程以初高中数学、科学老师为开展对象，主要是因为有研究表明，一个孩子追求将科学或数学的某些领域作为职业的兴趣主要在中学阶段产生。而诺斯洛普·格鲁门基金会的零重力飞行课程致力于让教师参与，也是因为教师在学生的中学学习阶段起着关键性的作用。

教师代表：

克莉丝汀·罗兰（Christine Roland）（高中科学教师，马里兰州哈福德县）

我的零重力飞行之旅是一种全新的体验，惊险、有趣，令我感受到了一种身心解放的愉悦。这种感觉也让我对科学有了超越其字面意义的新的认识，重新点燃了我对科学的热情。与我的学生分享这段“冒险”经历，也带给了他们一次真正独特和真实的体验，让他们能够近距离地体验到探索外围太空空间的感觉。这种体验也使学生们抛弃了对科学家们的刻板印象，认为他们就是一群没有时尚感、满身灰尘的老书呆子。学生们发现科学其实非常的“酷”和“有趣”。我的学生们也认识到扎实的科学知识非常有可能吸引他们探索现代科学前沿，开启令人兴奋、充实的职业生涯。

理查德·谢林（Richard Sherin）（初中科学老师，马里兰州霍华德县）

零重力飞行课程让我收获了一份最精彩的人生体验。体验失重和不同的重力环境是一种陌生的体验。要知道这是一种什么样的感受，你必须亲身去参与体会它。作为一名科学老师，我大部分时间都在向学生解释重力、力等几个与零重力飞行相关的概念。在教学中最具成效的工具就是我带回来的零重力飞行时拍摄的 DVD，当我给学生们播放 DVD 时，他们痴迷于影片的表情在我看来是无价的。不仅因为片中我们做出的各种动作令人难以置信，更因为片子的主角是他们最喜欢的人——我。这张 DVD 是无价的财产。

资料来源：诺斯洛普·格鲁门官方网站。

教师资质强化项目（Take Don Program）

国家专业教育准则协会［The National Board For Professional Teaching Standards（NBPTS）］是一个独立的非营利性、非党派、非政府组织。它成立于 1987 年，旨在提高教学和学习质量，通过制定教学合格的教师考核标准，为符合标准的教师提供认证证明，并整合符合标准的教师群体。诺斯洛普·格鲁门公司和 NBPTS 合作帮助来自贫困地区学校的数学和科学的教师强化教学技能，通过教师资质强化项目实现对于学生的长久影响。

这项独特的创意是为了增加目标地区的 NBPTS 认证教师数量，通过提供财政支持帮助教师完成 NBPTS 的认证。这一教师质量的倡议活动也支持部分教师积极地参与到一部分权威认证的过程中。Take One 是一个由 NBPTS 提供的项目，主要为教师提供专业的提升机会和国家委员会认证资格获取的第一步。资助按照先到先得的原则为教师提供资助，要求教师所在学校有 50% 的学生接受免费或减价午餐。

国家委员会认证是一个志愿的评估项目，在帮助识别熟练的教师的同时帮助他们更加有效地进行教学。虽然州认证系统为每一个州建立了基本的教学要求，NBCTs成功地展示了更加先进的教学知识、技能和实践能力。认证需要通过严格的、基于时间的评估项目，通常需要1到3年的时间来完成。

目前，全国有64000位被NBPTS认证的教师。在全部50个州中，哥伦比亚特区和其他超过700个当地学校地区承认国家委员会认证，并将其视为类似医学认证和财务认证的专业认证对教师进行区分。

2. 军人和退伍老兵领域

诺斯洛普·格鲁门公司及其员工都认为对那些为保卫我们付出良多的人们提供帮助是重要的。通过志愿活动及战略性伙伴关系，慈善捐助项目帮助退伍老兵和光荣负伤的勇士们重新就业。诺斯洛普·格鲁门公司的员工积极参与各种其他致力于关于军人和退伍老兵的组织的项目：向在伊拉克和阿富汗的美军送去了爱心包裹；员工小组以社区服务工作的形式对一个当地的美国对外战争退伍老兵协会的应急房进行了修缮。对于诺斯洛普·格鲁门员工们来说，劳军联合组织（USO）中心并不陌生，他们经常在那里为军人及其家人准备食物，欢迎军人的归来。

诺斯洛普·格鲁门与其他组织比如劳军联合住址的战略性合作伙伴关系，对它们帮助我们的勇士和巾帼的善举予以襄助。“负伤勇士计划”对那些严重受伤的现役军人提供任务间歇时候或者退役后生活的服务和各种项目。

诺斯洛普·格鲁门公司也把一部分慈善捐助赠与了那些致力于帮助我们的军人、退伍老兵和负伤勇士的非营利组织。这些全国性和地方性的组织对军人们提供了难以计量的帮助。不论是让那些现役军人给自己的孩子讲故事的项目，还是对伤者的医治，甚至向那些无家可归的退伍老兵的协助项目，都是至关重要的。

“负伤军人协助性转业项目”（IMPACT）是诺斯洛普·格鲁门公司为了帮助那些在国际反恐战争中负伤的军人顺利转业而开展的，同时也帮助军人的家人们。我们的员工有一些提议，他们认为应该在整个公司中倡导更加多样化和包容的氛围。员工资源小组是这一战略的关键，其成员包括退伍老兵，他们是我们所珍视的人力资源。

受过表彰的“负伤军人协助性转业项目”是一个自下而上的项目，它运作于正常的招聘程序之外。除了向伤者直接提供资助，项目为伤者的直系亲属或者对其负有主要扶养义务的家庭成员提供就业帮助。尽管我们希望他们可以通过我们的就业帮助在诺斯洛普·格鲁门公司找到合适的职位，但如果不理想，我们还与其他超过60家公司结成了援助网络，他们也愿意向这些负伤的军人和他们的家人提供工作机会。

3. 环境领域

诺斯洛普·格鲁门公司的“环卫安全组织”（EHS）致力于为员工们提供一个安全而且健康的工作环境，同时也确保我们的商业运作遵守对环境负责的要求——保护自然资源和减少对环境的负面影响。公司的政策要求我们的行为要符合联邦、州和地方的法律和规章，我们也努力对“环卫安全”进行持续改进。到目前为止，所达到的成效令我们满意。

作为公司社会责任的一部分，我们努力将公司运作向可持续方向靠拢，采用绿色提案，并且把它们变成可量化的行动。通过提倡在家庭、工作场所和社区的保护活动，对绿色提案和商业提供资助，我们有志成为一个拥有可见影响力的可持续性企业。

诺斯洛普·格鲁门基金会下属的“地球瞭望教育者项目”是一个深入社区的例子。这个项目让老师们有机会同实地研究者们一起工作，向后者学习第一手的关于气候变化及海洋保护的知识。另外诺斯洛普·格鲁门公司也建立了一个实验性的绿色员工资源小组，员工们可以通过这些小组来实施那些能帮助公司更好实现对环境的责任的倡议。

环卫安全组织

长期以来诺斯洛普·格鲁门公司认为，人是我们最珍贵的资源。鉴于此，我们致力于提供一个安全和健康的工作环境。同时也使我们的商业活动符合对环境负责的标准——保护自然资源，减少负面环境影响和员工、客户以及社区的安全健康风险。我们的政策要求运作符合各级法律规章，并且努力使我们的环卫健康表现得到持续改善。

地球瞭望教育者项目

诺斯洛普·格鲁门基金会和地球瞭望中心合作设立了这个具有创新性的面对教师的环境教育项目。诺斯洛普·格鲁门公司所负责的全国各地社区中的教育者们都有机会参加“地球瞭望探索”行动，从而对气候变化和海洋保护有难以估价的宝贵经验，之后将这些体验在课堂上与学生们分享。

在美国，越来越少的学生愿意进入科学、技术、工程和数学领域工作，这已经引起了日增的担忧。诺斯洛普·格鲁门集团为了让科学和数学对学生们来说变得有趣且有用，与地球瞭望合作，向教育者们提供了一个能够真正上手的发展机遇，最终能够影响学生们对于数学和科学的态度，同时在其中激发新一代的环境大使们。

生态课堂

诺斯洛普·格鲁门公司基金会致力于通过帮助老师和学生的项目，提供奖学金和帮助，改善科学、技术、工程和数学方面的课程设置。作为一个技术型公司，诺斯洛普·格鲁门公司尽其所能来努力扭转越来越少的学生投入上述领域的现状。科学精英是一个高科技的产业社会和经济的核心。

通过资助生态课堂的活动，让教师们获得场地研究经验，并且让他们把这样的经验带进课堂，激发学生们对当前环境事务的关切，同时让他们对支持环境科学的数学和科学产生兴趣。

对环境的认识是基于强大的科学研究基础的，当学生们了解到我们是如何依赖于自然和健康的生态环境时，他们就会意识到为了解决环境问题，他们需要掌握相应的技能。我们需要年轻的力量投入这项具有挑战性和创新性的应对气候变化挑战的事务。一个可能的办法就是提供给学生们实地参与这些事务的经验，从而让他们对科学和数学产生兴趣。我们需要那些具有丰富知识和热情的教育者们带给学生们课堂上独特的体验。

诺斯洛普·格鲁门公司基金会为了达成上述目标，同“国际保育”合作开展了这项生态课堂的项目。这项全国性的教师职业发展计划既帮助老师们获取了知识，也给他们激发学生对科技的兴趣，成为新一代的环境创新者和守护人提供了条件。

教师们可以去“国际保育”的热带生态评估监测网体验第一手的声带多样化实地采集和气候资料的使用。』

六　基金会资助策略分析

1. 资助内容策略——STEM 策略

STEM 计划

STEM 原指美国政府的一项教育计划，其中 S 代表科学（Science），T 代表技术（Technology），E 代表工程（Engineering)，M代表数学（Mathematics）。当下美国越来越少的学生对于科学、技术、工程和数学等STEM学科有关的职业生涯感兴趣。STEM计划是一项针对学生主修科学、技术、工程和数学领域，并不断加大对科学、技术、工程和数学教育的投入，培养学生的科技理工素养的教育计划。

STEM策略

诺斯洛普·格鲁门基金会为协调原有教育项目并将原有项目与公司的慈善策略整合起来，制定了一项教育策略，即STEM教育策略，该策略涵盖了公司所有的教育慈善项目，并在公司与外部教育慈善合作者的关系上起着指导作用。

STEM教育战略适用于公司所有的教育慈善项目，并采取了单一递进式的构建方法，从儿童教育到高等教育，最终达到培养出杰出人才的目的。该战略将诺斯洛普·格鲁门公司所有的教育慈善类项目与公司的战略计划结合起来，形成了完整的慈善战略框架。STEM教育战略涵盖了全公司对教育慈善作出的所有努力，并指导着公司与外部教育慈善机构和个人的关系。这些外部机构和个人包括联邦教育组织、州教育组织、专业人士和学生社团、高等学院及大学、儿童教育（K-12教育）机构，公司的消费者、合作伙伴以及公司雇员生活、工作所在的社区。

战略目标

旨在激发学生对STEM类课程的学习兴趣，增加从事STEM相关领域的学生人数。

合作组织和教育项目组合

受过良好教育、经过充分准备的人才资源是诺斯洛普·格鲁门公司成功的关键。因此，公司对教育项目和相关合作伙伴的投资也与促进 STEM 教育计划发展以及为公司储备优秀的人才直接相关。

STEM 战略执行情况

从 2008 年到 2010 年，诺斯洛普·格鲁门基金会把上千万美元用于支持各种教育项目，包括针对教师和青少年的 STEM 项目、针对高等教育的 STEM 推广和学术机构支持。

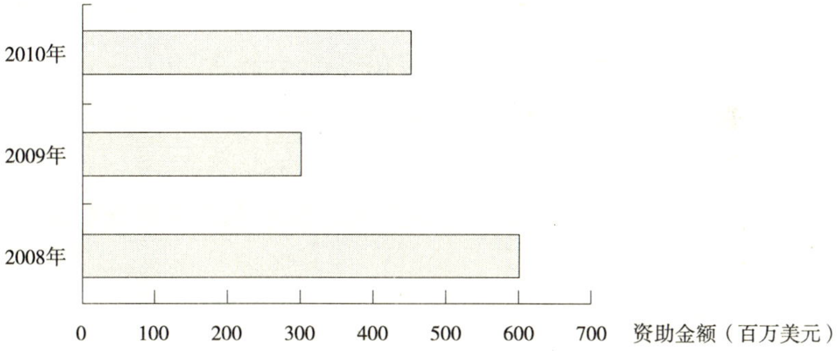

图 1　2008～2010 年 STEM 项目资助金额

2. 资助方式策略——员工参与策略

诺斯洛普·格鲁门基金会的资助主要有两个方式：员工教育匹配计划和诺斯洛普·格鲁门基金会资助。员工教育匹配计划是诺斯洛普·格鲁门基金会于 2001 年提出，旨在为员工提供参与慈善资助的途径。

诺斯洛普·格鲁门基金会认为员工是公司践行企业社会责任的重要组成部分。不论是辅导学生数学学习、打包军队护理套装、向公司支持的项目捐助或为当地的非营利组织提供志愿服务，这些员工个人的努力都从公司的整体水平上增加了公司对社会的回馈。

基金会成立了志愿者网站，通过这一网站公司员工找到自己社区招募的志愿者职位，同时可以了解到社会各领域对志愿者的需求；从而增加了与志愿者员工之间良好的沟通以及他们对公司慈善项目的认同。同时，基金会提供“社会服务资助计划”，向员工个人参加的非营利组织提供资助；并且公司通过年度表彰大会对公司内杰出的志愿者予以表彰和鼓励。

诺斯洛普·格鲁门通过公司的员工慈善组织（Employees Charity Organization，简称 ECHO），为员工提供机会，就他们自己所关心的问题提供社会帮助和社区支持。符合要求的员工，可以申请加入 ECHO，并参加每周的慈善活动。诺斯洛普·格鲁门公司、诺斯洛普·格鲁门基金会和 ECHO 建立了一个在线资助系统，只要简单地点击项目链接，就可以了解现有项目的具体介绍和申请流程。

员工通过在公司内部的网络注册，即可利用网络进行捐助或提供支援服务。

有捐助资格的员工类别：

全职雇员

兼职雇员（每周工作 20 小时以上）

诺斯罗普·格鲁曼公司董事会成员

无捐助资格的员工类别：

离退休雇员

请假雇员

合同工

全职雇员的配偶或子女

第三节　基金会资助申请指南

一　针对诺斯洛普·格鲁门基金会的资助申请

资助申请基本要求

诺斯洛普·格鲁门基金会仅向国内税收署根据国内税法典第 501 条第三款第三项确定的免税组织提供捐助。该组织申请的项目应在国家级别上推进 STEM 领域的教育创新。

以下申请不纳入基金会考虑范围：

- 个人申请者
- 为抽奖、慈善步行、宴会或晚餐进行的筹款项目
- 校园内的学生组织、联谊会及荣誉社等
- 宗教类院校、主要目的在于传播宗教信仰的院校
- 运动队、支援性组织
- 广告或费用
- 限时募捐运动
- 设立基金形式的捐赠
- 学费
- 合唱团、乐队

基金会仅在前一年的秋季季度接受和审查针对第二年的捐助申请。申请者一年仅能提交一次经济援助申请。

如何提交资金捐助申请

捐助申请须经本网站提交，申请此类捐助，申请者需输入组织的免税号码，该号码将自动提交国税局数据库进行验证。申请者的申请也需包含如下内容。

➢ 非营利组织或机构的联系人姓名、职称、地址、电话号码、传真号码

➢ 组织的简要历史介绍、使命、目标和愿景

➢ 提供服务的类型、范围和服务地域

➢ 捐助资金用途的详细说明

➢ 项目预算和数额要求

➢ 影响人群

➢ 目前的运营预算，包括最新的财务报表

➢ 其他企业资助者的名单

➢ 董事及/或高级职员以及他们所属单位的名单

➢ 是否有诺斯洛普·格鲁门雇员予以赞助（姓名、电话号码）

➢ 其他联系信息

二 针对员工教育匹配计划申请

诺斯洛普·格鲁门基金会的员工教育匹配计划旨在认可和支持公司员工对教育的投入。请检查下面列出的合格/不合格的条件，以确定您的机构是否具有入选资格。

基于该计划现金资助的特点，该计划仅接受经核实的 50 至 1000 美元的教育捐款。基金会每年将为每位捐助的员工提供 4 个配对选择。全部配对资助的总额将不超过 1000 美元的捐款上限。

教育资助配对计划有两个重要的步骤：

➢ 员工/捐助者的捐赠登记

➢ 接受捐赠的学校/机构的审核

经过审核后，基金会将作出拒绝或批准捐助的决定。如果获得批准，捐款支票将直接寄给受捐助的教育机构。诺斯洛普·格鲁门基金会有权在任意时间变更、暂停、终止该项目

计划，并保留审核确定何种捐助能够获得配对的权利。

满足受捐助资格的教育机构：

- 公立、私立的小学和中学
- 公立、私立的非营利性的有资格授予学位的两年制或四年制学院或大学，研究生学校，牙科、医学或法律院校以及国家认证的地区性评审协会认可的职业或技术学校、美国教育厅出版的美国高校高等教育指南中列出的学校

该项捐助经国内税收署认可可享受扣税优惠，且受捐助机构不是国内税法典第509条第一款规定的私立基金会。

校友基金会、筹款实体或支持团体（如PTA、PTO、PTSA等）必须隶属于有资质的学校并取得税法典第501条第三款第三点中规定的独立地位或与之相似的免税地位。

所有员工教育资助配对计划的受资助人必须为美国国内税收署第501条第三款第三点规定的税务豁免组织。

合格的教育支持形式包括但不限于：

- 奖学金（不得授予指定的个人）
- 普通基金
- 年度基金
- 对专门学科的捐款（如工程、人文、商科、牙科）

第四节 组织架构

表1 组织架构

姓名	基金会职务	在诺斯洛普·格鲁门公司职务
桑德拉·埃弗斯-曼利(Sandra Evers - Manly)	会长，理事会成员	
卡尔林·贝思迪(Carleen Beste)	秘书长，监事	
席尔瓦·托马斯(Silva Thomas)	会计，理事会成员	
韦斯利·布什(Wesley Bush)	一般官员	首席执行官，总裁
达里尔·M. 弗雷泽(Darryl M. Fraser)	一般官员	副总裁（分管公关）
哈里斯·斯珀林(Harris Sperling)	一般官员	
史蒂芬·D. 吴思拉斯(Stephen D. Yslas)	一般官员	副总裁，总顾问

注：以上资料来自美国基金会中心数据库 Foundation Directory Online。

第五节 基金会财务管理

一 990－PF基金会纳税申报表信息概览

表2 诺斯洛普·格鲁门基金会990－PF纳税申报

单位：美元

收入	2001年	2002年	2003年	2004年	2005年	2006年	2007年	2008年	2009年	2010年
收到的捐助、礼物、资助等	0	0	0	0	5324825	579432	0	0	0	10000000
存款和短期现金投资的利息	397627	38066	30461	299399	457291	362274	324610	329655	193058	130914
投资证券取得的利息和股息收入	458460	663193	1279918	473211	438675	521224	597276	571439	418546	406210
出售资产取得的净收益或净损失	1552885	0	1433503	41036	433411	2112578	3186375	2343550	2602018	1302174
其他收入	0	0	0	644	8982	0	133314	415339	166187	191120
共计收入	2408972	701259	2743882	732218	6663184	3575508	4241575	1027117	8242271	12030418

续表

支　出	2001年	2002年	2003年	2004年	2005年	2006年	2007年	2008年	2009年	2010年
法律费用	4605	1869	5500	0	0	0	0	0	0	0
会计费用	0	5200	64590	15000	0	229851	39250	26750	4800	18600
其他专业费用	4669	15023	0	67533	328742	0	359908	219565	136867	127531
税	42019	24095	28976	24000	0	83269	29500	30	20400	0
其他费用	0	0	0	42	4551	70368	3545	1591564	2148108	1987953
运营和行政费用小计	51293	46187	99066	106575	333293	383488	432203	1837909	2310175	2134084
支出的捐献、礼物、资助等	2493482	1128836	7052447	1869660	3802079	5878310	6581242	4420843	2133240	2480354
共计支出	2544775	1175023	2546771	1976235	4135372	6261798	7013445	6258752	4443415	4614438
收入超出支出的部分	-135803	-473764	197111	-1244017	2527812	-2686290	-2771870	-7285869	-6267642	7415980
资　产	2001年	2002年	2003年	2004年	2005年	2006年	2007年	2008年	2009年	2010年
不产生利息的现金					2503776	541667	1578770	1669010	628851	2087245
存款和短期现金投资		2967213		1343539	2127888	1071115				
投资：公司股票				14788130	7432424	7358657	8450583	5377633	5515424	8049395

续表

资　产	2001 年	2002 年	2003 年	2004 年	2005 年	2006 年	2007 年	2008 年	2009 年	2010 年
投资：公司债券	14486062	14591809		17219325	24187700	23539182	19864412	15564742	10559517	14010561
投资：其他	20373440	16826716				26819	3489	4424	38839	
其他资产			34582849	165148	217579	56				
资产总计	34859502	34385738	34582849	33516142	36469367	32537496	29897254	22611385	16708216	24186040
负　债	2001 年	2002 年	2003 年	2004 年	2005 年	2006 年	2007 年	2008 年	2009 年	2010 年
其他负债				177310	602723					
负债总计	0	0	0	177310	602723	0	0	0	0	0
净资产	2001 年	2002 年	2003 年	2004 年	2005 年	2006 年	2007 年	2008 年	2009 年	2010 年
股本、信托基金或流动基金	36690595	37690595	37690595	37690595	37690595	37690595	37690595	37690595	37690595	37690595
留存收益、累计收入、以设立基金形式的捐赠或其他基金	-2831093	-3304857	-3107746	-4351763	-1823951	-5153099	-7793341	-15079210	-20982379	-13504555
净资产总计	33859502	34385738	34582849	33338832	35866644	32537496	29897254	22611385	16708216	24186040
负债和净资产总计	33859502	34385738	34582849	33516142	36469367	32537496	29897254	22611385	16708216	24186040

注：基金会采用收付实现制来计量。

二 资产规模概况

由于采用收付实现制计量，负债几乎不存在，资产和负债的波动受到资助项目和收到的资金的影响。

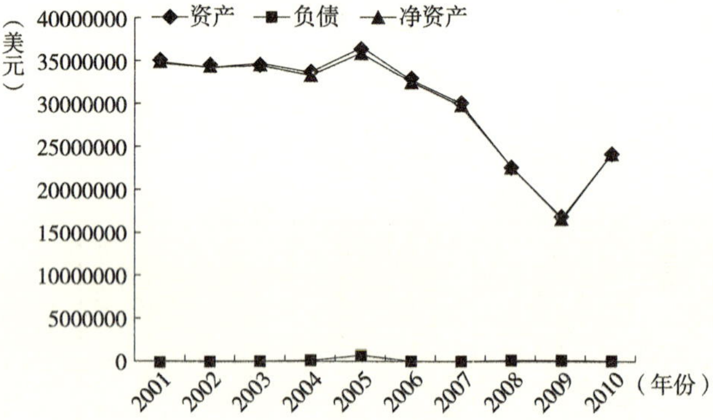

图 2 资产状况

三 收入

从已有的 2001 年到 2010 年 990 - PF 的信息可以知道，基金会的绝大多数资金来源于公司。基金会分别于 2005 年、2006 年和 2010 年收到公司的捐助。2005 年收到的 532 万美元的收入中，350 万为公司捐助。2006 年和 2010 年的收入全部来源于公司。基金会支付的贡献、礼物、资助和公司的净利润成正向的比例的波动。支付的贡献、礼物、资助的金额占当年的净利润的 2/1000 左右。

四 支出

除了支助非营利组织外，在 2009 年和 2010 年其他费用的大部分包括了资助公司组织的无重力飞行探索项目，详见 http://www.northropgrumman.com/goweightless/。

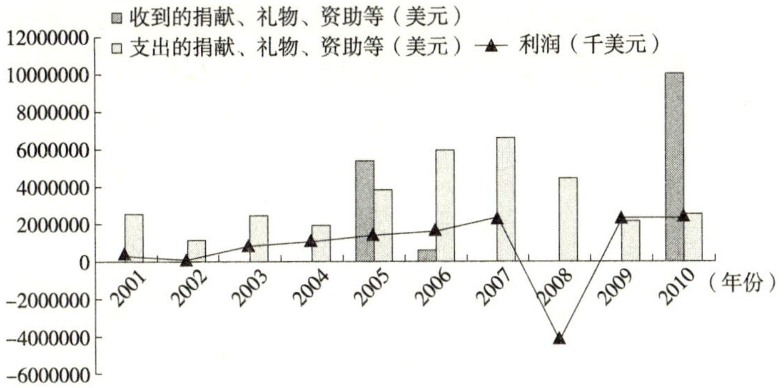

图 3　收益分析

五　分配比率

根据 4942 法案，符合一定资格的私募基金会（private foundation）在证券投资（如购买国债、股票、债券上的净收益）可以享受原先由 2% 降到 1% 的特种消费行为税的（exercise tax）税收优惠。其中关键的每年的检验的条件为分配比率（distribution ratio），若该年度的经调整的合格的分配大于过去 5 年的分配比率平均值与今年净投资收益的乘积，则可以享受税收减免。

分配比率 = 经调整的合格的分配（adjusted qualifying distribution）/非慈善用途的资产（net value of nonchantable - use assets）

其中：

经调整的合格的分配 = 用于达成慈善目的付的金额（包括行政费用）- 一些对有资格的基金会减免净投资收益征收的特种消费行为税（如果没有该资格就不能减去税）。

非慈善用途的资产主要包括非直接用于执行慈善用途的资产的公允价值减去 1.5% 持有用于慈善目的的现金。其中，非直接用于执行慈善用途的资产主要包括证券的公允价值的月余额的平均额、现金的月余额的平均额和其他资产的公允价值。

因此，分配比率作为基金会用于慈善目的与非慈善目的及闲置的资金的百分比，衡量基金会运用资金的效率。分配比率越大，表明基金会将大量现金或投资证券市场的收益投入资助项目。

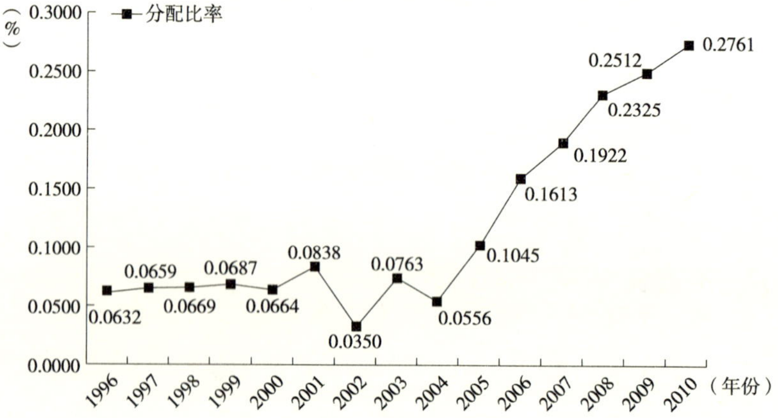

图 4　分配比率

六　运营费用比例

维持基金会运行的工作人员无偿为基金会服务。运营费用主要由会计费用、法律费用、投资费用、管理行政费用构成。会计费用和法律费用主要产生于接受会计审计或法律的服务，费用相对固定。投资费用为变动成本随投资的交易量而变化，还包括投资的咨询费用。近年来随着公司对证券等的投资的增加，投资费用同时增加。

七　资产收益率

资产的综合收益包括短期投资和长期投资，例如货币市场基金、资产抵押证券、共同基金、国债、股票、房地产等。资产的综合收益率2008年为3.5%，2009年为2.2%，2010年为2.0%。

第六节　透明度和信息公开

诺斯洛普·格鲁门公司及其基金会一直致力于提升公司业务、项目资助信息的透明度，目前公司提高透明度的方法主要是加强信息公开。格鲁门公司本身及它的基金会借助披露年度报告的方式，加强公众监督，增进公众对公司及基金会工作的了解。

一　诺斯洛普·格鲁门公司——企业社会责任报告

诺斯洛普·格鲁门公司自2007年起自愿发布企业社会责任报告，报告内容主要包括公司的环境表现和社会表现。公司所发布企业社会责任报告将持续关注对公司主要的利益相关者具有重要意义的环境和社会责任表现。报告将与全球报告倡议组织（GRI）的要求保持一致，该组织作为一个第三方组织开创了可持续发展能力报告框架，该框架在世界范围内得到普遍使用。在格鲁门2010年的企业社会责任报告中，全球报告倡议组织认为报告所披露内容和信息已达A级报告水平，这些内容包括公司在2010年的社会与环境表现。报告内容涵盖了公司在社会公益、节能减排、实现员工多样性等多方面的努力。

二 诺斯洛普·格鲁门基金会——年度报告

诺斯洛普·格鲁门基金会作为一家企业基金会，在公司发布的企业社会责任报告之外，每年还会发布一份单独的年度报告。年报内容分为两部分，一部分介绍基金会的捐助宗旨和资助计划结构，详细阐述其资助计划完成效果，另一部分主要包括基金会当年资助的项目介绍、不同项目的资助比重、主要的合作伙伴以及基金会下一年的项目资助安排。诺斯洛普·格鲁门基金会的年报为公众了解基金会运营状况、合作项目提供了可靠和便利的途径。

第七节　主要合作伙伴简介

CONSERVATION INTERNATIONAL

people need nature to thrive

保护国际 CONSERVATION INTERNATIONAL

保护国际（Conservation International，简称 CI）成立于 1987 年，是一个总部在美国华盛顿特区的国际性的非营利环保组织，宗旨是保护地球上尚存的自然遗产和全球的生物多样性，并以此证明人类社会和自然是可以和谐相处的。保护国际在全球四个大洲超过 30 个国家开展工作。作为一个致力于保护生物多样性的非政府组织，保护国际已经发展成为一个在政府、科学家、慈善基金会和企业间具有影响力的国际组织。

EARTHWATCH INSTITUTE (US/International)

地球守望者 EARTHWATCH

地球守望者 1971 年在美国波士顿成立，是一个国际性的非营利组织。组织成立的目的在于开展对保护自然环境所必需的活动，促进参与者对保护环境的了解。地球守望者每年为来自全世界的志愿者提供参加环境研究小组的机会，这些志愿者将在小组中为野外调查和收集数据的科研人员提供帮助，调查主要涉及野生动物保护、雨林生态、海洋科技和考古学等领域。

诺斯洛普·格鲁门基金会连续多年与地球守望者合作开展针对教师的环境教育计划，基金会每年资助20～25名教师参与地球守望者针对气候变化和海洋保护的环境科学研究计划，教师们在完成计划后会将所学知识和亲身体验与学生分享，以激励更多的学生投身环境科学领域的研究。

美国太空火箭中心 U. S. SPACE & ROCKET CENTER

美国太空火箭中心（前身为太空训练营）成立于1982年，旨在促进青少年在STEM领域的学习研究。训练营的工作包括为奖学金筹款以及为不同年龄段的学生及成人提供太空知识教学，教学内容包括太空导向项目、以飞机为主题的航空挑战野营等，以激发学员对科学、工程学、航空和探险的兴趣。自1982年成立以来，已有50多万名来自50个州、40多个国家和地区的学生和成人参与了该训练营。

自2005年以来，诺斯洛普·格鲁门基金会已为75名通过了该中心普通奖学金申请的学生提供了奖学金，并于2008年启动资助项目，每年资助48名学生和16名老师前往太空火箭中心接受训练。

零重力公司 ZERO GRAVITY CORPORATION

零重力公司是世界唯一一家有权为私人提供失重体验的商业公司，它由企业家彼得·迪曼蒂斯、宇航员拜伦·K. 利希滕贝格、美国宇航局工程师雷·克罗尼兹共同成立，自 2004 起运营失重体验飞行。诺斯洛普·格鲁门基金会与零重力公司合作，资助初高中科学、数学老师参与失重体验计划。借助教师分享体验感受的过程，激发学生对 STEM 领域的兴趣，增加相关知识。自 2006 年起，截至 2010 年，已有来自 24 座城市的 1270 名教师参与了该项计划，预计受益学生达 120 万名。

美国公共电视台—“设计班”节目 PBS DESIGN SQUAD

“设计班”是美国公共电视台的一台电视真人秀节目，节目中初中和高中的学生通过展现充满奇思妙想的机械设计来竞争英特尔提供的1万美元的大学升学奖学金。

诺斯洛普·格鲁门基金会为第四季的节目摄制提供赞助，并将在摄制方面提供帮助。此外，基金会的员工还将参与摄制方举办的网络研讨会议，接受摄制方帮助以提高教育推广能力，为能更好地融入12岁以下孩子的群体中，与他们一起做好更充分的准备。

参考资料来源

SIPRI Top 100 Defence Contractors（2010）. Stockholm International Peace Research Institute

诺斯洛普·格鲁门官方网站年报表

耐克基金会

The Nike Foundation

第一节　耐克基金会介绍

一　基金会基本情况

组织名称：耐克基金会（NIKE FOUNDATION）

地址：俄勒冈州比弗顿镇

联系电话：（888）448－6453

E－mail：nike. foundation@ nike. com

网址：www. nike. com/nikebiz/nikefoundation/index. html

类型：企业基金会

二　基金会简介

耐克基金会是一家非营利的慈善机构，总部位于美国俄勒冈州（Oregon）的比弗顿（Beaverton）镇。该基金会通过对未成年贫困女孩进行投资以实现它的理念——给最需要帮助的女孩子们提供支持，让她们重燃希望、鼓起勇气挑战命运。为了使整个社会能够持续改善，该基金会提倡化热情为力量，以声音感染社会，整合利用各项资源开展创新型的企业慈善事业。

目前基金会的工作重点围绕“联合国千年发展计划”中的两个项目展开，分别是扶贫项目和两性平等项目，基金会正着力于这两个项目的宣传工作及其他相关工作。通过呼吁人们关注女性权利和世界福祉，在使个体的女孩改变命运的同时也让整个社会受益。

每年，耐克公司税前年度收入的3%会分配给耐克基金会，作为对其工作的支持。

三　使命

耐克基金会通过投资贫困女孩为消除世界贫困贡献力量。通过捐赠和宣传基金会为全世界的女孩谋求权益，它用自己的声音和热情感染人们，号召人们关注女孩权益。除此之外，基金会还在努力探索培育企业慈善事业的创新模式。

四　基金会权限

- 不受理加入申请。
- 捐赠范围遍及孟加拉国、巴西、中国、埃塞俄比亚、印度、肯尼亚、利比亚、乌干达和赞比亚。
- 不支持歧视性组织。
- 以下情况不在捐赠范围内：个人、既定项目的运营支持、调查或旅游、电影、电视、不属于某项目完整部分的广播节目，宗教活动，捐款及筹款活动，游说或政治活动，货币贬值或减债。

五　基金会资助方向

- 耐克基金会不接受未经请求的提案。
- 耐克基金会在早期工作中发布过计划需求书，在其中基金会看到了从合作伙伴和其他专家那里了解的情况与实际投资需求之间存在的差距。通常书中会涉及种子捐赠或复制其他成功案例的计划。这些投资经验使基金会了解到了救助女孩所蕴涵的巨大机遇。

- 目前，基金会的投资目标是最大化地改善女孩生活环境。基金会正在和其合作伙伴共同奋斗，同时也在合作网络中寻找更多有能力带来巨大改善的合作者。

六　基金会全球合作伙伴及项目运行合作国家

耐克公司已经为基金会今后的工作提供了2000万美元的现金和土地捐赠。未来，公司还会将每年税前收入的3%分配给基金会。

基金会的国际合作伙伴包括世界银行（World Bank），人口理事会（Population Council），国际妇女研究中心（International Center for Research on Women），健康计划（Program for Appropriate Technology in Health）和联合国基金会（UN Foundation）。国际妇女研究中心将协助监测和评估基金会的所有项目，并收集数据来追踪对女孩的预估投资与实际情况之间的差距变迁情况。

耐克基金会最初的工作重点是在孟加拉国、巴西、中国、埃塞俄比亚和赞比亚五个发展中国家，并与当地以及国际性的非营利组织有合作关系。2005年9月，基金会在其举办的第一轮关于重新关注女孩生存状况的资助活动中，总共宣布了捐助总额超过500万美元的11个项目。

这些项目包括防止埃塞俄比亚的女孩早婚，保证赞比亚的女孩可以接受教育，在孟加拉国创办农村学习中心，为女孩提供一个安全的避风港，并且保证她们能够获取关于个人理财、事业发展、生殖健康方面的信息。

第二节 基金会工作

一 关注领域

表1 关注领域

主 题	地 区	对 象
经济发展	孟加拉国	经济上的弱势群体
教育	巴西	女孩
就业	中国	
卫生保健	埃塞俄比亚	
公共事业	印度	
财务咨询	肯尼亚	
安全/灾难	利比里亚	
社会企业	南非	
青少年发展、成人及儿童项目	坦桑尼亚	
	乌干达	
	赞比亚	

二 项目领域

基金会的资助者已经确定了在以下领域的兴趣：

➢ 针对振兴女孩经济模型

基金会支持的针对振兴女孩经济，旨在发掘和完善有创新性和创造力的新型模型的计划。

➢ 针对女孩的以市场为基础的经济机会

基金会支持旨在刺激产生提供给大龄女孩和年轻妇女的正式和非正式的以市场为导向的就业机会的计划。

➢ 针对女孩的指导计划

基金会支持旨在通过高品质指导为女孩建立社会和人力资本的计划。

➢ 针对女孩的储蓄产品和服务

基金会支持旨在鼓励发展女孩特有的金融产品和服务的计划。

耐克基金会支持关于女孩、造福社会以及改善公共政策的计划。

➢ 关于女孩的计划

耐克基金会需要赋权女孩的整体视图。我们认识到，对女孩来说，包括能力、机会和选择在内的不同的竞技场正在形成。这些竞技场包括经济机会、健康安全、领导力、话语权、教育和社会机会。

- 经济机会：该计划可以帮助女孩成为当地或全球经济的积极参与者，包括正式和非正式就业、创业、培训、技能培训、获得信贷及成为合作社的成员。
- 健康安全：该计划可以增加女孩获得健康信息和生存福祉（包括生殖健康）所需的服务的机会，以及帮助保护女孩的安全，使其免受来自家庭和社区内的暴力和伤害。
- 领导力和话语权：该计划可以增强女孩的领导、组织、清楚表述、代表他们自己的观点、代表一个团队或一项事业以及行使其基本人权的能力。
- 教育：该计划可以增加未成年女孩通过正式（小学和中学）或非正式的学校教育获得知识和信息的机会。
- 社会交流性：该计划可以提升女孩们交友、玩、社交、可塑性以及在社会空间中和作为团队成员应有的素质和能力，使她们有机会获得来自个人和社会的支持，能够参与到社交网络中。耐克基金会会优先拨款给能够为女孩权益提供创新性的和令人信服的途径的合作伙伴。

➢ 关于社会的计划

耐克基金会意识到支持未成年女孩的工作应延伸到包括男孩和男人在内的社会其他成员，其在这个领域的工作重点是关注那些动员社会和文化支持来保护女孩权益的计划。

➢ 政策措施

改善女孩福祉的工作还涉及影响整体政策环境。耐克基金会在这一领域优先考虑支持在地方、国家和全球各级可影响政策制定者的宣传和可增加在女孩权益方面资源分配的计划。

致力于消除贫困和性别平等这两个有着千丝万缕联系的目标，共同促使一个朝气蓬勃的耐克基金会诞生。耐克基金会采用全方位的做法，将在包括经济机会、健康安全、领导力、话语权、教育和社交可塑性等多个场合帮助女孩。

耐克基金会将在两个层面上采取行动：通过与发展中国家的社会合作伙伴开展落地项目以及与全球宣传伙伴合作来提高对投资女孩的价值认知的意识。

三　核心项目介绍："女孩效应"

1. 项目背景

全世界有2.5亿发展中国家女孩陷于贫困当中。在10亿女孩中，1/4年龄在10~19岁的女孩每日生活费不足2美元。当一个女孩的潜力被点燃、世界被改变，一个改变的连锁反应就被释放出来。这种改变就是从一个女孩开始的。如果一个女孩清楚地知道她需要什么来实现她的潜力，当把她置于改变的中心，她就能改变一切。

对女孩处境的深入了解要关注以下四个关键点。

晚婚晚育 即便在大部分地区是违法的，但仍有将近40%的女孩会在18岁结婚。这些女孩有更大的风险会遭遇辍学、家庭暴力和未成年怀孕——这是15~19岁女孩死亡的主要原因。

几千年来形成的传统似乎正在转变：在埃塞俄比亚的阿姆哈拉（Amhara）地区，一半的女孩会在15岁之前结婚，而“点亮黑夜”（Berhane Hewan）是一个通过社区对话以及如学校用品等的简单鼓励来实现由内而外的传统转变的计划。通过“点亮黑夜”，超过11000名女孩延迟了结婚并留在学校继续接受教育。英国国际发展署（DFID）看到了它的潜力。耐克基金会正在建立伙伴关系扩大“点亮黑夜”项目规模——使其扩展到整个埃塞俄比亚的20万名女孩。

保障女孩的健康安全 在女孩们五岁时接种最后一次儿童疫苗和第一次怀孕之间，她们很大程度上被卫生部门忽略了。由于没有获知任何关于她们的未成年身体将会发生什么以及她们的权利、性行为的潜在后果的信息，她们的未来如何只能交由命运。

一旦获知这些信息成为一种规范，她们就可以掌握自己的身体和自己的未来。耐克基金会正在与英国国际发展署、国际人口服务组织和卢旺达政府一同为卢旺达的12岁女孩创建一个名为“12+”的计划。“12+”结合安全空间、指导、健康、财务知识培训，以及有趣的健康“冒险”来延迟女孩的性行为和在必要时增加避孕工具的使用。

加快完成中学学业和过渡到好的工作 女孩完成学业对各方面都有益处，但是她的教育必须能够转化成有效的谋生之道才有意义。如果拥有一份好工作，她和她的同龄人每年将为发展中经济体贡献数十亿美元。

很多女孩从肯尼亚的农村地区迁移到内罗毕市寻找机会。但很快这些女孩会发现机会是有限的。在没有教育和没有前途的情况下，通常女孩会发现她所剩的唯一资产就是她的身体。

科技服务组织（TechnoServe）同肯尼亚的3000名女孩（包括在校和不在校的）正在共同改变这一现状。科技服务组织教会女孩们了解自己的权利和健康，以及面试技巧、财务知识和商业技能。有了这些基础在手，女孩们就可以制订商业计划、获得创业支持或拥有付薪的就业机会。

增加女孩获得经济资产的机会 在极端贫困的家庭中，如果女孩们的家庭看不到投资的回报，她们就没有机会进入学校。有了经济资产，女孩们很快就能证明她们可以作出她们的家庭和社区想象不到的经济贡献。

小额信贷和安全空间是很有效的手段 当孟加拉国农村发展委员会（BRAC）同时提出了这两种有效的方法，在孟加拉国有675000名大龄女孩开办小企业，学习生活技能，发展社会网络以及在学校深造。农村发展委员会为坦桑尼亚和乌干达的女孩们量身订制了方案，使她们能够在继续自己的教育、规划一个更美好的未来的同时帮助养家。

2. 项目内容

此项目的特别之处是为2亿5000万未成年女孩现有的贫困画上句号，同时也让她们有机会为这个世界作出自己的贡献。

基金会的关注焦点是发挥“女孩效应”，因为在它看来，解决贫穷的根本之道是寄希望于年轻女性，特别是在其结婚生子，甚至是感染艾滋病之前，因此选择了未雨绸缪而非亡羊补牢。

成为一名接受过高等教育的母亲，同时也是一位活跃的、有贡献力的市民、一位称职的员工，她可以打破贫穷的恶性循环，而其因此作出的贡献，不仅让她自己受益，同时也让她的家庭和社区受益匪浅。

当一位年轻的女性，有机会接受7年的教育，她将会推迟4年结婚，并且少生育2.2个子女。多一年的中学教育将有可能使年轻女性的最终工资上涨 25 个百分点。一位受过教育的女性，将会把她将来收入的 90% 投入于她的家庭，同等条件下，男性对于家庭此方面的投入仅为 35% 。

当将这个数字再乘以 2 亿 5000 万生活在贫穷中的女孩，就会获得改变世界的强大力量。

据世界银行研究表明，如果尼日利亚的女性获得与当地男性相同的就业机会，那么她们每年可为其国内生产总值作出的新贡献高达 139 亿美元。印度因为女孩早孕而丧失了 3830 亿美元的潜在终身收入。

这不仅仅是一个社会问题，更是一个关乎明智经济政策的命题。

耐克基金会从已有的各个方面支持“女孩效应”项目，其合作伙伴及全球上千家机构和数百万的个人都全力支持此项活动。

3. 项目合作伙伴

“女孩效应”是一项运动，耐克基金会只是这项运动的实干者、推动者及影响者当中的一员。

在此项目的基础上，基金会依托一个强有力的组织网络共同合作从而增添专业知识、构建知识基础、提升对此的认识以及推动对未成年女孩的投资。

与诺和基金会（NoVo Foundation）的正式合作使耐克基金会认识到，正是慈善投资为他们带来最为积极的影响。与此同时，诺和基金会已经投入了 1 亿 1 千 7 百万美元用于“女孩效应”项目的发展。他们用自己无限的热情和专业的态度保证了该专项基金的运作。

两家机构密切合作，拉动投资，发展高效项目的规模，同时确保解决方案由国内专家筹谋划策。例如，在与英国国际发展署（DFID）的合作项目中，基金会发起的女性社交中心使得女性专家可以深入到大规模发展项目中来。

基金会与许多其他组织机构的合作使得交流可以更为广泛深入，共同寻找和尝试有效的工作方式，进一步扩大项目规模从而取得新的成就。

四 基金会参与资助的其他项目

2007~2009财年，耐克基金会组织了一系列的投资活动，在各地开展以改善社会为目的的运动会项目。这些项目虽然多种多样，但都旨在鼓励社会及环保运动的开展。

认识到整个社会的改善不是仅仅12个月的努力就可以实现的，基金会的方案都立足长远。事实上，基金会把这些项目当成一个契机，用来加快和健全活跃的社会改善性活动。

1. 落魄者世界杯（Homeless World Cup）

“落魄者世界杯”是一个帮助流浪人群的组织，它凭借体育竞技对人的精神鼓舞帮助这些人找回自尊，同时也引起了整个社会更多的关注和参与。

耐克基金会希望帮助“落魄者世界杯”扩大影响，提高项目效果，使它们更具影响力，从而为这些流浪者能够最终过上幸福安康的生活作贡献。

“落魄者世界杯”项目效果显著。每年在活动结束后，“落魄者世界杯”都会对这些穷困潦倒的参与者进行问卷调查，调查所得结果是这些人中大约有73%都过上了更好的生活，他们摒弃了吸毒、酗酒等恶习，转而去工作、学习、培训或者再就业，他们重新与家人生活在一起。有的人甚至当上了球员，还有一些人当上了半职业甚至职业球队的教练。

2. ninemillion. org

耐克公司是国际难民高级事务署（UNHCR）的合作伙伴。

世界上有超过900万的儿童难民生活在难民营里，为了引起社会对他们的关注，也为了募集资金使这些难民能够得到教育，参加体育运动，耐克公司与国际难民高级事务署一同创办了ninemillion. org。

在2007财年，耐克的设计师发明了一种由可再生材料制成的多用运动球，这种球能适应难民营里的恶劣条件而不会过快损坏。耐克基金会向这些难民捐赠了40000个多用球和配套课程以支持难民营儿童的体育运动。

耐克公司帮助国际难民高级事务署发展了ninemillion. org的整体概念和内容。基金会开展了一项由罗纳尔多（Ronaldo）带领的公益活动，宣传阿塞拜疆、乌干达和泰国儿童难民所面临的生存挑战，基金会还为这个项目提供了100万美元的等额捐助。

3. 站起来，喊出来（Stand Up，Speak Up）

耐克主办了“站起来，喊出来”活动，在这一活动中球迷们可以表达他们对足球运动中的种族主义的反对。

耐克调动资源对抗足球运动中的种族主义，在零售店、超市及欧洲顶级联赛的运动员身上，都可以看到它的主张。这个活动的标志是一对扣在一起的腕带，一黑一白，用来象征这个社会是由黑人和白人一起组成的。

这对腕带可以提醒人们提高种族平等意识。耐克的这一活动受到了消费者的热烈支持，他们用大量购买这件吉祥物的方式表达他们对种族主义的抗击。博杜安国王基金会（King Baudouin Foundation）更是出资600万美元，三年内在欧洲举办了238个少年足球项目，大力宣传，网罗有识之士，共同对抗足球运动中的种族主义。

耐克开展的这些活动成效彰著，其中许多项目获得了政府的长期资金支持，也使得这些活动能够长久地开展。

4. 边学边玩在中国

整个中国有大约2亿的外地务工者，他们为这个国家的经济腾飞作出了不可磨灭的贡献。然而，由于户口政策的限制，这些外地务工者无法享受正常的公共福利，如住房补贴、公共医疗保健、义务教育等。

耐克利用基金会的供应链，帮助改善其合同工厂中工人的工作生活条件，提高他们所享受的医疗服务水平，为他们可以生活得更幸福而努力。在这些人中估计有70%的人是外来务工者。

除了在生产驻地的外来务工者，耐克还帮扶那些新居民区中外来务工者的子女。绝大多数外来务工者子女面对的不仅是恶劣的教育条件，还有身为外来者而受到的歧视。

耐克基金会与政府妇联机关下的中国少儿基金会开展了合作，他们将互动式教学方法融汇到体育运动中，让孩子们在玩的时候学到知识。“边学边玩”就是这样一个项目，基金会负责为孩子们的体育课提供教师培训课程和运动器材。耐克还举办了各种校际体育竞技，这些活动为学校之间带来了更多的合作和交流。

该计划自2007财年推出以来，受众一路飙升，到2009财年末已经使六个城市（北京、广州、中山、南京、成都和武汉）的360所学校的235000少年获益。此外，耐克每年都要聘请数百名大学生作为体育课程的志愿助理，这也促进了城镇人口和外来务工人员之间的交流和理解。耐克旗下的著名运动员勒布朗·詹姆斯（LeBron James）的参与扩大了这个项目的影响力，使越来越多的人了解到外来务工者们的生活状况，同时也使他们认识到“玩”的作用。

当地的教育局都很认可这个项目，他们认为这个项目使外来儿童获得了自信和团队协作能力，激发了他们的创新思维，还促进了性别平等。教育部也承认“边学边玩”项目很好地满足了外来儿童的需求。

5. 热爱足球，挑战艾滋

艾滋病在整个世界范围内都影响着社会生活的方方面面，而这种影响在非洲地区尤为明显。无论是对家庭、社会还是区域经济的繁荣，这种影响都是毁灭性的。

为了防治艾滋这个全球性议题，基金会有一些合作伙伴在多个国家开展了对抗艾滋的活动。由于足球是一项国际性的运动比赛，因此在比赛时传播有关防治艾滋的资料是个很好的宣传手段。从2007财年到2009财年，基金会一直致力于对这些合作伙伴的投资。

基金会同来自南非、津巴布韦和马拉维的“民间足球俱乐部”共同开展了这些项目，并且得到了其他组织的支持，包括赞比亚的卡鲁沙·巴利亚基金会（KalushaBwalya Foundation）、乌干达的儿童联盟（The Kids League）、卢旺达的阿科斯组织（AKWOS）、肯尼亚的玛萨瑞青年体育协会（Mathare Youth Sports Association），还有利比亚、加纳和埃及的其他合作伙伴。

耐克基金会在南非也有合作项目。在南非，半数的艾滋病患者都是在25岁之前感染病毒，南非政府对每个人征税更加严重干扰了这个国家的经济发展。

由于青少年的生活态度和行为习惯还处于养成期，所以必须及时让他们了解艾滋病的预防措施。耐克基金会联合豪登北方体育协会（Gauteng North Sports Council）共同启动了“足球援助计划”（KickAids），在足球比赛期间教授人们与艾滋病相关的生活技能。通过把艾滋病的预防知识整合到体育项目中，让青少年们认识到预防艾滋病的重要性。接触到这些信息的人更容易禁欲，推迟性行为的年龄，并使用安全套。

所有这些项目都给消费者提供了机会去了解艾滋病知识，

并邀请他们投身到对抗艾滋病的行列中来。这种影响不仅仅局限在非洲，只要有耐克品牌的地方，人们都能看到相关信息。

第三节 基金会架构

一 基金会组织架构

董事会：

耐克基金会的董事会候选人的任命或选举，是由公司的提名和治理委员会（又称“委员会”）审议和评估的。在评估某位候选人能否胜任的时候，委员会需要考虑很多因素，包括候选人的智力、受教育情况、项目经验、性格因素等，这些都是为了使候选人在加入董事会之后能够为之作出应有的贡献。

马克·帕克（Mark Parker），耐克公司首席执行官

查理·丹森（Charlie Denson），耐克品牌总裁

玛丽亚·艾特尔（Maria Eitel），耐克公司副总裁兼基金会主席

唐·布莱尔（Don Blair），耐克美国区副总裁兼首席财务官

珍妮弗·巴菲特（Jennifer Buffett），诺和基金会联席主席

彼得·巴菲特（Peter Buffett），诺和基金会联席主席

加里·德斯特凡诺（Gary DeStefano），耐克公司全球运营总裁

特雷弗·爱德华兹（Trevor Edwards），耐克公司全球品牌管理兼品类管理副总裁

汉娜·琼斯（Hannah Jones），耐克公司企业社会责任部副总裁

希拉里·克兰（Hilary Krane），耐克公司副总裁兼法律总顾

问兼公司事务总顾问

顾问团：

全球发展计划总裁，比尔和梅琳达·盖茨基金会总裁：克里斯·埃利亚斯博士（Chris Elias）

联合国儿童基金副执行主任：吉塔饶·古普塔博士（GeetaRao Gupta）

国际美慈组织首席执行官：尼尔·肯尼－古耶（Neal Keny－Guyer）

畅想国集团创始人兼总裁：瑞克·特里（Rick Little）

沃尔玛基金会总裁：西尔维亚·马修斯·伯韦尔（Sylvia Mathews Burwell）

赞比亚共和国大使：伊朗琦·毕库斯塔·莱温尼卡博士（InongeMbikusita－Lewanika）

世界银行高级经济师：帕温·G. 派蒂尔博士（Pawan G. Patil）

前斯坦福大学商业研究生院院长、名誉教授，2001年诺贝尔经济学纪念奖得主：迈克尔·斯彭斯（Michael Spence），菲利普·H. 奈特教授（Philip H. Knight）

二　负责人介绍

玛丽亚·艾特尔（Maria Eitel）——耐克公司副总裁兼基金会主席

玛丽亚·艾特尔是耐克基金会的创办者兼公司副总裁和基金会主席，她坚信女性的力量，认为假如女性能够获得足够的机会，整个社会和经济都会发生巨大变革。在创办基金会之前，玛丽亚担任耐克公司企业社会责任部第一副总裁。她也在其他地方工作过，包括白宫、微软公司、公共广播公司和MCI通信公司。在她职业生涯初期，她曾经做过商业和公共广播的记者和制片人。她同时有麦吉尔大学（BS）、乔治城大学（MSFS）和斯坦福大学（SEP）的学位。

玛丽亚曾在很多个理事会、委员会和咨询委员会做过事，其中包括：斯坦福大学研究生院工商咨询理事会、斯坦福大学的变革实验室咨询委员会、世界私营企业领导人经济论坛、美国国际志愿对外援助咨询委员会、刚果东部倡议咨询委员会、国际发展倡议领导人委员会、剑桥大学性别研究中心高级咨询委员会、世界银行全球基金会咨询委员会、国际青年总裁组织和“敏锐”基金会咨询委员会。她还是各个论坛上关于企业的管理和责任、人权和劳工权利、可持续发展、慈善和社会企业家精神等问题的定期发言人。

霍华德·泰勒（Howard Taylor）——董事总经理

霍华德·泰勒从英国国际发展署加入耐克基金会。从2008年到2011年，霍华德一直领导英国国际发展署在埃塞俄比亚的项目，这是英国在全世界开展的发展项目中最大的一个。他与当地建立了良好的合作关系，传播和推广最具创新性、最能引发社会改良的信息，这是一种良性干预。在英国国际发展部的14年当中，他担任了一系列的高级职务，包括：国务卿参谋长、英国发展部在印度发展计划的负责人、英国首相绩效和创新处的临时负责人等。霍华德同时拥有英国伦敦大学的经济学博士学位和理学硕士学位，以及南安普敦大学的人口学学士学位。

卡罗琳·惠利（Caroline Whaley）——创新发展部总经理

卡罗琳·惠利是耐克基金会创新发展部总经理。创新发展部的理念是鼓励和分享创意以及独到见解。卡罗琳已经在耐克基金会工作了14年，她曾多次在欧洲、加拿大和拉丁美洲担任高级领导职位。她最近担任的职务是“女孩中心”（Girl Hub）项目的董事总经理，这是耐克基金会和英国国际开发署合资开展的一个项目。在此之前，她曾做过旅游行业的经理。卡罗琳号召大家关注女童问题，她的加入也给基金会吸引了更多的投资。她开展过一个“女孩玩伴”的项目，这个项目促进了英国女学生体育课的进步。卡罗琳拥有英国兰卡斯特大学的工商管理硕士学位，并且她本人还是一个创业教练。

斯图尔特·霍格(Stuart Hogue)——全球倡议部总经理

斯图尔特·霍格是耐克基金会的总经理和全球倡议者，负责非洲和亚洲的“女孩玩伴”项目。他的团队还负责维护基金会与公共部门和私营企业之间的合作伙伴关系。斯图尔特是2007年加入耐克基金会的，在此之前他曾是纽约青蛙设计公司的策略总监，帮助指导包括惠普电脑和MTV音乐电视台在内的公司建立品牌策略和新产品的开发。在进入青蛙设计公司之前，斯图尔特是纽约汤姆森金融公司的产品开发副总裁。斯图尔特拥有纽约大学斯特恩商学院的工商管理硕士学位，以及华盛顿大学和李伊大学的理学学士学位。

迪安·斯托耶尔(Dean Stoyer)——全球公关部总经理

迪安·斯托耶尔是耐克基金会的全球公关主任，主要负责基金会的宣传和对外关系方面的工作。迪安是在耐克公司工作12年之后才加入基金会的。最近，他主要负责基金会关于跑步、篮球、训练、网球以及新兴的数字体育业务等项目的策略交流。在此之前，他领导过耐克公司在纽约媒体关系策略的重组，当公司的高尔夫项目在2002年移到一个独立的业务单位时，他帮助公司建立了高尔夫项目与总部的通信网络。迪安拥有南佛罗里达大学的新闻学学士学位。

第四节　基金会财务信息报告

一　财务信息

耐克基金会在2007年和2008年的捐赠总额分别约为5130万美元和5860万美元。2009年，基金会的捐赠额则达到了5890万美元，其中包括了物资捐赠、现金捐赠以及实物捐赠。

从2007年至2009年，耐克基金会在亚洲地区、分支机构以及全球范围的捐助额大幅增长，其中包括了建立项目涵盖众多地区的基金会。从2007年至2009年，其现金捐赠额稍有减少，但实物捐赠/物资捐赠有所增长。

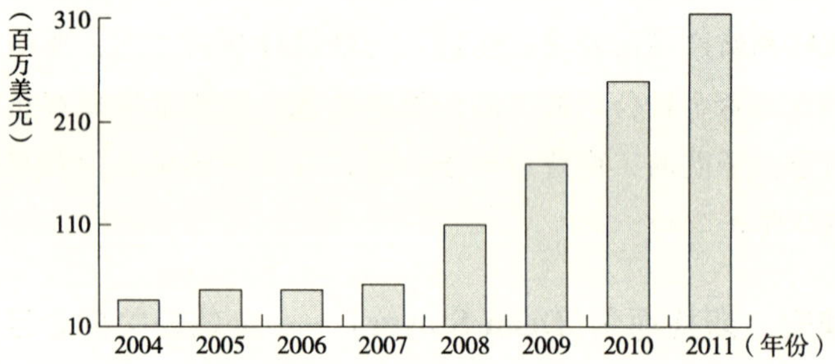

图1　耐克基金会历年总捐赠额及2011年目标捐赠额

表2　耐克公司在全球各地区捐助额

单位：百万美元

地　区	2005年	2006年	2007年	2008年	2009年
美洲	1.6	0.6	0.9	1.4	0.3
亚太	3.2	3.2	2.5	5.5	5.6
欧洲、中东及非洲	11.2	12.3	15	12.5	5.8
美国	11	17.6	18.5	19.9	28.8

续表

地　区	2005 年	2006 年	2007 年	2008 年	2009 年
全球其他地区	17.5	10.9	14	19.1	17.8
分支机构	0.1	0.25	0.4	0.2	0.7
总　计	44.6	44.85	51.3	58.6	59.0

在全球范围内，耐克公司的资助对象包括了耐克基金会、兰斯·阿姆斯特朗基金会（Lance Armstrong Foundation）及耐克与其合作伙伴共同开展的项目。

表 3　耐克基金会不同类型资助额

单位：百万美元

年　份	2005 年	2006 年	2007 年	2008 年	2009 年
现金	21.0	15.0	21.9	36.6	35.1
实物/物资	23.6	29.9	29.4	22.0	23.8
总　计	44.6	44.9	51.3	58.6	58.9

表 4　全球杰出资助项目排行榜（按规模大小排序）

排名	2007 年	2008 年	2009 年
1	美慈公司（Mercy Corps）	耐克基金会	兰斯·阿姆斯特朗基金会
2	耐克公司员工捐赠	美慈公司	耐克基金会
3	联合国难民署	耐克公司员工捐赠	中国儿童青少年基金会
4	耐克基金会	兰斯·阿姆斯特朗基金会	耐克公司员工捐赠
5	波兰企业联盟慈善机构	浪潮基金会（Tides Foundation）	美慈公司
6	乔丹基金会（Jordan Foundation）	男孩女孩俱乐部（Boys and Girls Club）	耐克校园创新基金会（Nike School Innovation Foundation）

续表

排名	2007 年	2008 年	2009 年
7	新奥尔良市	中国扶贫基金会	联合国难民署
8	中国扶贫基金会	乔丹基金会	乔丹基金会
9	落魄者世界杯（HWC）	耐克校园创新基金会	基督教青年会（Young Men's Christian Association）
10	英国足球基金会（U. K. Football Foundation）	人性建筑（Architecture for Humanity）	印第安男孩女孩俱乐部（Boys and Girls Club of Indian Country）

二 资助金流向

以下为耐克基金会2010年的资助金流向：

- 资助国际重建和发展银行（International Bank for Reconstruction and Development）100万美元，用于旨在支持女孩进入经济主流的“性别行动计划”（Gender Action Plan：Gender Equality as Smart Economics）。一年内完成支付。
- 资助美洲合作研究所（InstitutoCompanheiros das Americas）8689465美元，用于推动巴西女性体育事业发展，从而提升女性经济地位。一年内完成支付。
- 资助美国援外发展署730873美元，用于支持未能加入小额信贷机构的女孩参与自营式储蓄与借贷项目。一年内完成支付。
- 资助“美国犹太人世界服务组织”（American Jewish World Service）70万美元、全球儿童基金会（Global

Fund for Children）55万美元，用以支持民间组织的项目运作及其对10~19岁女孩的关注；通过与民间组织的合作来扩大耐克基金会的影响规模，从而帮助更多女孩；增强民间组织开展资助女孩项目的实力。一年内完成支付。

- 资助巴拉圭合作与发展基金会（Fundacion Paraguaya de Cooperacion y Desarrollo）548100美元，用于设计并尝试建立一所资金独立的女子农场学校。一年内完成支付。
- 资助孟加拉医疗保健信托公司（Grameen Healthcare Trust）540000美元，用于支持年轻女性获得保健信托。通过改革教育方法及雇佣农村女性来满足医护人员需求是耐克基金会的重要战略目标之一，该项目将开设关于女孩健康需求的课程，并建立以培养护士为核心的可持续医疗经济模式。一年内完成支付。
- 资助国际生殖健康组织（Engender Health）183487美元，用于将非正式的危地马拉女性领袖组织改造为正式的危地马拉女性组织，并支持当地女性组织规模和影响力的提升。一年内完成支付。
- 资助美慈集团（Mercy Corps）129234美元，用于支持耐克基金会与美慈集团共同开展的合伙人计划（Fellowship Program）。该合伙人将负责监督耐克基金会对受助者的选取，从而为基金会的战略规划提供参考，并促进耐克基金会及美慈集团了解作为国际非政府组织如何发挥更大的作用。这一合伙人将是得到耐克基金会肯定的一名来自美慈集团的高级职员。一年内完成支付。
- 资助哥伦比亚大学5万美元，用于支持乞力马扎罗地区10~14岁的坦桑尼亚女孩学习青春期知识，并通过资助哥伦比亚大学编纂、出版、分发适宜女孩阅读的或是哥大推荐的书籍来促进女孩养成阅读的习惯。一年内完成支付。

三 信息公开方式

1. 从年度报告到即时信息报告

耐克基金会准备将信息公开方式从每两三年撰写年度报告的模式转变为连续即时的信息报告。作为转变的第一步，报告将通过网络进行公开，它将围绕基金会最近的一次报告所提出的目标展开。在报告中，基金会的各项表现将被详细叙述：哪些方面做得不错，哪些方面不尽如人意，以及目前项目进展情况等。同时，创新履行公司社会责任的方式将被仔细考虑。接下来的几步转变也正在计划中。进一步来说，基金会将减少对于年度报告的依赖，而更注重即时报告与相关数据及信息的公布。

2. 信息公开的重要性

耐克基金会将信息公开视为企业分享责任管理、奋斗目标、策略方法以及运行状况的一种重要方式。考虑到耐克的商业影响力以及相关利益者的意愿，信息在被搜集后也实现了其公开化，以此来展示基金会是如何以负责任的行动来践行其目标与愿景的。耐克相信信息的公开能够充分地向自己及他人证明，耐克有能力成为一家非凡的企业。系统地实现风险管理、效益增长、改革创新以及其他为未来发展所作的努力，都将使耐克基金会长远地实现可持续性发展。

信息的透明化是负责任的商业策略的核心，而信息公开则是实现信息透明化的关键条件。耐克致力于评估并公开其绩效。信息公开是耐克向其相关利益人公布公司信息的主要途径。耐克希望信息的公开能够带来即时的对话与持续不断的进步。

3. 信息公开的受众

信息公开的主要受众是那些渴望更加了解耐克基金会的人，那些想要了解耐克基金会目前所面对的问题的人，以及为了耐克基金会实现长远的可持续发展所作努力的人。

在这些持有共同愿景的人当中有分析员、代表社会性投资基金会的投资人、学者、非政府组织以及利益团体领袖等。同时还有其他一些相关利益人十分关注耐克基金会信息的公开报告，其中包括员工、学生、供应商、合同制造商、顾客、消费者以及对于企业责任有着深刻见解的个人。为不同的受众传递信息不是一项轻松的任务，因为不同受众间的理解偏差需要平衡，并且基金会所面临的种种问题也需要坦诚相告。

四　财务分析

1. 990 – PF 基金会纳税申报表信息概览

表 5　耐克基金会 990 – PF 纳税申报

单位：美元

收　支	2003 年	2004 年	2005 年	2006 年	2007 年	2008 年	2009 年	2010 年
收入								
收到的捐献、礼物、资助等	19210350	6905633	10887290	7138	27267227	15004600	24943092	27164207
存款和短期现金投资的利息	3603	43481	352398	197085	266105	146857	19480	47426
租赁毛收入						10200		15300
其他收入	29086	34074	5000			31257	1082	14334
共计收入	19243039	6983188	11244688	204223	27533332	15192914	24963654	27241267
支出								
其他员工工资		129427	12379					
法律费用			6832				6747	27390
会计费用		10418	3500					12608
其他专业费用	56085	307184	379455	275930	574639	1193403	1408173	3719829
利息	18483	160833	207317		135648			
税	1180	3267	140145925	1718	4307	3131	2198	
房屋占有								182416

续表

收　支	2003 年	2004 年	2005 年	2006 年	2007 年	2008 年	2009 年	2010 年
差旅费及会议费			26607	13368	131299	85749	148190	744449
印刷及公开出版物			305166	115320	518988	305126	352541	
其他费用	61326	903	1926	10599	4916	1999	65918	1716073
运营和行政费用小计	137074	612032	949107	429231	1367208	1590584	1984700	6404963
支出的捐献、礼物、资助等	3838000	5218500	9543299	10040887	11939843	19922308	16119930	17108276
共计支出	3975074	5830532	10492406	10470118	13307051	21512892	18104630	23513239
收入超出支出的部分	15267965	1152656	752282	-10265895	14226281	-6319978	6859024	3728028

资产和负债	2003 年	2004 年	2005 年	2006 年	2007 年	2008 年	2009 年	2010 年
资产								
不产生利息的现金					7932305	7391752	13884917	16415199
存款和短期现金投资	7556463	10369952	3971919	506024		7782575	8148434	9346180
投资：土地	14000000	14000000	14000000	14000000	14000000	14000000	14000000	14000000
资产总计	21556463	24369952	17971919	14506024	21932305	29174327	36033351	39761379
负债								
抵押贷款和其他应付票据	5489482	7150315		6800000		13562000	13562000	13562000
负债总计	5489482	7150315	0	6800000	0	13562000	13562000	13562000
净资产								
非限定性净资产	7373265	17219637	17971919	7706024	17269880	7826644	14833852	17211708
暂时限定性净资产	8693716				4662425	7785683	7637499	8987671
净资产总计	16066981	17219637	17971919	7706024	21932305	15612327	22471351	26199379
负债和净资产总计	21556463	24369952	17971919	14506024	21932305	29174327	36033351	39761379

纳税申报表的申报年度为每年的6月初到次年的5月底，与耐克公司的会计年度相同。基金会采用现金收付制来计量。

2. 资产规模概况

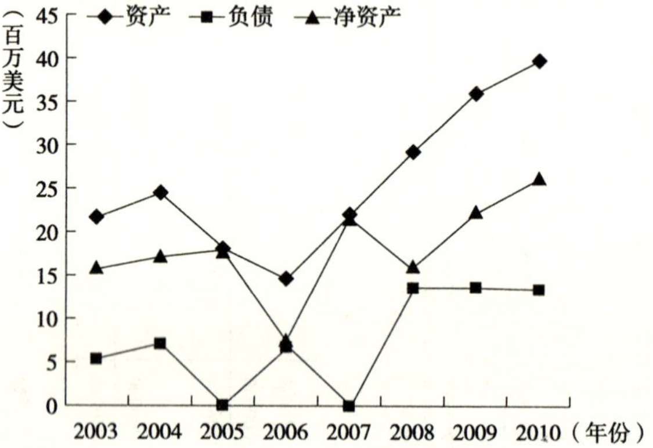

图2 资产状况

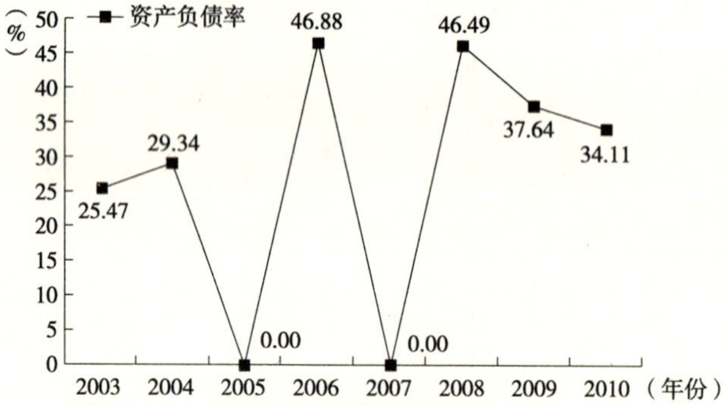

图3 资产负债率

基金会的资产由货币性资产和土地构成，其中土地价值1400万，由耐克公司在2004年赠与。基金会的负债为耐克公司提供给基金会的零利率的抵押贷款或向银行借的贷款，用于日常的经营开支。近年来，基金会的资产规模和资助力度有扩大的趋势。

3. 收入

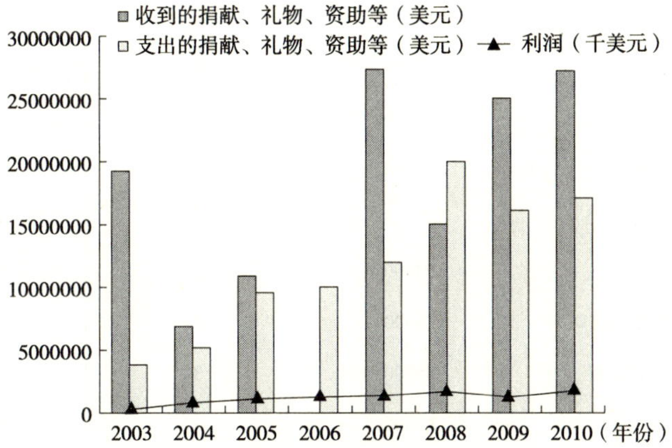

图 4　收益分析

基金会的绝大多数资金来源于公司。基金会接受过国际发展部门（Department for International Development）、比尔及梅琳达·盖茨基金会（The Bill & Melinda Gates Foundation）、大卫和露希尔帕克德基金会（David and Lucile Packard Foundation）及诺和基金会（NoVo Foundation）的资助。除了2009年的净利润出现小幅下降，耐克公司的净利润近年来稳步增长。与此同时，基金会的资助的力度同时增加。基金会的收入约占公司净利润的1%。

4. 支出

表 6　资助概览

主　题	金额（美元）	受资助者数量	资助数量
国际或外国事务	45917877	46	180
慈善或志愿	8920918	7	28
社会科学	8715228	2	38
健康	8140139	13	41
教育	6243091	15	34

续表

主　题	金额（美元）	受资助者数量	资助数量
社区发展	5914918	8	25
公共关系	2253654	2	7
犯罪或法律执行	1832526	3	6
艺术和文化	706404	8	10
年轻人发展	607135	4	4
科学	350000	1	1
心理健康或危难服务	75000	2	2
公民权利或人权	55000	3	3
社会服务	33690	1	1
休闲	25000	1	1
住房或避难所	25000	1	1
就业	10000	1	1
动物或野生动物	10000	1	1

5. 分配比率

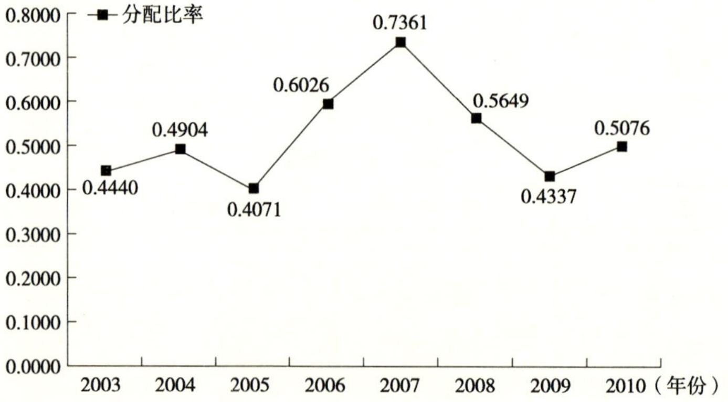

图 5　分配比率

6. 运营费用分析

维持基金会运行的工作人员无偿为基金会服务。运营费用主要由法律费用、会计费用及其他专业费用组成。其他专业费用的主要组成是咨询费用。投资费用为变动成本，随投资的交易量而变化。其他费用主要为市场营销费用与雇佣服务费用。

第五节　媒体眼中的耐克基金会

一　对基金会总裁的采访

玛丽亚·艾特尔是耐克基金会的创始主席以及首席执行官。在耐克基金会，她致力于解放女孩被束缚的潜力，通过激发全球6亿女孩的潜力来解决地区乃至全球的贫穷问题。在创立耐克基金会之前，艾特尔女士担任了耐克公司的首任主管企业社会责任的副总裁。在来到耐克公司之前，她曾效力于白宫、微软公司、广播电视公司以及MCI通信公司。在她的早期职业生涯里，她曾担任过记者以及商业广播节目的制片人。她拥有麦吉尔大学的学士学位、乔治城大学的硕士学位并曾参与斯坦福大学的SEP（Stanford Exploration Program）项目。以下是采访内容。

拉希姆·卡耐尼（Rahim Kanani）：是什么让耐克基金会决定开展捐助发展中国家女孩的项目？

玛丽亚·艾特尔：我们这一项目开始于七年前，当时我们的目标是消除这一时代最普遍同时也是最有悖于人类基本权利的问题——世代贫穷。当我们开始着手这一问题时，我们并没有想到要通过改变女孩的命运来消除贫穷。

我们开始了许多深入的探讨，但简而言之就是我们最终发现女性受贫穷的影响尤其大，并且女性对他们孩子的将来也有着巨大影响。我们意识到女性最关键的发展时期就在于她从女孩向女性的过渡时期，青春期女孩更是具有最强的可塑性。通过投资改变女孩的命运，你可以从根源上消除贫穷。

要承认的是我们最终得以确定这一项目方案得益于许多专家的帮助与建议。我们发现除了投资女性教育之外，人们并没有特别地关注女孩的发展。女孩通常只是被涵盖在女性或是青少年的范畴内，可这意味着她们其实丝毫没有被关注，因为很少有人懂得女孩成长的独特性。

尽管为数不多，还是有一些具有创新性的项目告诉我们，只要获得关键的机会，女孩就能够完成学业，结婚并在成熟后生育，拥有健康的身体并把这一切传递给她将来的孩子。这是一个女孩能够选择的道路。

除此之外的另一种可能是当女孩年满 12 岁时，她便失去了所有机会。在被迫退学后，她将面临的是早婚、怀孕以及感染 HIV 的风险。如果真是这样，那么她的这一生以及她下一代的人生就已经被限定了。

我们意识到要想消除贫穷，就得在女孩成长到关键年纪之前帮助她。我们必须努力让她走上第一种道路。如果我们能够做到的话，那么这将不仅仅是对她的援助，更是对她身边所有人的援助。

拉希姆·卡耐尼：是什么激发了 GirlEffect. org 网站的创建，这一网站在增强大众对于“女孩效应”的意识和促进女孩发展上又起到了怎样的作用呢？

玛丽亚·艾特尔：在很长一段时间里，青春期女孩一直被忽视。所以我们要做的第一件事就是努力让全世界都知道为什么我们一定要寄希望于女孩身上。这也就是三年前我们创建 GirlEffect. org 网站的初衷。当时，我们不遗余力地力求让女孩问题在全球范围内得到重视，因为对于那些企业总裁、政要，以及其他有影响力的人士而言，女孩并非他们关注的重点。

另一点在于这些问题的复杂性。我们可以滔滔不绝地讨论那些能够影响女孩人生轨迹发展的数据、项目及其他因素，但我们缺乏的是让人们理解援助女孩的重要性的方法。

所以真正激励着我们的是一种信念，我们感觉到世界需要有一种能够将人们聚集起来的力量，从而人们能够团结彼此，形成让他们自己能够聚集的力量。“女孩效应”这一项目是属于所有人的，GirlEffect. org 网站的创建就是为了给人们提供一些途径来推动这一项目的发展。

就网站的影响力而言，现在人们对于女孩发展的重要性的认识要比三年前深刻得多，但这并不代表这一切都得归因于 GirlEffect. org 这一网站的创立。我认为通过过去三年的努力，我们让许多不同的个人与组织都意识到了，要想解决世界范围内的贫穷问题，我们不可以坚守一成不变的方式方法，它们并不能给我们带来一些不同的效果。

而且如果我们看看包括美国援外合作署（Cooperative for American Relief Everywhere）或是国际计划（Plan International）在内的非政府组织，或是例如世界银行和英国国际发展署的捐助机构，我们就不难发现的确有一些十分有影响力的组织正在重新思考它们的策略，并开始真正致力于促进女孩发展。正是这所有的力量汇聚在一起，才带来了真正的“女孩效应”。

这也激励着 GirlEffect. org 不断地强调我们对于女孩发展的专注。同时这也给我们自己带来了强烈的紧迫感，敦促我们在为时未晚的时候，赶快采取行动。

拉希姆·卡耐尼：自您从 2004 年就任耐克基金会的首任主席以来，在这个以国际发展、慈善事业以及领导力为主题的时代背景下，您收获的最重要的感悟有哪些呢？

玛丽亚·艾特尔：这个问题问得好，因为耐克基金会的建立就是基于一些感悟与启发，尤其是我们作为基金会从耐克公司的企业文化中所吸收的理念。

我们最重要且最为激励我们行动的理念便是，女孩的发展能够从根源上防止贫困的产生。这一理念当中又包含了另一理念，光是教育女孩还不足以改变女孩命运，这并没有从根源上解决问题。女孩们得不到教育在于他们的家人不了解教育所能带来的回报，女孩的潜力没有得到重视，加上她又面临着许多其他障碍：几乎一半的发展中国家的女孩在 20 岁之前就已经结婚；将近一半的女孩在自己还是孩子的时候就已经成为了母亲；一半的性暴力都发生在小于 15 岁的女孩身上；在撒哈拉以南的非洲，76% 的 HIV 感染者为女性。当女孩的人生受限时，其他人都将受影响。

急于获得一时生活上的便利，人们便让女孩离开学校，让她在家打水、砍柴、照顾其他家人。换句话来说，女孩被当成了弥补基础设施不足的工具。童婚及过早的怀孕都是这一价值交换公式所带来的必然后果。当人们认为女孩早早地成为新娘比她继续上学更有意义时，女孩的命运就已经被注定了。

我们另一个重要的认识是，上述的这种发展模式对于女孩毫无益处。如果她们不能够安全地去上学，如果她们不能享有自己的私有财产，如果她们不能够自己做主何时结婚和生几个孩子，那么她们的发展机会就完全被剥夺了。这种发展模式就将葬送她们的一生。

光说不做也不行。作为一个国际性组织，我们需要问问自己："我们真的重视女孩的发展，并相信她们的潜力吗？我们所作的捐助起得到这样的作用吗？我们真的愿意肩负起改变大众意见的任务吗？"问题的紧迫性十分明显：在造成发展中国家 15～19 岁女孩死亡的原因中，最主要的便是过早生育。1/4 甚至一半的发展中国家女孩在 18 岁之前就已经生育。例如，埃塞俄比亚的阿姆哈拉地区就有着全球最高的童婚率——当地 50% 的女孩在 15 岁之前就已结婚，80% 的女孩会在 18 岁之前嫁人。

拉希姆·卡耐尼：耐克基金会对埃塞俄比亚、肯尼亚、利比亚等国女孩的援助收到了哪些成效？

玛丽亚·艾特尔：不同地区女孩的经历与生长环境各不相同。在埃塞俄比亚，我们项目帮助到的女孩大都生长在农村的环境下，有的甚至居住在与外界交通隔绝的偏远地区。在肯尼亚，女孩们则可能居住在城市中的贫民窟里，在那个大约像纽约的中心公园一样大的贫民窟里可能居住着上百万人（经核实——贫民窟的面积的确只有这么大）。在利比亚，依旧持续着战后的氛围，许多设立在那儿的项目都只是为参战过的男性老兵所设，而女孩都被排除在外。

唯一不变的事实是女孩拥有着巨大的潜力。不论生长在何处，不论处于怎样的环境，女孩都证明了她们拥有重建她们家庭、社群及国家的能力。

如今我们在埃塞俄比亚的农村地区开展了名为“点亮黑夜”（BerhaneHewan）的项目。在当地的社群里，女孩是毫无机会可言的。在年满 15 岁之前，她们嫁人的可能性要远远高于她们上学的可能性。为了延迟童婚并改变当地人对于女孩的态度，这一项目采取了一些激励措施——运用了补贴学校的方式——还加上物质奖励和与社群里的人对话等方式。至今，超过 11000 名女孩成功地延迟了她们结婚的年纪并留在了学校里就读。在项目试点地区，没有一个 10 ~ 14 岁的女孩结婚了，并且试点社群里的女孩童婚的概率要比其他社群里的同年纪女孩低 90%。我们的试点项目成功了，因为它依赖的是对于整个社群的改变，而不是单单地改变女孩。它带来的成效是长久的转变。我们最初的捐助项目随着合作伙伴的加入，规模也相应扩大，我们将把援助之手伸向更多的女孩。

在肯尼亚，我们的伙伴们正奋斗在这世上最不适宜女孩成长居住的地方：首都内罗毕内一个名为基贝拉（Kibera）的贫民窟。没有个人资产，一个 12 岁的女孩在基贝拉只不过是一个为人利用的工具。斯瓦希里女子同盟（BintiPamoja）为女孩提供了一块安全区域，让她能够与其他女孩进行沟通，并且了解生殖健康、理财等其他基本生活知识。当女孩们完成了这一项目时，她们将在基贝拉里建立起新的安全区域，使得越来越多的女孩能够获得安全、支持以及知识。2006年以前，女孩在基贝拉里的大多数区域都会面临危险，当时大约只有1%的女孩加入了这一专属于女孩的项目。在项目之初，加入的女孩总共只有40个，随后发展成了接收了来自基贝拉贫民窟内13个村30个组的1000名女孩的项目。女子同盟会里的女孩建立了广泛的朋友圈并积极地向女性榜样学习，她们开设了储蓄账户，坚决使用安全套，并拒绝任何动机不纯的殷勤。

当女孩们拥有了一个相互支持的朋友圈以及赚钱和存钱的机会，她们就不再沉迷于性交易，因此也减少了她们感染HIV、其他性传播疾病或是怀孕的概率。当女孩们加入到微型金融的项目（例如我们与美国援外合作署在布隆迪开展的伊沙卡项目）之后，她们就能结交更多的朋友，也会感到更加自信且更受尊敬，增加对HIV的检测，杜绝性交易，并且增加对安全套的使用。机会带来改变——世界银行最新的一项在马拉维的现金援助项目就证明，给予女孩们少量的现金援助就能够降低她们感染HIV的可能性，使她们的感染概率比其他人减少60%。

在利比里亚，世界银行组织的未成年少女倡议计划（Adolescent Girls Initiative）为年近成年的女孩提供了就业机会，这些工作岗位都是劳动力市场需求较大的。没有意义的工作是不需要培训的。我们与私营部门进行了合作，以确定不同岗位所要求的必备技能。女孩们还接受了生活技能的训练来解决在个人发展中可能遇到的种种障碍，包括早婚、早育、社交孤立，以及暴力等。

正如你在问题中提到的那样，这些都是发生在非洲的一些事例，但女孩效应是无处不在的。青春期女童计划正在向全球发展——即将在阿富汗、约旦、老挝、尼泊尔、卢旺达以及南苏丹开展行动。从巴西、巴拉圭到中国、印度，我们已经见识到了强大的女孩效应。正如我说过的，不同地区的女孩各有不同，但她们蕴涵的巨大潜力是相同的。

拉希姆·卡耐尼：您认为什么是在发展中世界实现女孩效应的最大障碍，什么又是克服这一障碍最有效的方式？

玛丽亚·艾特尔：障碍有太多，要只挑出一个来都很难。首先，并没有人统计过全世界不同地区女孩的信息，所以我们没有可以着手的实证数据。这也是为什么我们最早投资的项目之一就包括了建立女孩资源库——Girls Count，我们将我们对女孩的一切了解都写入了这一系列的报告之中。

这些报告中的数据范围或许发生了一些改变，但变化并不大。直到人们意识到将数据简单地按照性别进行分类并不能够让我们了解一个 12 岁女孩独特的生存环境，我们才有可能真正实现女孩的全部潜力。

在很长一段时间里，有一种想法认为实现女孩的潜力是“有益”而不是必要的。但如今所有证据都表明，实现女孩的潜力绝不仅仅是“有益”的。女孩是解决所有世界性问题的核心，人们开始明白这一点，但这还不够。

实际上让我担忧的是那些真正的阻碍。我担心不论我们取得多大的进步，女孩们依旧会成为“今日的问题”。我担心一开始人们或许会兴致勃勃地讨论女孩效应，并稍微改变对女孩的看法与态度，可过不了多久他们又将兴趣转移到其他事物上了。这绝不能成为事实。

这是一个十分紧迫的问题，每个人都与之相关。改变女孩的人生，给她不一样的可能，那么她也将改变她那可能陷入贫困的后代的命运。她有机会来打破这一代又一代沿袭下来的限制，这对一个青春期女孩来说是独一无二的机会。在关键的从女孩到女性的过渡时期，任何发生在她身上的事情都将决定她的家族从此步入上升的循环或是下降的循环。

这绝不是一个无关紧要的议题，这也不应该是一个只受到一时关注的话题。就好像是说解决失业和经济不景气的问题是“有益”的方案是可笑的，这不可以被归为一个仅仅是“有益”的计划，否则我们都将付出代价。

拉希姆·卡耐尼：最后，耐克基金会在接下来的几年里将推出怎样的项目和计划？

玛丽亚·艾特尔：对于我们来说，接下来要做的就是从讨论为什么要实现女孩效应到真正为女孩的改变创造条件。在某种程度上，这意味着我们将为人们提供更多的资源以支持他们对于女孩的关注与帮助。这将呈现为为人们提供资源来实现对女孩更好的帮助。

这也意味着女孩们自己也将参与到这整个过程中来。我们并不把女孩们看做“最终用户”。她们比任何人都更知道自己到底面临着哪些障碍，以及需要哪些资源来战胜这些障碍。当女孩们成为这一过程当中的核心参与者，那么她们也就有机会增进与彼此的联系，共同分享并相互合作，最终靠着自己的力量来解决这些问题。

我们关注的另一重要方面是科技在实现女孩效应中将扮演的重要角色。不论科技是被用于提升组织透明度或是实现机构之间信息共享，又或是将女孩们与信息、知识和彼此联系起来，不可否认的是科技对于发展中国家的发展来说具有令人难以置信的强大力量。在接下来的几年，我们定将见证科技在我们的项目开展中发挥更重要的作用。

在项目倡导方面，我们要不断告诫自己，“没有任何借口”。我们知道为什么要这么做，也知道该怎样去做。现在重要的是要大规模地去开展我们的项目。那才是真正能够改变世界的力量，这需要我们的集体意愿与共同努力。

最后，理所当然的下一步便是努力扩展那些我们已经苦心经营了7年的项目。我们知道这需要与政府和其他机构的紧密合作，所以这也将成为我们工作的重中之重。英国国际发展署已经成为了我们强有力的合作伙伴之一。他们已承诺将扩大埃塞俄比亚“点亮黑夜”项目的规模，在2015年以前将受助的女孩人数从11000名提升至200000名。如果成功的话——我们有足够的理由相信——我们将可能把这一地区项目扩展到国家规模。这一前景对于我们来说无比可贵，但我们也要不断地提醒自己，在全球各地区还有着6亿女孩，所以我们依旧任重而道远。

二 《纽约时报》对“女孩效应”项目的报道与评价

耐克又一次触发了“女孩效应”

15年前，耐克推出的一个名为“如果让我做主”（If you let me play）的广告活动引起了一阵轰动。这一系列的广告宣传获得了众多的关注——与称赞——因为它们成功地宣扬了年轻女性和女孩参与运动的益处。

如今，耐克基金会将这一活动体现的“女孩力量”纳入了自己的理念核心。不过现在广受好评的并不是让女孩参与运动的项目，而是赋予女孩教育机会的计划。通过开展包括“女孩效应”在内的项目，由耐克公司以及诺和基金会（NoVo Foundation）赞助的耐克基金会正致力于改善全球贫困地区女孩的生活。

耐克基金会希望这些贫困地区的女孩能够受到更好的教育。正如女孩效应网站上所宣言的，帮助女孩就相当于帮助了她的家庭、社群和国家。

该网站上的数据显示，通过改善女孩受教育状况可以改善当地人群的健康状况（母亲受教育程度越高，她们的孩子也会越健康），同时可以提高她们的收入水平（多读一年初中，就能够让女孩的月收入增加15%至25%）。

“为什么要帮助女孩？”该网站问道。“因为当我们捐助女孩的时候，所有人都能够受益。”

这一项目也可被看做公益营销或是动机营销的典型事例。公益营销指的是公司通过营销手段来实现公司认为对社会和对全世界有益的事业——并且顺带增强现有顾客及潜在顾客对公司的良好印象。

“通过‘女孩效应’项目，我们看到了‘耐克公司最好的一面’以及公益营销的最佳形式”，巴克利广告公司总裁迈克·斯文森（Mike Swenson）说道。巴克利广告公司同样热衷于公益营销，但它选择的方式与耐克的不同。

耐克“用它最大的优势——全球影响力，让人们清楚地看到了一个长久被忽视的问题”，斯文森先生说道。

同样的，埃德尔曼公关公司的品牌与企业公民管理总监卡罗尔·科恩（Carol Cone）也高度评价了女孩效应项目。埃德尔曼发布的第四年全球公益调查（Good Purpose Survey）显示，在被全美公民公认为将追求企业利益与服务公众相结合的企业排名中，耐克公司排名第三——仅次于可口可乐公司与“纽曼私传”（Newman's Own）公司的产品线。

“这份调查并未就不同品牌进行深入分析”，科恩女士说道，“所以我们不能明确解释为何今年的被调查者特别选择了耐克。”

“然而，耐克一直以来都以专注于设计与性能的创新而著名”，她补充道，“现在，它们将同样的专业性与创新精神投入到了全球女性事业当中。”

科恩女士是一位公益营销方面的专家，她将“女孩效应”项目带来的“病毒式运动”（Viral Movement）都看做耐克“成功俘获了顾客”的证据。例如，女孩效应网站上的宣传视频被播放了超过170万次。

“女孩效应”项目能够产生如此大共鸣的原因之一就在于长期以来耐克公司的广告都把公司塑造成了“人类潜力的释放者”的形象，正如在帕瓦格雷夫·麦克米兰（Palgrave Macmillan）在

《商业进步：企业社会责任意识之崛起》(*Good for Business*: *The Rise of the Conscious Corporation*) 一书中描写的那样。

耐克为解决孟加拉国、埃塞俄比亚以及利比亚等国的贫穷女孩问题所付出的努力符合它一贯的企业形象。依靠其广告宣传以及网站宣传（nikewomen. com），耐克依旧是推动女性体育事业发展的佼佼者。

耐克式的做法就是“着手于一些重大的问题”，耐克基金会副总裁兼总经理莱斯利·莱恩（Leslie Lane）说道。位于俄勒冈州比佛顿市的耐克基金会总部共有25名职员，每年基金会的投资额都能达到3000万美元。

耐克基金会的总裁兼首席执行官，玛丽亚·艾特尔及耐克公司的主席菲尔·奈特（Phil Knight）都认为致力于改变女孩的命运来打破欠发达国家一代一代沿袭下来的贫穷是他们所做过的“最有意义的捐助项目”，莱恩先生说道。

“在女孩的青春期内，发生在她身上的任何一件事”都会对她和她的家人产生深远的影响，他补充道。这也是耐克决心专注于改变女孩命运的原因，因为女孩能够影响一个地区的健康状况以及艾滋等疾病的传播。

“女孩效应”这一项目并未“被冠以耐克公司的名义”，莱恩先生说道，这能够打消那些对于项目具有商业动机的怀疑。

“拒绝冠名”的另一原因在于这么做有益于项目的发展，他补充道。与其被怀疑是出自商业需求才开展项目，还不如直接以事实说话、投入行动来解决公共问题。[耐克将公益营销与自己的品牌嵌套在了一起：“坚强生活”(Livestrong) 系列商品的一切销售利益都捐助给了兰斯·阿姆斯特朗的坚强生活基金会。]

当提到“女孩效应”项目时，“人们会问道，‘耐克公司有从中收获利益吗’”，莱恩先生说道。“当人们得知耐克公司和耐克基金会对于该项目的支持后，耐克品牌形象将毫无疑问地得到提升。”

在“女孩效应”项目开展的地区“我们真的没有太大的商业利益”，他补充道。

这一项目也并不可能消除消费者与耐克在劳资等领域存在的分歧，莱恩先生指明。

“我们也不可能告诉顾客，‘我们这一方面做得不好，你看看我们做得好的这一方面吧’”，他接着说道，“这不是我们解决问题的方式。”

参考资料来源

耐克基金会官方网站及相关链接

http：//nikeinc. com/pages/the – nike – foundation.

http：//nikeinc. com/pages/our – work.

http：//nikeinc. com/pages/our – team.

耐克公司企业责任网站及相关连接

http：//www. nikebiz. com/crreport/content/communities/5 – 2 – 4 – programs. php？ cat = community – investment.

http：//www. nikebiz. com/crreport/content/about/1 – 4 – 1 – reporting – practices. php？ cat = governance – accountability.

在线基金会名录（Foundation Directory Online）

http：//www. foundationcenter. org/.

电子报纸《影响力》（IMPACT）相关报道链接

http：//www. huffingtonpost. com/rahim – kanani/nike – foundation – girl – effect_ b_ 850551. html.

《纽约时报》相关报道链接

http：//www. nytimes. com/2010/11/11/giving/11VIDEO. html.

美洲三菱公司基金会

Mitsubishi Corporation Foundation for the Americas

第一节　基金会背景

一　成立背景

Mitsubishi International Corporation
FOUNDATION

美洲三菱公司基金会，总部设在纽约市，是由日本三菱商事及其在美国的分公司——三菱商事美国公司于1991年出资成立，成立之初的名称为三菱国际基金会。截至2007年，基金会共有基金总额600万美元，并且已经向美国的环境事业捐赠了400万美元。

2007年，三菱国际基金会更名为美洲三菱公司基金会。采用这一新的名称是为了更好地反映三菱商事合并的管理策略，同时也反映了其全部基金都直接或间接地来自三菱商事，目的是为了解决美国的环境问题（后文中的三菱国际基金会和美洲三菱公司基金会均指美洲三菱公司基金会）。

美洲三菱公司基金会的姐妹基金是欧洲和非洲三菱基金，它支持整个欧洲地区的环境教育和保护事业。

二　使命

美洲三菱公司基金会（原名为三菱国际基金）的使命是推动美洲的环境事业，从广义上讲，既包括自然环境，也包括我们赖以生存的社会环境。为了推进这一使命，基金会支持在以下四个主要方面的广泛的项目：

- 生物多样性保护
- 可持续发展
- 环境正义
- 环境教育

一个美洲三菱公司基金会如何实现这些目标的具体例子是：资助大自然保护协会编写一本有关评估和加强自然保护区联盟建设的手册。该手册于2005年出版，并且已译成中文、西班牙语和葡萄牙语。中文版资料详见附件1。

三 指导方针

美洲三菱公司基金会不为个人提供资金支持，不会因为宗教、政治或者游说的目的而捐款，并且不会支持任何在种族、肤色、信仰、性别、性取向以及婚姻和残疾方面存在歧视的组织。它只对美国或其海外同等机构的非营利组织提供直接资助和捐赠。

美洲三菱公司基金会所支持的项目在地理范围内仅限于美洲，并且可能优先选择那些三菱公司有涉及的市场业务，或者可以为员工提供志愿服务机会的项目。

第二节 资助及项目介绍

一 资助

1. 近期有代表性的资助项目（按英文字母顺序排列）

自1991年成立以来，美洲三菱公司基金会向美洲环境事业捐款近670万美元。

表 1　近期有代表性的资助项目

亚马逊保护协会（Amazon Conservation Association）
在秘鲁的马努国家公园附近创建一个生物保护和学习中心，该中心的宗旨是教育游客、支持新的研究以及为当地社区创造就业机会（四年共资助 163937 美元）
美国鸟类保护协会和哥伦比亚野生动物和鸟类保护委员会（American Bird Conservancy / Pro Aves）
在哥伦比亚，协会向 60 名妇女提供培训，以扩大或发展小型企业，同时禁止非法开采木材、捕杀动物以及开发自然保护区内的其他资源（三年内共资助 6 万美元）；基于环境保护的目的，美洲三菱公司基金会向美国广播公司捐赠了超过 30 万美元，主要是为了在墨西哥购买鸟类的栖息地
能源企业（E + Co）
通过研讨会分享中美洲太阳能企业家的最佳做法（三年共资助 6.5 万美元）
自然基金会（Fundación Natura）
支持波哥大市当地妇女参加在哥伦比亚国立大学举行的会议，该会议是关于全球水危机以及当地妇女在缓和该危机对她们所在社区造成的影响方面所产生的作用（共资助 27350 美元）
印第安法律资源中心（Indian Law Resource Center）
以保护土著人的权利为基础，减少毁林和森林退化的项目（REDD +）（两年共资助 15 万美元）
岛屿保护（Island Conservation）
保护智利的胡安·费尔南德斯群岛的生物多样性（四年共资助 15 万美元）
全国奥杜邦协会（National Audubon Society）
在巴拿马和智利，对阿拉斯加滨鸟生存所必需的重要鸟类生存区进行保护，同时支持智利和巴拿马经济的可持续发展（两年共资助 8 万美元）
国家科学和环境理事会［National Council for Science and the Environment（NCSE）］
环境学家项目，是为准备在环境和相关科学领域攻读大学本科学历的高中生设计的全国性的大学入学项目（共资助 30132 美元）
纽约植物园（New York Botanical Garden）
修复和升级位于纽约布朗克斯区的纽约植物园内的三菱野生湿地小径（三年共资助 30 万美元）
雨林联盟（Rainforest Alliance）

续表

为在巴西推出的雨林联盟的可持续旅游计划募集资金（两年共资助10万美元）；自2005年以来，美洲三菱公司基金会一直支持雨林联盟在整个拉丁美洲的可持续旅游和农业项目
土地自然组织（Tierra Nativa）
在墨西哥奇瓦瓦州的塞拉利昂·塔拉乌马拉，支持当地人参与采矿作业的能力建设（两年共资助4万美元）
默塞德加州大学（University of California at Merced）
对约塞米蒂国家公园领导力计划协调员项目提供支持，这是一个为期两年的针对来自加州多样化社区并且接受服务不足的学生的实习计划（共资助6.5万美元）
野生生物保护学会（Wildlife Conservation Society）
保护阿根廷巴塔哥尼亚海岸和西南大西洋海景（四年共资助100万美元）
野生鲑鱼中心（Wild Salmon Center）
支持土著人民参与北美鲑鱼要塞保护项目（三年共资助15万美元）
育空河流域渔业协会（Yukon River Drainage Fisheries Association）
向为期两天的育空河峰会提供支持，以进一步在加拿大育空河地区发展有效的渔业保护工作（共资助3万美元）

2. 资助申请程序

（1）所有资助都经过每年秋天举行的年度董事会会议批准。大多数资助都是依据美洲三菱公司基金会提出的建议。提议的理想时间是每年的第一季度。

（2）申请表现在有了统一的“NY，NJ Area Common Report Form”格式，从而帮助申请者节省时间。

统一的资助申请表已经被不少资助者采用。在向出资人递交统一的资助申请表之前，一定要确保您的项目符合资助人的利益，并搞清楚，相对于直接收到一份申请表，资助人是否更希望能事先收到一封关于他们资助的询问函。另外，还要确认资助人对于你的资助申请是否有截止日期方面的要求，以及他们是否要求你提供申请文件的多个副本。

二　项目相关性投资（PRI）

1. 什么是 PRI

项目相关性投资是基金会做出的为了支持在已经建立的时间框架中的有潜在回报的慈善活动的投资。项目相关性投资包括和银行或其他私人投资者相关的融资办法，例如贷款、贷款担保、挂钩存款乃至对慈善组织或有慈善目的的商业性机构的权益性投资。项目相关性投资的特点和运作方式如下：

- 在美国的众多的基金会资助方中，仅有几百家做项目相关性投资。此外，相对少的项目相关性投资者维持正式的该类投资或每年做该类投资（比例只占那几百家中的大概 1/3）。
- 基金会做项目相关性投资是为了推进慈善使命（例如在那些基金会资助的领域），项目相关性投资经常投放给已经和资助者建立关系的组织。
- 基金会通常在以下情况下把项目相关性投资作为现存的资助项目的补充：请求的条件暗示有另一种融资渠道；贷款人有产生收入来偿付贷款的潜力；被投资的组织（通常情况是慈善的非营利组织但偶尔也会是商业企业）一直没有能够从传统的渠道保证融资从而把项目相关性投资视为最后的援助。
- 大量项目相关性资助被用于支持可支付的住房和社区发展。但它们同时也常常被用于资助其他一些资本性项目，例如保护历史文物建筑、修复教堂、给社会服务机构提供紧急贷款、保存社区里的开放空间和保护野生动物栖息地。
- 对于受资助者，项目相关性投资主要的好处是得到比其他途径的贷款利率低的资金。对于资助者，主要好处是贷款的偿付或权益的回报的所得资金可以回收并投入到另一个慈善用途的项目中去。项目相关性投资可以说是一种慈善资金的杠杆。

根据美国国税局（IRS）的定义，项目相关性投资是：

（1）主要是为了达成基金会的一个或多个豁免税收目的。

（2）产生的收入或不动产的增值不是基金会的重要目的。

（3）不能以影响立法或参与代表候选人的政治竞选为目的。

在决定一项投资的重要目的是否是为了产生的收入或不动产的增值时，相关因素取决于纯粹为了赢利而投资的投资者在同样的条款下是否也会做出和私人基金会有一样条款的投资。

排除其他因素，如果一项投资意外产生大量收入和不动产的增值，这并不是判断产生的收入或不动产的增值为基金会重要目的的决定性因素。

为了使投资成为项目相关性投资，投资必须强有力地推进和基金会的豁免税收目的相关的活动。除了这一层关系以外，这些项目必须是在过去未曾被采取过的。

以下是项目相关性投资的典型例子：

（1）给贫困学生的低利率或无利率的贷款。

（2）对于非营利的低收入的住房项目的高风险投资。

（3）在没有合理的商业贷款的利率的条件下，对于处于经济劣势群体成员拥有的小企业的低利率贷款。

（4）对在日益萧条的城镇地区的企业的投资，这些企业正在通过提供就业或培训失业人员来实施改善该地区的经济。

（5）对正在与社区衰败作斗争的非营利组织的投资。

一旦一项投资被决定是项目相关性投资，如果形式或投资条款的变化主要是由于豁免税收目的的变化，而非由于为产生的收入或不动产的增值而发生的改变，它就会一直符合项目相关性投资的资格。对于基金会谨慎的防范下的投资，形式或投资条款的变化不会导致这一投资不再符合项目相关性投资的资格。在某些情况下，一些项目相关性投资可能会因为条件的巨大改变而不再为项目相关性投资，例如有非法目的或为了基金会的私有目的，或基金会的经理的私人目的。

如果基金会改变投资的形式或投资条款，并且该投资不再符合项目相关性投资的资格，则必须决定该投资是否损害了它执行豁免税收的目的。

一项投资若因为条件的巨变而不再符合项目相关性投资的资格，从基金会（或任何其中的一个经理）确实知道条件的巨变的那天起的30天内，这项投资不会使基金会被征以破坏项目相关性投资的税。

2. 项目相关性投资的相关新闻报道

美洲三菱公司基金会的第一个项目相关性投资是投向“草根资本”（Root Capital）的。草根资本是一个非营利性的社会投资基金，该基金为发展中国家农村地区的基层企业开拓融资渠道。项目相关性投资是越来越流行于基金会界的一种做法，基金会可以通过项目相关性投资来增加他们的影响。

美洲三菱公司基金会放出了30万美元的项目相关性投资，为巴西、哥伦比亚、秘鲁、厄瓜多尔等地的可持续的小型新兴企业提供更多的贷款，并促进拉丁美洲环境脆弱地区的保护。

新获批的资助包括：资助给阿拉斯加土著人联合会的15万美元（将资助5年）；资助给美国鸟类保护协会的6万美元（将资助3年）；资助给哥伦比亚自然基金会的2万5千美元；资助给环境资助者协会的1万5千美元；以及资助给土著人国际基金会的1万美元。

对阿拉斯加土著人联合会的资助将会支持联合会的阿拉斯加市场比赛，以及设立三菱商事“可持续商业改革者奖”。美洲三菱公司基金会董事会主席小松纮一在2009年联合会年会上发言说：“我们的目标是与阿拉斯加土著人联合会以及得奖者合作，从而能够找到和支持新颖的商业概念，这些商业概念能够繁荣并提升整个阿拉斯加农村地区在社会、生态、文化上的融合。”

美洲三菱公司基金会对美国鸟类保护协会的资助是一个叫做

“保护妇女”的项目。这个项目帮助了36名妇女开展或发展微型企业，同时禁止非法开采木材、捕杀动物以及开发自然保护区内的其他资源。这个项目将要由美国鸟类保护协会和它的哥伦比亚基地的伙伴共同合作完成。至今，美洲三菱公司基金会已向美国鸟类保护协会捐助了接近30万美元，大部分都是用于购买鸟类和野生生物保护栖息地。

美洲三菱公司基金会对自然基金会的资助将会帮助哥伦比亚小型或中型可可豆生产者提高生产持续性。在2007年，美洲三菱公司基金会对自然基金会资助了2万7千美元，资助了来自不同的安第斯国家的本土妇女参加在波哥大大学的一个气候大会。

位于纽约的环境资助者协会是一个拥有近200个致力于通过分享信息、合作、社交而帮助成员组织发展壮大的基金会。位于纽约的环境资助者协会是一家有近200个基金会的成员的协会，致力于帮助成员组织通过信息共享、合作和社交来成为有效的环境资助者。美洲三菱公司基金会的1万5千美元资助是支持日常运行的。另外，2003年美洲三菱公司基金会成为了环境资助者协会的一员。

在纽约印第安保留地基础上建立的国际土著居民基金会是一个在世界范围内倡导为土著居民提供增强的、专用的资助的基金会亲密团体。对国际土著居民基金会1万美元的资助对其他基金会来说不是一件容易的事。美洲三菱公司基金会从2005年开始成为国际土著居民基金会的成员和支持者。

除了这些新的资助，美洲三菱公司基金会董事会授权了总额超过200万美元的逐年分摊的资助，包括对野生生物保护学会在阿根廷的保护工作的100万美元的多年资助；包括对药师基金会（Boticário Foundation）的绿洲项目的40万美元的资助，这个项目是在巴西的水流域保护项目；包括了对生态系统服务的支付；包括对位于墨西哥克雷塔罗州塞拉利昂哥达生态集团（Grupo Ecológico Sierra Gorda）环境教育计划的30万美元；包括对野生鲑鱼中心的13万美元，用于土著人对北美地区鲑鱼保护项目的参与；包括对城市栖息地的10万美元赞助，用于促进里士满城市的绿色经济发展计划；还包括对雨林联盟的10万美元的资助，用于支持秘鲁和厄瓜多尔的旅游业以及巴西的可持续咖啡生产。

三　“环境早餐”活动

1. 活动介绍

美洲三菱公司基金会资助了一个位于纽约的“环境早餐”系列活动。这个活动从1993年开始就开展了起来，至今已有多次了，为环境组织和资助者们提供了一个平台，双方可就地方或国际层面的环境问题进行沟通，并同时就资助可能性问题相互交流。“环境早餐”活动有着非常有特色的主题，比如荒地保护、环境公平、动物福利以及环境市场等。

2. 对一次“环境早餐”活动的报道

报道——第七届环境早餐系列

三菱国际基金会宣布第七届环境早餐系列开幕。为了支持基金会促进环境教育的目标，环境早餐系列活动召集了地方环境社团组织成员和环境组织的领导人一起为资助者、纽约地区环境教育机构的学员进行环境问题的知识普及。

环境早餐活动是有助于从事或关注环境问题的有志之士交流的创新形式，以下是一次环境早餐系列的活动日程安排。

表 2 环境早餐系列日程安排

• 春季早餐 日期：2003 年 3 月 10 日，星期一 时间：早 8 点 30 至 10 点 发言人：GreenBiz. com 的创始人乔尔（Joel Makower） 发言题目：持续发展之路——环境责任商业的承诺和诱惑 主办方：克里斯朵道拉股份有限公司	• 夏季早餐 日期：2003 年 6 月 6 日，星期五 时间：早 8 点 30 至 10 点 发言人：自然资源保护协会空气和能源项目理事阿肖克（Ashok Gupta） 发言题目：21 世纪能源责任政策 主办方：斯塔顿岛植物园
• 秋季早餐 日期：2003 年 9 月 9 日，星期二 时间：早 8 点 30 至 10 点 发言人：美国鸟类保护协会主席乔治（George Fenwick） 发言题目：零灭绝联盟 主办方：奥杜邦协会	• 冬季早餐 日期：2003 年 11 月 13 日，星期四 时间：早 8 点 30 至 10 点 发言人：雨林联盟执行理事腾西（Tensie Whelan） 发言题目：新千年变化中的企业实践——在环境和社会实务中的责任 主办方：纽约植物园

四 资助项目与公司关系探究

三菱商事自创业以来就有一个作为企业理念的“三纲领”，这便是企业的原点。“三纲领”提倡始终以公正的态度，坚持与社会和环境共生的观点，积极开展旨在为全世界及人类的未来作贡献的各种业务，它成为公司自主承担社会责任的根本依据。公司的“企业行动方针”和“三菱商事环境宪章”也是依据三纲领而制定，作为全球规模的综合业务公司，在谋求不断提升自身企业价值的同时，努力为社会的可持续发展作贡献。

“三纲领”是 1920 年三菱第四任总裁岩崎小弥太提出的公司经营指导方针，于 1934 年被确定为原三菱商事的行动指南。原三菱商事于 1947 年解散，但在现在的三菱商事中，这三纲领作为企业理念，其精髓已深入到每一位董事和职员的内心。

“三纲领”指的是：

所期奉公：通过发展事业努力实现物资和精神更加丰富的社会，同时为维护宝贵的地球环境作贡献。

处事光明：以光明磊落为行动的宗旨，保持经营活动的公开性和透明性。

立业贸易：立足于全球及宇宙的宏观立场开拓事业。

美洲三菱公司基金会正是按照“所期奉公、处世光明、立业贸易”的三纲领的理念作为使命，从而致力于推动美洲的环境事业，无论生物多样性保护、可持续发展、环境正义还是环境教育都紧紧与三纲领的宗旨相呼应。

正如前面提到的，亚马逊保护协会的使命是通过研究生态系统和发展创新性的环保工具来保护亚马逊区域的生物多样性；美国鸟类保护协会致力于保护美洲区域本土鸟类及维护其栖息地，这正与美洲三菱基金会在“生物多样性保护”方面的使命相吻合。同样的，印第安法律资源中心是有关给美国土著人提供法律援助，帮助他们保护土地、环境、文化等方面的组织，正与基金会“环境教育”的使命吻合，便由此产生了资助关系。

第三节　组织架构信息

三菱商事株式会社（Mitsubishi Corporation）在世界各地都设有分支，在美洲的分支机构叫三菱国际公司（Mitsubishi International Corporation）。

一　三菱商事

三菱商事在日本国内和海外约 80 个国家拥有 200 多个分支机

构，是最大的综合商社，与500家合并结算对象公司在世界各地联合开展各项业务。

三菱商事，在新产业金融事业、能源事业、金属、机械、化学品、生活产业六个营业部门加之商务服务、全球环境事业开发等两部门的公司体制下，以广泛的产业作为业务领域，除了积极开展贸易活动以外，还与各方合作伙伴一起在世界各地开展各种商品的开发、生产及制造等业务。

三菱商事始终以光明正大、品德高尚为信念，全力以赴，不断为实现富足、美好的社会作出贡献。

1. 三菱商事环境宪章

三菱商事，将地球作为公司最大的利益相关者，力争通过各种业务活动实现可持续发展的社会。

- 通过有效应用新技术和新的机制，努力削减温室效应气体。
- 努力促进资源（能源、矿物、粮食、水等）的可持续性利用。
- 充分认识到生态系统给人类的各种恩赐之重要性，积极致力于减少对生物多样性影响的同时，积极为保护生物多样性作贡献。
- 通过降低环境负荷保护环境，努力创造和提高环境价值。
- 通过适时、适当地公开有关环境的企业信息，积极推进与多方利益相关者之间的交流与合作。
- 严格遵守各种环境相关法律法规的同时，依据国际行为规范采取行动。

2. 企业社会责任下的人才战略

人才战略是基金会管理中非常重要的一部分，无论是对员工的激励政策，还是培训制度，抑或是提高归属感等都是一个团体必不可少的。三菱商事虽然并非基金会，但其人才战略从三个方面出发，可以给国内的基金会一些启示。

三菱商事最大的财产是人才。全球有6万多名员工在三菱商事及三菱商事集团企业工作。三菱商事制定了各种人才培训项目，不断完善工作环境，努力使公司成为能够让每一位员工充分发挥个人能力、实现自我价值、充满无限活力的工作场所。

活用人才——职业开发

为了进一步丰富每一位员工的知识和经验，广泛地为社会作贡献，在三菱商事集团范围内积极致力于人才的开发和培养。激发活力的人员配置通过实际业务经验获得指导和培训（OJT），是三菱商事人才培养的核心，是指从公司总体的视点出发进行人才配置。特别是近年来，从通过多种经验强化人才的观点出发，公司一直在推进跨组织的交流，今后我们将持续并不断扩大这种交流。

此外，通过将国外分支机构招聘的员工向总公司调动，以及通过全球研修生制度积极将年轻员工派遣到国外等方式，谋求进一步推进全球人才开发战略。

此外，在“灵活机动的人才配置”方面，根据业务发展的需要，从全公司的观点进行人才配置。2008年度约100人、2009年度约60人实现了跨部门、跨组织的调动，他们纷纷向新的业务领域发起挑战。

此外，在“中期经营计划2012”指导下，为了应对新兴市场的发展，对于为了解决日本及全球所面临的课题作贡献而被指定为“全公司战略领域”的基础设施和地球环境事业，以及为参与到经济显著增长的新兴国家的内需市场而被指定为“全公司战略地区”的中国、印度及巴西，不断加强资金以及人才方面的经营资源的投入。

培养人才——研修体系及其特点

三菱商事集团，在公司内外的环境变化及公司业务的多样化形势下，在合并结算及全球范围内积极开展人才培训。为了进一步发挥公司员工的潜能，使每一位员工均能最大限度地实现价值，建立了多种多样的研修制度。

面向三菱商事的国内外员工以及三菱商事各集团企业的员工，根据其各自进公司参加工作的时间、资格、职位及目的，提供各种极其详细的研修项目。

全球性的人才开发

三菱商事为了推进人才的国际化，于1994年设立了国际人才开发室。其后，为了更加积极地培养促进全球增长的人才，于2006年设置了人才开发（HRD）中心，建立了进一步推进全球人才开发（HRD）的体制。

作为主要措施，有“计划性地促进由当地法人等向总公司调动、当地法人之间的调动以及向有关业务投资对象企业调动等”，“促进计划性的干部职位录用”，“通过研修开发人才”等。此外，为了不断完善今后开展业务的基础以及为了共享经营信息，本公司还在积极推进员工的双语化。

此外，通过人才开发（HRD）中心，为了使全体员工提高全球意识，三菱商事还在积极开展有关各种研修活动（具体请参阅“人才培养－研修体系及其特点”）。

今后，本公司将继续推行各项全球人事措施，以期无论在何地录用的本公司世界各地的优秀员工，均能从全球的观点在广大的业务领域得以有效应用。

表 3　从国外分支机构向总公司的新调动人数的变化

年　度	2006	2007	2008	2009	2010
调动人数	11	14	17	15	23

二　三菱商事美国公司

1. 简介

主要商品及服务：

IT·媒体·通信业务、消费者相关业务、物流服务、医疗护理·生活护理、石油产品、碳、原油、液化石油气（LPG）、液化天然气（LNG）、煤炭、铁矿石、有色金属材料和原料、有色金属产品、重电机、电梯业务、成套设备、船舶、汽车、产业机械、开发建设、航空航天器械、石油化工产品、合成纤维原料、肥料、机能化工产品、合成树脂原料和产品、食品和饲料添加剂、尖端材料、粮食、食品、纤维相关产品、资材等。

三菱商事美国公司把其业务组织成工业和市场的专家团队。核心结构包含了由主流工业定义的企业集团，依次由商业部门和在各自领域聚焦于细分市场的部门组成。北美地区广泛的商业网联系着整个企业集团的活动。

2. 美洲三菱公司基金会的管理层介绍

基金会的管理层由官员和理事会组成。项目官员组成为，三菱商事美国公司的总裁带头兼任基金会的主席，两名公关部门的经理兼任基金会的项目官员，另一名官员负责财务。总裁通过基金会进一步倡导他提出的3C 理念。两名项目官员具有丰富的非公益组织和企业社会责任的相关的教育和从业经验。理事会成员由七名人员构成，分别为三菱商事美国公司的总裁、副总裁、公关经理、拉丁美洲和欧洲的高管以及企业社会责任与环境事务部的经理。

表4 管理层简介

姓名	基金会职务	在三菱公司职务
小松浩一 (Koichi Komatsu)	主席 (Chairperson),理事会成员	主席，总裁，首席执行官
小野正英 (Seiei Ono)	会长 (President)，理事会成员	
约瑟夫 (Joseph Reganato)	秘书长，项目官员	
那沪雄三 (Yuzo Nouchi)	财务主管	
特雷西·L. 奥斯汀 (Tracy L. Austin)	执行总监，理事会成员	三菱商事美国公司公关经理
秋田稔 (Minoru Akita)	理事会成员	企业社会责任与环境事务部总经理
伊藤克洋 (Katsuhiro Ito)	理事会成员	高级副总裁，首席财务员，首席信息官
小泽征白木 (Seiji Shiraki)	理事会成员	拉丁美洲地区首席执行官
杉浦康幸 (Yasuyuki Sugiura)	理事会成员	三菱商事美国公司执行副总裁
郎寺 (Tetsuro Terada)	理事会成员	欧洲独联体和中东 & 非洲地区首席执行官，三菱商事会社（欧洲）总经理

2010 年 4 月，小野先生成为三菱商事美国公司总裁兼首席执行官。2011 年 4 月起，他将同时担任北美地区的首席执行官。

约瑟夫 (Joseph Reganato)

约瑟夫是三菱商事的全资子公司——三菱商事美国公司的公关企业经理。同时，他还担任美国三菱基金的项目经理，三菱基金所关注的重点领域包括生物多样性保护、可持续发展、环境教育以及环境正义。

在加入三菱商事美国公司之前，他就职于日立基金会吉山商业协会，在那里他帮助实现基金会的目标之一，即促进低收入工人的职业生涯发展。2008 年至 2009 年，他在波士顿学院企业公民中心实习，该中心是波士顿学院卡罗尔管理学院的一部分。2009年，他在那里完成了MBA的学业。

2003年，约瑟夫在波士顿学院获得神学学士学位，专注于信仰、和平与正义的研究，之后在农牧部获得硕士学位。他在这一领域拥有四年的工作经验，其中包括发展社区服务和在马萨诸塞州的劳伦斯中央天主教高中进行的精神文明发展项目。

对于商业在社会中所扮演的角色，以及企业如何利用自己的资产为雇员、当地社区以及环境创造利益，他都十分感兴趣。

董事会组成

（1）小野正英

（2）杉浦康幸：同时也是三菱商事美国公司的执行副总裁。

（3）秋田稔：日本静冈大学副教授，同时是企业社会责任与环境事务部的总经理。

（4）特雷西·L. 奥斯汀，是基金会官员，同时也是三菱商事美国公司的公关经理。2001年她还成为美洲三菱公司基金会的执行董事，支持整个美洲的环境教育、生物多样性保护、环境正义以及可持续发展项目等。作为基金会的执行董事，她一直积极参与针对土著居民的国际投资以及特惠津贴项目。她曾经是2007年特惠津贴退回项目委员会的成员。2007年1月1日，她成为三菱商事美国公司企业公关部总经理，并同时继续担任基金会的执行董事。美洲三菱公司基金会成立前她是非洲电影节公司以及环境捐助协会的董事会成员。

（5）伊藤克洋：同时兼任高级副总裁、首席财务员以及首席信息官。

（6）小泽征白木：拉丁美洲地区首席执行官。

（7）郎寺：欧洲独联体和中东 & 非洲地区首席执行官，三菱商事会社（欧洲）总经理。

第四节 财务信息

一 990－PF 基金会纳税申报表信息概览

表 5 美洲三菱公司基金会 990－PF 纳税申报

单位：美元

收 支	2005 年	2006 年	2007 年	2008 年	2009 年	2010 年
收入						
收到的捐献、礼物、资助等	450000	450000	700000	700000	0	0
存款和短期现金投资的利息	13315	26714	20149	3873	966	14296
投资证券取得的利息和股息收入	122346	151926	165562	216928	158986	120335
出售资产取得的净收益或净损失	196696	211145	509946	－375100	－279935	93891
共计收入	782357	839785	1395657	545701	－119983	228522
支出						
法律费用			5924			
会计费用	16700	17092	10275	11275	12375	13400
投资费用	50577	79317	69466	62693	23098	20253

续表

收　支	2005 年	2006 年	2007 年	2008 年	2009 年	2010 年
税	3614	1280	4327	-11390	10126	2852
打印与公开出版物	165	931	186			
管理行政费用	6916	3261	7035	7581	11181	5704
运营和行政费用小计	77972	101881	97213	70159	56780	42209
支出的捐献、礼物、资助等	404716	562627	1490152	281106	271004	847405
共计支出	482688	664508	1587365	351265	327784	889614
收入超出支出的部分	299669	175277	-191708	194436	-447767	-661092
资产和负债	2005 年	2006 年	2007 年	2008 年	2009 年	2010 年
资产						
不产生利息的现金	620685	462215	182905	338472	162966	1712441
存款和短期现金投资	201229	208823	221015	188662	1642943	172955
项目相关性投资					300000	300000
预付费用和递延支出		2761	38	155503	9697	10765
投资：国债和州政府的债券	1151268	1133636	1228692	1276480	1195443	902716
投资：公司股票	2907967	3883808	4389006	2857049	1197737	991346

续表

资产和负债	2005 年	2006 年	2007 年	2008 年	2009 年	2010 年
投资：公司债券	316928				18117	
资产总计	5198077	5691243	6021656	4816166	4526903	4090223
负债						
应付账款和应计费用	25722	12000	12000	12000	12200	12200
应付资助	540977	609204	1326856	1087962	509966	714804
递延税负债	9047	7310	5375		1170	1940
负债总计	575746	628514	1344231	1099962	523336	728944
净资产						
非限定性净资产	4622331	5062729	4677695	3576204	4003567	3361279
净资产总计	4622331	5062729	4677695	3576204	4003567	3361279
负债和净资产总计	5198077	5691243	6021926	4676166	4526903	4090223

收到的捐献、礼物、资助等：这是基金会资金的主要来源。就企业基金会而言，大量资金来源于企业。

支付的捐献、礼物、资助：美洲三菱公司基金会该项的唯一来源为支付的资助。在美洲三菱公司基金会成立的章程下，只能对符合美国国内税收法的税收豁免的组织机构资助。资助为费用类账户。在权责发生制的计量下，费用表示为基金会批的资金的金额，承诺未来几年资助项目的金额，并不代表基金会当年实际捐助的金额。每年应付资助的增减变化的量为基金会现金支出的金额。

应付资助：应付资助为负债的重要组成部分，例如批资助某项目 3 年多少资金额度，以后几年的没有付的资金额度就是应付资助。在权责发生制下，基金会每年集中审批项目及资助的年限，收到获批的多年项目以后年度的应付资助确认为负债。考虑到货币的时间价值，这些多年的项目以一定的折现率折现计量为现值（2007 年的美洲三菱公司基金会的财务报表附注显示当年的该折现率为 2.9% 到 4.7%）。

二　资产规模概况

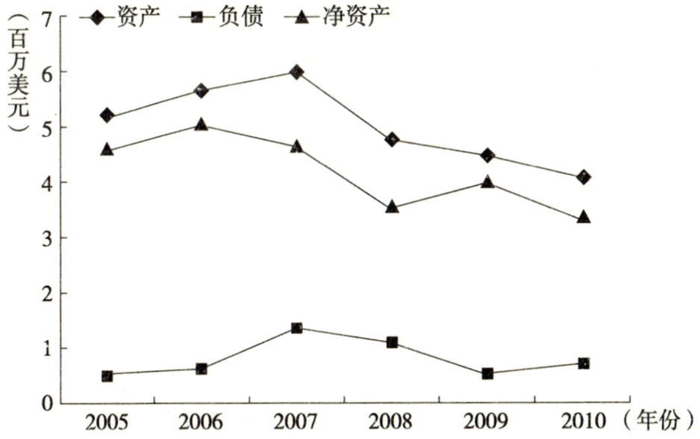

图 1　资产状况

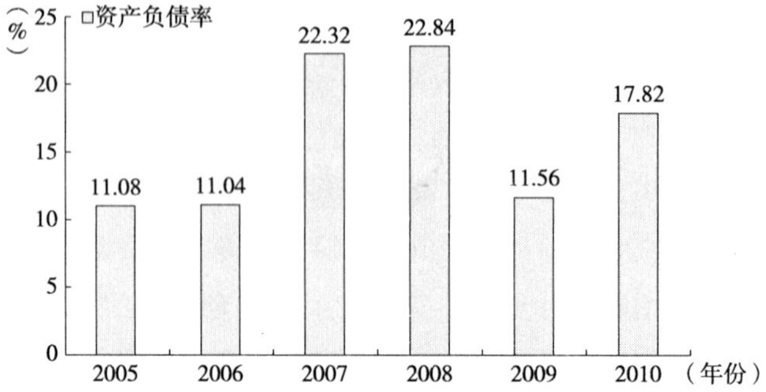

图 2 资产负债率

基金会每年批的项目资金额度较为平稳，因而资产负债率受资产的变动情况较大。

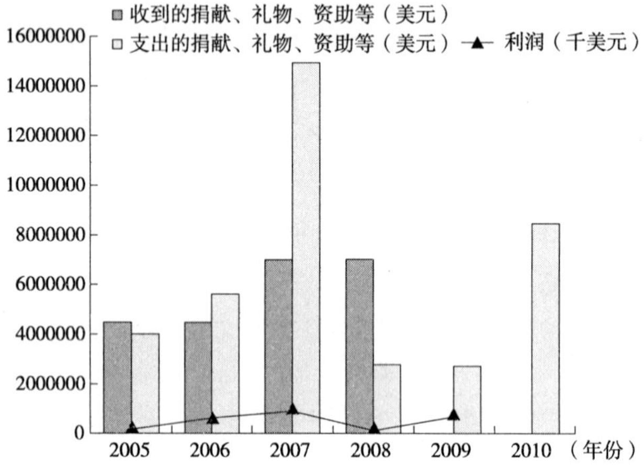

图 3 收益分析

注：2010 年的美国三菱公司的净利润暂缺数据。

三 收入

从已有的 2001 年到 2010 年 990 - PF 及财务报表的信息可以知道，基金会的全部资金来源于美国三菱公司和三菱商事株式会社。从 2001 年到 2006 年基金会收到三菱商事株式会社的每年 30

万美元的捐助。从 2005 年开始，美国三菱公司开始加入捐助的行列：2005 年和 2006 年美国三菱公司分别均捐助了 15 万美元。2007 年和 2008 年公司加大了捐助的力度，美国三菱公司在这两个年度分别捐助了 20 万美元，三菱商事株式会社分别捐助了 50 万美元。2009 年和 2010 年公司停止对基金会捐助。

基金会每年近 40% 的收入来源于存款利息、股利、投资国债和股票的投资收益。在 2001 年、2008 年、2009 年美国总体股市表现不佳时，基金会的投资出现亏损。

四　支出

基金会每年年初发布审批的新闻，承诺的几年后资助的资金均到位。大部分的资助项目获批的时间为一到二年，重点的资助项目如野生动物保护协会（Wildlife Conservation Society）一次获批长达四年，连续资助八年，八年的资助金额共计 150 万美元。在 2007 年 Wildlife Conservation Society 是基金会第一个获批的达到 100 万美元的资助项目，此次获批的资助时间为四年，每年资助 25 万美元。主要用于促进阿根廷的动物保护工作（具体资助内容详见附件 8）。

在 2001 年到 2010 年，基金会资助美洲鸟类保护协会总计达到 33.78 万美元，资助纽约植物园 15 万美元。在 2001 年和 2002 年资助大自然保护协会 18.25 万美元。

基金会在 2009 年和 2010 年开始向草根资本（root capital）投入项目相关性投资，两年均为 30 万美元，约为当年经调整的合格的分配的 1/3。

五　分配比率

根据 4942 法案，符合一定资格的私募基金会（private foundation）在证券投资（如购买国债、股票、债券上的净收益）可以享受原先由2%降到1%的特种消费行为税的（exercise tax）税收优惠。其中关键的每年的检验条件为分配比率（distribution ratio），若该年度的经调整的合格的分配大于过去5年的分配比率平均值与今年净投资收益的乘积，则可以享受税收减免。

分配比率＝经调整的合格的分配（adjusted qualifying distribution）/非慈善用途的资产（net value of nonchantable－use assets）

其中：

经调整的合格的分配＝用于达成慈善目的付的金额（包括行政费用）－一些对有资格的基金会减免净投资收益征收的特种消费行为税（如果没有该资格就不能减去税）。

非慈善用途的资产主要包括非直接用于执行慈善用途的资产的公允价值减去1.5%持有用于慈善目的的现金。其中，非直接用于执行慈善用途的资产主要包括证券的公允价值的月余额的平均额、现金的月余额的平均额、其他资产的公允价值。

因此，分配比率作为基金会用于慈善目的与非慈善目的及闲置资金的百分比，衡量了基金会运用资金的效率。分配比率越大，表明基金会将现金或投资证券市场的收益投入资助项目的量越大。

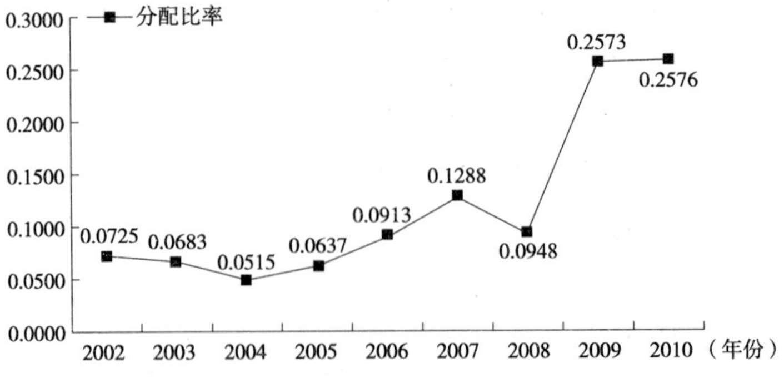

图4 分配比率

六 运营费用比例

维持基金会运行的工作人员无偿为基金会服务，此外公司的员工参与一些项目的志愿者。从基金会的 2006 年到 2008 年财务报表来看，员工提供的无偿服务价值达到 6 万美元到 9 万美元不等。

运营费用主要由会计费用、法律费用、投资费用、管理行政费用构成。会计费用和法律费用主要为接受会计审计或法律的服务，费用相对固定。投资费用为变动成本随投资的交易量而变化。

七 投资收益分析

投资收益主要来源于利息、股息、短期现金投资与证券投资。利息、股息、短期现金投资收益稳定，证券投资的收益率以净收益除以售价计算。基金会的各项投资收益率如下图所示。

表 6 投资收益

单位：%

年 份	2002	2003	2004	2005	2006	2007	2008	2009	2010
利息收益率	3	2	3	7	13	9	2	0	8
证券利息和股息收益率	4	3	3	3	3	3	5	7	6
售卖证券的收益率	-11	2	5	4	5	16	-12	-14	6

八 非财务因素的影响

由于基金会 40% 的收入来源于投资收益，受到美国宏观经济的影响，投资收益的波动趋势和宏观环境相一致。近年来公司停止资助可能的原因有：基金会的规模已经达到预期的水平，公司不想再扩大；在金融危机的影响下，公司自身的经营受到影响；受日本总部地震的影响，公司将资金主要资助灾后重建。

第五节 公益项目案例解读

一 多方合作——给鸟类一个美丽的家园

导读：

美国鸟类保护协会是美洲三菱公司基金会的资助组织之一，以下文章讲述了美洲三菱公司基金会为重点修复工作提供资金支持，以保护墨西哥海滨湿地的案例。保护鸟类是近些年来人类经常强调的口号，生物多样性保护是基金会的使命之一，我们可以从以下故事中看出这是一个很好的典范，通过政府、企业以及环保组织之间的合作一起保护大自然。

三菱国际基金会（美洲三菱公司基金会前名）向墨西哥的巴伊亚圣玛利亚地区提供了一笔捐款，已使美国鸟类保护协会和西北自然保护协会确保可以购买865英亩湿地来保护重点鸟类栖息地。此外，还筹集了大量的联邦基金用于恢复另外7410英亩湿地所需要的水流。

巴伊亚圣玛利亚位于加利福尼亚海湾，是一个复杂的沿海海湾和河口的一部分，这里以大量依赖湿地的越冬鸟类而闻名，有25%的西方鹬栖息在这里。蓝脚鲣鸟、笑鸥、黑尔曼鸥、皇家燕鸥、大理石豫、长嘴杓鹬，以及高跷鹬也在这一地区被发现，这里被认为是墨西哥六大鸟类保护重要区域之一。

“能够帮助保护鸟类生存的地区我们感到很激动”，三菱商事美国公司执行副总裁兼法律顾问詹姆斯·布鲁姆说道。“我们也很高兴我们的支持为这一地区的恢复带来了更多所需要的资源。”

墨西哥西海岸正面临着巨大的土地转换的压力。许多滨海复合湿地已经被转换成养虾场，很多其他地区也已经被恶化鸟类栖息环境的引水工程所破坏。

巴伊亚圣玛利亚地区覆盖了超过 7500 英亩湿地，几十年前为了建造养虾场在这里进行了开沟排水和筑堤。养虾场已经被证明是失败的，并且已经废弃，但是生态破坏依然存在。

现在，得益于有效的合作和慷慨资助，这里的土地将被保护起来，不会在未来开发并且将恢复自然水流。三菱国际基金捐赠了 20.6 万美元购买这块土地，它将成为一个私人自然保护区的核心，并由美国广播公司的墨西哥合作伙伴西北自然保护协会运营。根据北美湿地保护法，三菱又争取到了 23.8 万美元的联邦基金，使得自然保护协会可以用这笔基金恢复湿地的潮汐流。

“这是一个很好的典范，通过政府、企业以及环保组织之间的合作开展一些积极的活动”，美国鸟类保护协会的首席环保官员乔治·华莱士说道，这促进了项目的开展。

自然保护协会已经进行了购买方面的谈判，并且将负责管理这里的保护，它正在努力在这一地区建立正式的联邦保护区。

“三菱的捐赠对于保护这一地区以及吸引保护湿地所需要的其他额外资金而言都是十分关键的”，西北自然保护协会主任伟嘉·皮克斯说道。“现在私人保护区已经建立起来了，我们相信会更有机会来说服墨西哥政府将这一地区指定为国家公园。”

三菱国际基金与墨西哥美国鸟类保护协会的伙伴关系可以追溯到 2001 年，正是从那时起它开始支持格雷罗内罗洛州以及巴伊亚圣玛利亚地区重要鸟类栖息地的保护活动。

如果没有一个坚实的科学基础、充足的基金以及各方利益相关者的参与，鸟类保护这项事业是不会成功的。

二 哥伦比亚环保项目中的女性们

在三菱公司基金会的支持下，美国广播公司和哥伦比亚野生动物和鸟类保护委员会发展了保护区妇女项目，通过为在环保缓冲区谋生计的妇女们创收，来促进哥伦比亚鸟类保护区当地的支持。这个项目目前遍及四个保护区，使60名妇女可以自制珠宝并卖给游客，如今已经实现了网络销售。

三 员工参与——感受自然的魅力

导读：

以下文章是一篇新闻报道，讲述了三菱商事美国公司员工在其合作伙伴纽约植物园的一次植树志愿活动。作为致力于环境问题的基金会的公司，让员工亲身体会到自然的美好是人才战略中一个非常重要的部分。三菱商事做到了，他们用行动诠释了自己的使命。

三菱商事美国公司的员工上个月在纽约植物园的三菱野生湿地小径进行志愿服务，以此来庆祝地球日。三菱商事主席同时也是植物园董事会主席的小松纮一，穿上水靴并冒险进入湿地帮助清理。

“三菱商事美国公司非常注重其与纽约植物园的长期合作伙伴关系”，小松先生说。“湿地小径是对当地中小学生进行环境教育的重要资源，我们很高兴为湿地的维持贡献我们的时间。”

志愿者们一整天都卷起衣袖和植物园的工作人员一起劳动，他们努力完成各种任务，包括清除那些威胁到栖息地的入侵植物，以及用乡土树种取代它们。

湿地小径五英亩的湿地植物告诉植物园的游客湿地的生态环境以及它的重要性。每年，许多来到植物园的孩子们的第一个体验便是沿着湿地小径散步。湿地小径中大量的植物和动物——比如海龟经常趴在浸在水中的岩石上晒太阳——会让人迸发出对于环境和自然的好奇心。

“我和园丁们都非常享受在这个组的工作”，室外园林经理布拉德·罗勒说。“我们完成了大量的工作，从清理湿地的碎片到清除外来植物物种和种植本地物种，这些都是这一重要生态系统整体恢复的一部分。”

四　菊花展——艺术、生活、文化的盛宴

导读：

这篇报道讲述了三菱公司为纽约植物园的菊花展提供支持的事。菊花展不仅是一个跨文化交流的平台，也给了大家思考人类与自然关系的机会。

“日本的菊花艺术展”是纽约植物园迄今最精致的鲜花文化展览，本展览将会在2007年10月20日开展。作为这次展览的协助赞助商，三菱商事美国公司是三菱商事全资所属的机构，享有位于纽约的日本商界给予的支持，有力地获得了纽约地区的日本商界的支持。

1994年，当三菱国际基金会开始资助在植物园的环境教育项目时，三菱商事美国公司便与纽约植物园建立了关系。三菱商事美国公司主席兼首席执行官Ryoichi Ueda先生说道：“我们支持菊花展览的目的是通过分享艺术的魅力而促进跨文化交流，同时间接地培养大众对自然环境的欣赏。”“菊花展览通过渲染人类和自然之间互动的美好，架起了自然和艺术之间的桥梁。”

为期近一个月的展览掀起了文化交流的高潮，位于日本东京新宿御苑国际公园和纽约植物园的合作包括以下内容：

- 一个以展示日本菊花和其他日本植物不同特征为主题的鲜

花展，其中包括了在被称为美国最大的维多利亚风格温室的伊尼德温室奢华庭院的枫树和竹子；

- 一个位于当地图书馆的描述日本植物的作品展览；
- 一系列针对成人、儿童、家庭园丁以及日本文化狂热者的活动安排，这些活动都是为了赞美菊花的美丽和日本的艺术、生活和文化。

新宿御苑国际公园是一个 144 英亩，兼有英式景观、法式场景以及传统日式园艺风格的花园。它原来是一个用于培养日本菊花的皇家园林，代表着日本皇家以及整个日本花艺的最高水平。在近一百年的时间里，新宿御苑国际公园开展了每年一度的秋季菊花展，并开发出独创的培养和展览的方法。在日本以外的任何展会上，是看不到在这种皇家风格中成长的菊花的。

“日本菊花艺术展”是由新宿御苑国际公园菊花部门的部长、一名著名的京都景观设计师和一名备受赞誉的会展设计师共同设计的。这次展览将会展出几种不同风格的日本菊花，以充满生气的形状、丰富多彩的颜色以及多种多样的花期为特色。

菊花展必不可少的部分是日本传统园亭，或者叫上谷，这是运用悠久的施工技术利用竹子和绳索围绕在紫色的布和红色的流苏上建立起来的。除了为植物提供保护之外，这些结构更是创造了一种日式优雅的氛围。

纽约植物园建立于 1891 年，这个 250 英亩的国家性历史地标以及号称世界一流的植物园因为其植物文化的展览而被大众广泛认可。这些展览中包括了华丽的春天画展“兰花秀”，去年夏天的“纽约植物园图片展”，和一年一度吸引了从三州地区以及全世界来的几十万游客的“假日火车秀”。

除了新宿御苑国际公园和纽约植物园，这次文化展览的参与者还包括了大都会艺术博物馆、日本协会和日本政府环境部。

五　海洋生物多样性的启迪

导读：

生物多样性和可持续发展是美洲三菱公司基金会使命的一个非常重要的部分，本报道可以看出基金会携手野生生物保护学会，一起为保护巴塔哥尼亚海域生物做出的努力。

驻动物园野生生物保护学会近日发布，他们在保护一个野生动物资源丰富的南美沿海区域上做出的努力，终于以阿根廷政府近期把一个新的沿海海洋公园纳入了法律的形式得到了回报。

这个公园于这个月月初成为了官方所属，它保护着 50 万只企鹅、几个品种的稀有海鸟以及本地区特有的南美海狗。这是阿根廷第一个特别设计用来不仅保护陆地上的繁殖集群，而且保护海洋生物的保护区。

这个公园的成立代表着阿根廷国家公园管理局、丘布特政府、野生生物保护学会以及地方合作伙伴巴塔哥尼亚自然基金会的共同努力。同时也得到了来自联合国开发计划署和全球环境基金的大力支持。

野生生物保护学会的研究人员同巴塔哥尼亚自然基金会工作人员一起，为主要的野生生物提供了分析数据，用以确保公园的边界会同时包含着陆区域和临水区域。研究人员发现，这片区域需要通过给商业捕鱼和石油工业加压来获得保护。

野生生物保护学会阿根廷项目的负责人科里亚・哈里斯说："这个公园保护了地球上最多产的最杰出的海洋生态系统之一。""这个公园的产生对很多生物来说是非常及时的，因为它们正在饱受地方捕鱼和能源工业的威胁。"

新保护区位于丘布特省圣约海湾，距布宜诺斯艾利斯南部约 1700 千米，它占据了大约 647 平方千米的沿海水域和附近岛屿，沿着大约 160 千米的海岸线排列起来。

这个区域成为大约 25 万对麦哲伦企鹅的栖息地，估计占据了整个阿根廷企鹅数量的 25%。其中 50 个小岛为南方大型海燕提供了两处安乐窝，整个巴塔哥尼亚海岸大约有 80% 大型海燕居住于此。在这个沿海绿洲栖居的其他生物种类包含了濒危的大西洋海鸥、白头鸭，以及阿根廷地区大约 1/3 的皇家岩石鸬鹚。

当大部分海岸线还没有建成的时候，那里的野生生物饱受商业捕鱼网的危害，当这些海鸟捕食的时候就会被这些捕鱼网圈住。从巴塔哥尼亚南部运输到布宜诺斯艾利斯的石油游轮汇漏出的石油污染以及扩张的海上石油钻探都被视为近些年日益增长的危害。

美洲三菱公司基金会为这个独特的沿海保护区提供了资金援助。野生生物保护学会在保护巴塔哥尼亚沿海地区做出多方面的努力，其中包括海与天项目。海与天项目通过整合最佳技术、提高生产能力以及为地方海洋保护兴趣提供灵感等方式致力于追求巴塔哥尼亚海的长期生存能力。

野生生物保护学会从 20 世纪 60 年代起就在巴塔哥尼亚地区很活跃了，学会的成员们为保护南方地区露脊鲸、海象和其他特有野生动物做研究。学会管理了大约 74 万英亩的荒地。

参考资料来源

http：//www. mitsubishicorp. com/us/en/csr/foundation. html.

http：//www. mitsubishicorp. com/us/en/csr/pdf/CBMChinese. pdf.

http：//www. philanthropynewyork. org/s_ nyrag/doc. asp？ CID = 5494 &DID = 14857.

http：//www. philanthropynewyork. org/s_ nyrag/sec. asp？ CID = 5494 &DID = 11895.

http：//grantspace. org/Tools/Knowledge – Base/Individual – Grantseekers/For – Profit – Enterprises/PRIs.

http：//www. mitsubishicorp. com/us/en/pr/archive/2009/files/000000

9256_ file1. pdf.

http: //www. mitsubishicorp. com/ us/ en/ pr/ archive/2003/ html/000000 4080. html.

http: //www. mitsubishicorp. com/ us/ en/ csr/.

http: //www. mitsubishicorp. com/jp/ zh/ csr/ work/.

http: //www. mitsubishicorp. com/jp/ zh/ network/ north_ america/ america. html.

http: //www. mitsubishicorp. com/ us/ en/ about/ organization. html.

http: //www. mitsubishicorp. com/jp/ en/ csr/ contribution/ international/ america. html.

http: //www. mitsubishicorp. com/ us/ en/ csr/ pdf/ MIC_ ABC_ press_ release. pdf.

http: //www. nybg. org/ plant - talk/2010/05/ people/ mitsubishi - volunteers - spiff - up - wetland - trail/.

http: //www. mitsubishicorp. com/ us/ en/ csr/ pdf/ Kiku_ Chrysanthemum. pdf.

美国本田基金会

The American Honda Foundation

第一节　美国本田基金会

美国本田

简介

美国本田的第一家工厂在 1979 年开设，如今已成为拥有近 25000 名美国员工的公司。经本田授权的汽车、摩托车和电力设备的经销商在美国雇佣超过 10 万名员工。此外，有数以万计的美国人受雇于近 600 家为本田提供零件和材料的供应商。本田促进美国就业的同时致力于奉献社会，在美国广泛参与注重青年和教育、科学和技术的活动，通过企业捐款、联合志愿活动、基金会资助和多种形式的活动为社会创造积极贡献，于 1981 年和 1984 年分别成立了本田美国制造基金会和美国本田基金会。

企业慈善活动

青年教育

宗旨：给青年提供机会去体验学习和自我发现的喜悦

- 老鹰岩学校和职业发展中心

老鹰岩学校（ERS）和职业发展中心（PDC）位于科罗拉多州的埃斯蒂斯公园，是一所为高中学生和教育工作者服务的学校。这所学校于 1993 年建立，作为一个美国本田汽车教育集团的全资项目，是一个为无法适应传统学校设施的学生提供第二次机会的免费住宿学校。为了在全国范围内帮助更多学生，PDC 还为教师提供了以老鹰岩模式为蓝本的课程和教学方法，使教师能够了解更多有关如何解决美国的辍学问题的方法。到如今，已有成千上万的教育工作者得到在老鹰岩研究和学习的机会。

- “骑上迷你自行车”全国青年项目

迷你自行车可以改变我们的生活。这是本田集团于1969创立的“迷你自行车在全国”（NYPUM）项目，旨在融入10~18岁弱势青年群体。通过使用迷你自行车，青年与同伴和有积极模范效应的成年人一起参与富有挑战性和乐趣的活动。截止到现在，NYPUM已在波士顿和洛杉矶等地的多个市区、郊区和农村社区开展了50多个项目。

- 为脑瘤儿童骑车

自1984年开始，数千人参与为小儿脑肿瘤基金会（PBTF）筹资的“为脑瘤儿童骑车”活动。在美国本田车手俱乐部和成千上万的其他摩托车手的帮助下，已有超过34亿美元被筹集来支持脑癌研究和脑瘤儿童家庭救济方案。现在PBTF是小儿脑肿瘤研究的最大非营利性资金来源。

社区建设

宗旨：与当地社区紧密联系

- 国王的艺术情结

“国王的艺术情结”项目设在俄亥俄州哥伦布市，旨在通过创造性的表达维护和颂扬美国黑人文化。“国王的艺术情结”通过表演、文化和教育项目展示非裔美国人对美国和世界文化和历史的巨大贡献。通过本田基金对该活动的长期支持，已有数千人体验和了解了美国黑人的历史。

- 阿拉巴马州聋人和盲人研究所

如果有人认为残疾人即无能，那么阿拉巴马聋人和盲人研究所（AIDB）看到的只有能力。每年有超过12000位婴儿、幼儿、儿童、成年人和老年人被AIDB的服务所打动。除了通过数千联营者为 AIDB 购买制服及必需用品，本田还支持其他多项 AIDB 活动。

• 活力课堂

无论是为了振奋一个社区还是为了解决一个科学项目，约 13000 名年龄在 5～18 岁的青少年参与到华盛顿地区的活力课堂活动中。凭借其“实践出真知”的宗旨，活力课堂通过以亲身体验为基础，用宝贵生活经验（比如团队协作、个人自律）教导青年。本田对活力课堂的支持，包括联营公司的活动参与和资金资助，让孩子免费参与活动。

环境保护

宗旨：鼓励保护自然环境并与之和谐共处

• 保持美国的美丽

保持美国的美丽这一计划中的美国大扫除是这个国家一年一度的最大的社会改善项目。该项目由超过 230 万的志愿者组成，每年可捡拾垃圾和杂物近 7 万吨。本田经销商捐赠服务和产品使大扫除得以落实。这一 12 周的计划，涉及 50 个州的3000 多项活动，包括垃圾清理和种类繁多的社区改善项目，涵盖 15000 多个社区。

• 查塔胡奇河上游保护计划

保护地球资源是查塔胡奇河上游保护计划（UCR）4600 名成员的目标。该组织拥护环境保护并致力于保护和恢复格鲁吉亚州查塔胡奇河流域。该河流域为 350 万人提供饮用水水源。通过本田海洋的财政和实物支持，UCR 向数千名来自北佐治亚州亚特兰大的学生提供了有关湖泊生态的科学项目。

• 海岸清洁日

每年 9 月，在年度加州海岸清洁日，本田合作者团队会花费整个周六的时间在托伦斯海滩捡拾垃圾和杂物。在这个为期一天的活动中，该团队将加入其他10000余名志愿者，在洛杉矶市超过55个地点捡拾海滩、溪流、湖泊和内陆水道的杂物。每年有超过65000磅的垃圾被收集起来。

• 驾驶员教育和环境学习中心

本田已经作出了持续的承诺，表示将通过驾驶员教育和环境学习中心来保护环境和加强车手安全。该中心的创立提供了一个现实世界的训练设施，所有年龄段的学生均能掌握基本驾驶技能，并学会在一个安全的环境中有效地驾驶。此外，环境教育部分将允许三个中心作为独特的场地为小学生了解生物多样性提供条件。

(http://corporate.honda.com/america/events.aspx? id = ohio - wildlife - center)

• 俄亥俄州野生动物中心

人们在俄亥俄州野生动物中心会看到各种动物。这是一个非营利的教育组织，通过栖息地复原促进和教育计划来促进人们对俄亥俄本地动物的认识和珍惜。学生、老年人和爱心市民在该中心积极参与到动物保护和推广计划中来。本田赞助支持与俄亥俄州学术科学标准相一致的活动，如提供4～12岁儿童的日营以和野生动物接触。

社区志愿服务

宗旨：积极参与社会福利的建设

• 流动读书人（Rolling Readers）

分享与青少年阅读的喜悦，对于本田在南加州的合作者来说是贴心和亲切的。他们每个月花一天时间给卡森街小学学前班至五年级的学生读书。自1997年以来，数百名本田合作者每周会贡献数个小时来培养学生阅读的兴趣。

• 本田社区行动小组

社区行动小组是本田公司的南加州社区宣传组织。每年，合作者、退休人员和家庭成员会在约 20 个活动中担当志愿者。通过向海外部队发放护理包、赞助特奥会和向弱势群体提供节日餐这样一系列活动，社区行动小组将本田精神带到了市民工作和生活的城市。

- 本田英雄

在本田公司，社区参与不仅仅是写一张支票，它意味着个人投资。在俄亥俄州，本田英雄包括 1700 多名合作者、退休人员及其配偶，他们贡献了超过 40 万小时来支持他们选择的服务社区计划。那些在 12 个月内向一个组织贡献 50 小时的合作者及他们的配偶会被授予实干家的表彰。

美国本田基金会

成立背景

本田汽车不仅以其旗下“本田”和“讴歌”的多样化高质量汽车而闻名，其产品还有摩托车、全地形车、电动车、船用发动机和水上摩托。但是本田远不满足于生产超越客户期望的创新产品。自公司成立以来，本田一直致力于回馈社会。本田的种种活动，其中包括慈善事业，皆基于企业尊重个人，与客户、伙伴和社会分享喜悦的理念。

每年，美国本田基金会和本田制造基金会为一些非营利组织提供资助。通过资助那些致力解决少数民族和发展相对落后地区的青少年教育发展问题的组织，本田希望建立联系美国未来的桥梁。自 1984 年成立以来，美国本田基金会资助对象已涉及全国青年教育、识字、数学和科学教育等领域。本田美国制造基金会成立于 1981 年，对特定的雇用在俄亥俄州本田工厂周围地区的青年教育活动作出了贡献。

美国本田基金会由美国本田汽车有限公司成立，以纪念其在美国发展的25周年，并表达对美国多年支持的感激。美国本田基金会自成立以来，已资助超过27亿美元给惠及美国各州约115万人的多个组织机构。

愿景

本田集团的慈善活动和社会领导力会让社会更加美好。

使命

通过向非营利机构捐赠来帮助满足美国社会在青年和科学教育领域的需求，同时战略性协助社会获得长远利益。

政策及政策目标

美国本田汽车公司承诺成为一个有着真正持续社会价值的企业，最能充分表达这一决心的方式是有效地履行其作为社会企业的基础性作用。这意味着制定能让员工成长和发展，能在竞争激烈的市场中获得公平利润，能满足客户，能适应不断变化的社会需求和价值的政策。这项政策的成立是基于企业成功与所在环境的蓬勃发展紧密联系的认识。因此，美国本田基金会的成立符合其母公司，其员工、客户、股东和一般公众的利益，是美国本田汽车有限公司成为一个合格的企业公民和顺应社会的广泛需求的政策要求。

正是基于以上原因，美国本田基金会积极遵循以下企业目标。

1. 将适用于美国本田公司其他活动的管理流程的专业性和创造性运用于基金会的资助活动上。将本田公司其他资本活动管理的谨慎性运用于基金会的资本运作上。

2. 在非常广泛的捐助领域中特别强调一些优先领域。

3. 灵活运作基金会以适应不断变化的社会需求，创新机会和催化性领导。

4. 补充而不是替代公共机构和公共资金的角色。

5. 提高美国本田汽车有限公司美国本田基金会的形象和商誉。

6. 提供以年计的捐助资金，反映美国本田汽车有限公司的运营成功。

7. 确保基金会的捐助方案为最佳——权衡基金会现有资金及青年和科学教育的最迫切需求。

第二节　基金会资助项目具体案例

案例 1

科教招募（The Recruitment in Science Education）

启动时间：2007 年

资助金额：22000 美元

资助对象：美国蒙特利湾加州州立大学

基金会相信科学无处不在，每个人都离不开科学，科学是有趣的。

科教招募项目鼓励滨海和萨利纳斯的高中学生扩大他们对科学的兴趣和技能，开展多种课后活动。

该项目的使命是提高科学学习的多样性。为达成这个目标，组织机构主要招募非代表性人群以增强他们对于科学和数学的兴趣。项目招募六年级学生并和他们一起度过整个高中学习（至 12 年级）生涯。

项目内容：

- 科学活动：启迪学生思维，在补充校内课堂知识的同时引导学生关注科学事业。
- 培养环保责任意识：带领学生在校内种植树木和参与当地植物移植活动。
- 未来学习计划：引导学生计划未来的学业发展。早在八年级，他们就开始学习高中课程以增强申请大学的竞争力。（美国初中为7、8年级，高中为9、10、11、12年级）

案例2

教育奖励基金

启动时间：2011年

资助金额：48667美元

资助对象：蒙大拿州立大学基金会

蒙大拿州立大学基金会成立于1946年，是一个免税的慈善非营利组织，致力通过吸引私人资金支持蒙大拿州立大学的持续卓越发展。该基金会的集团和基金会公共关系部门与其他基金会和组织建立了以促进教学、研究和推广为目的的友好互助关系。

2011年，美国本田基金会给予蒙大拿州立大学作为优秀教育合作伙伴48667美元。蒙大拿州立大学在项目中为蒙大拿州中南部印第安地区哈丁学区的小学四年级学生提供科学教育拓展活动，以亲身动手的活动激发学生对于科学的热爱。同时，活动与印第安传统文化联系，帮助学生从文化视角理解客观事实。

这个首创性项目在2010年获得了美国国家航空航天局天体

生物研究所 15000 美元的资助。美国基金会的资助会帮助蒙大拿州立大学继续发展该项目。

“通过资助，美国本田基金会寻找发展青少年在数学、科学、工程、技术和识字的机会”，美国本田基金会的经理 Alexandra Warnier 说。“我们很自豪地与蒙大拿州立大学合作，其在这个领域有着重要贡献。我们期待看到这个项目的影响和成果。”

项目内容

- 求知型学习：农学院国土资源和环境科学系开展多元化科学活动。通过实地考察，与蒙大拿州立大学的科学家和教育家进行视频会议分享等方式教育四年级学生。
- 经验推广：将实践机会推广至应届生和早期科学教育，对四年级老师进行课程匹配的活动培训。

案例 3

聋人文化教育

启动时间：2011 年

项目持续时间：3 年

资助金额：24005 美元/年

资助对象：美国聋人学校

美国聋人学校已收到来自美国本田基金会 24005 美元的补助金。这笔资金将用于支持学校对学生综合人文素养的培养，开展一个为期三年的项目，为学前班到十二年级的学生提供必要的支持，以解决他们的识字问题。该项目包括阅读特训，视觉拼音方案，课后语言培训和图画写作计划。

案例4

可持续发展科学

启动时间：2009年

资助金额：20000～60000美元/年

资助对象：世界儿童组织的“让我们来谈谈可持续发展科学”项目

“让我们来谈谈可持续发展科学”项目是一个在数月内对15名高中生进行如何保护环境的教学，学生会在大屏幕上进行学习。项目旨在培养高中生的可持续发展、网上传播、虚拟世界建设技能。

“现在我正在设计项目课程”，世界儿童组织领导力项目负责人Daria Ng说，“我们已建立了基本课程框架，也明确了希望他们能收获的技能——不仅是适应21世纪的学习能力，了解可持续发展，还有我们希望他们在‘第二人生’中学习的技能”。在纽约，全球青年将这些技能结合起来开展脱口秀节目，节目特色是现场与科学家、其他的STEM相关专业人员、预先制作的视频和游戏等互动。这将是一个虚拟的脱口秀节目，拍摄时现场观众在虚拟世界“第二人生”。节目而后会存档并制作成可下载材料供世界各地的观众和课堂观看。

“第二人生”是在2003年推出的，在紧张的五周项目中，学生不仅接受教育，同时学习制作和编辑他们自己的录像节目。

“学生将开展关于可持续发展的三项脱口秀节目，学生可以选择气候变化、全球健康或者绿色设计”，Daria Ng说。

第三节　基金会项目资助申请指南

项目选择理念

区分美国本田基金会的一个关键点是本田的“去现场”的经营理念的应用。没有捐赠会被授予未由基金会工作人员实地考查过的项目。此外，该基金会捐赠的整个审查过程减少到3个月内——包括最初的工作人员审查、实地考察，以及理事会的全面审查。

美国本田基金会还将考虑运作成功的现行方案和项目。最后，虽然捐赠金额是2500美元到10000美元，但该基金会的目标是以小金额资助更多的组织。

加入本田初步调查的合作者之一是凯西·凯里，她还会继续担当22年的基金会经理。不久，贾尼丝·坂本加入团队，随后是芮妮·拉沃伊和唐娜·哈蒙德。他们一起管理捐赠决策过程和日常的基础操作。

虽然有最初的规划，但该基金会依然对它将收到的捐赠申请的数量和品种措手不及。凯里说：“当第一波捐赠申请到来时，我们远大的目标不得不面对现实。我们被许多极其复杂的挑战压得喘不过气来。”

千野忠男（美国本田基金会成立25周年时任主席）、凯里和其他受托人理事会的成员都觉得需求是如此巨大，美国本田基金会没有足够的资源来资助所有的有价值的方案和项目。一个单一的组织可以有所作为的唯一途径是通过对有针对性、有重点的计划的执行。千野忠男说：“我们需要把我们的善心集中到一点，否则我们需要数亿美元。因此，我们考虑了在什么领域，我们可以为社会作出贡献。最后，我们建立了青年和科学教育。这就是美国本田基金会的基础。”

项目指引

合格组织

由美国国税局归类为公共慈善机构的非营利性慈善组织或者在美国教育部的国家教育统计中心所列公众学区、私立/公立小学和中学名单中。

要成为被捐助的考虑对象，机构必须要有由独立注册会计师审计的财务报表表达意见，说明总收入是否达到50万美元或以上。如果总收入不到50万美元，且该组织没有审计，则该组织需提交财务报表以及独立注册会计师的审查报告。

地理范围

美国国内

优先资助

青年教育，专注于科学、技术、工程、数学类；环境保护；职业培训和扫盲。

要成为基金会潜在资助对象，涉及青年和科学教育的活动应该：

- 致力于改善全人类的生活条件（人性化）。
- 由充满工作热情和奉献精神的个人管理和运作。项目领导者需要对工作充满活力。
- 对项目的考虑长远。
- 有创新性和创造性的方案，用以往未尝试过的方法为美国社会目前面临的复杂的文化、教育、科学和社会的问题可能最终提供解决方案。
- 广泛的受众范围、意图、影响和宣传。
- 具有高的成功率和相对较低的复制率。

- 从财政稳健的角度操作。
- 在急需资金的程度上优先（不一定是经济上的需要）；即该计划或项目对于公众的相对重要性。
- 在风险投资方面的风险最小。

美国本田基金会将“青年”时期定义为从胎儿时期直到出生后21年前。“科学教育”，包括物理、生命科学、数学和环境科学。本田基金会捐助对象的优先次序、捐助程度水平和管理捐助的过程是经过深思熟虑的，反映了美国本田汽车公司、美国本田基金会和美国人民的最大利益。

资助领域

美国本田基金会将在青年和科学教育领域对以下组织进行捐助：

- 教育机构，K－12
- 合格的高等教育机构（高校）
- 社区学院和职业教育或职业学校
- 通过选拔的院校或/和大学的奖学金项目或是通过国内选拔的非营利机构设立的奖学金项目
- 其他与科学和教育相关的非营利性免税组织
- 资优学生项目
- 青年教育或科研项目或机构
- 教育电台和/或电视台或网络
- 关于青年和/或科学教育的电影、电影带、幻灯片和/或短期课程
- 从事科学教育的学院、大学或其他非营利研究院
- 私人、非营利的科学和/或青年教育项目
- 致力青年和科学教育等领域的其他非营利性免税机构
- 强调创新教育人的方法和技巧的学术或课程发展项目

虽然美国本田基金会认为有广泛值得资助的组织，但预算限制使其有必要选择对那些具有最广泛的关注和支持的项目给予支持。这些项目有更高的成功可能性。

非资助领域

因政策、预算限制和/或国家联邦法律不被考虑资助的情况：

- 个人
- 个人名义设立的奖学金
- 营利组织
- 小企业贷款
- 退伍军人或兄弟组织
- 劳工团体
- 服务俱乐部活动
- 宣传措施（即选票的措施、召回等）
- 艺术和文化
- 健康和福利问题
- 研究论文
- 社会问题
- 医学研究和/或教育研究
- 美国境外活动
- 救灾
- 旅游
- 教会、宗教团体或教派组织的直接支持
- 试图影响立法的行为
- 广告
- 年度资金活动
- 出版物上的广告；慈善募捐广告
- 医院的营运资金

- 私人基金会
- 选美或才艺比赛
- 青年休闲活动/游乐设施
- 学生国外交流计划
- 为选区特殊利益服务的社会团体或其他组织
- 任何马拉松式的筹款活动
- 任何赞助，谋利或非谋利性的
- 政治组织、计划、活动或竞选公职的候选人
- 公司成员
- 会议和/或研讨会
- 建设资金/资本运动
- 利己赠与
- 筹款晚宴，派对，酒会，拍卖和/或慈善舞会

此外，美国本田基金会不会以任何名义为任何营利或非营利组织进行本田产品的捐赠活动。

申请要求（AHF Brochure）

为了进入被考虑授予捐赠，一个组织必须被内部财务管理中心部门认定为非营利性、免税的公益慈善组织。要求包括：

- 该组织的宗旨声明。
- 捐赠利用项目的说明（没有最大或最小长度的要求或限制。然而，该项目的描述应该是清晰、简洁、准确、切中要点的）。
- 内部财务管理中心的最终裁定信，即 501（C）（3）的复印件，说明该组织是一个非营利性、免税的、公众支持的慈善组织。被 IRS 认定仍处在 advance ruling period 的组织将不会被授予捐赠。
- 该组织最新的面向内部财务管理中心的 990 表格副本。
- 理事会名单及由理事会授权的捐赠请求的决议书。

- 一份整个组织的最新预算，并附带与前期预算的对比。重大的变化应进行再商议。
- 一份捐赠利用的拟预算，并附带 line item 的细节。
- 过去两年经过审计的财务报告。
- 附带捐赠级别的现行捐赠的清单，尤其是其他企业赞助商或企业基金会。
- 该组织三到五年的计划书。
- 支持材料（即年度报告、新闻资料袋、小册子、传单、剪报、照片等）。一份预先印制的捐赠申请表格可由美国本田基金会邮寄获得。

一些重要的申请条例：

- 任何组织在 12 个月内只能递交一次申请。这包括带有不同学院或外联项目的学院和大学。
- 捐赠范围在一年期内是 20000～75000 美元。
- 提案应该在网上提交。
- 不授予传真的申请。
- 信息和材料不全的申请将不予受理，直到这些材料缴齐。

表 1 基金会的资助授予时间

提交截止日期	预期理事会审议	预期捐赠授予
2 月 1 日	4 月	5 月 1 日
5 月 1 日	7 月	8 月 1 日
8 月 1 日	10 月	11 月 1 日
11 月 1 日	1 月	2 月 1 日

注：如果申请提交日是周末（周六或周日），截止日期将被延长到下一个周一。

为被计入捐赠考虑之列，提案必须在截止日期前到达基金会工作人员手中，以便能够将申请提交到所需的季度。邮戳日期为截止日期，但直到截止日期之后才到达基金会办公室的提案将会被列入下一季度。提案不得通过传真或网上提交。在收到申请后，将立即以书面形式确认。

审核步骤

美国本田基金会的捐赠提案审查过程包括三个整月，包括以下步骤。

第一个月

所有在截止日期前到达的提案将会通过一个为期 30 天的合理决策过程进行评估。由美国本田基金会理事会和工作人员认定为重要和可取的提案特点是，每个提案必须是：

- 有潜力在影响、范围、意图和宣传方面成为全国性的
- 跟科学有关的
- 面向青年人的
- 范围广泛的
- 被妥善管理的
- 财政稳健的
- 有高的成功可能性
- 具有前瞻性的
- 重复努力程度低
- 有梦想的（有想象力的）
- 有创意的
- 人文的
- 迫切需要（按优先级，不只是财政上的）
- 在风险资本投资方面是最小的风险

这些特征都会被衡量，每个提案都会根据这些特点去评价并根据每个点的得分汇总起来。

在这个时候，只有排名前 10% 的提案将继续审查过程。第一个 30 天后，其余 90% 的提案将会立即接到通知，以使他们有足够的时间联系其他资金来源。

第二个月

对排名前10%的提案将由美国本田基金会的工作人员进行现场评估。捐赠不会在没有实地考察和审查的情况下被授予。然而，这样一个由基金会工作人员执行的评价意味着保证或承诺捐赠的即将授予。现场评估只是用来收集资料和数据，从而提供一个关于该组织如何运作的更好和更完整的看法，而不是仅仅依靠申请表上的陈述。

这些组织根据他们的既定目标和美国本田基金会的政策进行评估。在捐赠被授予前，将会对每个组织、缘由和计划进行特别仔细的研究和调查。

尤其是，通过实地考察，美国本田基金会的工作人员将会对每个捐赠申请者的能力、承诺和热情有一个更好的把握，并能让工作人员对寻求捐赠的计划和人群有一个直接的认识。

第三个月

理事会将在每季度末审查并亲自评估排名前10%的提案。在这个时候，理事会将对捐赠的授予做出最终的决定，每个组织将会立即得到通知。

一个提案进入第三个月的审核并不意味着会被马上授予捐赠。理事会在决定谁会被授予多少捐赠中有唯一的发言权。理事会的所有决定都将作为最终决定。

美国本田基金会没有全权委托基金，所有捐赠申请必须经过这3个月的审查过程。

希望每一位美国本田基金会的受助者都能在每季度提交他们的成果及目标实现的程度。

美国本田基金会理事会将每两年至少一次审查其捐赠授予政策，并将在其认为必须时做出修改推荐。

美国本田基金会由经理进行管理，并受理事会监督。理事会由美国本田汽车公司和本田北美的高级官员组成。

第四节 基金会财务管理

一 990 - PF 基金会纳税申请信息概览

表 2 美国本田基金会 990 - PF 纳税申请

单位：美元

收 支	2003 年	2004 年	2005 年	2006 年	2007 年	2008 年	2009 年	2010 年
收入								
收到的捐献、礼物、资助等	1000000	1000000	1183128	636541	973389	176466	173595	162197
存款和短期现金投资利息	3991	5755	3322		6			
投资证券取得的股息和利息	539581	1339198	1240596	1163550	1533273	1277846	1619283	1184584
出售资产取得的净收益（或净损失）	726826	1299155	1398400	3045260	1244125	-6907049	-67668	1019887
其他收入	248684	34405	612	8842	39924	16705	5766	10710
共计收入	2519082	3678513	3826058	4854193	3790717	-5436032	1730976	2377378
支出								
其他雇员薪金及工资	142253	145061	219883	187765	189870	241193	236419	272036
退休金计划及雇员福利	61340	89669	152442	105401	93030	5783		

续表

收　支	2003 年	2004 年	2005 年	2006 年	2007 年	2008 年	2009 年	2010 年
会计费用		1065	24000	29600	32560	29000	41880	18613
其他专业费用	127685	138181	138708	162583	251567	184196	167686	213916
税	35246	43442	43938	66452	43471	86485	100738	85570
房屋占有			35082	15830	27102			
差旅费及会议	10315	11641	10322	31029	36594	24038	8116	16611
打印与公开出版物	598	96915	1497	2453	1972	256	19	
其他费用	36140	22222	26450	20959	18168	78179	55036	44622
运营和行政费用小计	651510	610083	649314	694640	622535	652322	548196	413577
支出的捐献、礼物、资助等	1350206	1508301	1759000	1903617	1804075	1564360	1080551	1424308
共计支出	1763783	2056497	2411322	2526152	2498715	2213674	1690634	2075818
收入超出支出的部分	755299	1622016	1414736	2328041	1292002	-7649706	40342	301560

资产和负债	2003 年	2004 年	2005 年	2006 年	2007 年	2008 年	2009 年	2010 年
资产								
不产生利息的现金	1098	1095	962	110	1007	1120	1094	28719
应收账款		1400		512955	24821	43690	44442	32540
预付款和递延支出		14695	64355	191046	-33000	17992	29938	5992

续表

资产和负债	2003 年	2004 年	2005 年	2006 年	2007 年	2008 年	2009 年	2010 年
投资：公司股票	18085850	18926828	18303632	21101165	21436080	7681749	9923076	10049411
投资：其他	11934821	12829216	14761774	13607311	15796304	18067955	21221765	22119864
资产总计	30021769	31773234	33130723	35412587	37225212	25812506	31220315	32236526
负债								
应付账款和应计费用	43443	140805	46660	33606	38156	26925	76655	107205
其他负债	55928	88016	124915	134438	201694			
负债总计	99371	228821	171575	168044	239850	26925	76655	107205
净资产								
非限定性净资产	711423	1313290	1847484	3812129	36985362	25785581	31143660	32129321
暂时性限制净资产				1066121				
永久性限制净资产	29210975	30231123	31111664	30366293				
净资产总计	29922398	31544413	32959148	35244543	36985362	25785581	31143660	32129321

美国本田基金会的纳税申报年度为4月1日到次年3月31日。

收到的捐献、礼物、资助等： 这是基金会的资金的主要来源。就企业基金会而言，大量资金来源于企业。对于美国本田基金会，其捐助、礼品和赠款几乎全部来自美国本田汽车公司。

支付的捐献、礼物、资助： 该项为基金会对已批准项目的资助。美国本田基金会只对由美国国税局归类为公共慈善机构的非营利性慈善组织或者在美国教育部的国家教育统计中心所列公众学区、私立/公立小学和中学名单中的组织机构进行资助。资助为费用类账户。在权责发生制的计量下，费用表示为基金会批的资金的金额，承诺未来几年资助项目的金额，并不代表基金会当年实际捐助的金额。每年应付资助的增减变化的量为基金会现金支出的金额。

由这些数据可以很明显地看到美国本田基金会每年保持了相对稳定的资产，并且保持了很低的资产负债率。

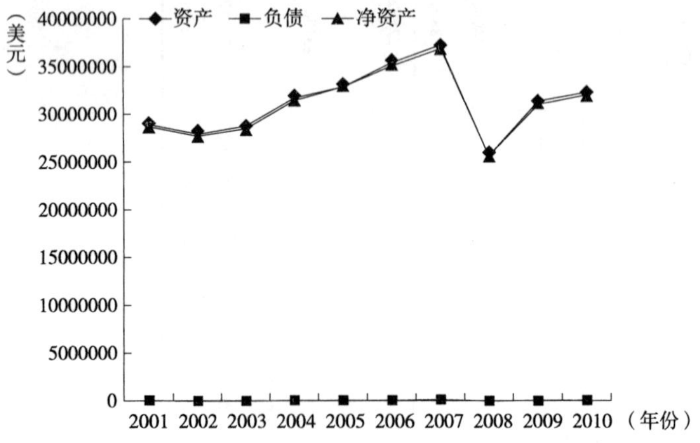

图1　资产状况

二 资产规模概况

表 3 资产规模概况

单位：美元

年 份	2003	2004	2005	2006	2007	2008	2009	2010
资产	28677087	31773234	33130723	35412587	37225212	25812506	31220315	32236526
负债	99371	228821	171575	168044	239850	26925	76655	107205
净资产	28577716	31544413	32959148	35244543	36985362	25785581	31143660	32129321
资产负债率	0. 35	0. 72	0. 52	0. 47	0. 64	0. 10	0. 25	0. 33

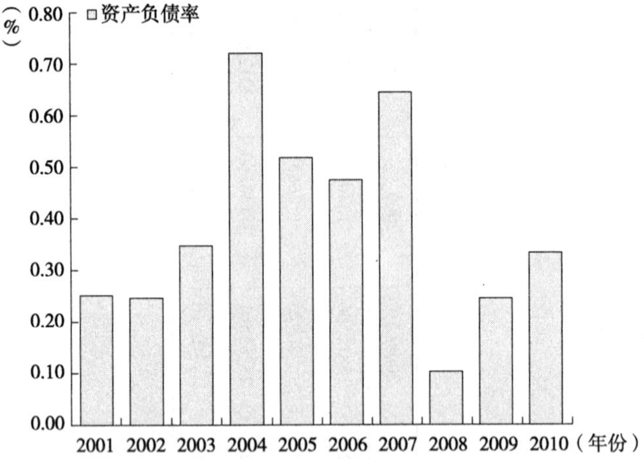

图 2　资产负债率

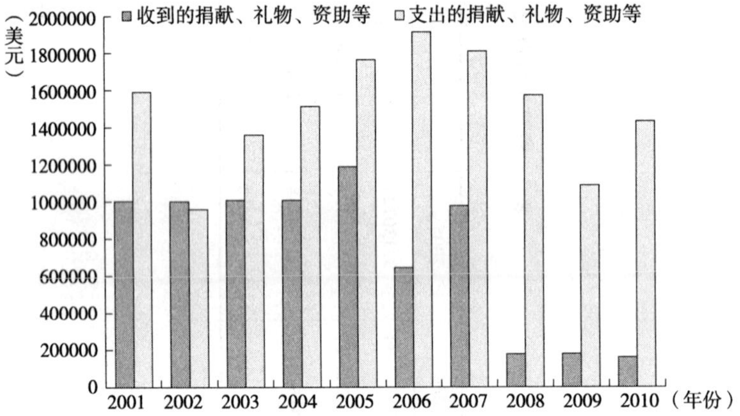

图 3　收支情况

从美国本田基金会 2001～2010 年的 990－PF 表可以看出，该基金会的所有已收捐献、礼物和资助均来自美国本田汽车公司。2001～2007 年，美国本田汽车公司向该基金会维持了相对稳定的捐赠及拨款（年均约 100 万美元）。但 2008～2010 年，美国本田基金会从美国本田汽车公司得到的拨款降低约 83%。其原因很可能是美国本田汽车公司受 2008 年经济危机影响，业绩下滑。由此可见该企业基金会对依附企业的利润有着很强的依赖性。

除此之外，美国本田基金会的收入还来自于出售证券的收益，存款和短期现金投资的利息收益，以及持有证券的利息及股息收益。其中最重要的是出售证券的收益。由下图可以看出，受2001～2002年及2008年经济危机的影响，基金会售卖证券的收益率大幅下降，导致基金会的总收入大幅下降，甚至出现负收入。

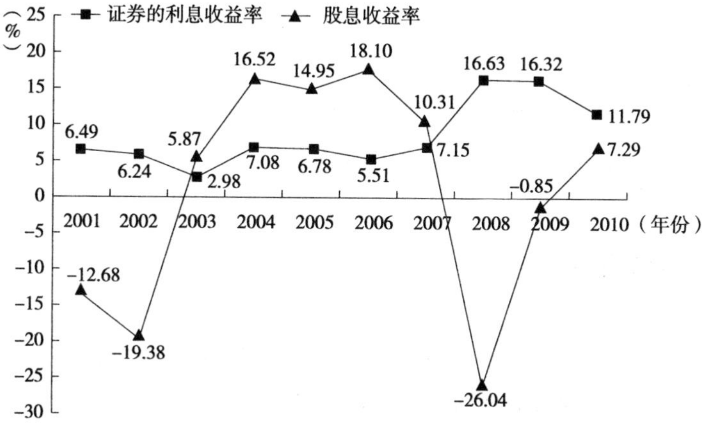

图4 投资收益率

三 支出

自1984年美国本田基金会成立以来，捐赠总额已达2700万美元，每一个受资助项目每年的捐赠范围一般在2万～7.5万美元。捐赠涉及科学、环保、社区发展和青年教育等领域。大部分获批项目的资助时间为1～2年。比如2007年获批的“科学，教育和意识系列”项目，该项目的目的是为农村及低收入的小学生及中学生提供专注于海洋及自然科学的免费教育及实践机会。该项目的资助时间为2年（2007～2008年），每年均获得资助4.5万美元。

四 分配比率

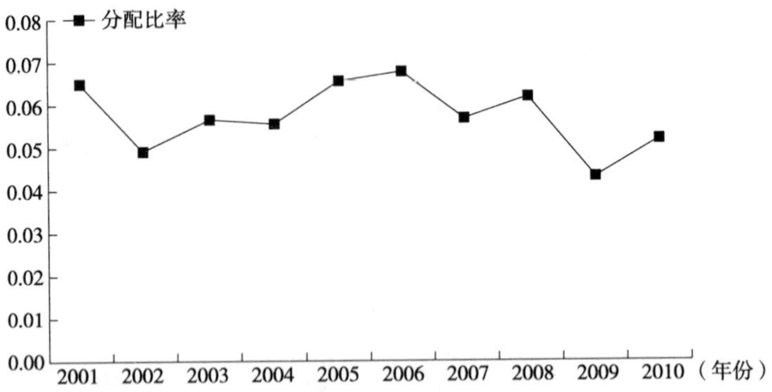

图 5 分配比率

五 运营费用比例

美国本田基金会的董事会、总裁、副总裁无偿为基金会提供服务，项目运行官和工作人员的薪金及工资近年来约为 20 万美元。基金会的运营费用主要集中在项目运行官和工作人员的薪金及工资的薪金及工资，赋税及法律费用和会计费用之外的其他专业费用（根据 990 - PF 表，其他专业费用主要包括资产管理费用、投资咨询费用和房屋租赁等）。

六 非财务因素的影响

由于基金会相当比例的收入来源于投资收益，受到美国宏观经济的影响，投资收益的波动趋势和宏观环境相一致。且受到美国本田汽车公司净利润的影响较大。

第五节　本田基金会组织管理

本田基金会在1984创立之初只有五名成员，而后董事会成员增加到七位，现在一共有九位董事。所有的董事会成员都是本田集团的合伙人，有两至三年的工作经历。董事会成员的选拔在经理层中展开，合伙人们需要撰写有关本田的慈善理念和活动的论文并阐明他们希望加入基金会的原因。接下来是一轮正式面试来完成选拔。董事会由来自全国各地多个部门负有不同职责的合伙人构成。

本田基金会的董事大多持续工作多年，这使得他们能够充分运用他们在赠款决策过程中的经验和对本田文化的深度认识。比方说，凯里在2006年退休前为基金会服务了22年，高级项目经理哈蒙德自1986年一直在基金会工作。如今董事会新增的两名成员不仅需要接受赠款审核的培训还要进行财务管理的培训来增强他们评估申请机构的财务稳定性的能力。

“基金会最值得称道的地方是具有奉献精神的成员。他们高度致力于帮助他人并严格执行‘去现场’的政策，他们为他们的工作感到喜悦和骄傲，对于本田的慈善理念和活动充满责任感”，担任基金会2000年至2008年主席的弘纯健（Hiroshi Soda）说。

第六节　资助项目与公司关系探究

在美国本田基金会成立之前的25年间，本田公司开展了一系列的慈善活动。早在1965年，本田公司捐助25000美元给国家安全局建立的电影图书馆现已成为美国最大的电影收藏机构。公司1970年开始资助的“骑上迷你自行车”青年项目已由洛杉矶分支活动发展成为全国性的活动。但是，直到美国本田基金会的成立，公司才有了持续和战略性的慈善捐助规划。

正如基金会前主席千野忠男所说的，“如果我们要成为真正的美国公民，我们就必须做美国公民和公司应该做的事情”，基金会以本田集团“成为一个社会希望存在的企业”为宗旨。

即使是在 2008 年经济危机的情况下，基金会也坚持资助慈善项目。而 1990 年的低投资收益让基金会一改多年持续资助项目的做法，每年对项目进行重新审核，即今年受资助的项目不能保证明年继续得到资助。此外，为了保证资助项目的质量，本田基金会不仅严格执行“去现场”的考察方式，而且鼓励合作项目寻找多方支持。

基金会把青年教育作为主要资助方向，相信教育的重要性，希望为青年创造更好的未来。基金会资助项目遍及美国 50 个州，与各地大学、科学研究机构、教育基金会建立合作关系，对企业在当地的市场渗透具有促进作用。基金会以青年的视角看待一切，引导青年在科学和数学领域的发展，培养青年的领导能力和学习能力，有助于发展企业人才战略。在 2005 年至 2009 年间，基金会资助六个方向——环境保护，职业培训，文化普及，数学和科学教育，青年成长计划和科技发展，有较强的社会影响并建立了良好的企业声誉。

参考资料来源

http：//corporate. honda. com/america/philanthropy. aspx？ id = ahf.

http：//corporate. honda. com/america/philanthropy. aspx？ id = honda _ foundations.

http：//www. hondainamerica. com/views/american – honda – foundation – report – giving – 2005 – 2009.

http：//corporate. honda. com/images/banners/america/PhilanthropicCommitment. pdf.

http: //corporate. honda. com/america/events. aspx? id = ohio – wildlife – center.

http: //news. csumb. edu/american – honda – foundation.

http: //www. topfoundationgrants. com/discussion/2011/06/16/america – honda – foundation – provides – grant – for – msu – science – outreach – to – fourth/.

http: //www. betterverse. org/2011/06/global – kids – presentation – on – lets – talk – sustainability – virtual – talk – show. html.

http: //archives. jrn. columbia. edu/coveringed/schoolstories11/indexde16. html? p = 2104.

哈雷·戴维森基金会

Harley-Davidson Foundation

第一节　哈雷·戴维森基金会的基本信息

一　关于企业

哈雷，不仅仅是个卖摩托的

——浅析哈雷如何成就百年辉煌

考虑到2008年金融危机的特殊原因，我们着重分析了2008年之前的哈雷摩托的财报。截至2007年第四季度，从价格、质量上与主要竞争对手相比都没有绝对优势的哈雷·戴维森的产品在美国重型摩托车市场中的市场份额超过53%，在其他两个最重要的国外市场中，欧洲为10.7%，加拿大为39.0%。

是什么成就了哈雷百年品牌的长盛不衰？经过讨论，我们确定了这样一条逻辑主线：准确的市场细分——优秀的文化营销——虔诚的客户忠诚度。长盛不衰的结果并不是这三项的简单加成，而是带有逻辑因果顺序的过程。

一个以小部分人为目标消费群的品牌

有如人很难成为全才，企业面对市场也是如此。某些国产品牌把上至70岁、下至17岁的人全部定位为目标消费群，然后拼命增加市场线，提高产品深度与广度，试图生产出适合各个年龄层的产品，这十之八九是要失败的。

市场细分不是简单地把市场切成大饼，对待细分市场，必须有主有次，有必须争取的，也有必须舍弃的。这着实是企业智慧的体现。

作为重型摩托的鼻祖，面对20世纪五六十年代日本摩托车疯狂的价格战，哈雷不得不改变它一贯坚持的大众化营销路线。企业领导阶层决定将自己的所有资源集中于一点，以便与日本摩托车企业抗衡。

在进行市场细分时，哈雷首先考虑的是什么样的消费者对哈雷品牌的接受度比较高。在调查中发现并不是市场消费群体最大的年轻一族，而是40岁左右的中年人。

其次考虑的是市场利润空间的大小。虽然年轻人的总体摩托车消费量较大，但他们只能消费售价在5500美元左右的摩托车，而40岁左右的中年人能够消费售价在15000美元左右的摩托车。相比之下，将细分市场定位于中年人，企业获得的利润将更可观。

除以上两项之外，哈雷企业还调查了品牌忠诚度、消费习惯、购买动机、广告推广难易程度、消费个体本身的影响力、可能面对的售后服务难度、目标消费者受教育程度、附加产品的消费能力甚至还包括了宗教信仰等13个方面。

最终，哈雷为自己的细分市场典型消费者作出如下描述：一名典型哈雷车主是已婚、年龄44岁、受过高等教育、家庭收入为70000美元以上，其中女性比例为1/10。

舍弃了自己不擅长的市场，专注于自己最熟悉的受众群体，是哈雷成功的前提。有了明确的目标消费人群，哈雷可以用更准确、更高效的方式为他们打造产品，并把文化通过产品在企业与消费者中间传递。

一种视文化为灵魂的产品

通过对目标消费群体的准确定位，我们不难发现，哈雷的消费群体与其说是对产品本身的需求，不如说是对哈雷产品中所承载的文化的需求。黑衣、皮靴、头巾、文身与不羁的性格背后隐藏着哈雷骑手受过高等教育、有着稳定的高收入的背景。摩托车对于他们来说已经没有交通运载工具的功能，而是对日益增大的心理压力的一种宣泄。“哈雷”在消费者心目中的认知已经不是一个商标的意义，而是代表了某种生活方式、某种体验和特定的表现自我个性的工具。哈雷恰恰是准确把握了这一点，通过多样化的产品，将目标消费者的辐射性消费满足到了极致。大到机车本身，小到打火机、指甲刀、服饰等，哈雷为消费者提供了146项外围产品与有偿服务。消费者与其说是购买了哈雷产品，不如说是接受了一种文化，一种把自由、奔放的精神武装到牙齿的美国牛仔文化。

我们很容易在人群中把哈雷的消费者识别出来，系列化的哈雷产品已经为他们打上了明显的群体识别符号，哈雷是如何打造出这样的文化专属的呢？

H. O. G.（Harley-Davidson Owner Group）——哈雷车主会。H. O. G 成立于1983年，到2006年，全球会员已经突破100万。H. O. G 保持了哈雷和客户的密切互动沟通，很多哈雷的员工就是车主会的会员。这种有效地以文化为载体的沟通从某种程度上也决定了企业的发展方向。

遍布世界各地的1300多家授权经销商是哈雷文化传输的管道，他们不仅仅销售哈雷·戴维森摩托车，更是帮助传播哈雷·戴维森的品牌形象和独特文化，是帮助哈雷获得成功的关键所在。

致力于慈善也是一种哈雷的精神。单从哈雷骑手的外表打扮，不了解的人也许会以为这是一群社会问题分子，但是成立于20世纪90年代的哈雷·戴维森基金会通过 H. O. G 组织，在艺术与文化、环境与健康等多方面为社会提供捐助。在中国，“5·12”地震，台湾88风灾，都有哈雷捐出的爱心。这些慈善义举既消除大众对自由、叛逆的哈雷精神的误解，也把哈雷的文化传播给更多的人群，毕竟追求自由的哈雷精神和慈善不冲突，自由与关爱都是人类普世的价值观。

一种能让消费者把LOGO文在身上的忠诚度

当消费者心甘情愿文上品牌标志，用血肉之躯证明对它的忠诚时，品牌已经失去了普通识别的象征意义，而被转化为一种精神的象征，被消费者赋予了任何竞争对手不可超越的力量。

一个哈雷骑手从头到脚的哈雷产品的武装就是其忠诚度的最好的体现。消费者在意识上对企业文化高度认同，在购买行为上有高度的重复性。几乎用一种虔诚的态度对外明示“生是哈雷的人，死是哈雷的鬼”。

面对哈雷的文化营销，几乎没有几家企业敢说自己比他们做得更好，百年哈雷与百年来美国的强盛的过程紧紧地依偎在了一起，历史给哈雷提供了这个契机，哈雷也没有浪费这个机会。近100年的美国，经历了两次世界大战，经历了工业化的发展，也成就了国力扩张带来的世界霸主的地位。哈雷用其文化表明，自己是这百年历史的一部分，也是重要的美国标示。

首先，哈雷做到了品牌文化与美国历史的文化捆绑，让拥有哈雷品牌在很多消费者心中上升为一种爱国情绪。大卫·艾格在其《建立强势品牌》一书中说道：“某些人似乎觉得，骑哈雷摩托车比起遵守法律更能表达强烈的爱国情怀。”

其次，哈雷·戴维森多样化的商品，包括摩托服饰等，把各年龄层次的顾客和哈雷·戴维森世界在诸多诉求点上紧密地结合在一起。

还有，通过车主会、哈雷·戴维森赛车车队、*Enthusiast* 杂志等平台，在把哈雷文化传递给消费者的同时，并接受来自消费者的文化反馈及再创造，从而形成了一种企业与消费者之间的给予与反哺的交流渠道，使消费者产生了对哈雷文化的归属感，从而产生持续的忠诚度。

面对这样一个百年的成功品牌，除了敬佩之外，我们也应该有所反思。实际上，金融风暴以来的最近几年，哈雷的市场份额在逐年萎缩。其中一个重要原因就是哈雷消费群体的老龄化。长久以来，哈雷的消费群体都是以二战后出生的人群为主，他们经历了美国战后的发展与各种思潮及重大事件，例如越战等。哈雷的典型顾客就是我们在电视上经常看到的嬉皮士与雅皮士。然而，文化是动态的，现在美国的消费主体人群已经以20世纪80、90年代出生的消费者为主了，哈雷崇尚的文化仿佛已经不是这个群体的主流文化。作为极其重视产品文化附加的哈雷，该何去何从？

这仿佛是一个没有答案的问题。我们回顾哈雷的百年发展史，也试图提点儿自己的小建议。在二战前的五十多年，哈雷的主要精力其实是放在技术革新上，从20世纪50年代，文化的标示才很明显地与哈雷品牌结合在了一起，这是历史给哈雷的一个机遇。而在今天，这种机遇同样存在。

审视今天哈雷文化的“水土不服”，我认为最重要的一点是哈雷对自己品牌文化精神的重新提炼。虽然文化是动态的，但是自由平等却是普世的价值标准，对自身文化更有的放矢地提炼，找到与现在的年轻人的思想的结合点，哈雷也许还可以成就第二个百年。

看着哈雷百年的发展史，我把注意力放在了这样一张照片上，1956年，年轻的新星“猫王”埃尔维斯·普雷斯利（Elvis Presley）与一辆1956年的KH摩托车亮相5月的*Enthusiast*杂志封面。猫王与哈雷，历史锻造出来的具有同样文化象征的两个符号很完美地结合了在一起。这是让所有崇尚自由的人激动的一幕。普雷斯利已经作古，哈雷还在，人类对自由的追求还在。文化不是哈雷的绊脚石。既然这样，面对哈雷的困境，你还觉得缺少答案吗？

二　成立背景

哈雷·戴维森基金会1994年成立于威斯康星州（WI）。

三　资助限制

基金会主要在塔拉迪加（Talladega）、阿拉巴马（AL）、堪萨斯城（Kansas City）、密苏里州（MO）、宾夕法尼亚州（PA）、以及密尔沃基（Milwaukee）、梅诺莫尼福尔斯（Menomonee Falls）、沃华多沙（Wauwatosa）、威斯康星州（WI）等地进行慈善事业和资助活动；同时，也对全国性的组织给予一些资助。

四　目的与活动

哈雷·戴维森基金会对与艺术文化、环境保护和健康卫生有关的组织提供资助。特别重视那些宣传教育和社会重建的项目。

五　愿景

基金会希望其资助的社区逐渐成为强大而可持续发展的，并且在慈善事业上富于经验的社区。在员工和交易商的通力协作下，基金会将通过与慈善组织建立良好的合作关系来实现这一梦想。

哈雷·戴维森基金会的使命是满足我们资助的社区的人们的基本生活需求，改善参与者的生活水平，与此同时鼓励他们承担一定的社会责任。我们希望能和慈善机构合作，从而帮助我们在教育、社会重建、退伍军人的提议方案和其他的艺术文化、环境保护等方面的项目进行资助。

六 奖励

地方创新支援组织——这一国家级组织给哈雷基金会，一个非营利组织颁发了“年度远见奖”，以表彰哈雷·戴维森基金会杰出的委员会和领导在改造社区上所做出的成绩。

七 资助标准

在做出资助决定时，哈雷·戴维森基金会对以下几点细节问题着重考虑。

1. 申请资助方与基金会所关注的事业项目的相关性。

2. 申请资助方是否清楚地表明项目的预期结果并有切实可行的战略实现之。

3. 战略内容中应包括以合作的方式来解决对目标群体或组织有影响的问题或事件。

八 主要资助领域

教育

核心课程

强化学术（Academic Enhancers）

社会重建

工作职位提供

街区改造（Neighborhood）

社会服务

健康卫生

艺术与文化

哈雷·戴维森基金会注重培养受助者的文化多样性意识，并通过加强他们对周围世界的理解等，来支持艺术和文化的发展。这些文化艺术类活动丰富多彩，譬如塔拉迪加的诺克斯音乐会系列；堪萨斯城的《彩虹尽头》（弗诺·文奇）；密尔沃基的民族节日；青年与家庭影院；与费罗伦萨歌剧公司合作的学生票项目；密尔沃基的第一期的多元文化学校之旅和美国表演艺术基金的合作项目等。

环境保护

哈雷·戴维森基金会在环境保护上做出了巨大的努力。方式各种各样，所有你能想到的基金会均有尝试和努力。譬如高质量的垃圾回收、减少废弃物、节能减排方案。当然，这些环保事业在其他社区型事业项目中也有所涉及。近几年来，哈雷·戴维森基金会成立的环保基金方案包括萨斯奎汉纳转折教育方案，城市生态中心的邻里环境教育和密尔沃基的社区（生活小区）计划等。这些项目不仅改善了当代年轻人的生活环境，也教育了新一代关于环境对我们生活的影响。

九　关注地区

阿拉巴马
密苏里州
宾夕法尼亚
威斯康星

十　资助形式

课程发展（Curriculum Development）

员工配套捐赠项目

雇主志愿服务

项目发展

奖学金基金

第二节　哈雷·戴维森基金会的主要资助项目

一　社会重建

案例

哈雷·戴维森基金会资助美国残疾退伍军组织一百万美元

哈雷·戴维森公司昨日宣布非营利组织哈雷·戴维森基金会向美国残疾退伍军组织（DAV）再次资助一百万美元。哈雷·戴维森和美国残疾退伍军组织的合作关系始于2006年，基金会第一次向该组织资助了一百万美元。昨日公布的新一期资助是用来继续支持美国残疾退伍军组织接下来四年的移动服务办公室项目的发展。

哈雷·戴维森基金会主席Gail Lione说："我们为能够继续与美国残疾退伍军组织合作并为所有退伍军人提供我们应尽的帮助感到非常自豪，退伍军人是我们基金会大家庭的重要成员之一。与美国残疾退伍军组织合作是帮助退伍军人和他们家庭的不二选择，同时我们能更进一步深入了解了他们为我们民族和国家所作出的伟大贡献。”

美国残疾退伍军组织的移动服务办公室项目是指在街道两侧设置移动服务中心，随时随地为退伍军人提供帮助，使退伍军人更便捷地享受到服务，生活变得更加轻松。从2007年起，哈雷基金会便开始资助这个项目，哈雷基金会也因此被称作“哈雷英雄”。移动服务办公室走过了美国的大街小巷，接受了成千上万的退伍军人的询问与求助，为他们提供帮助和建议，确保他们从退伍军人事务部、国防部以及其他政府相关部门中取得应得的利益。

美国残疾退伍军组织的首席执行官 Arthur H. Wilson 赞扬道：“哈雷·戴维森基金会不仅仅代表着对自由的追求和强烈的爱国精神，哈雷企业还对那些为民族作出伟大奉献的人们给予了慷慨的帮助。在哈雷·戴维森基金会的资助下，美国残疾退伍军组织的代表在‘哈雷英雄’的旅行途中访问了近300位受助者。移动服务办公室项目给残疾退伍军人和他们的家庭送去了热忱的帮助和关怀。用言语已无法表达哈雷基金会对于成千上万在战争中受伤的军人英雄们的意义了。”

1992年，一战归来的残疾退伍军人们自发成立了美国残疾退伍军组织，自成立起，该组织就为在战争中受到伤害的军人给予特别的关心和帮助。在110个全国服务办公室、十个移动服务办公室、一百多个军队设施中的中转服务办公室，以及120万的会员的通力合作与努力下，全美的残疾退伍军人和他们的家庭生活得更加美好、更加和睦融洽。2009年，美国残疾退伍军组织（DAV）表示近25万退伍军人和他们的家庭都纷纷对该项目大力赞扬，他们获得了总计近45亿的新保险金以及追溯保险金。

要知道更多关于哈雷·戴维森基金会对退伍军人的资助信息，请访问 www. harley-davidson. com，包括“向退伍军致敬”的相关内容。

关于哈雷·戴维森

哈雷·戴维森公司旗下有一系列子公司，包括哈雷·戴维森摩托车公司、哈雷·戴维森财务服务部、布尔摩托车公司以及阿古斯塔。哈雷·戴维森基金会是一个非营利组织，为社区提供服务与资助，其中就包括“资助退伍军”这一被基金会认定的全国性公益事业。

案例

哈雷·戴维森基金会为美国劳军联合组织（USO）筹集善款逾160000美元

2011年2月8日

哈雷·戴维森基金会于今日宣布在9月至10月期间，该基金会代表美国劳军联合组织筹集了16万美元善款，将用于明年给海外军队发放爱心包裹等物资。所有资金由各地经销商和哈雷车主会在全国范围内筹集——为了向美国军事感恩月（美国5月）和11月1日至12月31日的美好假期致敬。

哈雷·戴维森基金会给各地的车主一个挑战性的目标——筹集至少500美元的善款。为了达到目标，两百多位车主和经销商们一起，沿着海岸线迎接挑战，为全力支持美国军队和美国劳务联合组织不断努力。

核心客户和军队市场营销主管麦克·麦肯（Mike McCann）说：“我们自己都难以想象这样的感动。感谢我们忠诚的顾客和一起合作的雇主伙伴和我们一起努力付出，完成了这项伟大的事业。我们一直在寻找着新的有效的方式最大可能地支持我们的军人。对于参与到这项事业并为之付出我们应尽的努力，我们都感到万分骄傲。”

最大的一笔善款来自明尼苏达州的伊甸草原，他们总共筹集了10853美元。在周四即2月9日的车主会分会会议上，他们得到了高度赞扬，哈雷·戴维森员工、军队成员以及美国劳务联合组织的代表均出席了此次会议。

与以往不同的是，今年送到美国劳务联合组织的每个爱心包裹中，除了基本的点心、洗漱用品、电话卡之外还有两张哈雷·戴维森博物馆的参观券——总计约250000张。

美国劳务联合组织的发展总顾问凯丽·西里（Kelli Seely）说："这些爱心包裹对军人们来说非常重要，意义非凡。这不仅给军人们带来了来自家乡故土的感动，还给他们提供了一个与深爱的人联系的办法。非常感谢哈雷·戴维森基金会所做的一切，这对我们组织美国劳务联合组织和整个军队而言都意义重大。"

哈雷·戴维森基金会与美国军队合作的历史要追溯到一战和二战时期。

如今，哈雷·戴维森通过一些诸如"哈雷英雄"的项目来支持美国军队的一些事宜。2007年，哈雷·戴维森基金会第一次给美国残疾退伍军组织提供了一百万美元，资助该组织的移动服务办公室。所谓移动服务办公室，即遍布全美的移动服务中心，专门为退伍军人和他们的家庭提供帮助，并确保他们应享有的服务。该活动作为"哈雷英雄"的一个项目而逐渐被人们所知。去年，基金会又一次资助了一百万美元来支持该项目。

哈雷·戴维森最近还赞助了三个"绕巴格达环行自行车旅行"的活动，向阿拉伯和其他中东地区的军事基地展示了最大规模的自行车越野赛。在其中的两个活动中，哈雷·戴维森公司各派出了一名员工参与，展示了公司员工的个人感恩之情。

要知道更多关于哈雷·戴维森的"军事感恩月"活动以及其在美国军方的常驻委员会的相关信息，请访问 www. harley-davidson. com/military。

关于哈雷·戴维森摩托车公司

哈雷·戴维森摩托制造公司生产重型街车、警察巡逻车和旅行车系等，并提供完备的服务链，包括零部件、配件、头盔、摩托车服饰和日常用品等。

更多信息请访问 www. harley-davidson. com。

关于美国劳务联合组织

美国劳务联合组织每年给世界各地不计其数的美国军队和军人家庭带来了精神生活的安抚，给他们带去了一份温暖一份感动。在机场中心和美国海内外的军事基地，我们都会为离开家人，离开故土，为了民族默默奋斗，默默奉献的军人带去一份家的感动和温暖。我们为他们提供最高品质的服务和全新的娱乐休闲设施。当然，我们只为真正需要我们的人提供帮助。这包括失业军人和他们的家庭、伤员等。美国劳务联合组织是一个非营利非政府组织。我们的一切活动的资金来源完全依赖于社会，依赖于慷慨善良的志愿者和资助者。

期待您的加入，更多信息请访问 uso. org。

二　健康

案例

哈雷·戴维森巴尔的摩车主会捐助苏珊·G. 科门（Susan G. Komen）基金会

在一个惬意的周六清晨，哈雷·戴维森位于罗斯代尔（巴尔的摩以北）普拉斯基公路上的停车场一片寂静空旷，但是这样的情形并没有持续很久。早上9点，各种型号的摩托车相继驶入。他们都是为了参加第三届年度摩托车赛而来的。整个停车场很快就人满为患了。

哈雷巴尔的摩车主会赞助了此次盛会。整个车主会目前有460名成员，作为一个非营利组织，该组织表现非常活跃，这份活跃在他们捐助苏珊·G. 科门基金会的行动中表现无疑。而他们将社会公益融于娱乐的方式也极具新意。

参加者到达之后需要进行登记，而在附近的预备休息区会有一些小贩，其中还有蒂娜·谢尔曼的西尔帕达（Silpada）银质珠宝展和阿尔·里斯托弗的英雄十字帐篷。阿尔的十字是用四根粉色丝带做成的，以此来表示他对抗击乳腺癌的支持。他表示："我的家人和朋友都为乳腺癌所苦恼，我希望能够向她们表示我的支持，同时也呼吁尽快找到合适的治疗方式。"

在摩托车店里，安洁拉·波焦利为参与者提供接发服务，以作为对这项活动的支持，同时也给参与者提供了额外的捐赠机会。校队魅力（Varsity Charm）的克里斯蒂·罗德曼贡献了她的"足踵和车轮"（Heels & Wheels）饰品。"训练营—哈雷"的标识布满了整个房间，负责人帕蒂·撒诺和史黛西·弗里兹作为Fit2Order的代表，负责提供训练和营养讲座。

本年度新加入的展位包括德维尔刺青公司。托尼·德维尔已经准备好要给客人设计一个粉色丝带的刺青了。德维尔在整个10月份通过他们在埃塞克斯的店铺为Komen筹措资金。

正如计划的那般，由哈雷·戴维森主办，作为"乳腺癌周"的第二项活动的第三届年度摩托车赛中，共有90名车手参加。这真是一场吵闹但精彩的盛事。

更多关于本项目的信息

哈雷·戴维森以时尚粉色来支持乳腺癌患者

哈雷·戴维森选择粉色为其代表色以表示对一项崇高事业的支持。

作为对受乳腺癌影响的妇女及其家庭的后续支持，哈雷·戴维森将全年摩托车服饰品牌下的粉色标签系列产品销售所得的一部分收入捐赠给包括 YourShoes™24/7 支持中心（YourShoes™24/7 Support Center）在内的几个支持抗击乳腺癌的组织。此中心由国家非营利组织 Y-Me 国家乳腺癌组织运营（Y-Me National Breast Cancer Organization），原名为抗击乳腺癌强化网络（Breast Cancer Network of Strength）。

中心工作人员大多曾是乳腺癌患者，她们为疾病患者提供直接的情感支持。在过去的一年里，YourShoes 中心帮助了超过 4 万人。哈雷·戴维森于 2010 年开始销售摩托车服饰品牌下的粉色标签系列产品，从而得以每年捐赠超过 335000 美元来支持乳腺癌患者。

粉色标签系列产品包括哈雷公司最畅销的女性产品。其中最受欢迎的产品包括：

粉色标签皮夹克（P/N 98160－10VW，售价 295 美元）结合了轻质皮革，固定衬里，多个拉链口袋和粉色刺绣图案。

粉色标签运动帽衫（P/N 99171－10－VW，售价 65 美元）和运动短裤（P/N 9917－10VW，售价 45 美元）含 73% 的棉和 27% 的涤纶，绣有粉色图案，休闲舒适。

粉色标签 T 恤（P/N 99175－10VW，售价 35 美元）含 93% 的棉和 7% 的氨纶，双面刺绣，号码从 XS 到 3W。

粉色标签头巾（P/N 99499－10VW，售价15美元）由100%纯棉制成，粉色刺绣，可做头巾或披肩。

哈雷·戴维森和肌肉萎缩协会（MDA）

1980年时，一个建议使得哈雷·戴维森与肌肉萎缩协会建立起紧密长期关系。

哈雷公司与肌肉萎缩协会取得联系，以实行一项筹资项目，命名为“车手对抗肌肉萎缩”。同年，在杰瑞·李维斯肌肉萎缩协会为筹资而播出的长期连续电视节目中，哈雷·戴维森捐赠了185000美元作为对抗神经肌肉疾病的第一步。

自近30年前的那一天之后，哈雷·戴维森家族的成员，包括顾客、雇员、供应商等共为“杰瑞的孩子”筹资超过650万美元。仅2007年一年，他们就筹措了510万美元。

每年，哈雷·戴维森的车主都会探访近100个肌肉萎缩协会的暑期营地。这些营地是为全国数以千计的“杰瑞的孩子”举办的。这些车主会举办烧烤会，带孩子骑双轮车，提供短暂性刺青，并且让这些孩子坐在他们的摩托车上。这些车主为具有肌肉萎缩的孩子们带去了被称为“一年中最棒的一周”的难忘经历。

如今，这一慈善想法已经足以影响个人的心灵和灵魂。哈雷·戴维森的车主知道没有什么比让这些孩子快乐，给他们希望更高尚、更令人高兴的了。

三　教育

案例

2011 黑人学院巡游

哈雷·戴维森基金会资助了2011年4月16日至23日举办的YMCA黑人学院巡游活动。学生及其监护人到南部参观了历史性的黑人学院和大学。

自1991年开始，哈雷·戴维森基金会就开始资助YMCA黑人学院巡游活动。这一活动的宗旨是增强学生对历史性黑人学院和大学的高等教育的了解和认识。在一周的活动中，学生将参与一系列活动，如校园游览，体验当地文化、景点和食物等。当整个活动结束的时候，学生将为其未来的研究和高等教育阶段的学习做好准备。

哈雷·戴维森基金会少数民族奖学金

哈雷·戴维森基金会和威斯康星大学密尔沃基分校将合作向一位即将进入威斯康星大学密尔沃基分校，并毕业于密尔沃基公立学校（包括宪章学校）的少数民族学生提供一份四年的需复审的奖学金。

奖学金包含2万美元，并且每年会支付5000美元学费，最多持续四年。在大学第一年，奖学金会可以提供7000美元作为大学住宿费用。

除去奖学金以外，哈雷·戴维森还为完成大学第一年学业的奖学金获得者提供一个指导项目和一个计酬暑期实习机会。对于通过奖学金复审的学生，实习可以持续三个暑期。

四 哈雷基金会在中国

哈雷北京车主会爱心捐助慈善拍卖活动成功举行

2011 年 4 月 23 日哈雷北京车主会爱心捐助嫣然天使基金慈善拍卖活动圆满成功！短短 2 个小时共拍得善款 106666 元人民币。嫣然天使基金发起人之一李亚鹏先生全程参与了本次活动，并代表嫣然天使基金接受了哈雷车主的爱心捐助款。李亚鹏先生对哈雷车主表示诚挚的感谢，他表示此款可以救助 20 几位唇腭裂儿童进行手术，将为 20 个家庭带来幸福和美好的未来。

哈雷中国和哈雷北京秉承一贯的企业社会责任感，对此次活动给予了大力支持，并积极参与！哈雷中国捐助了顶级碳纤维全盔一个参与拍卖，同时哈雷北京也捐助了 2011 新款皮衣一件。和所有哈雷大家庭的成员，每一位车主共同携手将爱心传递！

感谢所有参与本次活动的哈雷人，感谢嫣然天使基金提供的平台。让我们大家以此为契机，未来再携手，为更多的孩子创造美好的明天！

哈雷·戴维森青岛捐助爱基金四周年慈善拍卖庆典

10 月 20 日晚，山东省首个由中小民营企业家自发创立的专项基金青岛市慈善总会爱基金庆祝了自己四周岁的生日，慈善拍卖酒会同时举行，吸引了 240 位嘉宾参加，共筹集善款 1465099 元人民币，专门帮助那些家庭困难的孩子。本次慈善活动中哈雷·戴维森青岛不仅将之前车主活动募集的 19200 元人民币善款进行捐献，更提供了哈雷摩托车一辆进行现场慈善义拍。

哈雷·戴维森“继承者”摩托车拍出31万元人民币

晚7时30分，慈善拍卖酒会正式开始，随着现场气氛的逐渐升温，伴随着轰鸣的马达声，哈雷·戴维森经典款“继承者”摩托车由哈雷专卖店店员骑上了舞台，这辆车由哈雷专卖店以低于进价的价格提供，高出进价的部分将全部捐给爱基金。这已经是爱基金第三次在周年庆典上拍卖哈雷摩托车了，拍卖价从24万元人民币起，经过八轮喊价，最后由爱基金委员高贵佳以31万元人民币落槌，创下了当天拍卖的最高价。同时哈雷青岛专卖店还将“一公里一元钱一份爱心”公益活动所募集的19200元人民币善款捐给了爱基金。

青岛市慈善总会爱基金是青岛市慈善总会下设的、以助学帮困为主要目的的专项慈善基金，是全国首个由中小民营企业家自发创立的助学帮困专项基金，爱基金已筹款650余万元，已有会员单位400余家。期间捐物捐款人数达2000余人次，受助困难学生一万余人次，建立了希望小学一所。它于2007年10月20日正式成立，至今已走过四年的辉煌历程。四年来，哈雷·戴维森青岛参加了爱基金举办的三届爱心拍卖活动，每次提供的哈雷摩托车均为当场慈善拍卖的最高价。

爱心哈雷

哈雷·戴维森青岛经销商及车主积极参加社会慈善活动，继今年5月份开展哈雷山东行暨“一公里一元钱一份爱心”活动以来，分别参加了新闻网“捐一元献爱心送营养”爱心换物之旅活动、哈雷·戴维森青岛年度骑行活动晚宴慈善拍卖活动，及本次爱基金四周年慈善拍卖庆典活动。

五　小型项目

哈雷·戴维森亚洲区总经理及中国区首席代表：哈雷·戴维森：携手骑行“美好时光大道”

人们常说“哈雷是一种精神”。的确，一个多世纪以来，哈雷·戴维森一直是自由大道、原始动力和美好时光的代名词。在哈雷精神享誉全球的同时，慈善亦被视为企业重要的精神之一，品牌及其车主一直积极参与各种慈善活动，将“大家庭”概念贯彻始终。创办于20世纪90年代早期的哈雷·戴维森基金会用于支持各种社团，并且每年为艺术与文化、环境和健康相关的非营利性组织捐助约数百万美元。

我们常常会告诉大家，骑行路上你并不孤单，无论在哪里，我们都将成为你坚强的后盾，与你携手渡过难关，共享人生的美好时光。哈雷·戴维森也将不遗余力地支持及投身于各类慈善活动，因为这不仅是企业对于社会的承诺，更是哈雷精神对于世界的承诺。

在北京，哈雷和车主通过慈善拍卖将除去成本后的全部收益捐赠给联合国儿童基金会（UNICEF）“安全北京”项目计划，用以预防儿童伤害，为儿童打造“安全北京”。哈雷和哈雷车主的身影在“5·12”地震救助、福布斯慈善晚宴及万豪高尔夫慈善赛等各类与慈善相关的活动中出现，为需要帮助的人们尽一己之力。

2009年8月，听闻海峡对岸的台湾遭受台风严重袭击，哈雷上海车主会和哈雷青岛车主会纷纷捐款奉献爱心，帮助台湾同胞重建家园。

2010年5月1日至3日，哈雷·戴维森中国第二届车主骑行活动在美丽的海滨城市——秦皇岛盛大举行。此次活动筹划期间，惊闻青海玉树发生7.1级大地震，这牵动了每一个哈雷人的心。哈雷大家庭的每个人都非常关注灾区人民的情况。主办方特别发起了主题为“情系灾区，哈雷爱心驰援玉树”的慈善拍卖活动，并将所得善款通过中国红十字会总会捐助给灾区，用于当地红十字会开展救助工作。

2009年10月哈雷·戴维森车主会还通过黄山太平湖骑行活动为当地希望工程和太平湖镇中心学校募集善款，帮助那些因为贫困而无法支付学费的优秀学生继续学业。

2010年10月3日至5日，第二届哈雷·戴维森黄山摩托节隆重举行。在此期间，哈雷车主会上海分会和北京分会为当地的“关爱留守儿童之家”项目募集了善款。所得善款为当地的留守儿童提供了更好的学习和生活条件，让那些父母不在身边的孩子感受到了更多的关爱。

六　捐款

哈雷·戴维森基金会向日本救灾行动捐赠250000美元

2011年3月22日，哈雷·戴维森公司宣布其旗下基金会将捐赠250000美元，以支援日本地震海啸的灾后恢复工作。而哈雷·戴维森基金会对美国红十字会的捐助将会为救灾工作的展开提供全面支持。

基金会总裁盖尔·莱昂纳表示：“我们祝福那些受到这一悲剧灾害影响的日本人民。我们有责任帮助这个国家开展灾后工作，度过这段困难时期。”

除此之外，哈雷·戴维森的日本附属机构已经建立起地方支援基金，并且为灾区送去食物、水和其他必需物资。公司网站甚至为愿意捐款的雇员、顾客和其他人士设立了一条至红十字会网站的链接。

哈雷·戴维森公司是哈雷·戴维森摩托公司及哈雷·戴维森金融服务公司的母公司。哈雷·戴维森基金会是主要支援公司产业涉及地区发展的非营利组织。

哈雷·戴维森基金会捐赠100000美元支援近期美国的自然灾害救灾行动

2011年6月6日，密尔沃基

哈雷·戴维森公司宣布旗下的哈雷·戴维森基金会向美国红十字会捐赠100000美元以支援美国近期的洪水及龙卷风的灾后工作，涉及地区包括密苏里州、阿拉巴马州和俄克拉荷马州。基金会指定50000美元的专项资金用于支援密苏里州乔普林的灾后工作，其余50000美元作为红十字会的一般救灾资金。

哈雷·戴维森公司副总裁、哈雷·戴维森基金会总裁托尼特·卡拉维指出：“我们祝福所有受到此次灾害影响的人们，我们很高兴这次捐助能够在这一时期起到援助作用。”

哈雷·戴维森公司是哈雷·戴维森摩托公司及哈雷·戴维森金融服务公司的母公司。哈雷·戴维森基金会是与慈善组织开展合作，主要支援公司产业涉及地区发展的非营利组织。

虽然大多数捐赠针对社区组织，哈雷·戴维森基金会也向全国性组织捐款，使得雇员、顾客和其他哈雷·戴维森相关人士都能参与进来，最大化捐助的效用。

哈雷·戴维森基金会不向个人、政治人士或团体、业务或运行基金、体育团队或宗教组织捐款，除非这些对象参与了有利于更大社会群体的项目。

第三节 组织管理层结构

一 官员

企业的官员包括总裁、副总裁、书记和财务主管。理事会也会选择一些其他的官员，譬如任命几位被认为很有潜力的人员担任助理书记和助理财务主管。除了总裁之外，企业的其他官员都不会成为理事。

二 官员选举以及任期

企业的官员由理事会在年度会议上选举产生，所有官员任期为一年。

三 总裁

总裁有主持董事会一切会议之责任。总裁对于被董事会采用的规定和秩序有一定权力，并要担负一定的责任。总裁有向董事会提出建议以完善企业长远发展目标之责任。

董事会通过执行的契约、奖励规定等须由总裁和书记以及其他相关的公司管理层官员签署。总裁的其他相关责任由董事会制定，并须严格执行其责任。

四 董事委员会

通过大多数董事共同签署的正式决定，董事理事会可以任命一个或多个委员会，每个委员会由两名及以上被选出的董事组成。当董事理事会不在职时，委员会代理理事会权力，负责管理公司事务，但是无权干涉董事理事会和委员会的人事选拔。董事理事会会选拔一至多名成员作为后备委员会成员，以替代缺席的委员会成员。委员会的任命并不代表削减董事理事会所承担的任何由法律规定的责任。

五　具体人员组成

注：星号表示此人同时为董事或理事。

盖尔·A. 莱昂纳（Gail A. Lione），*总裁
同时担任：
哈雷·戴维森执行副总裁、总顾问和秘书长

派瑞·A. 格拉斯高（Perry A. Glassgow），副总裁和财务主管
同时担任：
哈雷·戴维森副总裁和财务主管

玛丽·安妮·马特妮（Mary Anne Martiny），秘书
苏珊·K. 汉德森（Susan K. Henderson）
马修·S. 乐瓦蒂奇（Mathew S. Levatich）
唐娜·马丁（Donna Martin）
詹姆斯·A. 马克卡斯琳（James A. McCaslin）

第四节　基金会财务管理

一　990-PF 基金会纳税申报表信息概览

表 1　哈雷·戴维森基金会 990 – PF 纳税申报

单位：美元

收　支	2001 年	2002 年	2003 年	2004 年	2005 年	2006 年	2007 年	2008 年	2009 年	2010 年
收入										
收到的捐献、礼物、资助等	2468778	2867391	8513650	4527635	4467093	3230	7009250	4026875	10773	441956
存款和短期现金投资利息				373350	418375	595872	876161	724928	489449	
投资证券取得的股息和利息	210861	186289	256052							466809
出售资产取得的净收益（或净损失）	387963	-357124	-246675	164223	425247	893004	1187503	-507675	-916560	490896
其他收入							3982		2684	8902
共计收入	3067602	2696556	8523027	5065208	5310715	1492106	9076896	4244128	-413654	1408563
支出										
专业费用	70645	52746	67551	103959	124709	120545	134623	138681	104704	113033
税	15882	3799	3680	5744	20853	28000	60237	63445	8045	12141
其他费用								279	1510	32045
运营和行政费用小计	86527	56545	71231	109703	145562	148545	194860	202405	114259	157219

续表

收　支	2001 年	2002 年	2003 年	2004 年	2005 年	2006 年	2007 年	2008 年	2009 年	2010 年
支出的捐献、礼物、资助等	2146038	2041500	2236422	2169587	3419505	2980295	2718670	3025724	2297217	2365881
共计支出	2232565	2098045	2307653	2279290	3565067	3128840	2913530	3228129	2411476	2523100
收入超出支出的部分	835037	598511	6215374	2785918	1745648	-1636734	6163366	1015999	-2825130	-1114537
资产和负债	2001 年	2002 年	2003 年	2004 年	2005 年	2006 年	2007 年	2008 年	2009 年	2010 年
资产										
不产生利息的现金							729640	2530445	423823	428147
存款和短期现金投资	799222	1364386	633879	736318	984196	887547				
其他投资	6145155	6178502	13124383	15807862	17305633	15765548	22086821	21302015	20590762	19471901
资产总计	6944377	7542888	13758262	16544180	18289829	16653095	22816461	23832460	21014585	19900048
负债										
负债总计										
净资产										
股本、信托基金或流动基金	6944377	7542888	13758262	16544180	18289829	16653095	22816461	23832460	21014585	19900048
净资产总计	6944377	7542888	13758262	16544180	18289829	16653095	22816461	23832460	21014585	19900048
负债和净资产总计	6944377	7542888	13758262	16544180	18289829	16653095	22816461	23832460	21014585	19900048

会计方法：收付实现制。

收到的捐献、礼物、资助等： 这是基金会资金的主要来源。对于哈雷·戴维森基金会，其收到的捐献、礼物、资助等占其收入来源的 80% 以上。就企业基金会而言，大量资金来源于企业。对于哈雷·戴维森基金会，其收到的捐献、礼物、资助等主要来自哈雷·戴维森汽车公司。

支出的捐献、礼物、资助等： 该项为基金会对已批准项目的资助。哈雷·戴维森基金会主要对与艺术文化、环境保护和健康卫生有关的组织和项目提供资助。

应付账款和应计费用： 应付资助为负债的重要组成部分，例如批资助某项目 3 年多少资金额度，以后几年没有付的资金额度就是应付资助。考虑到货币的时间价值，这些多年的项目以一定的折现率折现计量为现值。

二　资产规模概况

表 2　资产规模概况

单位：美元,%

年　份	2001	2002	2003	2004	2005	2006	2007	2008	2009	2010
资产负债	6944377	7542888	13758262	16544180	18289829	16653095	22816461	23832460	21014585	19900048
净资产	6944377	7542888	13758262	16544180	18289829	16653095	22816461	23832460	21014585	19900048
资产负债率	0.00	0.00	0.00	0.00	0.00	0.00	0.00	0.00	0.00	0.00

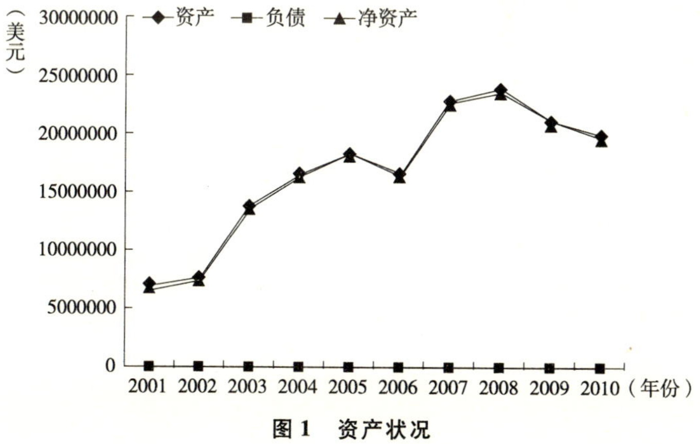

图 1　资产状况

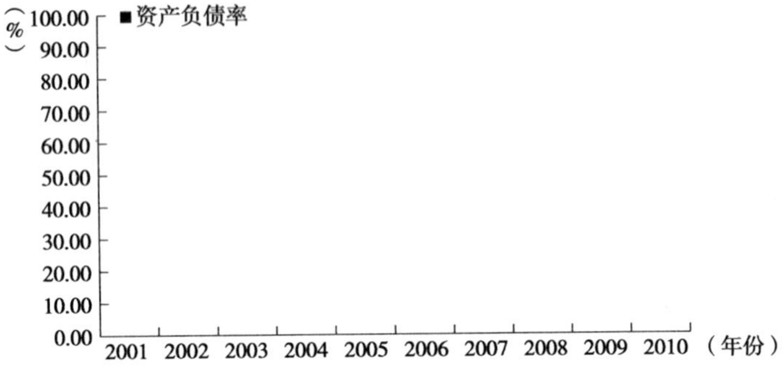

图 2 资产负债率

由于采用收付实现制，所以该基金会的负债（率）保持为零。此外，由资产折线图可以看出，基金会规模仍有增长趋势。

三 收入及投资收益分析

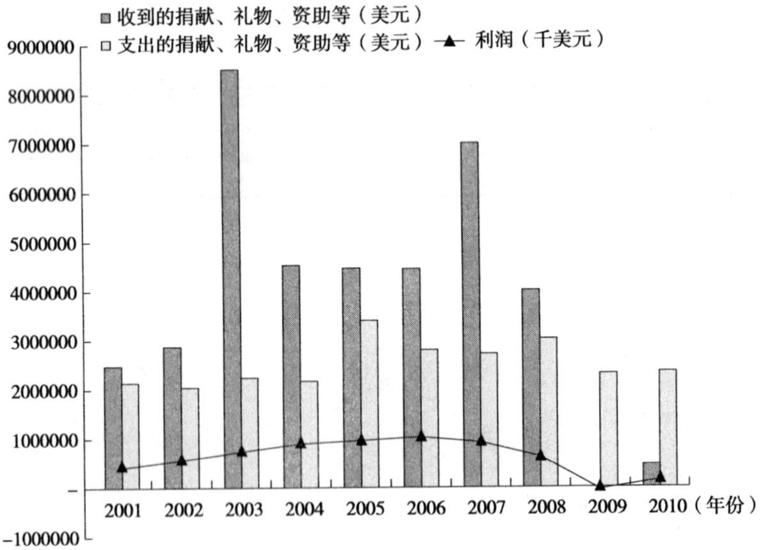

图 3 收益分析

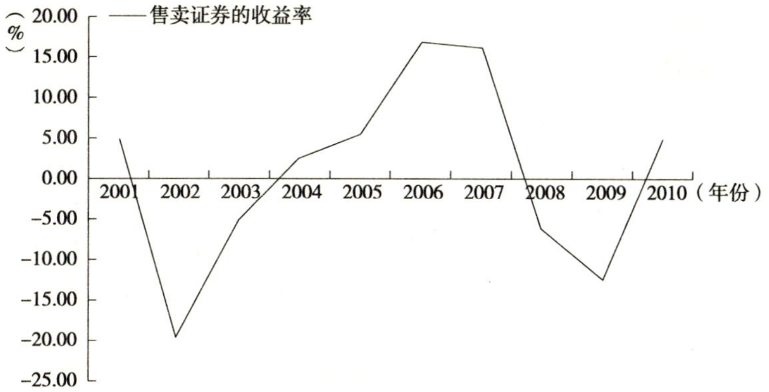

图 4　投资收益率

从哈雷·戴维森基金会 2001～2010 年的 990-PF 表可以看出，该基金会的已收捐献、礼物、资助等绝大部分来自哈雷·戴维森汽车公司，剩余部分来自其他组织，如蓝十字蓝盾协会或个体捐献者。可以看出基金会所得捐献、礼物、资助等与公司利润大体呈正相关。2009 公司利润下滑，导致基金会得到的资助大幅减少。

除此之外，哈雷·戴维森基金会的收入还来自出售证券的收益。由下图可以看出，受 2001～2002 年及 2008 年经济危机的影响，基金会售卖证券的收益率大幅下降。

表 3　投资收益率

单位：%

年　份	2001	2002	2003	2004	2005	2006	2007	2008	2009	2010
售卖证券的收益率	4.84	-19.45	-5.07	2.78	5.31	16.85	16.31	-6.22	-12.54	4.89

四　支出

基金会的支出主要为为获批项目支付的捐献、礼物、资助等。捐赠涉及与艺术文化、环境保护和健康卫生有关的领域。

五 分配比率

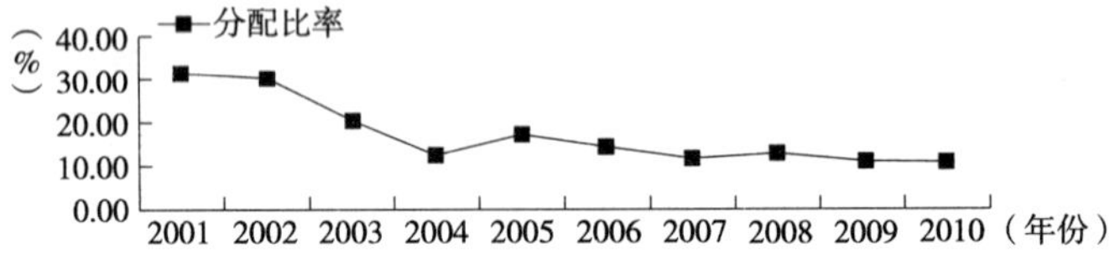

图5 分配比率

六 运营费用比例

哈雷·戴维森基金会的干事、主任、理事，以及其他雇员等无偿为基金会提供服务。基金会的运营费用主要集中在赋税及法律费用和会计费用之外的其他专业费用（根据990-PF表，其他专业费用主要包括受托人费用等）。

七 非财务因素的影响

由于哈雷·戴维森基金会绝大多数的收入来源于哈雷·戴维森汽车公司的资助及售卖证券的收益，所以会受到美国宏观经济的影响，收入的波动趋势和宏观环境相一致。

参考资料来源

http：//blog. sina. com. cn/s/blog_61e33d470100oxs6. html.

http：//cn. reuters. com/article/pressRelease/idUS134552 + 04 – Aug – 2010 + PRN20100804？ symbol = HOG.

http：//www. motorcycledaily. com/2012/02/harley-davidson% C2% AE-helps-collect-more-than-160000-for-uso/.

http: //www. examiner. com/cancer-in-baltimore/harley-davidson-baltimore-supports-susan-g-komen-foundation.

http: //www. harley-davidson. com/wcm/Content/Pages/HD _ News/Company/newsarticle. jsp? locale = en_US&articleLink = News% 2F1243_press_release. hdnews&newsYear = 2011&history = news.

http: //web. me. com/dmalone08/YMCA _ Black _ College _ Tour/Welcome. html.

http: //www4. uwm. edu/financialaid/scholarships/Scholarship _ Applications/loader. cfm? csModule = security/getfile&PageID = 3440279.

http: //www. harley-davidsonbeijing. com/a/news/2011/0424/205. html.

http: //www. harley-davidsonqingdao. com. cn/a/haleixinwen/2011/1025/67. html.

http: //news. lvren. cn/html/huwaipindao/hangyebaodao/201004/1042389. html.

http: //www. reuters. com/article/2011/03/22/idUS236204 + 22 - Mar - 2011 + PRN20110322.

http: //www. prnewswire. com/news-releases/the-harley-davidson-foundation-donates- 100000-to-support-recent-natural-disaster-relief-efforts-in-us-123266483. html.

http: //www. harley-davidson. com/en_US/Media/downloads/Foundation/By_Laws. pdf.

基因泰克基金会

Genentech Foundation

第一节　背景信息

一　关于基因泰克

基因泰克基金会是美国本土的一个私人慈善基金会。它由基因泰克公司于 2002 年创建，是一家为了满足对重要药物的需要而对其进行探索、发展、制作并且进行商业化运作的高级生物学公司。基因泰克基金会为许多美国本地非营利慈善组织提供了大量的经济支持。

基因泰克公司致力于成为一个强大的合作公民组织，而基因泰克基金会（此处应强调基金会是公司回报社会的方式之一，不应省略基金会，会导致概念混淆）正是其回报社会的重要方式之一。基因泰克基金会正致力于确定并且支持那些使命和原则与公司所关注领域相关的组织。

二　使命

基因泰克基金会为大量的美国本土的非营利慈善组织提供了经济支持。基金会的奖励授予从事以下活动领域的组织：

- 健康科学教育（已完成或正在进行的科研项目）
- 全社会范围内的公民倡议
- 国家的病人教育和支持

三　关注领域

基因泰克基金会是一家美国本土的私人慈善组织，来自基因泰克公司的支持与贡献增强了其捐赠行为的可行性。基因泰克基金会资助那些有着明确使命的组织、特定的目标服务人群、有意义的项目，并且重点关注以下领域。

健康科学教育

基因泰克基金会致力于资助那些能够领会公司科研行为重要性的中学、大学和非营利的组织，并希望能和这些组织在帮助发展下一代科学家并推动健康科学教育进步等方面共事。基因泰克基金会目前将其主要的健康科学教育资金投入以下两个领域。

- 美国大学中的博士及博士后研究项目
- 美国大学的本科研究项目

病人教育和支持

基因泰克基金会关注那些民族的、特定的本土项目，这些项目的主要方向是加强病人对于其自身疾病的理解、通过对疾病的诊断治疗为其提供支持并且提高其获得适当的健康照顾的能力。目前我们的健康教育资金的主要份额将主要用于从事一项主要活动，即向全美国范围内的癌症患者和教育项目提供支持。

社会支持

基因泰克基金会致力于理解社会的需要，其与所在区域的当地组织进行合作并对社会中那些需要帮助的人群进行长久的支持工作。

在当前的经济环境下，社会主要关注的领域包括：

- 解决饥饿问题
- 帮助个人和家庭解决住房问题
- 关注职业培训和职业创新的项目

四　申请资格

基因泰克基金会将会考虑那些美国非营利组织的自发或被动拨款的资金申请。此外，该基金会将考虑那些美国的政府组织的资金申请，但这些组织的受助金必须用于支持慈善、教育或科学。基因泰克基金会每季度将举行一次会议来筛选申请。为了能使申请者具有基因泰克基金会的受助资格，这些组织不能是：

- 一个政治或宗派组织
- 基于美国以外的国家

为了获得基因泰克基金会赠款的资格，该资金不得用于：

- 校友聚会
- 资金运转/建设资金
- 基础设施要求（如工资，设备）
- 个人
- 纪念基金
- 专业的体育赛事或运动员
- 宗教目的
- 奖学金
- 年鉴

此外，基因泰克基金会的资助项目不能与基因泰克公司的商业目标或其人员构成利益冲突。这也包括那些影响基因泰克公司产品的销售、分销或发展的行为。

基因泰克基金会致力反对歧视。因此，该基金会不支持那些在章程或实践中对于个人或团体具有歧视行为的组织，主要包括：

- 年龄

- 政治团体
- 人种
- 血统
- 种族
- 性别
- 残疾
- 性取向
- 宗教信仰

支持范围

资助资金的级别和持续时间，只能由基金会董事会董事酌情决定。基金会每年会收到数以百计的拨款建议。虽然使每一个申请的机构组织都能获得其所需资金是不可能办到的，但基因泰克基金会会基于其任务和指导方针对其进行慎重考虑。

第二节　项目/资助信息

一　基因泰克基金会向旧金山海岸地区的科学教育资助120万美元

基因泰克基金宣布向旧金山海岸地区的科学教育工作捐助约120万美元的资金用以增长当地学生的科学知识。

圣马特奥市的斯凯兰大学将会因其一年一度的“让我们的视野在数学和科学中开阔”项目而获得资助。这个项目是为了鼓励当地6年级到12年级的女孩儿在数学和科学领域探索未来的长期方向选择并且能够满足在这个领域的工作需要。其他一些受助组织包括位于阿拉米达郡的交流空间和科学中心、位于马林郡的海岸区域探索博物馆以及在旧金山州的KIPP海岸区域合作中心。

基因泰克公司和基因泰克基金会的主席赫伯特·博伊尔说："我们的受助人是那些影响深远的生物技术和健康科学教育项目，这些项目能够鼓励青年人扩大其技能并且能与科学为乐。我们董事会也为那些在过去的几年中取得进步的受助青年人而自豪。"

二　基因泰克："日常需求资助项目"成立，为那些对抗儿科癌症的家庭提供支持

2009年，莫林任务已经被选定为基因泰克基金会"日常需求资助项目"的资助者之一。莫林任务基金会在2009年获得了5万美元的资金援助。社会各界希望通过这些援助，莫林任务基金将有能力资助更多的家庭治疗这一年中被诊断的儿童脑癌患者。

我们当中的一些人很清楚，一些家庭必须为了治疗而四处奔波，还要面临那些预期之外的非药物花费，例如交通、住房、食品和儿童问题。"日常需求资助项目"就是为了帮助那些正在为孩子寻求治疗的家庭减轻经济压力而建立的。

三　论文无压力：由于来自基因泰克基金会的慷慨援助，四名毕业生登上了通往博士学位的列车

2009年1月29日，由于来自基因泰克基金会的慷慨援助，四名毕业生登上了通往博士学位的列车。旧金山州立大学收到了109400美元的资金支持用以资助那些科学领域的少数的毕业生的博士论文写作工作。27350美元的奖学金将允许每一个受助者不用走出实验室去工作就能成功获得博士学位。

生物学教授和学生拓展机遇董事弗兰克·贝里斯说："来自基因泰克基金的支持表明了旧金山州正努力恢复、帮助并鼓励那些希望获得博士学位的少数的学生。"

他注意到美国只有5%的生物医学学位奖被没有充分权利的

少数的学生获得。在过去的三年中，总共有64名少数的学生已经在旧金山参加了博士研究生研究项目。贝里斯说：“在旧金山州立大学有一些值得获得支持的候选人。”

基因泰克基金会的健康教育委员会主席维施瓦·迪克西特经理说：“旧金山州立大学分享了我们的将健康科学教育进一步推进的承诺，特别是那些科学领域历史上就没有充分权利的少数的学生团体。通过支持这些当地大学的接触项目，我们希望能够鼓励下一代的科学家。”

受助者之一玛丽莎说：“很难想象没有基因泰克的帮助我该如何在我最佳能力范围内完成兼职和论文的写作。”这些资金将会为她提交研究论文和申请博士研究生项目提供充足的时间，也可以使她有更多的时间陪伴她八个月大的女儿。在生物学副教授福斯的指导下，玛丽莎正在调查研究抽烟人群神经系统的行为反应和潜在的生物化学机理。她希望能够进一步研究神经性紊乱。

受助者贝穆德斯在加利福尼亚大学获得了遗传学学士学位，他是从菲律宾移民而来的两个会计的儿子。在他读大学之前，他主要从事代数的研究，他在劳拉教授的生物学研究室中主持着鸡的胚胎发育的研究工作。他说：“我对器官形成、细胞黏附、细胞增殖和分化十分感兴趣，这些话题很有可能扩大再生医学和癌症治疗的影响。”

墨西哥阿卡普尔科市的一个本地人泰勒斯说作为一个学生，他的成功与旧金山的指导员给予他的帮助有着直接的关系。在生物学助教指导员塞利的帮助下，泰勒斯的研究工作检测了Cdc24基因和酶之间的相互作用。他计划在癌症研究和教学领域展开他的事业。泰勒斯说：“在我还是一个孩子的时候，我就对人的身体运转机理这个问题很感兴趣，能够拿到博士学位并且享受的去做我所热爱的事业是我毕生的梦想。”

朱丽特在旧金山取得了电脑科学的应用数学学士学位，她现在正和他的数学助教导师迈丽·万斯克斯主持一项毕业课题研究。朱丽特正在使用数学 KNOT 理论和电脑技术为细胞 DNA 的运转以及型号 2 的拓扑异构酶功能创建模型，拓扑异构酶是一种以应对细菌及癌症为潜在目标的酶药物。作为小孩母亲的朱丽特说："这一支持可以让我尽可能高效地完成我的学位。"

基因泰克基金会是美国本土的一个私人慈善基金会。它由基因泰克公司于 2002 年创建，是一家为了满足对重要药物的需要而对其进行探索、发展、制作并且进行商业化运作的高级生物学公司。基因泰克基金会为许多美国本地非营利慈善组织提供了大量的经济支持。

四　关注成长与发展的基因泰克基金会

关注成长与发展的基因泰克基金会近期由基因泰克公司创建，旨在资助那些关于儿童成长发展和关爱成长坎坷的儿童的研究。其被包含在证明文件和一系列奖励措施中，并有以下专利规定。

通过成长与发展基因泰克基金会经签字审核通过资助的资助受益人（或受益人群）被特批建立一个具有非排他性、具有免税权的并且能使用任何专利信息或知识产权的基金会（包括专业技能和专利权），这是由其在基金会里扮演的角色决定的。

当这些语言引起技术翻译办公室的注意，我们联系基因泰克的律师，该律师掌管着该独立基金会的创建。基因泰克基金会和基因泰克公司解释称，美国国税局坚持称该语言是在基金会免税身份下交换的，用以确保公共利益。

在 OTT 的要求下，基因泰克公司与国税局进一步讨论了这个问题，并且澄清这项规定并不适用于免税受助组织或者政府组织，因为这些知识产权已经致力于为公共利益服务了。

因此，关注成长与发展的基因泰克基金会通过在专利规定的开头加入语言的方式改变了他的资助协议

“如果你不是免税组织或者政府组织或者政治部门……”

因为基因泰克基金会已经以这种方式在其资助协议中加入了此项改变，从而引起了关于公共权力的混淆，因此更多的改变需要做出。基因泰克公司的律师通知基金会这些改变可以被接受。手写的改变也需要草签确信这些改变。

资助协议在没有这些改变的前提下是不能被接受的。请注意所有的受助者在未由基金会预先审核的前提下保留了其出版研究的权利。

五　加州大学戴维森分校获得基因泰克基金援助

加利福尼亚大学的戴维森分校获得了由基因泰克基金提供的关于生物医学的资助。

位于林荫大道、梅因、圣克拉拉、圣弗朗西斯科、圣梅特和耶罗镇的 16 个组织收到了南圣弗朗西斯科基金为其提供的 766000 美元的资助奖金——给学校中心为工程植物抗病原电阻——是唯一一个由萨克拉门托州政府考虑成立的。

私人援助的总额并未被公开。

一系列生物医学和生物科技企业几年来为了完成一系列的革新而获得较快发展，而这些公司都主要位于耶罗郡的西南沿海地区。

与 2000 年相比，基因泰克基金会 2011 年的资助额增长了 58%。

六　通过基因泰克基金会的“日常需求资助项目”项目，杰克·欧文罗宾基金会获得了 125000 美元的资助

在接下来的第二年中，杰克·欧文罗宾基金会获得了来自基因泰克基金的援助。今年该援助增长到 125000 美元，将会运用在

有儿童癌症患者的家庭。

杰克·欧文罗宾基金会的创始人兼董事会主席唐·罗宾说："这是一个慷慨的援助，我们非常感谢基因泰克基金援助我们两个连续计划，这些资助将允许我们，特别是在经济困难时期，来更多地资助有癌症儿童的家庭。"

创建于2006年的杰克·欧文罗宾基金会是一个非营利组织，旨在为有儿童癌症患者的家庭提供持续的经济援助，同时向那些关注有儿科癌症患者的家庭的组织提供经济支持。

据罗宾说，在过去三年，杰克·欧文罗宾基金会已经向350多个家庭提供了超过330000美元的援助。该基金同时资助大量团体超过105000美元。

此外，该基金持续关注儿童癌症患者。该基金会的最初赞助者杰克团队在2005年参与的每年11月举办的孟菲斯马拉松比赛中为犹太儿童研究医院筹集了资金。2006年以后，杰克团队一直是国家最顶尖的筹款团队之一，其筹集了超过197000美元的善款。

作为最初的赞助者或者主要支持者，该基金依然管理着活体血液捐赠项目。在过去两年通过各类事件，筹集到了总量约为655单位的血液。

杰克·欧文基金会是为纪念在2006年10月因肝癌逝世的杰克·欧文罗宾而命名的。罗宾说："我们一直被先奉献信念所引导，帮助他人并鼓励他们从事相同的关心他人的事业。这样的哲理让我们每一天不断地变坚强，并且懂得了杰克想要做事情更有意义。"

七　UC伯克利基因泰克奖学金计划

2012UCB基因泰克基金会生物科学少数的夏日研究计划旨在提升UCB少数的学生的数量，这一小部分学生对从事生物学研究有兴趣。该夏日强化研究项目旨在提升参与者的研究能力，并且提升其作为进入著名专业研究院的候选者的竞争力。此外，该项目公布参与者到由伯克利提供的多样化研究中去，同时鼓励尖端科学的各学科之间渗透。参与者被鼓励去追求生物科学和生物科技的博士学位和研究事业。

第三节　组织结构、管理层信息

表1　管理层人员

姓　名	基金会职务	在诺斯洛普·格鲁门公司职务
理查德·H. 席勒 (Richard H. Scheller)	主席，理事会成员	执行副总裁（分管基因泰克研究和早期发展部门）
杰尼弗·马修斯 (Jennifer Mathews)	秘书长	
简·马辛 (Jane Machin)	财务总管	
科林恩·威尔森 (Colleen Wilson)	执行总监	
克里斯汀·卡斯特罗 (Christine Castro)		高级副总裁（分管办公室和北美医药部门）
维施瓦·迪克西特 (Vishva Dixit)	副总裁	副总裁（分管生理化学部门）
马克思·格明德 (Markus Gemuend)		高级副总裁、全球负责人（分管生化产品制造部门）
卡耐西·J. 西岚 (Kenneth J. Hillan)		

续表

姓　名	基金会职务	在诺斯洛普·格鲁门公司职务
苏西·琼斯 (Suzy Jones)		高级总监（分管商业发展部门）
丹尼斯·史密斯－汉姆 (Denise Smith-Hams)		高级副总裁（分管人力资源部门）
肯特·E. 里奥金格 (Kent E. Lieginger)		高级副总裁（分管员工福利和客户事务部门）
陶德·皮尔斯 (Todd Pierce)		高级副总裁（分管北美医药部门），CIO

部分人员介绍

理查德·H. 席勒

理查德·H. 席勒是执行副总裁，主管基因泰克的研究工作和早期的发展。通过这个角色，他负责为基因泰克的研究工作、药物开发和早期的发展工作活动制定战略。席勒是基因泰克执行委员会和扩大罗氏公司的执行委员会成员之一，他也是基因泰克基金会董事会主席。席勒在 2001 年加入了基因泰克，担任高级研发副总裁并且在 2003 年升任高级研发总裁。

在加入基因泰克之前，席勒在 1993 年被任命为分子和细胞生理和生物科学领域的高级教授，并且于 1994 年在霍华德休斯医药机构担任调研员，席勒在 1982 年首次收到了赴斯坦福大学的学术任命。

席勒的工作为他赢得了无数的奖励，包括 1997 年的国家科学院的分子生物学奖。他是艺术与科学研究院和核国家科学研究院的成员，并且在多家咨询委员会中任职，包括国家健康研究所的国家心理健康咨询委员会。他已经在同等评论性期刊上发表了超过200篇文章。

他在威斯康星大学麦迪逊分校获得了生物化学的学士学位，并且在美国加州理工学院获得了博士学位，在那里他曾担任生物学分支的博士后研究员。席勒同样在哥伦比亚大学担任内科与外科的博士后研究员。

维施瓦·迪克西特

维施瓦·迪克西特是基因泰克公司生理化学的副董事。通过担任这个职务，他领导着生理化学部门的基础研究工作，主要是为了研究生物学中经常出错的疾病传播链的组成部分。他之前担任着分子肿瘤研究部门的副主席职位，在那里他负责监督那些关注于了解癌症生物学、研究癌症的治疗方法以及为药物开发轨道而运营项目的一些基因泰克的研究项目。迪克西特在1997年加入了基因泰克并且担任分子肿瘤学部门的董事。

在加入基因泰克之前，迪克西特加入了密歇根大学医学院的病理学系担任助教并于1995年被任命为正教授。他的实验室在90年代中期发表了一系列富有创造性的论文，这些论文定义了细胞死亡受体途径的组成分子。迪克西特在1996年获得了实验病理学领域的沃纳兰伯特和派克戴维奖项，发表了超过100篇的科学论文并且拥有相当数量的专利后，迪克西特继续在位于旧金山的加利福尼亚大学的药物化学部门中担任副教授从事教学工作。

迪克西特在位于肯尼亚首都内罗毕的内罗毕大学获得了医学学士学位。在担任了肯雅塔国家医院的实习生后，他在华盛顿大学的实验医学系和生物化学系分别担任医师和博士后研究员，继续从事更深层次的医学培训工作。

马克思·格明德

马克思·格明德是负责采购和合同签订业务的高级副董事、全球负责人。通过担任这个职务，格明德负责罗氏集团制药组织所有的采购和合同签订业务。格明德在 2004 年加入基因泰克公司担任负责合作和合同签订工作的副董事，随后便升任了负责生物化学生产的高级副总裁。在加入基因泰克公司之前，他在蓝得集团有限公司担任了 16 年的首席执行官。在兰德公司的时候，格明德身兼许多其他的领导角色，包括高级副董事、兰德公司生物学部门经理和美国独特综合公司的副总裁。

格明德在 1988 年加入兰德公司担任法律顾问一职。格明德在瑞士的巴塞尔大学获得了法学学士学位。

丹尼斯·史密斯－汉姆

丹尼斯·史密斯－汉姆是高级副总裁，北美人力资源的区域主管。通过担任这个职务，她为基因泰克公司的人力资源组织提供日常领导、管理和监督。史密斯－汉姆是基因泰克公司的执行委员会成员。

史密斯－汉姆于 2002 年加入基因泰克公司，并担任人力资源临时副总裁。加入基因泰克之前，史密斯－汉姆在以下公司担任过客户咨询职位，如昂飞、惠普和利维斯公司。

史密斯－汉姆担任过副总裁，孟山都公司人力资源主任、董事，3Com 公司和惠普公司的人力资源经理。总体而言，她在生命科学和生物技术行业拥有超过 20 年的人力资源管理组织的发展经验和技术。

史密斯－汉姆拥有加州大学伯克利分校的文学学士学位，并拥有米尔斯学院的硕士学位。

第四节 资助/财务信息

一 资助

表2 资助对象

年份	社区支持	患者教育与支持	健康科学教育
	天使车间	自闭症全球教育网络	美国化学学会
	维斯塔男女俱乐部	儿童脑肿瘤基金会	加州理工学院
	恩圣门图县男女俱乐部	家里的房子	冷泉港
	乳腺癌应急基金	家庭关爱基金会	哥伦比亚大学
	安派罗的房子	希望研究室	美国康奈尔大学
	有求必应公司	杰克·欧文罗宾基金会	杜克大学
	哈克贝利青年项目	顿拉斐尔纪念馆	东区预科学院
	人力资本投资项目	莫林任务	哈佛大学医学院
	拒马河创投	香提	简棺童车
	拉金街青年服务	微笑的索菲亚	约翰斯·霍普金斯
	车轮上的旧金山膳食		激研究所
	中半岛男孩女孩俱乐部		生命科学研究基金会
	新门创投		海洋生物实验室
2011	北县社区服务		普林斯顿大学
	为改变北县解		索尔克研究所
	与业界的合作伙伴关系		旧金山州立大学
	半岛大桥		斯克里普斯研究所
	拉斐尔楼		斯坦福大学
	旧金山食物银行		加州大学伯克利分校
	第二丰收食品银行		加州大学圣地亚哥分校
	住房网		加州大学旧金山分校
	南华县卫生服务中心		密歇根大学
	圣安东尼基金会		宾夕法尼亚大学
	圣文森特德保罗圣马刁县		华盛顿大学
	衣柜的机会		美国威斯康星大学
	华盛顿县		
	青年及家庭浓缩服务		

续表

年份	社区支持	患者教育与支持	健康科学教育
2010	美国红十字会 男孩和女孩俱乐部 乳腺癌应急基金 毕尔顿 关心 楼斯特赛德的希望 高校田径 社区卫生伙伴关系 社区克服关系滥用 人力资本投资项目 幻想旅店 拉金街青年服务 旧金山轮餐 梅西集团 新门创投 北县宗教理事会 业界合作伙伴关系 圣地亚哥社区医疗科学基金会 旧金山食物银行 圣克拉拉和圣马蒂奥县第二丰收食物银行 住房网 圣马县圣文森特德保罗协会 塔夫：重提与美国永远一起 维斯塔社区诊所 衣橱机会 工作方案 妇女倡议 青年和家庭浓缩服务	安德烈·索贝尔河生命的基础 家庭关爱基金会 希望研究室基金公司 杰克·欧文罗宾基金会 莫林任务 香提项目公司	美国化学学会 贝丝以色列女执事医疗中心 董事会的威斯康星大学系统校董 加州理工学院 冷泉港实验室/沃森生物科学学院 美国康奈尔大学 杜克大学研究生院 东区学院附属小学 简棺童车纪念医学研究基金 约翰·霍普金斯大学 生命科学研究基金会 马里卡斯塔学院基金会 美国密歇根大学的高中会考的 索尔克生物研究学院 旧金山州立大学 斯坦福大学 斯克里普斯研究所 哥伦比亚大学受托人 普林斯顿大学的受托人 加州大学伯克利分校 加州大学旧金山 加州大学圣地亚哥 密歇根大学 宾夕法尼亚大学 华盛顿大学

续表

年份	社区支持	患者教育与支持	健康科学教育
2009	社会援助 安派罗的房子 海岸机遇家园 大学通道 DALY 城市青年健康中心 有求必应 庇护旅店 朱码企业 半岛男生女生俱乐部 半岛大桥 住所网络 善好施者家园 维肯维尔男生女生俱乐部 YES 阅读	美国化学社团，器官化学部门 曼哈顿东区大学预科学校 哈弗医学院 简·康福儿童纪念凯克资金毕业研究所 生命科学研究基金会 麻省理工大学，科赫癌症研究中心 圣弗朗西斯科大学索尔克研究所 斯坦福大学 加州大学伯克利分校 加州大学圣地亚哥分校 加州大学圣弗朗西斯科分校 密歇根大学	生命的安德拉索贝尔河 希望实验室 杰克和吉尔的癌症晚期基金会 杰克欧文罗宾 莫林任务 美国多重硬化协会

二 财务分析

1. 2002 年财务信息

表 3 2002 年财务情况

单位：美元

第一部分：收入和支出分析	账面收入和费用	投资净收入	调整后净收入	慈善支出
1. 收到的捐赠、礼品、资助等	500000			
2. 信托利润分配				
3. 权益存款和短期现金投资	821	821	821	
4. 证券中获得的利息及股息				
5. a 总租金				
b 资产的销售总额				

续表

第一部分：收入和支出分析	账面收入和费用	投资净收入	调整后净收入	慈善支出
6. a 销售资产取得的净收益（损失）				
b 资产的销售总额				
7. 资本的净收益				
8. 净短期资本收益				
9. 收入调整				
10. a 销售总额和除销售退回和销售折让				
b 减去销售成本				
c 毛利				
11. 其他业务收入				
12. 第 1 到 11 项相加的总和	500821	821	821	
运营和管理费用				
13. 职工薪酬				
14. 其他雇员工资				
15. 抚恤金，职工福利				
16. a 诉讼费				
b 会计费用				
c 其他专业费用				
17. 利息				
18. 税费				
19. 折旧与损耗				
20. 住房				
21. 差旅费				
22. 印刷费				
23. 其他费用				
24. 总运营及管理费用（将 13 到 23 加和）				
25. 支付的捐赠、礼物、资助等				
26. 24 和 25 的总费用	500821			
27. a 从 12 里面扣除 16		821		
b 净投资收入			821	
c 调整后收入				

续表

第二部分：资产负债表	年初账面价值	年末账面价值	公平市值
1. 无息现金	0		
2. 存款和短期投资		500821	500821
3. 应收账款			
计提坏账准备			
4. 应收银行抵押款			
计提坏账准备			
5. 专项应收款			
6. 来自职工的应收账款			
7. 其他应收票据和账款			
计提坏账准备			
8. 存货			
9. 待摊费用和递延费用			
10. a 承担政府义务的投资			
b 公司股票投资			
c 公司债券投资			
11. 土地，厂房，设备的投资			
12. 按揭贷款的投资			
13. 其他投资			
14. 土地，建筑物，基础设备（固定资产）			
减去累计折旧			
15. 其他资产	0	500821	500821
16. 总资产			
负债			
17. 应付账款和应付费用			
18. 专项应付款			
19. 递延收入			
20. 应收职工的账款			
21. 抵押贷款和应付票据			

续表

第二部分：资产负债表	年初账面价值	年末账面价值	公平市值
22. 其他负债			
23. 总负债	0	0	
净资产和基金余额			
24. 流动资产	0	500821	
25. 短期受限资产			
26. 永久受限资产			
27. 股本，流动资产			
28. 实收资本盈余，土地建筑和设备资金			
29. 留存收益，累计收入，捐款和其他资金			
30. 资产净额和基金余额		500821	
31. 总负债和净资产余额		500821	

2. 2003 年财务信息

表 4　2003 年财务情况

第一部分：收入和支出分析	账面收入和费用	投资净收益	调整后净收入	慈善支出
1. 收到的捐赠、礼品、资助等				
2. 信托利润分配				
3. 权益存款和短期现金投资	1539	1539	1539	
4. 证券中获得的利息及股息				
5. a 总租金				
b 资产凭收入（损失）				
6. a 销售资产取得的净收益（损失）				
b 资产的销售总额				
7. 资本的净收益		0		
8. 净短期资本收益				
9. 收入调整				

续表

第一部分：收入和支出分析	账面收入和费用	投资净收入	调整后净收入	慈善支出
10. a 销售总额扣除销售退回和销售折让				
b 减去销售成本				
c 毛利	0			
11. 其他业务收入				
12. 第 1 到 11 项相加的总和	1539	1539	1539	
运营和管理费用				
13. 职工薪酬				
14. 其他雇员工资				
15. 抚恤金，职工福利				
16. a 诉讼费				
b 会计费用				
c 其他专业费用				
17. 利息				
18. 税费	889			
19. 折旧与损耗				
20. 住房				
21. 差旅费				
22. 印刷费				
23. 其他费用	525			
24. 总运营及管理费用（将 13 到 23 另和）	1414	0	0	0
25. 支付的捐赠、礼物、资助等	310000			310000
26. 24 和 25 的总费用	211414	0	0	310000
27. a 从 12 里面扣除 16	309875			
b 净投资收入		1539		
c 调整后收入			1539	

续表

第二部分：资产负债表	年初账面价值	年末账面价值	公平市值
1. 无息现金	500821	190946	190946
2. 存款和短期投资		0	
3. 应收账款		0	
计提坏账准备			
4. 应收银行抵押款			
计提坏账准备			
5. 专项应收款			
6. 来自职工的应收账款			
7. 其他应收票据和账款			
计提坏账准备		0	
8. 存货			
9. 待摊费用和递延费用			
10. a 承担政府义务的投资			
b 公司股票投资			
c 公司债券投资			
11. 土地，厂房，设备的投资			
12. 按揭贷款的投资			
13. 其他投资			
14. 土地，建筑物，基础设备（固定资产）			
减去累计折旧		0	
15. 其他资产			
16. 总资产	500821	190946	190946
负债			
17. 应付账款和应付费用			
18. 专项应付款			
19. 递延收入			
20. 应收职工的账款			
21. 抵押贷款和应付票据			

续表

第二部分：资产负债表	年初账面价值	年末账面价值	公平市值	
22. 其他负债				
23. 总负债	0	0		
净资产和基金余额				
24. 流动资产	500821	190946		
25. 短期受限资产				
26. 永久受限资产				
27. 股本，流动资产				
28. 实收资本盈余，土地建筑和设备资金				
29. 留存收益，累计收入，捐款和其他资金				
30. 资产净额和基金余额				
31. 总负债和净资产余额				

3. 2005年财务信息

表3　2005年财务情况

单位：美元

第一部分：收入和支出分析	账面收入和费用	投资净收入	调整后净收入	慈善支出
1. 收到的捐献、礼品、资助等	13000000			
2. 信托利润分配	107365	107365		
3. 权益存款和短期现金投资				
4. 证券中获得的利息及股息				
5. a 总租金				
b 资产的销售总额				
6. a 销售资产取得的净收益（损失）				
b 资产的销售总额				
7. 资本的净收益		0		
8. 净短期资本收益				
9. 收入调整				

续表

第一部分：收入和支出分析	账面收入和费用	投资净收入	调整后净收入	慈善支出
10. a 销售总额和除销售退回和销售折让				
b 减去销售成本				
c 毛利				
11. 其他业务收入				
12. 第 1 到 11 项相加的总和	13107365	13107365		
运营和管理费用				
13. 职工薪酬	0	0		0
14. 其他雇员工资				
15. 抚恤金，职工福利				
16. a 诉讼费	30722	0		30722
b 会计费用				
c 其他专业费用				
17. 利息				
18. 税费	359	0		160
19. 折旧与损耗				
20. 住房				
21. 差旅费				
22. 印刷费				
23. 其他费用				
24. 总运营及管理费用（将 13 到 23 加和）	31081	0		30882
25. 支出的捐献、礼物、资助等	500000	0		500000
26. 24 和 25 的总费用	531081	0		530882
27. a 从 12 里面扣除 16	12576284			
b 净投资收入		107365		
c 调整后收入				

续表

第二部分：资产负债表	年初账面价值	年末账面价值	公平市值
1. 无息现金	3852487	3418076	3418076
2. 存款和短期投资			
3. 应收账款			
计提坏账准备			
4. 应收银行抵押款			
计提坏账准备		13000000	13000000
5. 专项应收款			
6. 来自职工的应收账款			
7. 其他应收票据和账款			
计提坏账准备			
8. 存货			
9. 待摊费用和递延费用			
10. a 承担政府义务的投资			
b 公司股票投资			
c 公司债券投资			
11. 土地，厂房，设备的投资			
12. 按揭贷款的投资			
13. 其他投资			
14. 土地，建筑物，基础设备（固定资产）			
减去累计折旧			
15. 其他资产	0	10695	10695
16. 总资产	3852487	16428771	16428771
负债			
17. 应付账款和应付费用			
18. 专项应付款			
19. 递延收入			
20. 应收职工的账款			
21. 抵押贷款和应付票据			

续表

第二部分：资产负债表	年初账面价值	年末账面价值	公平市值
22. 其他负债			
23. 总负债	0	0	
净资产和基金余额			
24. 流动资产	3852487	16428771	
25. 短期受限资产			
26. 永久受限资产			
27. 股本，流动资产			
28. 实收资本盈余，土地建筑和设备资金			
29. 留存收益，累计收入，捐款和其他资金			
30. 资产净额和基金余额	3852487	16428771	
31. 总负债和净资产余额	3852487	16428771	

4. 2008 年财务信息

表 4　2008 年财务情况

单位：美元

第一部分：收入和支出分析	账面收入和费用	投资净收入	调整后净收入	慈善支出
1. 收到的捐赠、礼品、补贴等				
2. 信托利润分配				
3. 权益存款和短期现金投资	559713	559713		
4. 证券中获得的利息及股息				
5. a 总租金				
b 资产的销售总额				
6. a 销售资产取得的净收益（损失）				
b 资产的销售总额				
7. 资本的净收益		0		
8. 净短期资本收益				
9. 收入调整				

续表

第一部分：收入和支出分析	账面收入和费用	投资净收入	调整后净收入	慈善支出
10. a 销售总额和除销售退回和销售折让				
b 减去销售成本				
c 毛利				
11. 其他业务收入				
12. 第 1 到 11 项相加的总和	559713	559713		
运营和管理费用				
13. 职工薪酬	0	0	0	
14. 其他雇员工资				
15. 抚恤金，职工福利				
16. a 诉讼费	8095	0	8095	
b 会计费用	16875	0	8095	
c 其他专业费用				
17. 利息				
18. 税费	11354	0	160	
19. 折旧与损耗				
20. 住房				
21. 差旅费				
22. 印刷费				
23. 其他费用	21949	0	21949	
24. 总运营及管理费用（将 13 到 23 加和）	58273	0	47079	
25. 支付的捐赠、礼物、资助等	2951936		3916996	
26. 24 和 25 的总费用	3010209	3964075		
27. a 从 12 里面扣除 16	2450496			
b 净投资收入		559713		
c 调整后收入				

续表

第二部分：资产负债表	年初账面价值	年末账面价值	公平市值
1. 无息现金			
2. 存款和短期投资	23529200	20193614	20193614
3. 应收账款			
计提坏账准备			
4. 应收银行抵押款			
计提坏账准备			
5. 专项应收款			
6. 来自职工的应收账款			
7. 其他应收票据和账款			
计提坏账准备			
8. 存货			
9. 待摊费用和递延费用		3806	3806
10. a 承担政府义务的投资			
b 公司股票投资			
c 公司债券投资			
11. 土地，厂房，设备的投资			
12. 按揭贷款的投资			
13. 其他投资			
14. 土地，建筑物，基础设备（固定资产）			
减去累计折旧			
15. 其他资产	73107	26769	26769
16. 总资产	23602307	20224189	20224189
负债			
17. 应付账款和应付费用	6562		
18. 专项应付款	2558282	1637222	
19. 递延收入			
20. 应收职工的账款			
21. 抵押贷款和应付票据			

续表

第二部分：资产负债表	年初账面价值	年末账面价值	公平市值
22. 其他负债			
23. 总负债	2564844	1637222	
净资产和基金余额			
24. 流动资产	21037463	18586967	
25. 短期受限资产			
26. 永久受限资产			
27. 股本，流动资产			
28. 实收资本盈余，土地建筑和设备资金			
29. 留存收益，累计收入，捐款和其他资金			
30. 资产净额和基金余额	21037463	18586967	
31. 总负债和净资产余额	23602307	20224189	

5. 2010 年财务信息

表 5　2010 年财务情况

单位：美元

第一部分：收入和支出分析	账面收入和费用	投资净收入	调整后净收入	慈善支出
1. 收到的捐献、礼物、资助等	9000000			
2. 信托利润分配				
3. 权益存款和短期现金投资	2420	2420		
4. 证券中获得的利息及股息				
5. a 总租金				
b 资产的销售总额				
6. a 销售资产取得的净收益（损失）				
b 资产的销售总额				
7. 资本的净收益				
8. 净短期资本收益				
9. 收入调整				

续表

第一部分：收入和支出分析	账面收入和费用	投资净收入	调整后净收入	慈善支出
10. a 销售总额和除销售退回和销售折让				
b 减去销售成本				
c 毛利				
11. 其他业务收入				
12. 第 1 到 11 项相加的总和	9002420	2420		
运营和管理费用				
13. 职工薪酬	0	0	0	
14. 其他雇员工资				
15. 抚恤金，职工福利				
16. a 诉讼费				
b 会计费用	17350	0	17350	
c 其他专业费用	8750	0	8750	
17. 利息				
18. 税费	48	0	0	
19. 折旧与损耗				
20. 住房				
21. 差旅费				
22. 印刷费				
23. 其他费用	4280	0	4280	
24. 总运营及管理费用（将 13 到 23 加和）	30428	0	30380	
25. 支出的捐赠、礼物、资助等	3858652		2929762	
26. 24 和 25 的总费用	3889080	0	2960142	
27. a 从 12 里面扣除 16	5113340			
b 净投资收入		2420		
c 调整后收入				

续表

第二部分：资产负债表	年初账面价值	年末账面价值	公平市值
1. 无息现金		100000	100000
2. 存款和短期投资	25489934	31515010	31535010
3. 应收账款			
计提坏账准备			
4. 应收银行抵押款			
计提坏账准备			
5. 专项应收款			
6. 来自职工的应收账款			
7. 其他应收票据和账款			
计提坏账准备			
8. 存货			
9. 待摊费用和递延费用	6201	1873	1873
10. a 承担政府义务的投资			
b 公司股票投资			
c 公司债券投资			
11. 土地，厂房，设备的投资			
12. 按揭贷款的投资			
13. 其他投资			
14. 土地，建筑物，基础设备（固定资产）			
减去累计折旧			
15. 其他资产	217	216	216
16. 总资产	25496352	31637099	31637099
负债			
17. 应付账款和应付费用		17350	
18. 专项应付款	984981	1995038	
19. 递延收入			
20. 应收职工的账款			

续表

第二部分：资产负债表	年初账面价值	年末账面价值	公平市值
21. 抵押贷款和应付票据			
22. 其他负债			
23. 总负债	984981	2012388	
净资产和基金余额			
24. 流动资产	24511371	29624711	
25. 短期受限资产			
26. 永久受限资产			
27. 股本，流动资产			
28. 实收资本盈余，土地建筑和设备资金			
29. 留存收益，累计收入，捐款和其他资金			
30. 资产净额和基金余额	24511371	29624711	
31. 总负债和净资产余额	25496352	31637099	

第五节　公益项目运营与对外合作

基因泰克基金会与许多相关领域的基金会和社会团体都有着形式多样的合作，而这些合作都是其通过一个下属项目——“日常需求资助项目”来实现的。基因泰克基金会会向这一项目拨发专项资金资助那些因儿童疾病而导致资金缺乏的困难家庭，以下则是“日常需求资助项目”的详细介绍。

每年有超过 12000 名儿童和青少年被诊断为癌症患者。更为常见的是他们的家人必须为了他们的治疗而四处奔走，并且还面临着那些意料之外的非药物花费，例如交通、住房、食品和儿童问题。在这些情形下，一个家长必须在继续为孩子治疗和继续工作并获得健康保证之间做出艰难的选择。

2009年，基因泰克基金会创建了“日常需求资助项目”来为那些支持家有儿童癌症患者的家庭组织提供经济援助。每一个组织将会获得资金来为那些正在为孩子寻求治疗的家庭减轻压力。以下三个是这些机构中的典型代表。

家庭基金

家庭基金的宗旨是为那些对抗癌症的家庭特别是那些家中儿童患有癌症或者其他疾病的家庭提供经济救助和真诚的支持。

杰克・欧文罗宾基金会

始建于2006年，杰克・欧文罗宾基金会是一家非营利基金会，致力于资金支持那些有儿童癌症患者的家庭和那些关注于儿童癌症患者家庭的组织。

莫林任务

莫林任务的使命是为那些承担着惊人的脑癌治疗费用的家庭提供经济支持。

第六节　申请程序

基因泰克基金会按照以下程序对申请进行审批和接受。通过此过程，基金会在目的领域评估拨款申请。基金会建议申请机构或组织在申请前应全面了解其资助原则。

注册并提交申请

- 拨款申请必须通过网上系统提交，该系统能使申请的组织团体成功地申请拨款

• 所有组织通过使用相同的过程进行申请并且需要其基本信息，这样基因泰克公司能够确定适当的资金类型

• 在提交基本信息后，会被提问一系列问题从而进一步确定正确的资金类型。根据申请者所做出的回答，其将会被定向到一个特定应用于其的资金类型

• 一旦请求被提交后，申请者将会收到一封确认电子邮件

对申请的审查

• 申请者必须及时查阅截止期限从而熟悉季度资助时间表

• 如果申请程序是不完整的或者资金类型与原始请求不相匹配，请求信息将会被发送到申请者处

• 所有资金申请须符合基因泰克公司的资金资助政策

请求评估

• 在对申请程序和支持文件全面审查和评估后，资金请求决定将会被最终确认

• 申请者将会收到一封确认的电子邮件

付款流程

• 如果资金申请获得批准，申请者将会收到资助协议，而该协议必须由授权签字人签署

• 在已经签署的资助协议被返还后，申请者将会收到资助金的支票

• 特定类型的资金申请还需要活动的监测、评估与调和

• 如果申请者的提议被资助后，其将会被通知写一篇报道性文章或大致纲领从而完成资助协议

参考资料来源

http：//www. genentechfoundation. com.

http：//foundationcenter. org/pnd/news/story. jhtml? id = 195600010.

http：//www. virtualtrials. com/newsarticle. cfm? item = 4543.

http：//www. sfsu. edu/ ~ news/2009/spring/6. html.

http：//patron. ucop. edu/ottmemos/docs/ott94 – 03. html.

http：//www. bizjournals. com/sacramento/stories/2001/07/16/daily10. html.

盖普基金会

The Gap Foundation

第一节　盖普系统

一　盖普公司

盖普企业于1969年成立，致力于提供便捷的牛仔裤购买服务。从此，盖普的集团品牌不断壮大，香蕉共和国、老海军等牌子均已纳入旗下。时至今日，盖普是世界上最大的专业零售商之一，拥有近134000名员工，3200间直销店分布于世界各地，包括加拿大、中国、法国、爱尔兰、意大利、日本、英国和美国。从澳大利亚跨越至莫斯科，企业不仅授予了200间特许经营店，并使产品的网络销售从1个国家扩展至90个国家。在业务不断发展的同时，作为一家重视社会公德心的企业，盖普也希望能为社会带来积极影响。

盖普认为承担社会与环境的责任对于企业成功是不可或缺的。这有助于提高企业员工的参与感，运作效率，生产力以及最根本的利润。此外，盖普鼓励企业集团的其他品牌在集团准则下，寻找最适合他们顾客和社区的服务方式。集团里每个品牌都有独特的机会去完善他们自己的理念，比如探索衣物可持续利用的生产方式和责任商业实践文化。

二　盖普基金会

盖普企业专注于在发展中国家的青年与发展中国家妇女中的投资。其使命是创造让青年和妇女释放潜力的机会，同时通过支持非营利组织伙伴和员工志愿者的工作，让他们的潜力得到最大程度的发展。

作为志愿者，最佳回报是看到自己的努力对所关心的社区有一个持久的影响。志愿者通过和当地的非营利组织建立联系，能够以多样化的方式支持社区组织，从而带来积极影响。在时间的见证下，志愿者能看到努力换得的成果，让志愿工作的每小时效用发挥到极致。这是个简单的道理：联系一个非营利组织的方式越多，创造的价值就越大。

第二节　有果必有因

——选自盖普总裁格兰·墨菲的文章

我们企业的联合创立人冬·费舍尔，用一句简单的抱负激励了好几代盖普企业员工，那就是：让我们做点比卖衣服更多的事情吧。尽管冬在2009年逝世，我们的社会和环境责任项目成立已经有数十年时间，那笔精神遗产至今仍是我们的工作信条。

我为我们过去两年取得的进步而骄傲。作为拥有134000名员工和全球3200间直销店的企业，我们肩负着对顾客和股东的责任，那就是保证在近50个国家超过1200家公司工作的100万员工，他们在生产产品时能被公正对待。我们产品的生产方式能够和我们的价值观完美统一，我们也坚定不移地将倡导的价值观渗透到全球商务的开展中。

正如服装领域的众多同行一样，盖普不可能独自解决这些挑战。股东间的通力合作和团结行业伙伴至关重要，他们能用公开且行之有益的方式解决来自社会和环境的问题。我们根据联合国全球契约十项原则，决心承担更多的社会责任。

减少对环境的有害影响一直是我们的重要目标。因为百分之百的棉布是按照公司制定的水质保证计划的标准生产的。所以在这点我们可以承诺，产生于棉布洗涤工序的废水在排放前是合理处理过的。在美国境内，我们也承诺减少温室气体的排放，以2008年的标准，截至2015年排放会减少20%。

为制衣工人做工厂管理和教育培训是我们企业的两大特点，此举能为工人所在的社区带来积极和长远的影响。在下列篇章中你将会了解更多关于我们团队是如何直接参与工厂管理，与其他团队一起为更好的工作环境系统合作，解决尚未解决的问题的。来自6个国家的5000多名女性工厂员工于2006年已经加入了一个致力于个人提升和职业提高的专利计划，即P. A. C. E计划。参加者将在不同领域获得生活和工作的技能教育，比如社区、决策、时间和压力管理、健康和营养等，相信这些将会使他们在家庭和工作中受益匪浅。

我们为能向全世界分享美国风格的机会而兴奋，同时我们坚持在企业基金会下的公益项目、社区发展和价值观。最后，我们会继续支持行业中的合作、公开对话，对全行业中需要被阐明的问题积极参与。

和非营利组织建立联系意味着建立信任。其中一个最好的方式就是通过志愿事件或项目去了解这个非营利组织。从你熟悉或擅长组织的事件开始，例如资金募集和临时志愿者雇用项目。然后加上你的专业技能去强化你对一个非营利组织的影响。你或你的团队提供专业志愿服务的每一个小时，能为组织提供更大的价值。那么，让我们来看看盖普是怎么做的吧。

第三节　用事实说话

一　项目简介

1. 关注青年

（1）勇往直前计划

地点： 三藩市、加州

简要： 一份梦想的职业，一份奖学金，一份最好的案例情景。为了给青年准备将来和发掘他们潜能的工具，我们为三藩市联合学校区开发了一种全新的课程，专注于自我探索，目标设定以及通向成功。

内容： 勇往直前计划和皮尔森基金会合作，是一个学期制的中学毕业生职业意识培养课程，为三藩市联合学校区的近 4000 名学生改善未来。在 75 个小时的课程学习内，学生将学习不同课程，从发现“我擅长什么”到中学毕业后的职业生涯设计和生活规划。

细节： 现今，许多学生都在没有计划的情况下进入高中，很可能在毕业时对踏上成年人的成功道路也毫无准备。为了帮助年轻人重视教育，为将来有所计划，勇往直前计划担任一个主要角色：为九年级生准备的创新课程，有助于他们认识自己的长处，然后设计一条可通向目标的培养路线。勇往直前计划在 2010 年秋天被当作一项必修课在三藩市联合学校区发起，有望在全国的其他地方变成一个相似计划的模范。

勇往直前计划帮助青年：

- 发展对成功的个人定义
- 进行个人能力的评估，例如目标设计和聆听技巧
- 识别价值观，个人特质和才能
- 学习为成人阶段准备的财务认读能力
- 学习并能够总结高中毕业和大学学习的要求
- 发掘职业兴趣并设计一个能激发职业愿望的高中课程

影响：我们的签名活动“勇往直前”（This Way Ahead）激励了很多在旧金山和纽约的年轻人去探索他们的职业生涯，树立自信心和发展自身技能来找到并且端稳饭碗。我们的员工志愿者和与其合作的非营利组织的成员一起，把他们从本职工作中收获的知识带到了校园课堂。他们组织相关讨论，让学生们关注自己的目标。他们的努力得到了回报：截至目前，在完成该项目的学生中，75% 以上的学生在求职技能上显示出了明显的改善。

（2）未雨绸缪计划

地点：美国

简要：通过盖普公司的未雨绸缪计划，盖普员工正帮助青年获得迈入成年生活的技能和信心，逐渐呈现真实的工作世界。

内容：盖普企业的未雨绸缪计划承担媒介的角色，提供机会让青年释放潜能，创造通向成功生活的道路。项目运行 20 个月，以 4 个阶段为特色：职业探索，职业预备课程，在盖普和老海军

店铺的带薪实习，一年的跟进支持。未雨绸缪计划旨在帮助青年预见新的可能性，更好理解对教育的决策会如何影响他们的长期职业目标，以期青年们掌握技能，获得启发，以及意识到他们自己的潜能。

细节：2006年，盖普在纽约发起未雨绸缪计划并在2010年将计划推广至三藩市，和两个领先非营利组织保持紧密合作，它们分别在纽约和三藩市。迄今为止，已有超过400名年轻人参与到未雨绸缪计划的环节中。

影响：一个小组正在对“未雨绸缪”项目（Plan Ahead）进行评估，并且已经做出了一份对实验班学生的评估报告。目前为止，评估的结果还是相当乐观的。

一个参加了“未雨绸缪”项目的学生评价道：“我真的很喜欢学习自己擅长和感兴趣的知识。上这个课程之前我真的很担心毕业以后自己能做什么。我有份长长的工作列表，上边列了好多我曾以为我会中意的工作，但是，现在这个范围缩小了很多。”

另一个学生说道：“多亏了这个课程，我才找到了自己擅长和仍需提高的技能。它还让我明确了，我可以从哪些工作中找到自己想要接受的培训和教育。”

“未雨绸缪”项目还包括了教师培训和职业发展继续教育。授课前，老师要参加一个为期两天的研讨会来评审课程目标，学习新的教学法并且分享优秀的教学案例。乔尔·辛普森是“未雨绸缪”项目的一个授课老师。他说：“‘未雨绸缪’项目给九年级学生提供了一个很好的机会来思考他们的未来。我的学生将带着他们所感兴趣并愿意追求的清晰职业目标进入十年级，伴随他们的，还有能帮助他们实现职业目标的高中教学计划。他们需要一个为之奋斗的目标，这个目标将转化成升入高中的动力。这样一来，他们似乎有了一个更为明确的目的。我认为‘未雨绸缪’项目是一个工具。它让学生对未来充满憧憬并且给了他们一个继续上学的原因。”

2. 关注妇女

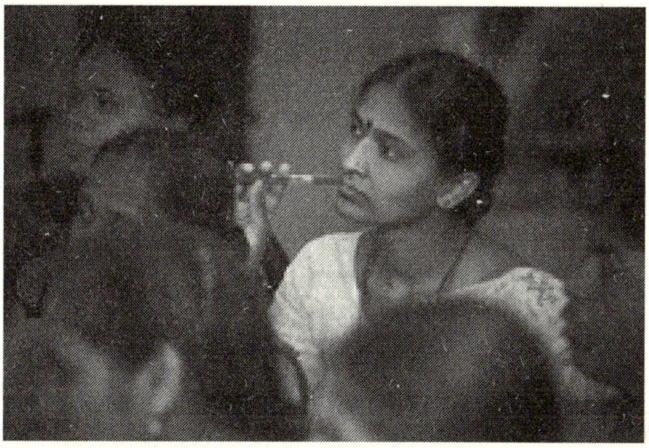

个人进步和职业提升计划

地点： 孟加拉国、柬埔寨、中国、印度、斯里兰卡和越南

简要： 妇女在成衣行业和未来社会中扮演着至关重要的角色。盖普认为帮助在发展中国家的妇女改善生活，受助妇女就能够给她们的家庭和社区带来积极的改变。

内容： 在 2007 年，盖普发起了个人进步和职业提升计划（简称 P. A. C. E 计划），旨在教育女性制服工人工作和社交技能，让她们能在工作和生活中走得更远。项目目前在孟加拉国、柬埔寨、中国、印度、斯里兰卡和越南运作。现已有超过 7500 名妇女参与到 P. A. C. E 计划的培训中，并且结果喜人：在一线工厂，完成 P. A. C. E 计划的妇女比在同一间工厂工作的其他妇女提升了近 5 倍效率。

细节： 许多在发展中国家的项目都专注于帮助妇女获取工作。2007 年，P. A. C. E 计划则是帮助在发展中国家的女性制服工人提升未来的就职定位以及发挥她们的潜能。项目充分运用了盖普和关键供应伙伴的关系。P. A. C. E 是在和另外两个组织——SHR 和 ICRW 的设计和发展下合作的。

项目的第一阶段是关于生命与工作场所技能教育的 8 个模块学习。在这约 85 个小时的培训里，覆盖了以下主题：沟通，问题解决，决策，一般健康和生殖健康，法律读写能力，财务读写能力和性别平等。

在孟加拉国，参加 P. A. C. E 计划第一年的女性中，24% 没有读写能力。盖普从这次经验中得知，读写能力培训在一定地点中需要成为加入到课程中的模块。参加了读写能力培训的项目后，原先不懂得柬埔寨字母表的妇女现在能够写出她们的名字和基本词汇，也能读认出在工厂中指示牌上的句子。

在多数类似计划中，参加项目的妇女不需为部分培训支付费用，但也相应需要投入自己的时间来确保她们学习和成功的效果。鉴于此，在项目的第二阶段，盖普授权合作工厂进行组织，专注于对妇女的技巧培训，根据工人的学习能力和技术潜力即时调整学习内容。

影响：国际妇女调查研究中心对 P. A. C. E 全球项目进行了评估，下列陈述即来自国际妇女调查研究中心针对印度和柬埔寨两地的调查结果：

P. A. C. E 项目组在接受完针对印度和柬埔寨的调查后，其调查结果显示：

- 妇女的工作环境得到明显改善，沟通技巧至少增长了 36%。
- 妇女自我肯定明显增强，她们自身的能力增长了 32%。
- 报告显示妇女正在定期储蓄，印度和柬埔寨的储蓄率正在分别以 68% 和 35% 的速度增长。

普利亚·南达是国际妇女调查研究中心的社会和经济发展小组主任，她指出：“P. A. C. E 提高了妇女对自我价值的肯定以及在家务和工作上的高效性。我们评估的数据都一致显示如下结果：妇女的自尊心、工作效率和对工作环境施加积极影响的能力在这次的活动中都得到了提高。这项活动的评估结果证明了妇女是社会的加力器，换言之，给妇女提供更广泛的就业机会，能产生多重影响，这种有利影响不仅体现在妇女身上，还会传播到她们周围的群体中。”

多蒂是 Gap 公司的执行官，也是 P. A. C. E 项目的发起人，她说：“随着工作环境的改善和交流技巧的提高，妇女会得到公司同事和领导的尊重。当然更为重要的是，她们得到社区和家庭的尊重并且对自己更加有信心。”

印度的一个工人迪沙尔讲述发生在她们身上的变化说：“P. A. C. E 提供的就业信息给我们很大的帮助。P. A. C. E 让我们在不同的领域学到了东西。它还让我们加强了权利意识，这让我们解决了许多难题。如果这些类似的项目活动得以普及，它将帮助我们解决许多问题。所有的工人理应得到跟我们一样的教育机会。

3. 社区服务

社区服务领袖计划

地点：北美

简要：盖普公司计划运用领导阶层来帮助他们更有效地完成他们的使命。

内容：2009 年，盖普发起了社区服务领袖计划。领袖计划帮助盖普的年轻非营利伙伴培养更好的领导。盖普是以以下这种简单又有效的方式去帮助他们的。盖普运用那些培养公司领导的程序方法再加以整体的规划设计为非营利伙伴打造出优良的培养项目。人力资源部门和另一个具有专业建筑能力的非营利顾问公司，为学习与发展部门提供适应组织内部的工具、辅助服务和导师。

细节：专注在女性和青年的投资使盖普和那些非营利组织发展了合作伙伴关系。通过与非营利组织的合作，盖普使命得到发展，女性和青年有更好的机会来发掘他们的潜力。

影响：

1. 盖普公司领导力推进计划

TCC 小组已经帮助我公司评估了合作方非营利性组织的发展需求以及本活动产生的影响：

非营利性组织领导者

- 所有被评估的非营利性组织领导者都表示，通过参加盖普公司领导力推进计划峰会［Gap Inc. Leadership Initiative （GILI） Summit］，他们都收获了能应用于本职工作的新思路、新理念及新战略方法。
- 项目第一年结束后，参与项目的非营利组织领导人中，55%以上的人在财务管理、员工培训、给下属授权方面取得了显著进步。

盖普公司员工

- 2010 年，盖普公司员工共计志愿服务 953 小时以设计、改进 GILI 项目并把其宗旨传播推广。
- 所有从事管理辅助工作的员工均表示，他们从组织 GILI 项目的经历中收获颇丰，并将这些收获成功应用于其在盖普公司的本职工作中。

参与 GILI 的非营利组织领导者明确表示，他们从项目中获益匪浅，活动帮助他们形成了对于战略执行的务实见解，也帮助他们培养了与别人建立新型关系的领导能力，通过这种新型关系，他们能充分获得未来支持。

旧金山男女生俱乐部主席罗博·科鲁尼说道："在 10 月份的最终峰会上，我们花费了大量时间来讨论如何培养各非营利性组织领导者自身的可持续发展，由于对于非营利组织的运行来说，虎头蛇尾这种现象十分严重，因而本次会议具有至关重要的意义。而且，在 GILI 项目运行到最后的那段时间，我加入了一个非营利组织执行官小组，该小组成立于旧金山海湾地区，由来自'香蕉共和国'人力资源部的同行克里斯·贝尔牵头成立。由于我正在努力适应来自四周环境的变革，并且正在努力带领我们俱乐部向越来越高的级别发展，能加入这个小组，对于我来说简直是件天大的好事。"

本公司员工也纷纷阐述他们从 GILI 项目中收获的好处，因为在此项目中，他们能在实务经验丰富的非营利组织领导者面前充分表现，并且在项目设计和推广过程中起到关键性作用。校园招聘和人事战略制定办公室主管海泽·吉利说道："能够与这些非营利机构领导者会面并分享他们的故事，这种经历简直能改变人生。当你凝神倾听着这些领导者们艰苦卓绝的奋斗经历和他们对工作的热情时，你真的会受到感染。在 GILI 项目中工作，还意味着我要在其他盖普公司员工志愿者和盖普基金会小组身旁提供支持，我就能从中学习他们的沟通和领导方式。而且，我还能亲身体验建立项目的过程并与他人共同克服困难，从这种经验中，我获益匪浅。我已经学会退后一步并更加有效地以学习者的视角来看待问题。"

另一位对本项目近期峰会的组织承担重要责任的员工罗博·

奥兰克雷也表示，GILI项目给他注入了新的活力，他将带着这种新活力回归其在盖普公司区域人力资源部主管的本职工作。“我十分珍惜这段经历，我能帮助这些非营利性组织领导者们开拓新思路、构建更大的成功。我很高兴地发现，我能与非营利社区来分享自己所学到的东西。”

GILI帮助非营利组织领导者及其所在组织成长、发展，同时，该项目也有助于我公司内部员工提升能力，并增强他们利用自身技能来创造变革机会。最终，该项目实现共赢效应——通过项目，我公司团结一致，共同努力实现共同的目标：我们能共同服务于目标社区，并将这种行为带来的效益最大化。

2. 社区领袖培养项目

- 自2006年“领域团队奖金”项目正式启动以来，来自盖普公司、“老海军”公司、“香蕉共和国”三大服装公司本部及盖普旗舰店、“香蕉共和国”工厂直销店的15000多名员工已经加入了该项目。
- 自2006年以来，共筹措130万美元捐款的5103项资助已投进了本土社区中。
- 通过该项目，参与项目的员工提供志愿服务时间总计超过125000小时。

通过提供志愿服务，我公司员工不仅仅是把一百万美元资助款项投入了非营利组织中，他们更是作出了难以计算的巨大贡献。根据反馈信息，很多员工不止一次与某特定非营利组织进行合作，共同提供志愿服务，而且所提供志愿服务的时间也都超过了资助项目要求的25小时。这些员工从事的志愿活动多种多样，比如，为学校建操场，为青少年提供关于简历书写技巧的一对一培训。他们也与多种组织进行过合作，包括“穿出成功”组织（Dress for Success）、美国男女生俱乐部（Boys and Girls Clubs of

America)、美国肌肉萎缩症协会（the Muscular Dystrophy Association）和美国少年棒球联盟（Little League）。

位于芝加哥的盖普零售门店为“领域团队奖金”项目制定了一个关于潜力发掘的案例学习活动，且该活动已产生了一定影响。来自至少35家盖普零售门店的员工已经与芝加哥青年活动项目组（Chicago Youth Programs）合作多年，共同进行志愿服务（芝加哥青年活动项目组为一家创新型非营利组织，主要为从学前班到大学的学生们提供多种形式的服务）。每年，我公司员工都将组织举行一场名为“壁橱关怀”（Caring Closet）的活动，来收集旧的或新买的衣服，借此为青少年及家人提供一个“免费购物”的场所，以配合返校季学生们对服装的需求。为了在活动中得到青少年的支持，组织活动的员工还把这次活动转变为一节宝贵的关于零售和活动组织技巧的课堂。仅在2010年一年内，芝加哥盖普公司的员工就与芝加哥青年活动项目组共同提供了1200小时的志愿服务，并为该组织筹措了12000美元的资助款项。

二　成功秘诀分享

第一步　专注领域

（1）授权青年计划

我们的工作是帮助受忽略的青年为成人生活做好准备，并为他们提供创造成功未来的需要。根据我们企业的文化和资产，我们能看到在该领域创造深远影响的潜力。

今天，年轻人面对前所未有的挑战。年轻人失业率一直都在稳定攀升，对那些在高中学习前教育并不突出的年轻人来说，未来就业前景甚至更令人担忧。预计到2018年，只有36%的工作会需要那些只有高中毕业证书或教育程度更低的雇员。来自服务不完善的社区的年轻人也许尤其受身边环境影响，因为他们常常缺乏如何找工作并保持工作的信息渠道。他们不知道可以从事的更多职业，也不知道他们需要什么教育才能达到从事职业的要求。为了帮助阐明这些要求，我们专注于通过职业探索和就职培训的投入，来帮助青年准备进入成人生活。我们力争让青年继续受到教育，向他们提供现实工作世界的课程，为高中毕业后的生活做更好准备。

（2）提高妇女技能计划

我们专注于为发展中国家的妇女提供机会，因为她们的进步在减少贫穷和为家庭及社区建立更好将来方面扮演重要角色。通过我们企业的有利条件和联系，我们努力促进妇女进步，帮助她们为自己，为制服行业及其他创造积极改变。我们时刻准备着迎接这些挑战，并帮助女性充分发挥自身潜力。我们的项目将视线投向制衣女工，她们可以从这难得的机遇中获益，从而在工作和生活上得到双丰收。同时，我们将利用公司现有资源，例如：我们与一些发展中国家的成衣制造厂商及其本土员工建立了良好关系，而这些厂商和员工能充分理解社会和文化环境对女性员工造成的影响。

盖普公司 P. A. C. E 计划的全球推行行动执行总裁多蒂称："我们相信，一旦发展中国家的女性拥有了受教育、培训及援助的机会，她们就能真正成为变革的推动者——改变她们的家庭、所在的社区，最终影响到整个社会。"

我们将利用公司的有效资源，与顶级非营利机构合作，致力于 P. A. C. E 计划，即实现个人能力提升及职场能力的提高。盖普在 P. A. C. E 计划中的投入切实表明了该项目能够实现雇员和雇主的良性循环：不仅仅是女性雇工在这一项目中得到了新的机遇，对于企业雇主来说，经过培训的员工给企业带来的正面影响也使企业享受到了这一项目带来的效益。公司的合作伙伴——印度沙宜公司董事长哈仕先生说："该项目为女性服装工人的生活所带来的变革已经得以明显展现，通过项目，这些女工的自信得以提高，并愿意承担更重的责任并担任领导角色，而且，她们也开始成为其同龄人的良师益友。此外，P. A. C. E 项目也在很多方面给我公司带来了显著改善，旷工率持续下降，工作效率不断提高，管理层与普通工人间的摩擦也随之日益减少。我们计划在一定时期内将该项目覆盖人群扩充至我们所有的34个工厂和60000个工人。”

（3）社区服务领袖计划

我公司充分感受到了那些专业型志愿服务带来的影响，进而受到启发，决定投身于提高服务效率的运动中。我们是服务新概念（Reimagining Service）的5位创始成员之一，“服务新概念”是一个多部门的全国性组织，成员分别来自非营利组织、政府、宗教组织、私募基金和团体。服务新概念组织寻求多方途径，提高志愿者服务的影响，以解决我国面临的最为紧迫的社会问题，工作围绕三个主要目标进行：

1）激励组织者更充分地利用志愿者的技能，实现志愿者所在组织的社会使命。提倡众多志愿者整合成为一个大型组织，以更具战略思维的方法开展活动，使志愿服务的成果更为丰硕。

2）支持和传播旨在提高志愿者服务的做法和政策，开展对志愿者组织核心任务的研究。

3）使参与投资者认识到，志愿服务和公民参与是控制成本的有效策略，还能够帮助各组织和社区机构完成其使命，志愿者服务活动是值得投资的。

第二步　学会合作

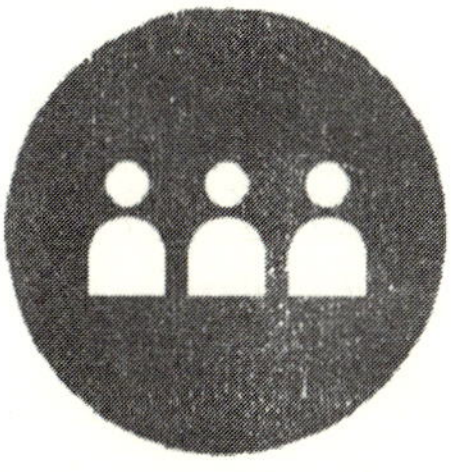

（1）领域伙伴资助

我们提供资金支持。只要你能对自己所在社区有所贡献，我们将会提供更多的帮助。成为盖普基金会的雇员将会享受额外的津贴。而且，通过我们的对口项目，我们将为你提供资金，用以投入你所在的社区，这种资助方式是我们力度最大的资助方式之一。每一支含三人以上的雇员志愿者的企业团队，如果与一个符合标准的、主要为青少年或妇女提供服务的非营利组织合作，那么，每服务 25 小时，团队所在企业将为该合作的非营利组织提供 250 美元的资金。可以联系你们的地区负责人咨询你所在公司当年的团队资助预算。我们将投资于那些对青少年和妇女提供服务不足的领域，因为我们坚信，我公司完全具有足够实力来对这些领域作出贡献。

（2）捐赠项目

我们将为符合标准的非营利组织提供 25 美元或更多的捐赠。

（3）循环工资捐赠

通过我们这个循环工资捐赠项目，给一个你选定合作的非营利组织发放工资。只要你选定了一个符合条件的非营利性组织，不仅可以得到自己圈定的那一部分工资，我们还会在你的承受范围内将你的捐赠金额加倍。注意：周期性工资捐赠现只对美国和加拿大工作者开放。只有当你所有的捐赠额达到 25 美元及其以上才能找合作对象。现在就通过在线登记或者下载表格来寻找你的合作伙伴吧！

（4）以时间兑钱

在一个日历年内，如果你能与一个符合条件的非营利组织合作，做足 15 个小时的志愿者工作，我们就会给合作者提供 150 美元的捐款。如欲参与，请点击“现在配对”（Match Now），在线记录你的 15 小时志愿服务时间，或者下载“以时间兑钱”（Money for Time）表格进行登记。

（5）组织理事会服务

想在一个非营利组织的董事会工作？在盖普公司，我们会为合格的非营利性组织筹集资金。在这些受资助的非营利性组织中，我们的雇员领导是董事会成员。高级主管及更高职位、地区主管及更高职位的成员均可加入该项目。如欲参与，请点击“现在配对”，在线汇报你在董事会工作的情况，据此为你所在组织领取报酬，或者下载“董事会工作”表格进行登记。

（6）赞助者到伙伴

为了完成社区的目标，我们和很多不同的组织进行了合作。我们理念的特色在于，将受我们帮助的组织称为合作者，而非被资助者。同样，我们也称自己为社会投资人——我们赞成将自己公司的资源外借给合作者，除了给他们提供现金补助外，还有资产补助。我们称这次活动为“联合与杠杆作用”。这种方法的实际操作是，当合作者找到我们时，我们就同他们讨论，我们公司的哪些资产可以帮助他们，以及我们如何能在最大程度上借给他们资产，使其获利。我们将评价自身实力，看我们能否给某位本职位基层员工或志愿者的董事会成员提供各种资源，比如：某项目中所要求的特殊技能（如市场营销、法律相关的专业素质）、试工机会、培训资料、实物资助，也就是说，我们将以现金投资为基础，开放所有可能的机会来帮助我们的非营利性合作者，提升他们在所在社区中的影响力。

2009 年，我们邀请到了与本公司具有合作关系的组织，对我们身为合作者的表现进行匿名评估。总体来说，他们的反馈都是肯定意见，并且高度赞扬了我们将公司内部资源与他们“联合和外借”这种新颖方案。通过实施“联合和外借”，我们获得了更多的契机，这使得我们能够给合作的组织提供更多，能够更好地开展工作，同时，在社区取得更大的影响力。我们的非营利性合作者也可以更多地了解盖普公司，了解我们用于创造社区影响力的资源。这种对待合伙关系的做法，已经演化成了一个可以更直接提升我们的合伙组织及其领导人能力的模式。像盖普公司一样，一些企业雇用最好的和最聪明的员工。“与他们共同分享智慧和分享财富对我而言是同等重要的”，来自加州奥克兰“青年要好野（Youth Uprising）”组织的首席执行官奥利斯·西蒙斯如是说。“他们的支持使我乐于创新并做到深思熟虑——这是用金钱买不到的。”

身为本公司另一合伙非营利机构伊万斯顿青年职业中心（Youth Job Center of Evanston）执行董事的撒塞拉补充道：“盖普基金会所做的远远不止简单地开出一张支票，他们同时提供了非营利性组织得以长期运行的必要渠道和资源。从提供专业的技术策略、可行的操作计划，到组织就业培训班、开展就业跟踪调查，盖普公司的雇员在青年就业中心为青少年所做的志愿工作难以计数。盖普公司的领导力推进活动使得青年就业中心建立起培养内部领导的渠道成为可能，并且帮助本中心意识到在领导力方面的缺口。以上事例充分表明，盖普公司具有伟大的愿景：把他们所支持和信任的组织建设成为整体性组织。

第四节　再小的力量也是一种支持

第一步　找到你的激情所在

目标：挑选一个对你和你团队有意义的社会领域

和你的团队成员对话：你的同事是否对你们想要进入的领域有服务经验或目前和其存在关系？

第二步　找一个合作伙伴

目标：选择一个合适的非营利组织

你或许需要通过与一些组织会面来确认你和其中一些存在联系。

找一个足够大的组织以发挥你整个团队的贡献，而不仅仅是一两个志愿者。

寻找能够有效沟通和进行项目管理的非营利员工。

那些已经和志愿者团体有工作经验的非营利组织是开始的好地方。

组织需要清晰阐述他们的需求和优先策略。

确保他们也想和你一起工作。

在大家面前进行一次讲话，说明自己是如何找到这家组织的，是在时机、见面频繁度和项目的视野三方面综合的考虑。

第三步　开始了解非营利组织

目标：通过参加一些事件或组织一个小项目来使你和非营利的组织联系打好根基。

第一个项目应该能够理想地持续几个小时。

项目应该向志愿者介绍非营利组织的愿景以及能向员工与客户做一次高水平的介绍。

如果你选的事件是专注于直接服务，挑选一些和合作伙伴现有的志愿者需求一致的服务。

让你进入状态的一些建议：参加一个周会议或活动，在一个服务项目上工作一到两小时，或者在非营利组织的员工或项目空间中进行一次探访。

第四步　让时间见证信任

目标：通过一系列跟进活动来展示你对非营利组织的承诺

顺应第一次活动经验的兴奋浪潮来尽快准备日程上的第二次活动，并让你的团队和非营利组织知道。

询问非营利组织对合作伙伴的感受，保持对话的持续和开明。从你的团队中得到启发：什么做得好？什么需要改进？

和非营利组织的员工合作以明确盖普企业能提供一系列帮助的项目，以更好地满足非营利组织的需求。

寻找认可志愿者和非营利组织员工的机会。每个人都喜欢被感激。

第五步　进展到下阶段

目标：通过组织专业技能志愿服务来加深影响

和非营利组织合作，侦察一个需要关键的组织管理需求的项目。

当考虑你或你的团队能提供什么时发挥创意。

设计一个项目前预留充分时间，对非营利组织和团队两方面都保持目标清晰。

为了每个项目都运行良好且发挥长远影响，一个好的管理系统是必不可少的。在此我们呈现盖普企业的管理准则，在某种程度上对盖普基金会的有效管理起到直接作用。

第五节　好组织需要好领导

一　介绍

理事会已经发展出一系列企业管理实践模式来帮助实现对利益相关者的责任。这些实践模式以管理准则的形式确立，使理事会有必要的权力来检验和评价企业的运营操作是否恰当，同时让决策独立于企业日常管理之外。

这些准则在理事会认为必要或提出建议时保留有待完善的机会。

二　理事会的角色

理事会对以下负有责任：业务监督，企业整体事务，企业使命决心，长期战略和目标，监督企业风险，评价和指导企业领导和操作流程。

理事会可以委派一些责任至董事会委员会。

三　董事会委员会的组成和任职资格

1. 委员会的大小

根据企业章程和董事会委员的决议，目前委员会的人数可以根据委员会的需求而变化。现在委员会的人数设定在11人。

2. 管理部门主管和独立主管的混合

委员会相信牵涉到政策问题的决策，委员会中要有多数独立主管才能符合SEC和NYSE准则的规定。此外，委员会认为独立主管的人数占2/3或更多是最合适的，并有义务维持这样的水平，除了某些不可预见情况例如任期中途辞职等。提名为独立主管的考虑要素中，委员会必须确定独立主管和盖普企业没有任何实质关系。

3. 委员会成员的任职要求和多样性

所有委员会成员都拥有一定核心能力，这些能力包括在零售、消费者产品、国际贸易/市场，房地产，店铺运营，后勤管理，产品设计，销售规划，市场推广，总体运营，战略规划，人力资源，科技，媒体或公共关系，金融或会计，作为CEO或CFO的经验。除了拥有以上一项或多项的核心能力外，委员会成员还必须拥有一定的知识基础，经验，诚实，领导能力，良好声誉以

及对企业业务的了解。委员会相信，成员多样性如背景、能力、资历和个人特质包括性别和种族，对委员会针对企业的有效监督是非常重要的。提名人会被预先筛选，确保每位候选人都有满足委员会要求的综合能力。筛选过程包括进行背景评价和独立面试。

第六节　数据会说话

一　雇员相关

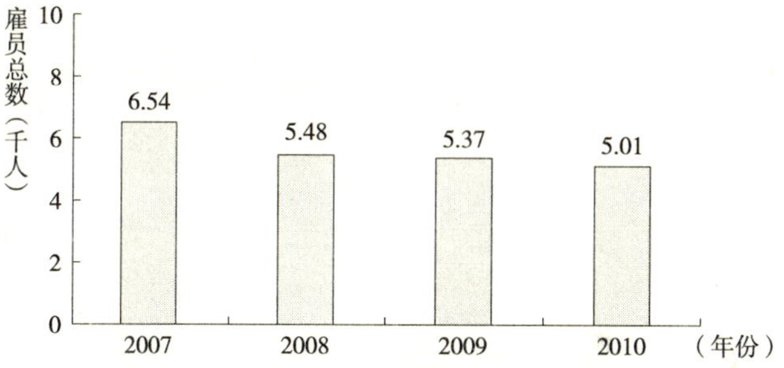

图 1　2007～2010 年商业捐赠：雇员部分

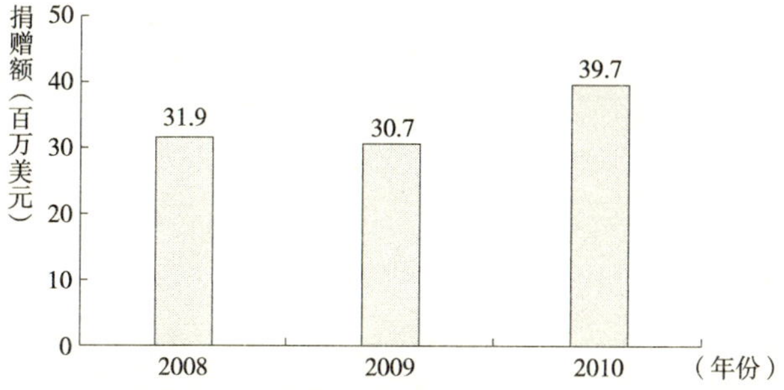

图 2　2008 年至 2010 年商业捐赠和志愿服务：雇员捐赠总额

表1　2010年各项旨在促进工作、生活平衡发展的计划

项目摘要	参选条件	往年热点
带薪休假（PTO计划） 盖普基金会提供带薪休假，包括休假、病假、事假	全职员工能够享受假日薪酬和PTO计划	PTO计划被员工选为公司第二大福利优惠（第一名为员工购物优惠）
健康计划： • 超重检测 • 戒烟行动	所有全职员工	2009年与2010年近600名员工参与健康计划
通勤优惠计划	全职与兼职员工均可参与该计划享受停车费用和公共交通的优惠	2009年逾2700名员工享受到该项优惠计划
员工购物优惠	全职与兼职员工均可参加	2009年与2010年，公司员工通过该项活动享受了总计约1.54亿美元的优惠

二　志愿服务

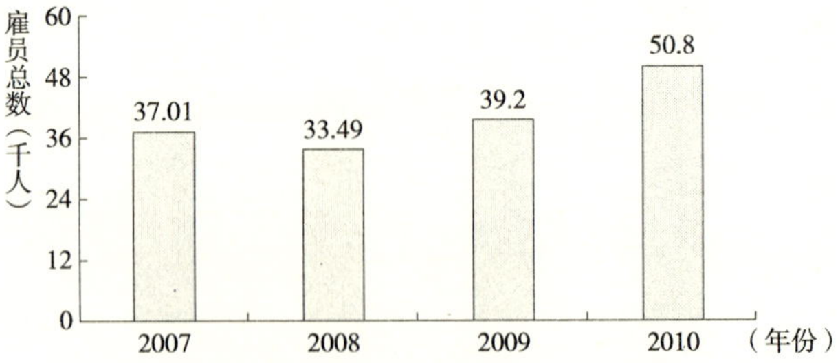

图3　2007～2010年志愿服务：雇员部分

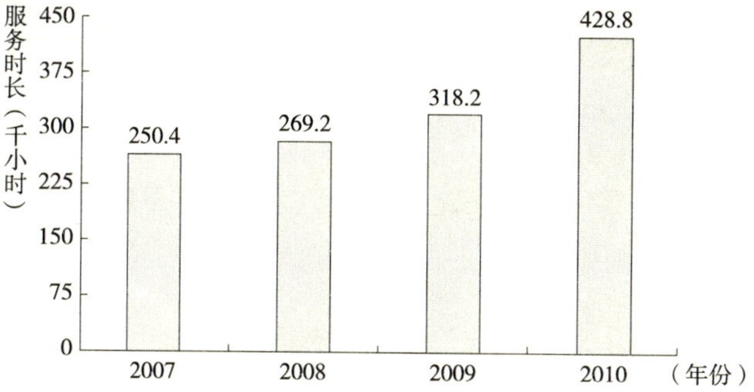

图 4　2007～2010 年志愿服务：雇员参与总额

三　社区相关

表 2　2010 社区捐赠福利

项目摘要	参选条件	往年热点
捐赠竞赛： • 以所有满足参选资格的非营利组织的捐款进行比赛，以美元进行结算 • 捐款可以是一次性捐赠或者薪水一日捐的形式	所有全职或兼职员工均可参加	• 2009 年，盖普公司通过捐赠竞赛的形式向数以千计的非营利组织捐赠了超过 250 万美元的善款 • 2010 年，同样形式的捐款总额超过 230 万美元 • 2009 年，5300 余名员工参与捐赠竞赛 • 2010 年，5000 余名员工参与捐赠竞赛

续表

项目摘要	参选条件	往年热点
义工换捐款： • 若每一名员工每年参加 15 个小时的非营利义工活动，Gap 公司将捐赠 150 美元善款	北美地区（包括加拿大和波多黎各）的全职与兼职员工	• 2009 年，盖普公司通过义工换捐款的活动捐赠了 36 万 4 千多美元的善款 • 2010 年，盖普公司通过义工换捐款的活动捐赠了逾 30 万美元的善款
高管义工竞赛： • 为了支持公司管理层对非营利事业的领导，并作为捐赠竞赛的补充，Gap 公司将对各管理层成员领衔的非营利机构进行捐赠	地区主管、高级总监及以上	• 2009 年，盖普公司通过高管义工竞赛，捐赠了逾 23 万 5 千美元 • 2010 年，Gap 公司通过高管义工竞赛，捐赠了逾 24 万美元
领域团队奖助金（Field Team Grant） • 当至少 3 个以上的店员在为青少年和妇女提供服务的非营利机构中进行了 25 小时的义工活动，Gap 公司将为该机构捐赠 250 美元的善款	北美地区（包括加拿大和波多黎各）的全职和兼职团队员工	• 2009 年，美国和加拿大盖普公司和盖普基金会通过领域团队奖助金活动捐赠了近 30 万美元的善款 • 2010 年，美国和加拿大盖普公司和盖普基金会通过领域团队奖助金活动捐赠了近 70 万美元的善款

四 资金相关

表 3 盖普基金会 990－PF 纳税申报

单位：美元

收 支	2001 年	2002 年	2003 年	2004 年	2005 年	2006 年	2007 年	2008 年	2009 年	2010 年
收入										
收到的捐献、礼物、资助等	2060289	418228	5629377	9490571	9968546	7900000	469356	507076	3941910	3749473
存款和短期先进投资的利息	202983	175694	73062	144789	469296	915603	851707	399211		
投资证券取得的利息和股息收入									174679	150647
出售资产取得的净收益或净损失	－2033118									
其他收入		3000								
共计收入	230154	596922	5702439	9635360	10437842	8815603	1321063	906287	4116589	3900120
支出										
税	3010	10	10				17034	8517	3494	1506
其他费用	131	25	25	20960		33863				
运营和行政费用小计	3141	35	35	20960	0	33863	17034	8517	3494	1506
支付的贡献、礼物、资助	5851892	4721525	5456964	6350485	6229769	4106433	1480974	3141693	3443375	3684151
共计支出	5855033	4721560	5456999	6371445	6229769	4140296	1498008	3150210	3446869	3685657
收入超出支出的部分	－5624879	－4124638	245440	3263915	4208073	4675307	－176945	－2243923	669720	214463

续表

资产和负债	2001 年	2002 年	2003 年	2004 年	2005 年	2006 年	2007 年	2008 年	2009 年	2010 年
资产										
不产生利息的现金	-53300	-966454	-729599	-461044	59187	293891	881164			
存款和短期基金投资	11046636	7845931	8528370	11523730	15211572	19652175	9620284	7700212	8044404	8066836
预付费用和递延支出								40670	37176	35670
投资：公司股票							7640849	4694871	6256430	7643056
资产总计	10993336	6879477	7798711	11062686	15270759	19946066	18142297	12435753	14338010	15745562
负债										
应付账款和应计费用								247775	57324	
应付资助							600000			
应付税款							10346			
负债总计	0	0	0	0	0	0	610346	247775	57324	0
净资产										
留存收益、累计收入、以设立基金形式的捐赠或其他基金	10993336	6879477	7798711	11062686	15270759	19946066	17531951	12187978	14280686	15745562
净资产总计	10993336	6879477	7798711	11062686	15270759	19946066	17531951	12187978	14280686	15745562
负债和净资产总计	10993336	6879477	7798711	11062686	15270759	19946066	18142297	12435753	14338010	15745562

基金会在2005年前采用收付实现制来计量，2006年开始采用权责发生制。

在资产负债表上出现的负现金余额出现于现金总分类账有贷方余额时。总分类账的贷方或负余额通常是由于签支票的数量比现金总分类账的数量多引起的。

资产规模概况

受早年采用收付实现制的影响，基金会当年的负债并不多，说明获批的跨多年度的项目少，批的项目金额一个年度内资助。

- **收入**

从已有的2001年到2010年990-PF的信息可以知道，基金会的绝大多数资金来源于美国盖普公司，小部分来源于公司的高管的捐赠。2001年度的财务报表显示，公司出现250万的亏损，因此2002年的基金会的收入大幅减少。2004年净利润为十年来的最高，因而次年2005年公司对基金会加大了资助力度，此年的基金会收入为十年来最大。2007年和2008年可能受整体宏观环境金融危机的影响，公司减少对基金会的资助。最近几年，公司的净利润逐渐恢复，公司也增加了对基金会的资助。由此可见，基金会受到的资助受公司赢利水平的影响较大。

- **支出**

基金会资助的项目众多，大部分的资助集中在教育和年轻人发展的方面，约占每年资助的80%以上，同时10%的资助投入健康和社区发展发面。

表4　支出情况

主　题	金额（美元）	受资助者数量	资助数量
年轻人发展	4028935	19	39
教育	2082100	52	84
就业	1105000	6	11
社会服务	920292	32	53

续表

主　题	金额（美元）	受资助者数量	资助数量
艺术和文化	846500	31	62
安全和灾难	783000	1	4
住房或避难所	704631	9	20
国际或外国事务	510877	6	8
健康机构	354171	14	19
宗教	300000	1	7
社区发展	294395	8	13
慈善或志愿	276434	10	19
公民权利或人权	251000	4	10
农业或食物	240000	7	13
健康	160000	10	14
犯罪或法律执行	133407	7	8
休闲	121000	7	11
心理健康或灾难服务	100875	2	2
科学	40442	3	3
环境	29175	3	3
社会科学	25000	2	2
动物或野生动物	22500	2	3

2003年到2011年主要主题的资助，408笔资助，207家受资助者，共13329734美元。

- **分配比率**

根据4942法案，符合一定资格的私有基金会（private foundation）在证券投资（如购买国债、股票、债券上的净收益）可以享受原先由2%降到1%的特种消费行为税的（exercise tax）税收优惠。其中关键的每年的检验的条件为分配比率（distribution ratio），若该年度的经调整的合格的分配大于过去5年的分配比率平均值与今年净投资收益的乘积，则可以享受税收减免。

分配比率 = 经调整的合格的分配（adjusted qualifying distribution）/非慈善用途的资产（net value of nonchantable-use assets）

其中：

经调整的合格的分配 = 用于达成慈善目的付的金额（包括行政费用）－一些对有资格的基金会减免净投资收益征收的特种消费行为税（如果没有该资格就不能减去税）

非慈善用途的资产主要包括非直接用于执行慈善用途的资产的公允价值减去 1.5% 持有用于慈善目的的现金。其中，非直接用于执行慈善用途的资产主要包括证券的公允价值的月余额的平均额和现金的月余额的平均额和其他资产的公允价值。

因此，分配比率作为基金会用于慈善目的与非慈善目的及闲置的资金的百分比，衡量基金会运用资金的效率。分配比率越大，表明基金会将大量现金或投资证券市场的收益投入资助项目。

- **运营费用比例**

基金会的章程规定，理事（trustee）不准有工薪补贴。维持基金会运行的工作人员无偿为基金会服务，此外公司的员工参与一些项目的志愿者。

运营费用主要由会计费用、法律费用、投资费用、管理行政费用构成。会计费用和法律费用主要为接受会计审计或法律的服务，费用相对固定。投资费用为变动成本随投资的交易量而变化。

- **对投资的限制规定**

除了相关的直接或间接用于执行基金会的慈善活动的资产，在投资、再投资、购买或获取、交换、售卖或管理基金会的投资方面，基金会的董事会应该避免投机、避免寻求基金的永久的弃置，避免考虑可能的收入和可能的基金会的资本的安全。在投资遵从授权的文件和协议的情况下，这些文件和协议特征为将资产捐给本基金会，则该投资不会违反该规定。

你听说过“技能型项目”这一概念吗？如果你想拥有专业的技能型志愿者活动经历，请充分考虑以下因素：以服务时间长短来衡量的项目范围，合作伙伴的深度，需要的技能要求以及你能有多长时间能与来自非营利组织服务对象的成员进行面对面交流。每个希望加入的人，都有许多选择可供考虑。为了更好地为选择你想拥有的经历、组织技能型志愿者项目做准备，我们总结出计划筹备阶段的五个关键步骤以及在执行过程中需要注意的问题。

第七节　技能型项目解密

一　我们该怎么做

1. 讨论特定的现时需要

所有的一切源于对话。因此，需要发挥非营利组织的领导力，专门选择时间展开直接开放的对话，用以明确需要和当前正面临的挑战。在会议期间，主要关注以下两种需求：能在很大程度上使非营利组织获益的首要需求；你所在团队现具备的技能能够实现的需求。

2. 确定项目，明确项目细节

- 利用非营利组织投入的资源，选择一个项目并确定项目细节，包括团队组成、成员职责、预期成果、执行计划等内容；
- 按照附录中提供的项目任务书提纲，撰写项目细节。

3. 组建队伍

- 召集盖普公司的其他员工，根据项目细节和所需角色、能力需求，招募合适的人选；
- 如果你需要的人数较多，就需要让团队成员充分活跃起来，比如提出替代性方案、推动近期快要进行的活动提前进行。
- 与团队成员分享完整项目计划——成员包括来自盖普公司的和来自非营利组织的。

4. 活动开幕

- 当活动临近时，团队成员需及时重温项目计划和预期成果。请记住多多对各志愿者和非营利组织成员说谢谢！
- 最重要的一点，玩得开心哦！

5. 未来工作的展望

- 在当前项目结束前，规划下一阶段的活动，包括怎样及时获得现阶段活动成果的反馈、接下来要组织的志愿者活动等；
- 积累你从第一次项目中学到的经验，全面提高自身能力。

二　好在哪儿

与盖普一起成长

20年前，罗斯塔·科切娃和罗博·奥兰德克雷开始了一项大事业。他们希望借由技能服务能够挖掘社区深度潜力。

罗斯塔·科切娃如是说

Q：请问你参加的是哪种类型的志愿者活动？

A：我已经在 AJE－巴黎当了两年的志愿者。AJE－巴黎是一个帮助学生，避免让他们辍学的社团。它们也通过引导部分家庭关注孩子的学习和未来，并且让他们感觉这是一种值得的投资。去年，我举办了一个关于应聘的研究会，那次会议重点在于研究如何撰写简历和求职信，会上还讨论了工作目标，相关计划和看法。今年，我将和一同参与此项目的年轻人和 50 位来自法国的同事一起工作，并且我们将在当地的儿童医院合作演出一部话剧。

Q：你的志愿服务为什么选择技能型？

A：我曾为时尚品牌盖普公司工作过十年，当然大部分是在服饰店里，我因而学来技巧帮助 AJE-Paris 的孩子规划他们的未来，正如同我将这技巧用于我的工作一样。在人力资源部也待过一段时间，同样也学到不少技巧，这些经历能够帮助我引导那些孩子去考虑他们现在想做什么，以及将来打算做什么。

Q：就你看来，为什么技能型志愿服务影响力如此之大？为什么能够取得广泛成功？

A：我想我们有机会去教别人一些我们知道的，这些知识来源于我们的亲身经历。我也认为当我们不拘泥于继续贯彻某个组织的习惯或是他们行事的方式，而是选择用我们自己的技巧时，我们是最有效率的。技能型志愿活动使我们能够选择最高效的方式为其服务，从根本上来讲，最终受益者是那些真正需要帮助的人。

罗博·奥兰德克雷如是说

Q：我们听说你是 GILI. 的志愿者，可以简单介绍一下这个项目吗？

A：GILI. 是一个年度性的项目，它是盖普公司的一个子项目，其组成包括人力资源部正在实习的新人和超过 50 位的负责人员，他们全部出于自愿，没有任何报酬。这个项目在秋季度时启动了一个学习峰会并且继续在全年中实行一对一全方位指导，包括队伍建设、领导能力的提升以及新方案的策划。对盖普公司来说这是一个志愿者们共享训练设施与课程的机会，对那些志愿者来讲，这有助于增强他们的领导能力。

Q：在 GILI.，你又是如何发挥你的技能的呢？

A：这个项目从启动至今已有两年左右了。在第一年，我指导了一些来自非营利组织的成员。其中有一个人，我和她从确定领域方向开始，从交流再到如何优先考虑相关事宜和建设队伍。一段时间后，她告知我下辖组织的困境，所以我只好通过扩大搜索我的人际关系网给予了一定帮助，使它能够顺利过关。我问道："是什么无法突破自我，更进一步呢？"大概是没有压力就没有动力吧。第二年，我想更多地参与其中，我帮着 GILI. 启动了学习峰会。我们考察了非营利组织的需求，以及我们在哪些领域有相关的专家。

Q：对那些想参与技能型志愿活动的人，你能给些建议吗？

A：做一些你能满怀激情去做的事。不要什么事情都捡起来去试试。我爱我所从事的这个项目，我爱队伍学习，使我成长，能有个人提升。你去做的事越接近你的兴趣点，这事情就越可能开始，并且你会坚持去做并爱上它。

三 你的收获与成长

- 个人的收获

在不同环境下，增加自信，完善专业技能；带领志愿者团队是提高沟通能力、提升领导才能、增加项目经验的重要途径。

通过与盖普公司员工一同参与工作，面对挑战，解决问题，锻炼自身进行批判性思考的能力。

收获一种工作的新思路，将其作为一种幸福欢快的生活时光。

- 团队的收获

为所喜爱的机构提供服务对于一个团队是富有意义的工作。

加强团队成员间的联系：志愿者活动对于团队建设和提高士气具有重要作用。

与你的朋友和同事分享工作的乐趣。

拉近团队管理者和下级之间的距离。

通过面对挑战、解决新问题，提高团队合作能力。

通过与不同部门间同事的合作，拉近距离，增强凝聚力。

开阔视野，增强洞察力，加强工作能力。

- 非营利机构和社区的收获

非营利机构获得在社区中深入开展工作的途径，减少开销，同样的经费能够服务更多的对象。

获得全新的视角，利用业务专长和创新能力解决问题。

与大量志愿者建立联系，开发长期参与志愿服务的资源。

在同样志愿者的基础上，增强开展多项活动和项目的能力。

更好地实践非营利的目的，提升机构的能力。

第八节　你误入“歧途”了吗

一　概念

非营利组织 VS 公共机构

虽然我们对“非营利组织”这个词非常熟悉，但需要说明的是，很多其他公共机构也以服务社会为宗旨，如学校、倡导各种权益的团体和部分社会组织等。简单地说，在本文中，我们将把你及你的搭档视为非营利组织成员，需要值得注意的是公共机构形式规模不限。

二　“歧途”

1. 志愿者活动就是画墙报、打扫公园

志愿服务通常给我们的感觉就是打水、给教室画黑板报、打扫公园等，但这些活动不仅仅是有益的，而且是必不可少的。在志愿者活动中，我们认为利用你自身的技能能够使志愿者活动产生更深远的影响。

2. 我的特长对于志愿者活动没有任何帮助

非营利团体的活动可以从各种不同的技能中获得帮助，从普通的安排模拟面试到更具技巧性的数据库管理、平面设计等。每天的志愿者活动所需要的技能都不尽相同，所以对于志愿者来说，真正面临的问题不是你的特长是否有用，而是判断对于不同

的志愿者活动何种特长是最有帮助的。

3. 专业志愿者活动是针对律师和会计之类的人来说的

这种想法是错误的！如果你有工作，那么你所具有的技能对于志愿者活动来说就是有益的。对于律师和会计来说，他们的无偿服务可能是极具吸引力的，但专业志愿者活动需要各个不同领域的人共同参与，当然也包括你。

4. 专业志愿者活动并不需要详细的说明

一个目的明确、计划周详的活动对于参与志愿者活动的人来说更有意义。

5. 志愿者活动只在特定的时间进行

并不一定是这样。特别是对于专业志愿者来说，志愿者活动可以在其方便的时间时常开展。与志愿者机构合作也意味着你的团队可以同时开展多个不同的服务项目。如果某一时期你的工作繁忙，需要减少志愿服务时间，你只需抽出几个小时的时间完成你手头的志愿工作。在这一时期内，其他团队的成员将利用他们的技能，主导这一时期的活动。关键是能够安排自己合适的时间，对志愿者活动做出适当的预期。

6. 不可以说“不”

志愿者在机会面前常常怯于说不。当这一活动有悖于你的安排时，请诚实地说不。记住，说“不”或“现在不行”是相互信任的表现。在失去兴趣前与志愿者活动构建一个合理的距离是需要的。

参考资料来源

http：//www. gapinc. com/content/gapinc/html/investors/governance/

guidelines. html.

http: //www. bewhatspossible. com/SpecialPages/2011-team_grant. aspx.

http: //www. bewhatspossible. com/Home/MatchingPrograms. aspx.

http: //www. gapinc. com/content/csr/html/Goals/communityinvestment/from_funder_to_partner. html.

http: //www. bewhatspossible. com/Home/MatchingPrograms. aspx.

http: //www. gapinc. com/content/gapinc/html/aboutus/keyfacts. html.

http: //www. bewhatspossible. com.

http: //www. gapinc. com/content/csr/html/OurResponsibility/ceomessage. html.

http: //www. gapinc. com/content/csr/html/OurResponsibility/whoweare. html.

http: //www. gapinc. com/content/csr/html/OurResponsibility/ourfocus. html.

http: //www. gapinc. com/content/csr/html/Goals/communityinvestment/empowering_youth. html.

http: //www. allforgood. org/.

http: //www. examiner. com/cause-marketing-in-san-francisco/interview-with-bobbi-silten-chief-foundation-officer-gap-foundation.

福特汽车公司基金会

Ford Motor Company Foundation

第一节　基金会概况

一　成立背景简介

福特汽车公司基金会及社区服务是一家成立于 1949 年的非营利机构，由福特汽车公司提供资金来源，旨在扶持、提高和改善福特公司所处社区的公民项目与机构组织。1903 年，亨利·福特先生创办企业不久，就表示，一个只追求经营利润的企业不是一个好的企业，他进一步指出企业的责任不仅在于为顾客创造出优良的产品，还包括与外界分享慈善行为与理念，而这也正是福特汽车公司基金会及社区服务的目标。

来自福特基金会主席吉姆·韦拉（Jim Vella）的寄语：

> 作为福特汽车公司基金会及社区服务的主席，我衷心希望把福特的企业社会责任和志愿精神的遗产继承下去。自从 1988 进入福特公司以来，我有幸见证了福特公司的乐于助人的精神的成长过程。担任福特汽车基金会董事会主席以来，通过积极参与创立 2005 年福特志愿队伍，我真切地相信福特以及所有员工正在实践着一项伟大的事业。
>
> 福特汽车公司基金会始终致力于积极推动社区服务和同行业合作，我们会继续注重教育，将教育放在首要位置，创造和实施培养未来创新所需技能的创新性新项目。
>
> 福特汽车公司基金会仍继续承诺在安全方面的努力，因为我们一直坚信作为汽车制造商中的佼佼者，我们的责任不仅包括为我们的汽车配备最好的安全设施，而且为我们的社

区提供最有价值的信息，以鼓励安全驾驶。

此外，最重要的是，我们会继承公司的精神遗产和重要的公司价值观，它们像纽带一样把我们扶持的各个项目连接成一个整体的力量。

每一个福特人都认为公司责任是福特作为一个企业的重要部分。我们的关怀事业会一直继续下去，因为我们和我们的前辈一样有着共同的责任。正如福特执行总裁比尔·福特所说："我希望福特能够成为一个使人们的生活有不同的公司，一个激励员工，满足客户，回报股东，让世界更美好的公司。"

注：吉姆·韦拉：福特汽车公司基金会及社区服务主席。

与公司关系

福特汽车基金会不隶属于福特基金会，而是一个独立于福特汽车公司的实体机构。福特汽车基金会不拥有福特汽车公司的股票，任何福特家族成员或者福特汽车公司的管理人员都不能在福特基金会的董事会担任职位。

二　资助来源

来自福特汽车公司的赞助，少量接受其他公司的资助

三　理念　使命　愿景

一个只追求经营利润的企业不是一个好的企业

目标和活动：扶持教育行业，包括为学院和大学提供相应人才和基础研究经费项目，社区基金、城市建设、医院以及公民和文化项目。

四　项目领域

福特汽车公司慈善项目为那些有能力开展教育，进行与汽车相关的安全教育和社区发展等方面的组织提供资金资助；福特汽车公司慈善项目不扶持个人；福特汽车公司基金会及社区服务扶持以下三个领域的非营利组织：创新和教育，社区发展和本国遗产和汽车相关的安全教育。

公司扶持对象

通过积极参与活动，福特汽车公司基金会及社区服务寻求与各种目标定义明确，致力于最大化利用现有资源和完成既定目标，提供高质量项目和服务又有着良好口碑的组织建立合作关系。福特汽车公司基金会及社区服务将支持推广多样性和内涵性活动的组织。

福特汽车公司基金会及社区服务非扶持对象如下：

- 倡导为主的项目
- 动物权利组织
- 选美或者选秀比赛
- 日常商业经营
- 减少负债
- 车辆捐献
- 试图干预政治，任何选举结果或者选举登记
- 捐赠
- 兄弟组织
- 医院及其他健康医疗组织的日常运营
- 募捐活动中的个人赞助
- 个人

- 劳动团体
- 小型企业贷款
- 与项目相关的投资事项的贷款
- 没有501（c）（3）的机构
- 在提供产品和服务的过程中存在种族，肤色，性别，性别认同或者表达，少数民族，性取向，国籍，身体缺陷，年龄或者社会地位等歧视的组织
- 政治捐献
- 私立K12学校
- 营利性企业
- 以宗教为目的的宗教类或宗派类项目
- 物种特异组织
- 运动队

福特安全节能驾驶训练营

背景：

在美国，车祸是青少年生命安全的第一号杀手，据美国国家公路交通安全管理局最新数据显示，每年有将近5000名青少年死于类似事故，许多青少年都是由于经验不足，从而缺乏成为安全驾驶员的必备技能和知识。统计数据同样表明随着年轻驾驶员的经验不断增长，青少年车祸事故在大幅下降。

安全驾驶方案：

福特安全节能驾驶训练营（DSFL）成立于2003年，由福特汽车公司基金会、州长公路安全协会以及安全驾驶专家组织建立，旨在教授青少年驾驶新手标准驾驶训练之外必须掌握的安全驾驶技术。

福特DSFL帮助年轻驾驶员从四个方面提高驾驶技能，这四

个方面在超过60%的车祸中都是重要因素，包括：

1）**识别危险**

- 单向行驶
- 怎样检测潜在危险
- 减少注意力分散
- 安全区域
- 最短视觉暂留时间
- 车辆间靠近及路口左转

2）**车辆驾驶**

- 接触道路补丁
- 加速，减速，刹车以及转弯如何影响车辆稳定性
- 根据车辆的大小与载重调整
- 手动挡和自动挡
- 紧急刹车的技巧

3）**速度处理**

- 如何保持与地面接触
- 保持驾驶速度，既不会危险也不会阻碍他人
- 前轮打滑后轮驱动的车辆修理
- 使用合适的信号并且脚放在刹车上

4）**空间处理**

- 保持车身四周特别是前后方适当的间距
- 学会如何调控速度
- 保持安全车距
- 怎样避免车辆的前部或者后部撞击

第二节　基金会的运作情况

一　组织结构

表1　管理人员

姓　名	基金会职务	在福特汽车公司职务
詹姆斯·G. 韦拉 (Jim G. Vella)	主席，会长，理事会成员	无
尼尔·M. 斯克劳斯 (Neil M. Schloss)	副会长，秘书长	副总裁，财务秘书
大卫·G. 利奇 (David G. Leitch)	资料不详	集团副总裁，总法律顾问
迈克尔·班尼斯特 (Michael Banister)	资料不详	资料不详
史蒂夫·白干 (Steve Biegun)	资料不详	资料不详
苏珊·M. 西斯基 (Susan M. Cischke)	资料不详	资料不详
阿尔弗雷德·B. 福特 (Alfred B. Ford)	资料不详	资料不详
希拉·福特·汉普 (Sheila Ford Hamp)	资料不详	资料不详
马丁·J. 穆罗伊 (Martin J. Mulloy)	资料不详	资料不详
齐亚德·S. 欧扎克利 (Ziad S. Ojakli)	资料不详	资料不详

二　福特基金的内部治理层面

1. 基金会的慈善文化

正如福特基金会的创始人亨利·福特说过，“只会赚钱的企业是一个贫穷的企业”。构建一个更加美好的世界——为了所有的人——这是福特公司从始至终努力的重点。福特汽车基金会 & 社区服务一直体现着这一文化理念。

2. 基金会的慈善资源

主要是公司提供，少量接受其他公司的资金。

表 2　资金来源

2009 年福特汽车公司基金资金来源	
福特汽车公司通过福特汽车基金会 & 社区服务捐助	6227000 美元
其他公司的捐助	3381000 美元
总　计	9608000 美元
2010 年福特汽车公司基金资金来源	
福特汽车公司通过福特汽车基金会 & 社区服务捐助	6500000 美元
其他公司的捐助	3800000 美元
总　计	10300000 美元

3.　基金会专业管理

资金治理情况

表 3　资金流向

2006 年福特汽车公司基金会资金流向	
教育和创新［包括中小学高中教育（K－12）和高等教育］	4201350 美元
社区发展和美国遗产 & 多样性	9287760 美元
汽车相关的安全	7300000 美元
总　计	20789110 美元

续表

2007 年福特汽车公司基金会资金流向	
教育和创新［包括中小学高中教育（K－12）和高等教育］	1615167 美元
社区发展和美国遗产 & 多样性	11861916 美元
汽车相关的安全	1500000 美元
总　计	14977083 美元
2008 年福特汽车公司基金会资金流向	
教育和创新［包括中小学高中教育（K－12）和高等教育］	15627878 美元
社区发展和美国遗产 & 多样性	14588300 美元
汽车相关的安全	3050683 美元
总　计	33266861 美元
2009 年福特汽车公司基金会资金流向	
社区生活和美国遗传	996000 美元
教育（K－12 和高等教育）	7962000 美元
驾驶安全	1823000 美元
总　计	10781000 美元
2010 年福特汽车公司基金会资金流向	
社区生活和美国遗传	8800000 美元
教育（K－12 和高等教育）	7700000 美元
驾驶安全	2100000 美元
总　计	18600000 美元

* 教育是福特汽车公司基金的主要资助方面，有数字能够体现。

以下举出 2008 年的支出细节情况，来印证福特汽车基金会宣称的“目的和活动”：“教育的支持，包括高校和基础研究补助金，社会资金和城市事务，医院，公民和文化节目的配套礼品。”

表 4　50 个福特汽车公司的基金受助者，2008 年

受助者	金　额	资助活动描述
救世军 工会 新泽西州	5000 美元	2008 年支持的避风港项目
救世军 工会 新泽西州	50000 美元	2008 德州飓风救灾
美国印第安大学基金 丹佛 科罗拉多州	140000 美元	福特汽车公司/美国印第安大学基金学校
圣地亚哥 圣迭戈 加利福尼亚州	20000 美元	（阿斯特）Aster 计划发展职业和技术教育
宾夕法尼亚大学 费城 宾夕法尼亚州	200000 美元	霍华德·米切尔研究员/全球咨询实践
斯坦福大学 加利福尼亚州	73730 美元	在斯坦福大学的创新
儿童博物馆	20000 美元	2008 支持新的儿童博物馆
美国国家红十字会	5000 美元	2008 年运动为青年服务
美国国家红十字会	140000 美元	中国抗震救灾
美国国家红十字会	15000 美元	支持真正的英雄 08 早餐
国家基础教创业 纽约	13000 美元	2008 年的对美国国家创业指导基金会（The National foundation for teaching entrepreneurship，简称 NFTE）的芝加哥教室商业计划竞赛的支持
CHOC 基金会用于儿童 加利福尼亚州	5000 美元	支持一个针对哮喘学生的学校救护系统
史密森学会 巴尔博	200000 美元	亚伯拉罕·林肯 + 平凡的生活

续表

受助者	数　量	资助活动描述
史密森学会 巴尔博	50000 美元	在学校的史密森奖学金
史密森学会 巴尔博	452425 美元	青年大使计划和总统在等待展览
霍华德大学 华盛顿	100000 美元	内城重建模型
美国密歇根州立大学 东兰辛 密歇根州	4000 美元	学院工程奖学金
美国密歇根州立大学 东兰辛 密歇根州	6000 美元	精英高校商业奖学金
美国密歇根州立大学 东兰辛 密歇根州	10000 美元	福特 PAS（辅助转向系统）国际组件规划赠款
美国密歇根州立大学 东兰辛 密歇根州	5000 美元	SAE（SAE 是 Society of Automotive Engineers，即美国机动车工程师学会的缩写）方程式赞助
美国密歇根州立大学 东兰辛 密歇根州	12000 美元	免费新闻奖学金
美国密歇根州立大学 东兰辛 密歇根州	30000 美元	美国密歇根州立大学授予奖 2008 - 09
美国密歇根州立大学 东兰辛 密歇根州	5000 美元	妇女在工程夏季住宅方案奖
塔斯基大学 塔斯基吉 阿拉巴马州	70000 美元	福特 PAS（辅助转向系统）

续表

受助者	数　量	资助活动描述
教育发展中心	1217000 美元	福特 PAS（辅助转向系统）计划的支持
为少数族裔工程国家行动理事会	10000 美元	支持少数民族在工程项目 NACME（National Action Council for Minorities in Engineering Program Grant）奖学金计划
汉普顿大学 弗吉尼亚州	6000 美元	秋季 2008 奖学金
美国的 AFS	35000 美元	2009 年福特 PAS（辅助转向系统）奖学金
长岛工程联盟 长岛 纽约	20000 美元	职业学院
国家公园基金会 华盛顿	800000 美元	福特奖学金计划与福特解释项目
国家公园基金会 华盛顿	600000 美元	葛底斯堡（Gettysburg）国家战场遗址博物馆基金会的资本运动
国家公园基金会 华盛顿	100000 美元	Motorcities 国家文物区
佐治亚理工学院 亚特兰大 格鲁吉亚	100000 美元	福特－佐治亚理工学院的年度筹资计划
梅哈里医学高等专科学校学报 纳什维尔 田纳西州	199741 美元	自我安全计划
亨利·福特卫生系统 底特律 密歇根州	200000 美元	想象运动领导力奖
罗伦斯科技大学 南菲尔德 密歇根州	17000 美元	汽车设计夏令营

续表

受助者	数　量	资助活动描述
华盛顿中心实习和学术讲座 华盛顿	666333 美元	全球学者计划
大学音乐协会 安阿伯 密歇根州	140000 美元	2008～2009 优能教学管理系统（UMS）的教育方案
韦恩州立大学 底特律 密歇根州	600000 美元	资本运动—工程学院
韦恩州立大学 底特律 密歇根州	250000 美元	达蒙·基思民权中心讲学
韦恩州立大学 底特律 密歇根州	10000 美元	福特先进的教育计划
韦恩州立大学 底特律 密歇根州	100000 美元	福特大学社区面临的挑战
韦恩州立大学 底特律 密歇根州	21000 美元	福特基金院士
韦恩州立大学 底特律 密歇根州	30000 美元	福特先进的教育计划
场自然历史博物馆 芝加哥 伊利诺伊州	55000 美元	2008 年支持卡鲁梅环境教育计划

续表

受助者	数　量	资助活动描述
芝加哥儿童博物馆 芝加哥 伊利诺伊州	100000 美元	机器人的互动展览
学院和高校的西班牙裔美国人协会 圣安东尼奥 得克萨斯州	47500 美元	HACU 福特汽车公司的基金实习计划
洛杉矶 RAZA 全国委员会	100000 美元	赋权美国社区活动
国家 FFA 的基础 印第安纳波利斯 印第安那	100000 美元	内置福特励志奖学金计划
阅读是根本 华盛顿	5000 美元	RIF FY09 一般操作系统的支持

人力管理（员工和志愿者）

福特汽车基金会的志愿者主要活动由公司员工完成，同时也会在全国范围内招募志愿者去义务完成活动。

“我们——福特志愿者，已经步入稳定的工作，准备救助无家可归的老人。如果没有福特和志愿者的帮助，我们绝对做不到这些的。”

——弗洛德 - 桑德斯（Floyd-Sanders），经理，经济发展和资助部，救世军。

正在举行中的活动

福特公司儿童和家庭志愿者活动将在 2012 年 2 月 1 日到 3 月

31日举办。

3月21日星期三，是2012年第一个加速行动日。数以百计的福特志愿者将工作在学校、家庭住房和住宅项目中以服务儿童。许多网站也加入了支持3月21日活动的项目。

这一系列的活动从3月19日持续到3月23日。所有项目所获捐款将捐赠给底特律地区银行和非营利组织服务的儿童和家庭。

三　获得基金的整个过程

首先在网站上确定项目是否在基金会的资助范围中，每年福特汽车基金会都会公布资助计划。符合条件的人员需要在其系统上注册一个账户，提交相应的资料。

提交过程建议

基金会正在2012年的提交申请过程中实施一个重大变化。这一年，所有资助申请必须通过基金会的在线系统提交。附件将不被接受。

- 进入基金会的系统，去 https://www.easymatch.com/fordgrants。一旦你登录，从应用程序的主页选择“添加新的资金补助计划要求”。
- 按照屏幕上的指示输入您所需的补助金数额。点击“提交”栏提交您的申请。
- 一旦您的建议成功上传，你将会收到自动确认电子邮件。

赠款和时间过程

- 基金会的在线系统上的申请截止日期为2012年3月14日。

- 在5月底之前申请人将被通知结果。
- 可在日历年度6月1日左右颁发奖金。

第三节　福特基金会与外界联系以及新闻动态

一　基金会与其他非营利机构

基金会类型： 公司赞助

赞助类型： 项目，活动赞助，资本

描述：

福特汽车公司基金会及社区服务扶持以下三个领域的非营利组织：创新和教育，社区发展和本国遗产及汽车相关的安全教育。基金会首要扶持推广多样化和内涵性的组织。

由福特汽车公司提供资金来源，扶持旨在提高和改善福特公司所处社区的公民的各种项目与机构组，如密歇根州的东南部就是重点地区。福特汽车公司基金会并不隶属于总部位于纽约的福特基金会。

典型捐助样例

- 捐助教育报672000美元（2007年）
- 捐助底特律公共电视台筹款运动200000美元（2008年）
- 捐助自由新闻记者奖学金69642美元（2008年）
- 捐助美国西班牙记者协会福特实习项目35000美元（2008年）

适合公共传播的项目

适合于大众传媒机构，特别是追求多样性的组织。

二 基金会与政府部门合作

福特汽车公司基金会在科罗纳多高中举办福特安全节能驾驶训练营项目

- 科罗纳多高中（Coronado High School）是福特公司今年初举办的全国性的福特安全节能驾驶训练营（DSFL）之旅的其中一站，亚利桑那州（Arizona）的项目基金由福特公司菲尼克斯运营部慈善项目支持。
- 康尼特・弗洛斯（Courtney Force）是一位约翰・弗洛斯比赛（John Force Racing）的特种高速赛车手，会就青少年安全驾驶问题致辞。
- 车祸是青少年死亡的首要原因，福特安全节能驾驶训练营项目将会注重以下四个方面的技能：识别危险，车辆驾驶，空间处理和速度处理。

斯科特斯德，亚利桑那州（Scottsdale，Ariz）（2011 年 11 月 9 日，星期三）——福特汽车公司为亚利桑那州斯科特斯德市科罗纳多高中带来了全国性的福特安全节能驾驶训练营（福特 DS-FL）。科罗纳多高中位于亚利桑那州斯科特斯德市维吉尼亚大道 7501 号，是斯科特斯德市联合学区的一员，今年迎来 50 周年的生日。

今年初，为了解决日益严重的青少年的伤亡事故和驾驶中注意力分散的问题，福特汽车公司基金会与州长公路安全协会（GHSA）一起宣布福特安全节能驾驶训练营新增投资 100 万美元启动一项跨 30 个城市的全国之旅。随着这个全国性项目的成功举办，在福特公司菲尼克斯运营部慈善项目支持下，亚利桑那州成为新的一站。

科罗纳多高中的学生将参与福特安全节能驾驶训练营，亲自动手体验学习安全驾驶的必备技能。曾获15次特种高速赛车世界锦标赛冠军约翰·弗洛斯（John Force Racing）最小的女儿，NHRA赛季中作为福特野马车型（Mustang）车手的康尼特·弗洛斯（Courtney Force）和一位福特汽车公司发言人将举办一个晨会，就安全驾驶问题和全体同学展开讨论。在午餐时间里，社区合作方包括“红色止行”交通安全联盟，当地警方、消防部门和其他组织也会相聚在一起。

鉴于车祸在我国是青少年的头号杀手，学生的安全驾驶一直是关注的焦点。科罗纳多高中校长约翰·贝拉（John Biera）表示：“我们一直希望能把福特安全节能驾驶训练营项目引入校园，福特公司专业驾驶员亲手操作会吸引我们的同学，并且教授他们能够避免可能的危险路况的重要技能。”

福特安全节能驾驶训练营成立于2003年，由福特汽车公司基金会、州长公路安全协会（GHSA）以及安全驾驶专家组组织建立，旨在教授青少年驾驶新手标准驾驶训练之外必须掌握的安全驾驶技术。

福特安全节能驾驶训练营项目的经理吉姆·格雷汉姆（Jim Graham）也表示：“在过去的几年里，我们已经在菲尼克斯（Phoenix）和图森（Tucson）举办了几次福特安全节能驾驶训练营项目，并且我们得到了当地青少年和家长的好评。”

车祸是青少年死亡的首要原因，具体来说，大多数的车祸都是因为驾驶中注意力分散、车辆驾驶、空间管理和速度管理四个关键方面的经验匮乏，而这正是DSFL所强调的。

亚利桑那州高速公路办公室主任盖希·阿尔伯特说：“亚利桑那州青少年驾驶员只占所有持照驾驶员的小部分，却引起了四倍于平均水平的车祸。通过与像福特安全节能驾驶训练营等机构合作，我们希望能够减少青少年车祸或其他负面事件的发生。”

关于斯科特斯德市联合学区

斯科特斯德市联合学区（Scottsdale Unified School District）是亚利桑那州最出名的学区，有18所学校获得全国优秀的评级。所有斯科特斯德的学校都被亚利桑那州的教育部门评价为出色、表现良好和优异。

福特汽车公司基金会和国家超市协会在华盛顿特区共同赞助DANR青年奖学金项目

华盛顿特区（Washington. DC）（2011年6月25日）——福特汽车公司基金会和国家超市协会（NSA）是DANR全国青年奖学金项目的官方赞助商，这个项目计划将在今年夏秋两季进行，先在华盛顿特区举办连续13周的集中训练，而后走遍全国。

福特汽车公司基金会在月初时宣布扶持DANR青年奖学金项目，而国家超市协会则是在昨天晚上纽约皇后区洛克公园（the Park in Queen，NY）的平台举办的一个奖励少数民族学生8万多美元的特别奖学金活动中才宣布成为另一个赞助者。

国家超市协会会长大卫·科罗纳（David Corona）表示："我们坚信投资于青年人的教育事业才是让我们的社会更加美好和强大的唯一途径。"

国家超市协会执行董事斯尼玛·乌斯维奇（Zulema Wiscovitch）也表示："青年人的教育对国家超市协会来说具有极为重大的意义，这就是我们致力于帮助少数民族学生获得大学学位的原因。"

DANR创始人玛莉亚·特蕾·费利西亚诺博士（Dr. Maria Teresa Feliciano）和主席内斯特·蒙提利亚（Nestor Montilla）以及DANR的其他成员代表普利斯利·裴赫（Pricelis Perreaux）、吉耐斯·阿基诺（Genesis Aquino）、瑞法拉·萨帕塔（Rafaela Zapata）和宝拉·宝丁内兹（Paola Martinez）出席了授奖仪式。

DANR 创始人玛莉亚·特蕾·费利西亚诺表示："我们十分感谢福特汽车公司基金会和国家超市协会的合作，感谢他们对我们 DANR 国家青年项目的支持，DANR 项目是我们所有促进美国多米尼加人的社会、经济和政治方面发展的工作中最重要的一部分。"

目前在纽约州立大学约翰杰学院攻读公共管理硕士学位的 DANR 成员瑞法拉·萨帕塔（Rafaela Zapata）也表示："感谢福特汽车公司基金会，国家超市协会和 DANR 项目能够让我们参与到一个致力于训练下一代教育事业拥护者的项目中。"

关于国家超市协会奖学金基金会

国家超市协会奖学金基金会成立于 1993 年，是一个有着 501(c)(3) 认证的非营利组织，通过为协会成员所在服务区内的本应接受教育的贫困学生提供教育奖学金，来实现少数民族大学毕业生人数增多的目标。

关于 DANR 青年奖学金项目

夏季/秋季全国青年奖学金项目是由 DANR 青年活动发起和组织的一项活动，DANR 青年活动致力于培养下一代教育、经济发展、移民和政治权利领域的领军人物。全国青年奖学金项目会吸引美国各地区希望成为自己社区内领导者角色的多米尼加裔本科生或者研究生。今年的参与者会先在华盛顿特区接受一个星期的特训，学习现存的教育界的改革和政策，参加一系列的研讨会、重大活动、实地考察以及与项目赞助方、官方代表、高级政府官员和专家见面。在今年秋季，参与者将会在各自当地的社区接受 12 个星期的实践训练。

三　美国民众的看法与印象

教育：

福特汽车公司基金会提问：在赢取三项奖学金的任意一个时，学生的心在哪里呢？

迪尔伯恩（Dearborn）（3 月 31 日，CSRwire 报道—PRNewswire 报道）——福特汽车公司基金会在寻找在“心在椭圆”奖学金比赛中做出积极的对社区影响的学生，现在比赛已经开始接受申请，并于 2012 年 4 月 9 日截止。

以福特公司自己回报社会的标准为模式，这个由两部分组成的奖学金比赛针对于 2010 年 9 月 30 日之前任何一所美国教育部认证的学院或大学在校生或者是已被录取的高中高年级学生。一等奖获得者将得到 3000 美元的奖学金，二等奖获得者 2000 美元，三等奖获得者 1000 美元。

福特汽车公司基金会教育与社区发展主任迈克·施密特（Mike Schmidt）说：“‘心在椭圆’奖学金比赛欢迎与践行百年回报社会的福特公司志同道合的学生，更重要的是，这个项目让我们为这些学生的未来尽自己的一份力。”

学生必须上交 1000 到 2000 字的申请文书，说明他们的“心”在哪里，阐述他们是如何在自己的社区中作出贡献。从为当地的非营利组织作贡献帮助别人到志愿者工作，每一份合格的申请都会从原创性、内容、清晰、语法和社区影响几个方面来评判。注册或者是阅读官方说明，请登录 www. fordscholars. org。

十位晋级半决赛的选手每人将会获得一份 ULTRA HD FLIP 相机作为奖励，之后选手将利用它制作一段三分钟的录像来阐述自己的申请文书，并且从 2010 年 5 月 10 日至 14 日，视频会被放在 www. fordscholars. org 进行公共投票。最后，公共投票结果和专家组评分共同决定谁是最后的奖学金获得者，获奖名单将于 2010

年5月17日公布。

“心在椭圆”奖学金比赛与福特蓝色椭圆学术项目同时进行，项目网址（www. fordscholars. org）是一个全国性面向公众的网站活动，负责提供各种福特汽车公司基金会的奖学金项目，与此同时，也为之前福特汽车公司基金会的奖学金获得者提供一个社交、协调社区服务活动和了解实习和职业的平台。

四　福特基金在国际层面开展工作

1. 全球范围内的活动

福特在亚洲发起“安全节能驾驶训练营”

2008年7月8日，泰国，曼谷——福特汽车公司今年将其成功的“安全节能驾驶训练营”项目（DFSL）推广到了亚洲市场，包括泰国、越南、印度尼西亚和菲律宾。该项目与亚洲伤害预防组织和东盟四国的政府机构合作，讲授安全节能驾驶的实用技能，并提供相关培训。

‘安全节能驾驶训练营’是免费课程，融合了课堂教学和实际训练，旨在提升学员对节能驾驶技术的认识。该项目在不同参与国都有所调整，以适应当地的驾驶环境和路况。

福特汽车公司基金和社区服务属下的福特全球支援计划为“安全节能驾驶训练营”在东南亚的引入提供了资金。这也是亚洲第一个得到该基金支持的项目。

福特公司在亚太和非洲地区的公关传媒总监尼尔·麦卡锡（Neal McCarthy）表示，道路安全在市场中是非常严重的问题，司机安全高度关乎福特的生意，而“安全节能驾驶训练营”能发挥我们在全球范围内的专业优势，取得突破。

“安全节能驾驶训练营”的主要目标是减少地区内的道路交通事故伤亡。世界健康组织预测到2020年，道路交通事故每年将导致120万人死亡，成为过早死亡的第三大原因。

亚洲伤害预防组织（AIPF）主席格雷格·克拉夫特（Greig Craft）认为，对于亚非新兴市场中道路安全的担忧日渐高涨，像“安全节能驾驶训练营”这样的项目及时地回应了这种担心。该组织是联合国道路安全研讨小组的一员，旨在推广道路安全教育项目，提高公众安全意识。

克拉夫特（Craft）说：“这是朝着正确的方向前进了一大步。发展中国家的机动化进行得太过迅速，道路交通伤亡已经相当普遍。越来越多的人驾车上路，却没有接受过正规驾驶的训练，也没有对于驾驶技术的基本理解。为了改变这种状况，司机培训、相关教育和提高公众意识迫在眉睫。这就是‘安全节能驾驶训练营’的核心思想。”

参与市场“安全节能驾驶训练营”将在四个东盟国家开展活动：

- 越南——“安全节能驾驶训练营”与越南国家道路安全委员会合作，将联合胡志明市（Ho Chi Minh City）和河内市（Hanoi）的驾校，在7月中旬开展活动。福特汽车的零售顾客、大客户、政府官员和大学生都可以参加课程。
- 泰国——“安全节能驾驶训练营”从7月中旬开始，由福特汽车经销商向全国推广。该项目与泰国陆上交通部合作，向学员提供有关安全、经济、环保意识并且生动有趣的课程。
- 印度尼西亚——“安全节能驾驶训练营”与国家警力和亚洲发展银行合作，向零售顾客、已有顾客、大学生和福特社区的公众提供集体培训课程。
- 菲律宾——“安全节能驾驶训练营”将加入菲律宾福特成功的RIDE道路安全项目。某道路安全委员会将与教育部和信息技术及传媒部合作，担任“安全节能驾驶训练营”的大使。福特的大客户、雇员和经销商，福特和马自达俱乐部成员以及学生可以参加培训。

使严肃枯燥的学习更吸引人：

来自福特和 DSFL 的专家一起把福特安全节能驾驶训练营设计成一个由技能训练和热烈的讨论相结合以模拟出真实经历的更具有吸引力的整体。训练的重点包括路况和交通状况意识，安全驾驶技术和怎样能够减少对环境的影响，同时更经济地驾驶。

麦卡锡（McCarthy）说："用于安全驾驶的技术本质上和经济的节省燃料的驾驶方法是一样的。所以，驾驶时保持一个合理的引擎速率不仅会更安全，而且可以帮助驾驶员提高燃油利用率，最高可提高 25%，同时也可以减少二氧化碳排放量。"

经济型驾驶训练包括预测路况，使用节省燃料的驾驶技术，避免加速和保养车辆在最优经济燃料使用量上。安全驾驶技术强调安全带的使用、意识和预测不断变化的交通情况，避免注意力分散和在交通堵塞时与其他车辆保持安全距离。

克拉夫特也表示："鼓励安全驾驶是我们努力减少道路交通事故的一大步，福特安全节能驾驶训练营使驾驶员能够更清楚地意识到周边环境以及自身行为对道路安全起到的重要作用。"

在东南亚市场推广福特安全节能驾驶训练营项目时，福特从定位于青少年驾驶新手的北美市场的推广中借鉴了成功经验。福特希望能够继续为整个东南亚市场的推广活动带来良好的势头，并且计划明年将业务推广到其他市场。

据克拉夫特说，福特安全节能驾驶训练营项目的合作伙伴 AIPF 给予了项目支持，并且认为这是一次在当地的最好实践。

克拉夫特最后还表示："很高兴看到福特作为汽车安全领域的领头羊，能够为这个领域作出贡献。福特安全节能驾驶训练营项目由官方和非官方、政府机构与非政府机构合作而成。我们相信改善整个地区的道路安全会为以后采取行动取得道路方面的巨大变化做好铺垫。"

2. 与中国的合作关系

福特汽车公司和其合资企业长安福特马自达以及江宁汽车有限公司联合在中国市场推广驾驶员教育项目（DSFL 项目）

福特安全节能驾驶训练营活动于 2009 年 8 月底在中国 22 个城市 62 个全方位服务的福特经销商店进行生命培训班的驾驶技能训练，包括北京、上海、重庆和南京。DSFL 不会收取项目成员任何费用，并且福特计划选入 3000 多名司机参加培训。

DSFL 培训已经适应了中国市场的情况，反映了当地的驾驶环境和道路条件，并且将结合课堂学习和实践培训，以帮助提高对安全驾驶技术的认识和传授技能，从而帮助司机提高燃油效率。

中国公司董事长兼首席执行官罗伯特·格拉齐亚诺（Robert Graziano）说，“福特致力于为中国社会作出贡献，成为道路安全和环保的主要倡导者。福特安全节能驾驶训练营就是为了提高驾驶技术，从而提高安全性和燃油经济性，更好地保护环境。DSFL 计划利用我们的专长，我们的员工和经销商会真正努力帮助当地社区取得进步。”

福特安全节能驾驶训练营的主要目标是降低整个亚太地区的道路交通事故。世界卫生组织估计，到 2020 年，道路交通事故将成为所有年龄段人群中过早死亡的第三大原因，每年死亡人数可以多达 130 万。

作为世界上增长最快的汽车市场之一，中国拥有高比例的第一时间的汽车买家和驾驶者。福特坚信，福特安全节能驾驶训练营项目会在包括中国在内的亚太和非洲地区的新兴市场道路安全方面发挥重要作用。

“道路安全正成为中国的一个严重的问题，这和我们的业务密切相关。我们深信，该项目技巧将有助于提高中国司机对安全驾驶行为的认识”，长安福特马自达汽车有限公司总裁杰弗里·沈（Jeffrey Shen）说。“我们的目标是帮助培养重视方向盘后面的道路安全和环保的驾驶文化。”

安全驾驶是一种经济驾驶方式。现在节省燃油式的驾驶方式不再是第二选择，而成为了一种必需，这个项目的引进正好符合这种趋势。除了教授基础的安全驾驶技术，福特安全节能驾驶训练营还教驾驶员怎样提高燃料利用率，最多甚至能提高 25％。

训练内容主要包括怎样能够减少对环境的影响，同时更经济地驾驶。经济驾驶训练包括预测路况，使用节省燃料的驾驶技术，避免加速和保持车辆在最优经济燃料使用量。

“用于安全驾驶的技术本质上和经济的节省燃料的驾驶方法是一样的”，来自长安福特马自达的训练员迟林兵说。“所以，驾驶时保持一个合理的引擎速率不仅会更安全，而且可以帮助驾驶员提高燃油利用率，最高可提高 25％，同时也可以减少二氧化碳排放量。”

江宁汽车有限公司作为福特在中国的第一家投资，也参与了这项活动并且鼓励公众采取节能措施。

福特安全节能驾驶训练营成立于 2003 年，由福特汽车公司基金会、州长公路安全协会（GHSA）以及安全驾驶专家组组织建立，旨在教授驾驶员标准驾驶训练之外必须掌握的安全驾驶的技术。

福特安全节能驾驶训练营项目是 2008 年在四个福特亚太和非洲市场开展的，包括印度尼西亚，菲律宾，泰国和越南四个国家，并且目前正逐渐成为福特公司第一个地区规模的企业社会责任活动。2008 年，共有超过 5400 名驾驶员参与到福特安全节能驾驶训练营的训练中。福特安全节能驾驶训练营项目在中国的发行代表着中国与美国和欧洲一样，成为这场全球范围内帮助教育超过 320000 名车辆驾驶员活动的最新一员。

第四节 财务信息

一 990-PF基金会纳税申报表信息概览

表5 福特汽车公司基金会990-PF纳税申报

单位：美元

收支	2001年	2002年	2003年	2004年	2005年	2006年	2007年	2008年	2009年	2010年
收入										
收到的捐献、礼物、资助等		47000000	85020650	815000000	104000000	21156356	13900000	10000000	10101614	30060000
存款和短期现金投资利息	7999430	2903858								
投资证券取得的利息和股息收入			727340	346450	1681956	3580495	3817511	1559015	332171	153963
出售资产取得的净效益或净损失		-4560037	95211	20304	-572673	-419346	91838	663371	234809	-8883
其他收入	8213254	46000821	86173217	81889224	105121707	24317406	17809349	12212386	10668594	30195080
共计收入	8213254	46000821	86173217	81889224	106121707	24317406	17809349	12212386	10668594	30195080
支出										
法律费用					7290	16062	12523			
会计费用	14250	12000	21482	16150	22000	162588	154936	183412	178579	145269
其他咨询费用	2933724	2773824	1586875	1000						

续表

收　支	2001 年	2002 年	2003 年	2004 年	2005 年	2006 年	2007 年	2008 年	2009 年	2010 年
税	166861	222678	1568	12682	29985	43178	76350	46330	13873	653
打印与公开出版物	293	305								
其他费用	412078	1101169	2650182	2965202	2949497	1576613	847719	1622126	1629730	1297353
法律和行政费用小计	3527206	4109976	4260107	2995034	3001482	1789669	1095067	1864391	1822182	1443275
支出的捐献、礼物、资助等	99787302	49942341	60420159	89941276	50051314	37759919	20787972	18887854	11225664	12175935
共计支出	103314508	54052317	64680266	92936310	53062796	39549588	21883039	20752245	13047846	13619210
收入超出支出的部分	-95101254	-8051496	21492951	-11047086	52068911	-15232183	4073690	8539859	2379252	16575870
资产	2001	2002	2003	2004	2005	2006	2007	2008	2009	2010
不产生利息的资金	-5545689	-994792	57953	53318	18751	8587	17834	12500		
存款和说明资金投资	150453521	69901622	22986964	7725246						
应收承诺捐款		35000000	85000000	99500000	104000000	20000000	13900000	10000000	10000000	
其他投资				25495242	74165896	61036938	41263383	29855247	49885020	
其他资产		4955	19135	4585						
资产总计	144907332	103911785	108064052	107283149	129513993	94174483	74954772	51275883	39855247	49885020

注：基金会采用权责发生制来计量。

二 资产规模概况

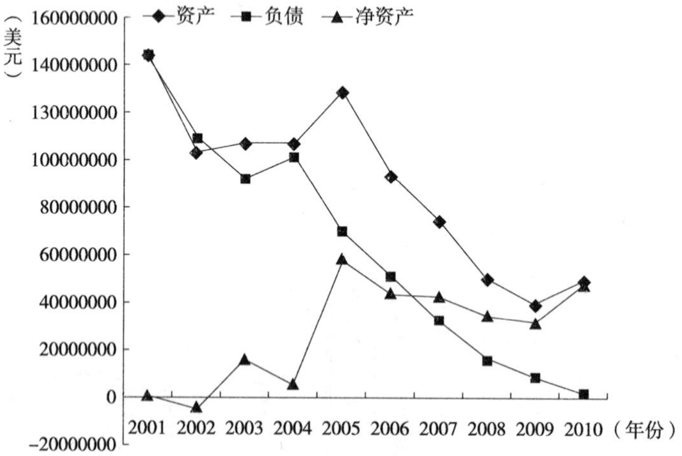

图 1 资产状况

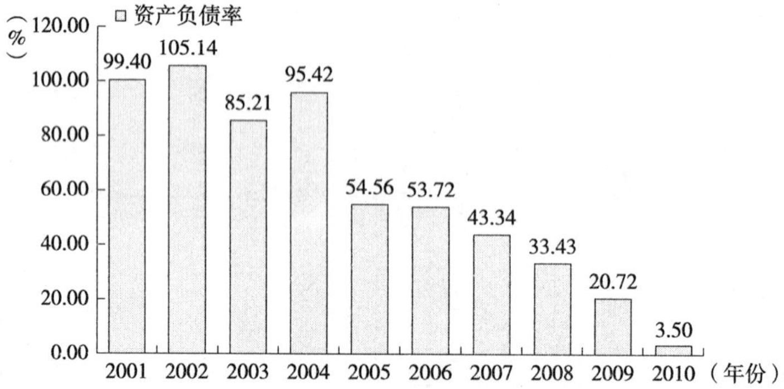

图 2 资产负债率

资产和负债逐年下降，基金会的规模由于受到福特汽车公司经营的亏损而缩小。资产的较大部分组成为应收承诺捐款，应收承诺捐款为资助者承诺捐款，但基金会仍未收到的捐款。福特汽车基金会的应收承诺捐款的金额大小和当年收到的资助金额大小相当。这表明公司对基金会的承诺捐款的大小可能决定于当年收到的资助大小。

三　收入

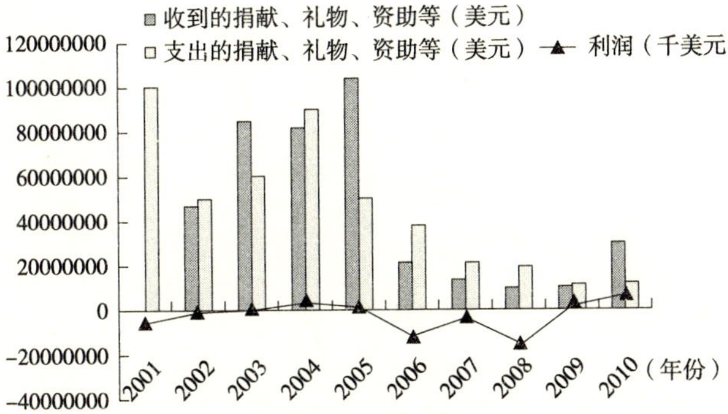

图 3　收益分析

基金会的收入绝大多数来源于福特汽车公司和福特汽车信贷公司，小部分来源于个人捐赠。福特汽车信贷公司是福特汽车公司旗下的公司。其中福特汽车公司占了很大比例，福特汽车信贷公司的捐赠与福特汽车公司的捐赠的比例约为 9%。

收入和福特公司当年的经营水平正相关，近年来基金会的收入水平随着福特公司的亏损而减少。

四　支出

2003 年到 2010 年共有 3411 笔主题资助，1196 家受资助者，资助额共 314555430 美元。

图 6　支出情况

主　题	金额（美元）	受资助者数量	资助数量
教育	119030987	242	1019
艺术和文化	66432963	215	607
慈善或志愿	26257494	74	218
社会服务	15652952	143	295

续表

主　题	金额（美元）	受资助者数量	资助数量
环境	14976940	40	72
社区发展	11742850	68	154
安全和灾难	10391467	7	36
年轻人发展	7073067	68	146
休闲	6995351	20	38
健康	6055965	54	140
公民权利或人权	5857653	38	127
科学	4820850	24	79
动物或野生动物	4385700	12	36
公共关系	3660994	29	95
医学研究	2781443	10	37
国际或外国事务	2218356	21	46
就业	1543250	13	44
健康机构	1273295	37	79
安全和灾难	1000750	25	35
农业或食物	883500	20	38
犯罪或法律执行	810250	16	31
宗教	338085	6	12
心理健康或危难服务	333000	9	20
社会科学	38268	5	7

基金会把资助的项目分为九类，分别为美国黑人项目、艺术和文化项目、安全驾车项目、教育项目、福特高等研究合作基金会、健康项目、美国西班牙裔人项目、社会项目、妇女项目。

五　分配比率

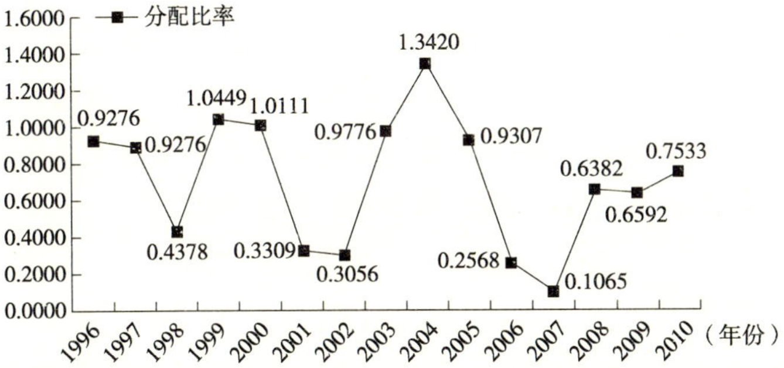

图 4　分配比率

六　运营费用比例

维持基金会运行的工作人员无偿为基金会服务。运营费用主要由会计费用、其他管理费用及投资费用构成。会计费用和其他管理费用相对固定，占了较大比重。投资费用为变动成本，随投资的交易量而变化。

第五节　福特基金会的总结与规划

一　总结

福特汽车公司基金会在社区以及合作者项目方面一直发挥着积极作用。往年基金会都贯彻实施专注于其重点支持项目——教育，创造并实施创新的新项目，培养技能。这些对明天的创造创新是至关重要的。

二 2012 年的规划

福特汽车公司基金很高兴地宣布，在 2012 其再次接受资本项目资助要求。这一决定反映了福特汽车基金会不断致力于在非营利社区建立更强大的社区能力来满足许多领域日益增长的需求。和 2011 年情况相同的方案，资金请求将只考虑支持现有的重点：教育基金，汽车安全，社区需要和艺术。

计划指南

• 这个程序的目的是，基金会确定资本作为物质基础设施，建设新的和/或装修的空间，及相关设备的采购。基金会将不考虑捐赠资金作为这项计划的一部分。车辆的采购也将不被考虑。

• 可用于资助的总金额是由 2012 基金董事会确定的 500000 美元水平。

• 由于可用资金有限，每一组织的最高资助是 100000 美元，同时不会连续两年获得。然而，由于自然基金项目往往延长一段时间，受让人可在以后的几年申请额外拨款。

• 资金补助的叙述必须包含

• 总体项目的简要说明

• 说明福特基金资助资金支持的具体项目

• 任何命名的机会

• 说明在未来几年与此资金补助潜在的纲领性关系

• 申请者在 2 月 1 日和 3 月 14 日之间在线提交申请至 https：//www.easymatch.com/fordgrant

参考资料来源

http：//corporate.ford.com/our-company/community/ford-fund/presidents-message-401p? releaseId = 1244754314736.

http: //www. undueinfluence. com/ford_motor. htm.

http: //www. chinatrucks. com/news/2009/0619/article_991. html.

https: //www. drivingskillsforlife. com/index. php? option = com_content &task = view &id = 142&Itemid = 44.

https: //www. drivingskillsforlife. com/index. php? option = com_content &task = view &id = 2 &Itemid = 22.

http: //danr. org/2011/07/05/ford-motor-company-fund-and-the-national-supermarket-association-co-sponsor-danr-national-youth-fellowship-program-in-washington-dc/.

http: //www. ghsa. org/html/media/pressreleases/2011/20111108_dsflaz. html.

http: //www. apts. org/grantcenter/funding-topic/arts-and-humanities/ford-motor-company-fund.

http: //www. ford. com/our-values/ford-fund-community-service.

https: //www. drivingskillsforlife. com/index. php? option = com_content &task = view &id = 4 &Itemid = 19.

http: //corporate. ford. com/our-company/community/ford-fund/ford-supported-programs-405p.

https: //secure11. easymatch. com/fordmotorgive/applications/agency/? skip = faq.

http: //corporate. ford. com/our-company/community.

可口可乐基金会

The Coca Cola Foundation

第一节　可口可乐系统

可口可乐系统

可口可乐系统由可口可乐公司及其瓶装伙伴共同组成。目前这一系统所在市场包含了全世界200个国家，500个品牌，3500种产品，日销量达17亿杯。可口可乐公司总部位于美国佐治亚州的亚特兰大，公司包括了六大运营区块：非洲及欧亚，欧洲，南美，北美，太平洋地区以及瓶装合作伙伴。可口可乐公司全程负责原材料的开采、浓缩物的制造和销售，以及与瓶装伙伴合作等，拥有自己的品牌并且负责产品的市场销售。可口可乐公司同时也与其瓶装伙伴合作，制订可持续发展目标，并帮助和支持其瓶装伙伴、销售商、消费者达到此可持续发展的目标。

可持续发展及“积极乐观，美好生活”

商业对于经济、环境及社会的影响高于一切。在当今社会，人口激增，自然资源紧缺，社会负担增加，消费者期许提高，可口可乐公司认为可持续的发展是公司持续性经营以及实现长远规划和目标的关键。

为实现这一可持续发展的目标，可口可乐公司在其整个可口可乐系统中提出了“积极乐观，美好生活”的口号，旨在为世界和社会带来积极的影响及效应。“积极乐观，美好生活”的理念贯穿整个可口可乐体系，深入到其各级业务中，同时也是可口可乐公司及其瓶装伙伴2020年商业前景规划的一个完整组成部分。

“积极乐观，美好生活”这一概念的提出，是基于可口可乐公司希望能够在其市场所能影响的范围内，更多更好地在世界范围内帮助社会与社区的发展，以实现其公司价值。因此可口可乐公司重新进行了业务评估，细化了定位。在环境领域，公司主要关注水资源、循环再利用以及控制温室气体的排放。在提倡积极健康生活领域，公司主要关注增强体育运动、营养教育以及为消费者提供各类合格的饮料产品。在改善工作场所方面，公司关注于保护人权，为员工创造安全、健康的工作场所，在原材料的开采及供应链各环节中注意伦理道德，提倡多样性等。在建设可持续发展的社区领域上，公司关注提供经济发展的机会以及激励社区自主发展等。

可口可乐基金会

可口可乐公司是一个依靠本地运营的全球性商业集团。随着其市场在全球范围内的拓展，公司也增加了对于当地社区的支持，致力于利用公司的资源和专长，促进当地社区的积极、可持续及本土化的发展。

可口可乐基金会是可口可乐公司在全球范围内的公益慈善分支。可口可乐基金会于1984年在美国成立，是一个依法注册的非营利组织。基金会在全年内，根据公司商业计划的优先性、其税收要求、法律义务和理事会的批准等考量条件，发放资助。同时可口可乐基金会在全球范围内有众多合作伙伴，支持和资助有益于整个社会及当地社区发展的各类项目。

第二节　可口可乐基金会资助项目（概述及非中国地区项目）

可口可乐公司及其全球性业务，是世界范围内各级地区及城市的有机组成部分。自成立开始，可口可乐公司就坚持实现企业的社会责任，为社会及社区发展提供经济资助及专业支持。

可口可乐公司清楚认识到，公司业务的健康可持续的发展需要建立在其所在的市场及所服务社区的健康可持续性的发展之上。作为一个全球性企业，可口可乐公司致力于提高其所在市场及社区的人们的生活水平。公司在全球及当地社区的投资优先性反映了整个企业的业务特点及性质，主要着眼于能够发挥公司独特且有持续性影响的领域，包括水资源的保护及管、积极健康的生活、社区的废物管理及资源循环利用及教育。

自 1984 年起，可口可乐公司通过其非营利性的公益慈善分支——可口可乐基金会进行社会捐助。通过可口可乐基金会及可口可乐公司在全球范围内的 19 个地区性分基金会，可口可乐公司与各级政府、非营利组织及其他公益机构合作，支持社会及社区发展。目标是每年至少拿出企业营业年收益的 1% 作为慈善捐助，帮助人们提高生活水平。2010 年，可口可乐公司总慈善投入为 1 亿 2 百万美元，相比 2009 年提高了 16%。2002 年至 2010 年，可口可乐基金会的总资助额为 2 亿 7 千 3 百万美元，同一时期整个可口可乐系统——包括可口可乐基金会及公司其他公益性资助——总的慈善投入超过了 6 亿 9 千万美元。

可口可乐公司及基金会优先考虑的资助领域为：

- **水资源的保护和管理**

提供洁净水源及基本卫生设施，在缺水地区进行水资源保护，利用水资源进行生产，开发不仅仅局限于提供洁净饮用水的多用水资源系统，通过教育普及和提高社区及企业的水资源保护意识。

- **积极健康生活**

促进体育锻炼，增加饮食及营养教育，激励人们改善不良的生活方式及行为。

- **社区的废物管理及资源循环利用**

鼓励节水行为，促进废物回收及再利用，提高社区资源循环利用的意识，支持相关创新项目的开发。

- **教育**

提供奖学金项目，降低辍学率，增加人们的受教育机会。

- **其他地区性项目**

艾滋病的教育及防治，非洲及拉美地区疟疾的防治，欧洲地区青少年发展项目，美国地区促进社会多元化的项目等。

社会资助的理念渗透在整个可口可乐系统中。当有自然灾害发生时，可口可乐基金会及整个可口可乐系统都积极参与到抗险救灾中来。通过可口可乐公司的对等捐助体系，对应于每一个可口可乐公司员工的捐助，可口可乐基金会将按照资助金额2∶1的配比进行相应的捐助。

水资源保护及管理

干净、安全、可及的水资源对人们的健康、社区的发展以及整个生态系统都至关重要。对于可口可乐公司来说，水资源也非常关键，因为水是其饮料产品的主要组成部分。对整个产品生产过程和产品原料农作物的生长来说，水也是必需的。因此可口可乐公司积极参与水资源的保护及管理，争取在2020年能够达到对水资源利用及保护的平衡。

为了能更好、更负责地保护和管理水资源，可口可乐公司不断提高水资源的利用效率，减少每升产品所消耗的水资源数量，对废水进行循环利用，同时努力向社区和自然返还可口可乐产品所消耗的水资源。

案例

非洲水润行动计划 Replenish Africa Initiative（RAIN）

启动日期：2009 年

总资助额：3000 万美元，6 年

项目支持地区：非洲

合作伙伴：非洲地区各类公益组织

项目目标：到 2015 年，为非洲至少 200 万人提供洁净水资源及基本卫生设施

据世界卫生组织估计，在非洲有大约 3 亿人缺乏洁净安全的饮用水，每年几百万人死于各种可预防的水传播疾病，半个非洲大陆的人因为缺乏洁净安全的水资源和基本卫生设施，受到疾病的折磨。如果不采取措施，从 2004 年到 2015 年，仅撒哈拉以南的非洲地区，受缺乏安全饮用水问题影响的人将增加 4700 万。

2009 年，基于对水资源保护和管理的理念，可口可乐公司发起了非洲水润行动计划 Replenish Africa Initiative（RAIN）——6 年内投资 3000 万美元，希望在 2015 年前为非洲至少 200 万人解决水资源问题并提供基本卫生设施。

在尼日尔的金德尔地区，一个由 RAIN 资助的项目，帮助当地的贫困居民改善了生活条件。在这之前，因为没有可用的水资源，当地的居民不得不从井里挑水来浇灌他们种植的农作物，这是非常辛苦且效率极低的工作，极大地限制了当地农产品和食物的获得。现在因为有了低成本的水泵和灌溉渠，当地居民的收成翻了番，能够种植的农作物种类也增加了，这不但为他们提供了食物同时也增加了他们的年收入。

在北部斯威士兰的山区，当地仅有的一家诊所每个月需要诊治1500名病人，许多病人都是艾滋病感染者。因为缺乏可用的水资源，这家诊所的工作受到了很大的影响，病人的情况恶化，医生护士等医疗工作者也没有安全的饮用水和必要的清洁用水。目前，RAIN资助的一个创新性的太阳能水资源系统，为这家诊所提供了必要的用水。病人可以喝到更安全的饮用水，护士可以用这些水来进行必要的清洁，医生也更愿意到诊所来，这些都极大提高了当地的医疗服务质量。到目前为止，这个太阳能水资源系统还为当地20个家庭提供了可用的水资源。总体估计，当地的280000人都将从这个新的水资源系统中获益。

在尼日利亚，一家自1972年成立以来就缺乏可用水和厕所的女校，因为RAIN与美国国际开发署合作的一个项目，解决了这一问题。在当地妇女权益组织的帮助下，学校损毁的校舍得到了修复，入学人数从原来的43人提高到了250人，这也再一次说明了水资源在社区的整体发展中起到了至关重要的作用。

资料来源：可口可乐公司2010/2011可持续发展报告。

积极健康的生活

可口可乐公司致力于推动体育锻炼，支持体育活动，提倡积极健康的生活方式。

不论是资助奥林匹克运动会还是支持社区足球和体育运动项目，可口可乐公司在全世界范围内积极参与推动体育锻炼，增进全民健康的活动。可口可乐公司在100多个国家里有超过150个有关体育运动的资助项目。2008年，公司设立目标，争取在2015年之前在每一个可口可乐公司业务所涉及的国家里至少资助一个体育运动项目。

在美国，可口可乐公司是“运动即良药（Exercise Is Medicine™）”项目的主要创立者和合作伙伴，这一项目鼓励医生向病人强调体育锻炼的重要性。同时，可口可乐公司还资助了美国国家体育运动计划（National Physical Activity Plan），与其他机构和个人一起，促使所有美国人每天都能够积极参与到体育锻炼中来，最终在全国范围内推动体育运动发展。

同时，可口可乐公司也与相关政府部门及健康专家合作，通过饮食及健康教育项目，鼓励人们发展积极健康的生活方式，资助研究型项目，深入了解消费者积极参与体育锻炼的困难及动力。相关的项目及合作伙伴包括美国疾病控制与预防中心与男孩女孩俱乐部（Boys and Girls Clubs）。已经有成千上万的年轻人参与到可口可乐公司资助的社区体育活动中来。

2007 年 6 月，可口可乐公司为一个有关国家公园的五年期项目投入 250 万美元。这个项目与国家公园基金会（National Park Foundation）合作，进行道路开发、维护和修复等，促进国家公园的管理，使当地的社区和青年人能够利用这一机会增强体育锻炼，提升健康水平。

可口可乐公司在拉丁美洲的众多项目都关注促使当地的年轻人能够将体育锻炼视为他们健康生活的一部分。可口可乐墨西哥分公司与墨西哥教育部和墨西哥全国体育教育委员会（Sports and Physical Culture National Commission of Mexico，CONADE）合作，通过“一起来运动”项目（Zafo no jugar,英文为 Unite to Play），希望能在墨西哥 4000 所小学中，鼓励学生增强体育锻炼，提高 150 万墨西哥中小学生的健康水平。目前，这一项目正在墨西哥 14 个州的超过 732 所学校中开展。

另外一个项目“可口可乐杯”（The Coca Cola Cup）已经有很长的历史，从创立开始已经影响了超过一百万学生。通过“可口可乐杯”，13～15 岁来自世界各地的青少年参与到足球比赛中来，他们甚至可以在一些著名的足球明星比赛过的场馆进行比赛，这些青少年还可以通过这一活动结识新朋友。

在意大利，可口可乐公司还资助了“明星球员杯”（Fuori-classe Cup），在青少年中提倡积极健康的生活方式，到目前为止，这一项目已经在超过12000所意大利的学校开展，有大约300万学生参与。

案例

使命奥林匹克（Mission Olympic）

启动日期：2007年

项目支持地区：德国

合作伙伴：德国奥林匹克运动联盟

（German Olympic Sports Confederation，DOSB）

目标：在德国推广积极健康的生活方式

“通缉令”：德国最有活力的城市！

2007年，可口可乐德国分公司与德国奥林匹克运动联盟一起开启了使命奥林匹克“Mission Olympic”项目，这一长期项目旨在在德国推广积极健康的生活方式。

德国的所有城市受邀提名当地能够鼓励人们积极参加体育锻炼的项目，其中有一个特殊的奖项将授予最佳的“学校体育活动及项目”（Sports and Activity at Schools）。

活动第一年有98个城市参与角逐，经过一个由著名政治家、科学家、运动员、媒体人员及可口可乐公司代表组成的评审团的评判，40个城市及项目脱颖而出。这些项目可以分成四大类，每一类的优胜者都得到了现金奖励：

- 旨在支持群体性体育活动的项目
- 旨在建设新的体育场所的项目
- 旨在通过体育活动推动社会融合的项目
- 旨在在工作场所促进体育锻炼的项目

这一过程中共有超过2000个项目得以启动，有5个城市进入了最终的候选名单。这5个城市一起联合举办了一个为期三天的"体育节"（Festivals of Sports），当地的体育俱乐部、私人和社会体育项目在这期间展示他们的活动，并且鼓励来参加这个节日的人们参与到这些活动中来。同时人们还可以根据自己的需要和生活习惯开发新的体育活动形式。大约共有32万人参与到了这个节日中。

评审团根据申请材料以及"体育节"期间的表现等，评出"德国最有活力的城市"，获胜者得到价值10万欧元的现金奖励。

教育

教育是社会发展的一大主要因素。可口可乐公司支持推动各个年龄阶段的教育和发展。主要关注建立完善的教育设施；提供教育指导；降低辍学率；降低文盲率，提高文化水平；提供奖学金；商业—教育合作及满足其他地方性需求等。其中历史最长的一个项目于1987年在美国设立。

表 1　重点教育项目概述

美国

- 可口可乐学者项目作为一个旗舰项目已经运行了 25 年。1986 年，为了纪念可口可乐品牌成立 100 周年，可口可乐公司及其瓶装合作伙伴成立了可口可乐学者项目，帮助和奖励那些致力于通过社区服务和杰出领导力改变社会的年轻人。可口可乐学者基金会每年拿出 300 万美元，奖励优秀的高中毕业生进入四年制大学学习。包括 2012 年的项目在内，到目前为止可口可乐学者基金会已经为超过 5000 名高中生提供了总计 4800 万美元的资助。
- 可口可乐学者基金会每年还拿出 35 万美元资助 350 名优秀的、有社会服务意识的学生进入两年制学院学习。
- 可口可乐第一代学者项目（The Coca-Cola First Generation Scholarship Program）已投入 1900 万美元资助那些作为家里第一个进入大学学习的学生。这个项目在全美大约 400 所大学资助了超过 1000 名学生。

可口可乐学者项目资助的学生很多都已经成为政府，法律，教育，金融和公共卫生等领域的领军人物。

阿根廷

与 Cimientos 基金会合作，开展了一个为期七年的项目，为高中学生提供奖学金和教育资助，旨在增加学校入学率，减少童工数量。到目前为止，这一项目已经帮助超过 1000 名学生取得了学位。

巴基斯坦

可口可乐出口公司（The Coca Cola Export Corporate）在巴基斯坦著名的拉合尔大学（Lahore University of Management Sciences，LUMS）设立了基金。这一基金由可口可乐基金会出资支持，资助两名 Lahore 大学科学与工程学院的学生完成他们四年的本科学习。这些学生都来自巴基斯坦贫困地区，但是他们的学习成绩十分优异。

2005 年，可口可乐出口公司开启了“帮助一所学校”（Adopt-a-School）项目，这一项目帮助 5 所公立大学修建教室，提供免费图书、家具等。同时可口可乐出口公司还长期帮助 CARE 基金会（CARE Foundation）为来自旁遮普邦（Punjab）的贫困学生提供免费教育机会。

菲律宾

红校舍项目（The Little Red Schoolhouse，LRS.）是可口可乐菲律宾基金会（Coca-Cola Foundation Philippines，Inc.）的旗舰项目，创立于 1998 年，旨在帮助菲律宾教育部资助菲律宾偏远贫困地区的公立小学的建设。红校舍项目的目标是帮助学校建立三个设备配套齐全的教学楼，提高人们接受小学初级教育的机会。作为整体性发展的一部分，项目还通过培训班等方式帮助老师获得和提高授课水平，特别是如何管理一个有不同年级学生的班级。2010 年，第 80 期红校舍项目成功启动，标志着 13 年来这一项目为保证和提高偏远地区小学教学质量作出的巨大贡献。

公共卫生及抗击艾滋病

可口可乐系统与当地医疗卫生工作者一起，参与解决当地的公共卫生健康问题，如小儿麻痹症、结核病、肝炎、艾滋病、营养不良和基本卫生保健等。

作为其可持续发展战略的一部分，可口可乐公司在其业务涉及地区一直积极参与抗击艾滋病的工作。2008 年可口可乐公司制定了“全球艾滋病策略”（Global HIV/AIDS Policy），帮助可口可乐员工及其家属预防及治疗艾滋病，同时可口可乐公司在全球范围内也积极参与其他抗击艾滋病的活动。

可口可乐非洲基金会（The Coca-Cola Africa Foundation）捐赠了 250 万美元，在 3 年的时间内支持埃及、埃塞俄比亚、肯尼亚、南非和坦桑尼亚当地的艾滋病项目。在整个非洲，可口可乐公司及可口可乐非洲基金会同其战略伙伴一起，支持并资助了一系列具有很大影响力的社区项目，如非洲孤儿及弱势儿童联盟（the African Network for Children Orphaned or At Risk），非洲抗击艾滋病媒体合作伙伴（the African Broadcast Media Partnership Against HIV/AIDS）和 Dance4Life 等。

在海地，可口可乐基金会为当地的一家非营利组织 Counterpart International 捐助了 15 万 8 千美元，用于在海地首都太子港地区开展提高青少年对艾滋病认识的活动。这一项目通过在学校创立 10 个由同龄人组成的学生社团，提高青少年对艾滋病的认识，通过寓教于乐的方式帮助他们掌握防治艾滋病的方法，在 15～24 岁的年轻人中降低艾滋病的传播率。通过这一项目，预计有超过 50000 名年轻学生将会接触到防治艾滋病知识，学会艾滋病预防的方法。

案例

Dance4Life

启动时间：2006 年

总资助额：250 万美元

项目支持地区：非洲

合作伙伴：世界艾滋病运动（World AIDS Campaign）

目标：通过舞蹈、音乐及其他年轻人自己的方式吸引青少年，鼓励青少年学习艾滋病、性病及生殖健康的相关知识

Dance4Life 项目由可口可乐非洲基金会支持，涉及非洲多个国家，目的是让青少年参与到抗击艾滋病的活动中来。

Dance4Life 最主要的组成部分是学校项目（Schools Project）。这一项目帮助青少年在学习必要的生活技能的同时了解艾滋病相关的知识。参与这一活动的奖励就是学生可以在最后通过卫星同其他国家其他地区的青少年取得联系。通过这样一种方式连接青少年，让他们可以分享抗击艾滋病、保护自身健康及美好生活的决心。

Dance4Life 的另外一个组成部分是一个多媒体项目，旨在提高人们的关注度，帮助艾滋病防治项目筹集资金。这个多媒体项目是通过一个寓教于乐的电视节目，在所参与的国家里广泛播出。这个电视节目及其他相关活动每两年一次，在世界艾滋病日的前一个星期六播出。

目前 Dance4Life 在埃及、肯尼亚、尼日利亚、南非和坦桑尼亚运行，直接影响了 10 万人，间接影响的人数达到 40 万人。目前有计划将这一项目扩展到其他国家。这一活动的合作伙伴包括美国国际开发署（USAIDS）支持的世界艾滋病运动（World AIDS Campaign），艾滋病共存者全球网络（Global Network Of People with HIV/AIDS），抗艾滋病基金会（STOP AIDS NOW），荷兰外交部，列维·施特劳斯基金会（Levi Strauss Foundation）及全球著名 DJ 等。

资料来源：可口可乐非洲基金会 2006 年艾滋病报告（The Coca Cola African Foundation HIV/AIDS Report 2006）。

赈灾

可口可乐的庞大体系及其全球性业务使其能在灾后援助方面发挥重要作用。其强大的物流网络能够在很短的时间内将物资运送到需要帮助的地区。

表 2　重点赈灾项目概述

海地 可口可乐系统在 2010 年 1 月 12 日海地大地震之后迅速作出了反应。可口可乐公司为红十字会捐赠了 200 万美元，通过陆海空各种运输方式为灾区提供了超过 100 万升水及可口可乐饮料。
巴基斯坦 2009 年，大约 300 万名巴基斯坦人因为安全问题被迫离开他们位于巴基斯坦北部的家园，可口可乐出口公司（The Coca-Cola Export Corporation，TCCEC）为这些人的重置工作提供了帮助，给巴基斯坦国家发展委员会（National Commission for Human Development，NCHD）提供了 810 万卢比的资助，用于建设临时房屋、医疗帐篷、流动校舍及提供灾后心理辅导。同时可口可乐出口公司提供了 500 万卢比作为安置基金，还帮助赫利布尔（Haripur）的一所学校建立了一个安全洁净的饮用水系统，约 3000 名学生及其家庭受益。

续表

缅甸 虽然可口可乐公司在缅甸没有业务，但是2008年5月发生纳尔吉斯热带风暴之后，可口可乐公司通过与泰国的人道主义救援机构合作，为缅甸灾区提供了24万瓶瓶装饮用水。
日本 2011年5月，可口可乐公司成立了可口可乐日本重建基金（Coca-Cola Japan Reconstruction Fund），捐助了3300万美元用于日本灾后重建。
国际红十字会与红新月会联盟 可口可乐公司与国际红十字会与红新月会联盟（the International Federation of Red Cross and Red Crescent Societies，IFRC）已经有过很长时间的合作，2011年1月，双方签署合作意向，将合作关系延长三年。可口可乐公司将投入200万美元支持国际红十字会与红新月会联盟在应对自然灾害方面的工作。可口可乐基金会另外拿出100万美元，放入国际红十字会与红新月会联盟的自然灾害应急基金（Disaster Response Emergency Fund），为国际红十字会与红新月会联盟在世界范围内应对紧急自然灾害提供资金支持。除了资金支持，可口可乐系统还为国际红十字会与红新月会联盟提供物流、宣传、市场拓展等技术支持。

第三节　可口可乐基金会资助项目（中国地区）

可口可乐中国系统运营在一个广义的价值循环体系中，坚持整个可口可乐系统“积极乐观，美好生活”的各类目标、指标和原则，帮助企业开发饮料的益处，支持积极健康的生活方式，创建可持续发展的社区等。

➢ 水资源保护及管理

水是可口可乐公司产品中最重要的原料，对其生产过程极其重要，并对供应链有广泛影响。解决工厂以及所服务社区的水资源紧缺问题，提高水的质量，是可口可乐公司直接也是重要的关注。

➢ **可持续的社区**

可口可乐公司是全球企业，植根于每一个所运营的社区。通过以发展经济、提高生活水平、创造机遇为目的的多样化社区项目，致力于促进本土社区的可持续发展。

水资源保护及管理

水是可口可乐公司运营的基础——它是所有产品的主要成分，而且在生产过程中不可替代。在中国，水污染、水质、农村地区饮水等问题都是对可口可乐公司严峻的挑战。对水资源的有效管理与合理运用是可口可乐公司的使命，通过与合作伙伴、政府机构以及公民社会的每一分子的并肩协作，可口可乐公司希望能在这个领域作出积极的影响。

2007 年，可口可乐公司成为第一批承诺加入“CEO 水之使命”的六家企业之一，这是一个致力于帮助企业更好地在运营和供应链中管理水资源的项目。这个项目的指导框架帮助可口可乐公司确立了其水资源管理的汇报模式。

可口可乐公司的全球水资源保护战略建立在四大支柱上：工厂绩效、水流域保护、社区水资源保护项目、全球意识和行动。

可口可乐公司承诺在 2020 年前，安全地向大自然和社区返还等量于可口可乐公司在产品和生产中所消耗的水资源。可口可乐公司水资源管理工作有以下三个重心：

1. 降低水资源利用率

2. 通过重复利用和有效的水处理，在运营中循环利用水资源

3. 通过向社区供水和水源地复原和保护，返还可口可乐公司所使用的水资源

案例 1

与世界自然基金会（WWF）合作为下一代保护长江流域

启动时间：2007 年

资助金额：450 万美元，6 年

项目支持地区：中国

合作伙伴：世界自然基金会（WWF）

长江流域淡水生态系统保护是可口可乐公司与 WWF 合作的一部分。长江是中国的母亲河，从西至东流经很多区域，维系着 4 亿人口以及鱼类等无数水生物种。现在，这一重要流域的环境健康却面临很大威胁。

可口可乐公司与 WWF 合作保护长江流域的工作包括：

- 调查岷江和嘉陵江的环境现状，确定基准，衡量这些支流的环境需求。
- 发放"长江流域资源积分卡"，并对当地居民进行培训，提高他们的意识，并有效地动员他们记录环境指标信息。
- 与中国科学院合作，制定了《长江 2009 年保护和开发报告》，提供与长江环境健康相关的信息和建议。已经有 30 多万网民阅读了这份报告的总结。
- 赞助第二届长江论坛的企业分论坛，汇集政府、民间团体和企业，讨论与长江流域相关的议题。
- 赞助 WWF 的"湿地大使行动"项目，提高对保护长江感兴趣的大学生的环保意识。

以下是至 2009 年可口可乐公司合作伙伴项目的概况：

- 政策建议

支持《2009 年长江保护与发展报告》以及“上海长江论坛”。

- 实地示范

建立了岷江和嘉陵江的项目示范点，展示了创新的淡水生态系统保护方案。

- 企业参与

发挥领导作用，在行业中分享水和能源管理的成功经验和先进技术。

- 提高公众意识

支持 2008 年和 2009 年“湿地使者行动”，通过湿地评估和相关活动推动湿地保护。

2008 年：300 名大学生湿地使者，穿越 14 个省推广湿地保护意识，直接接触 6 万人，媒体宣传影响超过 40 万人。

2009 年：700 名大学生湿地使者，穿越 18 个省，直接接触 10.5 万人，媒体宣传影响上百万人。

资料来源：可口可乐中国 2007、2008、2009 年可持续发展报告。

案例 2

留住一桶水

启动时间：2005 年

资助金额：长期项目，27 万美元（2009），45 万美元（2010），35 万美元（2011）

项目支持地区：中国

合作伙伴：北京奥组委、北京市共青团、北京市少先队和竞报社等

“留住一桶水”项目是可口可乐公司联合相关单位，为宣传和推动绿色节水理念，通过理论联系实践的节水系列活动，提升社会公众的节水意识，培养低碳生活方式，共同保护水资源，共创资源节约型社会而开展的一项环保公益活动。该活动旨在将环保理念从青少年抓起，通过寓教于乐的形式让更多的青少年和家庭形成节水观念，养成节水习惯，并带动每一个家庭、学校、社区一起来保护珍贵的水资源。该项目在2005年启动，现在已经成为一个全国性的活动。

• 2005年7月7日可口可乐公司联合北京奥组委环境活动部、共青团北京市委员会、少先队北京市工作委员会和竞报社在全市十八个区县的小学少先队系统中发起绿色奥运行动之“今夏留住一桶水”的活动。号召全市小学生在暑假期间至少收集一桶雨水，意在通过“小手带大手”的节水活动，让更多人参与到环保事业中来，为“绿色奥运”做出努力。

• 2006年5月10日，由北京奥组委工程和环境部、共青团北京市委员会、少先队北京市工作委员会主办，可口可乐公司、竞报社和北京绿色奥运绿色行动宣讲团在北京市十八区县的1000多所中小学再次掀起“2006年度绿色奥运行动——‘留住一桶水’家庭节水DIY”活动。

• 2006年4月2日至6月30日期间，由可口可乐公司协同北京奥组委工程和环境部、共青团北京市委员会、北京绿色奥运绿色行动宣讲团、北京电视台财经节目中心，共同举办了首都大学生绿色奥运活动“畅想奥运、绿动校园——首都高校环保DV大赛”。这次大赛为首都近80所高校的青年学子提供了参与绿色奥运的平台，鼓励他们用手中的DV去观察生活中的绿色亮点，发现身边的环保事迹，传播绿色文明。

• 2007年4月19日，2007年度绿色奥运行动“留住一桶水，花儿也微笑”活动在京启动。该活动旨在鼓励孩子们在家中、学校注意节约用水的同时，还能够用节约下来的生活用水、雨水灌溉养植自家和学校的花卉植物。据统计，2007 年除了北京市的 1400 多所学校的小学生参与其中，还在包括奥运协办城市在内的 15 所城市的学生中掀起节约水资源、迎接绿色奥运的高潮，全国共计有 25 万名学生直接参与。

• 2008 年 4 月 7 日，第四届“留住一桶水”活动再次在京启动。该活动以“留住一桶水，绽放奥运花”为主题，在延续往届传统的同时，突出“志愿参与”的精神，倡导广大中小学生从“节约一桶水”入手，从力所能及的小事做起，争做“小小绿色志愿者”，争当“节水奥运小冠军”。活动在全国 22 个城市中举行，共有超过 50 万的孩子直接加入到“留住一桶水”的绿色奥运行动中来。凝聚着孩子们节水智慧的优秀“花儿心语”还在奥运会以及残奥会期间在奥运村集中展示，向国内外的运动员们传递着绿色奥运的理念，带动更多的人加入节水环保的行列中来。

• 2009 年 3 月 20 日，2009 年度“留住一桶水”项目号召全国的中学生开展社区水资源优化使用调研与实践活动。来自全国 15 个城市的 150 多所学校组建了 83 支“绿之队”，开展了多种多样的实践活动并得到专家的指导。最后，全国共有 63 个优秀方案获得了可口可乐公司提供的总额为 27 万美元的“留住一桶水绿色基金”的支持，用于项目方案的实施。在历时六个月的活动中，全国范围内有 15 万人直接参与其中，间接影响超过百万人。据专家估算，2009 年度“留住一桶水”项目在全国实现节水超过 31 万吨。

• 2010 年 3 月 22 日，2010 年“留住一桶水”项目在京启动，项目正式走进高校。2010 年“留住一桶水”项目以社区水资源优化使用调研与实践活动为主体项目，并开展了“龙头开一半，节水常相伴”“做节水达人，赢世博门票”等系列参与性强的互动活动，吸引了更广泛的人群加入到节水环保的行列中来。主体项目“社区水资源优化使用调研与实施”活动中，全国共有24个省市自治区直接参与活动，最终132个节水方案获得了组委会发放的总数为45万人民币的可口可乐留住一桶水绿色基金，据专家估算，节水量达到了41万吨。

- 在“世界环境日”前夕，由北京市教育委员会、北京环境保护基金会、北京市节水管理中心和可口可乐大中华区共同发起的2011年度“留住一桶水 大家一起来”行动在清华大学正式启动。今年的“留住一桶水”将覆盖全国20多个省份，通过百余所学校展开全民节水行动，并且，通过2011年“留住一桶水”还将选拔出一名杰出的环保大学生代表，成为2012年伦敦奥运会绿色火炬手。2011年度的“留住一桶水”汇集三大资源，开展社区水资源调查报告和优化使用方案、希望学校（打工子弟学校）绿色活动宣讲及现场宣传三大主体活动，全国包括清华、北大在内的百余所学校结成节水联盟，组建“绿之队”深入社区开展“社区水资源优化使用调研与实施”。经组委会专家组评审认可的方案，将获得由可口可乐公司提供的“留住一桶水绿色基金”，支持项目的实施。组委会鼓励参与者充分利用博客、微博等身边可以利用的资源展开宣传，将节水环保理念更广泛地传播。

资料来源：《2011“留住一桶水”行动在京启动》，http://green.sina.com.cn/p/2011-05-30/133922555051.shtml。

案例3

改善中国农村地区水资源管理和饮用水安全

启动时间：2007年

资助金额：4年总投资达680万美元，其中可口可乐公司投资350万美元

项目支持地区：中国

合作伙伴：联合国开发计划署（UNDP）、中国水利部（MWR）以及商务部下属的中国国际经济技术交流中心（CICETE）

在2007年，可口可乐公司与水利部、商务部中国经济技术交流中心以及联合国开发计划署建立了创新的合作伙伴计划——“改善中国农村地区水资源管理与饮用水安全”。此项目希望推广有效的方法，解决水权管理、水资源分配和饮用水健康技术等领域的问题，进而改进政策机制。具体技术包括重新铺设下水管道、使用生态可持续农业技术促进水资源保护等。

此项目由各方联合出资679.2万美元，从2007年至2011年历时4年时间，以支持政府改善农村地区水资源管理和饮水安全为目标，以生态脆弱、经济贫困、位置偏远的西北部少数民族地区为重点，进行学术研究、地方能力建设和建立项目试点：

1. 项目地区总计超过32万当地居民参与其中并受益；

2. 通过黑龙江双城污水处理厂示范项目处理污水3万吨；

3. 2.5万地区居民通过示范项目获得安全用水；

4. 为新疆和四川20所学校修建安全饮水和卫生设施，22713名师生从中受益。

案例 4

雨水收集

启动时间：2006 年

项目支持地区：中国

合作伙伴：中国宋庆龄基金会

可口可乐中国有限公司与中国宋庆龄基金会合作，于 2006 年建立了雨水储存设施。水泵站、水管等已经在宁夏回族自治区彭阳县的 12 个村庄修建完毕。这些设施帮助当地 4200 名农民解决了蓄水问题。这是中国最贫穷的地区之一，当地人均水资源占有量仅仅是全国水平的 1/8。

来源：可口可乐中国 2007、2008、2009 年可持续发展报告。

可持续的社区

可口可乐公司的业务模式使其在本土雇用人才、采购原料、生产并销售产品。所到之处，企业都成为当地社区的一分子。可口可乐公司认为，业务的可持续发展是建立在所运营社区的可持续发展基础上的。

在中国，可口可乐公司根据当地社区的种种需求，为青少年提供教育机会和营养补充，推广积极健康的生活方式和环境保护。可口可乐公司见证了 2008 年北京奥运会和 2010 年上海世博会的历史时刻，也一起分担了四川地震带来的伤痛。在四川地震之后，可口可乐公司立即采取行动投入到地震救援和灾后重建中，第一时间捐助大量灾区急需的饮用水，随后可口可乐公司通过多个政府组织和社会机构捐款 2000 万元人民币用于紧急救援；通过可口可乐基金会，可口可乐公司又追加捐款 1200 万美元，通过中国青少年发展基金会和地方政府，在受灾地区重建被地震摧毁的学校。

促进社区的可持续发展这一理念深深注入可口可乐公司的运营之中，其重点社区项目：

教育

- 希望工程
- 教师培训
- 网络学习，丰富生活
- 农村地区大学生奖学金
- 希望之星
- 新农村工程

健康

- 快乐课间
- 健康之旅

艾滋病，意识、预防和关爱

- 关怀艾滋孤儿
- 中国预防性病艾滋病基金会
- 全球企业抗艾滋病、结核和疟疾联合会

案例1

希望工程

启动时间：1993年

资助金额：至2009年已达7000万元人民币

项目支持地区：中国

合作伙伴：中国青少年发展基金会

可口可乐中国系统与中国青少年发展基金会为提高落后农村地区儿童教育机会，自1993年起在“希望工程”上展开合作，目前这已成为在中国时间最久的合作项目之一。近20年来，可口可乐中国系统始终如一地履行承诺，为中国农村弱势群体儿童改善教育条件。通过与中国青少年发展基金会的合作，参与希望工程并投入财力与物力。至今为止，通过希望工程，在20个省市建立希望学校61所、希望图书馆100个、电子教室56个、多媒体教室55个。同时向1200名教师提供培训，向希望之星奖学金获得者提供帮助，让他们从小学到初中、到高中、到大学一步步接受更高的教育，时至今日受助于可口可乐中国希望工程项目的学生已达6万多人。

案例 2

快乐课间

启动时间：2006 年

项目支持地区：中国

合作伙伴：中国关心下一代委员会（由 12 个政府部委组成）

2006 年，可口可乐中国支持“快乐 10 分钟”项目，这是一个由国际生命科学学会和中国疾病预防控制中心组织的，推广健康生活方式的项目。快乐 10 分钟项目向学生介绍能够轻松融入日常生活、可以在 10 分钟内完成的简单锻炼方法，并就营养和运动作出了指导说明。目前该项目已经在北京 20 所试点学校中取得了成功。可口可乐中国计划在“快乐 10 分钟”的模式上继续积极开展相关活动，把健康的生活方式带到更多孩子的身边。为此，可口可乐中国在 2006 年 5 月，与中国关心下一代委员会（由 12 个政府部委组成）合作，推出了一个覆盖范围更加广泛的项目——“快乐课间”。2007 年，“快乐课间”项目已经覆盖了 19 个城市的 55 万名小学生。参加此项目的瓶装合作伙伴 2006 年有 13 家，到 2008 年已经超过 20 家。

案例3

关怀艾滋孤儿

启动时间：2006年

项目支持地区：中国

合作伙伴：中国预防性病艾滋病基金会、云南妇女儿童发展中心、普雷尔基金会以及云南瑞丽妇女协会

云南省是受艾滋病影响最严重的地区之一，艾滋孤儿的数量也呈逐年增长的趋势。在2006年，为了缓解这一日益加重的社会和人口问题，可口可乐与中国预防性病艾滋病基金会、云南妇女儿童发展中心以及云南瑞丽妇女协会联合启动了艾滋孤儿关怀项目。该项目的主要目的是为了向瑞丽地区75个村的艾滋孤儿提供帮助和关怀，其中不仅包括提供体检和医疗补助，还有补贴他们的生活和教育支出，提供日常生活的帮助和咨询以及向他们每天提供豆奶以供营养所需。自项目开始，可口可乐中国就与盖瑞·普来尔基金会合作组织年度募捐。运动员基金会由著名的高尔夫球运动员盖瑞·普雷尔创办，旨在帮助困难儿童。2007年筹集了将近200万元人民币，用于多项教育和医疗项目，帮助云南省受艾滋病影响的儿童。2008年和2009年共筹得1350万元人民币，其款项资助了云南、四川、新疆和甘肃等地超过2000名艾滋病家庭遗留下的孤儿。

来源：可口可乐中国2007、2008、2009年可持续发展报告。

表 3　可口可乐基金会历年对华资助信息一览

单位：美元

受助者名称	受助者所在城市	授予资助年份	资助额	支持类型
可口可乐中国基金会	香港	2007	260000	提供启动资金
世界自然基金会	北京	2011	2000000	项目开发
联合国开发计划署	北京	2011	2000000	项目开发
北京环境保护基金会	北京	2011	260000	项目开发
中国青少年发展基金会	北京	2009	153000	—
北京环境保护基金会	北京	2009	25000	—
中国青少年发展基金会	北京	2009	3000000	—
中国关心下一代工作委员会健康体育发展中心	北京	2009	279000	—
中国预防性病艾滋病基金会	北京	2009	154000	—

第四节　项目资助申请指南

基本原则

所有与可口可乐公司及可口可乐基金会捐赠和赞助相关的申请都需要通过一个网上平台。只有那些符合可口可乐公司的总体原则，能够帮助公司达成长远的战略目标的项目才能得到资助。以其他方式如传真或邮件递交的申请将被退回，申请人需要重新进行网上在线申请。

每年可口可乐公司及可口可乐基金会都会收到成千上万封申请。公司尊重并鼓励志愿者和公益机构为改善社区环境作出的贡献和努力，但是因为资源有限，会优先考虑那些与公司战略目标一致的项目。

项目评选标准

一般来说，可口可乐基金会不考虑对以下类型的项目捐赠或赞助：

- 个人（奖学金的申请由可口可乐学者基金会专门负责）
- 在种族、性别、宗教、年龄等方面有歧视行为的相关机构
- 宗教活动
- 政治活动
- 电影或电视纪录片
- 网络开发
- 音乐会或其他娱乐性活动
- 选美比赛或其他时尚活动
- 互助机构及其相关活动
- 当地体育社团或体育队
- 旅行或其他有组织的实地考察活动
- 家人团聚
- 市场营销或广告活动（这类活动请直接联系可口可乐公司）
- 美国本土的学校，包括各类学前班、中小学等
- 没有合法的免税许可的美国机构
- 其他国家达不到有关公益慈善法律要求的机构

申请过程

申请资格评定

- 是否以个人名义提出申请
- 机构是否对不同种族、性别、宗教人群有歧视行为
- 是否为宗教活动申请资助
- 是否为以下类别的活动申请资助
- 电影或电视纪录片

- 网络开发
- 音乐会或其他娱乐性活动
- 当地体育社团
- 选美比赛或其他时尚活动
- 互助机构及其相关活动
- 当地体育社团或体育队
- 旅行或其他有组织的实地考察活动
- 家人团聚
- 纪念性活动
- 是否为市场营销或广告宣传类活动申请资助
- 是否为美国机构

□ 否

是否满足你所在国家或地区对公益慈善机构相关的法律法规要求?

□ 是

是否为以下类型的机构申请资助:

- 特许公立学校
- 学前班
- 小学
- 中学

申请资助是否是为了:

- 购买土地、房产及相关设备等
- 建筑或翻修工程

是否满足美国法律对非营利组织的税收要求?

网上申请

所有项目申请都需要在线提交申请表,并提供以下信息:

- 项目执行及评估的时间表
- 工作人员薪水
- 项目最终所要达成的结果
- 相关工作人员的资历
- 所在机构的简略历史及使命简介
- 简略说明项目与可口可乐公司理念的关系
- 所在机构理事会、工作人员的名单及职务安排等
- 有关项目的详细说明及申请资助的金额
- 机构年度预算以及所要申请项目的预算
- 非营利组织的相关法律证明
- 其他相关文件和资料

网上申请没有固定的截止日期，一般在申请提交之后的两个月内会给出答复。

网上申请样表——项目捐赠（对社区相关公益项目的捐赠）

可口可乐基金会项目捐赠网上申请样表

联系人信息

*称呼

*姓名

*邮箱

*电话

*联系人职务

- 理事会成员
- 顾问
- 主席
- 雇员
- 资助人
- 捐赠人

- 其他

机构信息

* 机构名称
  机构别名（包括机构其他常用名称、缩写等）
* 地址
* 联系邮箱
* 联系电话
* 业务类别
  - 人权
  - 青少年发展
  - 艺术与文化
  - 宗教
  - 社区发展
  - 教育
  - 环境
  - 公共卫生
  - 赈灾及灾后重建
  - 经济发展
  - 公益慈善捐助
  - 其他
* 机构使命及发展历史
* 管理者姓名
* 管理者称呼（先生、女士等）
* 管理者职务头衔
* 管理者邮件
* 理事会成员（包括姓名、职务头衔、所在机构等）

资助项目申请信息

* 资助领域

- 水资源
- 资源回收及再利用
- 积极健康的生活
- 教育—奖学金项目
- 教育—其他项目
- 人权、社会呼吁等
- 艾滋病
- 青少年发展
- 灾后援助
- 环境—气候变暖
- 环境—其他
- 文化及艺术
- 公共卫生和疾病（非艾滋病）
- 经济发展
- 社区支持

* 项目名称
* 申请资助金额
* 项目信息
  - 新项目/现有项目
  - 项目启动日期
  - 项目结束日期
  - 项目所在国家
* 项目具体介绍（包括项目目的、详细活动、日程安排等）
* 与可口可乐公司的关系
* 该项目是否有其他相关合同，备忘录，顾问协议等
* 简单阐述该项目如何能够帮助完成所在机构的使命
* 此类项目相关的经验（包括人员、时间、所在国家等）
* 是否与其他组织有相关合作
* 项目宣传方式（项目如获得任何奖项或奖励，以何种方式

进行宣传）

项目服务人群

* 性别
* 项目主要服务人群的种类
    - 残疾人
    - 灾难受害者
    - 经济贫困
    - 同性恋
    - 军人或退伍军人
    - 无特殊差别（服务以上所有人群）
* 项目主要服务人群的年龄
    - 婴儿（0～2岁）
    - 学龄前（3～4岁）
    - 中小学生（5～18岁）
    - 大学生（19～22岁）
    - 成人
    - 老年人（55岁以上）
    - 无特殊差别（服务以上所有人群）

项目预算

* 项目支出预算
    - 人员工资（包括项目相关人员的工资、职位、薪水、工作投入时间等）
    - 人员额外福利
    - 顾问及第三方服务费用
    - 材料印刷（包括印刷品的种类、数量和价钱等）
    - 媒体
    - 电话通信
    - 设备设施

  - 邮寄

* 项目收入预算
  - 从可口可乐公司或者可口可乐基金会获得的资助
  - 其他基金会
  - 政府机构
  - 个人
  - 申请人所在机构投入的运营资金

项目评估及监管

* 总体预期结果
* 项目获益人群
  - 直接获益人群
  - 直接获益人数
* 项目主要目标
* 评判项目达成目标的衡量标准

协议及证明

所有机构必须签字以证明他们同意以下原则：

* 非歧视性原则（机构对种族、宗教、性别、国别、年龄要一视同仁，不得有歧视）

* 信息准确性原则（机构必须保证以上所填信息是完整且准确的，并且所得资助只能用于以上所申请的项目，必须根据规定对财务及项目进程进行记录）

* 反腐败原则（机构保证遵守所有相关的反腐败法律法规，不得以任何方式直接或者间接将项目所得资金转移到政府官员或其他利益集团手中以换取任何非法收益）

申请人签字

* 申请填写人姓名
* 申请填写人职务

* 申请完成日期

网上申请样表——活动赞助

主要针对那些以为非营利组织或公益活动筹集资金为目的的活动的赞助，包括酒会、答谢会等。

可口可乐基金会活动赞助网上申请样表

联系人信息

* 称呼
* 姓名
* 邮箱
* 电话
* 联系人职务
  - 理事会成员
  - 顾问
  - 主席
  - 雇员
  - 资助人
  - 捐赠人
  - 其他

机构信息

* 机构名称

机构别名（包括机构其他常用名称，缩写等）

* 地址
* 联系电话
* 业务类别
  - 人权
  - 青少年发展

- 艺术与文化
- 宗教
- 社区发展
- 教育
- 环境
- 公共卫生
- 赈灾及灾后重建
- 经济发展
- 公益慈善捐助
- 其他

* 机构使命及发展历史
* 管理者姓名
* 管理者称呼（先生、女士等）
* 管理者职务头衔
* 管理者邮件
* 理事会成员（包括姓名、职务头衔、所在机构等）

活动赞助申请信息

* 项目相关领域

- 水资源
- 资源回收及再利用
- 积极健康的生活
- 教育—奖学金项目
- 教育—其他项目
- 人权、社会呼吁等
- 艾滋病
- 青少年发展
- 灾后援助
- 环境—气候变暖

- 环境—其他
- 文化及艺术
- 公共卫生和疾病（非艾滋病）
- 经济发展
- 社区支持

* 项目名称
* 申请金额
* 赞助水平（包括赞助金额界定及企业冠名权说明等）
* 项目口号
* 活动简单介绍（包括日期、主持人、出席人员、着装要求等）
    - 主题发言人（姓名、职务、所在机构、发言主题）
    - 活动主席或名誉主席
    - 活动筹委会成员
* 与可口可乐公司关系
* 项目所在国家
* 项目信息
    - 项目开始时间
    - 项目结束时间
    - 主要活动时间
    - 主要活动所在地点

项目服务人群

* 性别
* 项目主要服务人群的种类
    - 残疾
    - 灾难受害者
    - 经济贫困
    - 同性恋
    - 军人或退伍军人

- 无特殊差别（服务以上所有人群）

* 项目主要服务人群的年龄

- 婴儿（0～2岁）
- 学龄前（3～4岁）
- 中小学生（5～18岁）
- 大学生（19～22岁）
- 成人
- 老年人（55岁以上）
- 无特殊差别（服务以上所有人群）

协议及证明

所有机构必须签字以证明他们同意以下原则：

* 非歧视性原则（机构对种族、宗教、性别、国别、年龄要一视同仁，不得有歧视）

* 信息准确性原则（机构必须保证以上所填信息是完整且准确的，并且所得资助只能用于以上所申请的项目，必须根据规定对财务及项目进程进行记录）

第五节　组织管理结构

组织结构

可口可乐基金会管理结构分为理事会（11名成员）、专职工作人员（6名）和全职后勤支持人员（5名）。理事会每季度需召开一次会议，对相关问题进行讨论。理事会成员全部为公司高级管理人员，理事会成员除执行主席之外，每周投入基金会管理的时间少于等于1小时，同时理事会成员没有额外的福利、补贴或者薪酬。

理事会成员

理事长、董事、行政主管、雇员及其他合同制员工的相关信息如下。

表 4 成员信息

姓 名	基金会职务/每周投入的工作时间	在可口可乐公司职务	福利	补贴	薪酬
Ingrid Saunders Jones	理事会主席/1 小时	高级副总裁，全球社区链接	0	0	0
Gary P. Fayard	会计，理事会成员/少于 1 小时	执行副总裁，首席财务官	0	0	0
William Hawkins	会计助理，理事会成员，税务顾问/少于 1 小时	总税务顾问	0	0	0
Melody C. Justice	秘书长，理事会成员/少于 1 小时	可口可乐北美地区执行副总裁，企业转型	0	0	0
Helen Smith Price	执行主席/约 20 小时	主管，全球社区链接	0	0	0
Lawton Hawkins	总顾问/少于 1 小时	高级法律顾问	0	0	0
John H. Downs, Jr.	理事会成员/少于 1 小时	公共关系高级副总裁，可口可乐饮料装瓶商（*Coca-Cola* Enterprises Inc.）	0	0	0
Ahmet C. Bozer	理事会成员/少于 1 小时	欧亚及非洲地区总裁	0	0	0
Alexander B. Cummings	理事会成员/少于 1 小时	执行副总裁，首席行政官	0	0	0
Clyde C. Tuggle	理事会成员/少于 1 小时	执行副总裁，首席公共关系运营官	0	0	0
Jose Octavio Reyes	理事会成员/少于 1 小时	拉美地区总裁	0	0	0

可口可乐全球地区性分基金会

除了可口可乐基金会之外，可口可乐公司在全球共有19个地区性分基金会。

表5 可口可乐公司地区性分基金会

名　称	成立时间（年）	办公地点	主要项目及活动
非　洲			
可口可乐非洲基金会	2001	斯威士兰 曼奇尼	主要负责可口可乐公司非洲地区的公益项目，包括水资源的保护与管理，如RAIN等项目，以及其他有关艾滋病防治、疟疾防治、教育及人道主义救援项目
可口可乐印度基金会	2007	印度 德里	www. anandana. org 与当地政府和非营利组织合作开展有关水资源开发与保护、环境保护及公共卫生健康等项目
可口可乐土耳其基金会	2008	土耳其 伊斯坦布尔	www. coca-colahayataartivakfi. org 环保项目及促进积极健康生活方式的项目等
欧　洲			
可口可乐西班牙基金会	1993	西班牙 马德里	有关绘画、雕塑、美术等促进西班牙青少年发展的项目
可口可乐挪威基金会		挪威 奥斯陆	与当地学校和公益组织合作，支持在北欧和波罗的海沿岸国家开展有关环境保护和资源回收利用的项目
拉丁美洲			
可口可乐巴西基金会	1999	巴西 里约热内卢	www. institutococacola. org. br 初期关注巴西青少年的发展，降低公立小学的辍学率，2004年之后拓展到其他有关环境保护、公共卫生和健康生活等领域

续表

名　称	成立时间（年）	办公地点	主要项目及活动
		拉丁美洲	
可口可乐智利基金会	1992	智利 圣地亚哥	http：//www. cocacola. cl/mundo/index. php？ id = 6 主要关注青少年的教育及发展，主要活动包括为学生提供奖学金，为学校实验室配备先进仪器，在中小学开展有关预防肥胖、健康饮食的教育等
可口可乐玻利维亚基金会	2003	玻利维亚 圣克鲁斯	以教育相关项目为主，为贫困大学生提供奖学金，与 UNICEF，Junior Achievement 等组织合作降低辍学率，改善教学环境，对学生进行环保教育
可口可乐厄瓜多尔基金会	2000	厄瓜多尔 基多	www. Coca-Cola. com. ec 在厄瓜多尔开展有关教育、环境保护、水资源的开发和利用等公益项目
可口可乐墨西哥基金会	1999	墨西哥 墨西哥城	www. fundacioncoca-cola. com. mx 基金会已经帮助在墨西哥偏远贫困地区建立了 35 所学校，65 所学校宿舍，超过 100 万墨西哥人从中获益
可口可乐秘鲁基金会	2002	秘鲁 利马	www. fundacionincakola. com. pe 通过开设培训班等方式对教师进行培训，促进当地教育发展
		北　美	
可口可乐学者基金会	1986	美国 佐治亚州 亚特兰大	www. coca-colascholars. org 为美国高中生、大学生提供奖学金及其他类型资助

续表

名　称	成立时间（年）	办公地点	主要项目及活动
		亚太地区	
可口可乐澳大利亚基金会	2001	澳大利亚 悉尼	www. coca-colaaustraliafoundation. com. au 主要关注青少年发展项目
可口可乐印度尼西亚基金会	2000	印度尼西亚 扎卡塔	www. coca-colafoundation-ind. org 基金会项目主要与教育、水资源保护、小额信贷、灾后救援相关
可口可乐韩国青少年基金会	2004	韩国 首尔	www. gunzzang. org 基金会致力于在青少年中普及健康知识，增强体育锻炼意识，培养良好生活习惯等
可口可乐菲律宾基金会（Coca-Cola Foundation Philippines，Inc）	1986	菲律宾 马尼拉	www. coca-colafoundation. ph 致力于水资源保护、青少年教育及发展
可口可乐泰国基金会	2003	泰国 曼谷	水资源保护、教育、环境保护和应对自然灾害等
可口可乐教育及环境基金会	2007	日本 东京	www. cocacola-zaidan. jp/ 鼓励青少年开展环境保护、国际文化交流等活动
可口可乐中国基金会（Coca-Cola China Foundation Ltd）		中国 香港	关注青少年的教育和发展，以及其他扶贫项目

第六节　基金会财务管理

一　990-PF 基金会纳税申报表信息概览

表 6　可口可乐基金会 990－PF 纳税申报

单位：美元

收　支	2001 年	2002 年	2003 年	2004 年	2005 年	2006 年	2007 年	2008 年	2009 年	2010 年
收入										
收到的捐献、礼物、资助等			1700		75000000	100000000			105701398	245500000
存款和短期现金投资的利息	216630	15965	16369	27067	242176	125072	134166	20283	12799	1250
投资证券取得的利息和股息收入	2286799	790501	165515	84091	367133	212987	2555176	1287050	1202494	1889977
出售资产取得的净收益或净损失	369595	－1897783	202133	1655202	1160510	2615121	6895249	－10681319	－3757169	5774904
其他收入	1149890									
共计收入	4022914	－1091317	385717	1766360	76769819	102953180	9584591	－9373986	103159522	253166131
支出										
其他咨询费用	97936	68680	198029	121150	119831	137590	543805	489953	267252	398953
税	25000	11500		5000	7500	44343	182226	96000	5000	139334
运营和行政费用小计	122936	80180	198029	126150	127331	181933	726031	585953	272252	538287
支出的贡献、礼物、资助等	12141774	15873978	18537628	20426310	23912780	23834669	37029520	36743015	40968382	56569252
共计支出	12264710	15954158	18735657	20552460	24040111	24016602	37755551	37328968	41240634	57107539
收入超出支出的部分	－8241796	－17045475	－18349940	－18786100	52729708	78936578	－28170960	－46702954	61918888	196058592

续表

资产和负债	2001 年	2002 年	2003 年	2004 年	2005 年	2006 年	2007 年	2008 年	2009 年	2010 年
资产										
不产生利息的现金		6782874	277312	1055558	818588	100676968	4239819			
存款和短期现金投资	44843614							2503530	18823671	239641151
投资：国债和州政府债券	2438805									
投资：公司股票	8029022	12335382	9721551	2148631	26401229	16083906	77451958	21626848	57389443	43398179
投资：公司债券	2763591	20722460	16115046	3423115	35769065	25885668	30985733	20920934	42913534	37076939
项目相关性投资	1000000	1000000	1000000	1000000	1000000	1000000				
资产总计	59075032	40840716	27113909	7627304	63988882	143646542	112677510	45051312	119126648	320116269
负债										
负债总计	0	0	0	0	0	0	0	0	0	0
净资产										
留存收益、累计收入、以设立基金形式的捐赠或其他基金	59075032	40840716	27113909	7627304	63988882	143646542	112677510	45051312	119126648	320116269
净资产总计	59075032	40840716	27113909	7627304	63988882	143646542	112677510	45051312	119126648	320116269
负债和净资产总计	59075032	40840716	27113909	7627304	63988882	143646542	112677510	45051312	119126648	320116269

注：基金会采用修正的收付实现制计量。修正的收付实现制混合了收付实现制和权责发生制，它建立在严格的收付实现制上，但有一定部分的修正，这些修正是大额的，例如固定资产的资本化或折旧或记录存货。

负债为零的原因为修正的收付实现制。

二 资产规模概况

表 7 资产规模

单位：美元

资产和负债	2001 年	2002 年	2003 年	2004 年	2005 年	2006 年	2007 年	2008 年	2009 年	2010 年
资　产										
不产生利息的现金		6782874	277312	1055558	818588	100676968	4239819			
存款和短期现金投资	44843614							2503530	18823671	239641151
投资：国债和州政府债券	2438805									
投资：公司股票	8029022	12335382	9721551	2148631	26401229	16083906	77451958	21626848	57389443	43398179
投资：公司债券	2763591	20722460	16115046	3423115	35769065	25885668	30985733	20920934	42913534	37076939
项目相关性投资	1000000	1000000	1000000	1000000	1000000	1000000				
资产总计	59075032	40840716	27113909	7627304	63988882	143646542	112677510	45051312	119126648	320116269
负债										
负债总计	0	0	0	0	0	0	0	0	0	0
净资产										
留存收益、累计收入、以设立基金形式的捐赠或其他基金	59075032	40840716	27113909	7627304	63988882	143646542	112677510	45051312	119126648	320116269
净资产总计	59075032	40840716	27113909	7627304	63988882	143646542	112677510	45051312	119126648	320116269
负债和净资产总计	59075032	40840716	27113909	7627304	63988882	143646542	112677510	45051312	119126648	320116269

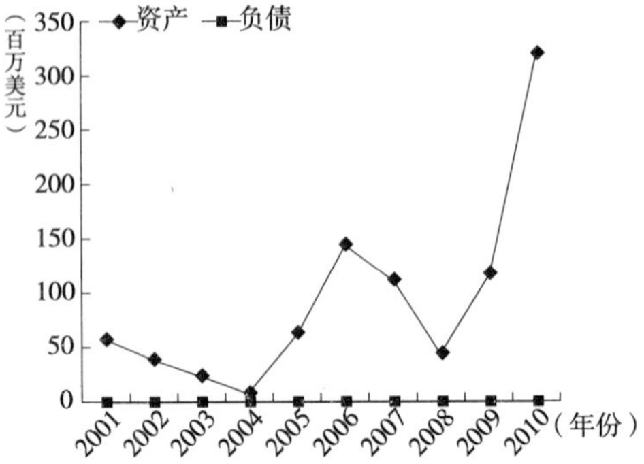

图1　资产状况

三　收入与支出

从已有的2001年到2010年990-PF的信息可以看出，基金会的全部资金来源于公司。最近十年来，公司在2005年、2006年、2009年、2010年资助基金会。当2004年和2008年的资产减少时，2005年和2009年两年公司一次性向基金会投入大量资金。2010年公司的净利润实现十年来的历史新高，此年对基金会的投入同时也最大。

基金会支出的资助每年稳固增长。

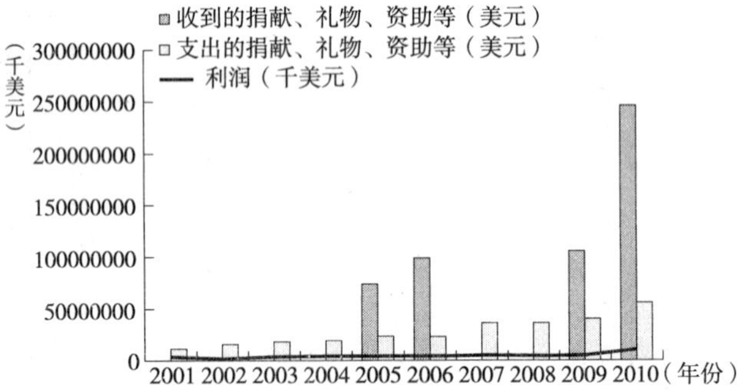

图2　收益分析

四　分配比率

根据4942法案，符合一定资格的私募基金会（private foundation）在证券投资（如购买国债、股票、债券上的净收益）可以享受原先由2%降到1%的特种消费行为税（exercise tax）的税收优惠。其中关键的每年的检验条件为分配比率（distribution ratio），若该年度的经调整的合格的分配大于过去 5 年的分配比率平均值与今年净投资收益的乘积，则可以享受税收减免。

分配比率 = 经调整的合格的分配（adjusted qualifying distribution）/非慈善用途的资产（net value of nonchantable-use assets）

其中：

经调整的合格的分配 = 用于达成慈善目的付的金额（包括行政费用）－一些对有资格的基金会减免净投资收益征收的特种消费行为税（如果没有该资格就不能减去税）

非慈善用途的资产主要包括非直接用于执行慈善用途的资产的公允价值减去 1.5% 持有用于慈善目的的现金。其中，非直接用于执行慈善用途的资产主要包括证券的公允价值的月余额的平均额、现金的月余额的平均额及其他资产的公允价值。

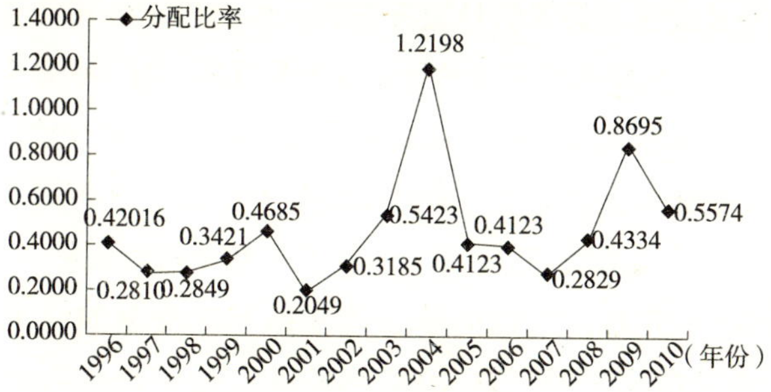

图 3　分配比率

因此，分配比率作为基金会用于慈善目的与非慈善目的及闲置的资金的百分比，衡量了基金会运用资金的效率。分配比率越大，表明基金会将大量现金或投资证券市场的收益投入资助项目。

五　运营费用比例

运营费用占共计分配和费用的比例

六　投资收益分析

近年来基金会的利息证券债券投资收益率在 3% 左右，收益率并不高。

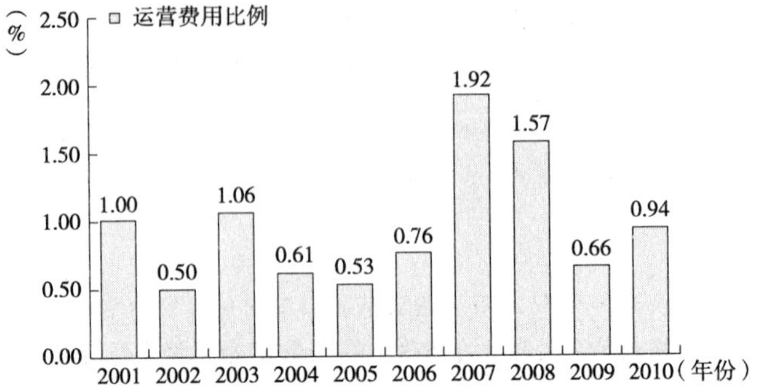

图4　运营费用比例

第七节　透明度及信息公开

在企业社会责任感及信息公开方面，可口可乐公司仍处于摸索阶段。公司认识到明确可量化的衡量标准及目标，对于衡量企业的表现和社会价值是至关重要的。可口可乐公司从2011年开始，利用外部独立的衡量标准，设立了“全球工作报告计划”（Global Reporting Initiative），对企业的表现进行评判，并公布相关调查结果。

从2001年开始，可口可乐公司开始不断探索如何进行有效的数据收集及数据分析。从2007年开始，公司每年都会在网站上公布年度可持续发展报告。各地分公司及分基金会在有些年份还会根据自己当地的业务情况公布相关报告。上述报告都可以从可口可乐公司网站上下载（http://www.thecoca-colacompany.com/citizenship/reporting.html）。

可口可乐基金会也会定期在可口可乐公司网站的新闻中心部分公布其最新资助项目进展和季度资助项目报告等。

同时作为一个依法注册的非营利组织，基金会每年需要向美国国税局提交990PF表格，其中包括公司及基金会的财务信息、管理人员名单及工资以及详细的年度资助项目的列表。

表 8　可口可乐基金会 2009 年支付补助金和捐款（部分）

单位：美元

收款人姓名	地　　址	付款金额	个　人	公共慈善	付款年份	付款类型
“新名字”国际区域慈善公共基金	俄罗斯，莫斯科，Ulofa Palme 大街 5 号	5000000	否	是	2009 年	基金捐款
美国国会营养健康基金	—	27500000	否	是	2010 年	基金捐款
美国印第安大学基金	Greenwood Blvd，丹佛 80221	25000000	否	是	2011 年	基金捐款
贝鲁特美国大学	Hammarskjoid 大厦，8 层，纽约 100017 - 2303	50000000	否	是	2012 年	基金捐款
佐治亚大学 Arch 基金	佐治亚州，Athens，Miledge 大道，384s	25000000	否	是	2013 年	基金捐款
亚太岛民美国奖学金	华盛顿，20036	10000000	否	是	2014 年	基金捐款

资料来源：可口可乐基金会 2009 年 990PF 税表（部分）。

第八节 主要合作伙伴

可口可乐公司在全球范围内与很多机构都有广泛的合作伙伴关系。通过这些合作，双方可以达到优势互补，更好地推进项目的发展。其主要合作机构包括：

世界自然基金会 WORLD WILDLIFE FUND

世界自然基金会是全球最大的环境保护机构，在全世界 100 多个国家内开展各种资源及环境保护活动。2007 年 6 月，可口可乐公司与世界自然基金会建立了战略性合作伙伴关系。主要的合作项目包括：

- 保护全球最重要的 7 个淡水河流域
- 提高可口可乐公司的水资源利用效率
- 减少碳排放及能源浪费
- 在原料供应方面促进可持续性的农业发展
- 在全球范围内推动水资源保护运动

主要关注的 7 大淡水河流域为：

- 中国的长江

- 东南亚的湄公河
- 美国和墨西哥西南部的格兰德河/布拉沃河
- 美国东南部的河流与溪流
- 中美洲加勒比海珊瑚礁水域
- 东非马拉维湖流域
- 欧洲的多瑙河

国际红十字会与红新月会联盟 THE INTERNATIONAL FEDERATION OF RED CROSS AND RED CRESCENT SOCIETIES

国际红十字会与红新月会联盟是全球最大的志愿者联盟，进行自然灾害及公共卫生突发事件的救援工作，每年在 186 个国家帮助人次超过 1 亿 5 千万。通过其自然灾害应急基金，国际红十字会与红新月会联盟为受灾地区群众提供即时必要的经济和物质援助。

可口可乐公司及其瓶装伙伴自 1917 年开始就与国际红十字会与红新月会联盟合作，在世界范围内进行抢险救灾活动。2011 年日本地震海啸之后，可口可乐公司提供了总计 3300 万美元的援助。2011 年美国南部地区遭受飓风和洪水，可口可乐基金会及可口可乐公司为灾区提供了 60 万美元援助，在一些重灾区，可口可乐公司在灾后 24 小时之内便开始为灾民和救灾工作人员提供饮用水及其他饮料。

新开端伙伴计划 PARTNERS FOR A NEW BEGINNING

为了响应2009年奥巴马总统在开罗大学的演讲，开启美国和穆斯林社会新的合作伙伴关系，美国政府和许多当地公益组织合作，于2010年4月正式启动了“新开端伙伴计划”。该计划由美国前国务卿奥尔布赖特主持，可口可乐公司总裁 Muhtar Kent 任副主席。

该计划在阿尔及利亚、埃及、印度尼西亚、摩洛哥、巴基斯坦、巴勒斯坦、突尼斯和土耳其等国家都有分支机构，与当地民间组织和机构共同运营管理，目前有超过70个项目，主要关注教育、文化交流、经济发展和科学技术等方面。可口可乐公司与一些公益组织积极合作，开展多种项目，如在巴基斯坦帮助当地居民购买农作物种子，在巴勒斯坦支持当地青少年峰会、在土耳其还有专门的项目帮助当地妇女发展。

美国国际开发署 UNITED STATES AGENCY FOR INTERNATIONAL DEVELOPMENT（USAID）

美国国际开发署是美国政府主要的国际人道主义救援机构。美国国际开发署与各类政府、企业、公益组织合作，形成了“全球发展联盟”（Global Development Alliances）促进地区性的进步与发展。从2001年全球发展联盟计划成立以来，美国国际开发署已经拥有了超过3000个合作伙伴，形成了1000多个合作计划，极大提升了其资源利用空间。

2005年，可口可乐公司与美国国际开发署一起启动了“水资源保护与发展计划”（Water and Development Alliance，WADA），保护各地水资源，提高水资源利用效率，为贫困偏远地区提供洁净用水和基本卫生设施。自2005年以来，项目总投入达到3000万美元，影响了亚洲、非洲、拉美和中东23个国家，帮助50万人解决了用水问题，为5万5千人提供了基本的卫生条件，保护了超过40万公顷的流域。

太古饮料公司

SWIRE BEVERAGES
太古饮料

可口可乐公司努力在可口可乐中国系统内提高对艾滋病的认识。可口可乐公司正在与其瓶装合作伙伴携手，推出一个全面的中文艾滋病知识宣传项目。

可口可乐公司的瓶装合作伙伴太古饮料公司，已经自行开展了多项艾滋病教育计划。在公司的管理和领导力发展大会期间，专门腾出两个半天的时间用于艾滋病专题研讨，会上60名高层管理者学习了疾病预防知识，并制定了预防艾滋病在社区传播的战略。

2006年9月，太古饮料公司成为中国健康联盟的创始人之一。该联盟由“世界经济论坛全球健康活动”机构提出，它联合了企业、政府、联合国机构和非政府组织共同开展一个全新的全民抗击肺结核和艾滋病的合作项目。该联盟的工作重心将是制定和执行外来务工人员肺结核病防治及艾滋病工作场所防治计划。

中国性病和艾滋病预防基金会

2005年和2006年，可口可乐公司与中国性病和艾滋病预防基金会携手向中国100多个城市近5000万人普及了艾滋病知识。活动中，可口可乐公司在全国各个城市分发了艾滋病教育材料，包括宣传册、海报和互动式DVD，并在包括北京、广州、上海和天津在内的11个大城市里举办大型展览和活动。

2006年，可口可乐公司在云南省瑞丽县推出了可口可乐艾滋孤儿关怀项目，为150名艾滋孤儿支付日常生活、教育和医疗费用。

2005年9月，可口可乐公司组织了一支包括医院代表、艾滋病专家和中国卫生官员在内的代表团出访南非。访问中，代表团交流了有关艾滋病防治方面的经验，同时也与南非政府官员和社区组织建立了联系。以此为基础，可口可乐公司希望代表团成员今后能继续利用该平台相互交流艾滋病防治知识和经验。

中国中医研究院

中国中医研究院是中国传统中医方面的国家级研究、保健和教育中心，该研究院与饮料研究所的合作关系以预防保健为重点。建立这种合作伙伴关系旨在增强对传统中医的理解，支持有利于新型饮料问世的中草药科研工作。

可口可乐公司通过饮料研究所与食品和饮料行业的其他领先企业一起主持国际食物强化企业联盟，这是一个由全球营养改善联盟和世界银行学院资助的、旨在解决发展中国家微量营养缺乏问题的组织。国际食物强化企业联盟的首次会议于 2005 年 10 月在北京举行。在鼓励企业、政府和发展合作伙伴合作的同时，国际食物强化企业联盟将最佳实践案例和食品强化方面的专业技术与各个企业分享。

中国青少年发展基金会和宋庆龄基金会

可口可乐公司对用水管理的承诺已经超越可口可乐公司自己的生产使用范围。可口可乐公司参与全球社区和流域合作，与当地及国际合作伙伴一起保护用水质量并努力使社区有更多获取清洁用水的机会。

在中国，可口可乐公司通过中国青少年发展基金会和宋庆龄基金会帮助贫困地区获取清洁用水。可口可乐公司还与北京第 29 届奥林匹克运动会组织委员会合作开展有关水资源保护的环境教育项目。

参考资料来源

可口可乐公司及其基金会官方网站

http：//www. thecoca-colacompany. com/citizenship/our_communities. html.

可口可乐中国官方网站

http：//www. coca-cola. com. cn/.

可口可乐基金会990PF税表 The Coca Cola Foundation 990-PF（http：//dynamodata. fdncenter. org/990s/990search/ffindershow. cgi? id = COCA001）

可口可乐公司2010/2011可持续发展报告（The Coca Cola Company 2010/2011 Sustainability Report）

2009~2010可口可乐公司可持续发展报告（2009－2010 The Coca-Cola Company Sustainability Review）

可口可乐公司2010/2011全球工作报告计划报告［The Coca Cola Company 2010/2011 Global Report Initiative（GRI）Report］

可口可乐非洲基金会2006年艾滋病报告（The Coca Cola Africa Foundation HIV/AIDS Report 2006）

可口可乐公司2007/2008可持续发展报告（The Coca Cola Company 2007/2008 Sustainability Review）

可口可乐中国2007、2008、2009年可持续发展报告

新浪报道《2011“留住一桶水”行动在京启动》（http：//green. sina. com. cn/p/2011－05－30/133922555051. shtml）

WWF相关新闻（http：//www. wwfchina. org/wwfpress/presscenter/pressdetail. shtm? id = 1203）

美国基金会中心（Foundation Center）有关可口可乐基金会的相关文件

埃克森美孚基金会

Exxon Mobil Foundation

第一节　埃克森美孚基金会概览

埃克森美孚基金会是美国埃克森美孚公司旗下重要的慈善机构。该基金会创立于1955年，原名为埃索教育基金会，随着2000年埃克森公司和美孚公司的合并，更名为埃克森美孚基金会。

自2010年5月起，苏珊妮·迈凯仑担任基金会主席。作为基金会的主席，迈凯仑女士负责基金会所有慈善活动的运行，包括重点的三大慈善项目：埃克森美孚女性经济权益维护项目，埃克森美孚数学与科学教育推广项目，埃克森美孚防治疟疾项目。

在2010年，埃克森美孚基金会的所有分支和附属机构，包括所有在职和退休人员，总计为全世界各地捐款2.37亿美元，其中1.1亿美元用于教育捐助。

第二节　成功案例

一　埃克森美孚基金会培养中学生的科学兴趣

埃克森美孚基金会和“全国工程师周”（National Engineers Week）连续九年推出了“让女孩走进工程学”项目，埃克森美孚的员工将会组织来自全美的13个分公司地点的学生。该项目旨在提高中学生的求知欲，并努力消除在科学、技术、工程和数学领域性别歧视的障碍。

“我们可以通过在培养学生少年时的兴趣，激励美国学生去探索科学技术领域”，埃克森美孚基金会的主席苏珊妮·迈凯仑说。我们通过榜样激励和相关活动来建立学生的自信心，我们的项目旨在帮助消除理工科领域惯有的性别偏见，让年轻的女士也能去探索，进入工程学专业。”

埃克森美孚的员工会带学生做一些贴近生活，与数学、科学有关的手工活动，同时也会加强教学的基础设施建设。例如演示能源工厂如何使用3D技术来勘探石油和天然气，净化水设施，用麦秆建造桥梁，探索化妆品生产的奥秘，还有和埃克森美孚工程师的专门小组讨论。

“‘全国工程师周’致力于培养儿童对数理科学的兴趣，特别是在这一领域表现不算出众的女孩”，“全国工程师周”的执行官丽萨·科林斯说。“多亏了来自埃克森美孚基金会的大力支持和埃克森美孚员工的积极参与，我们才能够将成千上万的孩子带入工程学这一充满前景的领域。”

使女孩投入对数学和科学的学习甚至从事相关领域工作的需求日益严峻。根据国家科学基金会的调查，女性占了全国一半的劳动力，而其中只有13%从事工程学工作。

项目实施十多年以来，已有超过4000名学生加入了由埃克森美孚研究所实施的数学和科学活动，或是接受过公司志愿者的课程培训。

二 埃克森美孚基金会投入100万美元用于疟疾斗争

“没有疟疾”组织宣布埃克森美孚在推进疟疾治疗方面捐出了100万美元的善款，通过夜视项目积极推进在乍得和喀麦隆已取得成功的疟疾教育和宣传项目。

夜视项目，由“没有疟疾”和埃克森美孚基金会共同合作，是一项旨在提高非洲疟疾盛行地区之间交流的活动。该活动利用媒体的力量，包括电视、广播、SMS信息，让项目的代言人，包括著名的非洲音乐人、体育明星和政要去提醒人们，防治疟疾的有效手段是晚上睡觉使用蚊帐。据统计，该活动已经在460万人中传播开来。在2012年，该活动希望招募更多的代言人，并通过更多的互动手段，包括电话，或者是其他国家级的传播平台，去推进项目的实施。

“埃克森美孚一直是履行企业责任的优秀榜样。埃克森美孚为儿童提供的防治疟疾的救助支持是一项长期的承诺，会一直伴随到他们进行工作”，没有疟疾的首席执行官大卫·保恩说。“‘没有疟疾’一直致力于和埃克森美孚的长期合作，来实现我们共同的目标，就是把疟疾赶出喀麦隆，乍得，以及整个非洲。”

“没有疟疾”也会通过提高供应链的质量，加强与医疗工作者的交流，确保疟疾快速诊断测试中所需要的医疗用品的制造是在喀麦隆境内更加安全的工厂内进行。

在乍得，“没有疟疾”将会和社区组织共同工作，提供疟疾防空的健康教育，以此限制疟疾死亡在这个国家的蔓延。

“埃克森美孚基金会为能够和‘没有疟疾’共同在非洲合作，感到非常荣幸”，埃克森美孚基金会主席苏珊妮·迈凯仑说。夜视是一个非常出色的例子，它将国家英雄融入创新项目中，为抗争疟疾作出了很大贡献。

关于“没有疟疾”

“没有疟疾”希望通过努力在2015年时把全球疟疾死亡率降至零。“没有疟疾”利用影响巨大的交流方式，进行世界性、全球性的宣传，来汇集领袖和战略性的投资，以加快进程。

三　拯救老虎基金

拯救老虎基金（简称STF）成立于1995年，为埃克森美孚基金会、国家鱼类和野生动物基金会共同创立，STF在1995年到2007年间共计为313家组织捐助了1570万美元，其中约1/4的善款用于全球老虎保护。埃克森美孚的该举措是保护单一物种的最大合作项目。

合作机构也包括了埃索石油。它的广告标志也闻名世界：放一只老虎到你的坦克上。

四　复旦大学埃克森美孚奖学金

埃克森美孚公司是世界最大的上市油气公司，其历史可以追溯到约翰·洛克菲勒1882年创建的标准石油公司，至今已经跨越了125年的历程，在能源和石化领域的诸多方面位居行业领先地位。

埃克森美孚在中国的历史可以追溯到19世纪90年代。自20世纪70年代末以来，随着中国的改革开放，埃克森美孚的关联公司逐渐重新参与中国能源工业诸多领域的业务，包括勘探、天然气营销、油品销售、润滑油销售和服务、化工及发电。

埃克森美孚公司于1996年起在复旦大学化学系设立奖学金，奖励4名研究生。2000年奖励范围扩大到全校本科生，设立“复旦大学埃克森美孚奖学金”，奖学金获得者10名。2004年获奖范围扩大到研究生。2008年奖励人数调整为8名（本科生、研究生各4名）。

五　关爱来自低收入群体家庭的孩子

题记：有超过25000名学生受益于埃克森美孚

埃克森美孚宣布将奖励500000美元给“为美国而教”委员会以期提升数学和应用科学教育，并将造福于超过2500名学生，他们分别来自德拉斯、休斯敦、南路易斯安那和华盛顿的低收入群体家庭。

这项奖励将使“为美国而教”委员会有能力招聘大约400名新的来自顶尖文理学院的数学和应用科学教师，并且提供密集训练和职业发展道路一起提升高质量课堂介绍。这些教师将在城乡学校教授大量来自低收入家庭的孩子。

“我们承诺，会努力扩大有能力参与当今全球经济竞争的孩子们的数量”，苏珊妮·迈凯仑说道。“‘为美国而教’委员会的教师们将为培养青年人在数学与应用科学上的核心竞争力作出显著贡献，这也是对当代青年至关重要的。”

国家教育评估中心称，尽管数学教学评估的评分在提高，在过去的20年中，高收入家庭和低收入家庭的学生的差距依然巨大。埃克森美孚基金会扩展了与“为美国而教”委员会长达17年的合作关系，并且使改善来自低收入群体家庭的孩子们的教育质量成为可能。

“现在的孩子们是明天的科学家和工程师，他们渴望有责任心且学识渊博的老师为他们指明方向”，温迪·科普（“为美国而教”委员会的创始人和首席执行官）说。“与埃克森美孚这些年来的合作已成为我们开展工作至关重要的部分，去迎来更多的老师促进我们国家的城乡教育，去发展‘为美国而教’委员的校友的领导力，进而真正提升数学与应用科学教育。”

“为美国而教”委员会奖金是埃克森美孚和埃克森美孚基金会在教育事业的长期承诺。包括支持培养专业高等教育教师项目，鼓励学生们在数学、应用科学相关领域的职业规划有积极的兴趣，并且推进妇女与少数民族的参与度。

六　其他的埃克森美孚基金会的报道

30所德萨斯非营利组织将参与2012年埃克森美孚暑期求职项目。本项目为非营利性组织提供它们所急需的助理，又能给大学生宝贵的工作经验，提升对非营利组织在社会中的重要地位的理解。

暑期带薪实习岗位能使学生们参与到一系列活动中，从协调地区居民住房到开展暑期关爱贫困儿童项目。除了日常实习工作，学生们也会组队参与社区服务项目。埃克森美孚十分欢迎对实际操作经历和非营利组织感兴趣，且满足要求的大学生的申请。

申请资格为：截至2012年秋季，申请者必须是大二、大三、大四的在校大学生，且返校后将继续完成所有学时（每学期至少12学分）。

从1990年起，埃克森美孚基金会捐助了超过370万美元在德萨斯创建项目，资助了1535个实习岗位，造福超过300家机构。

第三节　资助项目信息

一　埃克森美孚防治疟疾项目

1. 挑战

疟疾是可预防、治疗和痊愈的。感谢更加有效的发现及预防和治疗的医疗工具，全世界疟疾的死亡率已经下降了20%。不过，每年仍然有800000人死于疟疾，所以必须采取更多的行动。埃克森美孚支持了大量预防、治疗和宣传防治疟疾的项目，致力于降低疟疾死亡率。

2. 我们的方法

作为在非洲的重要雇主和投资者，埃克森美孚致力于与搭档的机构，即国际NGO组织和政府合作，共同阻止疟疾在非洲大陆的蔓延。从2000年开始，埃克森美孚已投入1亿美元的款项用于抗争疟疾的项目。埃克森美孚基金支持帮助提高防治器械的传输和利用，包括蚊帐，提供医疗援助去帮助这些国家提高其防控疟疾的水平，通过一体化的交流项目，去促进监管和项目实施质量的提升。

3. 蚊帐

研究显示当一个社区 3/4 的人群使用蚊帐时，疟疾传染率就会降低，而且实际的蚊蝇数量也会降低 90%。自 2000 年以来，我们的基金向全非洲的各个社区捐助了超过 1100 万副蚊帐。

4. 医药

埃克森美孚相信要铲除这种疾病，采取多元化的方法是必需的，其中包括研发新型疟疾治疗药物。比如，埃克森美孚基金会向疟疾探险组织（Malaria Venture）拨款用来支持 Coartem Dispersible™的推广，这是世界上第一种专门治疗儿童疟疾的药物，是疟疾药物探索中的一块里程碑。

5. 领导

埃克森美孚的支持不仅限于财政方面，同时他们积极同政府及其他机构共同行动，基于经济实践的结果帮助其制定对抗疟疾的策略以实现埃克森美孚全球范围内共同对抗疟疾计划。比如说，埃克森美孚共同分享人员培训的经验、项目和供应链的管理、数据监控、评估以及经济和市场知识。

抗击疟疾的成果

世界卫生组织最近公布了对抗疟疾中取得的显著成果。通过联合机构、个人和社区的共同力量，更多的人接受了预防和治疗疟疾的工具。

在过去的十年里，疟疾的死亡率已经降低了 25%。

在和多个组织、政府以及机构的合作过程中，埃克森美孚出色地完成了工作，并有效推动和维护了近年来疟疾抗争中的成果。自2000年以来，埃克森美孚为疟疾防治项目已经捐款超过1亿美元。

埃克森美孚的支持让合作者：

帮助了3900万人，提供了1140万副蚊帐、160万服治疗试剂和82万个快速诊断试剂盒，培训了11.6万名卫生保健工作者和辅导员。

全球基金为安哥拉和尼日利亚提供了价值7.91亿美元的技术性援助，其中2.18亿美元用于防治疟疾项目，支持研发了三种儿科抗疟疾药物。

二　数学和科学

埃克森美孚非常鼓励学生发展在数学和貌似科学方面的浓厚兴趣，支持优秀老师的专业发展和促进女性和少数民族在这些项目上的参与。在2010年的时候，埃克森美孚向全世界捐助了1.11亿美元的教育善款，其中超过4200万美元用于美国数学和科学事业的发展。

米克尔森埃克森美孚教师学院

今天在医学、计算机和能源领域，美国比任何时候都需要更多的年轻英才。虽然对脑力人才的需求在增长，美国的追求这些领域的年轻人却在不断减少。埃克森美孚相信这一趋势正在不断扭转，正因为如此，在2005年时，埃克森美孚和专业高尔夫球手菲尔·米克尔森以及他的妻子艾米·米克尔森共同创立了米克尔森埃克森美孚教师学院。

每年夏天，600名来自全国各个学校的3～5年级教师会进入米克尔森埃克森美孚教师学院学习。该学院提供了一个为期五天的课程项目，包括在新泽西、田纳西和路易斯安那州的露营，为这些教师提供专业的知识和技能，有助于他们在课堂中激发学生在数学和科学领域的兴趣。

菲尔·米克尔森说："每天都有人运用数学和科学的知识来帮助我的高尔夫球事业，我觉得有义务去培养学生在这些领域的兴趣，并为老师提供必要的课堂教学工具和资源，让他们在教学中取得成功。"

他还说："这个学院对老师们来说是一个绝佳的机会去和同事分享绝佳的时间，并利用教学工具来激发学生对数学和科学的兴趣。"

美国的两大教师培训组织，由玛丽莲·伯恩斯创立的数学专业发展方案，以及国家科学教师协会，进行了课程设计，提供教官并安排学院的日常活动和后勤。

自2005年起，全国超过3000名教育工作者参加了这个学院培训项目。

要了解更多信息及教师的提名和应用信息，请访问 www. sendmyteacher. com。

国家数学与科学项目

埃克森美孚在2007年向国家数学与科学项目（NMSI）捐款1.25亿美元，并成为其创始捐助者。NMSI作为非营利性组织，极大地改善了美国的数学和科学教育。

为了让学生和老师更好地进入科学、技术、工程和数学领域，NMSI在全国范围内借鉴了成功的项目，包括进阶先修就业培训和激励计划（APTIP）™及UTeach™。NMSI现在在29个州都有项目实施。

NMSI已经在不断让全国的学校发生改变，极大提高了参加APTIP学生在AP数学、科学和英语考试上的通过率。通过让所有学生接受严谨的大学水平课程，NMSI致力于缩小少数民族和女性学生的成绩差距。

作为提高数学和科学教育的重要组成部分，就是提供给现任老师以高质量的专业发展，以及招募和储备一批积极而富有天赋的老师。通过 APTIP，NMSI 已经在全国培训了超过 8000 名 AP 和准 AP 老师。随着最近另一个教师培训项目的导入，以基金会为基础，NMSI 已经扩大了它在成千上万初高中老师中的影响力。

NMSI 的标志性大学老师预备项目 UTeach 正在着手建立一支高质量的未来老师队伍。该项目保证新老师会有深厚的数学和科学知识，同时又有丰富的教学经验。UTeach 项目在全国接近 30 个大学实施，招募了 5500 名大学生。该项目的目标是在下一个十年里将实施范围扩展到 50 所高校。

三 埃克森美孚女性经济权益项目

女性未开发出的潜力是巨大的，她们占了全世界人口的一半，但是只占了全世界收入的 10%。当女性有能力控制她们的收入时，她们会在健康、教育和家庭方面进行投资。她们也往往会带动其他女性共同前进，创造出一种强大的乘数效应，以造福社会。

埃克森美孚女性经济权益项目自 2005 年实施以来，在全球产生了良好的效益，帮助女性开发经济潜力，驱动她们所在社区的经济和社会改变。埃克森美孚之所以关注女性的经济权益，是因为它能产生巨大积极的经济和社会影响，会让社会建立更加稳定、健康、受过良好教育而繁荣的社区。

埃克森美孚关注三个项目领域：

通过技能发展培训、导师项目和职业女性的网络工作来发展女性企业家和商业领袖。

通过宣传和调查项目为女性经济参与创造机会。

通过支持具有较大影响力和持久创新的项目，调查和实践分享，来识别调配技术，加速女性经济权益的进步。

至今，埃克森美孚和埃克森美孚基金会已经投资了4700万美元，帮助了超过100多个国家的上万女性。

埃克森美孚关注的领域

埃克森美孚在以下三个重点领域帮助女性提高经济权益：

1. 发展女性企业家和领导者

妇女受制约的原因是缺少机会去提高她们的商业和管理才能。因此，当前迫切的需要是为现在和未来的女性商业领袖和企业家提供商业发展。埃克森美孚会创立和促进领导力发展、商业技能培训和指导项目以及商业女性网络，去支持女性商业领袖和企业家。

2. 创造一个宽容的环境让女性积极参与经济活动

在很多发展中国家，女性在为她们和她们的家庭争取经济权益时仍然面对很多文化、法律和实践中的挑战。埃克森美孚和合作商确保女性企业家去宣传、推进法律和政策，让她们能完全参与经济活动。

3. 确定和部署技术，加快提升妇女的经济发展

这种技术的确认和部署能够保证解决女性有效参与到经济活动中，并清除生产力中的障碍。我们的努力包括支持战略研究，帮助和培养最具前途的创新项目，保证创新者、发展专家和投资者共同合作，让他们在市场中更有效率。

四　社区参与和人权

埃克森美孚社区关系是我们全球商业的重要因素。我们和当地社区发展的这种关系的质量对我们长期的商业活动的成功有着

直接影响。

1. 社区影响和关系

埃克森美孚的方法是管理当地社区的影响力，包括以下几个因素，坚持企业的政策和目标，实施国家法律和公认的准则，评估风险和机会，与外部群体共同工作，建立当地的经济能力。在埃克森美孚，我们称之为社会经济管理。这个领域包括几个不同的议题：人权、劳动和劳动场所权益、经济发展、文化继承、土地利用、社会和环境考量、社区和原住民的处理、安全与当地政府的关系等。

对于主要的上游项目，埃克森美孚发展公司实施上游社会经济管理标准。作为项目团队申请诚信经营管理体系，标准对具体的关键社会经济问题提供指导，即应查明并解决整个上游资源开发的生命周期，包括：和相关社区、政府机构和一定的利益相关组织协商，共享信息，征求意见，并积极回复。

确认的潜力议题包括，但不限于：文化和继承财产的管理、与原住民和弱势群体的互动、非自愿移民安置、补偿，雇佣和培训、采购货物和服务，以及适当预防（或加强）控制、减轻和监督潜在社会经济影响的有关策略。

在2010年，上游公司建立了一支社会经济专门小组，以评估目前的规划和实施新的企业的社会经济管理方案。这个专门小组规范和整合现有业务系统的方法、工具和组织发展的建议。结果之一就是找出了用社会经济准则去引导埃克森美孚在若干社会领域发展的方法。埃克森美孚相信，进一步细化管理标准，将有助于承包商、合作伙伴和员工更好地执行上游项目，并始终与埃克森美孚公司的价值观一致，以推进项目的继续实施。

2. 影响评估和缓解

埃克森美孚认识到其活动可以影响所在社区和其他利益相关者，

因此努力确认、避免或缓解消极影响，强化正面成果。在重大项目、环境、社会经济和健康的影响评估（ESHIA）对埃克森美孚活动的潜在影响和整个项目和业务的生命周期进行综合评估。在 ESHIA 评估过程中，我们征询公众意见，并纳入决策，以避免和减缓消极影响计划，并在某些情况下修改项目的设计或只执行部分计划。

五　国家内容

作为当务之急：埃克森美孚的存在有助于当地社区和所在国的社会和经济发展。通过建立劳动力开发，供应商开发和战略社区投资等领域的全面方案，帮助进行建立超出了我们的项目生命周期的能力和经济增长。总体来说，这种做法称为国家内容。

一个成功的国家内容项目要求以长远角度明确界定并贯彻应用的管理流程。国家内容通过埃克森美孚资本项目管理系统整合了所有项目和执行。作为 EMCAPS 的一部分，每一个新兴市场的新上游项目必须制定一个具体项目的国家内容计划。

作为计划要包括目标和宗旨，劳动力发展方法和要求的架构，供应商发展，战略社区投资，性能监控和报告。个人计划定制要因国家不同而不同，考虑局部因素，如监管要求、商业环境、人力资源能力，以及供应基地和基础设施。作为一个项目的进展，进入下一个发展阶段时，国家的内容计划必须进行审查，并作出相应修订。

埃克森美孚的承包商也在国家内容计划的执行中扮演重要角色。许多情况下，在项目阶段，工程、采购和施工（EPC）承包商推动许多员工和供应商发展。埃克森美孚确保国家内容的重点要符合包括 EPC 合同的要求。EPC 承包商预计将通过其分包商执行这些计划。

国家内容的发展指导方针、策略和最佳实践指南提供国家内容的战略和计划的关键要素的概述，国家内容要素成功发展所需的模型和工具，以及企业、国家和项目级别的角色和责任。在过去的一年，埃克森美孚推出了一个新的国家内容 Web 工具包，包括成功实践及国家内容实施的采样工具和案例研究。

全球社区投资

埃克森美孚的全球支出包括向非营利组织的捐款，以及通过各种合资管理，生产共享协议的社会项目的投资资金，由他人经营的项目，还有合约性的社会奖金支出。在 2010 年，埃克森美孚公司，以及部门和分支机构，包括 XTO 能源公司，以及埃克森美孚基金会在全球提供了合计 1.99 亿美元现金、货物和服务。总计，有 1.19 亿美元用于支持美国社区，8000 万美元用于支持其他国家的社区发展。

第四节　对世界各地的资助

一　公民与社会

埃克森美孚优先资助临近工厂设施的本地社区。在 2010 年，总数为 0.45 亿美元的捐款直接投入给市民和全世界的社会服务性组织。在这 0.45 亿美元中，有超过 0.218 亿美元造福于非美国国内的社会团体。

在美国，埃克森美孚积极支持致力于青年人发展的项目。埃克森美孚社会暑期工作项目给在校大学生提供去公益机构的带薪实习机会。埃克森青年绿色暑期项目对在校高中生提供暑期工作。另外还资助美国童子军、美国女童军学校和美国男孩女孩俱乐部等，甚至还包括基督教青年会和基督教女青年会。

在美国国外，埃克森美孚在社会责任承担方面很好地将慈善事业延伸到了提供更多的工作机会，致力于扶持本土经济发展和社会基础设施建设。2010 年，在道路更新和为支持在哈萨克斯坦的合资项目而开展的汽油、水和电供应的辅助项目中，总计投入超过 0.104 亿美元。埃克森美孚在俄罗斯的库页岛提供了超过 100 万美元，在尼日利亚提供了超过 50 万美元，以更新当地的道路、卫生设施和基础设施。

除了企业投资外，有超过 24800 名埃克森美孚的在职员工和退休员工以及他们的家庭在公司赞助的志愿者项目中，总计志愿工作超过 779500 个小时，服务于 43 个国家的 5500 多个慈善机构。比如，在日本，东燃化学公司精炼厂参与了宗像市一年一度的沙滩清洁志愿服务工作。在德国，通过一年一度的“roc'n help”志愿活动，员工们为流浪者翻新了公寓，更新了设施。在阿根廷，员工们与智利的公益组织（“为我的国家搭建屋顶”）合作，为五个家庭建造了房屋。

二　艺术与文化

全世界的艺术文化组织都以其各式各样的文化背景，运用其独特的魅力去使观众开阔视野，获得灵感，接受教育。2010 年，在全世界范围内捐助的艺术和文化项目总额达 4440 多万美元，其中 320 万美元造福于美国以外的社会群体。

在美国，埃克森美孚最初资助艺术项目是通过埃克森美孚基金会的教育赠与匹配项目。这些项目通过提供配捐计划来鼓励支持在职员工和退休员工私人资助文化机构。在 2010 年，在职员工和退休员工对艺术和文化组织捐款总额多达 240 多万美元，埃克森美孚基金会提供了 170 多万美元的匹配性贷款。

随着埃克森美孚的业务营运持续重叠到环保相关部分，他们意识到保护生物多样性的重要性（生物的多样性与复杂性）及在石油，天然气全生命周期的开采和使用过程中，及环境可持续发展，要承担起作为生态系统的负责任的管理员的责任。同时埃克森美孚也在社会敏感问题领域中实施科学上可行、实用、可持续发展的措施来支持辩论界、研究界和各方合作去保护我们工厂设施附近的生物多样性。

三　环境保护

在2010年，环境保护的捐款总额达700万美元，其中500万美元支持海外的项目和社团。埃克森美孚的投资集中在一些较为有争议的领域：一系列生态系统保护议题，环境领域的启蒙教化和拓展延伸，以及在全球背景下环境问题的科学研究。

在美国，埃克森美孚通过与大自然保护协会、土地信托联盟、野生禽类保护联盟、落基山麋鹿保护基金会和野生动物栖息地理事会等机构的合作来支持陆地与海洋的保护。他们和野生动物栖息地理事会的合作致力于目标地的环境保护，从2009年起已获得了四项环保大奖。2010年，他们与自然保护协会和美国国家地理协会合作去改善绘图工具，以便于埃克森美孚每年调研美国生态环境系统，开列濒危物种清单。这项合作会促进使用者，包括埃克森美孚的员工，去更好地定义和评估全美国陆地保护的意义。

在安哥拉，从2008年到2010年，埃克森与十五街区财团共同资助了总计超过100万美元致力于保护颇有争议的安哥拉巨型黑马羚项目。在赤道几内亚，埃克森美孚资助了奥科生物多样性保护计划，建立了和费城的德雷赛尔大学与赤道几内亚大学城的合作关系。在印度尼西亚，埃克森美孚支持勒塞尔国际基金会和它的勒塞尔生态保护系统项目，这是全球生物多样性热点问题之一。

四　健康

埃克森美孚资助了主要在发展中国家的致力于健康保护的项

目，特别专注于疟疾防疫。在美国，他们专注于环境保护和社会健康的相关研究，同时也关注呼吸道健康，特别是小儿哮喘。在 2010 年，埃克森美孚在全球对健康领域的捐款总额多达 2250 万美元，其中 1910 万美元造福于美国以外的社会团体。

在上一个季度中，埃克森美孚以一个企业领袖的形象打响了反疟疾战役。从 2000 年起，投入超过 8300 万美元去帮助筹建撒哈拉以南非洲的防疫疟疾项目。我们的捐款使合作方能造福于超过 3900 万人，提供了 1140 万副帐篷，160 剂防疟疾药物，820000 快速诊断装备，训练了 116000 位护理人员。支援也包括新型小儿防疫疟疾药物的研发，以提高接受疟疾疫苗接种率。

2010 年，埃克森美孚基金会奖励 1400 多万美元给 21 个组织在整个非洲的项目，以期将影响力拓展到疟疾已成为地区性疾病的亚太地区。

通过与国际公益组织美的森特（Medisend）在达拉斯分部的合作，为喀麦隆、乍得湖和赤道几内亚提供了基本的医疗器具构建健康设施。在安哥拉，埃克森美孚资助卫生部开展防疫脊髓灰质炎病毒的接种疫苗紧急方案。同时，资助了尼日利亚的三个医疗保健项目和哈萨克斯坦的医院设施建设。

五　教育

在 2010 年，埃克森美孚在世界范围内投入了 4270 万美元资助文理学院、综合型大学及其他高等教育机构。其中，有超过 3320 万美元造福于美国的高等教育。

埃克森美孚倡议高等教育资助计划主要关注理科、应用科学、工程学和数学等学科的教学改进计划。同时也资助多样性教学计划，比如国家黑人工程师协会、女工程师协会、西班牙裔专业工程师协会及国家未成年人工程学扶助理事会等。

在美国，财务支持的重点在埃克森美孚基金会的教育资金配捐计划，通过实施私人每赠与1美元，企业捐款3美元的计划，来倡导埃克森美孚的在职员工和退休员工私人赠与高等教育事业。在2010年，以教育资金配捐的形式资助了超过2510万美元给905所文理学院和综合性大学，如黑人大学联合基金会、西班牙裔奖学金基金会和美国印地安大学基金等。

在加拿大，埃克森美孚也资助了数所综合型大学，包括达尔豪西大学、皇后大学和西安大略大学的数学和理科教学项目。在尼日利亚，为超过2500名地球科学和工程学的本科生和研究生提供了奖学金。从2008年起成立了国际教育研究院去帮助培养中东北非地区的下一代科研领袖。使来自14个国家的学生都有机会获得美国大学的地球科学、工程学和商学的研究生学位。

六　其他教育

在2010年，有总计1360万美元的捐款用于发展创业与职业教育，包括求生技能、商务技能和微型企业等课程和培训，主要通过妇女经济潜能发展计划来实现积极影响。其中，有1200万美元造福于美国以外的社会团体。

妇女经济潜能发展计划着眼于三个致力于提升妇女在全球经济地位和机会的主要战略：培养女性企业家和商业领袖，提供扩大女性经济事务参与度的平台，部署科技战略加速女性经济成就的提升。在2010年，埃克森美孚总计投资了超过900万美元——从2006年起累计投资已达4000万美元——以帮助来自88个国家的妇女的经济潜能，推动当地社会的积极改变。

通过和Ashoka's Changemakers和国际妇女研究中心的合作，埃克森美孚实施了“妇女/工具/科技：构建经济力量，机遇与挑战”项目，从67个国家整合了268个改革性措施来通过科技手段促进女性经济发展。在2010年克林顿全球倡议年会中，埃克森美孚宣布以100万美元资助高等教育影响力扩张和科技可持续发展等。其中一项杰出的科技创新是一个太阳能动力滴灌系统，它使女性务农者得以在旱季种植作物。雷鸟商学院新兴市场实验室将会提供数个奖学金获得者，并且得到来自毕业生团队的一线商务咨询。

埃克森美孚持续通过从地方商务女性的人际网络为女性创业者提供技能培训，重点着眼于扩大商界的女性成功人数，提倡排除法律障碍的政策。他们的合作方——女性领袖之声——已为4100位中东北非的参与者和超过7000位撒哈拉以南的非洲妇女提供了培训、商务交流和人际网络构建等的机会。

改进全球的教育类项目以提升数学和理科技能一直以来都是埃克森美孚的重要议题。在2010年，全球资助大学预科教育的总捐款数达5340多万美元，其中有4390多万美元造福于美国以外的教育机构。

近年来对理科、应用科学、工程学和数学专家的需求急剧增长，但越来越少有学生会将此选择为自己的职业道路。在2010年，通过国家数理与应用计划和伯纳德·哈利博士项目持续鼓励学生学习数理与应用科学。通过“由你教学”和迈克尔森·埃克森美孚教学学术研究，埃克森美孚带你走近萨莉赖德科学学院等计划，埃克森美孚将持续为教师提供鼓励学生追求数理与应用科学事业的必备技能。

在2010年，他们也构建了以下新的合作关系与计划以推进数理研究与应用科学的发展。

突破平衡计划：在2010年，雷克斯·泰勒森，埃克森美孚主席兼执行总裁，加入了突破平衡计划的管理层，这是一个由各执行总裁领衔的计划，以响应奥巴马总统策划实施的科学、技术、工程和数学教育计划（简称STEM）。

NMSI青年领袖计划：此项目由埃克森美孚与《财富》杂志发起，以期弥补在STEM计划中的性别差距，它将把学习STEM计划内学科（科学、技术、工程、数学）的大学高年级女生与世界五百强企业中在相关领域工作的女性高层管理对接。在2010

年，22 对女性高层与女大学生参与了这个项目。

埃克森美孚带你走近萨莉赖德科学学院计划：该学院着眼于总课程的扩充，以期推进数理与应用科学的学科相关性，特别注重对青年女性的教学。在 2010 年，埃克森美孚从试验阶段推进到指导了三家研究院，总共培训了 400 名专业的教育工作者。这 400 名教育工作者又训练出了额外的教师。

在 2010 年，埃克森美孚设计了一个为期三年，投入总额 110 万美元的泛欧洲项目，以期帮助 15 岁至 18 岁的学生思考如何采取可行性措施来应对将来他们将遇到的能源问题。协同欧洲 JA（全球非营利性教育组织）青年创业课程，埃克森美孚创立了科技与挑战项目，以期鼓舞有志于以数学、理科和应用科学为职业导向的青少年。在 2010 年，有来自九个欧洲国家，大约 60 所学校的超过 1200 名学生通过在线工具，全国性、地区性的比赛以及课堂活动等形式参与了进来。

在一些中东和北非国家，包括埃及、科威特、卡塔尔和阿拉伯联合酋长国，他们资助了 INJAZ al-Arab，即一个通过促进教育部门与企业社会责任部门的合作，来给阿拉伯青年提供在工作准备、财务素养和企业家精神等领域的经验性教育与培训的公益组织。此项目能使学生们在参与社会商业项目时，获得导师的指导，以期提升学生们的创业技能。

七　公共信息与政策研究

埃克森美孚为那些促进国际间关系与理解沟通的组织，也为那些评估公共政策抉择的组织，特别是当涉及对石油和石油化工产业有直接、重要影响的议题时，提供经济支持。在 2010 年，在全球范围内对公共信息与政策研究领域捐款总额达 760 多万美元，其中有 740 多万美元重点投给除美国以外的地区。埃克森美孚大力支持那些有着良好的科研素养，并且对形成政策决策能力培养有突出贡献的机构。

作为一个深知积极构建全球网络的重要性的全球型企业，埃克森美孚也支持那些促进国际间理解沟通与紧密合作的组织，包括美国外交理事会和国际事务委员会等。埃克森美孚与非洲社会组织、非洲企业理事会、商务全球化理念理事会、科威特－美国基金会，和和平之种以及各种类似组织的合作很好地促进了跨文化理解沟通与合作。它们之中的很多组织也在积极支持构建跨国家跨文化的经济与文化融合。

八　联合劝募和改善工作环境

在 2010 年，埃克森美孚偕同在职和退休员工，通过公司赞助的开展，为美国和加拿大等国的改善工作场所运动捐赠了总计 2890 万美元。除了通过联合劝募的方式，企业本身赠与美国的总额达 520 万美元，在职和退休员工也抵押了总值超过 1630 万美元给在北维吉尼亚州的联合劝募委员会。埃克森美孚携员工通过员工慈善活动捐赠了超过 280 万美元给超过 400 个慈善组织。加拿大在职与退休员工抵押了超过 240 万美元给联合劝募委员会，使加拿大企业和员工捐款总额超过了 360 万美元。

埃克森美孚承诺对联合劝募委员会的支持不仅限于财务支持。许多埃克森美孚的在职和退休员工参与委员会的管理，为社会项目构想战略。为帮助管理资金筹集运动提供专业技能支持，并且参与到联合劝募委员会的年度关爱志愿者日，在休斯敦，有超过 3550 名在职与退休员工和他们的家人为 226 个公益组织服务；在安克雷奇，40 名员工及其家人为阿拉斯加慈善契约联盟为流浪青少年举办的 20 周年烛光祭祀活动做志愿者工作；在达拉斯，项目的 2010 年度联合劝募委员会关爱志愿者日活动由 14 个联合劝募委员会的地方分部完成。

九　雇主的配捐计划（Gift Matching Programs）

在美国，很多企业为鼓励员工通过捐款支持慈善事业，设有一种通常叫做配捐计划（Matching Gift Programs）的计划。当设有配捐计划的企业员工向某一慈善机构捐款后，该员工可根据相关规定提出申请，由其雇主匹配一定数额的捐款给同一慈善机构。有的企业匹配捐款可多达200%（即雇员每捐款一元给慈善机构，公司会捐两元给同一慈善机构）。此类计划一般会有每年每名员工配捐总额的上限。

各个公司计划内容不同，大多数公司会在本公司网站上发布有关内容。捐款人也可以向公司人事或其他主管部门询问了解详细情况。而有一些公司则将这类计划交给专业机构集中管理。

捐款人利用企业配捐计划的一般步骤：

向海外中国儿童救助基金会捐款后，请向您的企业有关部门咨询有无该类计划。下面步骤只适用于有配捐的捐款人。

查询海外中国儿童救助基金会是否在该计划的适用名单或适用范围内。有的企业对其配捐计划规定适用的范围。比如，配捐的资金能否用于美国以外的地区；慈善机构是否资助特定的领域；有的也可能会有一个慈善机构的名单，只对该名单上的慈善机构才适用。

如果您的雇主的配捐计划明确排除将配捐资金用于美国以外的地区，则您不可以利用该计划来帮助海外中国儿童救助基金会。

对于根据慈善机构名单来确定是否适用的情况，捐款人可尝试申请将海外中国儿童救助基金会加入到您的雇主的配捐计划名单。您也可以就某计划是否适用与海外中国儿童救助基金会的工作人员联络。

在企业有配捐计划适用海外中国儿童救助基金会的情况下，

捐款人可按规定程序向雇主提出申请。通常企业会提供相关表格供雇员填写或提供在线申请网页。各企业的程序可能会有所不同。

雇主批准您的申请后会向海外中国儿童救助基金会寄出匹配捐款的支票。捐款人一般也会得到雇主的通知。基金会收到配捐资金后，将会以捐款人的名字进行登记。

在您申请公司配捐计划时，通常会被要求提供以下信息：

慈善机构名称

如：海外拯救中国娃基金会（Overseas Save the Chinese Children Foundation）

慈善机构地址

如：793 Federal Road, Unit 10

Brookfield, CT 06804

慈善机构 EIN number 或联邦免税号

如：20－5955397

第五节　合作与利益相关方

一　利益相关方

1. 政府相关部门预期：与公共政策领导在相关利益领域合作

例：石油泄漏事件处理

在2010年4月，墨西哥湾石油泄漏事件凸显了有效处理紧急突发事件事务的重要性。埃克森美孚协同政策制定者和工业界领袖公开声明了在预防石油泄漏和处理紧急突发事件上的法律限制政策。通过对联合行业特别工作组、国会简报、国家允许的关于BP深海地平线石油泄漏事件，近海钻井和美国内政部和能源部建设的多方咨询，埃克森美孚提供投入用于回馈机制和未来政策的制定。

2. 社会团体和公益组织预期：通过知识共享促进信任与沟通

例：通过引导性参观提升可操作的透明度。埃索是英联邦最大的精炼厂和福利化工厂。每年，享受福利的员工都会志愿参与当地的社会项目。为了进一步参与社会并且深化对设备操作的理解，引导性参观被开放给本地居民。每次参观都会提供给参观者一个关于福利机械设备的操作的介绍性展示，包括对安全性的细致回顾，以便参观者学习到本地保障安全性所做出的成绩和社会紧急突发事件发生后的标准化处理方案。在2010年，超过500名居民参观了设备，并且对所了解的安全防疫措施、环境污染控制和本地安全保障流程实施的第一手情况予以积极回应。

3. 利益关联方：共同讨论业绩且公布股东们的关注点

例：组织利益关联方会议

在2010年，埃克森美孚为机构投资者和社会责任投资者组织了大约35场座谈和远程会议。讨论了含油砂的发展、页岩气的发展及可操作性补偿。机构投资者之一的美国产业劳工联合会，建议采取应付气候变化措施的原则。埃克森美孚积极与美国产业劳工联合会取得了联系，并且最终证明他们应对气候变化的措施是符合他们的原则的。因埃克森美孚在官方网站上已经积累且展示了我们在管理应对气候变化的长期风险方面的观点和原则，于是撤销了这一提议。

4. 对客户的预期：为客户提供保质、可信的产品

例：包装且最优化我们的润滑剂业务，为客户提供技术最前沿产品。

埃克森美孚的合成润滑油和天然润滑油一直在自动化和工业领域广泛运用，以延长机器寿命，减少使用油类品种。在2010年，他们重新设计了产品包装，吸收了埃克森美孚的客户和埃克森美孚本身持有立场的可持续发展考虑。新包装减少了7%的可塑性树脂消耗。重新设计的瓶子和纸板盒能使货盘装更多的货物，提高了运输效率，优化了零售商的货架空间使用率。

5. 对供应商的预期：培训本土供应商以形成稳定的供应链

例：巴布亚新几内亚——立足本土供应商。

2010年4月，巴布亚新几内亚项目开放了一个新的能源中心去帮助本地公司加强他们的管理技能。超过4900个巴布亚新几内亚的商界从业人员学习了项目信息和超过一千家的注册供应商数据。这些数据提供了接触国内公司信息的渠道、业绩评估总结报告、企业对接机会和中心活动。埃克森美孚给中心分配了超过100万美元去支持本地供应商的注册、评估、培训和交流活动，这个项目投资了超过550万美元为巴布亚新几内亚的货物供应和服务提供合作。

6. 对员工的预期：提升领导力，树立安全为本的文化氛围

例：澳大利亚埃克森美孚领导力培养和安全教育计划。

在埃克森美孚，安全意识是核心价值理念之一。在2009年，澳大利亚埃克森美孚实施了一项计划去推进领导力的培养和提升吉普斯兰本地员工安全意识。95%的员工回应了安全性文化调查，明确了提升发展机会。2010年，制造公司传授了埃克森美孚

根本性安全课程给600位员工和承包商。参与者在这两天半的项目中学习到了安全性教育的最佳时间和制定提升安全性计划战略，员工们在完成了培训之后形成了良好的安全防范行为和构建安全意识普及的积极影响力和使命感。

二　外界评估

在2009年，埃克森美孚建立第一个外界评估委员会（简称EAP），以便能提供独立的审核埃克森美孚的企业社会公民责任感报告，包括物质性过程评估、正文、明细和相关性分析。2008年和2009年，委员会对企业社会公民责任感报告的评论已被应用于提升外部报道。

作为埃克森美孚为实现可持续性提升的使命之一，调整了外界反馈中的重点，包括持续交换对公民社会责任感实施的意见，而不是仅仅关注企业公民社会责任感报告本身。在2011年，埃克森美孚将成立一个外界公民社会责任咨询委员会，以代替之前的外界评估委员会，去提供埃克森美孚的企业社会责任项目的反馈、战略和沟通。

外界公民社会责任咨询委员会包括了5个成员，作为埃克森美孚企业外人员，各自被公认为环境学，社会学和政府学方面的专家。数年来，专家组成员将会被邀请作一系列关于埃克森美孚社会责任的活动和讨论，包括2010年企业社会责任报告和参观埃克森美孚的操作设备，这些将会提供机会让我们机器得到操作标准化流程的第一手资料。专家组成员也会召开会议，讨论环保、安全等外界关心的社会议题。埃克森美孚专项事务专家和高级管理代表也会与专家组一起参与这些议题讨论。

埃克森美孚希望这些与专家组对话的机会不仅能继续完善我们的企业社会责任感报告，还能更好地保护利益关联方的利益，承担企业的社会责任。

三　企业间合作信息

1. 提升妇女权益

埃克森美孚基金会的革新妇女经济机会计划已与人口和发展中心取得合作，去支持全世界女性的领导力。全球女性管理学计划，为期一个月的讲座，由人口与发展中心主办，埃克森美孚资助，近期10月和11月在埃及开罗和喀麦隆的杜阿拉开展。

为什么埃克森美孚会对培养发展中国家女性做长期投资呢？洛里·杰克逊，培养妇女儿童计划主管，谈道："首先，这是为了迎合主流社会的需求，构建人性化且有责任感的企业社会责任项目。同时，事实证明，结果如人所愿——一个更有教养的人群来自于好的培训和机构支持的经济繁荣发展，当然也包括女性——它能创造更利于商业发展的环境，无论是从社会，还是商业角度。随着时间的推移，通过将妇女儿童联合进社会的各个领域，并且提供机会去发掘她们的潜力，也给了像埃克森美孚这样的公司机会去招募到最优秀的人才。"

人口与发展中心已经培训全世界的妇女儿童超过35年了，与埃克森美孚基金会的合作开始于2005年。对杰克逊而言，这是一个轻松的选择。"人口与发展中心在女性培训领域非常为人景仰。这项全球妇女管理学计划已经存在且几经改革超过30年了。"

2. 与老虎保护基金会的合作

埃克森美孚基金会和老虎保护基金会宣布了与关键生态合作基金会合作；新的协议将拓展老虎保护的成效。

埃克森美孚基金会、老虎保护基金会和关键生态合作基金会，一起合作将老虎保护项目推广向全亚洲，这是一个将很多保护性组织的努力联合起来的重要阶段。联合行动对于明确当今对老虎的威胁至关重要，譬如具有高度组织性的区域性网络会将老虎走私部分与麻醉药和武器走私相联系。

“尽管恐怖主义者的威胁、经济发展和疾病等的相关报道已经将老虎踢出了新闻版面，它在野生动物界的状况依然迫切需要保护”，约翰·塞登斯迪克说道。他是老虎保护基金会的主席，也是在华盛顿的史密森国家动物园的高级科研员。他说：“一起扩大成效才是不失去目前为止已取得的显著成绩的根本方式，与此同时，那些负面力量也不会成为阻碍成功进程的阻力。”

尽管对这种雄伟的猫科动物命运的预言总是说它们难逃厄运，但野生老虎持续生存于从苏门答腊岛和印度支那的热带雨林到俄罗斯远东的阿穆尔河流域的温带森林的全亚洲的零散区域。

“老虎保护基金会有着非常值得骄傲的超过10年的专注于野生老虎保护的历史，通过土壤科学研究，改善习性保护，提升在本地的领导力和影响力，提升社会团体的参与度都将会在与关键生态合作基金会的合作下巩固”，约翰·贝里说道。他是国家鱼类与野生动物基金会的执行主管，在1995年建立了老虎保护基金会与埃克森美孚基金的合作关系。

第六节 组织架构（部分）

表1 组织架构

姓 名	基金会职务	在埃克森美孚公司职务
K. P. 科恩 (K. P. Cohen)	主席，理事会成员	副总裁（分管公共事务）
苏珊妮·M. 迈凯仑 (Suzanne M. McCarron)	会长	无
N. H. 詹金斯 (N. H. Jenkins)	秘书长	无
L. M. 鲁宾 (L. M. Rubin)	财务总监	无
B. A. 巴博克 (B. A. Babock)	管理员	无
F. W. 巴斯 (F. W. Bass)	资料不详	无

第七节　财务报表及分析

一　990-PF 基金会纳税申报表信息概览

表 2　埃克森美孚基金会 990 - PF 纳税申报

单位：美元

收　支	2001 年	2002 年	2003 年	2004 年	2005 年	2006 年	2007 年	2008 年	2009 年	2010 年
收入										
收到的捐献、礼物、资助等	36749080	46688850	42792563	65568106	75750074	38815770	37363150	93541108	31004542	111908579
存款和短期先进投资的利息	119601	10642	103	329	297726	549390	845336	150152	49	35
出售资产取得的净收益或净损失			217000	436250	12292891	-3499622	951049			
共计收入	36862681	46700492	43008666	66004687	88340681	35871538	37247437	93481260	81004581	111908614
支出										
会计费用				362836					194053	
咨询费用	388371	250995	392578		296108	335855	299791	301368	338449	
税	15000	-36068		36082	459300			282741		
其他费用	15	7739	84212	25	24911	31750	26218	15763	94784	14625
运营和行政费用小计	404386	222666	477190	398943	780314	367605	326608	599874	433233	208678

续表

收　支	2001 年	2002 年	2003 年	2004 年	2005 年	2006 年	2007 年	2008 年	2009 年	2010 年
收入										
支出的捐献、礼物、资助等	32495817	59528268	46371142	51068151	65183120	65271530	76487624	78050418	80638320	71932506
共计支出	32900203	59750935	46842332	51467094	65963434	65633135	76813633	78650292	81071561	72141184
收入超出支出的部分	3962478	-13050443	-3838666	14537583	22377257	-29767597	-30566196	15040968	-66970	39767430
资产和负债	2001 年	2002 年	2003 年	2004 年	2005 年	2006 年	2007 年	2008 年	2009 年	2010 年
资产										
不产生利息的现金	933658	1706	48649	2068	25181415	52624859	21559360	12678	1670236	12747
应收承诺捐款	7935000	7935000								
投资：公司股票	1348000									
投资：土地、建筑、设备	59954000	59954000	64582649	80521068	110612415	79260859	40585360	55833678	61683296	67510747
其他投资							95000			
资产总计	70170738	67880706	64582649	80521068	110612415	79260859	40585300	55833678	61683236	67518747
负债										
应付账款和应计费用	6618477	17145683	17632267	18710439	26376171	24829160	25688028	25771078		
应付资助	368147							31737312	26912867	
负债总计	6986624	17145683	17632267	18710439	26376171	24829160	25688028	25771078	31737312	26912867
净资产										
非限定性净资产	63185114	50745014	46950382	61810629	84236242	54431690	14907330	30062600	29955924	40606880
净资产总计	63185114	50745014	46950382	61810629	84236242	54431690	14907330	30062600	29955924	40606880
负债和净资产总计	70171738	67880707	64582649	80521068	110612413	79260859	40595300	55833678	61683236	67519747

收到的捐献、礼物、资助： 这是基金会的资金的主要来源。就企业基金会而言，大量资金来源于企业。

支付的贡献、礼物、资助等： 在权责发生制的计量下，费用表示为基金会批的资金的金额，承诺今年及以后几年资助项目的金额。

应收承诺捐款： 从资助者承诺获得的捐款，但目前仍未收到。

二　资产规模概况

基金会每年批的项目资金额度较为平稳，因而资产负债率受资产的变动情况较大。

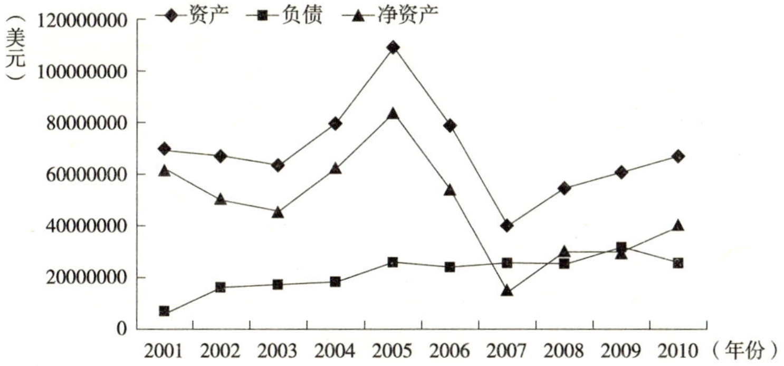

图 1　资产状况

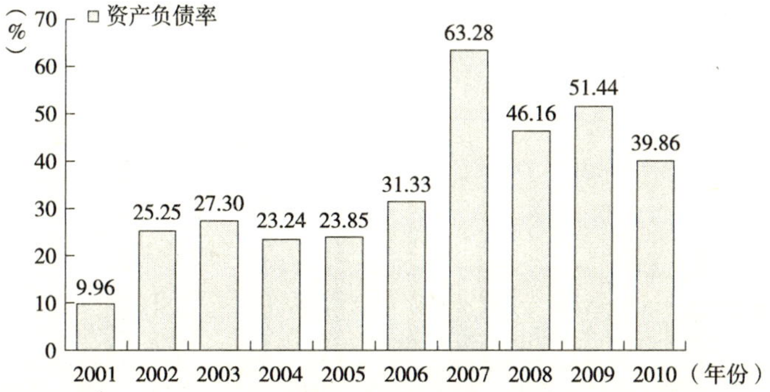

图 2　资产负债率

三 收入与支出

从已有的2001 年到2010 年990-PF 的信息可以看出，基金会的全部资金来源于埃克森美孚公司。埃克森美孚公司每月向基金会拨款一定数量的资助。公司每年向基金会资助金额为净利润的0.1%到0.4%。

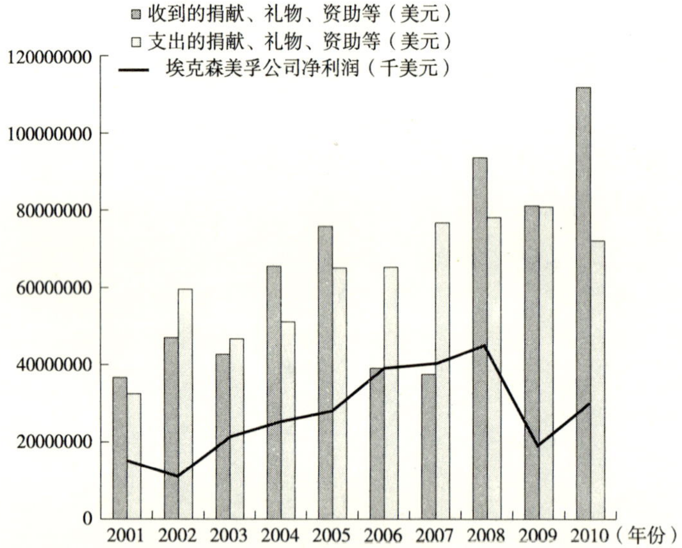

图4 收益分析

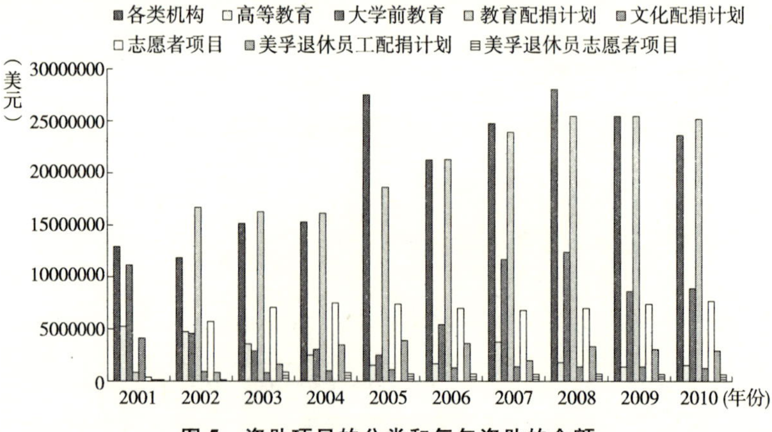

图5 资助项目的分类和每年资助的金额

四　分配比率

根据4942法案，符合一定资格的私募基金会（private foundation）在证券投资（如购买国债、股票、债券上的净收益）可以享受原先由2%降到1%的特种消费行为税的（exercise tax）税收优惠。其中关键的每年的检验条件为分配比率（distribution ratio），若该年度的经调整的合格的分配大于过去5年的分配比率平均值与今年净投资收益的乘积，则可以享受税收减免。

分配比率＝经调整的合格的分配（adjusted qualifying distribution）/非慈善用途的资产（net value of nonchantable-use assets）

其中：

经调整的合格的分配＝用于达成慈善目的付的金额（包括行政费用）－一些对有资格的基金会减免净投资收益征收的特种消费行为税（如果没有该资格就不能减去税）

非慈善用途的资产主要包括非直接用于执行慈善用途的资产的公允价值减去1.5%持有用于慈善目的的现金。其中，非直接用于执行慈善用途的资产主要包括证券的公允价值的月余额的平均额、现金的月余额的平均额和其他资产的公允价值。

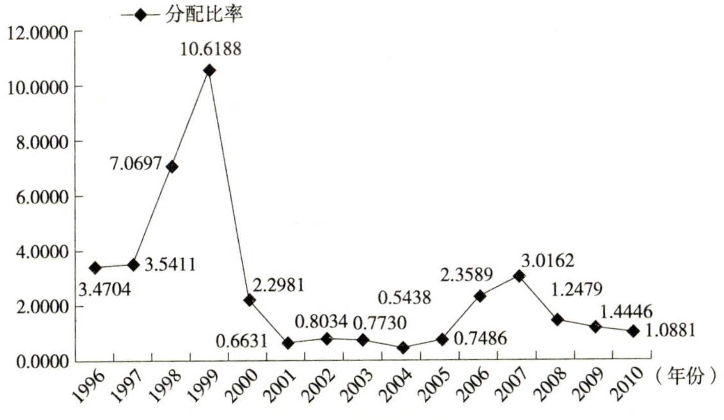

图3　分配比率

因此，分配比率作为基金会用于慈善目的、非慈善目的及闲置的资金的百分比，衡量了基金会运用资金的效率。分配比率越大，表明基金会将大量现金或投资证券市场的收益投入资助项目。

五　运营费用比例

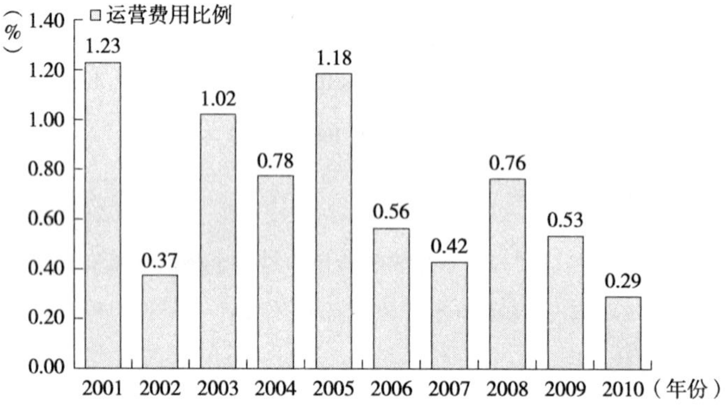

图6　运营费用占共计分配和费用的比例

六　投资收益分析

基金会99%以上的收入来源于企业的资助，证券债券投资收益所占收入的比例很小，因此不做考虑。基金会的主要投资为房地产，在公允价值的计量下，重新估值的增值并不带来现金收入。

参考资料来源

http：//www. exxonmobil. com/Corporate/community_foundation. aspx.

http：//www. rigzone. com/news/article. asp? a_id = 115330.

http：//africabusiness. com/2012/02/07/exxonmobil-foundation-donates-1-

million-to-continue-efforts-to-fight-malaria-in-chad-and-cameroon/.

http：//en. wikipedia. org/wiki/Save_the_Tiger_Fund.

http：//cn. fuedf. org/AidApply/Article/94d7b08a0d7443da8d939f7c331defc3.

http：//online. wsj. com/article/PR-CO－20120215－910769. html.

http：//online. wsj. com/article/PR-CO－20120216－910959. html.

特别鸣谢

在美国家族、企业、社区基金会的案例研究项目中，在沈一帆和他的两位助手刘阳、刘旸的协调，以及其所在的世青创新中心学术网络的支持下，共有 47 位来自国内外高校的同学参与，我们对于这些同学所付出的努力表示感谢！

沈一帆　中国人民大学/伦敦政治经济学院

王若思　耶鲁大学

辛培宸　英属哥伦比亚大学

周舒彦　俄亥俄州州立大学

胡吉　范德堡大学

王媛媛　密歇根大学迪尔伯恩分校

陆雨晨　北京大学

黄书丹　北京大学

宋春晓　中国人民大学

王诗莹　中国人民大学

雷嘉雯　中国人民大学

曹青骊　中国人民大学

汤凯程　中国人民大学

崔爽　中国人民大学

王青　武汉大学
李倩倩　上海交通大学
刘瑞涵　浙江大学
屈欢　北京外国语大学
刘瑶　北京外国语大学
陈楚君　中山大学
李戈　山东大学
杨婧思　中央财经大学
裴蕾　中央财经大学
何雅洁　中央财经大学
邵雪丹　中央财经大学
王心一　中央财经大学
徐娅欣　中央财经大学
刘晓彤　中央财经大学
竞瑜　中央财经大学
于凌达　中央财经大学
赵阳　北京师范大学
王禹　大连外国语学院
陈晓虹　南开大学滨海学院
张月　郑州航空工业管理学院
史悦　首都师范大学
刘阳　北京化工大学
徐梦玫　北京工业大学
关宏磊　吉林大学
潘思宇　华南师范大学
罗杭翡　北京语言大学
吴哲钰　郑州大学
黄和雨　云南大学
连小西　香港浸会大学

陈晨　上海师范大学

何岳恒　华北电力大学

刘旸　华北电力大学

唐金　北京信息科技大学

图书在版编目（CIP）数据

美国企业基金会 / 基金会中心网编．—北京：社会科学文献出版社，2013.3
（世界基金会案例丛书．美国卷．第1辑）
ISBN 978－7－5097－4313－3

Ⅰ．①美…　Ⅱ．①基…　Ⅲ．①企业－基金会－案例－美国　Ⅳ．①F279.712.3

中国版本图书馆CIP数据核字（2013）第035885号

世界基金会案例丛书·美国卷Ⅰ
美国企业基金会

编　　者 / 基金会中心网

出 版 人 / 谢寿光
出 版 者 / 社会科学文献出版社
地　　址 / 北京市西城区北三环中路甲29号院3号楼华龙大厦
邮政编码 / 100029

责任部门 / 社会政法分社（010）59367156　　责任编辑 / 李　响
电子信箱 / shekebu@ssap.cn　　责任校对 / 白秀红　白桂华
项目统筹 / 王　绯　　责任印制 / 岳　阳
经　　销 / 社会科学文献出版社市场营销中心（010）59367081　59367089
读者服务 / 读者服务中心（010）59367028

印　　装 / 北京季蜂印刷有限公司
开　　本 / 787mm×1092mm　1/20　　本册印张 / 24.2
版　　次 / 2013年3月第1版　　本册字数 / 395千字
印　　次 / 2013年3月第1次印刷
书　　号 / ISBN 978－7－5097－4313－3
定　　价 / 168.00元（共三册）